ZHONGGUOHAIGUAN
BAOGUANZHUANYEJIAOCAI 2019

2019 中国海关
报关专业教材

《中国海关报关专业教材》编写组 ◎ 编著

关检融合后首部全面阐述海关专业知识及实务技能的培训教材

紧跟海关业务改革趋势
推进关检融合全面发展

中国海关出版社
China Customs Press

图书在版编目（CIP）数据

中国海关报关专业教材.2019/《中国海关报关专业教材》编写组编著.
—北京：中国海关出版社，2019.1
ISBN 978-7-5175-0331-6

Ⅰ.①中…　Ⅱ.①中…　Ⅲ.①进出口贸易—海关手续—中国—职业培训—教材　Ⅳ.①F752.5

中国版本图书馆 CIP 数据核字（2018）第 281630 号

中国海关报关专业教材（2019）
ZHONGGUO HAIGUAN BAOGUAN ZHUANYE JIAOCAI（2019）

作　　者：《中国海关报关专业教材》编写组
责任编辑：普　娜　李　多　左桂月　杨　升
出版发行：中国海关出版社
社　　址：北京市朝阳区东四环南路甲 1 号　　邮政编码：100023
网　　址：www.hgcbs.com.cn
编 辑 部：01065194242-7529（电话）　　01065194231（传真）
发 行 部：01065194221/4238/4246（电话）　　01065194233（传真）
社办书店：01065195616（电话）　　01065195127（传真）
www.customskb.com/book（网址）
印　　刷：北京天宇星印刷厂　　经　　销：新华书店
开　　本：787mm×1092mm　1/16
印　　张：31.5　　字　　数：830 千字
版　　次：2019 年 1 月第 1 版
印　　次：2019 年 1 月第 1 次印刷
书　　号：ISBN 978-7-5175-0331-6
定　　价：80.00 元

《中国海关报关专业教材》编写组

主　编：张　翔

编　者：第一章　杨艳光

第二章　佟延军

第三章　顾清华　孔步群

第四章　陈　蓉　张　洁　袁小雅

第五章　宗慧民

第六章　田书军

第七章　杨艳光

第八章　顾佩军

前言

报关员是维系海关管理和国际贸易的纽带，是连接依法行政和便捷服务的桥梁。培养一支具有较高综合素质和业务水平的报关员队伍，一方面有利于改善海关执法环境，提高海关的通关效率和税收征管水平，另一方面也可以缩短物流周期，降低企业成本，维护贸易安全。为此，海关总署于1997年开始举办报关员资格全国统一考试，至2013年，全国累计报名参考数百万人，近30万人通过考试取得报关员资格。其间，海关总署报关员资格考试委员会、海关总署报关员资格考试教材编写委员会组织海关专家编写的考试系列教材，以精编细校和权威性赢得了考生的认可和信任，也被开设报关及相关专业的本科院校、高职高专院校和社会培训机构选用，成为报关教材中的精品。

近年来，蓬勃发展的进出口贸易和新兴的现代物流业，孕育了庞大的报关服务市场，报关员成为社会择业热点。随着海关总署取消报关员资格核准，报关从业活力得以进一步释放，营造了公平的就业环境。相应地，报关从业人员的综合素质和业务水平成为企业选人用人的更直观标准，职业院校教育和社会办学力量将因势承担起报关专业知识和专业技能的教学和培训任务。为满足教育培训用书需求，海关系统业务专家、学者组成《中国海关报关专业教材》编写组，编写了本教材。各章的编写人员是：第一章杨艳光，第二章佟延军，第三章顾清华、孔步群，第四章陈蓉、张洁、袁小雅，第五章宗慧民，第六章田书军，第七章杨艳光，第八章顾佩军，终稿由张翔审定。

本教材沿用原考试教材的体例和风格，重在传授报关专业知识和实务技能，同时涵盖了报关相关知识，既有对海关政策法规和海关各项业务制度的详细解说，也有对通关流程和办事程序的具体介绍，具有传道授业与释疑解惑并重、教学培训与业务参考兼顾的特点。本书编撰既精，审校尤细，但不当之处在所难免，还望读者不吝指正。

《中国海关报关专业教材》编写组

2019年1月

目　录

第一章　报关与海关管理

第一节　报关概述

一、报关的含义

一般而言，报关是指进出口货物收发货人、进出境运输工具负责人、进出境物品的所有人或者他们的代理人，以及出入境人员向海关办理货物、物品、运输工具进出境手续及相关海关事务的过程。

报关是与运输工具、货物、物品进出境密切相关的一个概念。在国际物流、国际交流和交往活动中，往往存在着运输工具、货物、物品和人员进出境的情况。国际贸易合约的履行是通过国际物流活动来完成的。我国海关规定，进出境运输工具、货物、物品、人员，必须通过设立海关的地点进境或者出境。因此，由设立海关的地点进出境，办理申报、纳税、检验、检疫、鉴定手续及其他规定的海关手续，以获准出入境或取得销售使用的合法凭证及某种公证证明是运输工具、货物、物品进出境的基本规则，也是进出境运输工具负责人、进出口货物收发货人、进出境物品的所有人应履行的一项基本义务。

需要说明的是，在进出境活动中，我们还经常使用“通关”这一概念。通关与报关既有联系又有区别。两者都是针对运输工具、货物、物品的进出境而言的，但报关是从海关行政管理相对人的角度，仅指向海关办理进出境手续及相关手续，而通关不仅包括海关行政管理相对人向海关办理有关手续，还包括海关对进出境运输工具、货物、物品依法进行监督管理，核准其进出境的管理过程。

二、报关的分类

进出口货物收发货人、进出境运输工具负责人、进出境物品的所有人或者他们的代理人等海关行政管理相对人履行报关义务时，根据其所涉及的报关对象、报关目的及报关行为性质的不同，可将报关分为以下 3 类。

（一）根据报关对象的不同，可分为运输工具报关、货物报关和物品报关

由于海关对进出境运输工具、货物、物品的监管要求各不相同，履行运输工具报关、货物报关、物品报关的具体手续也各不相同。其中，进出境运输工具作为货物、人员及其携带物品的进出境载体，其报关主要是向海关直接交验随附的、符合国际商业运输惯例、能反映运输工具进出境合法性及其所承运货物、物品情况的合法证件、清单和其他运输单证，其报关手续较为简单。进出境物品由于其非贸易性质，且一般限于自用、合理数量，其报关手续也很简单。进出境货物的报关较为复杂，为此，海关根据对进出境货物的监管要求，制定了一系列报关管理规范，并要求必须由具备一定的专业知识和技能且经海关核准的专业人员代表报关单位专门办理。

另外，出入境人员必要时在出入境口岸向海关进行健康申报，交验健康证书、预防接种证书，配合海关进行流行病学调查、医学排查、传染病监测和检疫等。

（二）根据报关目的的不同，可分为进境报关和出境报关

对于运输工具、货物、物品的进境和出境，海关分别制定了不同的管理规定，运输工具、货物、物品根据进境或出境的目的分别形成了进境报关手续和出境报关手续。

（三）根据报关行为性质的不同，可分为自理报关和代理报关

进出境运输工具、货物、物品的报关是一项专业性较强的工作，尤其是进出境货物的报关比较复杂，一些运输工具负责人、进出口货物收发货人或者物品的所有人，由于经济、时间、地点等方面的原因，不能或者不愿意自行办理报关手续，而委托代理人代为报关，从而形成了自理报关和代理报关两种报关类型。《海关法》对接受进出境物品所有人的委托，代为办理进出境物品报关手续的代理人没有特殊要求，但对于接受进出口货物收发货人的委托，代为办理进出境货物报关手续的代理人则有明确的规定。因此，我们通常所称的自理报关和代理报关主要是针对进出境货物的报关而言的。

1. 自理报关

进出口货物收发货人自行办理报关业务称为自理报关。根据我国海关目前的规定，进出口货物收发货人必须依法向海关注册登记后方能自行办理报关业务。

2. 代理报关

代理报关是指接受进出口货物收发货人的委托，代理其办理报关业务的行为。我国海关法律把有权接受他人委托办理报关业务的企业称为报关企业。报关企业必须依法取得报关企业注册登记许可并向海关注册登记后方能从事代理报关业务。

根据代理报关法律行为责任承担者的不同，代理报关又分为直接代理报关和间接代理报关。直接代理报关是指报关企业接受委托人（即进出口货物收发货人）的委托，以委托人的名义办理报关业务的行为。间接代理报关是指报关企业接受委托人的委托以报关企业自身的名义向海关办理报关业务的行为。在直接代理中，代理人代理行为的法律后果直接作用于被代理人；而在间接代理中，报关企业接受进出口货物收发货人的委托，以自己的名义办理报关手续时，应当承担与收发货人相同的法律责任。目前，我国报关企业大多采取直接代理形式报关，经营快件业务的营运人等国际货物运输代理企业适用间接代理报关。

三、报关的基本内容

（一）进出境运输工具报关的基本内容

国际贸易的交货、国际间人员的往来及其携带物品的进出境，除经其他特殊运输方式外，都要通过各种运输工具的国际运输来实现。根据我国海关法律规定，所有进出我国关境的运输工具必须经由设有海关的港口、车站、机场、国界孔道、国际邮件互换局（交换站）及其他可办理海关业务的场所申报进出境。进出境申报是运输工具报关的主要内容。根据海关监管的要求，进出境运输工具负责人或其代理人在运输工具抵达或者离开关境前，均应如实向海关申报运输工具的名称、国籍、预定到达时间、员工和旅客人数等信息。

1. 运输工具申报的基本内容

根据海关监管要求的不同，不同种类的运输工具报关时所需递交的单证及所要申明的具体内容也不尽相同。总的来说，运输工具进出境报关时须向海关申明的主要内容有：运输工具的名称、国籍、预定到达时间、航次（车次）、停靠地点等；运输工具进出境时所载运货物情况，包括过境货物、转运货物、通运货物、溢短卸（装）货物的基本情况；运输工具服务人员名单及其自用物品、货币等情况；运输工具所载旅客情况；运输工具所载邮递物品、行李物品的情况；其他需要向海关申报清楚的情况，如由于不可抗力原因，运输工具被迫在未设关地点停泊、降落或者抛掷、起卸货物、物品等情况。除此以外，运输工具报关时还需提交运输工具从事国际合法性运输必备的相关证明文件，如船舶国籍证书、吨税证书、海关监管簿、签证簿等，必要时还需出具保证书或缴纳保证金。

以上情况由进出境运输工具负责人或其代理人向海关申报后，有时还需应海关的要求配合海关检查，配合实施运输工具动植物检疫、卫生检疫，经海关审核确认符合海关监管要求的，可以上下旅客、装卸货物。

进出境运输工具负责人，是指进出境运输工具的所有企业、经营企业，船长、机长、汽车驾驶员、列车长，以及上述企业或者人员授权的代理人。

2. 运输工具舱单申报

近年来，随着我国对外贸易规模的不断扩大和国际物流的不断发展，为适应国际海关合作大趋势的需要，促进国际贸易安全与便利，我国海关将运输工具舱单申报作为进出境运输工具报关的一个重要事项。为配合全国海关通关一体化改革，进一步便利进出境物流，海关现已全面开展舱单及相关电子数据变更作业无纸化。

进出境运输工具舱单（以下简称舱单）是指反映进出境运输工具所载货物、物品及旅客信息的载体，包括原始舱单①、预配舱单②、装（乘）载舱单③。进出境运输工具载有货物、物品的，舱单内容应当包括总提（运）单及其项下的分提（运）单信息。进出境运输工具负责人即舱单电子数据传输义务人应当按照海关备案的范围在规定时限向海关传输舱单电子数据。

进境运输工具载有货物、物品的，舱单传输人应当在规定时限向海关传输原始舱单主要数据，舱单传输人应当在进境货物、物品运抵目的港以前向海关传输原始舱单其他数据。海关接受原始舱单主要数据传输后，收货人、受委托的报关企业方可向海关办理货物、物品的申报手续。进境运输工具载有旅客的，舱单传输人应当在规定时限向海关传输原始舱单电子数据。

出境运输工具预计载有货物、物品的，舱单传输人应当在办理货物、物品申报手续以前向海关传输预配舱单主要数据；以集装箱运输的货物、物品，出口货物发货人应当在货物、物品装箱以前向海关传输装箱清单电子数据。海关接受预配舱单主要数据传输后，舱单传输人应当在规定时限向海关传输预配舱单其他数据。出境货物、物品运抵海关监管场所时，海关监管场所经营人应当以电子数据方式向海关提交运抵报告。运抵报告提交后，

① 原始舱单，是指舱单传输人向海关传输的反映进境运输工具装载货物、物品或者乘载旅客信息的舱单。

② 预配舱单，是指反映出境运输工具预计装载货物、物品或者乘载旅客信息的舱单。

③ 装（乘）载舱单，是指反映出境运输工具实际配载货物、物品或者载有旅客信息的舱单。

海关即可办理货物、物品的查验、放行手续。舱单传输人应当在运输工具开始装载货物、物品前向海关传输装载舱单电子数据。出境运输工具预计载有旅客的，舱单传输人应当在出境旅客开始办理登机（船、车）手续前向海关传输预配舱单电子数据。舱单传输人应当在旅客办理登机（船、车）手续后，运输工具上客以前向海关传输乘载舱单电子数据。运输工具负责人应当在货物、物品装载完毕或者旅客全部登机（船、车）后向海关提交结关申请，经海关办结手续后，出境运输工具方可离境。

已经传输的舱单电子数据需要变更的，舱单传输人可以在原始舱单和预配舱单规定的传输时限以前直接予以变更，但是货物、物品所有人已经向海关办理货物、物品申报手续的除外。

（二）进出境货物报关的基本内容

根据海关规定，进出境货物的报关业务应由依法取得报关从业资格并在海关注册的报关人员办理。进出境货物的报关业务包括：按照规定填制报关单，如实申报进出口货物的商品编码、实际成交价格、原产地及相应的优惠贸易协定代码，并办理提交报关单证等与申报有关的事宜；申请办理缴纳税费和退税、补税事宜；申请办理加工贸易合同备案、变更和核销及保税监管等事宜；申请办理进出口货物减税、免税等事宜；办理进出口货物的查验、检验、检疫、结关等事宜；办理应当由报关单位办理的其他事宜。

海关对不同性质的进出境货物规定了不同的报关程序和要求。一般来说，进出境货物报关时，报关单位及报关人员要做好以下几个方面的工作：

1. 进出口货物收发货人接到运输公司或邮递公司寄交的提货通知单，或根据合同规定备齐出口货物后，应当做好向海关办理货物报关的准备工作，或者签署委托代理协议，委托报关企业向海关报关。

2. 准备好报关单证，在海关规定的报关地点和报关时限内以电子数据方式向海关申报。进出口货物报关单或海关规定的其他报关单（证）是报关单位向海关申报货物情况的法律文书，报关人员必须认真、规范、如实填写，并对其所填内容的真实性和合法性负责，承担相应的法律责任。除此之外，还应准备与进出口货物直接相关的商业和货运单证，如发票、装箱单、提单等；对属于国家限制性的进出口货物，应准备国家有关法律、法规规定的许可证件，如进出口货物许可证等；还要准备好海关可能需要查阅或收取的其他资料、证件，如贸易合同、原产地证明等。

3. 经海关对报关电子数据进行审核后，在海关认为必须时，报关人员要配合海关进行货物的查验、检验，对装载动植物及其产品的运输工具入境，装载非动植物及其产品但有木质包装或植物性铺垫材料的运输工具、装载非应检物的运输工具及集装箱箱体实施动植物检疫及进行消毒、除害处理，对进出境集装箱和货物实施卫生检疫。

4. 属于应纳税、应缴费范围的进出口货物，报关单位应在海关规定的期限内缴纳进出口税费。

5. 进出口货物经海关放行后，报关单位可以安排提取或装运货物。

除了以上工作外，对于保税加工货物、减免税进口货物等，在进出境前还需办理备案申请等手续，进出境后还需在规定的时间、以规定的方式向海关办理核销、结案等手续。

（三）进出境物品报关的基本内容

海关监管进出境物品包括行李物品、邮递物品和其他物品，三者在报关要求上有所不同。

《海关法》规定，个人携带进出境的行李物品、邮寄进出境的物品，应当以自用合理数量为限。所谓自用合理数量，对于行李物品而言，“自用”指的是进出境旅客本人自用、馈赠亲友而非为出售或出租，“合理数量”是指海关根据进出境旅客旅行目的和居留时间所规定的正常数量；对于邮递物品，则指的是海关对进出境邮递物品规定的征、免税限制。自用合理数量原则是海关对进出境物品监管的基本原则，也是对进出境物品报关的基本要求。需要注意的是，对于通过随身携带或邮政渠道进出境的货物要按货物办理进出境报关手续。经海关登记准予暂时免税进境或者暂时免税出境的物品，应当由本人复带出境或者复带进境。享有外交特权和豁免的外国机构或者人员的公务用品或者自用物品进出境，依照有关法律、行政法规的规定办理。

海关依法对进出境旅客携带物、邮寄物实施检疫。

1. 进出境行李物品的报关

当今世界上大多数国家的海关法律都规定对旅客进出境采用“红绿通道”制度。我国海关也采用了“红绿通道”制度。

我国海关规定，进出境旅客在向海关申报时，可以在分别以红色和绿色作为标记的两种通道中进行选择。带有绿色标志的通道称“无申报通道”（又称“绿色通道”），适用于携运物品在数量和价值上均不超过免税限额，且无国家限制或禁止进出境物品的旅客；带有红色标志的通道称“申报通道”（又称“红色通道”），适用于携带应向海关申报物品的旅客。对于选择“红色通道”的旅客，必须填写“中华人民共和国海关进出境旅客行李物品申报单”（以下简称申报单）或海关规定的其他申报单证，在进出境地向海关作出书面申报。

自 2008 年 2 月 1 日起，海关在全国各对外开放口岸实行新的进出境旅客申报制度。进出境旅客没有携带应向海关申报物品的，无须填写申报单，选择“无申报通道”通关。除海关免予监管的人员以及随同成人旅行的 16 周岁以下旅客以外，进出境旅客携带应向海关申报物品的，须填写申报单，向海关书面申报，并选择“申报通道”通关。持有中华人民共和国政府主管部门给予外交礼遇签证的进出境旅客，通关时应主动向海关出示本人有效证件，海关予以免验礼遇。

2. 进出境邮递物品的报关

进出境邮递物品的申报方式由其特殊的邮递运输方式决定。我国是《万国邮政公约》的签约国，根据《万国邮政公约》的规定，进出口邮包必须由寄件人填写“报税单”（小包邮件填写绿色标签），列明所寄物品的名称、价值、数量，向邮包寄达国家的海关申报。进出境邮递物品的“报税单”和绿色标签随同物品通过邮政企业或快递公司呈递给海关。

个人物品以快件形式进出境的，按照个人物品类进出境快件监管。个人物品类进出境快件是指海关法规规定自用、合理数量范围内的进出境的旅客分离运输行李物品、亲友间相互馈赠物品和其他个人物品。个人物品类进出境快件报关时，保管单位应当向海关提交“海关进出境快件个人物品报关单”、每一件进出境快件的分运单、进境快件收件人或出境快件发件人身份证件影印件和海关需要的其他单证。

个人邮寄进境物品，海关依法对其征收进口税，但应征进口税税额在人民币 50 元（含 50 元）以下的，海关予以免征。

个人寄自或寄往港、澳、台地区的物品，每次限值为 800 元人民币；寄自或寄往其他国家和地区的物品，每次限值为 1000 元人民币。

个人邮寄进出境物品超出规定限值的，应办理退运手续或者按照货物规定办理通关手续。但邮包内仅有一件物品且不可分割的，虽超出规定限值，经海关审核确属个人自用的，可以按照个人物品规定办理通关手续。

3. 进出境其他物品的报关

（1）暂时免税进出境物品

个人携带进出境的暂时免税进出境物品须由物品携带者在进境或出境时向海关作出书面申报，并经海关批准登记，方可免税携带进出境，而且应由本人复带出境或进境。

（2）享有外交特权和豁免权的外国机构或者人员进出境物品

享有外交特权和豁免权的外国机构或者人员进出境物品包括外国驻中国使馆和使馆人员，以及外国驻中国领事馆、联合国及其专门机构和其他国际组织驻中国代表机构及其人员进出境的公务用品和自用物品。

外国驻中国使馆和使馆人员进出境公用、自用物品应当以海关核准的直接需用数量为限。其中，公务用品是指使馆执行职务直接需用的进出境物品，包括：使馆使用的办公用品、办公设备、车辆；使馆主办或者参与的非商业性活动所需物品；使馆使用的维修工具、设备；使馆的固定资产，包括建筑装修材料、家具、家用电器、装饰品等；使馆用于免费散发的印刷品（广告宣传品除外）；使馆使用的招待用品、礼品等。自用物品，是指使馆人员和与其共同生活的配偶及未成年子女在中国居留期间的生活必需用品，包括自用机动车辆（限摩托车、小轿车、越野车、9座以下的小客车）。

使馆和使馆人员因特殊需要携运中国政府禁止或者限制进出境物品进出境的，应当事先获得中国政府有关主管部门的批准，并按照有关规定办理。有下列情形之一的，使馆和使馆人员的有关物品不准进出境：携运进境的物品超出海关核准的直接需用数量范围的；未依照规定向海关办理有关备案、申报手续的；未经海关批准，擅自将已免税进境的物品进行转让、出售等处置后，再次申请进境同类物品的；携运中国政府禁止或者限制进出境物品进出境，应当提交有关许可证件而不能提供的；违反海关关于使馆和使馆人员进出境物品管理规定的其他情形。

使馆和使馆人员首次进出境公用、自用物品前，应当到主管海关办理备案手续；使馆和使馆人员进出境公用、自用物品，应当按照海关规定以书面或者口头方式申报。其中，以书面方式申报的，还应当向海关报送电子数据。

使馆和使馆人员运进、运出公用、自用物品，应当填写“中华人民共和国海关外交公/自用物品进出境申报单”，向主管海关提出申请，并附提（运）单、发票、装箱单、身份证件复印件等有关单证材料。其中，运进机动车辆的，还应当递交使馆照会。

使馆运进由使馆主办或者参与的非商业性活动所需物品，应当递交使馆照会，并就物品的所有权、活动地点、日期、活动范围、活动的组织者和参加人、物品的最后处理向海关作出书面说明。活动在使馆以外场所举办的，还应当提供与主办地签订的合同副本。

外交代表随身携带自用物品进境时，应当向海关口头申报，但外交代表每次随身携带进境的超过规定限额的限制性进境物品，应当向海关提出书面申请。

外国驻中国领事馆、联合国及其专门机构和其他国际组织驻中国代表机构及其人员进出境公用、自用物品，由海关按照《中华人民共和国领事特权与豁免条例》、中国已加入的国际公约，以及中国与有关国家或者国际组织签订的协议办理。

外国政府给予中国驻该国的使馆和使馆人员进出境物品的优惠和便利，低于中国政府给予该国驻中国的使馆和使馆人员进出境物品的优惠和便利的，中国海关可以根据对等原则，给予该国驻中国使馆和使馆人员进出境物品相应的待遇。

（3）常驻机构及非居民长期旅客进出境公用、自用物品

非居民长期旅客及常驻机构的常驻人员可以运进境内居留期间日常生活所必需的物品，但烟草制品、酒精制品除外。

常驻机构是指境外企业、新闻机构、经贸机构、文化团体及其他境外法人经中国政府主管部门批准，在境内设立的常设机构。经海关备案审批，常驻机构可申请进出境办公用品。常驻机构进口办公用品和机动交通工具时，经海关审核，在本机构自用合理数量内，海关依法免征税款。非居民长期旅客是指经公安部门批准进境并在境内连续居留 1 年以上（含 1 年），期满后仍回到境外定居地的外国公民、港澳台地区人员、华侨。

非居民长期旅客取得境内长期居留证件后方可申请自用物品进境，首次进境的自用物品海关予以免税，但按规定准予进境的机动车辆和国家规定应税的 20 种物品除外，再次申请进境的自用物品，一律予以征税。

（4）高层次人才进出境物品

高层次人才是高层次留学人才和海外科技专家的统称。高层次人才的身份由中华人民共和国人力资源和社会保障部、中华人民共和国教育部或者其授权部门明确和认定。高层次人才回国和海外科技专家来华工作连续 1 年以上（含 1 年）的，首次进境的个人生活及工作自用的家用摄像机、照相机、便携式收录机、便携式激光唱机和便携式计算机等，海关予以免税放行。高层次人才可以申请从境外运进自用机动车辆 1 辆（限小轿车、越野车、9 座及以下小客车），海关予以征税验放。

第二节 海关管理概述

一、我国海关的性质与任务

国家以立法的形式明确规定了中国海关的性质与任务。《海关法》规定：“中华人民共和国海关是国家的进出关境监督管理机关。海关依照本法和其他有关法律、行政法规，监管进出境的运输工具、货物、行李物品、邮递物品和其他物品，征收关税和其他税、费，查缉走私，并编制海关统计和办理其他海关业务。”

（一）海关的性质

1. 海关是国家行政机关

我国的国家机关包括享有立法权的立法机关、享有司法权的司法机关和享有行政管理权的行政机关。国务院是我国最高行政机关，海关总署是国务院直属机构。

2. 海关是国家进出境监督管理机关

海关履行国家行政制度中的进出境监督管理职能，是国家宏观管理的一个重要组成部分。海关依照有关法律、行政法规并通过法律赋予的权力，制定具体的行政规章和行政措施，对特定领域的活动开展监督管理，以保证其按国家的法律规范进行。

海关实施监督管理的范围是进出关境及与之有关的活动，监督管理的对象是所有进出

关境的运输工具、货物、物品。

关境是世界各国海关通用的概念，指适用于同一海关法或实行同一关税制度的领域。在一般情况下，关境的范围等于国境，但对于关税同盟的签署国来说，其成员国之间货物进出国境不征收关税，只对来自和运往非同盟国的货物在进出共同关境时征收关税，因而对于每个成员国来说，其关境大于国境，如欧盟。若在国内设立自由港、自由贸易区等特定区域，因进出这些特定区域的货物都是免税的，因而该国的关境小于国境。关境同国境一样，包括其领域内的领水、领陆和领空，是一个立体的概念。我国的关境范围是除享有单独关境地位的地区以外的中华人民共和国的全部领域，包括领水、领陆和领空。目前我国的单独关境有香港、澳门和台、澎、金、马单独关税区。在单独关境内，其各自实行单独的海关制度。因此，我国关境小于国境。本教材所称的“进出境”除特指外均指进出我国关境。

3. 海关的监督管理是国家行政执法活动

海关通过法律赋予的权力，对特定范围内的社会经济活动进行监督管理，并对违法行为依法实施行政处罚，以保证这些社会经济活动按照国家的法律规范进行。因此，海关的监督管理是保证国家有关法律、法规实施的行政执法活动。海关执法的依据是《海关法》和其他有关法律、行政法规。海关事务属于中央立法事权，立法者为全国人大及其常务委员会和国务院。海关总署也可以根据法律和国务院的法规、决定、命令，制定规章，作为执法依据的补充。省、自治区、直辖市人民代表大会和人民政府不得制定海关法律规范，地方法规、地方规章不是海关执法的依据。

（二）海关的任务

《海关法》明确规定海关有四项基本任务，即监管进出境的运输工具、货物、行李物品、邮递物品和其他物品（以下简称监管），征收关税和其他税费（以下简称征税），查缉走私（以下简称缉私）和编制海关统计（以下简称统计）。

1. 监管

海关监管是指海关运用国家赋予的权力，通过一系列管理制度与管理程序，依法对进出境运输工具、货物、物品的进出境活动所实施的一种行政管理。海关监管是一项国家职能，其目的在于保证一切进出境活动符合国家政策和法律的规范，维护国家主权和利益。海关监管不是海关监督管理的简称，海关监督管理是海关全部行政执法活动的统称。

根据监管对象的不同，海关监管分为运输工具监管、货物监管和物品监管三大体系，每个体系都有一整套规范的管理程序与方法。

监管作为海关四项基本任务之一，除了通过备案、审单、查验、放行、后续管理等方式对进出境运输工具、货物、物品的进出境活动实施监管外，还要执行或监督执行国家其他对外贸易管理制度的实施，如进出口许可制度、外汇管理制度、进出口商品检验检疫制度、文物管理制度等，从而在政治、经济、文化道德、公众健康等方面维护国家利益。

2. 征税

征税是海关的另一项重要任务。海关征税工作的基本法律依据是《海关法》、《中华人民共和国进出口关税条例》（以下简称《关税条例》）以及其他有关法律、行政法规。征税工作包括征收关税和进口环节海关代征税。

关税是国家中央财政收入的重要来源，是国家宏观经济调控的重要工具，也是世界贸易组织允许各缔约方保护其境内经济的一种手段。关税的征收主体是国家，《海关法》明确将征收关税的权力授予海关，由海关代表国家行使征收关税的职能。因此，未经法律授权，其他任何单位和个人均不得行使征收关税的权力。

关税的课税对象是进出口货物、进出境物品。

进口货物、物品在办理海关手续放行后，允许在国内流通，应与国内货物同等对待，缴纳应征的国内税。为了节省征税人力，简化征税手续，严密管理，进口货物、物品的国内税由海关代征，即我国海关对进口货物、物品征收关税的同时，还负责代其他机关征收若干种类的进口环节税。目前，由海关代征的进口环节税包括增值税和消费税。

3. 缉私

查缉走私是海关为保证顺利完成监管和征税等任务而采取的保障措施。查缉走私是指海关依照法律赋予的权力，在海关监管场所和海关附近的沿海沿边规定地区，为发现、制止、打击、综合治理走私活动而进行的一种调查和惩处活动。

走私是指进出境活动的当事人或相关人违反《海关法》及有关法律、行政法规，逃避海关监管，偷逃应纳税款、逃避国家有关进出境的禁止性或者限制性管理，非法运输、携带、邮寄国家禁止、限制进出境或者依法应当缴纳税款的货物、物品进出境，或者未经海关许可并且未缴应纳税款、交验有关许可证件，擅自将保税货物、特定减免税货物以及其他海关监管货物、物品、进境的境外运输工具在境内销售的行为。它以逃避监管、偷逃税款、牟取暴利为目的，扰乱经济秩序，冲击民族工业，对国家危害性极大，必须予以严厉打击。

《海关法》规定："国家实行联合缉私、统一处理、综合治理的缉私体制。海关负责组织、协调、管理查缉走私工作。"这一规定从法律上明确了海关打击走私的主导地位以及与有关部门的执法协调。海关是打击走私的主管机关，查缉走私是海关的一项重要任务。海关通过查缉走私，制止和打击一切非法进出境货物、物品的行为，维护国家进出口贸易的正常秩序，保障社会主义现代化建设的顺利进行，维护国家关税政策的有效实施，保证国家关税和其他税、费的依法征收，保证海关职能作用的发挥。为了严厉打击走私犯罪活动，根据党中央、国务院的决定，国家在海关总署设立专司打击走私犯罪的海关缉私警察队伍，负责对走私犯罪案件的侦查、拘留、执行逮捕和预审工作。

根据我国的缉私体制，除了海关以外，公安、工商、税务、烟草专卖等部门也有查缉走私的权力，但这些部门查获的走私案件，必须按照法律规定，统一处理。各有关行政部门查获的走私案件，应当给予行政处罚的，移送海关依法处理；涉嫌犯罪的，应当移送海关侦查走私犯罪公安机构或地方公安机关依据案件管辖分工和法定程序办理。

4. 统计

海关统计以实际进出口货物作为统计和分析的对象，通过搜集、整理、加工处理进出口货物报关单或经海关核准的其他申报单证，对进出口货物的品种、数（重）量、价格、国别（地区）、经营单位、境内目的地、境内货源地、贸易方式、运输方式、关别等项目分别进行统计和综合分析，全面、准确地反映对外贸易的运行态势，及时提供统计信息和咨询，实施有效的统计监督，开展国际贸易统计的交流与合作，促进对外贸易的发展。我国海关的统计制度规定，实际进出境并引起境内物质存量增加或者减少的货物，列入海关统计；进出境物品超过自用合理数量的，列入海关统计。对于部分不列入海关统计的货物和物品，则根据我国对外贸易管理和海关管理的需要，实施单项统计。

海关统计是海关依法对进出口货物贸易的统计，是国民经济统计的组成部分，是国家制定对外经济贸易政策、进行宏观经济调控、实施海关严密高效管理的重要依据，是研究我国对外贸易经济发展和国际经济贸易关系的重要资料。

1992年，海关总署以国际通用的《商品名称及编码协调制度》（Harmonized Commodity Description and Coding System，简称《协调制度》或HS）为基础，编制了《中华人民共和国海关统计商品目录》（以下简称《统计商品目录》），把税则与统计目录的归类编码统一起来，规范了进出口商品的命名和归类，使海关统计进一步向国际惯例靠拢，满足了我国对外开放和建立社会主义市场经济体制的需要。

总之，海关的四项基本任务是一个统一的有机联系的整体。监管工作通过监管进出境运输工具、货物、物品的合法进出，保证国家有关进出口政策、法律、行政法规的贯彻实施，是海关四项基本任务的基础。征税工作所需的数据、资料等是在海关监管的基础上获取的，征税与监管有着十分密切的关系。缉私工作则是监管、征税两项基本任务的延伸，对在监管、征税工作中发现的逃避监管和偷漏税款的行为，必须运用法律手段予以制止和打击。统计工作是在监管、征税工作的基础上完成的，它为国家宏观经济调控提供了准确、及时的信息，同时又对监管、征税等业务环节的工作质量起到检验把关的作用。

2018年4月，按照《深化党和国家机构改革方案》，出入境检验检疫管理职责和队伍划入海关。海关在传统职能基础上，新增以下检验检疫职能：

1. 国境卫生检疫

国境卫生检疫工作职能主要包括：执行《中华人民共和国国境卫生检疫法》及其实施细则和国家有关卫生法规；对境内外有关传染病疫情等公共卫生事件信息进行收集、评估、预警、通报，对口岸传染病疫情和突发公共卫生事件实施预防、控制和应对；对出入境人员、交通工具、集装箱、尸体、骸骨，以及可能传播检疫传染病的行李、货物、邮包等实施检疫查验、传染病监测、卫生监督和卫生处理；对出入境的微生物、生物制品、人体组织、血液及其制品等特殊物品，以及能传播人类传染病的媒介生物实施卫生检疫；对出入境人员进行预防接种、健康检查、医疗服务、国际旅行健康咨询和卫生宣传；签发卫生检疫证件；进行流行病学调查研究，开展科学实验；对国境口岸和停留在国境口岸的出入境交通工具进行卫生监督和卫生宣传；在消毒、除鼠、除虫等卫生处理方面进行技术指导；对出入境口岸及其区域内的食品饮用水生产经营单位、公共场所、储存场地、出入境交通工具及压舱水、集装箱、货物等实施卫生监督；在国境口岸开展出入境核生化有害因子监测与排查处置等。

2. 进出境动植物检疫

进出境动植物检疫工作职能主要包括：拟定进出境动植物及其产品检疫的工作制度；承担进出境动植物及其产品的检验检疫、注册登记、监督管理，按分工组织实施风险分析和紧急预防措施；承担出入境转基因生物及其产品、生物物种资源的检验检疫工作；管理出入境动植物检疫审批工作。

3. 进出口食品安全监督管理

进出口食品安全监管的主要内容为检验检疫和监督管理，包括：对进出口食品的检验检疫；对进出口食品生产经营企业、进口食品的出口国家官方食品安全管理体系等的监督管理。主要有以下职责：拟定实施进出口食品检验检疫和监督管理工作规章、制度、技术规范和工作计划、规划；对进出口食品、化妆品检验检疫监督管理；拟定实施进出口食品检验检疫准入制度及相关工作；对进口食品的生产企业实施注册管理；对进口食品收货人，以及向我国境内出口食品的出口商或者代理商实施备案管理；对出口食品生产企业、原料种植、养殖场实施备案管理；对进口食品的检疫审批和管理；对进口食品标签和说明书的审核管理；拟定实施我国进出口食品的安全抽样检验计划；实施进出口食品生产、加工、存储、经营等单位（场所）的日常检验检疫监督管理；对进出口食品安全信息、法规、标准的收集、汇总和相关通报；拟定实施进出口食品风险预警和控制措施；承担重大进出口食品质量安全事故调查、处理工作等。

4. 进出口商品检验

进出口商品检验监管工作职能主要包括：执行《中华人民共和国进出口商品检验法》及其实施条例和国家有关进出口商品检验法规；对列入法定检验商品目录内的进出口商品实施检验，对《中华人民共和国食品安全法》《危险化学品安全管理条例》等法律法规规定需由海关实施检验的进出口食品接触材料、食品添加剂、危险化学品等实施检验，对政府双边协议规定需由海关检验出证的进出口商品实施检验；对目录外进出口商品实施监督管理；对民用商品实施入境验证；对进出口商品实施法定鉴定；对进出口商品检验鉴定机构实施监督管理；开展进出口领域的打击假冒伪劣工作，开展出口商品通报召回调查、出口退运追溯调查、进口缺陷消费品召回、进口缺陷汽车召回等工作；对进出口工业品实施风险管理，对进出口重点商品开展质量分析。

二、我国海关的法律体系

法律体系一般指一个国家的全部现行法律规范按不同部门、层次所组成的有机整体。海关法作为我国现行法律的一个分支，具有相对的独立性和完整性。海关法不仅综合性强、数量多、内容繁杂，而且具有分支清楚、层次明显和相互协调、联系密切的特点。各分支、各层次的海关法既相互区分又相互联系，构成了独立、完整、严密的海关法律体系。海关法律体系根据制定的主体和效力的不同分为法律、行政法规、部门规章、规范性文件。

（一）海关法

1.《中华人民共和国海关法》（以下简称《海关法》）

《海关法》于 1987 年 1 月 22 日由第六届全国人民代表大会常务委员会第十九次会议通过，同年 7 月 1 日起实施。为了适应形势发展的需要，2000 年 7 月 8 日第九届全国人民代表大会常务委员会第十六次会议审议通过了《关于修改〈中华人民共和国海关法〉的决定》，对《海关法》进行了较大范围的修改，修正后的《海关法》于 2001 年 1 月 1 日起实施。《海关法》于 2013 年 6 月 29 日第十二届全国人民代表大会常务委员会第三次会议第二次修正，2013 年 12 月 28 日第十二届全国人民代表大会常务委员会第六次会议第三次修正，2017 年 11 月 4 日第十二届全国人民代表大会常务委员会第三十次会议第四次修正。《海关法》是我国现行法律体系的一个重要组成部分，是管理海关事务的基本法律规范，以中华人民共和国主席令的形式颁布实施。

2.《中华人民共和国进出口商品检验法》（以下简称《商检法》）

《商检法》于 1989 年 2 月 21 日第七届全国人民代表大会常务委员会第六次会议通过。2002 年 4 月 28 日，第九届全国人民代表大会常务委员会第二十七次会议通过《中华人民共和国进出口商品检验法修正案》，并于 2002 年 10 月 1 日起实施。2013 年 6 月 29 日，第十二届全国人民代表大会常务委员会第三次会议对《商检法》作出修改。2018 年 4 月 27 日，第十三届全国人大常委会第二次会议对《商检法》作出修改。

3.《中华人民共和国进出境动植物检疫法》（以下简称《进出境动植物检疫法》）

《进出境动植物检疫法》于 1991 年 10 月 30 日第七届全国人民代表大会常务委员会第二十二次会议通过，1991 年 10 月 30 日中华人民共和国主席令第 53 号公布，自 1992 年 4 月 1 日起施行。

4.《中华人民共和国国境卫生检疫法》（以下简称《国境卫生检疫法》）

《国境卫生检疫法》于 1986 年 12 月 2 日第六届全国人民代表大会常务委员会第十八次会议通过。2007 年 12 月 29 日第十届全国人民代表大会常务委员会第三十一次会议作出修改。

5.《中华人民共和国食品安全法》（以下简称《食品安全法》）

在 1995 年颁布的《中华人民共和国食品卫生法》的基础上，2009 年 2 月 28 日第十一届全国人民代表大会常务委员会第七次会议通过了《食品安全法》。2015 年 4 月 24 日，第十二届全国人民代表大会常务委员会第十四次会议审议修订了《食品安全法》。

（二）行政法规

国务院根据《中华人民共和国宪法》和法律，制定行政法规，以国务院令的形式颁布实施。目前，在海关管理方面主要的行政法规有：《关税条例》、《中华人民共和国海关稽查条例》（以下简称《海关稽查条例》）、《中华人民共和国知识产权海关保护条例》（以下简称《知识产权海关保护条例》）、《中华人民共和国海关行政处罚实施条例》（以下简称《海关行政处罚实施条例》）、《中华人民共和国海关统计条例》（以下简称《统计条例》）、《中华人民共和国进出口货物原产地条例》（以下简称《原产地条例》）、《中华人民共和国进出口商品检验法实施条例》（以下简称《商检法实施条例》）、《中华人民共和国进出境动植物检疫法实施条例》（以下简称《动植物检疫法实施条例》）、《中华人民共和国国境卫生检疫法实施细则》（以下简称《国境卫生检疫法实施细则》）、《中华人民共和国食品安全法实施条例》（以下简称《食品安全法实施条例》）等。

（三）海关规章

海关规章是海关总署根据海关行使职权、履行职责的需要，依据《中华人民共和国立法法》的规定，单独或会同有关部门制定的，是海关日常工作中引用数量最多、内容最广、操作性最强的法律依据，其效力等级低于法律和行政法规。海关行政规章以海关总署令的形式对外公布，如《中华人民共和国海关报关单位注册登记管理规定》《进出口乳制品检验检疫监督管理办法》等。

（四）规范性文件

规范性文件，是指海关总署及各直属海关按照规定程序制定的对行政管理相对人权利、义务具有普遍约束力的文件。海关总署制定的规范性文件要求行政管理相对人遵守或执行的，应当以海关总署公告形式对外发布，如《海关总署关于发布〈中华人民共和国海关报关单位注册登记管理规定〉所涉及法律文书和报表格式的公告》等。规范性文件不得设定对行政管理相对人的行政处罚。直属海关在限定范围内制定的关于本关区某一方面涉及行政管理相对人权利义务的行政管理规范，应当以公告形式对外发布。

此外，属于海关法律渊源之一的我国签订或缔结的海关国际公约或海关行政互助协议也适用于我国海关。海关国际公约是指世界海关组织（World Customs Organization，WCO）成员方缔结的多边协议，如《京都公约》《伊斯坦布尔公约》，以及世界贸易组织（World Trade Organization，WTO）的有关公约，如《估价协议》等。海关行政互助协议是两国之间订立的双边协议，我国已与俄罗斯等几十个国家缔结了海关行政互助协议。

三、海关的权力

《海关法》在规定了海关任务的同时，为了保证任务的完成，赋予了海关许多具体权力。海关权力，是指国家为保证海关依法履行职责，通过《海关法》和其他法律、行政法规赋予海关的对进出境运输工具、货物、物品的监督管理权能，属于公共行政职权，其行使受一定范围和条件的限制，并应当接受执法监督。

(一) 海关权力的内容

根据《海关法》《商检法》《动植物检疫法》《国境卫生检疫法》《食品安全法》及有关法律、行政法规，海关的权力主要包括：

1. 检查权

海关有权检查进出境运输工具，检查有走私嫌疑的运输工具和有藏匿走私货物、物品嫌疑的场所，检查走私嫌疑人的身体。

海关对进出境运输工具的检查不受海关监管区域的限制；对走私嫌疑人身体的检查，应在海关监管区和海关附近沿海沿边规定地区内进行；对有走私嫌疑的运输工具和有藏匿走私货物、物品嫌疑的场所，在海关监管区和海关附近沿海沿边规定地区内，海关人员可直接检查，超出此范围，在调查走私案件时，须经直属海关关长或者其授权的隶属海关关长批准，才能进行检查，但不能检查公民住处。

2. 检验权

海关负责对列入法定检验商品目录内的进出口商品实施法定鉴定和检验，对《食品安全法》《危险化学品安全管理条例》等法律法规规定需由海关实施检验的进出口食品接触材料、食品添加剂、危险化学品等实施检验，对政府双边协议规定需由海关检验出证的进出口商品实施检验等。对进口缺陷消费品、进口缺陷汽车有权召回。

3. 检疫权

对出入境动植物及其产品的检验检疫；对出入境转基因生物及其产品、生物物种资源的检验检疫；对出入境人员、交通工具、集装箱、尸体、骸骨及可能传播检疫传染病的行李、货物、邮包等实施检疫查验；对出入境的微生物、生物制品、人体组织、血液及其制品等特殊物品，以及能传播人类传染病的媒介生物实施卫生检疫；对进出口食品、化妆品检验检疫，以及进出口食品生产、加工、存储、经营等单位（场所）的日常检验检疫等。

4. 查阅、复制权

查阅进出境人员的证件，查阅、复制与进出境运输工具、货物、物品有关的合同、发票、账册、单据、记录、文件、业务函电、录音录像制品和其他的有关资料。

5. 查问权

海关有权对违反《海关法》或者其他有关法律、行政法规的嫌疑人进行查问，调查其违法行为。

6. 查验权

海关有权查验进出境货物、个人携带进出境的行李物品、邮寄进出境的物品。海关查验货物，认为必要时，可以径行提取货样。

7. 查询权

海关在调查走私案件时，经直属海关关长或者其授权的隶属海关关长批准，可以查询案件涉嫌单位和涉嫌人员在金融机构、邮政企业的存款、汇款。

8. 稽查权

海关在法律规定的年限内，对企业进出境活动及与进出口货物有关的账务、记账凭证、单证资料等有权进行稽查。

9. 行政处罚权

海关有权对违法当事人予以行政处罚，包括对走私货物、物品及违法所得处以没收，对有走私行为和违反海关监管规定行为的当事人处以罚款等。

10. 佩带和使用武器权

海关为履行职责，可以依法佩带武器，海关工作人员在履行职责时可以使用武器。

1989 年 6 月，海关总署、公安部联合发布《海关工作人员使用武器和警械的规定》。根据该项规定，海关使用的武器包括轻型枪支、电警棍、手铐以及其他经批准可使用的武器和警械；使用范围为执行缉私任务时；使用对象为走私分子和走私嫌疑人；使用条件必须是在不能制服被追缉逃跑的走私团体或遭遇武装掩护走私，不能制止以暴力掠夺查扣的走私货物、物品和其他物品，以及以暴力抗拒检查、抢夺武器和警械、威胁海关工作人员生命安全非开枪不能自卫时。

11. 行政强制权

海关行政强制，包括海关行政强制措施和海关行政强制执行。

（1）海关行政强制措施，是指海关在行政管理过程中，为制止违法行为、防止证据损毁、避免危害发生、控制危险扩大等情形，依法对公民的人身自由实施暂时性限制，或者对公民、法人或者其他组织的财物实施暂时性控制的行为。包括：

① 限制公民人身自由

A. 在海关监管区和海关附近沿海沿边规定地区，对走私犯罪嫌疑人，经直属海关关长或者其授权的隶属海关关长批准，可以扣留，扣留时间不得超过 24 小时，在特殊情况下可以延长至 48 小时。

B. 个人违抗海关监管逃逸的，海关可以连续追至海关监管区和海关附近沿海沿边规定地区以外，将其带回。

C. 受海关处罚的当事人或者其法定代表人、主要负责人在出境前未缴清罚款、违法所得和依法追缴的货物、物品、走私运输工具的等值价款，又未提供担保的，海关可以通知出境管理机关阻止其出境。

② 扣留财物

A. 对违反海关法的进出境运输工具、货物、物品以及与之有牵连的合同、发票、账册、单据、记录、文件、业务函电、录音录像制品和其他资料，可以扣留。

B. 在海关监管区和海关附近沿海沿边规定地区，对有走私嫌疑的运输工具、货物、物品，经直属海关关长或者其授权的隶属海关关长批准，可以扣留。

C. 在海关监管区和海关附近沿海沿边规定地区以外，对有证据证明有走私嫌疑的运输工具、货物、物品，可以扣留。

D. 有违法嫌疑的货物、物品、运输工具无法或者不便扣留，当事人或者运输工具负责人未提供等值担保的，海关可以扣留当事人等值的其他财产。

E. 海关不能以暂停支付方式实施税收保全措施时，可以扣留纳税义务人其价值相当于应纳税款的货物或者其他财产。

F. 进出口货物的纳税义务人、担保人自规定的纳税期限届满之日起超过 3 个月未缴纳税款的，经直属海关关长或者其授权的隶属海关关长批准，海关可以扣留其价值相当于应纳税款的货物或者其他财产。

G. 对涉嫌侵犯知识产权的货物，海关可以依申请扣留。

③ 冻结存款、汇款

进出口货物的纳税义务人在规定的纳税期限内有明显的转移、藏匿其应税货物以及其他财产迹象，不能提供纳税担保的，经直属海关关长或者其授权的隶属海关关长批准，海关可以通知纳税义务人开户银行或者其他金融机构暂停支付纳税义务人相当于应纳税款的存款。

④ 封存货物或者账簿、单证

A. 海关进行稽查时，发现被稽查人的进出口货物有违反《海关法》和其他法律、行政法规嫌疑的，经直属海关关长或其授权的隶属海关关长批准，可以封存有关进出口货物。

B. 海关进行稽查时，发现被稽查人有可能篡改、转移、隐匿、毁弃账簿和单证等资料的，经直属海关关长或其授权的隶属海关关长批准，在不妨碍被稽查人正常的生产经营活动的前提下，可以暂时封存其账簿、单证等有关资料。

⑤其他强制措施

A. 进出境运输工具违抗海关监管逃逸的，海关可以连续追至海关监管区和海关附近沿海沿边规定地区以外，将其带回。

B. 对于海关监管货物，海关可以加施封志。

（2）海关行政强制执行，是指在有关当事人不依法履行义务的前提下，为实现海关的有效行政管理，依法强制当事人履行法定义务的行为。包括：

① 加收滞纳金

A. 进出口货物的纳税义务人逾期缴纳税款的，由海关征收滞纳金。

B. 进出口货物和海关监管货物因纳税义务人违反规定造成少征或者漏征税款的，海关可予追征并加征滞纳金。

② 扣缴税款

进出口货物的纳税义务人、担保人自规定的纳税期限届满之日起超过 3 个月未缴纳税款的，经直属海关关长或者其授权的隶属海关关长批准，海关可以书面通知其开户银行或者其他金融机构从其暂停支付的存款中扣缴税款。

③ 抵缴、变价抵缴

A. 当事人逾期不履行海关的处罚决定又不申请复议或者提起诉讼的，海关可以将其保证金抵缴或者将其被扣留的货物、物品、运输工具依法变价抵缴。

B. 进出口货物的纳税义务人、担保人自规定的纳税期限届满之日起超过 3 个月未缴纳税款的，经直属海关关长或者其授权的隶属海关关长批准，海关可以依法变卖应税货物，或者依法变卖其价值相当于应纳税款的货物或者其他财产，以变卖所得抵缴税款。

C. 海关以扣留方式实施税收保全措施，进出口货物的纳税义务人在规定的期限内未缴纳税款的，经直属海关关长或者其授权的隶属海关关长批准，依法变卖所扣留货物或者其他财产，以变卖所得抵缴税款。

D. 进口货物的收货人自运输工具申报进境之日起超过 3 个月未向海关申报的，其进口货物由海关提取依法变卖处理。

E. 确属误卸或者溢卸的进境货物，原运输工具负责人或者货物的收发货人逾期未办理退运或者进口手续的，由海关提取依法变卖处理。

（二）海关权力行使的基本原则

海关权力作为国家行政权的一部分，一方面，海关权力运行起到了维护国家利益、维护经济秩序、实现国家权能的积极作用；另一方面，由于客观上海关权力的广泛性、自由裁量权较大等因素，以及海关执法者主观方面的原因，海关权力在行使时任何的随意性或者滥用都必然导致管理相对人的合法权益受到侵害，从而对行政法治构成威胁，所以海关权力的行使必须遵循一定的原则。一般来说，海关权力行使应遵循的基本原则如下：

1. 合法原则

权力的行使要合法，这是行政法的基本原则——依法行政原则的基本要求。按照行政法理论，行政权力行使的合法性至少包括：

（1）行使行政权力的主体资格合法，即行使权力的主体必须有法律授权。例如，涉税走私犯罪案件的侦查权，只有缉私警察才能行使，海关其他人员则无此项权力。又如，《海关法》规定海关行使某些权力时应“经直属海关关长或者其授权的隶属海关关长批准”，如未经批准，海关人员不能擅自行使这些权力。

（2）行使权力必须有法律规范为依据。《海关法》第二条规定了海关的执法依据是《海关法》和其他有关法律、行政法规。无法律规范授权的执法行为，属于越权行为，应属无效。

（3）行使权力的方法、手段、步骤、时限等程序应合法。

（4）一切行政违法主体（包括海关及管理相对人）都应承担相应的法律责任。

2. 适当原则

行政权力的适当原则是指权力的行使应该以公平性、合理性为基础，以正义性为目标。因国家管理的需要，海关在验、放、征、减、免、罚的管理活动中拥有很大的自由裁量权，即法律仅规定一定原则和幅度，海关关员可以根据具体情况和自己的意志，自行判断和选择，采取最合适的行为方式及其内容来行使职权。因此，适当原则是海关行使行政权力的重要原则之一。为了防止自由裁量权的滥用，目前我国对海关自由裁量权进行监督的法律途径主要有行政监督（行政复议）和司法监督（行政诉讼）程序。

3. 依法独立行使原则

海关实行高度集中统一的管理体制和垂直领导方式，地方海关只对海关总署负责。海关无论级别高低，都是代表国家行使管理权的国家机关，海关依法独立行使权力，各地方、各部门应当支持海关依法行使职权，不得非法干预海关的执法活动。

4. 依法受到保障原则

海关权力是国家权力的一种，应受到保障，才能实现国家权能的作用。《海关法》规定：海关依法执行职务，有关单位和个人应当如实回答询问并予以配合，任何单位和个人不得阻挠；海关执行职务受到暴力抗拒时，执行有关任务的公安机关和人民武装警察部队应当予以协助。

（三）海关权力的监督

海关权力的监督即海关执法监督，是指特定的监督主体依法对海关行政机关及其执法人员的行政执法活动实施的监察、检查、督促等，以此确保海关权力在法定范围内运行。

为确保海关能够严格依法行政，保证国家法律、法规得以正确实施，同时也使当事人的合法权益得到有效保护，《海关法》专门设立“执法监督”一章，对海关行政执法实施监督。海关履行职责，必须遵守法律，依照法定职权和法定程序严格执法，并接受监督。这是海关的一项法定义务。

海关执法监督主要指中国共产党的监督、国家最高权力机关的监督、国家最高行政机关的监督、监察机关的监督、审计机关的监督、司法机关的监督、管理相对人的监督、社会监督，以及海关上下级机构之间的相互监督、机关内部不同部门之间的相互监督、工作人员之间的相互监督等。

四、海关的管理体制与机构

海关机构是国务院根据国家改革开放的形势以及经济发展战略的需要，依照海关法律而设立的。改革开放以来，随着我国对外经济贸易和科技文化交流与合作的发展，海关机构不断扩大，机构的设立从沿海沿边口岸扩大到内陆和沿江、沿边海关业务集中的地点，并形成了集中统一管理的垂直领导体制。

（一）海关的管理体制

海关作为国家的进出境监督管理机关，为了履行其进出境监督管理职能，提高管理效率，维持正常的管理秩序，必须建立完善的管理体制。

《海关法》规定，“国务院设立海关总署，统一管理全国海关”，“海关依法独立行使职权，向海关总署负责”，确定了海关总署作为国务院直属机构的地位，进一步明确了海关机构的隶属关系，将海关集中统一的垂直领导体制以法律的形式予以确立。海关集中统一的垂直领导体制既适应了国家改革开放、社会主义现代化建设的需要，也适应了海关自身建设与发展的需要，有力地保证了海关各项监督管理职能的实施。

《海关法》以法律形式明确了海关的设关原则：“国家在对外开放的口岸和海关监管业务集中的地点设立海关。海关的隶属关系，不受行政区划的限制。”“对外开放的口岸”是指由国务院批准，允许运输工具及所载人员、货物、物品直接出入国（关）境的港口、机场、车站，以及允许运输工具、人员、货物、物品出入国（关）境的边境通道。国家规定，在对外开放的口岸必须设置海关。“海关监管业务集中的地点”是指虽非国务院批准对外开放的口岸，但是海关某类或者某几类监管业务比较集中的地方，如转关运输监管、保税加工监管等。这一设关原则为海关管理从口岸向内地，进而向全关境的转化奠定了基础，同时也为海关业务制度的发展预留了空间。“海关的隶属关系，不受行政区划的限制”，表明了海关管理体制与一般性的行政管理体制的区域划分无必然联系，如果海关监督管理需要，国家可以在现有的行政区划之外考虑和安排海关的上下级关系和海关的相互关系。

（二）海关的组织机构

海关机构的设置为海关总署、直属海关和隶属海关三级。隶属海关由直属海关领导，向直属海关负责；直属海关由海关总署领导，向海关总署负责。

1. 海关总署

海关总署是国务院的直属机构，在国务院领导下统一管理全国海关机构、人员编制、经费物资和各项海关业务，是海关系统的最高领导部门。海关总署下设广东分署，在上海和天津设立特派员办事处，作为其派出机构。海关总署的基本任务是在国务院领导下，领导和组织全国海关正确贯彻实施《海关法》和国家的有关政策、行政法规，积极发挥依法行政、为国把关的职能，服务、促进和保护社会主义现代化建设。

2. 直属海关

直属海关是指直接由海关总署领导，负责管理一定区域范围内海关业务的海关。目前直属海关共有 42 个，除香港、澳门、台湾地区外，分布在全国 31 个省、自治区、直辖市。直属海关就本关区内的海关事务独立行使职权，向海关总署负责。直属海关承担着在关区内组织开展海关各项业务和关区集中审单作业，全面有效地贯彻执行海关各项政策、法律、法规、管理制度和作业规范的重要职责，在海关三级业务职能管理中发挥着承上启下的作用。

3. 隶属海关

隶属海关是指由直属海关领导，负责办理具体海关业务的海关，是海关进出境监督管理职能的基本执行单位，一般都设在口岸和海关业务集中的地点。

4. 海关缉私警察机构

为了更好地适应反走私斗争新形势的要求，充分发挥海关打击走私的整体效能，根据党中央、国务院的决定，由海关总署、公安部联合组建缉私局，设在海关总署。

第三节　报关单位

一、报关单位的概念

报关单位是指依法在海关注册登记的报关企业和进出口货物收发货人。除法律、行政法规或者海关规章另有规定外，报关企业、进出口货物收发货人办理报关手续，必须依法经海关注册登记。因此，依法向海关注册登记是法人、其他组织或者个人成为报关单位的法定要求和前提条件。

二、报关单位的类型

《海关法》将报关单位划分为报关企业和进出口货物收发货人两种类型。

（一）报关企业

报关企业，是指依法经海关准予注册登记，接受进出口货物收发货人的委托，以进出口货物收发货人的名义或者以自己的名义，向海关办理代理报关业务，从事报关服务的中华人民共和国关境内的企业法人。

随着对外贸易的快速增长，我国经济的持续发展和国内产业结构、消费结构的不断升级调整，以及全球经济一体化带来的产品、技术、服务和一些重要的生产要素逐步趋于较大规模的跨国流动，我国报关业务量有了较大幅度的增长。办理货物进出境海关手续是一项专业性较强的工作，海关对这一专业技能提出了较高的要求。有些进出口货物收发货人由于经济、时间、地点等方面的原因不能或者不愿自行办理报关手续，便在实践中产生了委托报关的需求，由此也就产生了接受委托代为办理货物进出境海关手续的报关企业。

目前，我国从事报关服务的报关企业主要有两类：一类是经营国际货物运输代理等业务，兼营进出口货物代理报关业务的国际货物运输代理公司等；另一类是主营代理报关业务的报关公司或报关行。

（二）进出口货物收发货人

进出口货物收发货人，是指依法直接进口或者出口货物的中华人民共和国关境内的法人、其他组织或者个人。

一般而言，进出口货物收发货人指的是依法向国务院对外贸易主管部门（即商务部）或者其委托的机构办理备案登记的对外贸易经营者。除法律、行政法规、部门规章规定不需要备案登记的，对外贸易经营者未依法办理备案登记的，海关不予办理其货物进出境海关手续。

对于未取得对外贸易经营者备案登记表但按照国家有关规定需要从事非贸易性进出口活动的单位，如境外企业、新闻、经贸机构、文化团体等依法在中国境内设立的常驻代表机构，少量货样进出境的单位，国家机关、学校、科研院所等组织机构，临时接受捐赠、礼品、国际援助的单位等，在进出口货物时，海关也视其为进出口货物收发货人。

三、报关单位的注册登记

（一）报关注册登记制度的概念

报关注册登记制度是指报关企业、进出口货物收发货人依法向海关提交规定的注册登记申请材料，经注册地海关依法对其申请注册登记的材料进行审核，准予其办理报关业务的管理制度。

根据《海关法》的规定，可以向海关办理报关注册登记的单位有两类：一类是报关企业，主要包括报关行、国际货物运输公司等；另一类是进出口货物收发货人，主要包括依法向国务院对外贸易主管部门或者其委托的机构办理备案登记的对外贸易经营者等。海关一般不接受其他企业和单位的报关注册登记申请。海关对于未取得对外贸易经营者备案登记表，但按照国家有关规定需要从事非贸易性进出口活动的有关单位，允许其向所在地海关办理备案手续，特殊情况下可以向拟进出境口岸或者海关监管业务集中地海关办理备案手续。

考虑到两类报关单位的不同性质，海关对其规定了不同的报关注册登记条件。对于报关企业，海关要求其必须具备规定的设立条件并取得海关报关注册登记许可。对于进出口货物收发货人则实行备案制。凡是依照《中华人民共和国对外贸易法》（以下简称《对外贸易法》）经向对外贸易主管部门备案登记，有权从事对外贸易经营活动的境内法人、其他组织和个人（个体工商户）均可直接向海关办理注册登记。

（二）报关企业的注册登记

报关企业提供的报关服务是一项专业性、技术型很强的工作，是进出口贸易中重要的中介服务，为此，海关对报关企业规定了具体的设立条件。报关企业注册登记应依法获得报关企业注册登记许可。

1. 报关企业的设立条件

报关企业注册登记应当具备的条件包括：

（1）具备境内企业法人资格条件；

（2）法定代表人无走私记录；

（3）无因走私违法行为被海关撤销注册登记许可的记录；

（4）有符合从事报关服务所必需的固定经营场所和设施；

（5）海关监管所需要的其他条件。

2. 报关企业注册登记的程序

（1）报关企业注册登记许可申请

申请报关企业注册登记许可，应当提交“报关单位情况登记表”。申请人应当到所在地直属海关对外公布受理申请的场所提出申请并递交申请注册登记许可材料。

申请人可以委托代理人提出注册登记许可申请。申请人委托代理人代为提出申请的，应当出具授权委托书。

（2）申请的受理

对申请人提出的申请，海关应当根据下列情况分别作出处理：

① 申请人不具备报关企业注册登记许可申请资格的，应当作出不予受理的决定；

② 申请材料不齐全或者不符合法定形式的，应当当场或者在签收申请材料后5日内一次告知申请人需要补正的全部内容，逾期不告知的，自收到申请材料之日起即为受理；

③ 申请材料仅存在文字性或者技术性等可以当场更正的错误的，应当允许申请人当场更正，并且由申请人对更正内容予以签章确认；

④ 申请材料齐全、符合法定形式，或者申请人按照海关的要求提交全部补正申请材料的，海关应当受理报关企业注册登记许可申请，并作出受理决定。

（3）申请的审查

所在地海关受理申请后，应当根据法定条件和程序进行全面审查，并且于受理注册登记许可申请之日起20个工作日内审查完毕。

直属海关未授权隶属海关办理注册登记许可的，应当自收到所在地海关报送的审查意见之日起20个工作日内作出决定。

直属海关授权隶属海关办理注册登记许可的，隶属海关应当自受理或者收到所在地海关报送的审查意见之日起20个工作日内作出决定。

（4）许可决定

申请人的申请符合法定条件的，海关应当依法作出准予注册登记许可的书面决定，并送达申请人，同时核发“中华人民共和国海关报关单位注册登记证书”。

申请人的申请不符合法定条件的，海关应当依法作出不准予注册登记许可的书面决定，并且告知申请人享有依法申请行政复议或者提起行政诉讼的权利。

报关企业设立分支机构应当向其分支机构所在地海关提交“报关单位情况登记表”。经审查符合备案条件的，海关应当核发“中华人民共和国海关报关单位注册登记证书”。

3. 报关企业注册登记许可的注销

报关企业有下列情形之一的，海关应当依法注销其注册登记许可：

（1）有效期届满未申请延续的；

(2) 报关企业依法终止的；

(3) 注册登记许可依法被撤销、撤回，或者注册登记许可证件依法被吊销的；

(4) 由于不可抗力导致注册登记许可事项无法实施的；

(5) 法律、行政法规规定的应当注销注册登记许可的其他情形。

报关企业依法终止的，海关在注销报关企业注册登记许可的同时，应当注销该报关企业设立的所有分支机构。

4. 海关特殊监管区域内企业的注册登记

海关特殊监管区域内企业可以申请注册登记成为特殊监管区域双重身份企业，海关按照报关企业有关规定办理注册登记手续。

特殊监管区域双重身份企业在海关特殊监管区域内拥有进出口货物收发货人和报关企业双重身份，在海关特殊监管区外仅具有报关企业身份。

除海关特殊监管区域双重身份企业外，报关单位不得同时在海关注册登记为进出口货物收发货人和报关企业。

(三) 进出口货物收发货人的注册登记

1. 进出口货物收发货人注册登记的程序

进出口货物收发货人应当按照规定到所在地海关办理报关单位注册登记手续。

进出口货物收发货人可以通过两种方式申请注册登记：选择“多证合一”方式提交申请的，可以在申请办理工商注册登记时，同步办理“报关单位注册登记证书”，海关确认接收到企业工商注册信息和商务备案信息后即完成企业备案；选择“单一窗口”或“互联网+海关”方式提交申请的，企业在网上申请提交成功后，到所在地海关提交申请材料，注册地海关依法对申请注册登记材料进行核对，经核对申请材料齐全、符合法定形式的，准予注册登记。

海关对进出口收发货人不再核发“报关单位注册登记证书”，需要获取书面备案登记信息的，企业在线打印备案登记回执，并到所在地海关加盖海关印章。进出口货物收发货人依法设立的分支机构可以办理进出口货物收发货人分支机构备案，由进出口货物收发货人凭“报关单位情况登记表”向分支机构所在地海关申请办理。

2. 进出口货物收发货人注册登记的注销

进出口货物收发货人有下列情形之一的，应当以书面形式向注册地海关办理注销手续。海关在办结有关手续后，应当依法办理注销注册登记手续。

(1) 破产、解散、自行放弃报关权或者分立成两个以上新企业的；

(2) 被工商行政管理部门注销登记或者吊销营业执照的；

(3) 丧失独立承担责任能力的；

(4) 对外贸易经营者备案登记表或者外商投资企业批准证书失效的；

(5) 其他依法应当注销注册登记的情形。

进出口货物收发货人有破产、解散、自行放弃报关权或者分立成两个以上新企业的情形的，如果未主动办理注销手续的，海关可以在办结有关手续后，依法注销其注册登记。

3. 临时注册登记单位的注册登记

申请人凭“报关单位情况登记表”和非贸易性活动证明材料即可向海关申请办理临时

注册登记。

临时注册登记的，海关可以出具临时注册登记证明，但是不予核发注册登记证书。

已经办理报关注册登记的进出口货物收发货人，海关不予办理临时注册登记手续。

（四）报关单位注册登记的有效期

报关企业注册登记许可期限为2年。报关企业“中华人民共和国海关报关单位注册登记证书”的有效期与报关企业注册登记许可期限同为2年。被许可人需要延续注册登记许可有效期的，应当在有效期届满40日前向海关提出申请。报关企业应当在办理注册登记许可延续的同时办理换领“报关单位注册登记证书”手续。

报关企业分支机构备案有效期为2年，报关企业分支机构应当在有效期届满前30日向分支机构所在地海关办理换证手续。

报关企业未按照规定的时限提出延续申请的，海关不再受理其注册登记许可延续申请。

海关在有效期届满前对报关企业的延续申请予以审查。经审查认定符合注册登记许可条件，以及法律、行政法规、海关规章规定的延续注册登记许可应当具备的其他条件的，应当依法作出准予延续2年有效期的决定。有效期届满时仍未作出决定的，视为准予延续，海关应当依法为其办理注册登记许可延续手续。

海关对不再具备注册登记许可条件，或者不符合法律、行政法规、海关规章规定的延续注册登记许可应当具备的其他条件的报关企业，不准予延续其注册登记许可。

除海关另有规定外，进出口货物收发货人的“中华人民共和国海关报关单位注册登记证书”长期有效。

临时注册登记有效期最长为1年，有效期届满后应当重新办理临时注册登记手续。

（五）报关单位注册登记的变更

1. 报关企业注册登记许可的变更

报关企业的企业名称、法定代表人发生变更的，应当凭“报关单位情况登记表”“报关单位注册登记证书”及变更证明文件等相关材料，以书面形式到注册地海关申请变更注册登记许可。

报关企业分支机构企业名称、企业性质、企业住所、负责人等海关备案内容发生变更的，应当自变更生效之日起30日内，向所在地海关办理变更手续。

所属报关人员备案内容发生变更的，报关企业及其分支机构应当在变更事实发生之日起30日内，向注册地海关办理变更手续。

对被许可人提出的变更注册登记许可申请，注册地海关应当参照注册登记许可程序进行审查。经审查符合注册登记许可条件的，应当作出准予变更的决定，同时办理注册信息变更手续。

经审查不符合注册登记许可条件的，海关不予变更其注册登记许可。

2. 进出口货物收发货人注册登记的变更

进出口货物收发货人的企业名称、企业性质、企业住所、法定代表人（负责人）等海关注册登记内容发生变更的，应当自变更生效之日起30日内，凭变更证明文件等相关材料向注册地海关办理变更手续。

所属报关人员发生变更的，进出口货物收发货人应当在变更事实发生之日起30日内，向注册地海关办理变更手续。

四、报关单位的报关行为规则及法律责任

（一）报关企业的报关行为规则

报关企业应当于每年1月1日至6月30日通过企业信用信息管理系统向海关提交《企业信用信息年度报告》。

报关企业应当在每年6月30日前向注册地海关提交“报关单位注册信息年度报告”。

报关企业所属人员从事报关业务的，报关企业应当到海关办理备案手续，海关予以核发证明。报关企业应当对其分支机构及所属报关人员的报关行为承担法律责任。

报关企业向海关提交的进出口货物报关单应当加盖本单位的报关专用章。报关企业及其在海关备案的分支机构可以在全国办理进出口报关业务。

（二）进出口货物收发货人的报关行为规则

进出口货物收发货人在海关办理注册登记后可以在中华人民共和国关境内口岸或者海关监管业务集中的地点办理本企业的报关业务。

进出口货物收发货人应当于每年1月1日至6月30日通过企业信用信息管理系统向海关提交《企业信用信息年度报告》。进出口货物收发货人所属人员从事报关业务的，进出口货物收发货人应当到海关办理备案手续，海关予以核发证明。

进出口货物收发货人向海关提交的进出口货物报关单应当加盖本单位的报关专用章。进出口货物收发货人及其在海关备案的分支机构可以在全国办理进出口报关业务。

进出口货物收发货人应当通过本单位所属的报关人员办理报关业务，或者委托海关准予注册登记的报关企业，由报关企业所属的报关人员代为办理报关业务。

进出口货物收发货人应当对其分支机构及所属报关人员的行为承担法律责任。

（三）报关单位的法律责任

报关单位在办理报关业务时，应遵守国家有关法律、行政法规和海关的各项规定，并对所申报货物、物品的品名、规格、价格、数量、品质等的真实性、合法性负责，承担相应的法律责任。

报关单位的海关法律责任，是指报关单位违反海关法律规范所应承担的法律后果，并由海关及有关司法机关对其违法行为依法予以追究，实施法律制裁。《海关法》、《商检法》、《动植物检疫法》、《国境卫生检疫法》、《食品卫生法》、《海关行政处罚实施条例》等法律法规，以及海关规章等都对报关单位的法律责任进行了规定。《中华人民共和国刑法》（以下简称《刑法》）关于走私犯罪的规定，《中华人民共和国行政处罚法》（以下简称《行政处罚法》）关于行政处罚的原则、程序、时效、管辖、执行等规定，也都适用于对报关单位海关法律责任的追究。

第四节　企业信用管理

为了推进社会信用体系建设，建立企业进出口信用管理制度，保障贸易安全与便利，

根据《海关法》及其他有关法律、行政法规的规定，海关按照社会信用体系建设的总体要求，以“诚信守法便利，失信违法惩戒”为原则，根据企业经营管理、内控规范、守法守信等能够反映企业信用的客观情况，科学、公平、公正地明确了认证企业、一般信用企业和失信企业的认定标准及管理措施。

（一）企业信用信息采集和公示

海关根据社会信用体系建设和国际合作需要，与国家有关部门及其他国家或者地区海关建立合作机制，推进信息互换、监管互认、执法互助。

海关采集能够反映企业进出口信用状况的信息，建立企业信用信息管理系统，包括：企业注册登记或者备案信息，以及企业相关人员基本信息；企业进出口及与进出口相关的经营信息；企业行政许可信息；企业及其相关人员行政处罚和刑事处罚信息；海关与国家有关部门实施联合激励和联合惩戒信息；AEO 互认信息；企业产品检验检疫合格率，国外通报、退运、召回、索赔等情况；因虚假申报导致进口方原产地证书核查，骗取、伪造、变造、买卖或者盗窃出口货物原产地证书等情况；以及其他能够反映企业信用状况的相关信息。

海关在保护国家秘密、商业秘密和个人隐私的前提下，公示企业如下信用信息：企业在海关注册登记或者备案信息，海关对企业信用状况的认定结果，海关对企业的行政许可信息，海关对企业的行政处罚信息，海关与国家有关部门实施联合激励和联合惩戒信息，海关信用信息异常企业名录，以及其他依法应当公示的信息。

海关对企业行政处罚信息的公示期限为 5 年。自然人、法人或者非法人组织认为海关公示的企业信用信息不准确的，可以向海关提出异议，并提供相关资料或者证明材料。海关应当自收到异议申请之日起 20 日内复核。公民、法人或者其他组织提出异议的理由成立的，海关应当采纳。

（二）企业信用状况的认定标准和程序

1. 认证企业

认证企业是中国海关经认证的经营者（AEO），中国海关依法开展与其他国家或者地区海关的 AEO 互认，并给予互认 AEO 企业相应通关便利措施，充分体现了与国际海关接轨的要求。“经认证的经营者”在世界海关组织制定的《全球贸易安全与便利标准框架》中被定义为“以任何一种方式参与货物国际流通，并被海关当局认定符合世界海关组织或相应供应链安全标准的一方，包括生产商、进口商、出口商、报关行、承运商、理货人、中间商、口岸和机场、货站经营者、综合经营者、仓储业经营者和分销商”。经双方海关认证的 AEO 企业进口货物，可以享受通关便利措施。

企业向海关申请成为认证企业的，海关按照《海关认证企业标准》对企业实施认证。《海关认证企业标准》分为一般认证企业标准和高级认证企业标准，每类标准均包括通用认证标准和根据企业经营类别不同而制定的单项认证标准，具体包括内部控制、财务状况、守法规范、贸易安全 4 大类标准。认证企业应当同时符合通用认证标准和与其实际情况相符的相应经营类别的单项认证标准。

企业申请成为认证企业，应当向海关提交“适用认证企业管理申请书”。海关按照《海关认证企业标准》对企业实施认证。

海关应当自收到“适用认证企业管理申请书”之日起 90 日内对企业信用状况是否符

合《海关认证企业标准》作出决定。特殊情形下，海关认证时限可以延长30日。通过认证的企业，海关制发“认证企业证书”；未通过认证的企业，海关制发“不予适用认证企业管理决定书”。“认证企业证书”“不予适用认证企业管理决定书”应当送达申请人，并且自送达之日起生效。

企业主动撤回认证申请的，视为未通过认证。

未通过认证的企业1年内不得再次向海关提出认证申请。

申请认证期间，企业涉嫌走私被立案侦查或者调查的，海关应当终止认证。企业涉嫌违反海关监管规定被立案调查的，海关可以终止认证。

申请认证期间，企业被海关稽查、核查的，海关可以中止认证。中止时间超过3个月的，海关终止认证。

海关对高级认证企业每3年重新认证一次，对一般认证企业不定期重新认证。

重新认证前，海关应当通知企业，并且参照企业认证程序进行重新认证。对未通过重新认证的，海关制发“企业信用等级认定决定书”，调整企业信用等级。“企业信用等级认定决定书”应当送达企业，并且自送达之日起生效。

重新认证期间，企业申请放弃认证企业管理的，视为未通过认证。

2. 失信企业

企业有下列情形之一的，海关认定为失信企业：

（1）有走私犯罪或者走私行为的；

（2）非报关企业1年内违反海关监管规定行为次数超过上年度报关单、进出境备案清单等相关单证总票数千分之一且被海关行政处罚金额累计超过100万元的；

报关企业1年内违反海关监管规定行为次数超过上年度报关单、进出境备案清单总票数万分之五的且被海关行政处罚金额累计超过10万元的；

（3）拖欠应缴税款或者拖欠应缴罚没款项的；

（4）经过实地查看，确认企业登记的信息失实且无法与企业取得联系的，被海关列入信用信息异常企业名录超过90日的；

（5）假借海关或者其他企业名义获取不当利益的；

（6）向海关隐瞒真实情况或者提供虚假信息，影响企业信用管理的；

（7）抗拒、阻碍海关工作人员依法执行职务，情节严重的；

（8）因刑事犯罪被列入国家失信联合惩戒名单的；

（9）企业有违反国境卫生检疫、进出境动植物检疫、进出口食品化妆品安全、进出口商品检验规定被追究刑事责任的；

（10）其他海关认定为失信企业的情形。

当年注册登记或者备案的非报关企业、报关企业，1年内因违反海关监管规定被海关行政处罚金额分别累计超过100万元、30万元的，海关认定为失信企业。

3. 一般信用企业

企业有下列情形之一的，海关认定为一般信用企业：

（1）首次注册登记的企业；

（2）认证企业不再符合《海关认证企业标准》，并且未发生失信企业所列情形的；

（3）自被海关认定为失信企业之日起连续2年未发生失信企业规定情形的。

4. 企业信用状况的调整

海关对企业信用状况的认定结果实施动态调整。

海关对高级认证企业每3年重新认证一次，对一般认证企业不定期重新认证。重新认证前，海关应当通知企业，并且参照企业认证程序进行重新认证。未通过认证的企业，海关制发“企业信用等级认定决定书”，调整企业信用等级。“企业信用等级认定决定书”应当送达企业，并且自送达之日起生效。重新认证期间，企业申请放弃认证企业管理的，视为未通过认证。

认证企业被海关调整为一般信用企业管理的，1年内不得申请成为认证企业；认证企业被海关调整为失信企业管理的，2年内不得成为一般信用企业。高级认证企业被海关调整为一般认证企业管理的，1年内不得申请成为高级认证企业。

自被海关认定为失信企业之日起连续2年未发生《中华人民共和国海关企业信用管理办法》第十二条规定情形的，海关应当将失信企业调整为一般信用企业。失信企业被调整为一般信用企业满1年的，可以向海关申请成为认证企业。

企业有分立合并情形的，海关对企业信用状况的认定结果按照以下原则作出调整：

（1）企业发生存续分立，分立后的存续企业承继分立前企业的主要权利义务的，适用海关对分立前企业的信用状况认定结果，其余的分立企业视为首次注册登记或者备案企业；

（2）企业发生解散分立，分立企业视为首次注册登记或者备案企业；

（3）企业发生吸收合并，合并企业适用海关对合并后存续企业的信用状况认定结果；

（4）企业发生新设合并，合并企业视为首次注册登记或者备案企业。

5. 企业认证终止

申请认证期间，企业涉嫌走私被立案侦查或者调查的，海关应当终止认证。企业涉嫌违反海关监管规定被立案调查的，海关可以终止认证。企业涉嫌违反国境卫生检疫、进出境动植物检疫、进出口食品化妆品安全、进出口商品检验规定被刑事立案的，海关应当终止认证。

申请认证期间，企业被海关稽查、核查的，海关可以中止认证。中止时间超过3个月的，海关终止认证。

（三）管理原则和措施

1. 认证企业适用的管理原则和措施：

（1）一般认证企业适用的管理原则和措施

① 进出口货物平均查验率在一般信用企业平均查验率的50%以下；

② 优先办理进出口货物通关手续；

③ 海关收取的担保金额可以低于其可能承担的税款总额或者海关总署规定的金额；

④ 进出口货物平均检验检疫抽批比率在一般信用企业平均抽批比率的50%以下（法律、行政法规、规章或者海关有特殊要求的除外）；

⑤ 出口货物原产地调查平均抽查比率在一般信用企业平均抽查比率的50%以下；

⑥ 优先办理海关注册登记或者备案以及相关业务手续，除首次注册登记或者备案以及有特殊要求外，海关可以实行容缺受理或者采信企业自主声明，免于实地验核或者评审；

⑦ 海关总署规定的其他管理措施。

（2）高级认证企业适用的管理原则和措施

高级认证企业除适用一般认证企业管理原则和措施外，还适用下列管理措施：

① 进出口货物平均查验率在一般信用企业平均查验率的 20%以下；

② 可以向海关申请免除担保；

③ 减少对企业稽查、核查频次；

④ 可以在出口货物运抵海关监管区之前向海关申报；

⑤ 海关为企业设立协调员；

⑥ AEO 互认国家或者地区海关通关便利措施；

⑦ 国家有关部门实施的守信联合激励措施；

⑧ 因不可抗力中断国际贸易恢复后优先通关；

⑨ 进出口货物平均检验检疫抽批比率在一般信用企业平均抽批比率的 20%以下（法律、行政法规、规章或者海关有特殊要求的除外）；

⑩ 出口货物原产地调查平均抽查比率在一般信用企业平均抽查比率的 20%以下；

⑪ 优先向其他国家（地区）推荐食品、化妆品等出口企业的注册；

⑫ 海关总署规定的其他管理措施。

高级认证企业适用的管理措施优于一般认证企业。

2. 失信企业适用海关下列管理原则和措施：

（1）进出口货物平均查验率在 80%以上；

（2）不予免除查验没有问题企业的吊装、移位、仓储等费用；

（3）不适用汇总征税制度；

（4）除特殊情形外，不适用存样留像放行措施；

（5）经营加工贸易业务的，全额提供担保；

（6）进出口货物平均检验检疫抽批比率在 80%以上；

（7）提高对企业稽查、核查频次；

（8）国家有关部门实施的失信联合惩戒措施；

（9）海关总署规定的其他管理措施。

3. 因企业信用状况认定结果不一致导致适用的管理措施相抵触的，海关按照就低原则实施管理。

认证企业涉嫌走私被立案侦查或者调查的，海关暂停适用相应管理措施，按照一般信用企业进行管理。

认证企业涉嫌违反国境卫生检疫、进出境动植物检疫、进出口食品化妆品安全、进出口商品检验规定被刑事立案的，海关应当暂停适用相应管理措施。

4. 企业名称或者海关注册编码发生变更的，海关对企业信用状况的认定结果和管理措施继续适用。

海关注册登记或者备案的非企业性质的法人和非法人组织及其相关人员信用信息的采集、公示，信用状况的认定、管理等比照实施。

企业主动披露且被海关处以警告或者 50 万元以下罚款的行为，不作为海关认定企业信用状况的记录。

第五节　企业资质管理

企业资质就是企业在从事某种行业经营中，应具有的资格及与此资格相适应的质量等级标准。在国家进出口管理中，海关按照中国的、进口国（地区）的，或与中国签有双边检疫议定书的国家（地区）的，或国际性的法规、标准的规定，对涉及部分重点进出口商品的境外供货商或者境内供货商的企业资质管理实行注册登记制或备案制。

（一）出境商品的境内企业注册登记

1. 出境水果果园和包装厂的注册登记

我国与输入国家或地区签订的双边协议、议定书等明确规定，或者输入国家或地区法律法规要求对输入该国家或地区的水果果园和包装厂实施注册登记的，海关应当按照规定对输往该国家或地区的出境水果果园和包装厂实行注册登记。我国与输入国家或地区签订的双边协议、议定书等明确规定，或者输入国家或地区法律法规要求对输入该国家或地区的水果果园和包装厂实施注册登记的，出境水果果园、包装厂应当经海关总署集中组织推荐，获得输入国家或地区检验检疫部门认可后，方可向有关国家输出水果。

申请注册登记的出境水果果园和包装厂应当具备海关规定的相关条件，应当向所在地海关提出书面申请，并提交相关材料。海关按照规定对申请材料进行审核，确定材料是否齐全、是否符合有关规定要求，作出受理或者不受理的决定，并出具书面凭证。提交的材料不齐全或者不规范的，应当当场或者在接到申请后 5 个工作日内一次告知申请人补正。逾期不告知的，自收到申请材料之日起即为受理。受理申请后，海关应当对申请注册登记的出境水果果园和包装厂提交的申请资料进行审核，并组织专家组进行现场考核。

海关应当自受理申请之日起 20 个工作日内，作出准予注册登记或者不予注册登记的决定。隶属海关受理的，应当自受理之日起 10 个工作日内，完成对申请资料的初审工作。初审合格后，提交直属海关，直属海关应当在 10 个工作日内作出准予注册登记或者不予注册登记的决定。直属海关应当将注册登记的果园、包装厂名单报海关总署备案。

注册登记证书有效期为 3 年，注册登记证书有效期满前 3 个月，果园、包装厂应当向所在地海关申请换证。

注册登记的果园、包装厂出现果园种植面积扩大，果园承包者或者负责人、植保员发生变化，包装厂法人代表或者负责人发生变化，向包装厂提供水果货源的注册登记果园发生改变，包装厂加工水果种类改变等情况时，应当向海关办理申请变更手续。

注册登记的果园、包装厂出现果园位置及种植水果种类发生变化，包装厂改建、扩建、迁址等情况时，应当向海关重新申请注册登记。

2. 出境水生动物养殖场、中转场实施注册登记

对输入国家或地区要求中国对向其输出水生动物的生产、加工、存放单位注册登记的，海关总署对出境水生动物养殖场、中转场实施注册登记制度。

申请注册登记的出境水生动物养殖场、中转场，出境食用水生动物非开放性水域养殖场、中转场，出境食用水生动物开放性水域养殖场、中转场，出境观赏用和种用水生动物养殖场、中转场应当符合海关规定的相关条件，并向所在地直属海关申请注册登记，并提交相关材料，直属海关应当对申请材料及时进行审查，根据下列情况在 5 日内作出受理或

者不予受理决定，并书面通知申请人。

每一注册登记养殖场或者中转场使用一个注册登记编号。

同一企业所有的不同地点的养殖场或者中转场应当分别申请注册登记。

直属海关应当在受理申请后组成评审组，对申请注册登记的养殖场或者中转场进行现场评审。评审组应当在现场评审结束后向直属海关提交评审报告。直属海关应当自受理申请之日起20日内对申请人的申请事项作出是否准予注册登记的决定；准予注册登记的，颁发“出境水生动物养殖场/中转场检验检疫注册登记证”（以下简称“注册登记证”），并上报海关总署。

直属海关自受理申请之日起20日内不能作出决定的，经直属海关负责人批准，可以延长10日，并应当将延长期限的理由告知申请人。

进口国家或地区有注册登记要求的，直属海关评审合格后，报海关总署，由海关总署统一向进口国家或地区政府主管部门推荐并办理有关手续。进口国家或地区政府主管部门确认后，注册登记生效。

“注册登记证”自颁发之日起生效，有效期5年。经注册登记的养殖场或者中转场的注册登记编号专场专用。

出境水生动物养殖场、中转场变更企业名称、法定代表人、养殖品种、养殖能力等的，应当在30日内向所在地直属海关提出书面申请，填写“出境水生动物养殖场/中转包装场检验检疫注册登记申请表”，并提交与变更内容相关的资料。

变更养殖品种或者养殖能力的，由直属海关审核有关资料并组织现场评审，评审合格后，办理变更手续。

养殖场或者中转场迁址的，应当重新向海关申请办理注册登记手续。

因停产、转产、倒闭等原因不再从事出境水生动物业务的注册登记养殖场、中转场，应当向所在地海关办理注销手续。

获得注册登记的出境水生动物养殖场、中转包装场需要延续注册登记有效期的，应当在有效期届满30日前提出申请。

直属海关应当在完成注册登记、变更或者注销工作后30日内，将辖区内相关信息上报海关总署备案。

3. 出境中药材生产企业的注册登记

输入国家或地区要求对向其输出中药材的出境生产企业注册登记的，海关实行注册登记。

中药材出境生产企业申请注册登记时，应当提交相关材料，所在地直属海关对申请材料齐全、符合法定形式或者申请人按照要求提交全部补正申请材料的，应当受理申请；申请材料存在可以当场更正的错误的，应当允许申请人当场更正；申请材料不齐全或者不符合法定形式的，应当当场或者在5个工作日内一次告知申请人需要补正的全部内容，逾期不告知的，自收到申请材料之日起即为受理。

直属海关受理或者不予受理申请，应当出具加盖本行政机关专用印章和注明日期的书面凭证。

直属海关应当在受理申请后组成评审组，对提出申请的出境生产企业进行现场评审。评审组应当在现场评审结束后及时向直属海关提交评审报告。

直属海关应当自受理申请之日起20日内对申请人的申请事项作出是否准予注册登记

的决定。准予注册登记的，颁发注册登记证。

直属海关自受理申请之日起 20 日内不能作出决定的，经直属海关负责人批准，可以延长 10 日，并应当将延长期限的理由告知申请人。

注册登记有效期为 4 年。

注册登记出境生产企业变更企业名称、法定代表人、产品种类、存放、生产加工能力等，应当在变更后 30 日内向直属海关提出书面申请，填写“出境中药材生产企业检疫注册登记申请表”，并提交与变更内容相关的资料。

变更企业名称、法定代表人的，由直属海关审核有关资料后，直接办理变更手续。

变更产品种类或者生产能力的，由直属海关审核有关资料并组织现场评审，评审合格后，办理变更手续。

企业迁址的，应当重新向直属海关申请办理注册登记手续。

需要向境外推荐注册的，直属海关应当将通过初审的出境生产企业名单上报海关总署。海关总署组织评估，统一向输入国家或地区主管部门推荐并办理有关手续。

4. 出境粮食的生产、加工、存放企业（以下简称出境生产加工企业）注册登记

输入国家或地区要求中国对向其输出粮食出境生产加工企业注册登记的，直属海关负责组织注册登记，并向海关总署备案。

（二）出口商品境内企业备案管理

1. 出口食品生产企业备案管理

为加强出口食品生产企业食品安全卫生管理，规范出口食品生产企业备案管理工作，国家实行出口食品生产企业备案管理制度。

出口食品生产企业未依法履行备案法定义务或者经备案审查不符合要求的，其产品不予出口。

出口食品生产企业申请备案时，应当向所在地海关提交相关文件和证明材料，并对其真实性负责。

海关应当自出口食品生产企业申请备案之日起 5 日内，对出口食品生产企业提交的备案材料进行初步审查，材料齐全并符合法定形式的，予以受理；材料不齐全或者不符合法定形式的，应当一次性告知出口食品生产企业需要补正的全部内容。

海关应当在受理备案申请后组织专家评审，并出具专家评审报告。专家评审主要采取文件评审方式，对进口国（地区）有特殊注册要求或者风险程度较高的企业，可以实施现场评审。对依法取得资质的认证机构出具的危害分析和关键控制点（HACCP）认证结果或者其他等效的食品安全卫生控制体系认证结果，评审时应当予以采信。

出口食品生产企业声明已经建立以危害分析和预防控制措施为核心的食品安全卫生控制体系并有效运行的，评审时可以结合企业信用记录适当采信。

海关应当对备案申请进行审查，并自受理备案申请之日起 20 日内作出是否准予备案的决定。20 日内不能作出决定的，经本海关负责人批准，可以延长 10 日，并应当将延长期限的理由告知申请人。准予备案的，自作出决定之日起 10 日内，向企业颁发“出口食品生产企业备案证明”（以下简称“备案证明”）；不予备案的，应当书面告知企业并说明理由。

“备案证明”有效期为 5 年。出口食品生产企业需要延续“备案证明”有效期的，应当在其有效期届满 30 日前，向所在地海关提出延续申请。海关应当在“备案证明”有效期届满前作出是否准予延续的决定。

出口食品生产企业的企业名称、法定代表人、营业执照等备案事项发生变更的，应当自发生变更之日起 15 日内，向所在地海关申请办理变更手续。

出口食品生产企业生产地址搬迁、新建或者改建生产车间，以及食品安全卫生控制体系发生重大变更等情况的，应当在变更前向所在地海关报告，并重新办理备案。

出口食品生产企业应当建立食品安全卫生控制体系运行及出口食品生产记录档案，记录和凭证的保存期限不得少于食品保质期满后 6 个月；没有明确保质期的，保存期限不得少于 2 年。

2. 出口肉类产品的出口商或代理商备案管理

海关总署对向中国境内出口肉类产品的出口商或代理商实施备案管理，并定期公布已经备案的出口商、代理商名单。

3. 出口肉类产品的生产企业备案管理

海关按照出口食品生产企业备案管理规定，对出口肉类产品的生产企业实施备案管理。输入国家或地区对中国出口肉类产品生产企业有注册要求，需要对外推荐注册企业的，按照海关总署相关规定执行。

出口肉类产品加工用动物应当来自经海关备案的饲养场。

肉类产品出厂检验记录应当真实，保存期限不得少于 2 年。

4. 出口水产品的出口商或代理商实施备案管理

海关总署对向中国境内出口水产品的出口商或代理商实施备案管理，并定期公布已获准入资质的境外生产企业和已经备案的出口商、代理商名单。

（三）进境商品的境外企业注册登记

1. 进境粮食的境外生产加工企业注册登记

海关总署对进境粮食的境外生产加工企业实施注册登记制度。境外生产加工企业应当符合输出国家或地区法律法规和标准的相关要求，并达到中国有关法律法规和强制性标准的要求。

实施注册登记管理的进境粮食境外生产加工企业，经输出国家或地区主管部门审查合格后向海关总署推荐。海关总署收到推荐材料后进行审查确认，符合要求的国家或地区的境外生产加工企业，予以注册登记。

境外生产加工企业注册登记有效期为 4 年。

需要延期的境外生产加工企业，由输出国家或地区主管部门在有效期届满 6 个月前向海关总署提出延期申请。海关总署确认后，注册登记有效期延长 4 年。必要时，海关总署可以派出专家到输出国家或地区对其监管体系进行回顾性审查，并对申请延期的境外生产加工企业进行抽查。

注册登记的境外生产加工企业向中国输出粮食经检验检疫不合格，情节严重的，海关总署可以撤销其注册登记。

向我国出口粮食的境外生产加工企业应当获得输出国家或地区主管部门的认可，具备过筛清杂、烘干、检测、防疫等质量安全控制设施及质量管理制度，禁止添加杂质。

根据情况需要，海关总署组织专家赴境外实施体系性考察，开展疫情调查，生产、加工、存放企业检查及预检监装等工作。

2. 进境中药材境外生产企业的注册登记

海关对向中国境内输出中药材的境外生产企业实施注册登记管理。确定需要实施境外生产、加工、存放单位注册登记的中药材品种目录，并实施动态调整。

海关总署对列入目录的中药材境外生产企业实施注册登记。注册登记有效期为 4 年。

境外生产企业应当符合输出国家或地区法律法规的要求，并符合中国国家技术规范的强制性要求。

输出国家或地区主管部门在境外生产企业申请向中国注册登记时，需对其进行审查，向海关总署推荐，并提交相关的中文或者中英文对照材料。

海关总署收到推荐材料并经书面审查合格后，经与输出国家或地区主管部门协商，可以派员到输出国家或地区对其监管体系进行评估，对申请注册登记的境外生产企业进行检查。

经检查符合要求的申请企业，予以注册登记。

已取得注册登记需延续的境外生产企业，由输出国家或区主管部门在有效期届满 6 个月前，按《进出境中药材检疫监督管理办法》第十二条规定向海关总署提出申请。海关总署可以派员到输出国家或地区对其监管体系进行回顾性审查，并对申请的境外生产企业进行检查。

对回顾性审查符合要求的国家或地区，经检查符合要求的境外生产企业，予以注册登记，有效期延长 4 年。

3. 进口乳品的境外生产企业注册登记

海关对向中国出口乳品的境外生产企业实施注册制度。

境外生产企业应当经出口国家或地区政府主管部门批准设立，符合出口国家或地区法律法规相关要求。

境外生产企业应当熟悉并保证其向中国出口的乳品符合中国食品安全国家标准和相关要求，并能够提供中国食品安全国家标准规定项目的检测报告。境外生产企业申请注册时应当明确其拟向中国出口的乳品种类、品牌。

获得注册的境外生产企业应当在海关总署网站公布。

另外，向中国境内出口乳品的出口商或者代理商、进口乳品的进口商应当向海关总署备案。申请备案的出口商或者代理商应当按照备案要求提供备案信息，对信息的真实性负责。

备案名单应当在海关总署网站公布。

4. 进口食品的境外食品生产企业的注册登记

海关总署对向中国境内出口食品的境外食品生产企业实施注册制度。

另外，向中国境内出口食品的出口商或者代理商应当向海关总署备案。申请备案的出口商或者代理商应当按照备案要求提供企业备案信息，并对信息的真实性负责。

注册和备案名单应当在海关总署网站公布。

5. 进口饲料的境外生产企业注册登记

海关总署对允许进口饲料的境外生产企业实施注册登记制度，进口饲料应当来自注册登记的境外生产企业。

境外生产企业应当符合输出国家或地区法律法规和标准的相关要求，并达到与中国有关法律法规和标准的等效要求，经输出国家或地区主管部门审查合格后向海关总署推荐。

海关总署应当对推荐材料进行审查。审查不合格的，通知输出国家或地区主管部门补正。审查合格的，经与输出国家或地区主管部门协商后，海关总署派出专家到输出国家或地区对其饲料安全监管体系进行审查，并对申请注册登记的企业进行抽查。对抽查不符合要求的企业，不予注册登记，并将原因向输出国家或地区主管部门通报；对抽查符合要求的及未被抽查的其他推荐企业，予以注册登记，并在海关总署官方网站上公布。

注册登记的有效期为5年。

需要延期的境外生产企业，由输出国家或地区主管部门在有效期届满前6个月向海关总署提出延期。必要时，海关总署可以派出专家到输出国家或地区对其饲料安全监管体系进行回顾性审查，并对申请延期的境外生产企业进行抽查，对抽查符合要求的及未被抽查的其他申请延期境外生产企业，注册登记有效期延长5年。

经注册登记的境外生产企业停产、转产、倒闭，或者被输出国家或地区主管部门吊销生产许可证、营业执照的，海关总署注销其注册登记。

6. 进口水生动物的养殖和包装企业的注册登记

海关对向中国输出水生动物的养殖和包装企业实施注册登记管理。

向中国输出水生动物的境外养殖和包装企业（以下简称注册登记企业）应当符合输出国家或地区有关法律法规，输出国家或地区官方主管部门批准后向海关总署推荐。

海关总署应当对推荐材料进行审查。审查不合格的，通知输出国家或地区官方主管部门补正；审查合格的，海关总署可以派出专家组对申请注册登记企业进行抽查。对抽查不符合要求的企业不予注册登记；对抽查符合要求的及未被抽查的其他推荐企业，结合水生动物安全卫生控制体系评估结果，决定是否给予注册登记。

海关总署定期公布、调整注册登记企业名单。

境外养殖和包装企业注册登记有效期为3年。

需要延期注册登记的企业，应当在有效期届满前至少6个月，由输出国家或地区主管部门向海关总署提出延期申请。海关总署可以派出专家组到输出国家或地区对其安全卫生控制体系进行回顾性审查，并对申请延期的境外养殖和包装企业进行抽查。

对回顾性审查符合要求的国家或地区，抽查符合要求的及未被抽查的其他申请延期的注册登记企业，注册登记有效期延长3年。

逾期未提出注册登记延期申请的，海关总署注销其注册登记。

注册登记企业向中国输出的水生动物检验检疫不合格，情节严重的，海关总署可以撤销其注册登记。

7. 贸易性栽培介质的境外生产、加工、存放单位的注册登记

海关对向我国输出贸易性栽培介质的国外生产、加工、存放单位实行注册登记制度。必要时，商输出国家或地区有关部门同意，派检疫人员赴产地进行预检、监装或者产地疫情调查。

8. 进口废物原料的境外供货商、国内收货人的注册登记

为加强进口可用作原料的固体废物检验检疫监督管理，保护环境，进口废物原料的境外供货商（以下简称供货商）、国内收货人（以下简称收货人）实行注册登记制度。

供货商、收货人在签订对外贸易合同前，应当取得注册登记。注册登记有效期为5年。

9. 进境非食用动物产品境外生产加工企业注册登记

向中国输出非食用动物产品的境外生产加工企业应当符合输出国家或地区法律法规和标准的相关要求，并达到中国有关法律法规和强制性标准的要求。

实施注册登记管理的非食用动物产品境外生产加工企业，经输出国家或地区主管部门审查合格后向海关总署推荐。

海关总署收到推荐材料并经书面审查合格后，必要时经与输出国家或地区主管部门协商，派出专家到输出国家或地区对其监管体系进行评估或者回顾性审查，对申请注册登记的境外生产加工企业进行检查。

符合要求的国家或地区的境外生产加工企业，经检查合格的予以注册登记。

境外生产加工企业注册登记有效期为 5 年。

需要延期的境外生产加工企业，由输出国家或地区主管部门在有效期届满 6 个月前向海关总署提出延期申请。海关总署可以派出专家到输出国家或地区对其监管体系进行回顾性审查，并对申请延期的境外生产加工企业进行抽查。

对回顾性审查符合要求的国家或地区，抽查符合要求的及未被抽查的其他申请延期的境外生产加工企业，注册登记有效期延长 5 年。

注册登记的境外生产加工企业不再向中国输出非食用动物产品的，输出国家或地区主管部门应当通报海关总署，海关总署注销其注册登记。

注册登记的境外生产加工企业向中国输出的非食用动物产品经检验检疫不合格，情节严重的，海关总署可以撤销其注册登记。

10. 进口棉花境外供货企业登记

进口棉花的境外供货企业按照自愿原则申请登记。符合条件的境外企业可以自行或可以委托代理人申请登记，提交相关书面材料后，经海关审核合格的，对境外供货企业予以登记，颁发“进口棉花境外供货企业登记证书”（以下简称“登记证书”）并对外公布。

“登记证书”有效期为 3 年。

（四）口岸卫生许可

每个具有独立固定经营场所的国境口岸食品生产、食品销售、餐饮服务、饮用水供应、公共场所经营单位应当作为一个卫生许可证发证单元，单独申请卫生许可。

从事国境口岸食品生产（含航空配餐）、食品销售（含入/出境交通工具食品供应）、餐饮服务的，从事饮用水供应的，从事国境口岸公共场所经营的单位或者个人，申请卫生许可时，可以当面提交或者通过信函、电报、电传、传真、电子数据交换和电子邮件等方式提交相关材料，并对材料的真实性负责。

海关应当对申请人提交的申请材料内容的完整性、有效性进行审查。申请材料经审查合格，确有必要的，需现场审查。

海关应当自受理申请之日起 13 个工作日内作出行政许可决定（现场审查和整改时间不计在内）。因特殊原因需要延长许可期限的，经本机构负责人批准，可以延长 10 个工作日，并应当将延长期限的理由告知申请人。对准予行政许可决定的，检验检疫部门应当自作出决定之日起 10 个工作日内向申请人颁发卫生许可证。

卫生许可证有效期为 4 年。

第二章　报关与对外贸易管制

对外贸易管制是指一国政府为了维护国家安全和宏观经济利益，以及履行所缔结或加入的国际条约的义务，所确立实行的各种管制制度、设立相应管制机构和规范对外贸易活动的总称。

纵观国际贸易的发展史，自古以来对外贸易管制一直处于商务外交的中心，早期的贸易协定在处理领土与和平问题的同时就规制贸易管理，世界各国无一例外地采取各种形式对本国的对外贸易活动加以规范。可以说，通过立法和政策管制进出口贸易，依法保护本国的产业和市场，维护国家的至高利益，长期以来都是一国政府的一项义不容辞的重大职责，充分体现了一国经济发展水平和处理对外贸易关系的政策情况，是政府管理和监督对外贸易强有力的工具。

第一节　对外贸易管制概述

一个国家对外贸易管制制度涉及工业、农业、商业、军事、技术、卫生、环保、税务、资源保护、质量监督、外汇管理，以及金融、保险、信息服务等诸多领域。对外贸易管制通常有 3 种分类形式：一是按管理目的分为进口贸易管制和出口贸易管制，二是按管制手段分为关税措施和非关税措施，三是按管制对象分为货物进出口贸易管制、技术进出口贸易管制和国际服务贸易管制。

对外贸易管制是政府的一种强制性行政管理行为，所涉及的法律、行政法规、部门规章是强制性的法律文件。报关是对外贸易管制制度最直接的体现。因此，对外贸易经营者或其代理人在报关活动中必须严格遵守对外贸易管制制度，并按照相应的管理要求办理进出口手续。本章重点介绍我国对外贸易管制中有关货物和技术的管制制度、措施以及在执行这些贸易管制措施过程中所涉及报关规范的相关内容。

一、对外贸易管制的目的及特点

随着世界经济全球化、区域化的不断发展，各国之间的经济关系变得越来越紧密，相互的依存度也越来越高，各种区域经济合作和贸易协定应运而生，因此一国对外贸易管制政策在充分考虑本国经济状况的同时还必须受到其所加入的国际贸易协定规则的约束，必须在其规则允许范围内，按照规定的程序进行相对自主的管理。国际贸易政策环境也随着各国政府对外贸易管制措施的改变而改变。

尽管各国所实行的对外贸易管制措施在形式和内容上有许多差异，但管制的目的往往是相同的，主要表现为以下几个方面：

（一）保护本国经济利益，发展本国经济

发展中国家实行对外贸易管制主要是为了保护本国的民族工业，建立与巩固本国的经济体系；通过对外贸易管制的各项措施，防止外国产品冲击本国市场而影响本国独立的经济结构的建立；同时，也是为了维护本国的国际收支平衡，使有限的外汇能有效地发挥最大的作用。发达国家实行对外贸易管制主要是为了确保本国在世界经济中的优势地位，避免国际贸易活动对本国经济产生不良影响，特别是要保持本国某些产品或技术的国际垄断地位，保证本国各项经济发展目标的实现。因此，各国的对外贸易管制措施都是与其经济利益相联系的。各国的贸易管制措施是各国经济政策的重要体现。

（二）推行本国的外交政策

不论是发达国家还是发展中国家，往往出于政治或安全上的考虑，甚至不惜牺牲本国经济利益，在不同时期，对不同国家或不同商品实行不同的对外贸易管制措施，以达到其政治上的目的或安全上的目标。因此，贸易管制往往成为一国推行其外交政策的有效手段。

（三）行使国家职能

一个主权国家，对其自然资源和经济行为享有排他的永久主权，国家对外贸易管制制度和措施的强制性是为保护本国环境和自然资源、保障国民人身安全、调控本国经济而行使国家管理职能的一个重要保证。

从对外贸易管制的目的看，贸易管制政策是一国对外政策的体现，这是对外贸易管制的一个显著特点。正是为了实现上述目的，各国都要根据其不同时期的不同经济利益或安全和政治形势需要，随时调整对外贸易管制政策，因此，不同国家或同一国家的不同时期的贸易管制政策是各不相同的。这种因时间、形势而变化的特性是贸易管制的又一大特点。各国对外贸易管制的另一特点是以对进口的管制为重点，虽然贸易管制有效地保护了本国国内市场和本国的经济利益，但在一定程度上也阻碍了世界经济交流，抑制了国际贸易的发展。因此，如何充分发挥贸易管制的有利因素，尽量减少其带来的不利因素，变被动保护为主动、积极的保护，是衡量一个国家管理对外贸易水平的标志。

二、我国对外贸易管制的基本框架和法律体系

实行对外贸易管制是由我国社会制度和经济和技术发展需要所决定的，几十年的实践证明，实行对外贸易管制对我国的经济建设和对外贸易发展起到极其重要的作用。

实行对外贸易管制是维护国家安全和对外贸易秩序，促进对外经济贸易和科技文化交往，保障、保护和扶植我国的民族工业，建立与巩固我国社会主义经济体系，防止外国产品冲击国内市场等方面的有效手段；实行贸易管制可以集中力量对国际市场的价格波动及世界经济危机作出迅速反应，防止这些因素对我国经济建设产生不良影响；实行对外贸易管制有利于加强我国在国际市场中的竞争能力，增强国际贸易中的谈判地位；实行贸易管制还有助于更好地实现国家职能，政府通过对外贸易管制，对外可以及时根据我国在国际竞争中的政策和策略，调整外贸结构和格局，全面发展与世界各国的贸易往来，为促进全球经济繁荣作出贡献，对内则可以达到维护正常的国内经济秩序，保障经济建设的顺利进行，不断提高人民生活水平，满足人民不断增长的物质文化生活需要的目的。

（一）基本框架

我国对外贸易管制制度是一种综合管理制度，主要由海关监管制度、关税制度、对外贸易经营者管理制度、进出口许可制度、进出口商品合格评定制度、进出口货物收付汇管

理制度，以及贸易救济制度等构成。为保障贸易管制各项制度的实施，我国已基本建立并逐步健全了以《中华人民共和国对外贸易法》（以下简称《对外贸易法》）为核心的对外贸易管制的法律体系，并依照这些法律、行政法规、部门规章和我国履行国际公约的有关规定，自主实行对外贸易管制。

（二）法律体系

由于我国对外贸易管制是一种国家管制，因此其所涉及的法律渊源只限于宪法、法律、行政法规、部门规章以及相关的国际条约，不包括地方性法规、规章及各民族自治区政府的地方条例和单行条例。

1. 法律

我国现行的与对外贸易管制有关的法律主要有《中华人民共和国对外贸易法》《中华人民共和国海关法》《中华人民共和国固体废物污染环境防治法》《中华人民共和国食品安全法》《中华人民共和国进出口商品检验法》《中华人民共和国进出境动植物检疫法》《中华人民共和国国境卫生检疫法》《中华人民共和国野生动物保护法》《中华人民共和国药品管理法》《中华人民共和国文物保护法》等。

2. 行政法规

我国现行的与对外贸易管制有关的行政法规主要有《中华人民共和国货物进出口管理条例》、《中华人民共和国技术进出口管理条例》、《中华人民共和国野生植物保护条例》、《中华人民共和国核出口管制条例》、《中华人民共和国核两用品及相关技术出口管制条例》、《易制毒化学品管理条例》、《中华人民共和国导弹及相关物项和技术出口管制条例》、《中华人民共和国生物两用品及相关设备和技术出口管制条例》、《中华人民共和国监控化学品管理条例》、《中华人民共和国濒危野生动植物进出口管理条例》、《中华人民共和国军品出口管理条例》、《中华人民共和国进出口商品检验法实施条例》、《中华人民共和国进出境动植物检疫法实施条例》、《中华人民共和国外汇管理条例》、《中华人民共和国反补贴条例》（以下简称《反补贴条例》）、《中华人民共和国反倾销条例》（以下简称《反倾销条例》）、《中华人民共和国保障措施条例》（以下简称《保障措施条例》）等。

3. 部门规章

我国现行的与对外贸易管制有关的部门规章很多，例如《货物进口许可证管理办法》《货物出口许可证管理办法》《货物自动进口许可管理办法》《出口收汇核销管理办法》《进口药品管理办法》《放射性药品管理办法》《两用物项和技术进出口许可证管理办法》等。

4. 国际条约、协定

各国在通过国内立法实施本国进出口贸易管制的各项措施的同时，必然要与其他国家协调立场，确定相互之间在国际贸易活动中的权利与义务关系，以实现其外交政策和对外贸易政策所确立的目标，因此，国际贸易条约与协定便成为各国之间确立国际贸易关系立场的重要法律形式。

我国目前所缔结或者参加的各类国际条约、协定，虽然不属于我国国内法的范畴，但就其效力而言可视为我国的法律渊源之一。主要有：加入世界贸易组织所签订的有关双边或多边的各类贸易协定、《关于简化和协调海关业务制度的国际公约》（亦称《京都公约》）、《濒危野生动植物种国际贸易公约》（亦称《华盛顿公约》）、《关于消耗臭氧层物质的蒙特利尔议定书》、关于麻醉品和精神药物的国际公约、《关于化学品国际贸易资料交换的伦敦准则》、《关于在国际贸易中对某些危险化学品和农药采用事先知情同意程序的鹿特丹公约》、《控制危险废物越境转移及其处置的巴塞尔公约》、《建立世界知识产权组织公约》、《实施卫生与植物卫生措施协定》（简称 SPS 协定）、《技术性贸易壁垒协定》（TBT 协定）、《国际卫生条例（2005）》、《核安全公约》等。

三、对外贸易管制与海关监管

对外贸易管制是一种国家管制，任何从事对外贸易的活动者都必须无条件地遵守。国家对外贸易管制的目标是以对外贸易管制法律、法规为保障，依靠有效的政府行政管理手段来实现的。

（一）海关监管是实现贸易管制的重要手段

我国《对外贸易法》将对外贸易划分为货物进出口、技术进出口和国际服务贸易。贸易管制主要是通过国务院商务主管部门及其他政府职能主管部门依据国家贸易管制政策核签各类许可证件和批准文件，或通过检验检疫等强制措施来实现。

货物进出口贸易及以货物为表现形式的技术进出口贸易，最终表现为进出境行为。海关作为进出关境监督管理机关，依据《海关法》所赋予的权力，代表国家在口岸行使进出境监督管理职能，这种特殊的管理职能决定了海关监管是实现贸易管制目标的有效行政管理手段，海关依据许可证件和相关批准文件或通过检验检疫等强制措施对实际进出口货物的合法性实施监督管理。

对外贸易管制作为一项综合制度，是需要建立在国家各行政管理部门之间合理分工的基础上，通过各尽其责的通力合作来实现的。《海关法》规定："中华人民共和国海关是国家的进出关境监督管理机关。海关依照本法和其他有关法律、行政法规，监管进出境的运输工具、货物、行李物品、邮递物品和其他物品，征收关税和其他税、费，查缉走私，并编制海关统计和办理其他海关业务。"国家贸易管制是通过国务院商务主管部门及其他政府职能主管部门依据国家贸易管制政策发放各类许可证件或者下发相关文件，最终由海关依据许可证件和相关文件，依照国家或国际标准，通过检验检疫等强制措施对实际进出口货物的合法性实施监督管理来实现的。缺少海关监管这一环节，任何对外贸易管制政策都不可能充分发挥其效力。

《海关法》第四十条规定："国家对进出境货物、物品有禁止性或者限制性规定的，海关依据法律、行政法规、国务院的规定或者国务院有关部门依据法律、行政法规的授权作出的规定实施监管。"该条款不仅赋予了海关对进出口货物依法实施监督管理的权力，还明确了国家对外贸易管制政策所涉及的法律、法规是海关对进出口货物监管工作的法律依据。根据我国行政管理职责的分工，与对外贸易管制相关的法律、行政法规、部门规章分别由全国人大、国务院及其所属各部、委（局）负责制定、颁发，海关则是贸易管制政策在货物进出口环节的具体执行机关。因此，海关对进出口货物实施监管或制定有关监管程序时，必须以国家贸易管制政策所涉及的法律、法规为依据，充分重视这些法律、法规与海关实际工作之间的必然联系，以准确贯彻和执行政策作为海关开展各项管理工作的前提和原则，制定合法、高效的海关监督管理程序，充分运用《海关法》赋予的权力，确保国家各项贸易管制目标的实现。

由于国家进出口贸易管制政策是通过国务院商务主管部门及其他政府职能主管部门依据国家贸易管制政策核签各类许可证件或者批准文件，最终由海关依据许可证件、相关文件及其他单证（报关单、提单、发票、合同等），依照国家或国际标准，通过检验检疫等强制措施对实际进出口货物的合法性实施监督管理来实现的，因此，海关执行贸易管制离不开“单”（包括报关单在内的各类报关单据及其电子数据）、“证”（各类许可证件、相关文件及其电子数据）、“货”（实际进出口货物）这三大要素。“单”“证”“货”相符，是海关确认货物合法进出口的必要条件。对进出口受国家贸易管制的货物，只有在确认达到“单单相符”“单货相符”“单证相符”“证货相符”，并符合标准的情况下，海关才可放行。

随着互联网技术的不断发展普及及应用，无纸化通关已成为提高通关效率的必经之路，2018 年通关无纸化已全面铺开并进入了实质运作阶段。为顺应通关无纸化要求，海关总署积极推进与许可证件主管部门的电子数据联网工作，已实现进出口许可证、两用物项和技术进出口许可证、固体废物进口许可证、有毒化学品进出口环境管理放行通知单、农药进出口登记管理放行通知单、自动进口许可证、密码产品和含有密码技术设备进口许可证、民用爆炸物品进口审批单、进口药品通关单、药品进出口准许证、精神药物进出口准许证、麻醉药品进出口准许证、进口广播电影电视节目带（片）提取单、赴境外加工光盘进口备案证明、音像制品（成品）进口批准单、古生物化石出境批件、野生动植物进出口证书、进口兽药通关单、人民币调运证明、黄金及黄金制品进出口准许证等电子数据联网，实现了进出口许可证件从申领、发证、验证，到核查、核销的无纸化，为实现通关无纸化作业创造了基础条件。

（二）报关是海关确认进出口货物合法性的先决条件

《海关法》第二十四条规定：“进口货物的收货人、出口货物的发货人应当向海关如实申报，提交进出口许可证件和有关单证。国家限制进出口的货物，没有进出口许可证件的，不予放行。”海关通过审核“单”“证”“货”这三要素来确认货物进出口的合法性。而这三要素中的“单”和“证”是报关中申报环节向海关提交的；同时配合海关依据《食品安全法》《固体废物污染环境防治法》《国境卫生检疫法》《进出境动植物检疫法》《进出口商品检验法》等，在通关过程中对进出口货物实施检验检疫等强制措施，是收发货人办理进出口货物海关手续时应履行的法律义务。因此，报关不仅是进出口货物收发货人或其代理人必须履行的手续，也是海关确认进出口货物合法性的先决条件。

（三）海关贸易管制执法手段

海关执行的部分贸易管制措施通过细化、分解贸易管制商品目录，在海关通关系统中对 7500 多项商品设置了 30 余种监管证件代码，对禁止进出口及大部分许可证件设定了相应的监管证件代码，并与监管方式相对应，通关系统根据“监管方式证件表”中监管方式及监管证件的对应关系，在通关过程中对所需的监管证件进行提示，并对联网许可证件电子数据实现系统自动比对自动核扣，大大提高了海关贸易管制政策执行的有效性和准确性。

第二节　我国货物、技术进出口许可管理制度

进出口许可是国家对进出口的一种行政管理制度，既包括准许进出口的有关证件的审批和管理制度本身的程序，也包括以国家各类许可为条件的其他行政管理手续，这种行政管理制度称为进出口许可管理制度。进出口许可管理制度作为一项非关税措施，是世界各国管理进出口贸易的一种常见手段，在国际贸易中长期存在，并广泛运用。

货物、技术进出口许可管理制度是我国进出口许可管理制度的主体，是国家对外贸易管制中极其重要的管理制度。其管理范围包括禁止进出口的货物和技术、限制进出口的货物和技术、自由进出口的技术以及自由进出口中部分实行自动许可管理的货物。

国家对部分进出口货物、技术实行限制或者禁止管理的目的主要有以下几点：

第一，为维护国家安全、社会公共利益或者公共道德，需要限制或者禁止进口或者出口的；

第二，为保护人的健康或者安全，保护动物、植物的生命或者健康，保护环境，需要限制或者禁止进口或者出口的；

第三，为实施与黄金或者白银进出口有关的措施，需要限制或者禁止进口或者出口的；

第四，国内供应短缺或者为有效保护可能用竭的自然资源，需要限制或者禁止出口的；

第五，输往国家或者地区的市场容量有限，需要限制出口的；

第六，出口经营秩序出现严重混乱，需要限制出口的；

第七，为建立或者加快建立国内特定产业，需要限制进口的；

第八，对任何形式的农业、牧业、渔业产品有必要限制进口的；

第九，为保障国家国际金融地位和国际收支平衡，需要限制进口的；

第十，依照法律、行政法规的规定，其他需要限制或者禁止进口或者出口的；

第十一，根据我国缔结或者参加的国际条约、协定的规定，其他需要限制或者禁止进口或者出口的。

一、禁止进出口管理

为维护国家安全和社会公共利益，保护人民的生命健康，履行我国所缔结或者参加的国际条约和协定，国务院商务主管部门会同国务院有关部门，依照《对外贸易法》等有关法律法规，制定、调整并公布禁止进出口货物、技术目录。海关依据国家相关法律法规对禁止进出口商品实施监督管理。

（一）禁止进口管理

对列入国家公布的禁止进口目录以及国家法律法规明令禁止或停止进口的货物、技术，任何对外贸易经营者不得经营进口。

1. 禁止进口货物管理

我国政府明令禁止进口的货物包括：列入由国务院商务主管部门或由其会同国务院有关部门制定的禁止进口货物目录的商品、国家有关法律法规明令禁止进口的商品以及其他

各种原因停止进口的商品。

(1) 列入禁止进口货物目录的商品

目前，我国公布的禁止进口货物目录包括：

①《禁止进口货物目录（第一批）》是为了保护我国的自然生态环境和生态资源，从我国国情出发，履行我国所缔结或者参加的与保护世界自然生态环境相关的一系列国际条约和协定而发布的。例如：国家禁止进口属破坏臭氧层物质的四氯化碳，禁止进口属世界濒危物种管理范畴的犀牛角、麝香、虎骨等。

②《禁止进口机电产品目录》（此目录从2019年1月1日执行，废止原《禁止进口货物目录（第二批）》）是国家对涉及生产安全（压力容器类）、人身安全（电器、医疗设备类）和环境保护（汽车、工程及车船机械类）的旧机电产品所实施的禁止进口管理。

③ 由原《禁止进口货物目录》第三、四、五批合并修订而成的《禁止进口固体废物目录》及《2018年年底调整为禁止进口的固体废物目录》所涉及的是对环境有污染的固体废物类，包括废动植物产品，矿渣、矿灰及残渣，废药物，杂项化学品废物，废橡胶和皮革，废特种纸，废织物原料及制品，废玻璃，金属和金属化合物废物，废电池，废弃机电产品和设备及其未经分炼处理的零部件、拆散件、破碎件和砸碎件、废五金电器等。

④《禁止进口货物目录（第六批）》是为了保护人的健康，维护环境安全，淘汰落后产品，履行《关于在国际贸易中对某些危险化学品和农药采用事先知情同意程序的鹿特丹公约》和《关于持久性有机污染物的斯德哥尔摩公约》而颁布的，如长纤维青石棉、二噁英等。

(2) 国家有关法律法规明令禁止进口的商品

① 未列入《限制进口类固体废物目录》和《非限制进口类固体废物目录》的固体废物；

② 动植物病源（包括菌种、毒种等）及其他有害生物、动物尸体、土壤；

③ 来自动植物疫情流行的国家和地区的有关动植物及其产品和其他检疫物；

④ 带有违反“一个中国”原则内容的货物及其包装；

⑤ 以氯氟羟物质为制冷剂、发泡剂的家用电器产品和以氯氟羟物质为制冷工质的家用电器用压缩机；

⑥ 滴滴涕、氯丹等；

⑦ 莱克多巴胺和盐酸莱克多巴胺等。

(3) 其他各种原因停止进口的商品

① 以CFC-12为制冷工质的汽车及以CFC-12为制冷工质的汽车空调压缩机（含汽车空调器）；

② 旧服装；

③ Ⅷ因子制剂等血液制品；

④ 氯酸钾、硝酸铵；

⑤ 禁止进口和销售100瓦及以上普通照明白炽灯等。

2. 禁止进口技术管理

根据《对外贸易法》、《技术进出口管理条例》、《中华人民共和国禁止进口限制进口技术管理办法》（以下简称《禁止进口限制进口技术管理办法》）的有关规定，国务院商务主管部门会同国务院有关部门，制定、调整并公布禁止进口的技术目录。属于禁止进口的技术，不得进口。

目前，《中国禁止进口限制进口技术目录》所列明的禁止进口的技术涉及钢铁冶金、有色金属冶金、化工、石油炼制、石油化工、消防、电工、轻工、印刷、医药、建筑材料生产等技术领域。

（二）禁止出口管理

对列入国家公布的禁止出口目录以及国家法律法规明令禁止出口的货物、技术，任何对外贸易经营者不得经营出口。

1. 禁止出口货物管理

我国政府明令禁止出口的货物主要有列入禁止出口货物目录的商品和国家有关法律法规明令禁止出口的商品。

（1）列入禁止出口货物目录的商品

目前，我国公布的禁止出口货物目录共有 5 批：

①《禁止出口货物目录（第一批）》是为了保护我国自然生态环境和生态资源，从我国国情出发，履行我国所缔结或者参加的与保护世界自然生态环境相关的一系列国际条约和协定而发布的。如国家禁止出口属破坏臭氧层物质的四氯化碳，禁止出口属世界濒危物种管理范畴的犀牛角、虎骨、麝香，禁止出口有防风固沙作用的发菜和麻黄草等植物。

②《禁止出口货物目录（第二批）》主要是为了保护我国匮乏的森林资源，防止乱砍滥伐而发布的，如禁止出口木炭。

③《禁止出口货物目录（第三批）》是为了保护人的健康，维护环境安全，淘汰落后产品，履行《关于在国际贸易中对某些危险化学品和农药采用事先知情同意程序的鹿特丹公约》和《关于持久性有机污染物的斯德哥尔摩公约》而颁布的，如长纤维青石棉、二噁英等。

④《禁止出口货物目录（第四批）》主要包括硅砂、石英砂等。

⑤《禁止出口货物目录（第五批）》包括无论是否经化学处理过的森林凋落物以及泥炭（草炭）。

（2）国家有关法律、法规明令禁止出口的商品

① 未定名的或者新发现并有重要价值的野生植物；

② 原料血浆；

③ 商业性出口的野生红豆杉及其部分产品；

④ 劳改产品；

⑤ 以氯氟羟物质为制冷剂、发泡剂的家用电器产品和以氯氟羟物质为制冷工质的家用电器用压缩机；

⑥ 滴滴涕、氯丹等；

⑦ 莱克多巴胺和盐酸莱克多巴胺。

2. 禁止出口技术管理

根据《对外贸易法》、《技术进出口管理条例》、《中华人民共和国禁止出口限制出口技术管理办法》（以下简称《禁止出口限制出口技术管理办法》）的有关规定，国务院商务主管部门会同国务院有关部门遵照下列原则制定、调整并公布禁止出口的技术目录。属于禁止出口的技术，不得出口。

中国禁止出口技术参考原则：

（1）为维护国家安全、社会公共利益或者公共道德，需要禁止出口的；

（2）为保护人的健康或者安全，保护动物、植物的生命或者健康，保护环境，需要禁止出口的；

（3）依据法律、行政法规的规定，其他需要禁止出口的；

（4）根据我国缔结或者参加的国际条约、协定的规定，其他需要禁止出口的。

目前，列入《中国禁止出口限制出口技术目录》禁止出口部分的技术涉及渔、牧、有色金属矿采选、农副食品加工、饮料制造、造纸、化学制品制造、医药制造、非金属矿物制品业、有色金属冶炼、交通运输设备制造、农用机械制造、计算机及其他电子设备制造、工艺品制造、电信信息传输等几十个行业领域，包括：畜牧品种的繁育、微生物肥料、中国特有的物种资源、蚕类品种繁育和蚕茧采集加工利用、水产品种的繁育、绿色植物生长调节剂制造、采矿工程、肉类加工、饮料生产、造纸、焰火爆竹生产、化学合成及半合成咖啡因生产、核黄素生产工艺、中药材资源及生产、中药饮片炮制、化学合成及半合成药物生产、非晶无机非金属材料生产、低维无机非金属材料生产、有色金属冶金、稀土的提炼加工和利用、航天器测控、航空器设计与制造、集成电路制造、机器人制造、地图制图、书画墨及八宝印泥制造、中国传统建筑、计算机网络、空间数据传输、卫星应用、大地测量、中医医疗等几十项技术。

二、限制进出口管理

为维护国家安全和社会公共利益，保护人民的生命健康，履行我国所缔结或者参加的国际条约和协定，国务院商务主管部门会同国务院有关部门，依照《对外贸易法》的规定，制定、调整并公布各类限制进出口货物、技术目录。海关依据国家相关法律、法规对限制进出口目录货物、技术实施监督管理。

（一）限制进口管理

国家实行限制进口管理的货物、技术，必须依照国家有关规定，经国务院商务主管部门或者经国务院商务主管部门会同国务院有关部门许可，方可进口。

1. 限制进口货物管理

目前，我国限制进口货物管理按照其限制方式划分为许可证件管理和进口配额管理。

（1）许可证件管理

许可证件管理系指在一定时期内根据国内政治、工业、农业、商业、军事、技术、卫生、环保、资源保护等领域的需要，以及为履行我国所加入或缔结的有关国际条约的规定，以经国家各主管部门签发许可证件的方式来实现各类限制进口的措施。

许可证件管理主要包括进口许可证、两用物项和技术进口许可证、濒危物种进口、限制类可利用固体废物进口、药品进口、音像制品进口、有毒化学品进口、黄金及其制品进口等管理。

国务院商务主管部门或者国务院有关部门在各自的职责范围内，根据国家有关法律、行政法规的规定签发上述各项管理所涉及的各类许可证件，申请人凭相关许可证件办理海关手续。

（2）进口配额管理

进口配额是指一国政府在一定时期内，对某些商品的进口数量或金额加以直接限制。

在规定的期限内，配额以内的货物可以进口，超过配额的不准进口，或者征收较高关税后才能进口。因此，进口配额管理是许多国家实行进口数量限制的重要手段之一。进口配额制主要有绝对配额和关税配额两种形式。

① 绝对配额是指在一定时期内，对某些商品的进口数量或金额规定一个最高限额，在这个数额内允许进口，达到这个配额后，便不准进口。绝对配额按照其实施方式的不同，又分为全球配额、国别配额两种形式。

A. 全球配额是一种世界范围内的绝对配额，对某种商品的进口规定一个总的限额，对来自任何国家或地区的商品一律适用。具体做法是一国或地区的主管当局在公布的总配额之内，通常按进口商的申请先后顺序或过去某一时期的实际进口额批给一定的额度，直至总配额发完为止，超过总配额就不准进口。

B. 国别配额是在总配额内按国别或地区分配给固定的配额，超过规定的配额便不准进口。为了区分来自不同国家和地区的商品，通常进口国规定进口商必须提交原产地证明书。实行国别配额可以使进口国家根据它与有关国家或地区的政治经济关系分配给予不同的额度。

② 关税配额是一种征收关税与进口配额相结合的限制进口的措施。它对商品进口的绝对数额不加限制，而是在一定时期内（一般是公历年度内有效），对部分商品的进口制定关税配额税率并规定该商品进口数量总额。

在规定配额以内的进口商品，给低税、减税或免税待遇；对超过配额的进口商品则征收较高的关税，或征收附加税或罚款。一般情况下，关税配额税率优惠幅度很大，如小麦关税配额税率与最惠国税率相差达 65 倍。国家通过这种行政管理手段对一些重要商品，以关税这个成本杠杆来实现限制进口的目的，因此关税配额管理是一种相对数量的限制。

2. 限制进口技术管理

限制进口技术实行目录管理。根据《对外贸易法》《技术进出口管理条例》《禁止进口限制进口技术管理办法》的有关规定，国务院商务主管部门会同国务院有关部门，制定、调整并公布限制进口的技术目录。属于目录范围内的限制进口的技术，实行许可证管理，未经国家许可，不得进口。

进口属于限制进口的技术，应当向国务院商务主管部门提出技术进口申请。国务院商务主管部门收到技术进口申请后，应当会同国务院有关部门对申请进行审查。技术进口申请经批准的，由国务院商务主管部门发给“中华人民共和国技术进口许可意向书”，进口经营者取得技术进口许可意向书后，可以对外签订技术进口合同。进口经营者签订技术进口合同后，应当向国务院商务主管部门申请技术进口许可证。经审核符合发证条件的，由国务院商务主管部门颁发“中华人民共和国技术进口许可证”，企业持证向海关办理进口通关手续。

目前，列入《中国禁止进口限制进口技术目录》中属限制进口的技术包括生物技术、化工技术、石油炼制技术、石油化工技术、生物化工技术和造币技术等。

经营限制进口技术的经营者在向海关办理申报进口手续时，必须主动递交技术进口许可证，否则将承担由此而造成的一切法律责任。

（二）限制出口管理

国家实行限制出口管理的货物、技术，必须依照国家有关规定，经国务院商务主管部门或者经国务院商务主管部门会同国务院有关部门许可，方可出口。

1. 限制出口货物管理

对于限制出口货物管理，《货物进出口管理条例》规定，国家规定有数量限制的出口货物，实行配额管理；其他限制出口货物，实行许可证件管理；实行配额管理的限制出口货物，由国务院商务主管部门和国务院有关经济管理部门按照国务院规定的职责划分进行管理。

（1）出口配额管理

出口配额管理系指在一定时期内为建立公平竞争机制、增强我国商品在国际市场的竞争力、保障最大限度的收汇及保护我国产品的国际市场利益，国家对部分商品的出口数量直接加以限制的措施。我国出口配额管理有两种形式，即出口配额许可证管理和出口配额招标管理。

① 出口配额许可证管理

出口配额许可证管理是国家对部分商品的出口，在一定时期内（一般是1年）规定数量总额，经国家批准获得配额的允许出口，否则不准出口的配额管理措施。出口配额许可证管理是国家通过行政管理手段对一些重要商品以规定绝对数量的方式来实现限制出口的目的。

出口配额许可证管理是通过直接分配的方式，由国务院商务主管部门或者国务院有关部门在各自的职责范围内根据申请者需求并结合其进出口实绩、能力等条件，按照效益、公正、公开和公平竞争的原则进行分配。国家各配额主管部门对经申请有资格获得配额的申请者发放各类配额证明。

申请者取得配额证明后，凭配额证明到国务院商务主管部门及其授权发证机关申领出口许可证。

② 出口配额招标管理

出口配额招标管理是国家对部分商品的出口，在一定时期内（一般是1年）规定数量总额，采取招标分配的原则，经招标获得配额的允许出口，否则不准出口的配额管理措施。出口配额招标管理是国家通过行政管理手段对一些重要商品以规定绝对数量的方式来实现限制出口的目的。

国家各配额主管部门对中标者发放各类配额证明。中标者取得配额证明后，凭配额证明到国务院商务主管部门或其授权发证机关申领出口许可证。

（2）出口许可证件管理

出口许可证件管理系指在一定时期内根据国内政治、军事、技术、卫生、环保、资源保护等领域的需要，以及为履行我国所加入或缔结的有关国际条约的规定，以经国家各主管部门签发许可证件的方式来实现的各类限制出口措施。目前，出口许可证件管理主要包括出口许可证、濒危物种出口、两用物项出口、黄金及其制品出口等许可管理。

2. 限制出口技术管理

根据《对外贸易法》《技术进出口管理条例》《中华人民共和国生物两用品及相关设备和技术出口管制条例》《中华人民共和国核两用品及相关技术出口管制条例》《中华人民共和国导弹及相关物项和技术出口管制条例》《中华人民共和国核出口管制条例》《禁止出口限制出口技术管理办法》等有关规定，限制出口技术实行目录管理，国务院商务主管部门会同国务院有关部门遵照下列原则制定、调整并公布限制出口的技术目录。属于目录范围内的限制出口的技术，实行许可证管理，未经国家许可，不得出口。

中国限制出口技术参考原则：

（1）为维护国家安全、社会公共利益或者公共道德，需要限制出口的；

（2）为保护人的健康或者安全，保护动物、植物的生命或者健康，保护环境，需要限制出口的；

（3）依据法律、行政法规的规定，其他需要限制出口的；

（4）根据我国缔结或者参加的国际条约、协定的规定，其他需要限制出口的。

目前，我国限制出口的技术目录主要有《两用物项和技术进出口许可证管理目录》和《中国禁止出口限制出口技术目录》等，涉及农、林、牧、渔、农副食品加工制造、饮料制造、纺织、造纸、化学原料制造、医药制造、橡胶制品业、金属冶炼及压延、非金属矿物制品业、金属制品业、通用及专用设备制造、电气机械及器材制造等几十个行业领域的上百项技术。出口属于上述限制出口的技术，应当向国务院商务主管部门提出技术出口申请，经国务院商务主管部门审核批准后取得技术出口许可证件，企业持证向海关办理出口通关手续。

经营限制出口技术的经营者在向海关办理申报出口手续时必须主动递交相关技术出口许可证件，否则将承担由此而造成的一切法律责任。

三、自由进出口管理

除上述国家禁止、限制进出口货物、技术外的其他货物、技术，均属于自由进出口范围。自由进出口货物、技术的进出口不受限制，但基于监测进出口情况的需要，国家对部分属于自由进口的货物实行自动进口许可管理，对自由进出口的技术实行技术进出口合同登记管理。

（一）货物自动进口许可管理

自动进口许可管理是在任何情况下对进口申请一律予以批准的进口许可制度。这种进口许可实际上是一种在自由进口货物进口前对其进行自动登记的许可制度，通常用于国家对这类货物的统计和监督，是我国进出口许可管理制度中的重要组成部分，也是目前各国普遍使用的一种进口管理制度。

目前，我国自动进口许可管理只有自动进口许可证管理。进口属于自动进口许可管理的货物，进口经营者应当在办理海关报关手续前，向国务院相关主管部门提交自动进口许可申请，凭相关部门发放的自动进口许可的批准证件，向海关办理报关手续。

（二）技术进出口合同登记管理

进出口属于自由进出口的技术，应当向国务院商务主管部门或者其委托的机构办理合同备案登记。国务院商务主管部门应当自收到规定的文件之日起3个工作日内，对技术进出口合同进行登记，颁发技术进出口合同登记证，申请人凭技术进出口合同登记证，办理外汇、银行、税务、海关等相关手续。

第三节　进出口商品合格评定制度

进出口商品合格评定制度也就是我们所称的出入境检验检疫制度，是指海关依据我国有关法律和行政法规，以及我国政府所缔结或者参加的国际条约、协定，对出入境的货物、物品及其包装物，交通运输工具，运输设备和出入境人员实施检验检疫监督管理的法律依据和行政手段的总和。其国家主管部门是海关总署。

进出口商品合格评定制度是我国贸易管制制度的重要组成部分，是贸易管制中非关税措施的重要组成部分，随着我国与世界经济的不断融合，许可证件管理等非关税措施将逐渐趋于弱化，而被世界各国普遍运用的进出口商品合格评定制度在众多国际公认标准的依托下将成为我国未来重要的非关税措施。其目的是为了维护国家声誉和对外贸易有关当事人的合法权益，保证国内生产的正常开展，促进对外贸易的健康发展，保护我国的公共安全和人民生命财产安全等。这是国家主权的具体体现。

一、进出口商品合格评定制度范围

1. 我国进出口商品合格评定制度实行目录管理，即海关总署根据对外贸易需要，公布并调整《海关实施检验检疫的进出境商品目录》（简称《法检目录》）。《法检目录》所列名的商品称为法定检验商品，即国家规定实施强制性检验的进出境商品。

实行入境检验检疫管理的货物主要包括五类：列入《法检目录》的进境货物；进口可用作原料的固体废物；进口旧机电产品；进口捐赠的医疗器械；其他未列入《法检目录》，但国家有关法律、行政法规规定实施检验检疫的入境货物及特殊物品等。实行出境检验检疫管理的货物主要包括三类：列入《法检目录》的出境货物；对外经济技术援助物资及人道主义紧急救灾援助物资；其他未列入《法检目录》，但国家有关法律、行政法规规定实施检验检疫的出境货物及特殊物品等。

2. 对关系国计民生、价值较高、技术复杂或涉及环境及卫生、疫情标准的重要进出口商品，收货人应当在对外贸易合同中约定，在出口国装运前进行预检验、监造或监装，以及保留到货后最终检验和索赔的条款。

二、进出口商品合格评定制度的组成

我国进出口商品合格评定制度内容包括国境卫生监督制度、进出境动植物检疫制度、进出境食品检验检疫制度，以及进出口商品检验制度。

（一）国境卫生监督制度

国境卫生监督制度是指海关根据《中华人民共和国国境卫生检疫法》及其实施细则，以及其他相关卫生法律、法规和卫生标准，在进出口口岸对出入境的交通工具、货物、运输容器，以及口岸辖区的公共场所、环境、生活设施、生产设备所进行的卫生检查、鉴定、评价和采样检验的制度。

我国实行国境卫生监督制度是为了防止传染病由境外传入或者由国内传出，实施国境卫生检疫，保护人体健康。其监督职能主要包括进出境检疫、国境传染病检测、进出境卫生监督等。

（二）进出境动植物检疫制度

进出境动植物检疫制度是根据《中华人民共和国进出境动植物检疫法》及其实施条例的规定，海关对进出境动植物、动植物产品的生产、加工、存放过程实行动植物检疫的进出境监督管理制度。

我国实行进出境检验检疫制度是为了防止动物传染病，寄生虫病，植物危险性病、虫、杂草，以及其他有害生物传入、传出国境，保护农、林、牧、渔业生产和人体健康，促进对外经济贸易的发展。

实施动植物检疫监督管理的方式有实行注册登记、疫情调查、检测和防疫指导等。其内容主要包括进境检疫、出境检疫、过境检疫、进出境携带和邮寄物检疫，以及出入境运输工具检疫等。

（三）进出境食品检验检疫制度

进出境食品安全检验制度是指海关根据《中华人民共和国食品安全法》及其实施条例，《中华人民共和国进出口商品检验法》及其他的卫生法律、法规和国家标准，对进口的食品、食品添加剂及与食品相关产品是否符合我国食品安全国家标准实施的检验；对出口食品、食品添加剂及与食品相关产品是否符合进口国（地区）的标准或者合同要求实施监督抽检的口岸监督管理制度。

我国实行进出境食品安全检验制度为了保证食品安全，保障公众身体健康和生命安全。其监督职能主要包括对进口食品安全检验、对境外食品安全情事监控预警、对出口食品安全抽验，以及评估和审查向我国出口食品的国家（地区）出口品安全管理体系和食品安全状况等。

（四）进出口商品检验制度

进出口商品检验制度是根据《中华人民共和国进出口商品检验法》及其实施条例的规定，海关对进出口商品所进行的品质、质量检验和监督管理的制度。

我国实行进出口商品检验制度是为了保证进出口商品的质量，维护对外贸易有关各方的合法权益，促进对外经济贸易关系的顺利发展。商品检验机构实施进出口商品检验的内容包括商品的质量、规格、数量、重量、包装，以及是否符合安全、卫生的要求。我国商品检验的种类分为 4 种，即法定检验、合同检验、公证鉴定和委托检验。对法律、行政法规、部门规章规定有强制性标准或者其他必须执行的检验标准的进出口商品，依照法律、行政法规、部门规章规定的检验标准检验；对法律、行政法规、部门规章未规定有强制性标准或者其他必须执行的检验标准的，依照对外贸易合同约定的检验标准检验。

第四节　其他贸易管制制度

一、对外贸易经营者管理制度

对外贸易经营者，是指依法办理工商登记或者其他执业手续，依照《对外贸易法》和其他有关法律、行政法规、部门规章的规定从事对外贸易经营活动的法人、其他组织或者个人。

为了鼓励对外经济贸易的发展，发挥各方面的积极性，保障对外贸易经营者的对外经营自主权，国家制定了一系列法律、行政法规、部门规章，对对外贸易经营活动中涉及的相应内容进行规范，对外贸易经营者在进出口经营活动中必须遵守相应的法律、行政法规、部门规章。这些法律、行政法规、部门规章构成了我国的对外贸易经营者管理制度。对外贸易经营者管理制度是我国对外贸易管理制度之一。

作为对外贸易经营者的一个重要标志就是已取得对外贸易经营权。中国在加入世界贸易组织时承诺 3 年内放开外贸经营权，即在加入世界贸易组织的 3 年后，从 2004 年 12 月

11日放开外贸经营权。也就是说，中国对外贸易法应参照国际惯例，规定除在特定的贸易领域内从事国营贸易的专营权或特许权外，所有在中国依法注册登记的企业在向国务院商务主管部门备案登记后都可以享有外贸经营权。因此，为履行国际承诺，促进对外贸易发展，我国对对外贸易经营者的管理由先前的核准制转为实行备案登记制，也就是法人、其他组织或者个人在从事对外贸易经营活动前，必须按照国家的有关规定，依法定程序在国务院商务主管部门备案登记，取得对外贸易经营资格后，方可在国家允许的范围内从事对外贸易经营活动。

商务部是全国对外贸易经营者备案登记工作的主管部门，备案登记工作实行全国联网和属地化登记管理。从事货物进出口或者技术进出口的对外贸易经营者，应当向国务院商务主管部门或者其委托的机构办理备案登记，对外贸易经营者未按照规定办理备案登记的，海关不予办理进出口货物的报关验放手续。

为对关系国计民生的重要进出口商品实行有效的宏观管理，国家可以对部分货物的进出口实行国营贸易管理。实行国营贸易管理的货物的进出口业务只能由经授权的企业经营，但国家允许部分数量的国营贸易管理的货物的进出口业务由非授权企业经营的除外。实行国营贸易管理的货物和经授权经营企业的目录，由国务院商务主管部门会同国务院其他有关部门确定、调整并公布。未经批准擅自进出口实行国营贸易管理的货物，海关不予放行。

目前，我国实行国营贸易管理的商品主要包括：玉米、大米、煤炭、原油、成品油、棉花、锑及锑制品、钨及钨制品、白银等。

二、货物贸易外汇管理制度

对外贸易经营者在对外贸易经营活动中，应当依照国家有关规定结汇、用汇。国家外汇管理局依据国务院《中华人民共和国外汇管理条例》及其他有关规定，对包括经常项目外汇业务、资本项目外汇业务、金融机构外汇业务、人民币汇率的生成机制和外汇市场等领域实施监督管理。

（一）我国货物贸易外汇管理制度概述

为完善货物贸易外汇管理，大力推进贸易便利化，进一步改进货物贸易外汇服务和管理，我国自2012年8月1日起在全国实施货物贸易外汇管理制度改革，国家外汇管理局对企业的贸易外汇管理方式由现场逐笔核销改变为非现场总量核查，也就是国家外汇管理局通过货物贸易外汇监测系统，全面采集企业货物进出口和贸易外汇收支逐笔数据，定期比对、评估企业货物流与资金流总体匹配情况，一方面便利合规企业贸易外汇收支，另一方面对存在异常的企业进行重点监测，必要时实施现场核查。

国家对贸易项下国际支付不予限制，出口收入可按规定调回境内或存放境外。从事对外贸易机构（以下简称企业）的贸易外汇收支应当具有真实、合法的交易背景，与货物进出口应当一致。企业应当根据贸易方式、结算方式及资金来源或流向，凭海关进出口报关单外汇核销专用联等相关单证在金融机构办理贸易外汇收支。海关进出口报关单外汇核销专用联可在进出口货物海关放行后向海关申请取得。金融机构应当对企业提交的交易单证的真实性及其与贸易外汇收支的一致性进行合理审查。国家外汇管理局及其分支机构，依法对企业及经营结汇、售汇业务的金融机构进行监督检查。由此可见，我国货物贸易外汇管理制度的运行主要靠3个方面来完成，即企业自律、金融机构专业审查及国家外汇管理局的监管。

1. 企业的贸易外汇收支活动应当自觉遵守国家法律法规，按照“谁出口谁收汇，谁进口谁付汇”原则办理贸易外汇收支业务。企业应当根据真实贸易方式、结算方式和资金来源或流向在金融机构办理贸易外汇收支，并按相关规定向金融机构如实申报贸易外汇收支信息。代理进口、出口业务，应当由代理方付汇、收汇。代理进口业务项下，委托方可凭委托代理协议将外汇划转给代理方，也可由代理方购汇。代理出口业务项下，代理方收汇后可凭委托代理协议将外汇划转给委托方，也可结汇将人民币划转给委托方。对超过规定期限的预收货款、预付货款、延期收款及延期付款等影响贸易外汇收支与货物进出口匹配信息的，企业应当在规定期限内向国家外汇管理局报告。

2. 金融机构应当对企业提交的交易单证的真实性及其与贸易外汇收支的一致性在专业层面进行合理审查，并负责向国家外汇管理局报送相关贸易外汇收支信息。

3. 国家外汇管理局建立进出口货物流与收付汇资金流匹配的核查机制，依法对企业贸易外汇收支进行非现场总量核查和监测。在此基础上，对存在异常或可疑情况的企业进行现场核查。对金融机构办理贸易外汇收支业务的合规性与报送相关信息的及时性、完整性、准确性实施非现场和现场核查。通过核查结果实施差别化管理。当国际收支出现或者可能出现严重失衡时，国家可以对贸易外汇收支采取必要的保障、控制等措施。

（二）国家外汇管理局对货物外汇的主要监管方式

1. 企业名录登记管理

企业依法取得对外贸易经营权后，应当持有关材料到国家外汇管理局办理名录登记手续才能在金融机构办理贸易外汇收支业务。国家外汇管理局将登记备案的企业统一向金融机构发布名录，金融机构不得为不在名录内的企业办理贸易外汇收支业务。国家外汇管理局可根据企业的贸易外汇收支业务状况及其合规情况注销企业名录。

2. 非现场核查

国家外汇管理局对企业在一定期限内的进出口数据和贸易外汇收支数据进行总量比对，核查企业贸易外汇收支的真实性及其与进出口的一致性。非现场核查是国家外汇管理局的常规监管方式。

3. 现场核查

国家外汇管理局可对企业非现场核查中发现的异常或可疑的贸易外汇收支业务实施现场核查，也可对金融机构办理贸易外汇收支业务的合规性与报送信息的及时性、完整性和准确性实施现场核查。国家外汇管理局实施现场核查时，被核查单位应当配合国家外汇管理局进行现场核查，如实说明情况，并提供有关文件、资料，不得拒绝、阻碍和隐瞒。

4. 分类管理

国家外汇管理局根据企业贸易外汇收支的合规性及其与货物进出口的一致性，将企业分为 A、B、C 3 类。A 类企业进口付汇单证简化，可凭进口报关单、合同或发票等任何一种能够证明交易真实性的单证在银行直接办理付汇，出口收汇无须联网核查，银行办理收付汇审核手续相应简化。对 B、C 类企业在贸易外汇收支单证审核、业务类型、结算方式等方面实施严格监管，B 类企业贸易外汇收支由银行实施电子数据核查，C 类企业贸易外汇收支须经国家外汇管理局逐笔登记后办理。国家外汇管理局根据企业在分类监管期内遵守外汇管理规定的情况，对企业类别进行动态调整。

三、对外贸易救济措施

我国于2001年年底正式成为世界贸易组织成员国，世界贸易组织允许成员方在进口产品倾销、补贴和过激增长等给其国内产业造成损害的情况下，使用反倾销、反补贴和保障措施手段来保护国内产业不受损害。

反补贴、反倾销和保障措施都属于贸易救济措施。反补贴和反倾销措施针对的是价格歧视这种不公平贸易行为，保障措施针对的则是进口产品激增的情况。

为充分利用世界贸易组织规则，维护国内市场上的国内外商品的自由贸易和公平竞争秩序，我国依据世界贸易组织《反倾销协议》《补贴与反补贴措施协议》《保障措施协议》及我国《对外贸易法》的有关规定，制定颁布了《反补贴条例》《反倾销条例》《保障措施条例》。

（一）反倾销措施

反倾销措施包括临时反倾销措施和最终反倾销措施。

1. 临时反倾销措施

临时反倾销措施是指进口方主管机构经过调查，初步认定被指控产品存在倾销，并对国内同类产业造成损害，据此可以依据世界贸易组织所规定的程序进行调查，在全部调查结束之前，采取临时性的反倾销措施，以防止在调查期间国内产业继续受到损害。

临时反倾销措施有两种形式：一是征收临时反倾销税；二是要求提供保证金、保函或者其他形式的担保。

征收临时反倾销税，由商务部提出建议，国务院关税税则委员会根据其建议作出决定，商务部予以公告；要求提供保证金、保函或者其他形式的担保，由商务部作出决定并予以公告。海关自公告规定实施之日起执行。

临时反倾销措施实施的期限，自临时反倾销措施决定公告规定实施之日起，不超过4个月；在特殊情形下，可以延长至9个月。

2. 最终反倾销措施

对终裁决定确定倾销成立并由此对国内产业造成损害的，可以征收反倾销税。征收反倾销税应当符合公共利益。

征收反倾销税，由商务部提出建议，国务院关税税则委员会根据其建议作出决定，商务部予以公告。海关自公告规定实施之日起执行。

（二）反补贴措施

反补贴与反倾销的措施相同，也分为临时反补贴措施和最终反补贴措施。

1. 临时反补贴措施

初裁决定确定补贴成立并由此对国内产业造成损害的，可以采取临时反补贴措施。临时反补贴措施采取以保证金或者保函作为担保的征收临时反补贴税的形式。

采取临时反补贴措施，由商务部提出建议，国务院关税税则委员会根据其建议作出决定，商务部予以公告。海关自公告规定实施之日起执行。

临时反补贴措施实施的期限，自临时反补贴措施决定公告规定实施之日起，不超过4个月。

2. 最终反补贴措施

在为完成磋商的努力没有取得效果的情况下，终裁决定确定补贴成立并由此对国内产业造成损害的，可以征收反补贴税。征收反补贴税应当符合公共利益。

征收反补贴税，由商务部提出建议，国务院关税税则委员会根据其建议作出决定，商务部予以公告。海关自公告规定实施之日起执行。

（三）保障措施

保障措施分为临时保障措施和最终保障措施。

1. 临时保障措施

临时保障措施是指在有明确证据表明进口产品数量增加，将对国内产业造成难以补救的损害的紧急情况下，进口国与成员国之间可不经磋商而作出初裁决定，并采取临时性保障措施。临时保障措施的实施期限，自临时保障措施决定公告规定实施之日起，不得超过200天，并且此期限计入保障措施总期限。

临时保障措施采取提高关税的形式，如果事后调查不能证实进口激增对国内有关产业已经造成损害的，已征收的临时关税应当予以退还。

2. 最终保障措施

最终保障措施可以采取提高关税、数量限制等形式。但保障措施应当限于防止、补救严重损害并便利调整国内产业所必要的范围内。

保障措施的实施期限一般不超过4年，在此基础上如果继续采取保障措施则必须同时满足4个条件，即对于防止或者补救严重损害仍有必要；有证据表明相关国内产业正在进行调整；已经履行有关对外通知、磋商的义务；延长后的措施不严于延长前的措施。保障措施全部实施期限（包括临时保障措施期限）不得超过10年。

四、口岸核生化监测制度

海关通过对货物、交通工具、集装箱、行李、邮快件、出入境人员等检疫对象实施核生化有害因子（生物战剂、化学毒剂、核放射性物质及辐射因子）监测、检测、排查和处置工作，以及开展口岸核生化突发事件的排查和处置工作，保障公众生命健康，维护口岸卫生安全。主要检测项目包括核与辐射有害因子监测、生化有害因子监测等。

发现上述可疑情况后，应立即上报并组织相关人员，按要求做好个人防护后，对疑似生物有害因子按规范采集和制备样品后实施现场快速检测，对疑似受染人员实施流行病学调查，必要时采样送实验室检测。并按照界定标准确定涉恐级别，并按照级别迅速做出相应的处置。

第五节　我国贸易管制主要管理措施

对外贸易管制作为一项综合制度，所涉及的管理规定繁多。了解我国贸易管制各项措施所涉及的具体规定，是对外贸易从业人员应当具备的专业知识。

一、限制进出口管理措施

国家实行限制进出口管理的货物、技术，必须依照国家有关规定，经国务院相关主管部门许可方可进口。目前，我国限制进出口货物管理按照其限制方式划分为许可证件管理和配额管理。

海关总署积极推进与许可证件主管部门的电子数据联网工作，目前限制进出口类许可证件已实现全国或部分口岸联网核销的有：进出口许可证、两用物项和技术进出口许可证、固体废物进口许可证、有毒化学品进出口环境管理放行通知单、农药进出口登记管理放行通知单、密码产品和含有密码技术设备进口许可证、民用爆炸物品进口审批单、进口药品通关单、药品进出口准许证、精神药物进出口准许证、麻醉药品进出口准许证、进口广播电影电视节目带（片）提取单、赴境外加工光盘进口备案证明、音像制品（成品）进口批准单、古生物化石出境批件、野生动植物进出口证书、进口兽药通关、人民币调运证明、黄金及黄金制品进出口准许证等电子数据，实现了进出口许可证件从申领、发证、验证到核查、核销的无纸化，为实现通关无纸化作业创造了基础条件。联网许可证件电子数据实现系统自动比对自动核扣，大大提高了海关贸易管制政策执行的有效性和准确性。

对于已实现电子联网的许可证件报关企业，按照海关通关作业无纸化改革的规定，可采用无纸方式向海关申报。因海关和发证管理部门审核需要，或计算机管理系统、网络通信故障等原因，可以转为有纸报关作业或补充提交纸质证件的形式向海关申报。报关企业可登陆中国国际贸易“单一窗口”查询证件电子数据传输状态。

（一）进出口许可证管理

进出口许可证管理是指由商务部或者由商务部会同国务院其他有关部门，依法制定并调整进出口许可证管理目录，以签发进出口许可证的方式对进出口许可证管理目录中的商品实行的行政许可管理。商务部是全国进出口许可证的归口管理部门，负责制定进出口许可证管理办法及规章制度，监督、检查进出口许可证管理办法的执行情况，处罚违规行为。商务部会同海关总署制定、调整和发布年度进口许可证管理货物目录及出口许可证管理货物目录。

商务部统一管理、指导全国各发证机构的进出口许可证签发工作，商务部配额许可证事务局（以下简称许可证局）、商务部驻各地特派员办事处（以下简称特派办）和商务部授权的地方主管部门发证机构［以下简称地方发证机构，包括各省、自治区、直辖市、计划单列市，以及商务部授权的其他省会城市商务厅（局）、外经贸委（厅、局）］为进出口许可证的发证机构，负责在授权范围内签发“中华人民共和国进口许可证”（以下简称“进口许可证”）或“中华人民共和国出口许可证”（以下简称“出口许可证”）。

“进口许可证”和“出口许可证”是我国进出口许可证管理制度中具有法律效力，用来证明对外贸易经营者经营列入国家进出口许可证管理目录的商品合法进出口的证明文件，是海关验放该类货物的重要依据。

1. 管理范围

进出口许可证管理属于国家限制进出口管理范畴，按照证件类别划分为“进口许可证”管理和“出口许可证”管理。

（1）“进口许可证”管理

“进口许可证”管理按管理方式可分为许可证管理和绝对配额管理（2019 年我国对进口商品没有设置绝对配额管理）。2019 年实施许可证管理的进口商品包括：

① 重点旧机电产品属于我国限制进口许可证件管理商品，包括：旧化工设备、旧金属冶炼设备、旧工程机械、旧起重运输设备、旧造纸设备、旧电力电气设备、旧食品加工

及包装设备、旧农业机械、旧印刷机械、旧纺织机械、旧船舶类、旧硒鼓、旧 X 射线管等十三大类。

② 消耗臭氧层物质属于我国限制进口许可证件管理商品，包括：甲基氯仿、三氯氟甲烷（CFC-11）、二氯二氟甲烷（CFC-12）等 49 个商品编号的商品。

（2）“出口许可证”管理

“出口许可证”管理按管理方式可分为配额许可证管理、配额招标管理和许可证管理。2019 年实施“出口许可证”管理的商品包括：

① 实行配额许可证管理的商品：活牛（对港澳地区出口）、活猪（对港澳地区出口）、活鸡（对港澳地区出口）、小麦、玉米、大米、小麦粉、玉米粉、大米粉、药料用麻黄草（人工种植）、煤炭、原油、成品油（不含润滑油、润滑脂、润滑油基础油）、锯材、棉花。

② 实行配额招标管理的商品：甘草及甘草制品、蔺草及蔺草制品。

③ 实行许可证管理的商品：活牛（对港澳地区以外市场）、活猪（对港澳地区以外市场）、活鸡（对港澳地区以外市场）、牛肉、猪肉、鸡肉、天然砂（含标准砂）、矾土、磷矿石、镁砂、滑石块（粉）、氟石（萤石）、稀土、锡及锡制品、钨及钨制品、钼及钼制品、锑及锑制品、焦炭、成品油（润滑油、润滑脂、润滑油基础油）、石蜡、部分金属及制品、硫酸二钠、碳化硅、消耗臭氧层物质、柠檬酸、维生素 C、青霉素工业盐、白银、铂金（以加工贸易方式出口）、铟及铟制品、摩托车（含全地形车）及其发动机和车架、汽车（包括成套散件）及其底盘等。

2. 申领规定

（1）“出口许可证”的申领

对外贸易经营者组织出口属配额许可证管理的商品前，须按规定申请取得配额（全球配额或国别、地区配额），凭配额文件申领“出口许可证”，以加工贸易方式出口的，凭配额文件、货物出口合同申领“出口许可证”；对外贸易经营者组织出口属配额招标管理的商品前，须凭配额招标中标证明文件申领“出口许可证”，以加工贸易方式出口的，凭配额招标中标文件、海关加工贸易进口报关单申领“出口许可证”；对外贸易经营者组织出口前须申领“出口许可证”，以加工贸易方式出口的，凭有关批准文件、海关加工贸易进口报关单和货物出口合同申领出口许可，其中，申领润滑油、润滑脂、润滑油基础油等成品油出口许可证，还须需提交省级商务主管部门申请函。

对外贸易经营者可通过网上和书面两种形式向对应的发证机构申领“出口许可证”。申请时须提交加盖经营者公章的出口许可证申请表、主管机关签发的出口批准文件、出口合同正本复印件、商务部规定的其他应当提交的材料。网上申请的，领取出口许可证时提交上述材料；书面申请的，申请时提交。如果为年度内初次申请出口许可证的，还应提交“企业法人登记营业执照”、加盖对外贸易经营者备案登记专用章的“对外贸易经营者备案登记表”或“中华人民共和国进出口企业资格证书”；经营者为外商投资企业的，还应当提交“外商投资企业批准证书”。发证机构自收到符合规定的申请之日起 3 个工作日内发放出口许可证。发证机构凭加盖经营者公章的申请表取证联和领证人员本人身份证明材料发放出口许可证。

（2）重点旧机电产品“进口许可证”的申领

在组织进口列入《重点旧机电产品进口目录》的旧机电产品前，经营者应事先向许可证局申领进口许可证，可通过网上和书面两种形式申领。采用网上申请时，经营者可自行选择有纸作业或者无纸作业方式申请进口许可证。进口许可证应由旧机电产品进口的最终用户提出申请，并且申请企业应具备从事重点旧机电产品用于翻新（含再制造）的资质。申请时进口单位应当向许可证局提交申请进口的重点旧机电产品用途说明，机电产品进口申请表，营业执照复印件，申请进口的重点旧机电产品的制造年限证明材料，申请进口单位提供设备状况说明，其他相关法律、行政法规规定需要提供的文件。从事翻新业务进口重点旧机电产品的单位，国家规定有资质要求的，还须提供资质证明文件；旧船舶的申请进口单位，还需提供海事局出具的“旧船舶进口技术评定书”或渔业船舶检验局出具的“旧渔业船舶进口技术评定书”。申请进口单位申请材料齐全后，许可证局应正式受理，并向申请进口单位出具受理通知单。许可证局如认为申请材料不符合要求的，应在收到申请材料后的 5 个工作日内一次性告知申请进口单位，要求申请进口单位说明有关情况、补充相关文件或对相关填报内容进行调整。许可证局应在正式受理后 20 日内决定是否批准进口申请；如需征求相关部门或行业协会意见的，商务部应在正式受理后 35 日内决定是否批准进口申请。

进口单位申请进口上述货物的，选择无纸作业方式的进口单位，应按规定向商务部或者商务部委托的机构申领“进口许可证电子证书”，并以通关作业无纸化方式向海关办理报关验放手续。

（3）消耗臭氧层物质进出口许可证的申领

进出口单位应当在每年 10 月 31 日前向国家消耗臭氧层物质进出口管理机构申请下一年度进出口额，并提交法人营业执照和对外贸易经营者备案登记表、消耗臭氧层物质进出口单位年度环保备案表，以及下一年度消耗臭氧层物质进出口配额申请书和年度进出口计划表。对于初次申请进出口配额的进出口单位，还应当提交前 3 年的消耗臭氧层物质进出口业绩表。申请进出口属于危险化学品的消耗臭氧层物质的单位，还应当提交该危险化学品的国内生产使用企业持有的危险化学品环境管理登记证，以及安全生产监督管理部门核发的危险化学品生产、使用或者经营许可证。

国家消耗臭氧层物质进出口管理机构在每年 12 月 20 日前对进出口单位的进出口配额作出发放与否的决定，并予以公告。在年度进出口配额指标内，进出口单位需要进出口消耗臭氧层物质的，应当向国家消耗臭氧层物质进出口管理机构申请领取进出口受控消耗臭氧层物质审批单，并提交以下材料：消耗臭氧层物质进出口申请书；对外贸易合同或者订单等相关材料，非生产企业还应当提交合法生产企业的供货证明；国家消耗臭氧层物质进出口管理机构认为需要提供的其他材料。

国家消耗臭氧层物质进出口管理机构应当自受理进出口申请之日起 20 个工作日内完成审查，作出是否签发消耗臭氧层物质进出口审批单的决定，并对获准签发消耗臭氧层物质进出口审批单的进出口单位名单进行公示；未予批准的，应当书面通知申请单位并说明理由。

如获得批准，进出口单位应当持进出口审批单，向所在地省级商务主管部门所属的发证机构申请领取进出口许可证。在京中央企业向国务院商务主管部门授权的发证机构申请领取消耗臭氧层物质进出口许可证。进出口单位凭商务主管部门签发的消耗臭氧层物质进出口许可证向海关办理通关手续。

进出口单位在领取消耗臭氧层物质进出口许可证后，实际进出口的数量少于批准的数量的，应当在完成通关手续之日起20个工作日内向国家消耗臭氧层物质进出口管理机构报告实际进出口数量等信息。

进出口单位在领取消耗臭氧层物质进出口许可证后，实际未发生进出口的，应当在进出口许可证有效期届满之日起20个工作日内向国家消耗臭氧层物质进出口管理机构报告。

3. 报关规范

（1）进出口经营者应如实规范向海关申报，在固定栏目规范填报进出口许可证电子证书编号。

（2）进口许可证的有效期为1年，当年有效。特殊情况需要跨年度使用时，有效期最长不得超过次年3月31日，逾期自行失效。

（3）出口许可证的有效期最长不得超过6个月，且有效期截止时间不得超过当年12月31日。商务部可视具体情况，调整某些货物出口许可证的有效期。出口许可证应当在有效期内使用，逾期自行失效。

（4）进出口许可证一经签发，不得擅自更改。如需更改，经营者应当在许可证有效期内提出更改申请，并将许可证交回原发证机构，由原发证机构换发许可证。

（5）进出口许可证实行“一证一关”（指进出口许可证只能在一个海关报关，下同）管理。一般情况下，进出口许可证为“一批一证”（指进出口许可证在有效期内一次报关使用，下同）。如要实行“非一批一证”（指进出口许可证在有效期内可多次报关使用，下同），应当同时在进出口许可证备注栏内打印“非一批一证”字样，但最多不超过12次，由海关在许可证背面“海关验放签注栏”内逐批签注核减进出口数量。

（6）对实行“一批一证”进出口许可证管理的大宗、散装货物，以出口为例，其溢装数量在货物总量3%以内的原油、成品油予以免证，其他货物溢装数量在货物总量5%以内的予以免证；对实行“非一批一证”制的大宗、散装货物，在每批货物出口时，按其实际出口数量进行许可证证面数量核扣，在最后一批货物出口时，应按该许可证实际剩余数量溢装上限，即5%（原油、成品油在溢装上限3%）以内计算免证数额。

（7）国家对部分出口货物实行指定出口报关口岸管理。出口此类货物，须向指定发证机构申领出口许可证，并在指定口岸报关出口；发证机构须按指定口岸签发出口许可证。

（8）国家对甘草、甘草制品和天然砂（对台港澳地区）实行指定口岸报关出口。其中，甘草出口的报关口岸指定为天津、上海、大连3个城市的口岸；甘草制品出口的报关口岸指定为天津、上海2个城市的口岸；天然砂出口（对台港澳地区）的报关口岸限定于企业所在省（自治区、直辖市）的口岸。对镁砂、稀土、锑及锑制品等货物暂停实行指定口岸报关出口。

（二）两用物项和技术进出口许可证管理

为维护国家安全和社会公共利益，履行我国在缔结或者参加的国际条约、协定中所承担的义务，国家限制两用物项和技术进出口，对两用物项和技术实行进出口许可证管理。商务部是全国两用物项和技术进出口许可证的归口管理部门，负责制定两用物项和技术进出口许可证管理办法及规章制度，监督、检查两用物项和技术进出口许可证管理办法的执行情况，处罚违规行为。

1. 管理范围

两用物项和技术是指《中华人民共和国核出口管制条例》《中华人民共和国核两用品及相关技术出口管制条例》《中华人民共和国导弹及相关物项和技术出口管制条例》《中华人民共和国生物两用品及相关设备和技术出口管制条例》《中华人民共和国监控化学品管理条例》《易制毒化学品管理条例》《中华人民共和国放射性同位素与射线装置安全和防护条例》《有关化学品及相关设备和技术出口管制办法》所规定的相关物项及技术。

为便于对上述物项和技术的进出口实施管制，商务部和海关总署依据上述法规联合颁布了《两用物项和技术进出口许可证管理办法》，并发布了《两用物项和技术进出口许可证管理目录》，规定对列入该目录的物项及技术的进出口统一实行两用物项和技术进出口许可证管理。商务部指导全国各发证机构的两用物项和技术进出口许可证发证工作。商务部配额许可证事务局及受商务部委托的省级商务主管部门为两用物项和技术进出口许可证发证机构。两用物项和技术进出口前，进出口经营者应当向发证机关申领“中华人民共和国两用物项和技术进口许可证”（以下简称“两用物项和技术进口许可证”）或“中华人民共和国两用物项和技术出口许可证”（以下简称“两用物项和技术出口许可证”），凭以向海关办理进出口通关手续。

2019年两用物项和技术进出口许可证管理目录，分为《两用物项和技术进口许可证管理目录》和《两用物项和技术出口许可证管理目录》两个部分。其中，2019年目录中列名的实施两用物项和技术进口许可证管理的商品包括：监控化学品管理条例名录所列物项（69种）、易制毒化学品（48种）、放射性同位素（10种）共3类；2019年目录中列名的实施两用物项和技术出口许可证管理的商品包括：核出口管制清单所列物项和技术（159种）、核两用品及相关技术出口管制清单所列物项和技术（204种）、生物两用品及相关设备和技术出口管制清单所列物项和技术（144种）、监控化学品管理条例名录所列物项（69种）、有关化学品及相关设备和技术出口管制清单所列物项和技术（37种）、导弹及相关物项和技术出口管制清单所列物项和技术（186种）、易制毒化学品（65种）、部分两用物项和技术（6种）、特殊民用物项和技术（5种）等共10类。

如果出口经营者拟出口的物项和技术存在被用于大规模杀伤性武器及其运载工具风险的，无论该物项和技术是否列入管理目录，都应当办理两用物项和技术出口许可证。出口经营者在出口过程中，如发现拟出口的物项和技术存在被用于大规模杀伤性武器及其运载工具风险的，应及时向国务院相关行政主管部门报告，并积极配合采取措施中止合同的执行。

2. 办理程序

（1）进出口属于两用物项和技术进出口许可证管理的货物，进出口经营者在进出口前获相关行政主管部门批准文件后，凭批准文件到所在地发证机构申领两用物项和技术进出口许可证（在京的中央管理企业向许可证局申领），其中：

① 核、核两用品、生物两用品、有关化学品、导弹相关物项、易制毒化学品和计算机的批准文件为商务主管部门签发的两用物项和技术进口或者出口批复单。其中，核材料的出口凭国防科工局（原国防科工委）的批准文件办理相关手续，外商投资企业进出口易制毒化学品凭“商务部外商投资企业易制毒化学品进口批复单”或“商务部外商投资企业易制毒化学品出口批复单”申领两用物项和技术进口或出口许可证。

② 监控化学品进出口的批准文件为国家履行禁止化学武器公约工作领导小组办公室

签发的监控化学品进口或者出口核准单。监控化学品进出口经营者向许可证局申领两用物项和技术进口或出口许可证。

③ 进口放射性同位素须按《放射性同位素与射线装置安全和防护条例》和《两用物项和技术进口许可证管理办法》有关规定，报生态环境部审批后，在商务部配额许可证事务局申领两用物项和技术进口许可证。

（2）两用物项和技术进出口许可证实行网上申领。申领两用物项和技术进出口许可证时除上述批准文件外还应提交：进出口经营者公函（介绍信）原件、进出口经营者领证人员的有效身份证明以及网上报送的两用物项和技术进出口许可证申领表。如因异地申领等特殊情况，需要委托他人申领两用物项和技术进出口许可证的，被委托人应提供进出口经营者出具的委托公函（其中应注明委托理由和被委托人身份）原件和被委托人的有效身份证明。

（3）发证机构收到相关行政主管部门批准文件（含电子文本、数据）和相关材料并经核对无误后，应在3个工作日内签发两用物项和技术进口或者出口许可证。

（三）报关规范

1. 对以任何方式进口或出口，以及过境、转运、通运列入《两用物项和技术进出口许可证管理目录》的商品，两用物项和技术的进出口经营者应当主动向海关出具有效的两用物项和技术进出口许可证，进出口经营者未向海关出具两用物项和技术进出口许可证而产生的相关法律责任由其自行承担。

2. 海关有权对进出口经营者进出口的货物是否属于两用物项和技术提出质疑，进出口经营者应按规定向相关行政主管部门申请进口或者出口许可，或者向商务主管部门申请办理不属于管制范围的相关证明。省级商务主管部门受理其申请，提出处理意见后报商务部审定。对进出口经营者未能出具两用物项和技术进口或者出口许可证或者商务部相关证明的，海关不予办理有关手续。

3. 目录列名的物项和技术，不论该物项和技术是否在管理目录中列明海关商品编号，均应依法办理两用物项和技术进出口许可证。

4. 两用物项和技术进口许可证实行“非一批一证”制和“一证一关”制，两用物项和技术出口许可证实行“一批一证”制和“一证一关”制。进出口经营者应如实规范向海关申报，在固定栏目规范填报两用物项进出口许可证电子证书编号。

5. 两用物项和技术进出口许可证有效期一般不超过1年。跨年度使用时，在有效期内只能使用到次年3月31日，逾期发证机构将根据原许可证有效期换发许可证。

6. 两用物项和技术进出口许可证仅限于申领许可证的进出口经营者使用，不得买卖、转让、涂改、伪造或变造；两用物项和技术进出口许可证应在批准的有效期内使用，逾期自动失效，海关不予验放。

7. 两用物项和技术进出口许可证一经签发，任何单位和个人不得更改证面内容，如需对证面内容进行更改，进出口经营者应当在许可证有效期内向相关行政主管部门重新申请进出口许可，并凭原许可证和新的批准文件向发证机构申领两用物项和技术进出口许可证。

8. 两用物项和技术进口许可证证面的进口商、收货人应分别与海关进口货物报关单的经营单位、收货单位相一致；两用物项和技术出口许可证证面的出口商、发货人应分别与海关出口货物报关单的经营单位、发货单位相一致。

9. 两用物项和技术在中华人民共和国境内的海关特殊监管区域、保税监管场所与境外之间进出的，进出口单位应申领两用物项和技术进口或出口许可证；两用物项和技术在中华人民共和国境内的海关特殊监管区域、保税监管场所与境内其他区域之间进出的，或者在上述海关特殊监管区域、保税监管场所之间进出的，无须申领两用物项和技术进口或出口许可证。

10. 麻黄碱类易制毒化学品的出口限定在北京、天津、上海、深圳口岸报关并于同口岸实际离境。其他海关一律不予受理此类产品的出口报关业务。

（四）密码产品和含有密码技术的设备进口许可证管理

密码技术属于国家秘密。为了加强商用密码管理，保护信息安全，保护公民和组织的合法权益，维护国家的安全和利益，国家对密码产品和含有密码技术的设备实行限制进口管理。

国家密码管理局是密码产品和含有密码技术设备进口的国家主管部门，会同海关总署依法制定、调整并公布《密码产品和含有密码技术的设备进口管理目录》，以签发“密码产品和含有密码技术设备进口许可证”（以下简称密码进口许可证）的形式，对该类产品实施进口限制管理。

1. 管理范围

管理列入《密码产品和含有密码技术的设备进口管理目录》，以及虽暂未列入目录但含有密码技术的进口商品。

列入管理目录的商品包括加密传真机、加密电话机、加密路由器、非光通信加密以太网络交换机、密码机（包括电话密码机、传真密码机等）、密码卡等商品。

2. 报关规范

密码进口许可证是我国进出口许可管理制度中具有法律效力，用来证明对外贸易经营者经营列入我国密码产品和含有密码技术的设备管理范围的商品合法进口的证明文件，是海关验放货物的重要依据。对外贸易经营者进口列入《密码产品和含有密码技术的设备进口管理目录（第一批）》的商品，以及含有密码技术但暂未列入管理目录的商品，在组织进口前应事先向国家密码管理局申领密码进口许可证，凭以向海关办理通关手续。

（1）进出口经营者应如实规范向海关申报，在固定栏目规范填报密码进口许可证电子证书编号。

（2）加工贸易项下为复出口而进口的，由海关监管；暂时进口后复出口的，从境外进入保税区、出口加工区及其他海关特殊监管区域和保税监管场所的，或在海关特殊监管区域、保税监管场所之间进出的免于提交密码进口许可证。

（3）从海关特殊监管区域、保税监管场所进入境内区外，需交验密码进口许可证。

（4）进口单位知道或者应当知道其所进口的商品含有密码技术，但暂未列入目录的，也应当申领密码进口许可证。进口时，应主动向海关提交密码进口许可证。

（五）固体废物限制进口管理

1. 固体废物进口管理概述

固体废物是指《中华人民共和国固体废物污染环境防治法》管理范围内的废物，即在生产建设、日常生活和其他活动中产生的污染环境的废弃物质，包括工业固体废物（指在工业、交通等生产活动中产生的固体废物）、城市生活垃圾（指在城市日常生活中或者为城市日常生活提供服务的活动中产生的固体废物及法律、行政法规规定视为城市生活垃圾的固体废物）、危险废物（指列入国家危险废物名录或者根据国家规定的危险废物鉴别标准和鉴别方法认定的具有危险特性的废物），以及液态废物和置于容器中的气态废物。

为了防治固体废物污染环境，保障人体健康，促进社会主义现代化建设的发展，根据《中华人民共和国固体废物污染环境防治法》《控制危险废物越境转移及其处置的巴塞尔公约》《固体废物进口管理办法》等法律法规，我国对可以弥补境内资源短缺，且根据国家经济、技术条件能够以无害化方式利用的可用作原料的固体废物，按照其加工利用过程的污染排放强度，实行限制进口和自动许可进口分类管理；对危险废物，以热能回收为目的固体废物，不能用作原料或者不能以无害化方式利用的固体废物，我国境内产生量或者堆存量大且尚未得到充分利用的固体废物，经海关入境检验检疫不符合进口可用作原料的固体废物环境保护控制标准或者相关技术规范等强制性要求的以及尚无适用国家环境保护控制标准或者相关技术规范等强制性要求的固体废物，以及指示交货（TO ORDER）方式承运入境的固体废物，实施禁止进口管理。

按照上述管理原则，我国对进口废物实施分类目录管理，分别实施限制进口、非限制进口和禁止进口三类管理。生态环境部对全国固体废物进口环境管理工作实施统一监督管理，商务部、国家发展改革委、海关总署在各自的职责范围内负责固体废物进口相关管理工作，定期公布调整相关管理目录。对列入《限制进口类可用作原料的固体废物目录》的固体废物实施限制进口管理；对列入《非限制进口类可用作原料的固体废物目录》的固体废物自由进口；对虽列入《限制进口类可用作原料的固体废物目录》及《非限制进口类可用作原料的固体废物目录》但经入境检验检疫不符合进口可用作原料的固体废物环境保护控制标准或者相关技术规范等强制性要求的，未列入《限制进口类可用作原料的固体废物目录》及《非限制进口类可用作原料的固体废物目录》的，以及列入《禁止进口固体废物目录》的固体废物实施禁止进口管理。

2. 固体废物限制进口管理范围

2019 年列入国家《限制进口类可用作原料的固体废物目录》的固体废物实施限制进口管理，废物利用单位在组织进口列入限制进口目录的固体废物前，应当向生态环境部申领“中华人民共和国限制进口类可用作原料的固体废物进口许可证”。凭以向海关办理进口报关手续。

近年来国家加大了对环境污染源的治理力度，2017 年国务院出台了一系列控制固体废物进口的措施，规划了逐年减少固体废物进口的品种和数量。2017 年年底开始分步暂停了废塑料类固体废物的进口；2018 年年底又按计划暂停了冶炼金属产生的废渣、混合金属废物的进口；2019 年列入《限制进口类可用作原料的固体废物目录》的固体废物只剩下“回收（废碎）纸及纸板”（涉及 3 个商品编码）和“金属和合金废碎料”（涉及 13 个商品编码）两类。自 2020 年 1 月 1 日起，国家将按计划停止金属和合金废碎料类固体废物的进口，这样，2020 年我国只保留“回收（废碎）纸及纸板”这一类类固体废物的限制进口管理。

3. 办理程序

国家对进口可用作原料的固体废物的国内收货人及国外供货商实行注册登记制度。向中国出口可用作原料的固体废物的国外供货商，应当取得海关颁发的注册登记证书。固体废物利用单位在组织进口列入限制进口目录的固体废物前，应当直接向生态环境部提出固体废物进口申请，由生态环境部审查批准，取得生态环境部签发的“中华人民共和国限制进口类可用作原料的固体废物进口许可证”后才可组织进口。

进口此类固体废物境外启运前，应当由海关指定的装运前检验机构实施装运前检验，检验合格的，出具装运前检验证书；进口的固体废物运抵固体废物进口相关许可证列明的口岸后，国内收货人应当持固体废物进口相关许可证、装运前检验证书及其他必要单证，向口岸海关报关。经海关检验检疫，未发现不符合国家环境保护控制标准要求的物质的，海关凭有效废物进口许可证办理通关验放手续。

海关有关此类固体废物检验检疫措施将在后面相关章节具体介绍。

4. 报关规范

（1）“中华人民共和国限制进口类可用作原料的固体废物进口许可证”是我国进出口许可管理制度中具有法律效力，用来证明对外贸易经营者经营列入《限制进口类可用作原料的固体废物目录》的废物合法进口的证明文件，是海关验放货物的重要依据。不论以何种方式进口列入上述管理范围的固体废物，包括由境外进入保税区、出口加工区、保税物流园区、保税港区等海关特殊监管区域和保税物流中心、保税仓库等海关保税监管场所的，均须事先申领废物进口许可证。进出口经营者应如实、规范向海关申报，在固定栏目规范填报固体废物进口许可证电子证书编号。

（2）向海关申报进口列入《限制进口类可用作原料的固体废物目录》的废物，报关单位应主动向海关提交有效的废物进口许可证和检验检疫相关材料。

（3）废物进口许可证当年有效，因故在有效期内未使用完的，利用企业应当在有效期届满30日前向发证机关提出延期申请。发证机关扣除已使用的数量后，重新签发固体废物进口相关许可证，并在备注栏中注明“延期使用”和原证证号，且只能延期一次，延期最长不超过60日。

（4）固体废物进口相关许可证实行“一证一关”管理。一般情况下固体废物进口相关许可证为“非一批一证”制，如要实行“一批一证”，应当同时在固体废物进口相关许可证备注栏内打印“一批一证”字样。

（5）固体废物从海关特殊监管区域和场所进口到境内区外或者在海关特殊监管区域和场所之间进出的，无须办理固体废物进口相关许可证。

海关特殊监管区域和场所内单位不得以转口货物为名存放进口固体废物。

（6）国家只允许进口的固体废物从《限定固体废物进口口岸目录》（详见下表）进口，并办理报关手续。

限定固体废物进口口岸目录

序号	直属海关	关区代码	口岸名称	运输方式
1	天津海关	0202	天津港口岸新港港区	海运
2	石家庄海关	0412	唐山港口岸曹妃甸港区	海运
3	大连海关	0908	大连港口岸大窑湾港区	海运
4	上海海关	2225	上海港口岸外高桥港区	海运
5	上海海关	2248	上海港口岸洋山港区	海运
6	南京海关	2327	太仓港口岸	海运

续表

序号	直属海关	关区代码	口岸名称	运输方式
7	杭州海关	2981	嘉兴港口岸	海运
8	宁波海关	3104	宁波港口岸北仑港区	海运
9	福州海关	3508	福州港口岸江阴港区	海运
10	厦门海关	3708	厦门港口岸海沧港区	海运
11	青岛海关	4258	青岛港口岸	海运
12	广州海关	5119	南海港口岸	海运
13	广州海关	5166	南沙港口岸	海运
14	深圳海关	5304/5349	深圳蛇口港口岸	海运
15	黄埔海关	5216	虎门港口岸	海运
16	江门海关	6821	新会港口岸	海运
17	湛江海关	6711	湛江港口岸霞山港区	海运
18	南宁海关	7203	梧州港口岸	河运

（六）进口关税配额管理

关税配额管理属限制进口，实行关税配额证管理。对外贸易经营者经国家批准取得关税配额证后允许按照关税配额税率征税进口；超出限额或无配额进口的则按照配额外税率征税进口，其中食糖还应申领自动进口许可证。

2019 年我国实施进口关税配额管理的农产品有小麦、玉米、稻谷和大米、食糖、羊毛、毛条、棉花；实施进口关税配额管理的工业品为化肥。

1. 实施关税配额管理的农产品

（1）农产品进口关税配额为全球关税配额，其国家主管部门为商务部及国家发展改革委，企业通过一般贸易、加工贸易、易货贸易、边境小额贸易、援助、捐赠等贸易方式进口上述农产品均列入关税配额管理范围。海关凭商务部、国家发展改革委各自授权机构向最终用户发放的，并加盖“商务部农产品进口关税配额证专用章”或“国家发展和改革委员会农产品进口关税配额证专用章”的“农产品进口关税配额证”办理验放手续。其中，以加工贸易方式进口上述农产品，海关凭企业提交的在“贸易方式”栏目中注明“加工贸易”的进口关税配额证办理通关验放手续。由境外进入保税仓库、保税区、出口加工区的上述农产品，无须提交“农产品进口关税配额证”，海关按现行规定验放并实施监管。从保税仓库、保税区、出口加工区出库或出区进口的关税配额农产品，企业持进口关税配额证向海关办理进口手续。

（2）“农产品进口关税配额证”实行“一证多批”制度，即最终用户需分多批进口的，有效期内，凭“农产品进口关税配额证”可多次办理通关手续，直至海关核注栏填满为止。

（3）2019 年度除羊毛、毛条进口关税配额实行先来先领的分配方式外，其他农产品进口关税配额的申请期为每年 10 月 15 日至 30 日。商务部、国家发展改革委分别于申请期前 1 个月在《国际商报》《中国经济导报》，以及商务部和国家发展改革委网站上公布每种农产品下一年度进口关税配额总量、关税配额申请条件及国务院关税税则委员会确定的关税配额农产品税则号列和适用税率。其中糖、羊毛、毛条由商务部公布并由商务部授权机构负责受理本地区内申请；小麦、玉米、大米、棉花由国家发展改革委公布并由国家发展改革委授权机构负责受理本地区内的申请。

(4) 农产品进口关税配额的分配是根据申请者的申请数量和以往进口实绩、生产能力、其他相关商业标准或根据先来先领的方式进行分配。分配的最小数量将以每种农产品商业上可行的装运量确定。每年1月1日前，商务部、国家发展改革委通过各自授权机构向最终用户发放“农产品进口关税配额证”，并加盖“商务部农产品进口关税配额证专用章”或“国家发展和改革委员会农产品进口关税配额证专用章”。

2. 实施关税配额管理的工业品

(1) 化肥进口关税配额为全球配额，商务部负责全国化肥关税配额管理工作。商务部的化肥进口关税配额管理机构负责管辖范围内化肥进口关税配额的发证、统计、咨询和其他授权工作。关税配额内化肥进口时，海关凭进口单位提交的“化肥进口关税配额证明”，按配额内税率征税，并验放货物。

(2) “化肥进口关税配额证明”实行“一批一证”管理，需要延期或证面栏目内容需要变更的，一律重新办理，旧证同时撤销。

(3) 商务部负责在化肥进口关税配额总量内，根据国民经济综合平衡及资源合理配置的要求，对化肥进口关税配额进行分配。凡在中华人民共和国工商行政管理部门登记注册的企业（以下简称申请单位），在其经营范围内均可向所在地区的授权机构申请化肥进口关税配额。商务部于每年的9月15日至10月14日公布下一年度的关税配额数量。申请单位应当在每年的10月15日至10月30日向商务部提出化肥关税配额的申请。商务部根据各地区生产和市场需求，并参考申请单位以往的进口实绩（申请单位的生产能力、经营规模、销售状况）、以往分配的配额是否得到充分使用、新的进口经营者的申请情况、申请配额的数量情况等因素，于每年12月31日前将化肥关税配额分配到进口用户。

（七）野生动植物种进出口管理

野生动植物是人类的宝贵自然财富。挽救珍稀濒危动植物种，保护、发展和合理利用野生动植物资源，对维护自然生态平衡，开展科学研究，发展经济、文化、教育、医药、卫生等事业有着极其重要的意义。为此，我国颁布了《中华人民共和国森林法》《中华人民共和国野生动物保护法》《中华人民共和国野生植物保护条例》《野生动植物进出口证书管理办法》等相关法律法规，并发布了我国物种自主保护目录，同时，我国也是《濒危野生动植物种国际贸易公约》的成员国。因此，我国进出口管理的濒危物种包括《濒危野生动植物种国际贸易公约》成员国（地区）应履行保护义务的物种及为保护我国珍稀物种而自主保护的物种。我国对进出口野生动植物及其产品的，实行野生动植物进出口证书管理。

野生动植物种进出口证书管理是指国家林业和草原局所属国家濒危物种进出口管理办公室会同国家其他部门，依法制定或调整《进出口野生动植物种商品目录》并以签发“濒危野生动植物种国际贸易公约允许进出口证明书”（以下简称公约证明）、“中华人民共和国濒危物种进出口管理办公室野生动植物允许进出口证明书”（以下简称非公约证明）或“非《进出口野生动植物种商品目录》物种证明”（以下简称物种证明）的形式，对该目录列明的依法受保护的珍贵、濒危野生动植物及其产品实施的进出口限制管理。

凡进出口列入《进出口野生动植物种商品目录》的野生动植物或其产品，必须严格按照有关法律、行政法规的程序进行申报和审批，并在进出口报关前取得国家濒危物种进出口管理办公室或其授权的办事处签发的公约证明、非公约证明或物种证明后，向海关办理进出口手续。

1. 非公约证明管理范围及报关规范

非公约证明是我国进出口许可管理制度中具有法律效力，用来证明对外贸易经营者经营列入《进出口野生动植物种商品目录》中属于我国自主规定管理的野生动植物及其产品合法进出口的证明文件，是海关验放该类货物的重要依据。出口列入商品目录中国家重点保护的野生动植物及其产品的，实行非公约证明管理。

（1）管理范围

对列入《进出口野生动植物种商品目录》中属于我国自主规定管理的野生动植物及其产品，不论以何种方式出口，均须事先申领非公约证明。

（2）报关规范

① 向海关申报出口列入《进出口野生动植物种商品目录》中属于我国自主规定管理的野生动植物及其产品，报关单位应主动向海关提交有效的非公约证明及其他有关单据。

② 非公约证明实行“一批一证”制度。

2. 公约证明管理范围及报关规范

公约证明是我国进出口许可管理制度中具有法律效力，用来证明对外贸易经营者经营列入《进出口野生动植物种商品目录》中属于《濒危野生动植物种国际贸易公约》成员国（地区）应履行保护义务的物种合法进出口的证明文件，是海关验放该类货物的重要依据。

（1）管理范围

对列入《进出口野生动植物种商品目录》中属于《濒危野生动植物种国际贸易公约》成员国（地区）应履行保护义务的物种，不论以何种方式进出口，均须事先申领公约证明。

（2）报关规范

① 向海关申报进出口列入《进出口野生动植物种商品目录》中属于《濒危野生动植物种国际贸易公约》成员国（地区）应履行保护义务的物种，报关单位应主动向海关提交有效的公约证明及其他有关单据。采用无纸报关的，应在固定栏目规范填报相应证明的电子证书编号。

② 向海关申报进出口列入《进出口野生动植物种商品目录》中属于《濒危野生动植物种国际贸易公约》成员国（地区）应履行保护义务的物种需要过境、转运、通运的，不需申请核发野生动植物进出口证书。

③ 公约证明实行“一批一证”制度。

3. 物种证明适用范围及报关规范

由于受濒危物种进出口管理的动植物种很多，认定工作的专业性很强，为使濒危物种进出口监管工作做到既准确又严密，海关总署和国家濒危物种进出口管理办公室共同商定启用物种证明，由国家濒危物种进出口管理办公室指定机构进行认定并出具物种证明，报关单位凭以办理报关手续。

(1) 适用范围

按照《进出口野生动植物种商品目录》的制定原则，物种证明的适用范围一般包括：一是进出口属于《濒危野生动植物种国际贸易公约》规定免管或者豁免的野生动植物及其产品；二是出口人工培植来源的非《濒危野生动植物种国际贸易公约》附录所列，但与国家重点保护同名的野生植物及其产品；三是进口和再出口非《濒危野生动植物种国际贸易公约》附录所列，但与国家重点保护同名的野生动植物及其产品；四是进出口属于未拆分出非濒危物种且带有监管条件的海关商品编号管理的非《濒危野生动植物种国际贸易公约》附录所列、非国家重点保护的野生动植物及其产品。

对申报进出口的野生动植物及其产品符合《进出口野生动植物种商品目录》所列海关商品编号描述和含义的，凡不属于允许进出口证明书管理范畴的，不论所涉及的物种或者监管条件是否纳入动植物附表或者注释表，各办事处应当依法核发物种证明，海关验核物种证明办理报关手续。

(2) 报关规范

① 物种证明由国家濒危物种管理办公室统一按确定的格式制作，不得转让或倒卖。证面不得涂改、伪造。采用无纸报关的，应在固定栏目规范填报相应证明的电子证书编号。

② 物种证明分为“一次使用”和“多次使用”两种。

一次使用的物种证明有效期自签发之日起不得超过 180 天，多次使用的物种证明有效期不超过 360 天。多次使用的物种证明只适用于同一物种、同一货物类型、在同一报关口岸多次进出口的野生动植物。多次使用的物种证明有效期截至发证当年 12 月 31 日。持证者须于 1 月 31 日之前将上一年度使用多次物种证明进出口有关野生动植物标本的情况汇总上报发证机关。

③ 进出口企业必须按照物种证明规定的口岸、方式、时限、物种、数量和货物类型等进出口野生动植物。对于超越物种证明中任何一项许可范围的申报行为，海关均不予受理。

④ 海关对经营者进出口列入《进出口野生动植物种商品目录》的商品及含野生动植物成分的纺织品是否为濒危野生动植物种提出质疑的，经营者应按海关的要求，向国家濒危物种管理办公室或其办事处申领物种证明；属于公约证明或非公约证明管理范围的，应申领公约证明或非公约证明。经营者未能出具证明书或物种证明的，海关不予办理有关手续。

(八) 进出口药品管理

进出口药品管理是指为加强对药品的监督管理，保证药品质量，保障人体用药安全，维护人民身体健康和用药合法权益，国家药品监督管理局依照《中华人民共和国药品管理法》、有关国际公约以及国家其他法规，对进出口药品实施监督管理的行政行为。

进出口药品管理是我国进出口许可管理制度的重要组成部分，属于国家限制进出口管理范畴，实行分类和目录管理。进出口药品从管理角度可分为进出口麻醉药品、进出口精神药品、进出口兴奋剂，以及进口一般药品。国家药品监督管理局会同国务院商务主管部门对上述药品依法制定并调整管理目录，以签发许可证件的形式对其进出口加以管制。

目前，我国公布的药品进出口管理目录有：《进口药品目录》《生物制品目录》《精神药品管制品种目录》《麻醉药品管制品种目录》《兴奋剂目录》等。

药品必须经由国务院批准的允许药品进口的口岸进口。目前，允许进口药品的口岸有北京、天津、上海、大连、青岛、济南、成都、武汉、长沙、重庆、厦门、南京、杭州、宁波、福州、广州、深圳、珠海、海口、西安、南宁21个城市，以及西藏基隆县和普兰县所在地直属海关所辖关区口岸。首次在中国境内销售的精神、麻醉药品，进口口岸限定为北京市、上海市和广州市3个城市的口岸。

1. 精神药品进出口管理范围及报关规范

精神药品进出口准许证是我国进出口精神药品管理批件，国家食品药品监督管理局依据《中华人民共和国药品管理法》、国务院颁布的《精神药品管理办法》，以及有关国际条约，对进出口直接作用于中枢神经系统，使之兴奋或抑制，连续使用能产生依赖性的药品，制定和调整《精神药品管制品种目录》，并以签发“精神药品进口准许证”或“精神药品出口准许证”的形式对《精神药品管制品种目录》商品实行进出口限制管理。

精神药品进出口准许证是我国进出口许可管理制度中具有法律效力，用来证明对外贸易经营者经营列入《精神药品管制品种目录》管理药品合法进出口的证明文件，是海关验放该类货物的重要依据。

《精神药品管制品种目录》所列药品进出口时，货物所有人或其合法代理人在办理进出口报关手续前，均须取得国家食品药品监督管理局核发的精神药品进出口准许证，凭以向海关办理报关手续。

（1）管理范围

① 进出口列入《精神药品管制品种目录》的药品，包含精神药品标准品及对照品，如咖啡因、去氧麻黄碱、复方甘草片等。

② 对于列入《精神药品管制品种目录》的药品可能存在的盐、酯、醚，虽未列入该目录，但仍属于精神药品管制范围。

③ 任何单位以任何贸易方式进出口列入上述范围的药品，不论用于何种用途，均须事先申领精神药品进出口准许证。

（2）报关规范

① 向海关申报进出口精神药品管理范围内的药品，报关单位应主动向海关提交有效的精神药品进出口准许证及其他有关单据。采用无纸报关的，应在固定栏目规范填报相应证件的电子证书编号。

② 精神药品的进出口准许证仅限在该证注明的口岸海关使用，并实行“一批一证”制度，证面内容不得自行更改，如需更改，应到国家食品药品监督管理局办理换证手续。

2. 麻醉药品进出口管理范围及报关规范

麻醉药品进出口准许证是我国进出口麻醉药品管理批件，国家药品监督管理部门依据《中华人民共和国药品管理法》、国务院颁布的《麻醉药品管理办法》，以及有关国际条约，对进出口连续使用后易使身体产生依赖性、能成瘾癖的药品，制定和调整《麻醉药品管制品种目录》，并以签发“麻醉药品进口准许证”或“麻醉药品出口准许证”的形式对该目录商品实行进出口限制管理。

麻醉药品进出口准许证是我国进出口许可管理制度中具有法律效力，用来证明对外贸易经营者经营列入《麻醉药品管制品种目录》管理药品合法进出口的证明文件，是海关验放该类货物的重要依据。

《麻醉药品管制品种目录》所列药品进出口时，货物所有人或其合法代理人在办理进出口报关手续前，均须取得国家食品药品监督管理局核发的麻醉药品进出口准许证，凭以向海关办理报关手续。

（1）管理范围

① 进出口列入《麻醉药品管制品种目录》的麻醉药品，包括鸦片、可卡因、大麻、吗啡、海洛因以及合成麻醉药类和其他易成瘾癖的药品、药用原植物及其制剂。

② 对于列入《麻醉药品管制品种目录》的麻醉药品可能存在的盐、酯、醚，虽未列入该目录，但仍属于麻醉药品管制范围。

③ 任何单位以任何贸易方式进出口列入上述范围的药品，不论用于何种用途，均须事先申领麻醉药品进出口准许证。采用无纸报关的，应在固定栏目规范填报相应证件的电子证书编号。

（2）报关规范

① 向海关申报进出口麻醉药品管理范围内的药品，报关单位应主动向海关提交有效的麻醉药品进出口准许证及其他有关单据。采用无纸报关的，应在固定栏目规范填报"进口药品通关单"的电子证书编号。

② 麻醉药品的进出口准许证仅限在该证注明的口岸海关使用，并实行"一批一证"制度，证面内容不得自行更改，如需更改，应到国家食品药品监督管理局办理换证手续。

3. 兴奋剂进出口管理范围及报关规范

为了防止在体育运动中使用兴奋剂，保护体育运动参加者的身心健康，维护体育竞赛的公平竞争，根据《中华人民共和国体育法》和其他有关法律，我国制定颁布了《反兴奋剂条例》。依据该条例及有关法律法规的规定，国家体育总局会同商务部、卫生部、海关总署、国家食品药品监督管理局制定颁布了《兴奋剂目录》。

（1）管理范围

列入《兴奋剂目录》的药品，包括：蛋白同化制剂品种、肽类激素品种、麻醉药品品种、刺激剂（含精神药品）品种、药品类易制毒化学品品种、医疗用毒性药品品种、其他品种等共 7 类。

（2）报关规范

① 进出口列入《兴奋剂目录》的精神药品、麻醉药品、易制毒化学品、医疗用毒性药品，应按照现行规定向海关办理通关验放手续。对《兴奋剂目录》中的"其他品种"，海关暂不按照兴奋剂实行管理。

② 根据《蛋白同化制剂、肽类激素进出口管理办法》的相关规定，国家对进出口蛋白同化制剂和肽类激素分别实行进口准许证和出口准许证管理：

——进出口蛋白同化制剂、肽类激素，进出口单位应当事先向国家食品药品监督管理局申领进口准许证或出口准许证。

——进出口单位在办理报关手续时，应多提交一联报关单，并向海关申请签退该联报关单。海关凭药品进口准许证或出口准许证验放货物后，在该联报关单上加盖"验讫章"后退进出口单位，进出口单位应当在海关验放后 1 个月内，将进口准许证或出口准许证的第一联、海关签章的报关单退回发证机关。

——进口准许证有效期 1 年。出口准许证有效期不超过 3 个月（有效期时限不跨年度）。取得药品进出口准许证后未进行相关进出口贸易的，进出口单位应当于准许证有效期满后 1 个月内将原准许证退回发证机关。

——进口准许证、出口准许证实行“一证一关”制度，证面内容不得更改。因故延期进出口的，可以持原进出口准许证办理一次延期换证手续。

——个人因医疗需要携带或邮寄进出境自用合理数量范围内的蛋白同化制剂和肽类激素药品，凭医疗机构处方予以验放。无法出具处方，或超出处方剂量的，均不准进出境。

—— 以加工贸易方式进出口蛋白同化制剂、肽类激素的，海关凭药品进口准许证、出口准许证办理验放手续并实施监管。

—— 从境内区外进入保税区、出口加工区及其他海关特殊监管区域和保税监管场所的蛋白同化制剂、肽类激素，应当办理药品出口准许证；从保税区、出口加工区及其他海关特殊监管区域、保税监管场所进入境内区外的蛋白同化制剂、肽类激素，应当办理药品进口准许证。

保税区、出口加工区及其他海关特殊监管区域、保税监管场所与境外进出及海关特殊监管区域、保税监管场所之间进出的蛋白同化制剂、肽类激素，免予办理药品进口准许证、出口准许证，由海关实施监管。

4. 一般药品进口管理范围及报关规范

国家对一般药品进口的管理实行目录管理。国家食品药品监督管理局依据《中华人民共和国药品管理法》《中华人民共和国药品管理法实施条例》制定和调整《进口药品目录》《生物制品目录》；国家食品药品监督管理局授权的口岸药品检验所以签发进口药品通关单的形式对列入管理目录的商品实行进口限制管理。

进口药品通关单是我国进出口许可管理制度中具有法律效力，用来证明对外贸易经营者经营列入管理目录的商品合法进口的证明文件，是海关验放的重要依据。

（1）管理范围

① 进口列入《进口药品目录》的药品，指用于预防、治疗、诊断人的疾病，有目的地调节人的生理机能并规定有适应症、用法和用量的物质，包括中药材、中药饮品、中成药、化学原料药及其制剂、抗生素、生化药品、血清疫苗、血液制品等。

② 进口列入《生物制品目录》的商品，包括疫苗类、血液制品类及血源筛查用诊断试剂等。

③ 首次在我国境内销售的药品。

④ 进口暂未列入《进口药品目录》的原料药的单位，必须遵守《进口药品管理办法》中的各项有关规定，主动到各口岸药品检验所报验。

（2）报关规范

① 向海关申报进口列入管理目录中的药品，报关单位应主动向海关提交有效的进口药品通关单及其他有关单据。采用无纸报关的，应在固定栏目规范填报“进口药品通关单”的电子证书编号。

② 进口药品通关单仅限在该单注明的口岸海关使用，并实行“一批一证”制度，证面内容不得更改。

③ 任何单位以任何贸易方式进口列入管理目录的药品，不论用于何种用途，均须事先申领进口药品通关单。

④ 从境外进入保税仓库、保税区、出口加工区的药品，免予办理进口备案和口岸检验等进口手续。从保税仓库、出口监管仓库、保税区、出口加工区出库或出区进入境内的药品，海关验核“进口药品通关单”，并按规定办理通关手续。

目前，一般药品出口暂无特殊的管理要求。

(九) 美术品进出口管理

为加强对美术品进出口经营活动、商业性美术品展览活动的管理，促进中外文化交流，丰富人民群众文化生活，国家对美术品进出口实施监督管理。文化部负责对美术品进出口经营活动的审批管理，海关负责对美术品进出境环节进行监管。

美术品进出口管理是我国进出口许可管理制度的重要组成部分，属于国家限制进出口管理范畴。文化部委托美术品进出口口岸所在地省、自治区、直辖市文化行政部门负责本辖区美术品的进出口审批。文化部对各省、自治区、直辖市文化行政部门的审批行为进行监督、指导，并依法承担审批行为的法律责任。美术品进出口单位应当在美术品进出口前，向美术品进出口口岸所在地省、自治区、直辖市文化行政部门申领进出口批件，凭以向海关办理通关手续。

1. 管理范围

(1) 纳入我国进出口管理的美术品是指艺术创作者以线条、色彩或者其他方式，经艺术创作者以原创方式创作的具有审美意义的造型艺术作品，包括绘画、书法、雕塑、摄影等作品，以及艺术创作者许可并签名的，数量在200件以内的复制品。

(2) 批量临摹的作品、工业化批量生产的美术品、手工艺品、工艺美术产品、木雕、石雕、根雕、文物等均不纳入美术品进行管理。

(3) 我国禁止进出境含有下列内容的美术品：违反宪法确定的基本原则的；危害国家统一、主权和领土完整的；泄露国家秘密、危害国家安全或者损害国家荣誉和利益的；煽动民族仇恨、民族歧视，破坏民族团结，或者侵害民族风俗习惯的；宣扬或者传播邪教迷信的；扰乱社会秩序，破坏社会稳定的；宣扬或者传播淫秽、色情、赌博、暴力、恐怖或者教唆犯罪的；侮辱或者诽谤他人、侵害他人合法权益的；蓄意篡改历史、严重歪曲历史的；危害社会公德或者有损民族优秀文化传统的；我国法律、行政法规和国家规定禁止的其他内容的。

2. 办理程序

我国对美术品进出口实行专营，经营美术品进出口的企业必须是在商务部门备案登记，取得进出口资质的企业。美术品进出口单位应当在美术品进出口前，向美术品进出口口岸所在地省、自治区、直辖市文化行政部门提出申请，并报送以下材料：

(1) 美术品进出口单位的企业法人营业执照、对外贸易经营者备案登记表；

(2) 进出口美术品的来源、目的地、用途；

(3) 艺术创作者名单、美术品图录和介绍；

(4) 审批部门要求提供的其他材料。

文化行政部门应当自受理申请之日起15日内作出决定。批准的，发给批准文件，批准文件中应附美术品详细清单。申请单位持批准文件到海关办理手续。不批准的，文化行政部门书面通知申请人并说明理由。

3. 报关规范

(1) 向海关申报进出口管理范围内的美术品，报关单位应主动向海关提交有效的进出口批准文件及其他有关单据。

(2) 美术品进出口单位向海关递交的批准文件不得擅自更改。如有更改，应当及时将变更事项向审批部门申报，经审批部门批准确认后，方可变更。

（3）文化行政部门的批准文件，不得伪造、涂改、出租、出借、出售或者以其他任何形式转让。

（4）同一批已经批准进口或出口的美术品复出口或复进口，进出口单位可持原批准文件正本到原进口或出口口岸海关办理相关手续，文化行政部门不再重复审批。上述复出口或复进口的美术品如与原批准内容不符，进出口单位则应当到文化行政部门重新办理审批手续。

（5）以研究、教学参考、馆藏、公益性展览等非经营性用途的美术品进出境，应当委托美术品进出口单位办理进出口手续。

（十）民用爆炸物品进出口管理

为了加强对民用爆炸物品进出口的管理，维护国家经济秩序，保障社会公共安全，根据《民用爆炸物品安全管理条例》，国家对民用爆炸物品实施进出口限制管理。工业和信息化部为国家进出口民用爆炸物品主管部门，负责民用爆炸物品进出口的审批；公安机关负责民用爆炸物品境内运输的安全监督管理；海关负责民用爆炸物品进出口环节的监管。

在进出口民用爆炸物品前，进出口企业应当向工业和信息化部申领“民用爆炸物品进/出口审批单”。在取得“民用爆炸物品进/出口审批单”后，进出口企业应当在3个工作日内将获准进出口的民用爆炸物品的品种和数量等信息向收货地或者出境口岸所在地县级人民政府公安机关备案，并同时向所在地省级民用爆炸物品行业主管部门备案，在依法取得公安机关核发的“民用爆炸物品运输许可证”后方可运输民用爆炸物品。

1. 管理范围

管理范围包括：用于非军事目的、列入我国“民用爆炸物品品名表”的各类火药、炸药及其制品，雷管、导火索等点火和起爆器材。

2. 办理程序

进出口民用爆炸物品，应当逐单申请办理审批手续。国家对进出口民用爆炸物品的企业实施资质管理：对取得“民用爆炸物品生产许可证”的企业可以申请进口用于本企业生产的民用爆炸物品原材料（含半成品），出口本企业生产的民用爆炸物品（含半成品）；对取得“民用爆炸物品销售许可证”的企业可以申请进出口其“民用爆炸物品销售许可证”核定品种范围内的民用爆炸物品。

具备上述资质的企业申请进出口民用爆炸物品，应当向工业和信息化部提交下列材料：

（1）民用爆炸物品进出口申请文件及“民用爆炸物品进/出口审批单”（一式五份）；

（2）企业出具的法定代表人、经办人的身份证明文件及有效身份证件复印件。首次申请时应当提供工商营业执照和“民用爆炸物品生产许可证”或者“民用爆炸物品销售许可证”的原件及复印件。证照在年检有效期内且未变更的，再次申请时仅提供加盖公章的复印件；

（3）进出口合同或者订单、形式发票等有效合同原件及加盖公章的中文译本。因外方原因无法提供原件的，进出口企业应当对复印件出具保函；

（4）出口民用爆炸物品，应当提交最终用户和最终用途证明、进口国的许可文件原件及中文译本。因外方原因无法提供原件的，出口企业应当对复印件出具保函；

（5）进口民用爆炸物品，应当提交加盖公章的产品说明（内容包括产品标准、爆炸物成分、包装方式、民用爆炸物品警示标志和登记标志、用途说明等信息）。对民用爆炸物品有环保要求的，应当提交符合国家有关环保标准的证明材料。申请单位和收货单位不一致时，应当提交收货单位的最终用户和最终用途证明及合法使用证明等。

对“民用爆炸物品进/出口审批单”项下物品未能全部进出口且剩余部分仍需执行的，进出口企业应当提交申请文件和海关签注的原审批单或者报关单，向工业和信息化部申请换领剩余数量的“民用爆炸物品进/出口审批单”。

“民用爆炸物品进/出口审批单”的有效期为签发之日起6个月。需延期或者变更审批事项的，进出口企业应当向工业和信息化部提交申请文件，并凭原审批单换领新审批单。每单仅限延期一次，延期时间不超过6个月。

工业和信息化部对申请材料进行审查，对申请材料不齐全或者不符合法定形式的，应当当场或者在5个工作日内一次告知申请人需要补正的全部内容，逾期不告知的，自收到申请材料之日起即为受理；对申请材料齐全，符合法定形式，或者已按要求提交全部补正申请材料的，应当予以受理，并出具受理通知书，自受理申请之日起20个工作日内作出是否批准的决定。批准进出口民用爆炸物品的，应当向申请人核发“民用爆炸物品进/出口审批单”；不予批准的，应当书面告知申请人。

3. 报关规范

（1）向海关申报进出口民用爆炸物品时，进出口企业应当向海关提交两份“民用爆炸物品进/出口审批单”，海关签注实际进出口的商品数量后，由现场海关和企业分别留存。

“民用爆炸物品进/出口审批单”实行“一批一单”和“一单一关”管理。采用无纸报关的，应在固定栏目规范填报“民用爆炸物品进/出口审批单”的电子证书编号。

（2）进出口企业申请退运民用爆炸物品时，应当向工业和信息化部办理进/出口审批手续。申请退运时须提交申请文件、退运保函、原“民用爆炸物品进/出口审批单”及相应报关单。工业和信息化部审核通过后核发“民用爆炸物品进/出口审批单”，其中“申请进/出口用途及理由”标明“退运货物”。退运报关时，海关对所退运的货物进行审核验放。

（3）海关无法确定进出口物品是否属于民用爆炸物品的，由进出口企业将物品样品送交具有民用爆炸物品检测资质的机构鉴定，对检测机构确认是民用爆炸物品的，需在鉴定报告中说明送检物品的成分、性质等内容，并按照“民用爆炸物品品名表”对送检物品进行判定和商品归类。海关依据有关鉴定结论实施进出口管理。

（4）民用爆炸物品在海关特殊监管区域或者场所与境外之间进出的，应当向海关提交“民用爆炸物品进/出口审批单”。

（十一）其他货物进出口管理

1. 黄金及其制品进出口管理

黄金是指未锻造金，黄金制品是指半制成金和金制成品等。

为了规范黄金及黄金制品进出口行为，加强黄金及黄金制品进出口管理，中国人民银行会同海关总署，根据《中华人民共和国中国人民银行法》《海关法》《黄金及黄金制品进出口管理办法》等法律法规，对进出口黄金及其制品实施监督管理的行政行为。

中国人民银行根据国家宏观经济调控需求，可以对黄金及黄金制品进出口的数量进行限制性审批，会同海关总署制定、调整并公布《黄金及黄金制品进出口管理商品目录》。管理目录主要包括：氰化金、氰化金钾等［包括氰化亚金（Ⅰ）钾（含金68.3%）、氰化亚金（Ⅲ）钾（含金57%）］、其他金化合物（不论是否已有化学定义）、非货币用金粉、非货币用未锻造金、非货币用半制成金、货币用未锻造金（包括镀铂的金）、金的废碎料、镶嵌钻石的黄金制首饰及其零件（不论是否包、镀其他贵金属）、镶嵌濒危物种制品的金首饰及零件（不论是否包、镀其他贵金属）、其他黄金制首饰及其零件（不论是否包、镀其他贵金属）、黄金表壳（按重量计含金量在80%及以上）、黄金表带（按重量计含金量在80%及以上）等。

黄金及其制品进出口管理属于我国进出口许可管理制度中限制进出口管理范畴，中国人民银行为黄金及其制品进出口的管理机关。以一般贸易、加工贸易转内销及境内购置黄金原料以加工贸易方式出口黄金制品的，海关特殊监管区域、保税监管场所与境内区外之间进出口的，因公益事业捐赠进口黄金及黄金制品等贸易方式进出口黄金及黄金制品的，应当向中国人民银行或其授权的中国人民银行分支机构申领“黄金及其制品进出口准许证”，凭以办理海关手续。采用无纸报关的，应在固定栏目规范填报“黄金及其制品进出口准许证”的电子证书编号。

以加工贸易方式进出口的，海关特殊监管区域、保税监管场所与境外之间进出的，海关特殊监管区域、保税监管场所之间进出的，以及以维修、退运、暂时进出境方式进出境的，可暂免予办理“黄金及其制品进出口准许证”，由海关实施监管。

2. 有毒化学品管理

“有毒化学品”是指进入环境后通过环境蓄积、生物累积、生物转化或化学反应等方式损害健康和环境，或者通过接触对人体具有严重危害和具有潜在危险的化学品。

为了保护人体健康和生态环境，加强有毒化学品进出口的环境管理，国家根据《关于化学品国际贸易资料交换的伦敦准则》，发布了《中国严格限制进出口的有毒化学品目录》，对进出口有毒化学品进行监督管理。

生态环境部在审批有毒化学品进出口申请时，对符合规定准予进出口的，签发有毒化学品环境管理放行通知单。

有毒化学品环境管理放行通知单是我国进出口许可管理制度中具有法律效力，用来证明对外贸易经营者经营列入《中国严格限制进出口的有毒化学品目录》的化学品合法进出口的证明文件，是海关验放该类货物的重要依据。采用无纸报关的，应在固定栏目规范填报“有毒化学品环境管理放行通知单”的电子证书编号。

3. 农药进出口管理

“农药进出口登记管理放行通知单”是国家农业主管部门依据《中华人民共和国农药管理条例》，对进出口用于预防、消灭或者控制危害农业、林业的病、虫、草和其他有害生物，有目的地调节植物、昆虫生长的化学合成或者来源于生物、其他天然物质的一种物质或者几种物质的混合物及其制剂实施管理的进出口许可证件，其国家主管部门是农业部。

我国对进出口农药实行目录管理，由农业部会同海关总署依据《中华人民共和国农药管理条例》和《在国际贸易中对某些危险化学品和农药采用事先知情同意程序的鹿特丹公约》，制定《中华人民共和国进出口农药登记证明管理名录》（以下简称《农药名录》）。

进出口列入上述目录的农药，应事先向农业部农药检定所申领“农药进出口登记管理放行通知单”，凭以向海关办理进出口报关手续。

“农药进出口登记管理放行通知单”是我国进出口许可管理制度中具有法律效力，用来证明对外贸易经营者经营《农药名录》所列农药合法进出口的证明文件，是海关验放该类货物的重要依据。

“农药进出口登记管理放行通知单”实行“一批一证”管理，进出口一批农药产品，办理一份通知单，对应一份海关进出口货物报关单。通知单一式两联，第一联由进出口单位交海关办理通关手续，由海关留存与报关单一并归档，第二联由农业部留存。采用无纸报关的，应在固定栏目规范填报“农药进出口登记管理放行通知单”的电子证书编号。

“农药进出口登记管理放行通知单”经签发，任何单位或个人不得修改证明内容；如需变更证明内容，应在有效期内将原证交回农业部农药检定所，并申请重新办理进出口农药登记证明。

4. 兽药进口管理

兽药进口管理是指国家农业主管部门（即农业部）依据《进口兽药管理办法》，对进出口兽药实施的监督管理。受管理的兽药是指用于预防、治疗、诊断畜禽等动物疾病，有目的地调节其生理机能并规定作用、用途、用法、用量的物质。

进口兽药实行目录管理，《进口兽药管理目录》由农业部会同海关总署制定、调整并公布。企业进口列入《进口兽药管理目录》的兽药，应向进口口岸所在地省级人民政府兽医行政管理部门申请办理“进口兽药通关单”，凭此向海关办理报关手续。“进口兽药通关单”实行“一单一关”制度，在30日有效期内只能一次性使用。采用无纸报关的，应在固定栏目规范填报“进口兽药通关单”的电子证书编号。

从境外进入保税区、出口加工区及其他海关特殊监管区域和保税监管场所的兽药及海关特殊监管区域、保税监管场所之间进出口的兽药，免予办理“进口兽药通关单”，由海关按照有关规定实施监管。从保税区、出口加工区及其他海关特殊监管区域和保税监管场所进入境内区外的兽药，应当办理“进口兽药通关单”。

兽药进口单位进口暂未列入《进口兽药管理目录》的兽药时，应如实申报，主动向海关出具“进口兽药通关单”；对进口同时列入《进口药品目录》的兽药，海关免予验核“进口药品通关单”；对进口的兽药，因企业申报不实或伪报用途所产生的后果，企业应承担相应的法律责任。

5. 水产品捕捞进口管理

我国已加入养护大西洋金枪鱼国际委员会、印度洋金枪鱼委员会和南极海洋生物资源养护委员会。为遏止非法捕鱼活动和有效养护有关渔业资源，上述政府间渔业管理组织已对部分水产品实施合法捕捞证明制度。根据合法捕捞证明制度的规定，国际组织成员进口部分水产品时有义务验核船旗国政府主管机构签署的合法捕捞证明，没有合法捕捞证明的水产品被视为非法捕捞产品，各成员国不得进口。

为有效履行我国政府相关义务，树立我国负责任渔业国际形象，农业部会同海关总署对部分水产品捕捞进口实施进口限制管理，并调整公布了《实施合法捕捞证明的水产品清单》。对进口列入《实施合法捕捞证明的水产品清单》的水产品（包括进境样品、暂时进口、加工贸易进口以及进入海关特殊监管区域和海关保税监管场所等），有关单位应向农业部申请“合法捕捞产品通关证明”。2014 年 11 月 1 日，农业部与海关总署实现电子数据联网核查，农业部不再签发纸质版“合法捕捞产品通关证明”。有关单位向农业部申请“合法捕捞产品通关证明”，办结后，农业部授权单位中国远洋渔业协会通知申请单位，并实时将“合法捕捞产品通关证明”电子数据传输至海关，海关凭电子数据接受企业报关。有关单位在申请“合法捕捞产品通关证明”时，应严格按照附件所列水产品清单内容如实申报，并保证在报关时相关申报内容与申请内容一致。

申请“合法捕捞产品通关证”时应提交由船旗国政府主管机构签发的合法捕捞证明原件。如在船旗国以外的国家或地区加工的该目录所列产品进入我国，申请单位应提交由船旗国政府主管机构签发的合法捕捞产品副本和加工国或者地区授权机构签发的再出口证明原件。

二、自由进出口管理措施

除国家禁止、限制进出口货物、技术外的其他货物、技术，均属于自由进出口范围。自由进出口货物、技术的进出口不受限制，但基于监测进出口情况的需要，国家对部分属于自由进出口采取如下管理措施：

（一）自动进口许可管理

商务部根据监测货物进口情况的需要，对部分自由进口货物实行自动许可管理。许可证局、各地特派办、地方发证机构及地方机电产品进出口机构负责自动进口许可货物管理和自动进口许可证的签发工作。目前涉及的管理目录是商务部公布的《自动进口许可管理货物目录》，对应的许可证件为“中华人民共和国自动进口许可证”（以下简称“自动进口许可证”）。

1. 自动进口许可管理的商品范围

2019 年实施自动进口许可管理的商品共计 39 类商品：

（1）由商务部签发“自动进口许可证”的商品有：牛肉、猪肉、羊肉、鲜奶、奶粉、木薯、大麦、高粱、大豆、油菜籽、食糖、玉米酒精、豆粕、烟草、二醋酸纤维丝束、原油、部分成品油、部分化肥、烟草机械、移动通信产品、卫星广播电视设备及关键部件、部分汽车产品、部分飞机、部分船舶等，涉及 24 类商品。

（2）由商务部授权的地方商务主管部门发证机构或者商务部许可证局负责签发“自动进口许可证”的商品有：肉鸡、植物油、铜精矿、煤、铁矿石、铝土矿、部分成品油、氧化铝、部分化肥、钢材、工程机械、印刷机械、纺织机械、金属冶炼及加工设备、金属加工机床、电气设备、部分汽车产品、部分飞机、部分船舶、医疗设备等，涉及 20 类商品。

（3）免交“自动进口许可证”的情形

进口列入《自动进口许可管理货物目录》的商品，在办理报关手续时须向海关提交“自动进口许可证”，但下列情形免交：

（1）加工贸易项下进口并复出口的（原油、成品油除外）；

（2）外商投资企业作为投资进口或者投资额内生产自用的（旧机电产品除外）；

（3）货样广告品、实验品进口，每批次价值不超过 5000 元人民币的；

（4）暂时进口的海关监管货物；

（5）从境外进入保税区、出口加工区、保税仓库、保税物流中心等海关特殊监管区域、保税监管场所属自动进口许可证管理的货物；

（6）加工贸易项下进口的不作价设备监管期满后留在原企业使用的；

(7) 国家法律法规规定其他免领自动进口许可证的。

2. 办理程序

进口属于自动进口许可管理的货物，收货人（包括进口商和进口用户）在办理海关报关手续前，应向所在地或相应的发证机构提交"自动进口许可证"申请，并取得"自动进口许可证"。其中属于法律法规规定应当招标采购的，收货人还应当依法招标。收货人申请"自动进口许可证"，应当提交其从事货物进出口的资格证书、备案登记文件或者外商投资企业批准证书（以上证书、文件仅限公历年度内初次申领者提交）、自动进口许可证申请表、货物进口合同（属于委托代理进口的，应当提交委托代理进口协议正本）。法律法规对进口货物用途或者最终用户有特定规定的，应当提交进口货物用途或者最终用户符合国家规定的证明材料、针对不同商品在管理目录中列明的应当提交的材料，以及商务部规定的其他应当提交的材料。同时收货人应当对所提交材料的真实性负责，并保证其有关经营活动符合国家法律规定。

收货人可以直接向发证机构书面申请"自动进口许可证"，也可以通过网上申请。其中书面申请的，收货人可以到发证机构领取或者从相关网站下载自动进口许可证申请表（可复印）等有关材料，按要求如实填写，并采用送递、邮寄或者其他适当方式，与其他相关材料一并递交发证机构。采取网上申请的，收货人应当先到发证机构申领用于企业身份认证的电子钥匙。申请时，登录相关网站，进入相关申领系统，按要求如实在线填写自动进口许可证申请表等资料，同时向发证机构提交有关材料。

自 2018 年 10 月 15 日起，在全国范围内可对属于自动进口许可管理的货物许可证件申领和通关作业实行无纸化。进口单位申请进口上述货物的，可自行选择有纸作业或者无纸作业方式。选择无纸作业方式的进口单位，应按规定向商务部或者商务部委托的机构申领"自动进口许可证"电子证书或"中华人民共和国进口许可证"（以下简称"进口许可证"）电子证书，并以通关作业无纸化方式向海关办理报关验放手续。

3. 报关规范

以通关作业无纸化方式向海关办理报关验放手续的进口单位，可免于提交"自动进口许可证"纸质证书。因管理需要或者其他情形需验核"自动进口许可证"或"进口许可证"纸质证书的，进口单位应当补充提交纸质证书，或者以有纸作业方式向海关办理报关验放手续；海关以进口许可证件联网核查的方式验核"自动进口许可证"电子证书，不再进行纸面签注。"自动进口许可证"发证机构按照海关反馈的进口许可证件使用状态、清关数据等进行延期、变更、核销等操作。

"自动进口许可证"有效期为 6 个月，但仅限公历年度内有效；"自动进口许可证"项下货物原则上实行"一批一证"管理，对部分货物也可实行"非一批一证"管理。对实行"非一批一证"管理的，在有效期内可以分批次累计报关使用，但累计使用不得超过 6 次。每次报关时，海关在"自动进口许可证"原件"海关验放签注"栏内批注后，留存复印件，最后一次使用后，海关留存正本。同一进口合同项下，收货人可以申请并领取多份"自动进口许可证"；对实行"一批一证"的自动进口许可管理的大宗、散装货物，其溢装数量在货物总量 3%以内的原油、成品油、化肥、钢材 4 种大宗散装货物予以免证，其他货物溢装数量在货物总量 5%以内的予以免证；对"非一批一证"的大宗散装货物，每批货物进口时，按其实际进口数量核扣自动进口许可证额度数量，最后一批货物进口时，应按该自动进口许可证实际剩余数量的允许溢装上限内计算，即 5%（原油、成品油、化肥、钢材在溢装上限 3%）以内计算免证数额。

（二）自由进口固体废物管理

1. 管理范围

2019 年列入国家《非限制进口类可用做原料的固体废物目录》的固体废物属于自由进口管理，进口时不受限制，无需向生态环境部申请任何许可证件。之所以称之为管理是因为自由进口的固体废物与一般自由进口货物的管理方式不同，主要在于自由进口的固体废物实行的是目录管理，《非限制进口类可用做原料的固体废物目录》和《限制进口类可用做原料的固体废物目录》管理之外的固体废物一律禁止进口。

2019 年列入《非限制进口类可用做原料的固体废物目录》包括“木及软木碎料”涉及 3 个商品编码和“金属和金属合金废碎料”涉及 15 个商品编码两类固体废物。自 2020 年 1 月 1 日起，国家将按计划停止“木及软木碎料”类固体废物的进口，这样 2020 年度我国只保留“金属和金属合金废碎料”类固体废物的自动进口许可管理和前文所涉及的“回收（废碎）纸及纸板”类固体废物的限制进口管理，这两类固体废物允许进口，其他固体废物一律禁止进口。

2. 监管规定

国家只允许进口的固体废物从《限定固体废物进口口岸目录》［见本节一（四）“限制进口固体废物”《限定固体废物进口口岸目录》］规定的口岸进口，并办理报关手续；海关特殊监管区域和场所内单位不得以转口货物为名存放进口固体废物。

海关有关对此类固体废物检验检疫措施将在后面相关章节具体介绍。

（三）技术进出口合同登记管理

为规范自由进出口技术的管理，建立技术进出口信息管理制度，促进我国技术进出口的发展，根据《中华人民共和国技术进出口管理条例》和《技术进出口合同登记管理办法》，对技术进出口实行合同登记管理。

进出口属于自由进出口的技术，应当向国务院商务主管部门或者其委托的机构办理合同备案登记。国务院商务主管部门对技术进出口合同进行登记，颁发技术进出口合同登记证，申请人凭技术进出口合同登记证，办理外汇、银行、税务、海关等相关手续。

1. 管理范围

列入国家禁止和限制进出口技术目录以外的技术都属于自由进出口技术，技术进出口经营者进出口属自由进出口技术，须向商务部及其授权部门办理合同登记并领取“技术进口合同登记证”或“技术出口合同登记证”凭以办理通关手续。

技术进出口合同包括专利权转让合同、专利申请权转让合同、专利实施许可合同、技术秘密许可合同、技术服务合同和含有技术进出口的其他合同。

2. 登记程序

商务部负责对《政府核准的投资项目目录》和政府投资项目中由国务院或国务院投资主管部门核准或审批的项目项下的技术进口合同进行登记管理；各省、自治区、直辖市和计划单列市商务主管部门负责对《政府核准的投资项目目录》和政府投资项目中由国务院或国务院投资主管部门核准或审批的项目项下的自由进出口技术合同进行登记管理；中央管理企业的自由进出口技术合同，按属地原则到各省、自治区、直辖市和计划单列市商务主管部门办理登记。

国家对自由进出口技术合同实行网上在线登记管理。技术进出口经营者应登陆商务部政府网站上的“技术进出口合同信息管理系统”进行合同登记，并持技术进（出）口合同登记申请书、技术进（出）口合同副本（包括中文译本）和签约双方法律地位的证明文件，到商务主管部门履行登记手续。商务主管部门在收到上述文件起3个工作日内，对合同登记内容进行核对，并向技术进出口经营者颁发“技术进口合同登记证”或“技术出口合同登记证”。

海关总署和商务部对“技术出口合同登记证”实行电子数据与进出口货物报关单电子数据的联网核查工作。商务部及其授权发证机构根据相关法律法规及有关规定签发“技术出口合同登记证”，并将有效电子数据传输至海关。海关在通关环节对证件信息进行比对核查，并按规定办理相关手续。

3. 报关规范

（1）技术进出口经营者应按照现行规定，如实、规范向海关申报，在固定栏目规范填报电子证书编号。

（2）因计算机管理系统、通信网络故障等原因，无法正常实施联网核查的，企业可提交纸本材料并按照要求办理相关手续。

（3）企业可登陆中国国际贸易“单一窗口”查询证件电子数据传输状态。

三、进出口商品合格评定管理措施

我国进出口商品合格评定管理范围包括两大类，即《法检目录》所列名的商品称为法定检验商品，即国家规定实施强制性检验的进出境商品和虽未列入《法检目录》但国家有关法律、行政法规规定实施检验检疫的进出境货物及特殊物品等。

（一）列入《法检目录》商品的检验检疫措施

对列入《法检目录》商品，国家实行强制性检验检疫。海关通过接受报关、查验、抽样/采样等方式，搜集进出境商品信息，实施检验检疫。海关对受理申报的货物，根据对应的检验检疫类别，采取相应的施检方式，包括现场感官检验、临床检疫、抽样检测、核查货证等实施监管，符合要求的予以合格判定。

海关工作人员根据检验检疫结果和合格评定标准，按照规定的证单种类、证单格式、用途和证稿内容及时缮制与审校证单，并由具备相应资质的签字人（如兽医官、授权检疫官、检疫医师、授权签字人）等签名后以签发证单的形式赋予进出口商品是否符合准入或准出资格。

（二）特殊商品检验检疫措施

1. 固体废物进口检验

依据国家《进口可用作原料的固体废物环境保护控制标准》对进口固体废物实施检验检疫管理措施。措施包括：

（1）设立固体废物鉴别机构，其目的在于对进境的固体废物的属性进行专业认定。

（2）实行装运前检验制度，即废物在输出国（地区）装运离境前，依据多边贸易协议《装运前检验协议》，在成员出口方境内所进行的装运前的检验活动。

（3）口岸检验检疫，包括卫生检疫、动植物检疫、环保项目检验等内容。对进口固体废物实施全方位监管。

2. 进口旧机电产品检验监管

（1）实施进口旧机电产品的准入措施，国家颁布旧机电产品管理目录和安全标准。目前国家允许并实施检验监管的进口旧机电产品共七大类，包括金属制品、机械及设备、电器及电子产品、运输工具、仪器仪表、医用家具、办公室用金属家具、各种灯具及照明装置、其他（含电子乐器、儿童带轮玩具、带动力装置的玩具及模型、健身器械等）。

（2）实行装运前检验制度。

（3）实行口岸检验检疫，包括卫生检疫、动植物检疫、安全项目、环保项目检验等内容。对进口固体废物实施全方位监管。

（三）进口棉花检验监督管理

棉花是我国国计民生的重要经济作物和战略物资，是国家进口检验检疫的重要商品。

（1）采取事前登记措施，即进口棉花境外供货企业登记必须进行事前登记。

（2）采取事中检验措施，检验包括现场查验—抽样—实验室检测。

（3）采取事后评估措施，即对进口棉花境外供货企业进行质量跟踪的信用评估管理。

（四）进口汽车检验监督管理

根据我国《进口汽车检验管理办法》《缺陷汽车产品召回管理规定》《缺陷汽车产品召回管理条例实施办法》等规定，对进口汽车实施入境检验管理。管理措施主要包括：

（1）限制口岸检验进口，汽车入境口岸海关负责进口汽车入境检验和验证工作。

（2）实施强制性产品认证证书管理，认证内容包括环境保护、技术安全、能源损耗等国家技术规范的强制性要求。

（3）入境口岸检验，包括一般项目检验、安全环保项目检测。

经检验合格的进口汽车，由口岸海关一车一单签发“进口机动车辆随车检验单”凭以向车辆管理机关申领行车牌证。

（五）进口玩具检验监督管理

玩具是关系人身健康和安全的民用产品，国家将绝大部分可归纳的玩具属性商品均纳入了《法检目录》做强制性入境管理，但由于玩具种类范围广，因此国家规定了对《法检目录》外的进口玩具实施抽查检验制度，其检验项目主要包括核查产品标签标识及是否符合国家环保、卫生、机械安全、燃烧性能、电气安全、听力视力检测等。

（六）危险化学品检验监督管理

危险化学品是指具有毒害、腐蚀、爆炸、燃烧、助燃等性质，对人体、设施、环境具有危害的剧毒化学品和其他化学品，依据《危险化学品目录》对危险化学品实施检验检疫管理。管理措施包括：

（1）对危险化学品生产企业、进口企业，实施危险化学品登记管理。

（2）对危险化学品实施专业检验，包括是否符合安全、卫生、健康、环境保护、防止欺诈等要求，以及相关的品质、数量、重量等项目。其中，安全要求包括产品的主要成分/组分信息、物理及化学特性、危险类别等是否符合进出口危险化学品及其包装检验依据的规定等。

（3）设立专门的检验监管场所，实施进出口危险化学品及其包装现场查验的场所，应为通过安全生产监督管理等部门安全条件审查、批准、许可的合法的危险化学品生产、储存、使用、经营场所。

（七）出入境集装箱卫生检疫管理

集装箱是货物运输的重要载体，按照国际通行惯例和我国国情需要，对出入境集装箱箱体实施检疫措施，检疫项目主要包括放射性监测、箱体表面检疫查验、箱体内检疫查验等。

经检疫发现有以上阳性指针的，判定为不合格，应扩大查验比率，必要时，可全批查验。对检出不合格情况的集装箱实施分类处置。

（八）货物卫生检疫措施

1. 卫生检疫内容：病媒生物查验、卫生学检查、放射性监测。

2. 卫生处理：检疫查验发现被传染病病原体污染或有污染嫌疑的，携带有病媒生物的，存在卫生学问题的，按照规定作卫生处理。

3. 处置：对检疫查验或卫生处理合格的货物，准予入出境；对卫生状况不符合要求、且无法通过卫生处理进行整改的货物，或超过放射性标准、且无法实施除污处理的货物（专用放射源除外），实施退运或销毁。

第三章　进出境货物海关监管

本章着重介绍进出口货物海关监管的基本管理规定，通关作业基本规范、全国通关一体化通关程序，以监管方式分类的海关监管货物的管理措施，海关监管场所、海关保税监管场所、海关特殊监管区域的监管规定等。

第一节　概　述

本节介绍进出境货物的含义、类别、监管时限，以及海关管理的基本过程。

一、进出境货物

（一）含义

进出境货物，包括自进境起到办结海关手续止的进口货物，自向海关申报起到出境止的出口货物，过境、转运、通运货物，特定减免税货物，以及暂时进出境货物、保税货物和其他尚未办结海关手续的进出境货物。进出境货物属于海关监管货物。

海关监管货物，未经海关许可，不得开拆、提取、交付、发运、调换、改装、抵押、质押、留置、转让、更换标记、移作他用或者进行其他处置。

（二）海关监管货物类别及监管时限

按货物进出境的性质划分，海关监管货物主要分为以下几类：

1. 一般进口货物：自进境起到办结海关手续止。

2. 一般出口货物：自向海关申报起到出境止。

3. 保税货物：自进境起，到原货物退运或加工成品复运出境并由海关核销结案，或向海关补办正式进口的补证、纳税手续止。

4. 暂时进出境货物：暂时进境货物，自进境起，到原货复运出境并由海关注销，或向海关补办正式进口的补证、纳税手续止；暂时出境货物，须在规定期限内复运进境，或向海关补办正式出口的补证、纳税手续。

5. 特定减免税货物：到海关监管年限期满止，或向海关办理补证、补税手续止。

6. 过境、转运、通运货物：自进境起，到出境止。

7. 超期未报货物：自进境起，到海关提取变卖止。

海关对不同性质的海关监管货物分别制定了相对应的监管制度。

二、进出境货物海关监管

根据进出境货物的性质、类别及监管期限，海关监管货物的管理过程分为 3 个阶段。

（一）前期阶段

对于特殊类别的海关监管货物，进出口货物收发货人、报关企业（以下简称当事人）

根据海关监管要求，在货物进出口之前，需办理的加工贸易手册（账册）、减免税证明、法定检验检疫等事项的设立、备案、报备、核准手续。

1. 进出口货物申报单证准备

申报单证可以分为报关单和随附单证两大类，其中随附单证包括基本单证、特殊单证。

报关单是指进出口货物报关单或者带有进出口货物报关单性质的单证，如特殊监管区域进出境备案清单、进出口货物集中申报清单、ATA 单证册、过境货物报关单等。

基本单证是指进出口货物的货运单据和商业单据，主要有进口提货单据、出口装货单据、商业发票、装箱单等。

特殊单证是指对进出口货物涉及特殊管制规定的单证、专业性单据。特殊管制规定的单证主要有进出口许可证件、加工贸易电子化手册和电子账册、征免税证明、原产地证明书等，专业性单据包括实施准入管理的证明、实施产品资质管理的证明、实施企业资质管理的证明、属于评估或验证类文件资料和涉及国家技术规范强制要求的证明材料等。

报关企业接受进出口货物收发货人的委托办理报关业务时，应当对委托人所提供情况的真实性、准确性、完整性进行合理审查。审查内容包括：证明进出口货物实际情况的有关资料，包括货物品名、规格、用途、产地、贸易方式；进出口货物的合同、发票、运输单据、装箱单等商业单据；进出口所需的许可证件及随附单证、特定减免税证明等；业务所需的加工贸易手册（账册）及其他进出口单证。报关单位还应当向其委托人了解买卖双方是否具有关联关系，对货物的处置、使用是否具有特殊的限制条件等情况。

报关企业对进出口货物收发货人提供情况的真实性、准确性、完整性未能履行合理审查义务，致使其申报的内容不真实、不合法的，应承担相应的法律责任。

2. 相关业务事项设立、报备、核准手续

（1）加工贸易货物。进口前，当事人需办理加工贸易手册、账册设立等手续。

（2）特定减免税货物。进口前，当事人需办理货物的减免税审批手续。

（3）检验检疫业务的事项办理。进口货物：装运前检验、境外预检、检疫准入、检疫审批等。出口货物：出境危险货物运输包装容器的性能检验、鉴定，出口前监管服务事项电子底账设立，政府协议装运前检验等。

（4）进出境前向海关报备的法定查验检疫货物和特殊物品。进口微生物、人体组织、生物制品、血液及其制品或种畜、禽及其精液、胚胎、受精卵的，应当在入境前 30 天报备；进口其他动物的，应当在入境前 15 天报备；进口植物、种子、种苗及其他繁殖材料的，应当在入境前 7 天报备。出境货物最迟应于报关或装运前 7 天报备，对于个别检验检疫周期较长的货物，应留有相应的检验检疫时间；需隔离检疫的出境动物在出境前 60 天预报，隔离前 7 天报备。

3. 纳税担保备案、预裁定、提前取样

（1）汇总征税税款总担保备案。为提高通关效率，进出口货物收发货人（“失信企业”除外）可向注册地直属海关关税职能部门提交税款总担保备案申请，总担保应当依法以保函等海关认可的形式；保函受益人应包括企业注册地直属海关及其他进出口地直属海关；担保范围为担保期限内企业进出口货物应缴纳的海关税款和滞纳金；担保额度可根据企业税款缴纳情况循环使用。

关税保证保险担保备案。进出口货物收发货人对纳税期限和征税要素进行保险担保的，保险公司通过保单传输系统传输“关税保证保险单”电子数据，企业所在地直属海关进行保单备案。企业申请办理征税要素担保的，现场海关收取保单正本。保险金额可根据企业税款缴纳情况在保险期间内循环使用。

（2）海关预裁定。在货物实际进出口前，进出口货物收发货人可以就下列海关事务申请预裁定：进出口货物的商品归类，原产地或者原产资格，进口货物完税价格相关要素、估价方法。“完税价格相关要素”，包括特许权使用费、佣金、运保费、特殊关系，以及其他与审定完税价格有关的要素。申请人应当在货物拟进出口 3 个月前向其注册地直属海关提出预裁定申请，通过电子口岸“海关事务联系系统”（QP 系统）或“互联网+海关”提交“中华人民共和国海关预裁定申请书”。

（3）申报前查看货物或提取货样。当事人在向海关申报前，因确定货物品名、规格、型号、归类等原因，可以向海关提出查看货物或提取货样的书面申请。

进口货物收货人查看货物或提取货样时，由海关开具取样记录和取样清单。提取货样的货物涉及动植物及产品，以及其他须依法提供检疫证明的，应当按国家有关法律规定取得海关书面批准证明。

（二）进出口阶段

进出口阶段，当事人需根据海关监管要求，在货物进出境时，向海关办理进出口申报、配合查验检疫、缴纳税费、提取或装运货物手续的过程。

具体内容详见本章第二节、第三节相关内容。

（三）后续阶段

后续阶段，针对特殊类别的海关监管货物，当事人需根据海关监管要求，在完成货物的加工装配、使用、维修、复运进出境、纳税等过程或手续后，按照规定的期限和要求，向海关办理核销、销案、申请解除监管等手续。例如：

1. 加工贸易货物，当事人需在规定期限内办理报核手续。

2. 特定减免税货物，当事人需在海关监管期满，或者在海关监管期内经海关批准出售、转让、退运、放弃并办结有关手续后，向海关申请办理解除、监管手续。

3. 暂时进出境货物，在海关规定的期限内，办理复运出境或正式进口手续后申请销案。

当事人办理暂时进出境货物延期手续的，按照海关规定处置。

4. 法定检验检疫货物出具证书及后续监管事项。

具体内容详见本章和第四章检验检疫的相关内容。

三、货物通关监管

通关监管是海关对进出境货物全部监督管理工作的基础。海关通关监管具有再管理性，海关按照《海关法》《商检法》《国境卫生检疫法》《进出境动植物检疫法》《食品安全法》等相关法规进行监管，同时，执行或监督执行《对外贸易法》等对外贸易管理法规，贯彻实施国家对外贸易管制政策及各项管制措施，如进出口货物许可管理、配额管理、药品检验、文物管理、濒危物种管理、金银管制、外汇管制、核出口管制、知识产权边境保护，以及对民用枪支弹药、无线电器材、通讯设备、音像制品、印刷品的进出境管理等。

全国通关一体化模式下，海关实施“一次申报、分步处置”监管作业流程、企业自报自缴税款、税收征管要素海关审核后置等改革举措，改变了海关传统“申报、审单、查验、征税、放行”的“串联式”通关作业流程，简化了口岸通关环节的手续，海关执法监管更加统一、高效，企业通关更加便利、快捷。

四、海关监管区

（一）含义

海关监管区，是指《海关法》所规定的海关对进出境运输工具、货物、物品实施监督管理的场所和地点，包括设立海关的港口、车站、机场、国界孔道、国际邮件互换局（交换站），还包括海关特殊监管区域、保税监管场所、海关监管作业场所、免税商店和其他有海关监管业务的场所和地点，以及虽未设立海关，但是经国务院批准的进出境地点。

（二）海关监管区的管理

海关监管区应当设置符合海关监管要求的基础设施、检查查验设施及相应的监管设备。进出境运输工具、货物、物品，应当通过海关监管区进境或者出境；进出境运输工具或者境内承运海关监管货物的运输工具应当在海关监管区停靠、装卸，并办理海关手续。

第二节　通关作业规范

本节介绍通关管理的基本制度规定、通关作业的基本规范要求。

一、申报规范

（一）申报的基本规定

《海关法》规定：“进出境运输工具、货物、物品，必须通过设立海关的地点进境或者出境……并依照本法规定办理海关手续”。因此，报关是指进出口货物当事人按照《海关法》及有关法律、法规和规章的要求，在规定的期限、地点，采用电子报关单或纸质报关单形式，向海关报告进出口货物情况，申请按其申报的内容审核放行进出口货物。申报是当事人履行海关手续的必要环节之一，也是海关确认进出口货物合法性的先决条件。当事人应当对申报内容的真实性、准确性、完整性和规范性承担相应的法律责任。

进出口货物当事人可以自行向海关办理申报手续，也可以委托报关企业办理申报手续。向海关办理申报手续的当事人必须依法办理海关注册登记手续。国家机关、学校、科研院所等单位需要从事非贸易性进出口活动的，应办理临时注册登记手续。

（二）申报形式、期限

申报载体包括电子数据报关单和纸质报关单两种形式。电子数据报关单是指报关单位按照《中华人民共和国海关进出口货物报关单填制规范》（以下简称《报关单填制规范》）的规定，通过中国电子口岸或其他合法的申报平台录入报关单电子数据，向海关通关管理系统发送报关单电子数据。纸质报关单是指当事人按照《报关单填制规范》的规定，通过中国电子口岸或其他合法的申报平台打印海关接受电子数据申报的纸质报关单。《海关法》规定，电子数据报关单和纸质报关单具有同等的法律效力。

进口货物应当自载运进口货物的运输工具申报进境之日起 14 日内向海关申报，出口货物应当在运抵海关监管场所后、装货的 24 小时以前向海关申报。

申报日期是指当事人申报的电子数据报关单或纸质报关单，被海关接受申报数据的日期。进口货物超过规定期限向海关申报的，海关依法对收货人征收滞报金。出口货物及过境、转运、通运货物均不征收滞报金。

（三）电子数据申报

1. 报关单数据录入、申报

当事人按照海关《进出口货物申报项目录入指南》及《报关单填制规范》填制报关单，将报关单数据通过申报系统进行录入，并以电子数据形式随附必要的报关单据，形成正式申报的电子数据报关单。

根据不同的贸易方式填制相应的报关单，应核查所申报的内容是否真实、规范、准确，交验的各种单据是否正确、齐全、有效。申报内容应做到单单相符——报关单内容与各种单证信息应相互一致、单证相符——报关单内容与各种证件信息应相互一致。

2. 重新申报

电子数据报关单不能通过规范性、逻辑性审核的，海关不接受申报并退回电子数据报关单，当事人按规定修改后重新申报。

海关已接受申报的报关单电子数据，人工审核确认需要退回修改的，当事人应当在 10 日内完成修改并重新发送报关单电子数据，申报日期仍为海关接受原报关单电子数据的日期；超过 10 日的，原报关单无效，当事人应当另行向海关申报，申报日期为海关再次接受申报的日期。

3. 补充申报

当事人主动向海关进行补充申报的，应在向海关申报电子数据报关单时，一并通过系统向海关申报电子数据补充申报单。

海关对进出口货物的申报价格、商品归类、原产地等内容的完整性、真实性和准确性有疑问时，可通过系统发送电子指令通知当事人向海关申报电子数据补充申报单。当事人应当在收到电子指令之日起 5 个工作日内，通过系统向海关申报电子数据补充申报单。补充申报的申报单包括“海关进出口货物价格补充申报单”“海关进出口货物商品归类补充申报单”“海关进出口货物原产地补充申报单”等申报单证。

未在规定时限内完成补充申报的，海关按照有关规定确定货物的完税价格、商品编码和原产地。海关对已放行货物的价格、商品编码、原产地等内容进行进一步核实时，制发“补充申报通知书”通知当事人。

（四）特殊申报方式

1. 提前申报

（1）提前申报方式

经海关批准，报关单位收到运（提）单或载货清单（舱单）数据后，提前向海关办理进出口货物申报手续，并交验随附单证、许可证件和其他证明文件材料等。进口货物应于装载货物的进境运输工具启运后、运抵海关监管场所前向海关申报；出口货物应于货物运抵海关监管场所前 3 日内向海关申报。

（2）申报差异处置

进出口提前申报货物与所到货物不一致的，当事人需向海关提交说明材料。有关报关单修改或撤销按照海关规定办理。

（3）贸易管制

进出口货物许可证件在海关接受申报之日应当有效。货物提前申报之后，实际进出之前国家贸易管制政策发生调整的，适用货物实际进出之日的贸易管制政策。对进出口货物许可证件有效期的确认，以海关接受申报日期为准。

（4）税率和汇率

进口货物，应当适用装载该货物的运输工具申报进境之日实施的税率和汇率；进口转关货物，应当适用装载该货物的运输工具抵达指运地之日实施的税率。出口货物，适用海关接受申报之日实施的汇率和税率；出口转关货物，应当适用启运地海关接受该货物申报出口之日实施的税率。

进出海关特殊监管区域货物和转关货物的提前申报比照上述要求办理，提前申报转关货物的转关手续按照转关货物监管办法有关规定办理。

2. 集中申报

集中申报，是指经海关备案，当事人在同一口岸多批次进出口规定范围内的货物，先以集中申报清单申报货物进出口，再以报关单集中办理海关手续的特殊通关方式。

（1）适用范围

适用图书、报纸、期刊类出版物等时效性较强的货物，危险品或者鲜活、易腐、易失效等不宜长期保存的货物，公路口岸进出境的保税货物。收发货人涉嫌走私或者违规、侵犯知识产权被海关行政处罚，海关信用管理类别为失信企业，以及相关海关事务担保失效，不适用集中申报方式。

（2）备案管理

一般企业应在货物所在地海关，加工贸易企业应在主管地海关办理集中申报备案、变更手续，向海关提交“适用集中申报通关方式备案表”，提供符合海关要求的担保（有效期最短不得少于 3 个月），有效期届满应在期满 10 日前向原备案地海关书面申请延期。

（3）申报程序

先以集中申报清单申报，再以报关单集中申报。

①“海关出口货物集中申报清单”申报

进口货物自运输工具申报进境之日起 14 日内，出口货物在运抵海关监管区后、装货的 24 小时前，以电子数据向海关申报。凡被退单的，当事人应以报关单方式向海关申报。集中申报清单的修改或者撤销，参照报关单修改和撤销的相关规定。

② 报关单集中申报

当事人应对 1 个月内集中申报清单数据进行归并，填制进出口货物报关单。一般贸易货物在次月 10 日之前，保税货物在次月月底之前到海关办理集中申报手续。一般贸易货物集中申报手续不得跨年度办理。对适用集中申报通关方式的货物，海关按照接受清单申报之日实施的税率、汇率计征税费。

（4）申报规范要求

集中申报清单归并为同一份报关单的，各清单中的进出境口岸、经营单位、境内收发货人、贸易方式（监管方式）、启运国（地区）、装货港、运抵国（地区）、运输方式栏目，以及适用的税率、汇率必须一致。各清单归并为同一份报关单时，各清单中载明的商品项在商品编号、商品名称、规格型号、单位、原产国（地区）、单价和币制均一致的情况下可以进行数量和总价的合并。各清单中规定项目不一致的，应分别归并为不同的报关单，对确实不能归并的，应当填写单独的报关单。

3. 定期申报

经电缆、管道、输送带或者其他特殊运输方式输送进出口的货物，经海关同意，可以定期向指定海关申报。

当事人应在每月1日至14日期间向海关定期申报上月进口的货物，并按照海关接受该货物申报进口之日适用的税率、汇率缴纳相应税款。不同国别（地区）的原产地混合运输的货物，应按定期申报时间段内不同国别（地区）的原产地货物进口数量分别向海关申报。实行定期申报的，当事人应向海关提供有效担保，可以申请总担保。

（五）滞报金征收

进口货物超过规定期限向海关申报的，海关依法对收货人征收滞报金。出口货物及过境、转运、通运货物均不征收滞报金。进口货物滞报金按日计征，日征收金额为进口货物完税价格的0.5‰，以人民币“元”为计征单位，不足人民币1元的部分免予计收。滞报金的起征点为人民币50元。因完税价格调整等原因需补征滞报金的，滞报金金额应当按照调整后的完税价格重新计算，补征金额不足人民币50元的，免予征收。

滞报金额=进口货物完税价格×0.5‰×滞报期间（滞报天数）

1. 滞报时间计算

以自运输工具申报进境之日起第15日为起始日，以海关接受申报之日为截止日。起始日和截止日均计入滞报期间。滞报金起征日遇有休息日或者法定节假日的，顺延至休息日或者法定节假日之后的第一个工作日。国务院临时调整休息日与工作日的，海关应当按照调整后的情况确定滞报金的起征日。

当事人申报后依法撤销原报关单电子数据重新申报的，以撤销原报关单之日起第15日为起始日。当事人在向海关传送报关电子数据后，未在规定期限内提交纸质报关单及随附单证的，海关予以撤销电子数据报关单。当事人重新向海关申报产生滞报的，海关征收滞报金，以自运输工具申报进境之日起第15日为起始日，以重新接受申报之日为截止日。

2. 减免滞报金的适用

海关可予减免滞报金的情形：因国家贸易管理规定变更，要求收货人补充办理有关手续或者因政府主管部门延迟签发许可证件，导致进口货物产生滞报的；产生滞报的进口货物属于政府间或者国际组织无偿援助和捐赠用于救灾、社会公益福利等方面的进口物资或其他特殊货物的；因不可抗力导致收货人无法在规定期限内申报的；因海关及相关司法、行政执法部门工作原因致使收货人无法在规定期限内申报；其他特殊情况经海关批准的。

海关不予征收滞报金的情形：收货人在运输工具申报进境之日起超过3个月未向海关申报，进口货物被依法变卖处理，余款按《海关法》第三十条规定上缴国库的；收货人在申报期限内，根据规定向海关提供担保，并在担保期限内办理有关进口手续的；收货人申报后依法撤销原报关单电子数据重新申报，因删单重报产生滞报的；进口货物办理直接退运的；进口货物应征收滞报金金额不满人民币50元的。

对符合减免滞报金规定的进口货物，当事人应于收到海关签发的滞报金缴款通知书之日起30个工作日内，以书面形式（加盖单位公章）向申报地海关提出减免滞报金的申请，并随附有关书面证明材料，经海关审核后办理滞报金减免核批手续。

3. 对逾期未报货物的处置

自运输工具申报进境之日起，超过3个月未向海关申报的进口货物，由海关提取依法变卖处理后，收货人申请发还余款的，滞报金的征收以自运输工具申报进境之日起第15日为起始日，以该3个月期限的最后一日为截止日。

二、现场接单审核、处置

现场接单审核，是指海关依据国家有关法律、行政法规和规章的要求，审核当事人申报的报关单及随附单证是否齐全、有效的执法行为。

海关对电子数据报关单按照预先设定的标准及其他控制条件进行审核。海关审结通过电子数据报关单后，当事人自接到海关“现场交单”或“放行交单”信息之日起10日内，持打印的纸质报关单及随附单证，到海关交单并办理相关手续。电子数据报关单不能通过规范性、逻辑性审核的，海关不接受申报并退回电子数据报关单，当事人按规定修改后重新申报。

海关已接受申报的报关单电子数据，人工审核确认需要退回修改的，当事人应当在10日内完成修改并重新发送报关单电子数据，申报日期仍为海关接受原报关单电子数据的日期；超过10日的，原报关单无效，当事人应当另行向海关申报，申报日期为海关再次接受申报的日期。

三、查验

查验是海关为确定当事人向海关申报的内容是否与进出口货物的真实情况相符，或者为确定商品的归类、价格、原产地等，依法对进出口货物进行实际核查的执法行为。

（一）查验地点与时间

需查验的货物，原则上应在口岸海关监管区实施。因特殊情况货物不宜在口岸海关监管区实施查验的，除法律法规有专门要求且不涉及安全准入风险的进境货物，经收货人申请，属地海关核批，可办理转场查验手续。有专门查验要求的，应在符合要求的场地实施。

海关决定查验的，书面通知当事人，约定查验时间。对于危险品或者鲜活、易腐、易烂、易失效、易变质等不宜长期保存的货物，以及因其他特殊情况需要紧急验放的货物，经当事人申请，海关可以优先实施查验。

（二）查验方式、环节

1. 查验方式

查验方式分为人工查验和机检查验。人工查验包括外形查验、开箱查验。机检查验是指以技术检查设备为主对货物实际状况进行的验核。海关可以根据货物情况及实际执法需要，确定具体的查验方式，优先使用非侵入式查验。对于机检查验正常放行货物，在查验记录上签字，比照海关径行查验方式。

2. 查验作业环节

查验作业环节分为前置作业、（现场）查验作业和处置作业3个方面，分别承担安全准入拦截、实货验核、查验后处理等工作。

（1）前置作业

对涉及安全准入等需进行拦截处置的进境货物（含公路口岸承运货物的运输工具，下同），海关在其抵达进境口岸后实施前置预防性检疫处理（含检疫处理监管）、前置辐射探测、先期机检等顺势及非侵入的探测和处置。

（2）现场查验作业

现场查验是指在口岸内实施的外勤查验作业，包括：单货、货证核对；卫生检疫、动植物检疫、商品检验；抽样送检；现场即决式鉴定（含现场实验室初筛鉴定）；H986过机检查；现场技术整改，合格评定、拟证。

（3）处置作业

处置作业是指现场查验发现异常或查验后需进一步处置的作业，包括：单证处置——报关单修撤、补证补税、签证，货物处置——退运、销毁、罚没、口岸隔离检疫、技术整改（不具备现场整改条件的），移交处置——移送通关、法规、缉私等处置部门手续办理，案件处置—两简案件办理。

（三）径行开验和复查复验

径行开验，是指海关在当事人不在场的情况下，对进出口货物进行开拆包装查验。有下列情形之一的，海关可以径行开验：进出口货物有违法嫌疑的；经海关通知查验，报关单位未派人到场的。海关径行开验时，存放货物的海关监管场所经营人、运输工具负责人应当到场协助，并在查验记录上签名确认。

复查复验，指海关对已经查验完毕的货物、物品和运输工具再次实施的验证式查验。有下列情形之一的，海关可以对已查验货物进行复验：经初次查验未能查明货物的真实属性，需对已查验货物的某些性状做进一步确认的；货物涉嫌走私违规，需要重新查验的；当事人对海关查验结论有异议，提出复验要求并经海关同意的；上级海关下达复查复验布控指令的；其他海关认为必要的情形。复查复验原则上在原查验地点实施，特殊情况下可在货物、物品、运输工具实际所在地实施。

（四）对不同类别货物查验重点

1. 进口废物原料

查验内容包括卫生检疫、动植物检疫和环保项目检验。

（1）卫生检疫

对入境、出境的废旧物品和曾行驶于境外港口的废旧交通工具，根据污染程度，分别实施消毒、除鼠、除虫，对污染严重的实施销毁。

（2）动植物检疫

根据污染程度实施消毒、熏蒸等卫生处理。

（3）环保项目检验

重点是放射性污染和夹杂物。

夹杂物控制包括：禁止混有的夹杂物，如废弃炸弹、炮弹等爆炸性武器弹药；严格限制的夹杂物，对危险废物的控制要求为重量不应超过总重量的0.01%；其他夹杂物。

2. 进口旧机电产品

分为口岸查验和目的地检验。

（1）口岸查验

对报检资料进行逐批核查，必要时，对进口旧机电产品与报检资料是否相符进行现场核查。

（2）目的地检验

对逐批实施现场检验以外的其他进口旧机电产品，由货物目的地海关按照国家技术规范的强制性要求进行合格评定。

3. 进口棉花

海关对进口棉花实施逐批抽样检验。

在入境口岸或货物存放场所，海关核对进口棉花批次、规格、标记等，确认货证相符；查验包装是否符合合同等相关要求，有无包装破损；查验货物是否存在残损、异性纤维、以次充好、掺杂掺假等情况。现场查验后，实施事中检验抽样、实验室检测，进行数重量检验、品质检验和残损鉴定，并逐批出具检验证书。

4. 进口汽车

包括一般项目检验、安全环保项目检测。

（1）一般项目检验

在进口汽车入境时对车辆唯一性、外观质量、特征参数、发动机舱、汽车安全装置、车辆动态、灯光信号装置、尾气排放、燃料消耗达标等一般项目检验。

（2）安全环保项目检测

按国家有关进口汽车管理规定，实施尾气排放、制动性能、灯光等安全环保项目等检测。对进口汽车的安全环保性能检测，可根据需要采信经考核符合条件的第三方检测机构的检测结果，并报海关总署备案。

5. 进口玩具

核查产品标签标识及使用说明是否正确完好，型号规格、颜色、数重量等是否货证相符，货物是否完好无损。如该产品属于 CCC 强制认证范围，检查该产品是否按规定施加了 CCC 标识，并验证其真伪及有效性，以及单证对应的 CCC 资料是否完整一致。

6. 进出口危险化学品

检验其安全、卫生、健康、环境保护、防止欺诈等要求，以及相关的品质、数量、重量等项目。

7. 强制性产品、认证产品入境验证

查验认证证书、认证标志等证明文件，核对货证是否相符。

8. 能源效率标识产品入境验证

核查进口产品数量、包装及包装标记是否与报检资料申报内容一致。产品是否根据国家统一规定的能效标识样式、规格及标注规定印制和使用能效标识，产品的铭牌和能效标识的信息是否齐全、正确等。

9. 进境动植物

口岸查验，主要包括现场检疫查验、抽送样品及实验室检测 3 个核心环节。查验合格的，需要实施隔离检疫，将进境动植物限定在指定的隔离场（圃）内饲养或种植，在其饲养或生长期间进行检疫、观察、检测和处理。

检疫处理，对经检疫不合格的检疫物采取退回、销毁（扑杀）和除害处理。

10. 出口动物

口岸查验包括验证放行和核查货证两种方式。实施验证放行的，由口岸海关逐批核查相关单证的真实性和有效性，相关单证真实有效的，予以验证放行；实施核查货证的，由口岸海关对出口货物进行现场核查，核查符合要求的，予以放行。

11. 过境动植物、动植物产品和其他检疫物

过境动物运达进境口岸时，由进境口岸海关对运输工具、容器的外表进行消毒，并对动物进行临床检疫，经检疫合格的，准予过境，经检疫不合格的，按照相关规定处理。

12. 货物卫生检疫

对货物及其包装、铺垫物上实施病媒生物、卫生学检查、放射性物质污染查验及卫生处理、处置。对检疫查验或卫生处理合格的货物，准予入出境。对卫生状况不符合要求且无法通过卫生处理进行整改的货物，或超过放射性标准且无法实施除污处理的货物，实施退运或销毁。

13. 特殊物品卫生检疫

特殊物品均需检疫审批，并在口岸现场接受卫生检疫合格后方许出入境。

14. 进口食品

口岸海关在口岸监管场所对进口食品的包装和运输工具进行现场查验；按照相关规定对进口食品进行抽采样、制样及送样；对进口预包装食品标签进行符合性检测。

（五）配合海关查验

1. 一般查验现场协助

海关查验货物时，进出口货物当事人应当到场配合查验，负责按照海关要求搬移货物，开拆包装，以及重新封装货物；预先了解和熟悉所申报货物的情况，如实回答查验人员的询问及提供必要的资料；海关取样时，在“海关进出口货物化验取样记录单”上签字确认，并协助海关提取货样，收取海关出具的取样清单；查验结束后，认真阅读查验人员填写的“海关货物查验记录单”，并对开箱的具体情况、货物残损情况及造成残损的原因等情况、查验结论签名确认；当事人经批准提取货样后，在海关开具的取样记录和取样清单上签字确认。

因进出口货物所具有的特殊属性，容易因开启、搬运不当等原因导致货物损毁，需要海关查验人员在查验过程中予以特别注意的，当事人应当在海关实施查验前申明。

2. 复查复验现场协助

实施复查复验时，海关可根据需要通知当事人到场协助。当事人未到场或到场后拒绝履行其义务的，海关可径行复查复验。径行复查复验时，存放货物、物品的海关监管场所经营人、运输工具负责人应当到场协助，并在复查复验记录上签名确认。

3. 复查复验结果处置

复查复验结果与原查验结果不一致的，应由在场的当事人、运输工具负责人在复查复验记录单上签名确认。相关人员拒不签名的，海关在复查复验记录单中注明情况，并由所在监管场所的经营人或其他见证人签名确认。

（六）查验货物损坏处置

海关查验造成被查验进出口货物损坏的，由海关按照海关法、海关行政赔偿办法的规定承担直接损失的赔偿责任。当事人在海关查验时对货物是否受损坏未提出异议，事后发现货物有损坏的，海关不负赔偿的责任。

（七）海关化验

海关化验指海关对进出口货物的属性、成分、含量、结构、品质、规格等进行检测分析，并根据《中华人民共和国进出口税则》（以下简称《税则》、《进出口税则商品及品目注释》（以下简称《品目注释》和《中华人民共和国进出口税则本国子目注释》（以下简称《本国子目注释》）等有关规定作出鉴定结论的活动。海关化验为商品归类、原产地确定、审价、案件查处等海关业务提供技术支持和执法依据。

1. 海关提取货物样品

所取样品应具有代表性，取样方法、取样量应与送验目的相适应。对取样有特定要求的，当事人应给予专业技术协助。当事人应当按照海关要求及时提供样品的相关单证和技术资料，并对其真实性和有效性负责。

2. 样品鉴定结论

除特殊情况外，海关化验中心和委托化验机构自收到送验样品之日起 15 日内出具鉴定结论，化验鉴定书通过海关门户网站对外公布。

海关化验中心和委托化验机构的鉴定结论是海关执法的依据。其他化验机构作出的化验结果和鉴定结论与海关化验鉴定书不一致的，以海关化验结果和鉴定结论为准。

3. 当事人申请复验

当事人对鉴定结论有异议的，可以自鉴定结论公布之日起 15 日内向送验海关提出复验申请，并说明理由。海关化验中心自收到复验申请之日起 15 日内对送验样品重新化验，出具“中华人民共和国海关进出口货物鉴定书（复验）”。

当事人、送验海关对同一样品只能提出一次复验申请。

四、缴纳税款

征收税款是海关依据国家有关法律、行政法规和规章的要求，征收进出口货物税款、滞纳金及退补税的行为。海关签发税款缴纳凭证，交由当事人办理缴纳手续，并对税费进行核注。

当事人应在开具税款缴款书 15 日内持缴款书向开户行或代理银行缴纳税款，逾期不缴纳的，按日计征应征税款 0. 5‰的滞纳金，以人民币“元”为计征单位。实行电子支付的，进出口货物收发货人或其代理人可以通过中国电子口岸查询税款缴款书，通过电子方式支付。

国家对进出口货物有限制性规定，应当提供许可证件而不能提供的，以及法律、行政法规规定不得担保的其他情形，不得办理减免税货物凭税款担保放行手续。

有关税费征收、缴纳的具体内容，详见本书第五章。

五、报关单修改与撤销

报关单修改与撤销，是指海关接受进出口货物申报后，报关单位申请修改或者撤销报关单，以及根据海关要求对报关单进行修改或者撤销的事务。

（一）基本原则

海关接受进出口货物申报后，电子数据和纸质报关单不得修改或者撤销。符合报关单修改和撤销管理规定的，当事人可以向原接受申报的海关申请修改或者撤销报关单。报关单修改或者撤销后，纸质报关单和电子数据报关单应当一致。报关单的修改或者撤销，遵循修改优先原则，确实不能修改的予以撤销。

海关已经决定布控、查验，以及涉嫌走私或者违反海关监管规定的进出口货物，在办结相关手续前不得修改或者撤销报关单及其电子数据。

（二）无纸化处置方式

当事人申请办理报关单修改和撤销业务且符合海关规定情形的，可通过中国电子口岸预录入系统“修撤单办理/确认”功能向海关办理报关单修改或者撤销手续，并以电子方式上传相关材料的电子数据。海关办理后通过预录入系统将办理情况反馈当事人。

海关发现报关单需要修改或者撤销的，通过预录入系统向当事人发起报关单修改或者撤销确认。当事人应在5日内向海关确认“同意办理”或者“不同意办理”的意见。

当事人应向海关提交相关材料的，原则上通过预录入系统以电子方式上传，文件格式标准参照《通关作业无纸化报关单证电子扫描或转换文件格式标准》。

当事人通过预录入系统办理报关单修改或者撤销手续的，视同已向海关提交“进出口货物报关单修改/撤销表”或“进出口货物报关单修改/撤销确认书”。

（三）适用范围

有以下情形之一的，当事人可以向原接受申报的海关办理报关单修改或者撤销手续，并提交修改/撤销表和相关材料，海关另有规定的除外：

1. 出口货物放行后，原申报货物退关、变更运输工具的，应当提交退关、变更运输工具证明材料；

2. 进出口货物发生溢短装，或者由于不可抗力造成灭失、短损等，导致原申报数据与实际货物不符的，应当提交商检机构或者相关部门出具的证明材料；

3. 由于办理退补税、海关事务担保等其他海关手续而需要修改或者撤销报关单数据的，应当提交签注海关意见的相关材料；

4. 采用暂时价格成交，实际结算时按商检品质认定或者国际市场实际价格付款方式需要修改申报内容的，应当提交全面反映贸易实际状况的发票、合同、提单、装箱单等单证，并如实提供与货物买卖有关的支付凭证及证明申报价格的其他商业单证、书面资料和电子数据；

5. 已申报进口货物办理直接退运手续，需要修改或者撤销原进口货物报关单的，应当提交进口货物直接退运表或责令进口货物直接退运通知书；

6. 由于计算机、网络系统等技术原因导致电子数据申报错误的，应当提交相关运行管理方出具的说明材料。

由于报关人员操作或者书写失误造成申报内容需要修改或者撤销的，当事人应当向海关提交修改/撤销表和可以证明进出口货物实际情况的合同、发票、装箱单、提运单或者载货清单等相关单证、证明文书、详细情况说明，以及其他证明材料。

海关未发现当事人存在涉嫌逃避海关监管行为的，可以修改或者撤销报关单。不予修改或者撤销的，海关应当及时通知当事人，并且说明理由。

（四）海关要求修改或撤销报关单应采取的方式

1. 将电子数据报关单退回，并详细说明修改的原因和要求，当事人应当按照海关要求进行修改后重新提交，不得对报关单其他内容进行变更；

2. 向当事人制发修改/撤销确认书，通知当事人要求修改或者撤销的内容，当事人应当在5日内对修改或者撤销的内容进行确认，确认后海关完成对报关单的修改或者撤销。

当事人通过互联网收到海关发送的修改/撤销确认书之日起超过5日未确认的，互联网予以提示；超过10日未确认的，海关提交相关部门处置。

（五）海关可直接撤销相应的电子数据报关单的情形

1. 海关将电子数据报关单退回修改，当事人未在规定期限内重新发送的；

2. 对以有纸方式申报的报关单，海关处置完电子数据报关单后，当事人未在规定期限内递交纸质报关单的；

3. 出口货物申报后未在规定期限内运抵海关监管场所的；

4. 海关总署规定的其他情形。

（六）报关单修改和撤销所涉事项处置规定

1. 由于修改或者撤销进出口货物报关单导致需要变更、补办进出口许可证件的，当事人应当向海关提交相应的进出口许可证件；

2. 报关单修改或者撤销涉及税费变化的，海关根据规定办理税单的出具、收回，以及相应税费的收取、退还手续；

3. 当事人通过电子口岸以无纸化方式办理修改或撤销的，海关如需验核纸面单证，当事人向申报地现场海关递交相关材料；

4. 除因计算机、网络系统等技术原因无法通过预录入系统办理报关单修改或者撤销的，海关不再以纸质方式办理报关单修改和撤销业务。对不涉证且不涉税，仅涉及查验后改单放行的报关单，允许在海关放行后修改报关单数据，具体报关单修改作业要求按相关规定办理。

根据海关规定，电子数据补充申报单及进出境备案清单的修改、撤销等比照报关单的有关管理规定办理。对于由清单归并生成的报关单，其由清单生成的内容需要修改的，应先修改清单，确保清单与报关单的一致性。

六、转关业务办理

转关是指进口货物由进境地入境后，在海关监管下运往另一设关地点办理进口验放手续，或者出口货物在启运地海关办理验放手续后运往出境地，由出境地海关监管出境，或者海关监管货物由境内一个设关地点转运到境内另一个设关地点。转关方式分为提前报关、直转和中转三种方式。

（一）申请转关应符合的条件

转关承运人应当在海关注册登记，承运车辆符合海关监管要求，并承诺按海关对转关路线范围和途中运输时间所做的限定，将货物运往指定的场所。

1. 正常办理转关的业务范围

邮件、快件、暂时进出口货物（含ATA单证册项下货物）、过境货物、中欧班列载运货物、市场采购方式出口货物、跨境电子商务零售进出口商品、免税品，以及外交、常驻机构和人员公自用物品，其收发货人可按照海关要求正常申请办理转关手续，开展转关运输。

2. 按条件办理转关的业务范围

（1）多式联运及具有全程提（运）单的货物

其中，在汽车整车进口口岸之间办理转关手续，进口整车具备全程提单；运输企业、运输工具在海关办理备案登记手续，并安装定位监控装置；应采用符合海关监管要求和装卸标准的集装箱装载运输。

（2）符合要求条件的进口固体废物

按照水水联运模式进境的废纸、废金属；货物进境地为指定进口固体废物口岸；转关运输指运地已安装大型集装箱检查设备；进口废金属的联运指运地为经国家环保部门批准设立，通过国家环保等部门验收合格，已实现海关驻点监管的进口固体废物“圈区管理”园区；联运至进口固体废物“圈区管理”园区的进口废金属仅限园区内企业加工利用。

（3）不宜在口岸海关查验的货物

易受温度、静电、粉尘等自然因素影响或者因其他特殊原因，不宜在口岸海关监管区实施查验的进出口货物，满足以下条件的，经主管地海关（进口指运地海关、出口启运地海关）批准后，可按照提前报关方式办理转关手续：收发货人为高级认证企业；转关运输企业最近一年内没有因走私违法行为被海关处罚；转关启运地或指运地与货物实际进出境地不在同一直属关区内；货物实际进境地已安装非侵入式查验设备；进口转关货物应当直接运输至收货人所在地，出口转关货物应当直接在发货人所在地启运。

按照规定办妥转关手续后，进出口货物收发货人再按照报关单填制规范及申报管理向海关申报进出口。

（二）转关作业无纸化

1. 海关对企业申报的转关申报单或者汽车载货清单电子数据进行审核、放行、核销，无需收取纸质单证、签发纸质关封、签注相关监管簿。

海关需要验核相关纸质单证资料的，企业应当按照要求提供。

2. 承运转关货物的厢式货车车厢或者集装箱箱门施加有完整商业封志的，企业应当在转关申报单或者汽车载货清单电子数据“关锁号”数据项中填入商业封志号，并在“关锁个数”数据项中填入商业封志个数。

厢式货车车厢或者集装箱箱门施加有安全智能锁的，企业应当在转关申报单或者汽车载货清单电子数据“安全智能锁号”数据项中填入安全智能锁号。

3. 转关货物的当事人，以及监管作业场所经营人，凭海关转关货物电子放行信息办理提货和发运手续。

进口、出口转关货物分别运抵指运地、启运地海关监管作业场所后，监管作业场所经营人向海关申报转关运抵报告电子数据。

4. 出口转关货物运抵出境地海关监管作业场所后，出境运输工具名称、航次（班）、提/运单号待定或者已发生变化时，企业可以向海关申请将相关电子数据项变更为实际出境信息。

5. 转关申报单或者汽车载货清单已通过系统放行后，无法修改、变更转关电子数据或者因故不开展转关运输的，当事人办理转关退运或作废手续。

七、货物放行

货物放行是指海关接受进出口货物收发货人或其代理人的申报，完成审单、查验、征税作业，准予提取进口货物，准予出口货物装运的行为。

实行无纸化通关方式申报的报关单，海关通过电子方式将进出口货物放行信息发送到当事人或海关监管场所。

八、结关与单证签发

结关，是指进出口货物办结现场通关的海关手续。其中，进口货物及没有实际离境，在境内流转的货物放行即结关，准予货物提离海管监管场所；出口货物在海关接受理货报告电子数据并审核确认货物已经离境后予以结关。

已办结海关手续的进出口货物，一般由海关总署向其他有关国家部门传输结关信息电子数据。

其他，根据当事人的申请，符合规定条件的，由海关签发有关进出口货物检验检疫证书等证明凭证。

第三节 全国通关一体化

全国通关一体化是以“单一窗口”为依托，以“三互”大通关为机制化保障，跨地区、跨层级、跨部门的高水平通关协作，是实现国家口岸治理体系和治理能力现代化的重要举措。进出境检验检疫作业全面融入全国通关一体化整体框架和流程。

一、含义及适用

（一）含义

全国通关一体化，是指企业可以在全国任意选择一个海关办理进出口货物的通关业务，适用“一次申报、分步处置”通关作业流程，在企业完成报关和税款自报自缴手续后，安全准入风险主要在口岸通关现场处置，税收风险主要在货物放行后处置的新型通关管理模式。

（二）范围

目前，全国通关一体化改革所涉商品为全部进出口商品，覆盖《中华人民共和国海关进出口税则》全部章节。

（三）企业适用条件

实施全国海关通关一体化模式的企业，必须是已经适用通关作业无纸化的企业。通关作业无纸化，是指海关运用信息化技术，改变海关验核进出口企业递交纸质报关单及随附单证办理通关手续的做法，直接对企业通过中国电子口岸申报的报关单及随附单证的电子数据进行无纸审核、验放处理的通关作业方式。

企业经报关所在地直属海关审核同意，在与报关所在地直属海关、第三方认证机构（中国电子口岸数据中心）签订电子数据应用协议后，可在全国海关适用“通关作业无纸化”通关方式。海关可根据规定解约并取消企业适用通关无纸化模式的资格，企业也可主动申请解约。企业可不申请适用通关作业无纸化资格，或不通过通关作业无纸化方式申报。

经海关审核，准予适用通关作业无纸化通关方式的进出口企业，需要委托报关企业代理报关的，应当委托经海关审核准予适用通关作业无纸化通关方式的报关企业。

二、全国通关一体化改革之“两中心、三制度”

（一）“两中心”

海关总署建立直管的风险防控中心（上海、青岛、黄埔）和税收征管中心（北京、天津、上海、广州），实行全国海关风险防控、税收征管等关键业务集中、统一、智能处置，全国海关按同一执法口径和监管标准实施监管。

风险防控中心，对通关全领域、全过程（含检验检疫）业务风险实施集中统一研判、处置和整体防控，侧重开展货物、物品和运输工具的安全准入风险防控，统一下达布控查验指令，自主下达稽（核）查指令。

税收征管中心，按照商品和行业分类，对申报税收征管要素实施集约化、专业化审核。

（二）“三制度”

1. “一次申报、分步处置”

“一次申报、分步处置”即企业在货物通关时一次申报，海关在货物放行前、放行后分步处置。在口岸处置安全准入风险，完成对货物的安全准入甄别后，先予放行；货物放行后，再由属地海关进行税收等后续管理。

2. 税收征管方式

根据企业信用资质，实行企业自报、自缴税款，自行打印税单。海关受理企业申报，对税收风险实施前置风险分析，放行前验估，放行后批量审核、稽（核）查等全过程管理。

3. 协同监管

口岸海关负责“分步处置”中第一步处置的执行反馈，属地海关负责“分步处置”中第二步处置的执行反馈。其中，卫生疫情、动植物疫情等口岸检疫风险，以及按规定必须在口岸实施检验的口岸检验风险等，由口岸海关在“分步处置”第一步中完成现场处置；必须在属地海关监管作业场所进行处置的进口目的地检验风险，由属地海关在“分步处置”第一步中完成现场处置。可以在属地海关监管作业场所之外进行处置的进口目的地检验风险，以及检验检疫后续监管风险，由属地海关在“分步处置”第二步中完成现场处置。

三、全国通关一体化作业

（一）全国通关一体化作业流程与环节

1. 舱单安全准入风险处置

舱单传输人（进出境运输工具负责人、无船承运业务经营人、货运代理企业、船舶代理企业、邮政企业及快件经营人等舱单电子数据传输义务人）按照规定向海关传输舱单及相关电子数据，海关舱单管理系统对舱单实施逻辑检控和审核，对不符合舱单填制规范的退回舱单传输人予以修改，对通过逻辑检控和审核的海关进行风险甄别。海关对舱单货物进行安全准入审查、处置后，进出口货物收发货人可正常向海关申报报关数据。

2. 企业报关报税

企业按照报关单填制规范和相关申报管理规定自主向海关申报报关单及随附单证电子数据和自行核算的应缴税款。

3. 电子审核

H2010 系统对报关单及随附单证电子数据进行规范性、逻辑性审核，对舱单、许可证件、电子备案信息等进行核注。对于符合条件的，海关接受申报，向企业发送接受申报回执；对于不符合条件的，系统自动退单，发送退单回执，企业需重新办理有关申报手续。

4. 企业缴税

对应税报关单，企业收到海关接受申报回执后，办理税款相关手续：选择缴纳税款的，自行向银行缴纳；预先向海关提供税款担保并备案的，可以选择提供担保，海关按照规定办理担保核扣手续。

5. 报关单风险甄别

对海关已接受申报的报关单，风险防控中心根据预先加载的风险判别规则、风险参数，运用 H2010 系统进行风险甄别。

6. 安全准入风险处置

对被安全准入风险参数捕中后转入或者经税收征管中心、申报地海关审核发现存在安全准入风险后流转的报关单，申报地海关根据 H2010 系统提示的参数要求或者标注的风险情况进行处置，并进行相应操作。

7. 税收风险处置

对被税收风险参数捕中的报关单，税收征管中心实施税收征管要素的风险排查处置，进行相应操作。

8. 现场综合业务处理

单证处置包括报关单修撤、补证补税、签证，以及办理许可证人工核扣。货物处置包括退运、销毁、罚没、口岸隔离检疫、技术整改（不具备现场整改条件的）。

9. 查验

对有布控查验指令的报关单，海关实施准入查验。

10. 放行

报关单符合所有放行条件后，H2010 系统自动完成放行操作。

11. 放行后税收风险排查处置

对被税收风险参数捕中、经放行前验估查验、单证验核和税收风险分析模型筛选出的报关单数据，以及随机抽取的一定比率已放行报关单数据，按商品分类由系统分派至税收征管中心实施批量审核，筛选风险目标进行税收征管要素风险排查。

（二）企业“自报自缴”作业

“自报自缴”是指进出口企业、单位自主向海关申报报关单及随附单证、税费电子数据，并自行缴纳税费的行为。主要步骤有以下：

1. 电子数据申报

经海关核准实施通关作业无纸化改革试点的企业，按《报关单填制规范》和相关申报管理规定，录入报关单电子数据，在中国电子口岸录入端选择通关作业无纸化方式向海关录入申报数据、上传随附单证进行申报。

（1）商业单证（如合同、发票、装箱单等）、海关出具的单证（如出境危险货物运输包装性能检验结果单、出境危险货物运输包装使用鉴定结果单、检疫审批单等）、国内其他主管部门或第三方机构出具的可通过系统联网或互联网查询的单证，申报时仅需提供单证名称和号码。

（2）法律法规要求企业出具的证明/声明类材料，申报时仅需申明持有相关材料，检验检疫过程中需要验核原件的，企业应予提供。其他单证，企业上传电子文件，多次使用的，只上传一次。

（3）国际官方证书联网：对双边达成官方检验检疫证书无纸化的，如进口荷兰乳制品，申报时仅需提供证书名称及号码；对通过系统实施检验检疫证书数据传输的，如相关国家进口肉类产品和澳大利亚、新西兰、荷兰、智利等国相关进口动植物产品，申报时仅需上传证书电子文件；对尚未实现检验证书数据传输的，申报时上传证书电子文件。检验检疫过程中需要验核原件的，可要求企业提供。

2. 税费核算

企业利用预录入系统的海关计税（费）服务工具计算应缴纳的相关税费，并对系统显示的税费计算结果进行确认，连同报关单及随附单证预录入内容一并提交海关。进出口企业、单位需在当日对税费进行确认，不予确认的，可重新申报。

3. 税费自缴

对应税报关单，企业收到海关接受申报回执后，办理税款相关手续。已在海关办理汇总征税总担保备案的进出口企业、单位，可在自主申报时选择“汇总征税”模式，录入总担保备案编号。一份报关单对应一个总担保备案编号。汇总征税作业模式下，进出口货物暂不逐笔进行征税，由企业在规定的时间一并缴纳税款。

H2010系统自动扣减与应缴税款等额的担保额度；若余额不足，系统自动退单。

（1）选择电子支付/电子支付担保模式的，进出口企业、单位登陆电子支付平台查询电子税费信息并确认支付，申报地海关现场按相关规定办理后续手续。

（2）选择柜台支付模式的，进出口企业、单位在收到申报地海关现场打印的纸质税款缴款书后，到银行柜台办理税费缴纳手续。

（3）选择汇总征税模式的，无布控查验等海关要求事项的汇总征税报关单，海关通关系统自动扣减相应担保额度后，报关单自动触发放行，当事人按汇总征税相关规定办理后续手续。企业办理汇总征税时，有滞报金等其他费用的，应在货物放行前缴清。

放行后将集中支付税款。有纸申报企业应在货物放行之日起10日内递交纸质报关单证，至当月月底不足10日的，应在当月月底前递交。所有应税企业应于每月第5个工作日结束前完成上月应纳税款的汇总电子支付，申报地海关在企业缴纳税款后的下一个工作日完成税款缴款书打印工作。

汇总征税作业系统可实现担保额度的智能化管理，根据企业税款缴纳情况循环使用，税款缴库后，企业担保额度自动恢复。

（4）预先向海关提供税款担保并备案的，可以选择提供担保，海关按照规定办理担保核扣手续。

自报自缴税单在纸质税款缴款书上注明“自报自缴”字样，属于缴税凭证，不具有海关行政决定属性。放行前经人工审核计税的，纸质税款缴款书上不注明“自报自缴”字样。

（5）未及时缴税情形处置。企业未按规定缴纳税款的，海关径行打印纸质的海关税款缴款书，交付或通知企业履行纳税义务。企业在纸质税单规定期限内仍未缴税的，海关办理保证金转税手续或通知担保机构履行担保纳税义务。企业出现欠税风险的，进出口地直属海关暂停企业适用汇总征税；风险解除后，经注册地直属海关确认，恢复企业适用汇总征税。

（三）海关处置作业

1. 放行前海关处置

（1）电子审核海关通关管理系统（H2010）对报关单及随附单证电子数据进行规范性、逻辑性审核，对舱单、许可证件、电子备案信息等进行核注。

① 不接受申报：未通过规范性、逻辑性审核的，H2010 系统自动退单，通过申报录入系统向企业发送退单回执，企业需重新办理申报手续。

② 接受申报：通过规范性、逻辑性审核的，海关接受申报，通过申报录入系统向企业发送接受申报回执。

通关过程中，相关货物涉及许可证件且已实现联网监管的，通关管理系统直接核扣电子数据。目前，海关已对绝大多数监管证件实施联网核查。

（2）报关单处置

海关对已接受申报的报关单进行安全准入和税收风险综合甄别，同时结合安全准入风险参数和布控查验指令，确定业务现场如何处置。

① 已通过安全准入和税收风险综合甄别且不涉及许可证件的报关单，海关通关管理系统自动放行；涉及许可证件且已实现联网监管的报关单，通关管理系统直接核扣电子数据后自动放行；涉及许可证件但未实现联网监管的报关单，由现场海关进行人工核扣。

使用《濒危野生动植物种国际贸易公约》允许进出口证明书出口、再出口，以及使用“中华人民共和国野生动植物进出口证明书”向我国台湾地区出口、再出口野生动植物及其产品的，以及进出口未列入《进出口野生动植物种商品目录》，但根据《濒危野生动植物种国际贸易公约》和我国现行法律法规规定需要办理允许进出口证明书的，在办理无纸化报关手续后，申请人可向申报地海关申请纸面签注。海关将在纸质证书的第 9 栏进行逐项签注（包括提单/空运单号、数量/单位、进出境口岸、日期、签名和公章），以供申请人按照国际公约规定在境外使用证书，签注日期为海关放行日期。

② 对被确认需进行单证验核的报关单，由现场海关在货物放行前进行单证验核，留存有关单证、图像等资料后放行报关单数据。

因管理需要或者其他情形需验核“自动进口许可证”或“进口许可证”纸质证书的，进口单位应当补充提交纸质证书，或者以有纸作业方式向海关办理报关验放手续。海关对当事人使用涉及履行国际公约的许可证件并选择无纸方式向海关办理报关手续的，在办理无纸化报关手续后，申请人可向申报地海关申请纸面签注。除上述情形以外，海关不再对许可证件进行纸面签注。

③ 涉及卫生疫情、动植物疫情等口岸检疫风险，以及按规定必须在口岸实施检验的口岸检验风险等，由口岸海关完成现场处置。必须在属地海关监管作业场所进行处置的进口目的地检验风险，由属地海关在“分步处置”第一步中完成现场处置。

可以在属地海关监管作业场所之外进行处置的进口目的地检验风险，以及检验检疫后续监管风险，由属地海关在“分步处置”第二步中完成现场处置。

除上述情形以外的其他报关单，海关在完成安全准入审核和税收风险综合甄别并做相关业务处置后，按规定办理货物放行或其他手续。

（3）海关查验

① 准入查验、验估查验。报关单申报后，涉及货物安全准入评估和需要通过实地查看货物以便确定归类、价格、原产地等进行验估的，海关风险防控中心下达查验处置指令。安全准入查验在进出口货物报关单申报后放行前，对进出口货物中可能存在的禁限管制、侵权、品名规格数量伪瞒报等风险，以及情报反映存在走私违规嫌疑的货物依法进行实际核查。验估查验是指海关对存在归类、价格、原产地等税收征管风险的货物依法进行实际核查的执法行为，验估查验的目的是通过实地查验货物以验证进出口货物的商品归类、价格和货物原产地等关键涉税要素。

② 查验分流。需查验（包括检验、检疫、核对货证、鉴定、初筛鉴定、抽样送检、合格评定、检疫处理监管）的货物，原则上应在口岸海关监管区实施。因特殊情况货物不宜在口岸海关监管区实施查验，需在口岸外进行到厂监管、口岸外场所隔离检疫、指定场所存放加工监管、进口目的地检验、出口产地/组货地检验检疫、技术整改（不具备现场整改条件的）、初筛鉴定的，除法律法规有专门要求外，不涉及安全准入风险的进境货物，经收货人申请，属地海关结合企业信用状况予以核批，可办理转场查验手续。对于需跨关区转场及需将货物调离海关监管区外实施查验的，在安全准入风险可控的情况下，海关根据企业信用状况采取承运海关监管货物车辆运输、施加封志等措施，保障物流安全。有专门查验要求的，应在符合要求的场地实施。

已在申报地海关登记的企业，对有实货验估指令，如货物被布控需查验的，由口岸海关（另有规定的除外）实施验估查验。

③ 不得进行查验分流范围。包括指定进口口岸的药品、整车及成套零配件；固体废物；商业封志破损，封志号有误等理货异常的货物；不具备施封条件的大宗散货；口岸拆箱货物；货物由一个或多个集装箱（厢式货车）装载，且其中至少一个集装箱装载了多票货物。不得进行查验分流货物确有需要分流的，应报海关总署同意后办理。

（4）货物放行

报关单符合所有放行条件后，H2010系统自动完成放行操作，向相应海关监管作业场所经营企业发送货物电子放行信息，企业根据海关的放行信息，办理实货提离手续。对自动放行操作出现异常的报关单，经核实，确认符合放行条件的，实施人工放行操作。

2. 放行后对税收要素批量复核处置

税收征管中心在货物放行后对报关单的价格、归类、原产地等税收要素实施批量审核，筛选风险目标，通过风险防控中心统筹下达验估、稽（核）查等指令，由口岸海关实施放行后验估作业，由属地海关稽查力量实施放行后稽（核）查等作业。特殊情况下，海关实施放行前的税收要素审核。当事人应根据海关要求，配合海关做好税收征管工作。

海关实施放行后批量复核过程中，相关当事人主动向海关书面报告其违反海关监管规定的行为并接受海关处理，经海关认定为主动披露的，海关应当从轻或者减轻处罚；违法行为轻微并及时纠正，没有造成危害后果的，不予行政处罚。对主动披露并补缴税款的，海关可以减免滞纳金。

(四）现场海关工作范围

现场海关工作范围为报关单修撤（包括更改及撤销检验检疫业务的审核及受理工作）；许可证人工核扣等手续的无纸报关单、有纸报关单审核（进出口货物及出口货物受理检验检疫申报、审单）；退补税，滞报金、滞纳金征收、减免；联系企业补充提交税款担保等事务；暂时进出境、直接退运等核批；现场验估；检验检疫证单的复审、签发；空白证单使用；对已审核通过的原产地证书的制证、发放。

原产地企业备案、管理工作，原产地证签证调查、国外退证查询调查，均在属地海关办理。

第四节　海关监管货物分类（1）：一般进出口货物

一般进出口货物指按照海关基本管理制度进行监管的进出口货物。本节介绍一般进出口货物的特征、范围及与一般贸易货物的区别。

一、一般进出口货物概述

（一）含义

一般进出口货物指按照海关一般进出口监管制度管理的进出口货物，包括一般进口货物和一般出口货物。

一般进出口货物并不完全等同于一般贸易货物，两者的划分角度不同。一般进出口货物，海关按照基本监管制度进行监管。一般贸易是国际贸易中的一种贸易方式，在我国的对外贸易中，一般贸易是指中国境内有进出口经营权的企业单边进口或单边出口的贸易，按一般贸易方式进出口的货物即为一般贸易货物。

（二）特征

1. 进出境时缴纳进出口税费

一般进出口货物的当事人应当按照《海关法》和其他有关法律、行政法规的规定，在货物进出境时向海关申报，并按规定缴纳税费。

2. 进出口时提交相关的许可证件

货物进出口时，受国家法律、行政法规管制并需要申领进出口许可证件的，进出口货物当事人应当向海关提交相关的进出口许可证件。

3. 进口货物海关放行即办结海关手续，出口货物海关放行后离境即办结海关手续

一般进口货物在报关单位办结所有必要的海关进口通关手续，完全履行了法律规定的与进口有关的义务后，可以直接进入生产和消费领域流通。一般出口货物在报关单位完全履行了法律规定的与出口有关的义务后可以运出境外。

（三）范围

海关监管货物按货物进境、出境后是否复运出境，复运进境，可以分为两大类：一类是进境、出境后不再复运出境，复运进境的货物，称为实际进出口的货物；另一类是进境、出境后还将复运出境，复运进境的货物，称为非实际进出口的货物。

实际进出口的货物，除特定减免税货物外，都属于一般进出口货物的范围，主要有以下几类：

1. 一般贸易进口货物；
2. 一般贸易出口货物；
3. 转为实际进口的保税货物、暂时进境货物，转为实际出口的暂时出境货物；
4. 易货贸易、补偿贸易进出口货物；
5. 不批准保税的寄售代销贸易货物；
6. 承包工程项目实际进出口货物；
7. 外国驻华商业机构进出口陈列用的样品；
8. 外国旅游者小批量订货出口的商品；
9. 随展览品进境的小卖品；
10. 免费提供的进口货物，例如，外商在经济贸易活动中赠送的进口货物，外商在经济贸易活动中免费提供的试车材料等，我国在境外的企业、机构向国内单位赠送的进口货物。

二、一般进出口货物通关管理

具体通关事项参照全国通关一体化相关内容。

第五节　海关监管货物分类（2）：加工贸易货物

本节介绍加工贸易货物的一般管理规定，加工贸易手册（账册）的设立、通关、报核、核销的监管规定，以及加工贸易专项业务办理的相关要点。

一、加工贸易监管概述

（一）加工贸易的基本概念

1. 加工贸易的含义

加工贸易是指经营企业进口全部或者部分原辅材料、零部件、元器件、包装物料（统称为料件），经过加工或者装配后，将制成品复出口的经营活动。

2. 加工贸易的贸易形式

（1）来料加工，是指进口料件由境外企业提供，经营企业不需要付汇进口，按照境外企业的要求进行加工或者装配，只收取加工费，制成品由境外企业销售的经营活动。

（2）进料加工，是指进口料件由经营企业付汇进口，制成品由经营企业外销出口的经营活动。

3. 加工贸易货物的特点

（1）加工贸易货物的进口必须事先在海关设立手册或账册。

（2）加工贸易货物进口时无须缴纳进口关税和进口环节税。

（3）加工贸易货物在境内经加工装配后复运出境，若保税加工货物转内销，须经批准并交验进口许可证件，缴纳进口税费。

（4）加工贸易货物一般须复运出境，成品出口时除另有规定外无须缴纳关税，提交许可证件。

4. 加工贸易货物的范围

加工贸易货物的范围为专为加工、装配出口产品而从国外进口且海关准予保税的原材料、零部件、元器件、包装物料、辅助材料，以及在加工贸易生产过程中产生的边角料、残次品和副产品，用进口保税料件生产的半成品、成品。

（二）加工贸易企业分类管理

加工贸易企业，包括经海关注册登记的经营企业和加工企业。

经营企业，是指负责对外签订加工贸易进出口合同的各类进出口企业和外商投资企业，以及经批准获得来料加工经营许可的对外加工装配服务公司。

加工企业，是指接受经营企业委托，负责对进口料件进行加工或者装配，并且具有法人资格的生产企业，以及由经营企业设立的虽不具有法人资格，但是实行相对独立核算并已经办理工商营业证（执照）的工厂。

自 2014 年 12 月 1 日起，海关对企业实行信用管理，适用 AA 类管理的企业过渡为高级认证企业；适用 A 类管理的企业过渡为一般认证企业；适用 B 类管理的企业过渡为一般信用企业；适用 C 类、D 类管理的企业，海关按照相关规定重新认定企业信用等级。新设立的加工贸易企业为一般认证企业。高级认证企业、一般认证企业在银行保证台账、单耗申报等加工贸易管理中享受更多的优惠与便利。

对于同一本加工贸易手册，如果经营企业和加工企业的信用类别不一致，海关按较低的信用类别对企业进行管理。

（三）加工贸易禁限类商品、消耗性物料

1. 加工贸易禁止类商品

加工贸易禁止类商品是指《对外贸易法》规定禁止进口的商品，以及海关无法实行保税监管的商品。加工贸易禁止类商品目录由商务部、海关总署会同国家其他有关部门公布。目前实施的加工贸易禁止类目录，根据 2016 年海关商品编码，加工贸易禁止类商品目录共计 1 879 项商品编码。以下情况不在加工贸易禁止类商品目录中单列，但按照加工贸易禁止类进行管理：

（1）为种植、养殖等出口产品而进口种子、种苗、种畜、化肥、饲料、添加剂、抗生素等；

（2）生产出口的仿真枪支；

（3）属于国家已经发布的禁止进口货物目录和禁止出口货物目录的商品。

以上规定适用于海关特殊监管区域。但在相关管理规定公告发布之日前经工商行政管理部门注册登记，在海关特殊监管区域内设立从事相关商品加工贸易的企业除外。

列入加工贸易禁止类进口商品目录的，凡用于深加工结转转入，或从具有保税加工功

能的海关特殊监管区域内企业经实质性加工后进入区外的商品，不按加工贸易禁止类进口商品管理。列入加工贸易禁止类出口商品目录的，凡用于深加工结转转出，或进入具有保税加工功能的海关特殊监管区域内企业加工生产的商品，不按加工贸易禁止类出口商品管理。这些商品未经实质性加工不得直接出境。

2. 加工贸易限制类商品

加工贸易限制类商品目录由商务部、海关总署会同国家其他部门公布。以加工贸易深加工结转方式转出、转入的商品属于限制类的按允许类商品管理。

禁止类和限制类以外的商品为允许类商品。

3. 消耗性物料

消耗性物料，是指加工贸易企业为加工出口成品而进口，且为加工出口成品所必需，直接用于生产过程，但又完全不物化于成品中的物料。物化是指料件通过物理或化学的方式存在于成品中并构成商品基本特性的转化过程。

海关对消耗性物料按照保税方式进行监管。消耗性物料商品如因动态调整被增列入加工贸易禁止类商品目录的，按加工贸易禁止类商品进行管理，不实行保税监管。

以下商品不按加工贸易消耗性物料，以保税方式进行监管：加工贸易企业生产设备、工具的易损件，如钻头、钻嘴、砂轮、刀片、磨具等；易耗品，如机油、润滑油，印刷用的菲林、PS 版等；检测物料，如检测纸、检测带、检测光盘、检测针等；劳保防护用品，如工作衣、帽、手套等；印制电路板用的干膜和生产高尔夫球头和飞机发动机叶片用模具所需进口的软金属、蜡、耐火材料等。

加工贸易项下进口料件同时符合以下条件的，不纳入消耗性物料管理，企业按照保税料件的相关规定办理有关手续：

（1）料件在加工过程中通过物理变化或化学反应存在或转化到成品中；

（2）料件存在或转化到成品中的量是保持成品性能不可缺少的组成成分，而非残留物。

（四）加工贸易海关事务担保

加工贸易涉及风险保证金征收，按海关事务担保事项办理。

1. 对限制类商品的加工贸易保证金征收管理

企业在规定的期限内加工出口并办理核销后，海关将保证金及利息予以退还。具体规定如下：高级认证企业、一般认证企业免征保证金；东部地区一般信用企业按 50%征收，中西部地区一般信用企业免征；失信企业 100%征收。东部地区是指辽宁省、北京市、天津市、河北省、山东省、江苏省、上海市、浙江省、福建省、广东省。中西部地区指东部地区以外的中国其他地区。失信企业从事加工贸易业务，按 100%征收保证金。

（1）进口料件属限制类商品或进口料件、出口成品均属限制类商品，保证金计算公式：

保证金=（进口限制类料件的关税+进口限制类料件的增值税）×50%

（2）出口成品属限制类商品，保证金计算公式：

保证金=进口料件备案总值×（限制类成品备案总值÷全部出口成品备案总值）×22%×50%

（3）失信企业从事加工贸易业务，保证金计算公式：

台账保证金=（进口全部料件的进口关税+进口全部料件的进口增值税）×100%

2. 担保形式

担保形式有保证金或保函等形式。保函包括银行或者非银行金融机构的保函，保函担保期限应为手册有效期满后 80 天，以保函形式办理担保的，企业将保函交于海关加贸部门保管。担保形式为保证金的，企业以人民币缴纳保证金，保证金金额由海关财务部门核算管理。

3. 保证金核定与交付

海关加贸部门负责核定应征保证金金额，开具“海关交（付）款通知书”，企业将款项交至海关财务部门指定代保管款账户办理保证金交款手续，由海关财务部门确认保证金款项到账并反馈加贸部门，加贸部门向企业开具“海关保证金专用收据”。

因手册变更导致担保金额增加或担保期限延长的，企业办理担保事项变更手续。因变更手册导致担保金额减少的，待手册核销结案后，由海关一并退还。

4. 保证金、保函退还

担保形式为保证金的，海关加贸部门向财务部门制发“海关交（付）款通知书”和“海关保证金专用收据”（退款联），财务部门凭企业提交的加盖企业财务专用章的合法收据，办理保证金本金及利息退还手续。

担保形式为保函的，企业在保函收据上签注签收人姓名和时间，并将相关材料一并归档存查。

5. 保证金转税款

海关加贸部门凭“海关专用缴款书”向财务部门开具“海关交（付）款通知书”，财务部门凭“海关专用缴款书”和“海关交（付）款通知书”办理有关手续。

（五）单耗管理

单位耗料量，是指加工贸易企业在正常生产条件下加工生产单位成品所耗用的进口料件的数量，简称单耗。单耗包括净耗和工艺损耗。

净耗，是指在加工后，料件通过物理变化或者化学反应存在或者转化到单位成品中的量。

工艺损耗，是指因加工工艺原因，料件在正常加工过程中除净耗外所必须耗用，但不能存在或者转化到成品中的量，包括有形损耗和无形损耗。

无形损耗，是指在加工生产过程中，由于物质自身性质或者经济、技术方面的原因，以气体、液体或者粉尘形态进行排放的不能或者不再回收的部分。工艺损耗中，无形损耗以外的部分即是有形损耗。

不列入工艺损耗的情形：因突发停电、停水、停气或者其他人为原因造成保税料件、半成品、成品的损耗，因丢失、破损等原因造成的保税料件、半成品、成品的损耗，因不可抗力造成保税料件、半成品、成品的灭失、损毁或者短少的损耗，因进口保税料件和出口成品的品质、规格不符合合同要求造成用料量增加的损耗，因工艺性配料所用的非保税料件所产生的损耗，以及加工过程中消耗性材料的损耗。

工艺损耗率，是指工艺损耗占所耗用料件的百分比。

上述几个概念之间的关系可用公式表示为：

单耗= 净耗÷（1-工艺损耗率）

加工贸易企业应当在成品出口、深加工结转或者内销前，向海关如实申报单耗。因生产工艺原因无法在出口前申报单耗的加工贸易企业，如企业内部管理规范、相关样品和资料保存完整，能够保证海关在成品出口后核定单耗的，也可以向海关申请在报核前申报单耗。

加工贸易企业申报单耗时应填写“中华人民共和国海关加工贸易单耗申报单”，具体内容包括：

1. 加工贸易项下料件和成品的商品名称、商品编号、计量单位、规格型号和品质；

2. 加工贸易项下成品的单耗（净耗和工艺损耗率）；

3. 加工贸易同一料件有保税和非保税的，应当申报非保税料件的比重。

海关对加工贸易企业申报单耗的真实性、准确性有疑问的，可以制发“中华人民共和国海关加工贸易单耗质疑通知书”。加工贸易企业收到质疑通知书后，应当在规定时限内向海关提供有关资料。

（六）剩余料件、边角料、残次品、副产品和受灾保税货物

剩余料件，是指加工贸易企业在从事加工复出口业务过程中剩余的，可以继续用于加工制成品的加工贸易进口料件。

边角料，是指加工贸易企业从事加工复出口业务，在海关核定的单位耗料量内，在加工过程中产生的无法再用于加工该合同项下出口制成品的数量合理的废、碎料及下脚料。

残次品，是指加工贸易企业从事加工复出口业务，在生产过程中产生的有严重缺陷或者达不到出口合同标准，无法复出口的制品（包括完成品和未完成品）。

副产品，是指加工贸易企业从事加工复出口业务，在加工生产出口合同规定的制成品（即主产品）过程中同时产生的，且出口合同未规定应当复出口的一个或者一个以上的其他产品。

受灾保税货物，是指加工贸易企业从事加工出口业务中，因不可抗力原因或者其他经海关审核认可的正当理由造成灭失、短少、损毁等导致无法复出口的保税进口料件和制品。

（七）特殊商品的加工贸易管理

1. 关税配额农产品管理

包括小麦、玉米、大米、豆油、菜籽油、棕榈油、食糖、棉花、羊毛及毛条。加工贸易手册进口上述商品时期限不超过6个月（食糖为不超过3个月）。

2. 废物管理

在《限制进口类可用做原料的固体废物目录》或《自动许可进口类可用做原料的固体废物目录》列名的废物可以作为加工贸易进口料件，设立手册时须提交“限制进口类可用做原料的固体废物进口许可证”及复印件。

3. 涉及商务部核准的商品管理

铜精矿、生皮、卫星电视接收设施、成品油、易制毒化学品等商品，国家有关部门设定了企业资质或数量等限制条件，符合条件的企业凭商务部核准文件到海关办理有关业务。

4. 客供辅料管理

服装辅料（如拉链、纽扣等）属列名的78种商品范围之内，且进口总值在5 000美元（含本数）以下的，可以办理辅料登记表，不进行手册设立管理。

5. 消耗性物料管理

对消耗性物料的后续处置参照海关关于加工贸易边角料、剩余料件、残次品、副产品和受灾保税货物有关管理规定办理。

6. 其他特殊监管条件管理

音像制品、印刷品、冻鸡、附有地图的产品等在进行加工贸易手册设立时应提交相关管理部门的批准证件。黄金及其制品在内销时应提交相关管理部门的批准证件。

二、加工贸易电子化手册

（一）电子化手册的基本概念

1. 含义

电子化手册是以加工贸易合同为管理对象，在手册设立、通关、核销等环节采用“电子手册+自动核算”的模式取代纸质手册，并逐步实现“电子申报、网上备案、无纸通关、无纸报核”的新监管模式。

电子化手册设立的前提，是海关建立以企业为单元的备案资料库，企业以备案资料库数据为基础进行电子化手册备案。

2. 电子化手册的功能

（1）规范备案预申报

建立备案资料库，通过对料件、成品等申报内容的预审核，解决商品品名申报不规范，归类不准确等问题。

（2）企业网上申报

企业通过电子口岸或第三方辅助平台向海关发送手册设立、深加工结转、外发加工、内销、核销等电子数据。

（3）系统自动审核

系统实现业务数据自动对碰、自动审核、自动放行、自动核扣。

3. 手册编码规则

手册编号由12位阿拉伯数字和大写英文字母组成。第1位为英文字母，其中B表示来料加工，C表示进料加工，D表示不作价设备；第2~5位表示海关关区代码；第6位表示年份；第7位表示经营单位的企业性质，其中1表示国营企业，2表示中外合作经营企业，3表示中外合资企业，4表示外商独资企业；第8位，5表示电子化手册，2表示纸质手册；第9~12位是手册顺序号。

（二）备案资料库

企业对加工贸易料件和成品按照《中华人民共和国海关进出口税则》等有关规定进行商品归类，并填制备案资料库的基本信息、料件和成品表向海关备案，海关予以审核并建立备案资料库。

1. 备案资料库的建立

企业申请建立备案资料库，应提交“加工贸易电子化手册备案资料库备案审批表”，必要时提供备案资料库料件、成品图片。企业填制“备案资料库基本信息预录入呈报表”“备案资料库进口料件预录入呈报表”“备案资料库出口成品预录入呈报表”。

备案资料库企业预录入：企业自行录入方式，可在通关系统企业端“备案资料库”模块录入、申报备案资料库备案数据，并以报文的形式向主管海关发送；委托录入方式，应填写“备案资料库基本信息预录入呈报表”“备案资料库进口料件预录入呈报表”“备案资料库出口成品预录入呈报表”，提供给代理录入单位办理数据录入手续。经海关审核通过，建立备案资料库。企业备案资料库可办理数据变更手续。

料件、成品等数据信息包括货号、商品编码、商品名称、计量单位，应按照《中华人民共和国海关进出口商品规范申报目录》（以下简称《规范申报目录》）中相应商品所列申报要素的各项内容填写。备案资料库备案的料件和成品可以是企业的料号级加工贸易料件、成品归并后的结果。

2. 备案资料库的适用与管理

（1）适用。一家企业备案一个资料库，可调用有关数据资料，依据合同设立多个电子化手册；备案资料库可备案商品项数没有限制；电子化手册中申请备案的料件、成品项数均不能超过 9999 项。

（2）变更。已由海关审核通过的备案资料库内容，企业只能申请变更商品编码，不能申请变更已备案的商品名称、规格型号等。企业申请修改已备案的商品名称和规格型号的，只能申请新增变更，即在备案资料库增加新的备案项。

3. 备案资料库的暂停执行或删除

企业出现下列情形之一，已备案的备案资料库可作“暂停执行”或“删除”处理：企业未通过海关年检手续的；企业营业执照过期的；企业发生重大走私违规行为，按规定应暂停其进出口业务的；企业已倒闭或正在清算过程中的；企业不再从事加工贸易业务的。

4. 备案资料库的使用

一家企业备案一个资料库，可调用有关数据资料，依据合同设立多个电子化手册；备案资料库可备案商品项数没有限制；电子化手册中申请备案的料件、成品项数均不能超过 9 999 项。

电子化手册所涉企业备案数据库的建立、料件及成品的归并管理原则适用于电子账册。

（三）电子化手册的设立

电子化手册设立是指企业在备案资料库商品范围内，按照进出口需要，向海关办理电子化手册，海关对申报内容予以审核并建立电子化手册的过程。

1. 手册设立需提交的单证资料

自 2019 年 1 月 1 日起，企业开展加工贸易业务，登录“加工贸易企业经营状况及生产能力信息系统”，自主填报“加工贸易企业经营状况及生产能力信息表”（以下简称“信息表”），并对信息真实性作出承诺。“信息表”有效期为自填报（更新）之日起 1 年，到期后或相关信息发生变化，企业应及时更新“信息表”。已网上填报“信息表”的企业到主管海关办理加工贸易手（账）册设立（变更）手续，无须提交纸质“信息表”。

企业进行手册设立，自行或通过代理录入电子化手册表头信息，表体料件和成品的货号、商品编码、商品名称、计量单位等信息调用备案资料库数据，进出口数量、价格、单损耗等信息依据合同录入。经营企业上传对外签订的合同或协议，以及海关按规定需要收取的其他单证和资料。海关审核通过后，系统生成电子化手册。

2. 涉及加工贸易禁限类商品的管理

（1）加工贸易禁止类商品目录中的第八十四章、八十五章商品均指旧机电产品进口，并包括零部件、拆散件。

（2）列入加工贸易禁止类商品目录的，除特别标注的以外，不予设立手册。

（3）列入加工贸易禁止类进口商品目录的，凡用于深加工结转转入，或从具有保税加工功能的海关特殊监管区域内企业经实质性加工后进入区外的商品，不按加工贸易禁止类进口商品管理。

列入加工贸易禁止类出口商品目录的，凡用于深加工结转转出，或进入具有保税加工功能的海关特殊监管区域内企业加工生产的商品，不按加工贸易禁止类出口商品管理，仍可备案。前述商品未经实质性加工不得直接出境。

（4）经营企业及加工企业同属中西部地区，可适用中西部地区的限制类商品台账管理措施。

3. 消耗性物料管理

企业申报保税进口的消耗性物料，应当在《加工贸易企业经营状况和生产能力证明》进口料件中予以列明。企业在办理手（账）册设立（变更）手续时，应当向主管海关提交“加工贸易项下进口消耗性物料申报表”。如海关需要，企业还应当提交以下补充材料：

（1）消耗性物料的属性和用途说明；

（2）消耗性物料在加工过程中的化学反应或物理变化原理、化学反应式、耗用量，以及与成品的匹配关系等书面材料；

（3）海关认为需要提交的其他证明文件和材料。

消耗性物料应当与相应加工生产过程的进口料件、出口成品纳入同一手（账）册管理。企业应在手（账）册设立（变更）环节按要求向海关申报。企业在申报消耗性物料时应当进行标注，在“商品名称”栏首字节起注明“[消]”（注：中括号为半角字符），在“单耗/净耗”栏目内如实申报耗用量。

消耗性物料应当与其他保税料件分项申报，不得归并。

4. 不予设立手册的情形

经审查，经营企业或加工企业存在以下情形之一的，海关作出不予设立决定：

进口料件或者出口成品属于国家禁止进出口的；加工产品属于国家禁止在我国境内加工生产的；进口料件不宜实行保税监管的；经营企业或者加工企业属于国家规定不允许开展加工贸易的；经营企业未在规定期限内向海关报核已到期手册，又重新申报设立手册的。

5. 需缴纳风险保证金情形

有下列情形之一的，海关应当在经营企业提供相当于应缴税款金额的保证金或者银行、非银行金融机构保函后办理手册设立手续：涉嫌走私，已经被海关立案侦查，案件尚未审结的；由于管理混乱被海关要求整改，在整改期内的。

有下列情形之一的，海关可以要求经营企业在办理手册设立手续时提供相当于应缴税款金额的保证金或者银行、非银行金融机构保函；租赁厂房或者设备的；首次开展加工贸易业务的；加工贸易手册延期两次（含两次）以上的；办理异地加工贸易手续的；涉嫌违规，已经被海关立案调查，案件尚未审结的。

要求经营企业提供保证金或者银行保函的，海关书面告知企业理由。

6. 进出口许可证件管理

进口料件，除易制毒化学品、监控化学品、消耗臭氧层物质、原油、成品油等个别规定商品外，均可以免予交验进口许可证件。这里所称“免予交验进口许可证件”，并不包括涉及公共道德、公共卫生、公共安全所实施的进出口管制证件。

出口成品，属于国家规定应交验出口许可证件的，在出口报关时必须交验出口许可证件。

7. 加工贸易项下出口应税商品管理

加工贸易项下出口应税商品，如系全部使用进口料件加工的成品，不征收出口关税。加工贸易项下出口应税商品，部分使用进口料件加工的成品，按海关核定的比率征收出口关税。计算公式：

出口关税=出口货物完税价格×出口关税税率×出口成品中使用的国产料件占全部料件价值比率

出口成品中使用的国产料件占全部料件价值比率=物化在成品中的国产料件价值÷（物化在成品中的国产料件价值+保税料件价值）

出口完税价格由海关根据《中华人民共和国海关审定进出口货物完税价格办法》的规定审定。企业应在向海关备案或变更手册时，向海关如实申报出口成品中使用的国产料件占全部料件的价值比率，并申报国产料件的品种、规格、型号、数量、价值。

（四）电子化手册的变更

电子化手册变更是指经营企业因原备案品名、规格、金额、数量、单损耗、商品编码等内容发生变化，以及手册有效期需要延长，向主管海关申请办理的相关手续。

电子化手册变更分为新增变更、修改变更和删除变更 3 种。新增变更是指在已建立电子化手册的料件表、成品表和单耗表中增加新的内容；修改变更是指对已备案的电子化手册的料件表、成品表或单耗表中的内容进行修改；删除变更是指对已备案的电子化手册的料件表、成品表或单耗表中的内容进行删除。

企业按照海关监管要求，在手册企业端系统“通关备案手册”模块中，录入电子化手册变更数据向海关发送，同时向海关提交申请变更的书面材料等资料。

企业存在下列情形之一的，海关不予变更：未在规定的期限内向海关办理变更手续的；经营企业申请变更的理由与实际情况不符的；经营企业申请变更单耗的成品已全部出口完毕的；经营企业或者加工企业申请变更的事项涉嫌走私、违规，已被海关立案调查、侦查，且案件未审结的。

（五）电子化手册核销

核销，是指加工贸易经营企业加工复出口或者办理内销等海关手续后向海关申请解除加工贸易手册监管，海关经审查、核查属实且符合有关法律、行政法规、规章的规定，予以办理解除监管手续的行为。经营企业应当在规定的期限内将进口料件加工复出口，并自加工贸易手册项下最后一批成品出口或者加工贸易手册到期之日起30日内向海关报核。经营企业对外签订的合同因故提前终止的，应当自合同终止之日起30日内向海关报核。

1. 报核单证

报核常规单证包括：企业合同核销预录入呈报表、核销核算平衡表，以及海关按规定需要收取的其他单证和材料。

报核特殊单证包括：

（1）加工贸易货物因侵犯知识产权被没收、销毁的，应提交有关行政执法部门出具的没收或者销毁证明材料；

（2）经海关核定准予加工贸易货物销毁处置的，应提交“海关加工贸易货物销毁处置申报表”、处置单位出具的接收单据、加工贸易货物销毁处置证明及报关单等单证；

（3）因走私被海关或者法院没收加工贸易货物的，应提交行政处罚决定书、判决书等相关证明材料；

（4）因不可抗力造成保税货物受灾，应提交加工贸易主管部门签注意见的证明材料，保险公司出具的保险赔款通知书或者其他证明文件；

（5）企业有关工艺流程、单耗、损耗等资料或情况说明。

2. 报核手册处置

（1）不予受理或退回企业继续履约情形

具体包括：经审核，手册报核需补充办理相关手续或提交相关资料的；核查结果反馈，企业需补充办理相关手续或提交相关资料的；经审核，手册保税货物存在走私违规嫌疑，企业不能说明正当理由，移交相关部门处理的；进出不平衡需继续履行合同的；剩余料件、边角料和副产品等需内销征税的。

（2）相关事项处置

① 涉及加工贸易成品退换的，成品退换过程中用于加工、维修或更换的保税料件，不纳入工艺性损耗。对替换下的废、旧料件，以及成品退换进口后无法复出口的，由企业按海关相关规定办理。

② 经海关核准销毁的加工贸易货物，企业销毁处置未获得收入，海关凭销毁处置报关单证进行核算核销。企业销毁处置获得收入的，海关比照边角料内销征税的管理规定办理征税手续。销毁处置货物为边角料、副产品的，凭“海关加工贸易货物销毁处置申报表”所列明的货物清单及报关单证进行核销；销毁处置货物为料件、残次品需按料件核扣手（账）册的，按照“海关加工贸易货物销毁处置申报表”所列明的货物清单及报关单证以料件或折料进行核算核销。

③保税进口消耗性物料，企业提供翔实的物料清单，并提供产品工艺流程相关资料或有关耗料说明，核定耗料后纳入手册核销。

④手册进出口金额倒挂、进出时间倒挂、超标准单耗，视具体情况，由企业作说明、改单后按海关相关规定处理，或交由核查部门下厂核查。

⑤对企业报核数据与海关底账出现差异的，由企业查找产生差异的原因，并提交解释报告或说明材料，海关按相关规定处理。

3. 核销核算情况处理

（1）对企业申报资料和内容不符合规定或监管要求的，按相关规定予以退单。

（2）对企业报核数据与海关底账出现差异的，要求企业查找产生差异的原因，并提交解释报告或说明材料。

（3）对经海关核实确定的实际剩余料件，要求企业在核销期限内办结余料结转、内销征税、退运或放弃等手续。

4. 手册核销结案

通过 H2010 加工贸易系统对报核手册进行核销核算，核算后通过 H2010 加工贸易系统进行结案，海关签发“核销结案通知书”。经营企业已经办理担保手续的，海关在核销结案后按照规定解除担保。

手册核销后，企业库存有剩余料件的，原则上不得进行结转。对库存余料属于国家许可证件管理的，在企业补交许可证件后，以“后续补税”监管方式办理料件补税手续。对不能说明理由或涉嫌违规、走私的，移交缉私部门进行处理。

三、加工贸易电子账册

（一）电子账册管理概述

加工贸易电子账册管理，是海关以企业为管理单元并实施计算机联网，企业通过数据交换平台或其他计算机网络方式向海关报送能满足海关监管要求的物流、生产经营等数据，海关对数据进行核对、核算，并结合实物进行核查的一种监管模式。

1. 联网监管企业应当具备的条件

属于加工贸易生产型企业；企业管理机制、内控机制完备，内部 ERP 管理系统对货物的采购、物流、仓储、生产、销售、单证的管理符合海关保税监管要求。

2. 申请联网监管应提交的单证

加工贸易企业工商营业执照、税务登记证、组织机构代码证复印件、商务主管部门同意企业实施联网监管的批复、企业内部管理系统简介及内部管理情况说明、企业上年度财务审计报告、“企业加工贸易联网监管申报表”、“海关与企业加工贸易联网监管合作备忘录”，以及海关认为需要出具的其他证明文件和材料。

（二）电子账册的设立

联网监管企业在进行加工贸易货物备案审批前，需要向海关先行申请设立加工贸易账册。联网监管企业向主管海关申请办理经营范围电子账册（简称 IT 账册）设立手续，审核通过后再办理便捷通关电子账册（简称 E 账册）设立手续。

1. IT 账册的设立

企业向主管海关申请办理 IT 账册设立手续时，应提交以下单证：工商经营执照复印件、企业加工贸易进口料件及出口成品清单。

经审核企业的设立申请符合海关有关规定的，予以建立企业 IT 账册。

2. E 账册的设立

企业申请设立 E 账册，应提交以下单证：“企业加工贸易联网监管进出口货物商品归并关系清单”，以及海关按规定需要收取的其他证件和材料。

企业存在以下情况之一的，海关不予设立账册：进口料件或出口成品属于国家禁止进、出口的，加工产品属于国家禁止在我国境内加工生产的，进口料件不宜实行保税监管的，企业年生产加工能力与实际情况不相符的，企业申请备案进出口货物的归类、归并和 BOM 不符合海关管理要求的，法律、行政法规、规章规定不予备案的其他情形。

3. 商品归类、料件及成品归并关系

联网监管企业应以内部管理的料号级商品为基础，按照《税则》规定的目录条文和归类总规则、类注、章注、子目注释及其他归类注释，进行商品归类，并归入相应的税则号列。

商品归并是指企业在确定商品编号、商品名称一致的基础上，根据加工贸易货物进出口和管理的实际情况及海关监管需要，对生产管理中最基础的料号级加工贸易料件、成品或直接进口的半成品进行合并，建立一对多或多对一的对应关系。为确保备案资料库料件及成品商品编码的准确性，企业对商品编码不确定的，可向海关归类部门咨询办理预归类手续。

加工贸易货物归并应遵循的原则：

（1）料件归并，同时符合下列条件：10 位数商品编码相同；海关监管计量单位相同；货物名称相同，或虽然货物名称不同，但货物属性及功能用途相同或相近，可替代使用；能满足海关查验和内销征税等监管要求。

有以下情况之一的，原则上不作归并：涉及单耗标准的料件；单损耗影响度较大的料件；单价相差较大，对实际监管可能产生影响的料件。

（2）成品归并，同时符合下列条件：10 位数商品编码相同；海关监管计量单位相同；货物名称相同，或虽然货物名称不同，但货物属性及功能用途相同或相近，可替代使用；能满足海关查验和内销征税等监管要求；对应归并后的保税料件种类相同。

有以下情况之一的，原则上不作归并：已制定单耗标准的成品，不能与其他成品进行归并；单价相差较大，对实际监管可能产生影响的成品。

企业在建立料件归并关系时，应区分主料和次料，主料料号不得归并，消耗性材料不得归并。这里所指的“主料”，一是指进口单价相对较高的料件，二是指在出口成品中耗用较多或属于关键部件的料件，三是属于国家贸易管制的商品，四是海关认为需要重点监管的商品。归并关系一旦确认后，原则上，企业不得随意变更归并关系，但确有归并关系需要调整的，在现有联网监管平台上，企业可以直接向电子口岸发送变更数据，海关对此予以审核。

4. 进出口报关清单和报关单的生成、修改、撤销

（1）报关清单的生成。使用“便捷通关电子账册”办理报关手续，企业应先根据实际进出口情况，从企业系统导出料号级数据生成归并前的报关清单，通过网络发送到电子口岸。报关清单应按照加工贸易合同填报监管方式，进口报关清单填制的总金额不得超过电子账册最大周转金额的剩余值，其余项目的填制参照报关单的填制规范。

（2）报关单的生成。联网企业进出口保税加工货物，应使用企业内部的计算机，采用计算机原始数据形成报关清单，报送中国电子口岸。电子口岸将企业报送的报关清单根据归并原则进行归并，并分拆成报关单后发送回企业，由企业填报完整的报关单内容后，通过网络向海关正式申报。

（3）报关清单和报关单的修改、撤销。不涉及报关清单的报关单内容可直接进行修改，涉及报关清单的报关单内容修改必须先修改报关清单，再重新进行归并。

报关单申报后修改申报内容或撤销申报，根据海关报关单修改或撤销报关单相关管理规定执行。

（三）电子账册的变更

1. 电子账册变更申请

联网监管企业申请账册变更，应提交商务部门出具的“联网企业加工贸易经营状况和生产能力证明”（变更经营范围须提供）、联网监管企业申请变更的书面材料，以及海关按规定需要收取的其他单证和材料。

2. 电子账册不予变更的情形

未在规定的期限内向海关申请办理变更手续的；申请变更的理由与实际情况不符的；变更申请不符合海关关于加工贸易计算机联网监管进出口商品归并规则的；申请变更的进出口料件、出口成品不宜实行保税监管的；企业申请变更的事项涉嫌走私、违规，已被海关立案调查、侦查，且案件未审结的；法律、行政法规、规章规定不予变更的其他情形。

3. 审核结果处置

经海关审核同意企业电子账册变更申请的，在 H2010 系统中操作确认。电子账册 BOM 版本、料件、成品品种发生新增变更时，海关对电子数据进行审核。料件和成品的品种新增涉及海关商品归类的，海关审核“企业加工贸易联网监管进出口货物商品归类申请表”。

（四）联网监管企业相关业务管理规定

单耗管理按照海关对加工贸易企业单耗管理规定办理。企业可以选择在报核前申报单耗。在向 H2010 系统发送预报核数据后，申报的单耗不得变更。相关业务处置，比照电子化手册管理的相关手续办理（详见加工贸易专项管理相关内容）。企业内销加工贸易货物可以采用“当月内销当月集中征税”方式。在企业端申报料号级的征税清单，由预先备案的归并关系自动生成归并后的项号级征税清单向主管海关申报。集中征税按规定征收缓税利息，缴纳缓税利息的起始日为内销料件或者制成品对应的电子账册最近一次核销之日。没有核销日期的，起始日为内销料件或者制成品对应的电子账册首批料件进口之日。

（五）电子账册核销

联网监管企业加工贸易货物核销，是指加工贸易经营企业加工复出口或者办结内销等海关手续后，凭相关单证向海关申请解除监管，海关经审查、核查属实且符合有关法律、行政法规、规章的规定，予以办理解除监管手续的行为。

1. 电子账册核销原则性规定

电子账册阶段性核销工作，包括电子账册预报核和正式报核两个部分，分别涉及联网监管辅助核销平台和 H2010 系统的操作。在联网监管辅助平台中主要是对联网监管企业加工贸易货物进行企业料号级的核销核算，在 H2010 系统中主要是对联网监管企业加工贸易货物进行海关备案项号级的核销核算。

阶段性核销的核销周期不超过 1 年。海关完成电子账册核销的时限为下一个核销日期前，但最长不得超过 180 天。海关与企业明确电子账册本期核销周期的起止日期，明确核销方式。如采用盘点核销方式，联网监管企业应当在盘点前及时告知海关，海关结合企业盘点实施顺势监管。联网企业应当在海关确定的核销期结束之日起 30 日内完成报核。确有正当理由不能按期报核的，经海关批准可以延期，但延长期限不得超过 60 日。未在规定时间内向海关办理报核手续的，海关可以要求其提供保证金或者银行保函作为担保。

根据企业盘点实际库存数据与电子底账核算数据比对的结果，海关作以下处理：实际库存量多于电子底账核算结果的，海关应当按照实际库存量调整电子底账的当期余额；实际库存量少于电子底账核算结果且联网企业可以提供正当理由的，对短缺的部分，海关应当责令联网企业申请内销处理；实际库存量少于电子底账核算结果且联网企业不能提供正当理由的，对短缺的部分，海关除责令联网企业申请内销处理外，并按照《中华人民共和国海关行政处罚实施条例》对企业予以处罚。

2. 电子账册报核事项处置

（1）漏报报核数据。如果该报关单已结关，企业予以补报；该报关单未结关，企业须办结结关手续后再补报；该报关单在H2010系统已删单，海关在联网监管平台中作逐票删除处理。

（2）对企业有报送，但联网监管平台底账无报关单数据。该报关单已结关，平台无底账记录，需列入本期核销的，由平台运营维护公司修改平台数据；该报关单未结关，企业办结结关手续，平台运营维护公司修改平台数据，报关单列入本期核销；报关单不存在，属于企业错报的，由企业修改数据后重新报送。

（3）替代关系认定。企业采用标准BOM或实际工单BOM向海关申请核销，海关核实存在替代关系，方可接受企业保税料件替代关系申请。

（4）料件核增认定。企业使用非保税料件的，应当事先向海关申报非保税料件的比重、品种、规格、型号、数量，海关在联网监管平台上对保税料件的使用进行非保核增认定。

3. 企业向海关H2010系统预报核

企业向H2010系统申请电子账册预报核时，应提交下列单证：企业预报核申请表，企业单耗申报表、单耗申报光盘、单耗申报说明，以及海关按规定需要收取的其他单证和材料。

企业通过电子口岸系统向海关H2010系统报送加工贸易电子账册本期核销的报关单数据。海关对H2010系统预报核数据进行审核比对，企业电子账册预报核数据与海关电子账册底账数据不符的，参照向联网监管辅助核销平台预报核数据不符的处置要求作相应处理。

经过审核，海关确认联网监管企业电子账册预报核数据与海关电子账册底账数据比对结果一致，并且单证齐全后，在H2010系统中进行“审核通过”操作，通过电子账册预报核，同意企业办理正式报核手续。

4. 企业向联网监管辅助核销平台正式报核

在预报核数据比对基础上，企业向联网监管辅助核销平台发送加工贸易电子账册本期核销的正式报核数据。企业正式报核单证中应加上在预报核审核过程中所产生的涉及本期余料处理、内销征税处理的有关报关单证信息，确保在正式报核内容中能够做到核销周期内保税料件进出口平衡正常。

海关审核要点包括：海关在联网监管平台上分别核对企业申报的料号级进出口数据和项号级进出口数据，如有差异则要求企业查明情况，修改数据后重新报送；企业报送本期核销的耗用数据、理论结余数据、实际结余数据到联网监管平台，海关核对企业申报的“进、出、存”平衡数据，如有差异则要求企业查明情况，修改数据后重新报送。海关在确认预报核数据与海关底账数据比对结果一致后，企业方可在 H2010 系统办理正式报核手续。

5. 企业向海关 H2010 系统正式报核

企业向 H2010 系统发送正式报核数据时，应提交以下单证：

（1）“海关加工贸易业务办理申请表”及“电子账册正式报核申请表”；

（2）电子账册核销期间保税料件汇总表、保税成品汇总表（料号级数据可以附光盘），盘点及差异处理情况申报表，边角料、副产品、残次品、受灾保税货物处理情况申报表，“进、出、存”金额统计表，电子账册核销平衡表（平衡表中理论结余为负时应随附说明）；

（3）盘点报告（在结合盘点核销的情况下）、企业自核说明；

（4）海关按规定需要收取的其他单证和材料。

经海关核准销毁的加工贸易货物报核及相关事项处置，参照电子化手册相关规定办理。

企业向海关 H2010 系统发送加工贸易电子账册本核销周期的正式报核数据。

经办关员对企业报核单证、报核表头、报核表体等申报数据、信息进行审核，对企业报核的进出口数据与 H2010 系统是否一致予以认定。

H2010 系统正式报核数据存在下列情况，海关作相应处理：

（1）企业正式报核数据有误的，予以退单，要求企业重新报核。

（2）企业料件短少（即理论结余数大于实际结余数）的，要求企业说明情况，承担纳税责任。如果补税报关单列入本次核销周期，以实际结余为准，人工调整本期结余数量；如果补税报关单列入下一核销周期，则以实际结余+补税数量，人工调整本期结余数量。

（3）企业料件盈余（即理论结余数小于实际结余数）的，要求企业说明情况，并以实际结余为准，人工调整本期结余数量。

6. 加工贸易工单式核销

工单式核销是指加工贸易企业向海关报送报关单、报关清单数据，以及企业 ERP 系统（企业资源计划系统）中的工单数据，海关以报关单对应的报关清单料号级数据和企业生产工单作为料件耗用依据，生成电子底账，并根据料号级料件、半成品及成品的进库、出库、耗用、结转、库存的情况，对加工贸易料件、半成品及成品进行核算核销的海关管理制度。

实施工单式核销的加工贸易企业应具备以下条件：

（1）信用状况为一般信用及以上企业；

（2）使用 ERP 等系统对企业采购、生产、库存和销售等过程实行全程信息化管理，通过工单可实现生产加工成品对耗用进口保税料件的追溯管理，并以电子工单方式记录生产加工、检测维修成品的实际使用料件情况；

（3）建立符合海关监管要求的计算机管理系统，能够通过数据交换平台或者其他计算机网络，按照海关规定的认证方式与海关辅助系统（平台）联网，向海关报送能够满足海关监管要求的相关数据；

（4）保税物料与非保税物料分开管理；

（5）工单内容应包含企业生产的日期、产品、用料、数量及状态等信息。

工单式核销的其他业务管理与处置参照电子账册常规处置原则。

7. 核销结案

海关确认企业电子账册核销情况符合海关核销规定，单证齐全有效的，经办人员在“海关加工贸易联网监管电子账册阶段性核销审批表”上签注意见，报批同意核销结案，并签发“海关加工贸易联网监管电子账册阶段性核销结案通知书”。

四、加工贸易专项业务管理

（一）深加工结转

深加工结转，是指加工贸易企业将保税进口料件加工的产品转至另一加工贸易企业进一步加工后复出口的经营活动。

1. 转入、转出企业办理结转“深加工结转申报表”备案

（1）转出企业通过电子口岸录入“深加工结转申报表”数据后向海关申报，并将“深加工结转申报表”统一编号通知转入企业；转入企业通过电子口岸录入相应“深加工结转申报表”数据后向海关申报。联网监管企业的“深加工结转申报表”无须报备数量。

一份“深加工结转申报表”对应一份转出手册或账册和一份转入手册或账册。结转双方的商品编号前 8 位原则上必须一致，如出现结转货物商品编码前 8 位不一致且无法协调解决的，应及时反馈各自主管海关，由转出、转入地主管海关按规定协调解决。

（2）经转出地海关、转入地海关分别审核通过后，“深加工结转申报表”生效，企业可办理结转收发货登记及报关手续，并可对其数量、商品项目进行变更。

（3）海关对“深加工结转申报表”及其具体内容进行暂停处理的，企业不能进行收发货，但“深加工结转申报表”项下已实际收发货的，允许办理报关手续。

2. 转出、转入企业向各自主管海关申请“海关加工贸易保税货物深加工结转申报表”（以下简称“深加工结转申报表”）电子数据备案

“深加工结转申报表”电子数据是指转出、转入企业通过电子口岸录入并向海关成功发送的“深加工结转申报表”数据。“深加工结转申报表”备案是指转出、转入地海关根据企业的申请，核准企业提交的“深加工结转申报表”电子数据的行为。

一份“深加工结转申报表”对应一份转出手册（包括电子账册、电子化手册，下同）和一份转入手册。结转双方的商品编号前 8 位原则上必须一致，如出现结转货物商品编码前 8 位不一致时，转出、转入企业应积极协调解决。若转出、转入企业无法协调，应及时反馈各自主管海关，由转出、转入地主管海关按规定协调解决。

3. 不得办理深加工结转手续的情形

（1）不符合海关监管要求，被海关责令限期整改，在整改期内的；

（2）有逾期未报核手册的；

（3）由于涉嫌走私已经被海关立案调查，尚未结案的。

加工贸易企业未按照海关规定进行收发货的，不得再次办理深加工结转手续。在补办有关手续前，海关不再受理新的“深加工结转申报表”，并可根据实际情况暂停已办理“深加工结转申报表”的使用。

4. 办理结转报关手续

（1）转出、转入企业分别在所在地海关办理结转报关手续。转出、转入企业可以根据

“深加工结转申报表”电子数据逐批或者多批次合并办理报关手续。每批结转货物实际收货后，转入、转出企业应当在此月底前办结该批货物的报关手续，但不得超过手册有效期或账册核销截止日期。

转出企业自转入企业申报结转进口之日起10日内，向转出地海关办理结转出口报关手续。

（2）申报事项处置。结转进口、出口报关的申报价格为结转货物的实际成交价格。“深加工结转申报表”编号应填入结转进口、出口报关单随附单证的单证编号栏内。一份结转进口报关单对应一份结转出口报关单，两份报关单之间对应的申报序号，以及“深加工结转申报表”编号、价格、数量（或折算后数量）应当一致，报关单所填写的关联手册号及关联报关单号应相互对应。

（二）外发加工

外发加工是指经营企业因受自身生产特点和条件限制，经海关备案并办理有关手续，委托承揽企业对加工贸易货物进行加工，在规定期限内将加工后的产品运回本企业并最终复出口的行为。

承揽企业，是指与经营企业签订加工合同，承接经营企业委托的外发加工业务的生产企业。承揽企业须经海关注册登记，具有相应的加工生产能力。

1. 企业开展外发加工

企业开展外发加工业务，应当按照外发加工的相关管理规定，自外发之日起3个工作日内向海关办理备案手续，并递交下列单证：

（1）外发加工报告，包括申请外发加工的原因，外发加工的工艺流程、单耗情况，以及加工中产生的边角料、余料、残次品、副产品处置的说明等材料。

（2）经营企业与承揽企业签订的加工合同或协议，经营企业签章的“加工贸易货物外发加工备案表”“加工贸易外发加工货物外发清单”等。

（3）承揽企业的营业执照复印件。

一份外发加工申报表对应一个委托企业和一个承揽企业；一份外发加工申报表对应委托企业的一本加工贸易手册；外发加工期限应当在加工贸易手册有效期之内；企业申报全部工序外发的，应在外发加工申报表备注栏注明“全部工序外发加工”字样。

2. 外发加工货物保证金（海关事务担保）

经营企业将全部工序外发加工的，应当在办理备案手续的同时向海关提供相当于外发加工货物应缴税款金额的保证金或者银行、非银行金融机构保函。保函金额以外发加工货物所使用的保税料件应缴税款金额为基础予以确定。申请外发加工的货物之前已向海关提供不低于应缴税款金额的保证金或者银行保函的，经营企业无须向海关提供保证金或者银行保函。

3. 不予备案外发加工的情形

经营企业、承揽企业的生产经营管理不符合海关监管要求的，申请外发的货物属于涉案货物且案件未审结的，海关特殊监管区域内、外企业均不得将禁止类商品外发进行实质性加工。“实质性加工”，参照海关关于非优惠原产地规则中实质性改变标准的规定执行。

4. 其他管理事项

经营企业开展外发加工业务，不得将加工贸易货物转卖给承揽企业。承揽企业不得将加工贸易货物再次外发其他企业进行加工。

经营企业和承揽企业应当共同接受海关监管。经营企业应当根据海关要求如实报告外发加工货物的发运、加工、单耗、存储等情况。

（三）加工贸易料件串换

1. 企业加工贸易料件串换申请

经营企业应向海关提交加工贸易料件串换的书面申请，详细说明加工出口产品急需的有关情况，随附相关出口合同，以及串换料件涉及的加工贸易手册，列明串换保税料件的品名、规格、数量的清单。

2. 海关加工贸易料件串换审核

料件串换仅限于进料加工，来料加工进口料件不得串换；料件串换应为同一经营企业、同一加工企业的保税料件和保税料件之间、保税料件和非保税料件之间，且必须同品种、同规格、同数量；串换应在加工贸易手册有效期或核销周期内，企业备案进口保税料件有余额且为加工出口产品急需，已核销的加工贸易手册不得申请串换。

经审核，企业申请符合相关规定的，海关予以批准串换；审核认为有必要进行下厂核查的，视具体核查结果决定是否批准串换。

3. 其他相关管理规定

企业加工贸易料件串换申请，海关实行一案一批；经营企业保税料件与非保税料件串换，串换下来同等数量的保税料件，经主管海关批准，由企业自行处置；海关发现企业未经海关批准，擅自串换不同手册间料件，或擅自以非保税料件串换、替代保税料件，涉嫌构成走私、违规行为的，移交缉私部门进行处理。

（四）加工贸易余料结转

加工贸易企业申报将剩余料件结转到另一个加工贸易合同使用，限同一经营企业、同一加工企业、同样进口料件和同一加工贸易方式。凡具备条件的，海关按规定核定单耗后，企业可以办理该合同剩余料件结转手续。加工贸易企业申报剩余料件结转有下列情形之一的，在缴纳不超过结转保税料件应缴纳税款金额的风险担保金后，海关予以办理：

1. 同一经营企业申报将剩余料件结转到另一加工企业的；
2. 剩余料件转出金额达到该加工贸易合同项下实际进口料件总额50%及以上的；
3. 剩余料件所属加工贸易合同办理两次及两次以上延期手续的。

剩余料件结转涉及不同主管海关的，在双方海关办理相关手续，并由转入地海关收取风险担保金。

上述所列须缴纳风险担保金的加工贸易企业有下列情形之一的，免于缴纳风险担保金：适用海关一般认证以上等级管理的；原企业发生搬迁、合并、分立、重组、改制、股权变更等法律规定的情形，且现企业继承原企业主要权利义务或者债权债务关系的，剩余料件结转不受同一经营企业、同一加工企业、同一贸易方式限制。

（五）加工贸易货物内销

加工贸易货物内销是指经营企业申请将加工贸易剩余料件或加工过程中的成品、半成品、残次品、边角料、副产品及受灾保税货物转为国内销售，不再加工复出口的行为。

加工贸易货物内销纳入全国通关一体化管理，内销货物属于许可证件或配额管理的，需提交相关证件。

1. 海关审定内销货物完税价格

（1）内销加工贸易货物的完税价格，由海关以该货物的成交价格为基础审查确定。

（2）进料加工进口料件或者其制成品（包括残次品）内销时，海关以料件原进口成交价格为基础审查确定完税价格。

属于料件分批进口，并且内销时不能确定料件原进口一一对应批次的，海关可按照同项号、同品名和同税号的原则，以其合同有效期内或电子账册核销周期内已进口料件的成交价格计算所得的加权平均价为基础审查确定完税价格。

合同有效期内或电子账册核销周期内已进口料件的成交价格加权平均价难以计算或者难以确定的，海关以客观可量化的当期进口料件成交价格的加权平均价为基础审查确定完税价格。

（3）来料加工进口料件或者其制成品（包括残次品）内销时，海关以接受内销申报的同时或者大约同时进口的与料件相同或者类似的保税货物的进口成交价格为基础审查确定完税价格。

（4）加工企业内销的加工过程中产生的边角料或者副产品，以其内销价格为基础审查确定完税价格。

副产品并非全部使用保税料件生产所得的，海关以保税料件在投入成本核算中所占比重计算结果为基础审查确定完税价格。

按照规定需要以残留价值征税的受灾保税货物，海关以其内销价格为基础审查确定完税价格。按照规定应折算成料件征税的，海关以各项保税料件占构成制成品（包括残次品）全部料件的价值比重计算结果为基础审查确定完税价格。

边角料、副产品和按照规定需要以残留价值征税的受灾保税货物经海关允许采用拍卖方式内销时，海关以其拍卖价格为基础审查确定完税价格。

（5）深加工结转货物内销时，海关以该结转货物的结转价格为基础审查确定完税价格。

（6）内销加工贸易货物的完税价格不能依据上述第（2）～（5）项规定确定的，海关依次以下列价格估定该货物的完税价格：

① 与该货物同时或者大约同时向我国境内销售的相同货物的成交价格。

② 与该货物同时或者大约同时向我国境内销售的类似货物的成交价格。

③ 与该货物进口的同时或者大约同时，将该进口货物、相同或者类似进口货物在第一级销售环节销售给无特殊关系买方最大销售总量的单位价格，但应当扣除以下项目：

A. 同等级或者同种类货物在我国境内第一级销售环节销售时通常的利润和一般费用及通常支付的佣金；

B. 进口货物运抵境内输入地点起卸后的运输及其相关费用、保险费；

C. 进口关税及国内税收。

④ 按照下列各项总和计算的价格：生产该货物所使用的料件成本和加工费用，向我国境内销售同等级或者同种类货物通常的利润和一般费用，该货物运抵境内输入地点起卸前的运输及其相关费用、保险费。

⑤ 以合理方法估定的价格。

纳税义务人向海关提供有关资料后，可以提出申请，颠倒前款第③项和第④项的适用次序。

2. 加工贸易边角废料内销网上公开拍卖

加工贸易边角废料内销网上公开拍卖，是指经海关允许，企业通过与海关联网的拍卖平台，委托具有法定资质的拍卖机构依法公开拍卖加工贸易边角废料，海关和相关主管部门共同对该交易行为实施管理。

边角废料，包括加工贸易边角料、副产品和按照规定需要以残留价值征税的受灾保税货物，以及海关特殊监管区域内企业保税加工过程中产生的边角料、废品、残次品和副产品等保税货物。

以网上公开拍卖方式内销的边角废料，海关以拍卖价格为基础审查确定完税价格。同一批边角废料流拍 3 次以上、每次拍卖公告期不少于 3 日，且其中 1 次为无保留价竞价的，企业可凭不再销售的书面承诺及有关流拍材料等资料，按规定直接向海关申请办理核销手续。

上海、南京、郑州、黄埔、重庆关区企业，可继续按原试点模式开展相关工作。

3. 缓税利息征收及利息率适用

加工贸易货物内销征收缓税利息，参照中国人民银行公布的活期存款利率执行，根据填发海关税款缴款书时海关总署公布的最新缓税利息率按日征收。计算公式：

应征缓税利息＝应征税额×计息期限×缓税利息率/360

加工贸易料件或制成品经批准内销的，缓税利息计息期限的起始日期为其对应的加工贸易合同项下首批料件进口之日；电子账册项下的料件或制成品内销时，起始日期为其对应电子账册的最近一次核销之日（若没有核销日期的，则为电子账册首批料件进口之日）。对上述货物征收缓税利息的终止日期为海关填发税款缴款书之日。

加工贸易料件或制成品未经批准擅自内销，违反海关监管规定的，缓税利息计息期限的起始日期为其对应的加工贸易合同项下首批料件进口之日；若内销涉及多本合同，且内销料件或制成品与合同无法一一对应的，则计息的起始日期为最近一本合同项下首批料件进口之日；若电子账册项下的料件或制成品擅自内销的，则计息的起始日期为其对应电子账册的最近一次核销之日（若没有核销日期的，则为电子账册的首批料件进口之日）。按照前述方法仍无法确定计息的起始日期的，则不再征收缓税利息。

违规内销计息的终止日期为保税料件或制成品内销之日。内销之日无法确定的，终止日期为海关发现之日。

加工贸易料件或制成品等违规内销的，还应征收滞纳金。

加工贸易货物需要进行后续补税，但海关未按违规处理的，缓税利息计息的起止日期比照上述规定办理。

加工贸易剩余料件、残次品、副产品和受灾保税货物等内销需征收缓税利息的，比照上述规定办理。

（六）加工贸易货物销毁处置管理

1. 办理销毁处置应提交的单证资料

企业应提交申报销毁处置的说明、企业与具备资质的销毁处置单位签订的委托合同、“海关加工贸易货物销毁处置申报表（销毁处置后有收入）”或“海关加工贸易货物销毁处置申报表（销毁处置后无收入）”及销毁处置方案。申报销毁处置来料加工货物的，应同时提交货物所有人的销毁声明；申报销毁处置残次品的，应同时提交残次品单耗资料及根据单耗折算的残次品所耗用的原进口料件清单。

2. 销毁处置货物的进口报关手续

经海关核准加工贸易货物销毁处置后，企业在手册有效期或电子账册核销周期内办理报关手续。报关单备注栏内注明“海关加工贸易货物销毁处置申报表”编号。

（1）企业销毁处置加工贸易货物未获得收入，销毁处置货物为料件、残次品的，报关适用监管方式为“料件销毁”（代码 0200，残次品按照单耗关系折成料件，以料件进行申报）；销毁处置货物为边角料、副产品的，报关适用监管方式为“边角料销毁”（代码 0400）。

（2）企业销毁处置加工贸易货物获得收入的，按销毁处置后的货物报验状态向海关申报，报关适用的监管方式为“进料边角料内销”（代码 0844）或“来料边角料内销”（代码 0845）。海关比照边角料内销征税的管理规定办理征税手续。

（七）加工贸易货物抵押

加工贸易货物抵押是指企业以加工贸易货物作为抵押担保，向金融或非金融机构取得贷款的行为。

加工贸易货物范围包括加工贸易料件、成品、半成品、残次品、边角料、副产品。

1. 管理规定

未经海关批准，加工贸易货物不得抵押。

有下列情形之一的，不予办理抵押手续：抵押影响正常生产开展的；货物涉及进出口许可证件管理的；属来料加工货物的；抵押期限超过手册有效期限的；抵押期限超过 1 年的；企业涉嫌走私、违规且已被海关立案调查、侦查，案件未审结的；企业因为管理混乱被海关限期整改的；以及海关认为不予批准的其他情形。

2. 加工贸易货物抵押审批流程

经营企业应向海关提交以下材料报经审核：正式书面申请，银行抵押贷款书面意向材料，以及海关认为必要的其他单证。经审核符合条件的，在企业缴纳应缴税款的海关事务担保后，海关准予其向境内银行办理抵押，并将抵押合同、贷款合同复印件留存海关备案。

（八）加工贸易不作价设备

加工贸易不作价设备是指与加工贸易经营企业开展加工贸易（包括来料加工、进料加工及外商投资企业履行产品出口合同）的境外厂商，免费（不需境内加工贸易经营企业付汇，也不需用加工费或差价偿还）向经营单位提供的加工生产所需设备。

1. 加工贸易不作价设备进口手册设立的申请

企业向主管海关申请进口加工贸易不作价设备时应提交以下资料：设备申请备案清单，合同（含不作价设备），有关不作价设备名称、规格型号、工作原理、功能、技术参数等技术资料，以及海关需要的其他资料。

2. 申请加工贸易不作价设备备案的条件

（1）需设有独立的专门从事加工贸易的工厂或车间，并且不作价设备仅限在该工厂或车间使用。

（2）企业以现有加工生产能力为基础开展加工贸易的项目，使用不作价设备的加工生产企业在加工贸易合同（协议）期限内，其每年加工产品必须是70%以上属出口产品。

（3）加工贸易合同（协议）中须列明不作价进口设备由外商免费提供，不需付汇进口，也不需用加工费或差价方式偿还。

（4）申请免税进口的不作价设备须不属于《外商投资项目不予免税的进口商品目录》及《进口不予免税的重大技术装备和产品目录》。

（5）对临时进口（期限在半年以内）加工贸易生产所需不作价设备（限模具、单台设备），海关按暂时进口货物办理，逾期补征税款。

3. 海关审核

经海关审核，企业的申请符合条件的，核发不作价设备登记手册（D）。经营单位凭以向海关办理设备报关进口手续，海关予以免征关税验放。

4. 加工贸易不作价设备结转

加工贸易企业因搬迁办理不作价设备结转业务，应向迁出地海关提出申请。企业凭“加工贸易企业搬迁申请简表”或“加工贸易企业搬迁申请表”在迁出地海关办理不作价设备转入、转出的报关手续。不作价设备在迁出、迁入企业之间的转出、转入，视同原企业不作价设备进行监管。结转的不作价设备的监管期限连续计算。

5. 加工贸易不作价设备解除监管

不作价设备监管期限5年期满后，设备留在原企业继续使用的，企业向海关提交解除监管的书面申请，海关核准后办理解除监管手续。企业免于办理机电产品进口证件。

不作价设备监管期内，企业申请提前解除监管的，办理进口办理报关纳税手续，按规定提交进口许可证件。

（九）国际服务外包

国际服务外包是指关境内设立的服务外包企业，在国家法律的允许范围内，承接由关境外客户外包的服务业务，主要包括信息技术外包服务、业务流程外包服务和知识流程外包服务三大类。

国家服务外包示范地区企业，经审定应符合国家财政部等五部委《关于技术先进型服务企业有关税收政策问题的通知》规定的技术先进型服务企业，从事的服务外包业务是指该通知附件《技术先进型服务业务认定范围（试行）》项下的国际服务业务。

1. 服务外包的进口货物范围

海关对信用类别为一般信用及以上的服务外包企业从事国际服务外包业务的进口货物实施保税监管，国家不予减免税的商品除外。

纳入保税监管的国际服务外包业务进口货物是指服务外包企业履行国际服务外包合同，由国际服务外包业务境外发包方免费提供的进口设备。

2. 服务外包企业向主管海关办理备案

服务外包企业的技术先进型服务企业资质证明、企业法人营业执照、与境外发包方签订的国际服务外包合同及合同所附的设备清单，以及海关需要的其他单证。

主管海关受理备案申请后，经审核符合要求的予以核发手册。海关暂用加工贸易设备手册（手册编号首位为D）模式管理。手册以合同为单元进行监管。手册有效期为1年，如需延期的，企业应在到期前30天内提出申请，海关审核后同意的，每次延期不超过1年，最长不能超过服务外包合同期限。

3. 外包进口货物管理

外包进口货物在外包业务的合同执行完毕后应退运出境。外包进口货物如销往国内或到期不退运境外的，按规定办理进口征税手续，涉及许可证件管理的须提供许可证件。

服务外包企业不再具备技术先进型服务企业资质的，新手册不予备案，已备案手册不予延期，已备案未进口的货物不予保税进口。服务外包企业的信用等级降为失信企业的，手册不予延期，已备案未进口的货物不再予以保税进口，已进口的货物，海关征收全额风险担保金。

海关特殊监管区域内企业从境外进口用于本规定的外包业务的设备，海关按照现行特殊监管区域有关规定办理。

手册到期后，服务外包企业应在30天内向海关申请核销。

（十）保税维修

保税维修，即企业以保税方式将存在部件损坏、功能失效、质量缺陷等问题的货物或运输工具（以下统称"待维修货物"）从境外运入境内进行检测、维修后复运出境。

除国家特别规定准许外，企业不得开展国家禁止进出口货物的保税维修业务，不得通过保税维修方式开展拆解、报废等业务。

1. 验核评估

开展保税维修业务的企业应具备以下条件：海关认定的企业信用状况为一般信用及以上；企业具备开展该项业务所需的场所和设备，并对各类保税货物进行专门管理；具备符合海关监管要求的管理制度和计算机管理系统，实现对维修耗用等信息的全程跟踪，并按照海关要求进行申报；符合海关监管所需的其他条件。

2. 提交材料

开展保税维修业务情况说明；对外签订的维修合同；品牌所有人或代理人对维修业务的授权文件。

属于国务院和国家有关部门个案批准同意开展的保税维修项目，还应提交相应的批准文件。

3. 保税维修专用账（手）册监管

建立待维修货物、已维修货物、无法维修货物、维修用料件等信息的电子底账。维修用料件适用保税方式进口的，企业应实施以维修工单为基础的据实核销。保税维修专用账（手）册备案商品不纳入加工贸易禁止类商品目录管理。保税维修账（手）册核销周期按海关监管要求和企业生产实际确定。

4. 电子账（手）册填报规则

表头"监管方式"填报"保税维修（1371）"，"保税方式"填报"保税维修（5）"，账册周转金额根据企业自身实际生产能力和合同情况自行确定填报。

备案成品填报"货物品名（已修复）"和"货物品名（无法修复）"。

备案料件填报"货物品名（待修复）"和"维修用保税料件"，其中"维修用保税料件"按照货物品名据实填报。

5. 保税维修货物进出口申报

备案料件"货物品名（待修复）"、备案成品"货物品名（已修复）"和"货物品名（无法修复）”均按照“保税维修（1371）”监管方式申报。

采用保税方式进口的“维修用料件”按对应的“进料加工（0615）”或“来料加工（0214）”监管方式申报；需复运出境的按对应的“进料料件复出（0664）”或“来料料件复出（0265）”监管方式申报出口；需结转使用的，按对应的“进料余料结转（0657）”或“来料余料结转（0258）”监管方式申报。

维修替换下的旧件、坏件、维修产生的边角料按实际报验状态采用“进料边角料复出（0864）”或“来料边角料复出（0865）”申报，统一按对应备案料件的项号复运出境；无法对应备案料件项号或采用非保税方式进口“维修用料件”的，统一按对应备案待维修货物的项号填报复运出境。

6. 复运出境

开展保税维修业务的待维修货物、已维修货物、无法修复货物、维修过程中产生的边角料、替换下的旧件及坏件，原则上应全部复运出境。确实无法复运出境的，不得内销，企业应当按照加工贸易货物销毁处置相关规定进行处置。其中属于固体废物的，企业应当按照相关规定交由有资质的企业进行处置。

五、以企业为单元加工贸易监管模式

（一）含义

以企业为单元加工贸易监管模式，是指海关实施的以企业（生产型）为单元，以账册为主线，以与企业物料编码对应的海关商品编号（料号）或经企业自主归并后形成的海关商品编号（项号）为基础，周转量控制，定期核销的加工贸易监管模式。

（二）管理规定

业务范围包括账册设立（变更）、进出口、外发加工、深加工结转、内销、剩余料件结转、核报和核销等。

1. 账册设立

企业可根据行业特点、生产规模、管理水平等因素选择以料号或项号设立账册；账册最大进口量为其申报的企业经营状况和生产能力证明所载生产能力，即进口料件对应金额。

2. 核销周期

企业可以根据生产周期，自主选择合理核销周期，并按照现有规定确定单耗申报环节，自主选择单耗申报时间。

3. 外发加工

不再报送收发货清单，同时应保存相关资料、记录备查。

4. 集中内销

每月15日前对上月发生的内销保税货物集中办理纳税手续，但不得跨年。

5. 深加工结转

每月15日前对上月深加工结转情况进行集中申报，不再报送收发货记录，同时应保存相关资料、记录备查。

6. 剩余料件结转

核报前，将实际库存折料转入新账册。

（三）核销业务管理

在核销周期内，企业采用自主核报方式向海关办理核销手续，其中，对核销周期超过1年的，企业应进行年度申报。

1. 自主核报

自主核报指企业自主核定保税进口料件的耗用量并向海关如实申报的行为。企业可采用单耗、耗料清单和工单等保税进口料件耗用的核算方式，向海关申报当期核算结果，办理核销手续。

2. 年度申报

对核销周期超过1年的企业，每年至少向海关申报1次保税料件耗用量等账册数据。年度申报数据的累加作为本核销周期保税料件耗用总量。在账册核销周期结束前，企业对本核销周期内因突发情况和内部自查自控中发现的问题，主动向海关补充申报，并提供及时控制或整改措施的，海关对企业的申报进行集中处置。

第六节　海关监管货物分类（3）：减免税货物

本节重点介绍减免税项目备案、减免税审批、减免税货物通关和减免税货物在监管年限内接受海关监管等相关规定。

一、减免税管理概述

减免税制度是根据法律、法规和国家进出口税收优惠政策的规定，针对规定范围内的进出口货物予以减征或者免征关税、进口环节税的税收制度。

根据我国《海关法》规定，关税减免分为法定减免税、特定减免税和临时减免税。特定减免税和临时减免税都属于政策性减免税范围，两者并无明显的区别。

法定减免税是指依据《海关法》《关税条例》，以及其他法律、法规所实施的减免税，除外国政府、国际组织无偿赠送的物资外，其他法定减免税货物一般无须办理减免税审批手续。特定减免税是针对特定地区、特定企业或者有特定用途的进出口货物，给予减免进出口税收的优惠政策。

二、减免税主体认定

（一）免税主体的范围

1. 经核定的国务院部委、直属机构和各省、自治区、直辖市、计划单列市（以下简称省区市）所属从事科学研究工作的各类科研院所。

2. 国家承认学历的实施专科及以上高等学历教育的高等学校。

3. 经认定的国家企业技术中心。

4. 具备免税资格的科技类民办非企业单位。

5. 具备免税资格的新增国家中小企业公共服务示范平台（技术类）。

6. 具备免税资格的外资研发中心。

7. 具备免税资格的科技体制改革过程中转制为企业和进入企业主要从事科学研究和

技术开发工作的机构、国家重点实验室、企业国家重点实验室、国家工程技术研究中心。

8. 具备免税资格的国家工程研究中心。

9. 具备免税资格的出版物进口单位为：中国图书进出口（集团）总公司及其具有独立法人资格的子公司、中国经济图书进出口公司、中国教育图书进出口公司、北京中科进出口有限责任公司、中国科技资料进出口总公司和中国国际图书贸易集团有限公司。

（二）减免税资格审核确认

1. 科研机构、技术开发机构和学校，以及出版物进口单位进口《进口科学研究、科技开发和教学用品免税清单》（以下简称《免税清单》）所列用品的减免税审核确认手续，由其所在地主管海关办理。

对属于非独立法人的国家企业技术中心、外资研发中心、转制科研机构、国家重点实验室、企业国家重点实验室、国家工程技术研究中心和国家工程研究中心，由其所在企业或所依托的企业（单位）向主管海关申请办理减免税审核确认手续，同时在申请表备注栏注明非独立法人单位名称。

2. 科研机构、技术开发机构和学校的免税资格审核：

（1）对科研院所，属海关总署转发的或省区市科技主管部门函告直属海关的科研院所名单范围，验核中央编制部门或主管部门批准成立的文件和《事业单位法人证书》。

（2）对高等学校，属教育部公布的高等学校名单范围，验核与其单位性质相对应的《事业单位法人证书》、《民办非企业单位登记证书》或《营业执照》复印件。

（3）对国家企业技术中心，属有关部门联合发布的或通报各直属海关的有关国家企业技术中心名单范围，验核其《营业执照》复印件（独立法人的）或其所在企业《营业执照》复印件（非独立法人的）。

（4）对科技类民办非企业单位，属有关部门联合函告直属海关的，具备免税资格的科技类民办非企业单位名单或被撤销免税资格的名单范围，验核其免税资格证书和《民办非企业单位登记证书》。

（5）对示范平台，属国家部委联合公布的和海关总署转发工信部通报的示范平台名单范围，验核与其单位性质相对应的《营业执照》复印件、《事业单位法人证书》、《民办非企业单位登记证书》或《社会团体法人登记证书》。

（6）对外资研发中心，属审核部门公告的和函告直属海关的外资研发中心名单范围，验核其《营业执照》复印件（独立法人的）或其所在企业的《营业执照》复印件（非独立法人的）。

（7）对转制科研机构、国家重点实验室、企业国家重点实验室、国家工程技术研究中心和国家工程研究中心，免税进口管理办法另行规定。

3. 主管海关审核确认科研机构、技术开发机构和学校的免税资格后，对其申请免税进口的有关用品，符合《免税清单》所列商品和税号范围的，予以免税确认。

4. 主管海关在对6家出版物进口单位申请免税进口图书审核时，验核其《营业执照》复印件和免税进口商品销售对象属于下列单位的承诺书：科技部核定的科研院所、各省区市科技主管部门核定的科研院所、教育部核定的高等学校。

对出版物进口单位申请免税进口用品符合《免税清单》第五条所列商品和税号范围的，主管海关审核后予以免税确认。

三、减免税申请与办理

（一）减免税申请

申请人首次办理进口减免税手续时，一并向海关提交主体资格、免税额度（数量）、项目资质等情况（简称“政策项目信息”）的备案手续，也可在办理减免税手续前，先期提交政策项目信息，海关审核确认。

1. 申请人首次填报政策项目信息时，对征免性质为“789”的，应将《国家鼓励发展的内外资项目确认书》（简称《项目确认书》）中编号填入减免税申请表；无《项目确认书》的，将主管海关提供的项目编号填入。

其他征免性质的政策项目编号由系统自动生成。编号规则为4位关区代码+4位年份+3位征免性质代码+4位流水号，其中4位流水号为全国海关统一的流水号。

2. 申请人为同一政策或项目进口货物办理减免税手续时，应将该政策项目信息编号填入所有申请表中。

3. 对于同时提交政策项目信息和进口货物信息的申请表，先将涉及政策项目信息的电子数据发送主管海关审核，审核通过后，再将进口货物信息的电子数据发送主管海关审核。主管海关认为政策项目信息不符合规定的，一并做退单处理。

（二）减免税申请的办理

除海关总署有明确规定外，减免税申请人可自主选择“无纸申报”或者“有纸申报”方式向海关提交减免税申请。选择“无纸申报”方式的，申请人应将填报的减免税申请表及随附单证电子数据上传；选择“有纸申报”方式的，仍按现行规定办理。上传随附单证有以下几种：

1. 申请人主体资格、免税额度（数量）及进口商业发票等，全文上传。

2. 进口合同的基本信息，进口货物的名称、规格型号、技术参数、单价及总价、生产国别，商品清单，运输方式及付款条件，价格组成条款，双方签字等内容页面应当上传。

上传进口合同的PDF格式文件，同时上传纸质合同的第一页和所有签章页。进口合同为外文的，应同时上传合同关键条款翻译成中文的、加盖申请人签章的译文。

3. 进口货物相关技术资料和说明文件。

办理境外慈善捐赠物资减免税应提交以下材料：境外捐赠函（正本）、由受赠人出具的“受赠人接受境外慈善捐赠物资进口证明”及《捐赠物资分配使用清单》（均为正本）、国家社会组织管理局出具的符合受赠条件的证明文件（正本）。

海关在办理已凭税款担保先予放行的、投资总额在5000万元及以上的内资鼓励类项目下进口自用设备减免税手续时，依据国家发展改革委复函及所附“项目信息汇总表”和项目单位提交的其他相关材料，按规定进行减免税审核确认。

（三）纸质单证核查

主管海关定期对申请人保存的纸质单证原件进行核查；发现申请人未按规定对纸质单证管理的，应当限期整改，整改达不到要求或有遗失、伪造、变造相关单证档案等情形的，暂停申请人“无纸申报”资格。

四、减免税货物通关

（一）凭"征免税证明"通关

进口货物申报时，减免税申请人应按规定将"征免税证明"编号填写在进口货物报关单"备案号"栏目中。"征免税证明"编号可通过中国电子口岸减免税申报系统查询。

减免税申请人应当在"征免税证明"有效期内办理有关货物通关手续。不能在有效期内办理，需要延期的，应当在"征免税证明"有效期内向海关提出延期申请。"征免税证明"可以延期一次，延期时间自有效期届满之日起算，延长期限不得超过6个月。海关总署批准的特殊情况除外。

（二）凭税款担保证明通关

对于下列情形，有关单位申请办理进口《免税清单》内有关用品的凭税款担保放行手续的，主管海关按有关规定办理：

1. 新批准成立的高等学校，在教育部公布其名单前；教育部公布名单内高等学校发生分立、合并、更名（以下统称变更）等情形，持凭教育部或者省级政府的批准文件，向主管海关提出申请的；

2. 新批准成立的科研院所，在海关总署转发科技部函告，或省区市科技主管部门函告直属海关其名单前；已经核定的科研院所，发生变更的，在有关部门变更确认函告海关前，持凭主管部门批准成立的文件、"事业单位法人证书"及相关材料，向主管海关提出申请的；

3. 经认定的国家企业技术中心，自其所在企业发生更名、重组等变更之日起，至国家相关部门确认变更结果并通报直属海关前，向主管海关提出申请的；

4. 具备免税资格的科技民办非企业单位，发生变更的，在相关部门确认其变更结果并函告直属海关前，向主管海关提出申请的；

5. 具备免税资格的示范平台发生更名，在相关部门确认变更结果前；以及具备免税资格的示范平台，自相关部门联合公布其名单之日起满2年，至联合公布其免税资格复审结果名单前，向主管海关提出申请的；

6. 具备免税资格的外资研发中心，发生更名或其所在企业发生变更的，在审核部门确认其变更结果并函告直属海关前；以及具备免税资格的外资研发中心，自审核部门公告名单之日起，或函告直属海关免税资格复审结果名单之日起满2年，至审核部门函告直属海关新的免税资格复审结果名单前，向主管海关提出申请的；

7. 在国家有关部门制定出台相关免税进口管理办法和明确转制科研机构名单前，属于国家有关部门确认的名单范围内的转制科研机构向主管海关提出申请的；

8. 在海关总署转发科技部函告，或省区市科技主管部门函告直属海关的新批准成立科研院所名单前，以及在教育部公布或函告新批准成立高等学校名单前，出版物进口单位为上述新批准成立单位进口《免税清单》第五条所列有关用品，向主管海关提出申请的。

减免税申请人需要办理税款担保手续的，应当在货物申报进口前向主管海关提出申请，并按照有关税收优惠政策的规定向海关提交相关材料。主管海关在受理申请之日起7个工作日内，作出是否准予担保的决定。进出口地海关凭主管海关出具的"准予担保证明"（联网核查电子信息），办理货物的税款担保和验放手续。国家对进出口货物有限制性规定，应当提供许可证件而不能提供的，以及法律、行政法规规定不得担保的其他情形，进出口地海关不予办理减免税货物凭税款担保放行手续。

（三）进口捐赠物资属贸易管制商品的凭证验放

进口捐赠物资按国家规定属于配额、特定登记和进口许可证管理的商品的，受赠人应当向有关部门申请配额、登记证明和进口许可证，进口地海关凭证验放。

五、减免税进口货物的后续管理

减免税货物监管年限：进口减免税船舶、飞机为 8 年，机动车辆为 6 年，其他货物为 3 年。监管年限自货物进口放行之日起计算。

（一）科学研究机构、技术开发机构和学校免税进口的用品，在海关监管年限内，未经海关审核同意，不得擅自转让、抵押、质押、移作他用或者进行其他处置。

（二）在海关监管年限内，经主管海关审核同意，科研机构、技术开发机构和学校可将免税进口用品用于其他单位的科研等活动，但一般不得移出本单位。确需移出的，需经海关审核同意，使用结束后应及时运回并向主管海关报告。

（三）医药类高等学校、科研机构为从事科学研究或教学活动，将免税进口的《免税清单》第十条所列有关医疗检测、分析仪器及附件，放置于其附属、所属医院临床使用的，应事先提出申请并经主管海关审核同意。减免税申请人应对上述货物进行登记管理，并在每年一季度向主管海关递交《减免税货物使用状况报告书》时，应同时提交 3 年内放置于相关医院临床使用情况的说明材料。

（四）有关出版物进口单位应在每年 3 月 31 日前，结合上一年度免税进口图书、资料的种类、进口额、销售流向、使用单位等情况进行自查，并将自查结果书面报告主管海关以备核查。

（五）经有关部门核定，取消免税资格、撤销资格，免税资格复审不合格或未申请复审的单位，在停止其享受政策之日（含）后，向海关申报进口并已享受政策的有关科研、科技开发和教学用品，应补缴相关税款。

第七节　海关监管货物分类（4）：暂时进出境货物

本节介绍暂时进出境货物的范围、特征，以及 ATA 单证册项下暂时进出境货物、暂时进出境展览品和非 ATA 单证册项下暂时进出境货物的通关等监管规定。

一、暂时进出境货物概述

（一）含义

暂时进出境货物是指经海关批准，暂时进出关境并且在规定的期限内复运出境、进境的货物。

（二）范围

暂时进出境货物分为：

1. 在展览会、交易会及类似活动中展示或者使用的货物；

2. 文化、体育交流活动中使用的表演、比赛用品；

3. 进行新闻报道或者摄制电影、电视节目使用的仪器、设备及用品；
4. 开展科研、教学、医疗活动使用的仪器、设备和用品；
5. 在前述第1~4项所列活动中使用的交通工具及特种车辆；
6. 货样；
7. 慈善活动使用的仪器、设备及用品；
8. 专业设备，供安装、调试、检测、修理设备时使用的仪器及工具；
9. 盛装货物的包装材料；
10. 旅游用自驾交通工具及其用品；
11. 工程施工中使用的设备、仪器及用品；
12. 测试用产品、设备、车辆；
13 海关总署批准的其他暂时进出境货物。

使用货物暂准进口单证册（以下称“ATA单证册”）暂时进境的货物限于我国加入的有关货物暂准进口的国际公约中规定的货物。

二、暂时进出境货物的监管

（一）性质确认

ATA单证册持证人、非ATA单证册项下暂时进出境货物收发货人可以在申报前向主管地海关提交《暂时进出境货物确认申请书》，申请对有关货物是否属于暂时进出境货物进行审核确认，并办理相关手续，也可以在申报环节直接向主管地海关办理暂时进出境货物的有关手续。

除另有规定外，暂时进出境货物免予交验许可证件。

（二）担保

ATA单证册项下暂时出境货物，由中国国际贸易促进委员会（中国国际商会）向海关总署提供总担保。除另有规定外，非ATA单证册项下暂时进出境货物收发货人应当按照有关规定向主管地海关提供担保。

（三）复运出境或者复运进境

暂时进出境货物应当在进出境之日起6个月内复运出境或者复运进境。

因特殊情况需要延长期限的，持证人、收发货人应当向主管地海关办理延期手续，延期最多不超过3次，每次延长期限不超过6个月。延长期届满应当复运出境、复运进境或者办理进出口手续。国家重点工程、国家科研项目使用的暂时进出境货物，以及参加展期在24个月以上展览会的展览品，延长期届满后仍需要延期的，由主管地直属海关批准。

暂时进出境货物收发货人在货物复运出境、复运进境后，应当向主管地海关办理结案手续。从境外暂时进境的货物（ATA单证册项下暂时进境货物除外）转入海关特殊监管区域和保税监管场所的，主管海关凭出口报关单对暂时进境货物予以核销结案。

暂时进出境货物需要进出口的，暂时进出境货物收发货人应当在货物复运出境、复运进境期限届满前向主管地海关办理进出口手续。

（四）受损、灭失的处置

暂时进出境货物因不可抗力的原因受损，无法原状复运出境、复运进境的，应当及时向主管地海关报告，可凭有关部门出具的证明材料办理复运出境、复运进境手续；因不可抗力的原因灭失的，经主管地海关核实后可以视为该货物已经复运出境、复运进境。

暂时进出境货物因不可抗力以外其他原因受损或者灭失的，持证人、收发货人应当按照货物进出口的有关规定办理海关手续。

三、暂时进出境展览品监管

（一）展览品范围

展览品具体包括展览会展示的货物，为了示范展览会展出机器或者器具所使用的货物，设置临时展台的建筑材料及装饰材料，宣传展示货物的电影片、幻灯片、录像带、录音带、说明书、广告、光盘、显示器材等，其他用于展览会展示的货物。

（二）备案

境内展览会的办展人及出境举办或者参加展览会的办展人、参展人（以下简称办展人、参展人）可以在展览品进境或者出境前向主管地海关报告，并且提交展览品清单和展览会证明材料，也可以在展览品进境或者出境时，向主管地海关提交上述材料，办理有关手续。

对于申请海关派员监管的境内展览会，办展人、参展人应当在展览品进境前向主管地海关提交有关材料，办理海关手续。

（三）担保

海关派员进驻展览场所的，经主管地海关同意，展览会办展人可以就参展的展览品免予向海关提交担保。未向海关提供担保的进境展览品在非展出期间应当存放在海关监管作业场所。因特殊原因需要移出的，应当经主管地海关同意，并且提供相应担保。

（四）转关

展览会需要在我国境内两个或者两个以上关区内举办的，对于没有向海关提供全程担保的进境展览品应当按照规定办理转关手续。

（五）展览用品征免税

下列在境内展览会期间供消耗、散发的用品，由海关对其数量和总值进行核定，在合理范围内的，按照有关规定免征进口关税和进口环节税：小件样品，包括原装进口的或者在展览期间用进口的散装原料制成的食品或者饮料的样品，为展出的机器或者器件进行操作示范被消耗或者损坏的物料；布置、装饰临时展台消耗的低值货物；展览期间免费向观众散发的有关宣传品；供展览会使用的档案、表格及其他文件。

展览用品中的酒精饮料、烟草制品及燃料不适用有关免税的规定。

四、ATA单证册的海关管理

使用ATA单证册暂时进境的货物限于我国加入的有关货物暂准进口的国际公约中规定的货物。

（一）ATA单证册概述

ATA单证册（ATA是法文“暂准进口”Admission Temporaire和英文“暂准进口”Temporary Admission的字母组合），即暂准进口货物单证册，是指世界海关组织通过的《关于货物暂准进口的ATA单证册海关公约》（简称《ATA公约》）和《货物暂准进口公约》（简称《伊斯坦布尔公约》）中规定的用于替代各缔约方海关暂准进出境货物报关单和税费担保的国际性通关文件，为国际贸易中暂时进出境货物的通关提供便利。

（二）ATA 单证册适用范围、出证及管理机构

在我国，ATA 单证册的适用范围仅限于展览会、交易会、会议及类似活动项下的暂时进出境货物，并且只接受用中文或者英文填写的 ATA 单证册。

中国国际商会是我国 ATA 单证册的出证和担保机构，负责签发出境 ATA 单证册，向海关报送所签发单证册的中文电子文本，协助海关确认 ATA 单证册的真伪，并且向海关承担 ATA 单证册持证人因违反暂时进出境规定而产生的相关税费、罚款。

海关总署在北京海关设立 ATA 核销中心，对 ATA 单证册的进出境凭证进行核销、统计及追索，应成员方担保人的要求，依据有关原始凭证，提供 ATA 单证册项下暂时进出境货物已经进境或者从我国复运出境的证明，并对全国海关 ATA 单证册的核销业务进行协调和管理。

（三）ATA 单证册续签

ATA 单证册项下暂时进出境货物的进出境期限与单证册有效期一致。在境内外停留期限超过 ATA 单证册有效期的，ATA 单证册持证人应当向原出证机构续签 ATA 单证册。续签的 ATA 单证册只能变更单证册有效期限和单证册编号，经主管地海关确认后可以替代原 ATA 单证册。

（四）追索

ATA 单证册项下暂时进境货物未能按照规定复运出境或者过境的，ATA 核销中心向中国国际商会提出追索。自提出追索之日起 9 个月内，中国国际商会向海关提供货物已经在规定期限内复运出境或者已经办理进口手续证明的，ATA 核销中心可以撤销追索。9 个月期满后未能提供上述证明的，中国国际商会应当向海关支付税款和罚款。

ATA 单证册项下暂时进境货物复运出境时，因故未经我国海关核销、签注的，ATA 核销中心凭由另一缔约方海关在 ATA 单证上签注的该批货物从该国（地区）进境或者复运进境的证明，或者我国海关认可的能够证明该批货物已经实际离开我国境内的其他文件，作为已经从我国复运出境的证明，对 ATA 单证册予以核销。

第八节 海关监管货物分类（5）：其他进出口货物

本节介绍租赁货物，无代价抵偿货物，进出境修理货物，溢卸误卸货物，退运货物，退关货物，超期未报关货物，过境、转运、通运货物和进出境快件的通关等管理规定。

一、市场采购

（一）含义及范围

市场采购贸易方式（代码 1039）是指由符合条件的经营者在经国家商务主管等部门认定的市场集聚区内采购的，单票报关单商品货值 15 万（含 15 万）美元以下，并在采购地办理出口商品通关手续的贸易方式。

以下出口商品不适用市场采购贸易方式：国家禁止、限制出口的商品，未在经认定的市场聚集区内采购的商品，未经市场采购商品认定体系确认的商品，使用现金结算的商品，贸易管制主管部门确定的不适用市场采购贸易方式的商品。

（二）管理规定

地方政府应当将经国家商务主管等部门认定的市场集聚区范围及其商品城、专业市场和专业街名称及地址对外公告，同时向海关备案。

从事市场采购贸易的对外贸易经营者，在向市场所在地商务主管部门办理市场采购贸易经营者备案登记后，在海关注册登记。经营者对其代理出口商品的真实性、合法性承担责任，负责对代理出口商品信息在市场采购商品认定体系中进行录入，并通过认定体系提交商户予以确认。

经市场采购商品认定体系确认的商品信息应当通过市场采购贸易综合管理系统与海关实现数据联网共享，海关依托市场采购贸易综合管理系统，对市场采购贸易出口商品实施监管。

（三）海关监管

1. 申报基本要求

申报时在报关单中填写对外贸易经营者单位名称外，需一并在“备注栏”填写采购人的身份信息（姓名、国籍和身份证或护照号码）。申报时一并提交完整的装箱清单、商户与采购人进行商品交易的原始单据、采购人身份证件复印件等纸质单证或电子数据信息。

2. 简化申报

每票报关单随附的商品清单所列品种在10种以上的可实行简化申报，对符合规定的商品，以《税则》中“章”为单位进行归并，每“章”按价值最大商品的税号作为归并后的税号，价值、数量等也相应归并。

有下列情形之一的商品不适用简化申报：属于出口货物，须海关实施查验检疫管理的；需征收出口关税的。

适用简化申报措施的商品，向海关申报时应当提交市场采购贸易出口商品清单。

市场采购贸易海关监管办法具体实施细则由试点地区直属海关负责制定、公告并组织实施。

二、租赁货物

（一）含义

租赁是指资产所有者（出租人）按契约规定，将物件出租给使用人（承租人），使用人在规定期限内支付租金并享有物件使用权的一种经济行为。跨越国（地区）境的租赁就是国际租赁，以国际租赁方式进出境的货物，即为租赁进出口货物。

（二）分类

国际租赁大体上有两种：一种是融资租赁，带有融资性质；另一种是经营租赁，带有服务性质。因此，租赁进口货物包含融资租赁进口货物和经营租赁进口货物两类。

融资租赁进口货物一般不复运出境，租赁期满，以较低的名义价格转让给承租人，承租人按合同规定分期支付租金，租金的总额一般都大于货价；经营租赁进口货物一般是暂时性的，按合同规定期限复运出境，承租人按合同规定支付租金，租金总额一般小于货价。

（三）管理规定

1. 证件管理

租赁贸易进出口货物实行许可证件管理的，海关凭许可证件验放。以租赁贸易方式进口属于自动进口许可的机电产品的，应当交验“自动进口许可证”；租赁出口后复运进境属于自动进口许可机电产品的，免予交验“自动进口许可证”。

2. 申报及缴税程序

根据《中华人民共和国进出口关税条例》的规定，租赁进口货物的纳税义务人对租赁进口货物应当按照海关审查确定的租金作为完税价格缴纳进口税款，租金分期支付的可以选择一次性缴纳税款或者分期缴纳税款。

（1）融资租赁进口货物的报关程序

融资租赁进口货物纳税义务人可申请一次性缴纳税款。在确定货物完税价格时，可选择按照海关审查确定的租金总额作为完税价格，也可与海关进行价格磋商，依次采用相同货物成交价格法、类似货物成交价格法、倒扣价格法、计算价格法、合理方法确定完税价格。收货人或其代理人在货物进口时应当向海关提供租赁合同，提供相关的进口许可证件和其他单证，按海关审查确定的货物完税价格计算税款数额，缴纳进口关税和进口环节海关代征税。

融资租赁进口货物纳税义务人也可申请按租金分期缴纳税款。在租赁货物进口时向海关提供租赁合同，按照第一期应当支付的租金和按照货物的实际价格分别填制报关单向海关申报，提供相关的进口许可证件和其他单证，按海关审查确定的第一期租金的完税价格计算税款数额，缴纳进口关税和进口环节海关代征税，海关按照货物的实际价格统计。海关现场放行后，对货物继续进行监管。纳税义务人在每次支付租金后的 15 日内（含第 15 日）按支付租金额向海关申报，并缴纳相应的进口关税和进口环节海关代征税，直到最后一期租金支付完毕。

需要后续监管的融资租赁进口货物租期届满之日起 30 日内，纳税义务人应当申请办结海关手续，将租赁进口货物退运出境，如不退运出境，以残值转让，则应当按照转让的价格审查确定完税价格计征进口关税和进口环节海关代征税。

（2）经营租赁进口货物的报关程序

经营租赁进口货物由于租金小于货价，货物在租赁期满应当返还出境，纳税义务人只会选择按租金缴纳税款，不会选择按货物的实际价格缴纳税款。因此，经营租赁进口货物的报关程序只有下面这一种：

收货人或其代理人在租赁货物进口时应当向海关提供租赁合同，按照第一期应当支付的租金或者租金总额和按照货物的实际价格分别填制报关单向海关申报，提供相关的进口许可证件和其他报关单证，按海关审查确定的第一期租金或租金总额的完税价格计算税款数额，缴纳进口关税和进口环节海关代征税，海关按照货物的实际价格统计。

海关现场放行后，对货物继续进行监管。分期缴纳税款的，纳税义务人在每次支付租金后的 15 日内（含第 15 日）按支付租金额向海关申报，提供报关单证，并缴纳相应的进口关税和进口环节海关代征税，直到最后一期租金支付完毕。

3. 后续管理

对分期缴税的租赁进口货物，海关现场放行后，对货物继续进行监管。纳税义务人需在每次支付租金后的15日内（含第15日）按支付租金额向海关申报，并缴纳相应的进口关税和进口环节海关代征税，直到最后一期租金支付完毕。

分期缴税租赁进口货物应在租期届满之日起30日内，向海关申请办结退运出境、留购、续租等手续。

对申报进口监管方式为“1500”（租赁不满一年）、“1523”（租赁贸易）、“9800”（租赁征税）的进口租赁飞机（税则品目：8802）的增值税，由税务机关按照现行政策征收。

三、无代价抵偿货物

（一）概述

1. 含义

无代价抵偿货物是指进出口货物在海关放行后，因残损、短少、品质不良或者规格不符，由进出口货物收发货人、承运人或者保险公司免费补偿或者更换的与原货物相同或者与合同规定相符的货物。

收发货人申报进出口的无代价抵偿货物，与退运出境或者退运进境的原货物不完全相同或者与合同规定不完全相符的，经收发货人说明理由，海关审核认为理由正当且税则号列未发生改变的，仍属于无代价抵偿货物范围。

收发货人申报进出口的免费补偿或者更换的货物，其税则号列与原进出口货物的税则号列不一致的，不属于无代价抵偿货物范围，属于一般进出口货物范围。

2. 特征

无代价抵偿货物海关监管的基本特征如下：

（1）进出口无代价抵偿货物免予交验进出口许可证件。

（2）进口无代价抵偿货物，不征收进口关税和进口环节海关代征税；出口无代价抵偿货物，不征收出口关税。但是，进出口与原货物或合同规定不完全相符的无代价抵偿货物，应当按规定计算与原进出口货物的税款差额，高出原征收税款数额的应当征收超出部分的税款；低于原征收税款，原进出口货物的发货人、承运人或者保险公司同时补偿货款的，应当退还补偿货款部分的税款，未补偿货款的，不予退还。

（二）程序

1. 残损、品质不良或规格不符引起的无代价抵偿货物进出口海关手续

残损、品质不良或规格不符引起的无代价抵偿货物，进出口前应当先办理被更换的原进出口货物中残损、品质不良或规格不符货物的有关海关手续。

（1）原进口货物退运出境及原出口货物退运进境

原进口货物的收货人或其代理人应当办理被更换的原进口货物中残损、品质不良或规格不符货物的退运出境的报关手续。被更换的原进口货物退运出境时不征收出口关税。

原出口货物的发货人或其代理人应当办理被更换的原出口货物中残损、品质不良或规格不符货物的退运进境的报关手续。被更换的原出口货物退运进境时不征收进口关税和进口环节海关代征税。

（2）原进口货物不退运出境，放弃交由海关处理

被更换的原进口货物中残损、品质不良或规格不符货物不退运出境，但原进口货物的

收货人愿意放弃，交由海关处理的，海关应当依法处理并向收货人提供依据，凭以申报进口无代价抵偿货物。

(3) 原进口货物不退运出境也不放弃及原出口货物不退运进境

被更换的原进口货物中残损、品质不良或规格不符货物不退运出境且不放弃交由海关处理的，原进口货物的收货人应当按照海关接受无代价抵偿货物申报进口之日适用的有关规定申报进口，并按照海关对原进口货物重新估定的价格计算的税额缴纳进口关税和进口环节海关代征税，属于许可证件管理的商品还应当交验相应的许可证件。

被更换的原出口货物中残损、品质不良或规格不符的货物不退运进境，原出口货物的发货人应当按照海关接受无代价抵偿货物申报出口之日适用的有关规定申报出口，并按照海关对原出口货物重新估定的价格计算的税额缴纳出口关税，属于许可证件管理的商品还应当交验相应的许可证件。

2. 向海关申报办理无代价抵偿货物进出口手续的期限

向海关申报进出口无代价抵偿货物应当在原进出口合同规定的索赔期内，而且不超过原货物进出口之日起 3 年。

3. 无代价抵偿货物报关应当提供的单证

收发货人向海关申报无代价抵偿货物进出口时除应当填制报关单和提供基本单证外，还应当提供其他特殊单证。

(1) 进口申报需要提交的特殊单证：原进口货物报关单；原进口货物退运出境的出口货物报关单，或者原进口货物交由海关处理的货物放弃处理证明，或者已经办理纳税手续的单证（短少抵偿的除外）；原进口货物税款缴纳书或者进出口货物“征免税证明”；买卖双方签订的索赔协议。海关认为需要时，纳税义务人还应当提交具有资质的商品检验机构出具的原进口货物残损、短少、品质不良或者规格不符的检验证明书或者其他有关证明文件。

(2) 出口申报需要提交的特殊单证：原出口货物报关单；原出口货物退运进境的进口货物报关单，或者已经办理纳税手续的单证（短少抵偿的除外）；原出口货物税款缴纳书；买卖双方签订的索赔协议。海关认为需要时，纳税义务人还应当提交具有资质的商品检验机构出具的原出口货物残损、短少、品质不良或者规格不符的检验证明书或者其他有关证明文件。

四、进出境修理货物

(一) 概述

1. 含义

进境修理货物是指运进境进行维护修理后复运出境的机械器具、运输工具或者其他货物，以及为维修这些货物需要进口的原材料、零部件。出境修理货物是指运出境进行维护修理后复运进境的机械器具、运输工具或者其他货物，以及为维修这些货物需要出口的原材料、零部件。

进境修理包括原出口货物运进境修理和其他货物运进境修理。出境修理包括原进口货物运出境修理和其他货物运出境修理。

原进口货物出境修理包括原进口货物在保修期内运出境修理和原进口货物在保修期外

运出境修理。

2. 海关监管特征

（1）进境维修货物免予缴纳进口关税和进口环节海关代征税，但要向海关提供担保，并接受海关后续监管。

（2）出境修理货物进境时，在保修期内并由境外免费维修的，可以免征进口关税和进口环节海关代征税；在保修期外或者在保修期内境外收取维修费用的，应当按照境外修理费和材料费审定完税价格计征进口关税和进口环节海关代征税。

（3）进出境修理货物免予交验许可证件。

（二）程序

1. 进境修理货物

货物进境后，收货人或其代理人持维修合同或者含有保修条款的原出口合同及申报进口需要的所有单证办理货物进口申报手续，并提供进口税款担保。

进境修理货物需要进口原材料、零部件的，纳税义务人在办理原材料、零部件进口申报手续时，应当向海关提交进境修理货物的维修合同（或者含有保修条款的原出口合同）、进境修理货物的进口报关单（与进境修理货物同时申报进口的除外），并向海关提供进口税款担保或者由海关按照保税货物实施管理。进口原材料、零部件只限用于进境修理货物的修理，修理剩余的原材料、零部件应当随进境修理货物一同复运出境。

货物进境后在境内维修的期限为进境之日起6个月，可以申请延长，延长的期限最长不超过6个月。在境内维修期间受海关监管。

纳税义务人在办理进境修理货物及剩余进境原材料、零部件复运出境的出口申报手续时，应当向海关提交该货物及进境原材料、零部件的原进口报关单和维修合同（或者含有保修条款的原出口合同）等单证。海关凭此办理解除修理货物及原材料、零部件进境时纳税义务人提供税款担保的相关手续。由海关按照保税货物实施管理的，按照有关保税货物的管理规定办理。

修理货物复出境后应当申请销案，正常销案的，海关应当退还保证金或撤销担保。未复出境部分货物应当办理进口申报纳税手续。

2. 出境修理货物

发货人在货物出境时，向海关提交维修合同或含有保修条款的原进口合同及申报出口需要的所有单证，办理出境申报手续。货物出境后，在境外维修的期限为出境之日起6个月，可以申请延长，延长的期限最长不超过6个月。

货物复运进境时应当向海关申报在境外实际支付的修理费和材料费，由海关审查确定完税价格，计征进口关税和进口环节海关代征税。

超过海关规定期限复运进境的，海关按一般进口货物计征进口关税和进口环节海关代征税。

五、进口溢、误卸货物

（一）概述

1. 含义

溢卸货物是指未列入进口载货清单、提单或运单的货物，或者多于进口载货清单、提单或运单所列数量的货物。

误卸货物是指应在其他境外港口、车站或境内其他场所卸下但因故在本港（站）卸下的货物。

2. 管理

经海关核实的溢卸货物和误卸货物，由载运该货物的原运输工具负责人自运输工具卸货之日起 3 个月内，向海关办理直接退运出境手续，或者由该货物的收发货人自运输工具卸货之日起 3 个月内，向海关办理退运或者申报进口手续。

经载运该货物的原运输工具负责人或该货物的收发货人申请，海关批准，可以延期 3 个月办理退运出境或者申报进口手续。

超出上述规定的期限，未向海关办理退运或者申报进口手续的，由海关提取依法变卖处理。

溢卸货物、误卸货物属于危险品或者鲜活、易腐、易烂、易失效、易变质、易贬值等不宜长期保存的货物的，海关可以根据实际情况，提前提取依法变卖处理，变卖所得价款按有关规定处理。

（二）程序

溢卸、误卸货物报关程序的适用是根据对该货物的处置来决定的，大体有以下 5 种情况。

1. 退运境外

属于溢卸或误卸货物，能够提供发货人或者承运人书面证明文书的，当事人可以向海关办理直接退运手续。

2. 溢短相补

运输工具负责人或其代理人要求将溢卸货物抵补短卸货物的，应与短卸货物原收货人协商同意，并限于同一运输工具、同一品种的货物。非同一运输工具或同一运输工具非同一航次之间抵补的，只限于同一运输公司、同一发货人、同一品种的进口货物。

上述两种情况都应由短卸货物原收货人或其代理人按照无代价抵偿货物的报关程序办理进口手续。

3. 物归“原主”

指运境外港口、车站的误卸货物，运输工具负责人或其代理人要求运往境外时，经海关核实后按照转运货物的报关程序办理海关手续，转运至境外。

指运境内其他港口、车站的误卸货物，可由原收货人或其代理人就地向进境地海关办理进口申报手续，也可以经进境地海关同意办理转关运输手续。

4. 就地进口

溢卸货物由原收货人接受的，应按一般进口货物报关程序办理进口手续，填写进口货物报关单向进境地海关申报，并提供相关的溢卸货物证明，如属于许可证件管理商品的，应提供有关的许可证件。海关征收进口关税和进口环节海关代征税后，放行货物。

5. 境内转售

原收货人不接受溢卸货物、误卸货物，或不办理溢卸货物、误卸货物的退运手续的，运输工具负责人或其代理人可以要求在国内销售，由购货单位向海关办理相应的进口手续。

六、退运货物

退运货物是指原出口货物或进口货物因各种原因造成退运进口或者退运出口的货物。退运货物包括一般退运货物和直接退运货物。

（一）一般退运货物

一般退运货物是指已办理申报手续且海关已放行出口或进口，因各种原因造成退运进口或退运出口的货物。

1. 一般退运进口货物的海关手续

（1）报关

① 原出口货物已收汇。原出口货物退运进境时，若该批出口货物已收汇，原发货人或其代理人应填写进口货物报关单向进境地海关申报，并提供原货物出口时的出口货物报关单，现场海关应凭税务部门出具的“出口商品退运已补税证明”、保险公司证明或承运人溢装、漏卸的证明等有关资料办理退运进口手续，同时签发一份进口货物报关单。

② 原出口货物未收汇。原出口货物退运进口时，若出口未收汇，原发货人或其代理人在办理退运手续时，提交原出口货物报关单、报关单退税证明联等证明向进口地海关申报退运进口，同时填制一份进口货物报关单；若出口货物部分退运进口，海关应在原出口货物报关单上批注退运的实际数量、金额后退回企业并留存复印件，海关核实无误后，验放有关货物进境。

（2）税收

因品质或者规格原因，出口货物自出口之日起 1 年内原状退货复运进境的，经海关核实后不予征收进口税；原出口时已经征收出口关税的，只要重新缴纳因出口而退还的国内环节税，自缴纳出口税款之日起 1 年内准予退还。

2. 一般退运出口货物的海关手续

（1）报关

因故退运出口的进口货物，原收货人或其代理人应填写出口货物报关单申报出境，并提供原货物进口时的进口货物报关单、保险公司证明或承运人溢装、漏卸的证明等有关资料，经海关核实无误后，验放有关货物出境。

（2）税收

因品质或者规格原因，进口货物自进口之日起 1 年内原状退货复运出境的，经海关核实后可以免征出口关税；已征收的进口关税和进口环节海关代征税，自缴纳进口税款之日起 1 年内准予退还。

（二）直接退运货物

直接退运是指货物进境后、办结海关放行手续前，进口货物收货人、原运输工具负责人或者其代理人（以下统称当事人）将全部或者部分货物直接退运境外，以及海关根据国家有关规定责令直接退运的。

直接退运的货物，海关不验核进出口许可证或者其他监管证件，免予征收进出口环节税费及滞报金。

进口转关货物在进境地海关放行后，当事人申请办理退运手续的，不属于直接退运货物，应当按照一般退运货物办理退运手续。

1. 当事人办理直接退运

有下列情形之一的，当事人可以向海关办理直接退运手续：

（1）因为国家贸易管理政策调整，收货人无法提供相关证件的；

（2）属于错发、误卸或者溢卸货物，能够提供发货人或者承运人书面证明文书的；

（3）收发货人双方协商一致同意退运，能够提供双方同意退运的书面证明文书的；

（4）有关贸易发生纠纷，能够提供已生效的法院判决书、仲裁机构仲裁决定书或者无争议的有效货物所有权凭证的；

（5）货物残损或者国家检验检疫不合格，能够提供国家检验检疫部门出具的相关检验证明文书的。

对在当事人办理直接退运前，海关已经确定查验或者认为有走私违规嫌疑的货物，不予办理直接退运。布控、查验或者案件处理完毕后，按照海关有关规定处理。

2. 海关责令直接退运

有下列情形之一，由海关责令当事人将进口货物直接退运境外：

（1）货物属于国家禁止进口的货物，已经海关依法处理的；

（2）违反国家检验检疫政策法规，已经国家检验检疫部门处理并且出具“检验检疫处理通知书”或者其他证明文书的；

（3）未经许可擅自进口属于限制进口的固体废物，已经海关依法处理的；

（4）违反国家有关法律、行政法规，应当责令直接退运的其他情形。

对需要责令进口货物直接退运的，由海关根据相关政府行政主管部门出具的证明文书，向当事人制发“海关责令进口货物直接退运通知书”。

3. 直接退运的海关通关手续办理

（1）直接退运的申报规定

① 当事人申请直接退运的，由当事人通过互联网向货物所在地海关申报并提交相关材料。海关通过通关作业辅助系统受理，并将核批结果通过系统反馈当事人。当事人在收到系统回执后，应当按照海关要求办理进口货物直接退运的申报手续。

办理直接退运手续的进口货物未向海关申报的，当事人应当向海关提交“进口货物直接退运表”及证明进口实际情况的合同、发票、装箱清单、提运单或者载货清单等相关单证、证明文书办理直接退运的申报手续。

办理直接退运手续的进口货物已向海关申报的，当事人应当向海关提交“进口货物直接退运表”、原报关单或者转关单，以及证明进口实际情况的合同、发票、装箱清单、提运单或者载货清单等相关单证、证明文书，先行办理报关单或者转关单删除手续后，办理直接退运的申报手续。

② 海关责令直接退运的，当事人在收到“海关责令进口货物直接退运通知书”之日起 30 日内，应当按照海关要求办理进口货物直接退运的申报手续。

因计算机、网络系统等原因无法通过互联网办理进口货物直接退运的，可以纸质方式办理进口货物直接退运业务，待相关问题解决后当事人应通过互联网补录相关事项。

（2）直接退运申报程序

对于已向海关申报的货物，应当在撤销原进口报关单或者转关单后，办理进口货物直接退运出境申报手续。

当事人办理进口货物直接退运申报手续的，除另有规定外，应当先行申报出口报关单，然后填写进口报关单办理直接退运申报手续，进口报关单应在“关联报关单”栏填报出口报关单号。

（3）直接退运的报关单填制

进口货物直接退运的，除按照《中华人民共和国海关进出口货物报关单填制规范》填制外，还应当按照以下要求填制进出口货物报关单：“监管方式”栏均填写“直接退运”（代码“4500”），“备注”栏填写“进口货物直接退运表”或者“海关责令直接退运通知书”编号。当事人办理直接退运申报手续的，进口报关单应在“关联报关单”栏填报出口报关单号。

由于承运人的责任造成货物错发、误卸或者溢卸的，当事人办理直接退运手续时可以免予填制报关单。

（4）直接退运的材料提交

当事人应向海关提交相关材料的，原则上通过互联网以电子方式上传，文件格式标准参照《通关作业无纸化报关单证电子扫描或转换文件格式标准》。海关需要验核纸质材料的，当事人应当提交相关纸质材料。

（5）直接退运的口岸

进口货物直接退运应当从原进境地口岸退运出境。由于运输原因需要改变运输方式或者由另一口岸退运出境的，应当经由原进境地海关审核同意后，以转关运输方式监管出境。

七、退关货物

（一）含义

退关货物又称出口退关货物，是指向海关申报出口并获准放行，但因故未能装上运输工具，经发货单位请求，退运出海关监管区域不再出口的货物。

（二）管理规定

1. 出口货物的发货人及其代理人应当在得知出口货物未装上运输工具，并决定不再出口之日起3天内，向海关申请退关；

2. 经海关核准且撤销出口申报后方能将货物运出海关监管场所；

3. 已缴纳出口关税的退关货物，可以在缴纳税款之日起1年内提出书面申请，向海关申请退税；

4. 出口货物的发货人及其代理人办理出口货物退关手续后，海关应对所有单证予以注销，并删除有关报关电子数据。

八、超期未报关货物

（一）概述

1. 含义

超期未报关货物是指在规定的期限内未办结海关手续的海关监管货物。

2. 范围

自运输工具申报进境之日起，超过3个月未向海关申报的进口货物，超过规定期限3

个月未复运出境或者办理其他海关手续的保税货物、暂时进境货物和未运输出境的过境、转运和通运货物，在海关批准的延长期满仍未办结海关手续的溢卸货物、误卸货物。

(二) 处理

超期未报关进口货物由海关提取依法变卖处理。

1. 变卖所得价款，在优先拨付变卖处理实际支出的费用后，按序扣除运输、装卸、储存等相关费用和税款、滞报金，所得价款不足以支付同一顺序相关费用的，按照比例支付。

2. 按照规定扣除相关费用和税款后，尚有余款的，自货物依法变卖之日起 1 年内，经进口货物收货人申请，予以发还。其中，被变卖货物属于许可证件管理商品，应当提交许可证件而不能提供的，不予发还；不符合进口货物权利人资格的，申请不予受理。上述事项处置完毕，余款上缴国库。

3. 经海关审核符合被变卖进口货物权利人资格的发还余款的申请人，应当按照海关对进口货物的申报规定，补办进口申报手续。

九、过境、转运、通运货物

(一) 过境货物

1. 概述

过境货物是指从境外启运，在我国境内不论是否换装运输工具，通过陆路运输，继续运往境外的货物。

与我国签有过境货物协定的国家的过境货物，或同我国签有铁路联运协定的国家收、发货的过境货物，按有关协定准予过境；未与我国签有过境货物协定国家的货物，经国家商务、运输主管部门批准，并向入境地海关备案后准予过境。下列货物禁止过境：

(1) 来自或运往我国停止或禁止贸易的国家和地区的货物；

(2) 各种武器、弹药、爆炸品及军需品（另有规定的除外）；

(3) 各种烈性毒药、麻醉品和鸦片、吗啡、海洛因、可卡因等毒品；

(4) 我国法律、法规禁止过境的其他货物、物品。

2. 过境货物的管理规定

海关对过境货物监管的目的是为了防止过境货物在我国境内运输过程中滞留在国内，或将我国货物混入过境货物随运出境；防止禁止过境货物从我国过境。

(1) 对过境货物运输工具、经营者、运输部门的规定

装载过境货物的运输工具，应当具有海关认可的加封条件或装置，海关认为必要时，可以对过境货物及其装载装置进行加封；运输部门和过境货物经营人应当负责保护海关封志的完整，任何人不得擅自开启或损毁；运输部门和过境货物经营人应当按海关规定提供担保。

(2) 对过境货物管理的其他规定

① 民用爆炸品、医用麻醉品等的过境运输，应经海关总署商有关部门批准后，方可过境；

② 有伪报货名和国别，借以运输我国禁止过境货物的，以及其他违反我国法律、行政法规情事的，海关可依法将货物作扣留处理；

③ 过境货物在境内发生损毁或者灭失的（不可抗力原因除外），经营人应当负责向出境地海关补办进口纳税手续。

3. 进出境报关

过境货物进境时，当事人应当向海关递交过境货物报关单和运单、转载清单、载货清单，以及发票、装箱清单等，办理过境手续。进境地海关审核无误后在提运单上加盖“海关监管货物”戳记，并制作关封连同提运单交由当事人交出境地海关验核。

过境货物出境时，当事人应当及时向出境地海关申报，出境地海关审核确认后监管货物出境。

4. 过境期限

过境货物的过境期限为6个月，因特殊原因，可以向海关申请延期，经海关同意后，最长可延期3个月。过境货物超过规定期限3个月仍未过境的，海关按规定依法提取变卖，变卖后的货款按有关规定处理。

5. 在境内暂存和运输

过境货物进境后因换装运输工具等原因需卸下储存时，应当经海关批准并在海关监管下存入海关指定或同意的仓库或场所；过境货物在进境以后、出境以前，应当按照运输主管部门规定的路线运输，运输部门没有规定的，由海关指定。

海关可以对过境货物实施派员押运、实施查验。

（二）转运货物

1. 含义

转运货物是指由境外启运，通过我国境内设立海关的地点换装运输工具，不通过境内陆路运输，继续运往境外的货物。

2. 办理转运货物应具备的条件

进境运输工具载运的货物具备下列条件之一的，可以办理转运手续：

（1）持有转运或联运提货单的；

（2）进口载货清单上注明是转运货物的；

（3）持有普通提货单，但在卸货前向海关声明转运的；

（4）误卸下的进口货物，经运输工具经理人提供确实证件的；

（5）因特殊原因申请转运，获海关批准的。

3. 管理规定

海关对转运货物实施监管的主要目的在于防止货物在口岸换装过程中误进口或混装出口。转运货物承运人应确保其原状、如数运往境外。

（1）申报进境及存放

载有转运货物的运输工具进境后，承运人应当在进口载货清单上列明转运货物的名称、数量、启运地和到达地，并向主管海关申报进境。申报经海关同意后，在海关指定的地点换装运输工具。

外国转运货物在中国口岸存放期间，不得开拆、改换包装或进行加工；海关对转运的外国货物有权进行查验。

（2）转运出境

转运货物必须在3个月之内办理海关有关手续并转运出境，超出规定期限3个月仍未转运出境或办理其他海关手续的，海关将提取依法变卖处理。

（三）通运货物

通运货物是指从境外启运，不通过我国境内陆路运输，运进境后由原运输工具载运出境的货物。

运输工具进境时，运输工具的负责人应凭注明通运货物名称和数量的船舶进口报告书或国际民航机使用的进口载货舱单向进境地海关申报；进境地海关在接受申报后，在运输工具抵、离境时对申报的货物予以核查，并监管货物实际离境。

运输工具因装卸货物需搬运或倒装货物时，应向海关申请并在海关的监管下进行。

十、进出境快件

（一）概述

进出境快件是指进出境快件运营人，以向客户承诺的快速商业运作方式承揽、承运的进出境的货物、物品。

进出境专差快件是指运营人以专差押运方式承运进出境的空运快件。

进出境快件运营人是指在我国境内依法注册，在海关登记备案的从事进出境快件运营业务的国际货物运输代理企业。

（二）快件分类

快件分为文件类进出境快件（以下简称A类快件）、个人物品类进出境快件（以下简称B类快件）和低值货物类进出境快件（以下简称C类快件）报关。其中：

A类快件是指无商业价值的文件、单证、票据和资料（依照法律、行政法规，以及国家有关规定应当予以征税的除外）。

B类快件是指境内收寄件人（自然人）收取或者交寄的个人自用物品（旅客分离运输行李物品除外）。

C类快件是指价值在5 000元人民币（不包括运、保、杂费等）及以下的货物（涉及许可证件管制的，需要办理出口退税、出口收汇或者进口付汇的除外）。

（三）申报期限与申报要求

进出境快件通关应在经海关批准的专门监管场所进行。进境快件应当自运输工具申报进境之日起14日内，出境快件在运输工具离境3小时之前，向海关申报。

1. 报关单位应采用纸质方式或电子数据交换方式向海关办理进出口申报手续。

2. 报关单位向海关传输或递交进出境快件舱单或清单，海关确认无误后接受申报。

3. 需提前报关的，报关单位应提前将进出境快件运输和抵达情况书面通知海关并向海关传输或递交进出境快件舱单或清单。

（四）快件报关

1. A类快件报关时，快件运营人应当向海关提交A类快件报关单、总运单（复印件）和海关需要的其他单证。

2. B类快件报关时，快件运营人应当向海关提交B类快件报关单、每一进出境快件的分运单、进境快件收件人或出境快件发件人身份证影印件和海关需要的其他单证。B类快件的限量、限值、税收征管等事项应当符合海关总署关于邮递进出境个人物品相关规定。

3. C类快件报关时，快件运营人应当向海关提交C类快件报关单、代理报关委托书或者委托报关协议、每一进出境快件的分运单、发票和海关需要的其他单证，并按照进出境货物规定缴纳税款。进出境C类快件的监管方式为“一般贸易”或者“货样广告品A”，征免性质为“一般征税”，征减免税方式为“照章征税”。

快件运营人按照上述规定提交复印件（影印件）的，海关可要求快件运营人提供原件验核。

通过快件渠道进出境的其他货物、物品，应当按照海关对进出境货物、物品的现行规定办理海关手续。

（五）海关查验

海关对进出境快件中的个人物品实施开拆查验时，运营人应通知进境快件的收件人或出境快件的发件人到场，负责进出境快件的搬移、开拆、封装。收件人或发件人不能到场的，运营人应向海关提交其委托书，代理其履行义务，并承担相应的法律责任。海关认为必要时，可对进出境快件径行开验、复验或者提取货样。

十一、跨境贸易电子商务零售进出口商品

（一）适用范围

跨境电子商务企业、消费者（订购人）通过跨境电子商务交易平台实现零售进出口商品交易，根据海关要求传输相关交易电子数据，接受海关监管。

适用“网购保税进口”（监管方式代码1210）进口政策的有天津、上海、重庆、大连、杭州、宁波、青岛、广州、深圳、成都、苏州、合肥、福州、郑州、平潭、北京、呼和浩特、沈阳、长春、哈尔滨、南京、南昌、武汉、长沙、南宁、海口、贵阳、昆明、西安、兰州、厦门、唐山、无锡、威海、珠海、东莞、义乌37个城市（地区）。

（二）企业管理

1. 注册登记（信息登记）和资质

跨境电子商务平台企业、物流企业、支付企业等参与跨境电子商务零售进口业务的企业，向所在地海关办理注册登记；境外跨境电子商务企业应委托境内代理人（以下称跨境电子商务企业境内代理人）向该代理人所在地海关办理注册登记。

跨境电子商务企业、物流企业等参与跨境电子商务零售出口业务的企业，向所在地海关办理信息登记；如需办理报关业务，向所在地海关办理注册登记。

物流企业应获得国家邮政管理部门颁发的“快递业务经营许可证”。直购进口模式下，物流企业应为邮政企业或者已向海关办理代理报关登记手续的进出境快件运营人。

支付企业为银行机构的，应具备银保监会或者原银监会颁发的“金融许可证”；支付企业为非银行支付机构的，应具备中国人民银行颁发的“支付业务许可证”，支付业务范围应当包括“互联网支付”。参与跨境电子商务零售进出口业务并在海关注册登记的企业，纳入海关信用管理，海关根据信用等级实施差异化的通关管理措施。

2. 参与跨境电子商务业务的企业名称含义

（1）“跨境电子商务企业”，指自境外向境内消费者销售跨境电子商务零售进口商品的境外注册企业（不包括在海关特殊监管区域或保税物流中心内注册的企业），或者境内

向境外消费者销售跨境电子商务零售出口商品的企业，为商品的货权所有人。

（2）“跨境电子商务企业境内代理人”，指开展跨境电子商务零售进口业务的境外注册企业所委托的境内代理企业，由其在海关办理注册登记，承担如实申报责任，依法接受相关部门监管，并承担民事责任。

（3）“跨境电子商务平台企业”，指在境内办理工商登记，为交易双方（消费者和跨境电子商务企业）提供网页空间、虚拟经营场所、交易规则、信息发布等服务，设立供交易双方独立开展交易活动的信息网络系统的经营者。

（4）“支付企业”，指在境内办理工商登记，接受跨境电子商务平台企业或跨境电子商务企业境内代理人委托为其提供跨境电子商务零售进口支付服务的银行、非银行支付机构及银联等。

（5）“物流企业”，指在境内办理工商登记，接受跨境电子商务平台企业、跨境电子商务企业或其代理人委托为其提供跨境电子商务零售进出口物流服务的企业。

（6）“消费者（订购人）”，指跨境电子商务零售进口商品的境内购买人。

（7）“国际贸易‘单一窗口’”，指由国务院口岸工作部际联席会议统筹推进，依托电子口岸公共平台建设的一站式贸易服务平台。申报人（包括参与跨境电子商务的企业）通过“单一窗口”向海关等口岸管理相关部门一次性申报，口岸管理相关部门通过电子口岸平台共享信息数据，实施职能管理，将执法结果通过“单一窗口”反馈申报人。

（8）“跨境电子商务通关服务平台”，指由电子口岸搭建，实现企业、海关及相关管理部门之间数据交换与信息共享的平台。

（三）通关管理

1. 对跨境电子商务直购进口商品及适用“网购保税进口”（监管方式代码 1210）进口政策的商品，按照个人自用进境物品监管，不执行有关商品首次进口许可批件、注册或备案要求。但对相关部门明令暂停进口的疫区商品和对出现重大质量安全风险的商品启动风险应急处置时除外。

2. 适用“网购保税进口 A”（监管方式代码 1239）进口政策的商品，按《跨境电子商务零售进口商品清单（2018 版）》尾注中的监管要求执行。

3. 海关对跨境电子商务零售进出口商品及其装载容器、包装物按照相关法律法规实施检疫，并根据相关规定实施必要的监管措施。

4. 跨境电子商务零售进口商品申报前，跨境电子商务平台企业或跨境电子商务企业境内代理人、支付企业、物流企业应当分别通过国际贸易“单一窗口”或跨境电子商务通关服务平台向海关传输交易、支付、物流等电子信息，并对数据真实性承担相应责任。

直购进口模式下，邮政企业、进出境快件运营人可以接受跨境电子商务平台企业或跨境电子商务企业境内代理人、支付企业的委托，在承诺承担相应法律责任的前提下，向海关传输交易、支付等电子信息。

5. 跨境电子商务零售出口商品申报前，跨境电子商务企业或其代理人、物流企业应当分别通过国际贸易“单一窗口”或跨境电子商务通关服务平台向海关传输交易、收款、物流等电子信息，并对数据真实性承担相应法律责任。

6. 跨境电子商务零售商品进口时，跨境电子商务企业境内代理人或其委托的报关企业应提交“中华人民共和国海关跨境电子商务零售进出口商品申报清单”（以下简称“申报清单”），采取“清单核放”方式办理报关手续。

跨境电子商务零售商品出口时，跨境电子商务企业或其代理人应提交“申报清单”，采取“清单核放、汇总申报”方式办理报关手续；跨境电子商务综合试验区内符合条件的跨境电子商务零售商品出口，可采取“清单核放、汇总统计”方式办理报关手续。

“申报清单”与“中华人民共和国海关进（出）口货物报关单”具有同等法律效力。

按照上述第4至6条要求传输、提交的电子信息应施加电子签名。

7. 开展跨境电子商务零售进口业务的跨境电子商务平台企业、跨境电子商务企业境内代理人应对交易真实性和消费者（订购人）身份信息真实性进行审核，并承担相应责任；身份信息未经国家主管部门或其授权的机构认证的，订购人与支付人应当为同一人。

8. 跨境电子商务零售商品出口后，跨境电子商务企业或其代理人应当于每月15日前（当月15日是法定节假日或者法定休息日的，顺延至其后的第一个工作日），将上月结关的“申报清单”依据清单表头同一收发货人、同一运输方式、同一生产销售单位、同一运抵国、同一出境关别，以及清单表体同一最终目的国、同一10位海关商品编码、同一币制的规则进行归并，汇总形成“中华人民共和国海关出口货物报关单”向海关申报。

允许以“清单核放、汇总统计”方式办理报关手续的，不再汇总形成“出口货物报关单”。

“申报清单”的修改或者撤销，参照海关“进（出）口货物报关单”修改或者撤销有关规定办理。除特殊情况外，“申报清单”“进（出）口货物报关单”采取通关无纸化作业方式进行申报。

（四）税收征管

1. 对跨境电子商务零售进口商品，海关按照国家关于跨境电子商务零售进口税收政策征收关税和进口环节增值税、消费税，完税价格为实际交易价格，包括商品零售价格、运费和保险费。

2. 跨境电子商务零售进口商品消费者（订购人）为纳税义务人。在海关注册登记的跨境电子商务平台企业、物流企业或申报企业作为税款的代收代缴义务人，代为履行纳税义务，并承担相应的补税义务及相关法律责任。

3. 代收代缴义务人应当如实、准确地向海关申报跨境电子商务零售进口商品的商品名称、规格型号、税则号列、实际交易价格及相关费用等税收征管要素。

跨境电子商务零售进口商品的申报币制为人民币。

4. 为审核确定跨境电子商务零售进口商品的归类、完税价格等，海关可以要求代收代缴义务人按照有关规定进行补充申报。

5. 海关对符合监管规定的跨境电子商务零售进口商品按时段汇总计征税款，代收代缴义务人应当依法向海关提交足额、有效的税款担保。

海关放行后30日内未发生退货或修撤单的，代收代缴义务人在放行后第31日至第45日内向海关办理纳税手续。

（五）场所管理

跨境电子商务零售进出口商品监管作业场所必须符合海关相关规定。跨境电子商务监管作业场所经营人、仓储企业应当建立符合海关监管要求的计算机管理系统，并按照海关要求交换电子数据。其中开展跨境电子商务直购进口或一般出口业务的监管作业场所，应按照快递类或者邮递类海关监管作业场所规范设置。

跨境电子商务网购保税进口业务应当在海关特殊监管区域或保税物流中心（B型）内

开展。

（六）检疫、查验和物流管理

1. 对需在进境口岸实施的检疫及检疫处理工作，应在完成后方可运至跨境电子商务监管作业场所。

2. 网购保税进口业务，一线入区时以报关单方式进行申报，海关可以采取视频监控、联网核查、实地巡查、库存核对等方式加强对网购保税进口商品的实货监管。

3. 海关实施查验时，跨境电子商务企业或其代理人、跨境电子商务监管作业场所经营人、仓储企业应当按照有关规定提供便利，配合海关查验。

4. 跨境电子商务零售进出口商品可采用“跨境电商”模式进行转关。其中，跨境电子商务综合试验区所在地海关可将转关商品品名以总运单形式录入“跨境电子商务商品一批”，并需随附转关商品详细电子清单。

5. 网购保税进口商品可在海关特殊监管区域或保税物流中心（B 型）间流转，按有关规定办理流转手续。以“网购保税进口”（监管方式代码 1210）海关监管方式进境的商品，不得转入适用“网购保税进口 A”（监管方式代码 1239）的城市继续开展跨境电子商务零售进口业务。网购保税进口商品可在同一区域（中心）内的企业间进行流转。

（七）退货管理

在跨境电子商务零售进口模式下，允许跨境电子商务企业境内代理人或其委托的报关企业申请退货，退回的商品应当符合二次销售要求并在海关放行之日起 30 日内以原状运抵原监管作业场所，相应税款不予征收，并调整个人年度交易累计金额。

在跨境电子商务零售出口模式下，退回的商品按照有关规定办理有关手续。

第九节　海关监管场所

一、海关监管场所概述

海关监管场所是指进出境运输工具或者境内承运海关监管货物的运输工具进出、停靠，以及从事进出境货物装卸、储存、交付、发运等活动，办理海关监管业务，符合海关设置标准的特定区域。

海关监管场所内只能存放海关监管货物。

对海关监管场所实行统一编码、计算机联网和分类管理。

二、海关监管场所的设立、变更、有效期延续

申请设立海关监管场所的企业，应当经工商行政管理部门注册登记，具有独立企业法人资格；具有专门储存货物的营业场所，拥有营业场所的土地使用权，租赁他人土地、场所经营的，租期不得少于 5 年。其中，经营液/气体化工品、易燃易爆危险品等特殊许可货物仓储的，应当持有特殊经营许可批件。

申请设立海关监管场所的企业，应当向直属海关提交书面申请及相关材料。申请企业应当自海关制发“批准设立决定书”之日起 1 年内向直属海关申请验收。申请企业无正当理由逾期未申请验收或者经验收不合格的，“批准设立决定书”自动失效。

经营企业需要变更企业业务范围、海关监管场所面积等的，应当填写“中华人民共和国海关监管场所变更申请书”，向直属海关提出申请；需要延续注册登记证书有效期的，应当在注册登记证书有效期届满30日前向直属海关提出延续申请，并提交“中华人民共和国海关监管场所延续申请书”。直属海关在注册登记证书有效期届满前作出是否准予延续的决定。

三、对海关监管场所的监督管理

（一）海关采取视频监控、实地核查等方式对进出海关监管场所的运输工具、货物等实施监管。

经营企业应当在海关监管场所显著位置按照海关规定的样式制作、悬挂监管场所标志牌。

（二）海关监管场所内只能存放海关监管货物。海关监管场所内液/气体化工品、易燃易爆危险品、有毒及放射性货物应当带有明显标志，并不得与其他类货物一起存放。

经营油气液体化工品进出口业务的海关监管场所经营人及相关加工生产企业应向所在地海关申请办理油气液体化工品物流监控系统。

（三）经营企业应当按照海关要求发送和接收电子数据。海关有权查阅海关监管场所的货物进出和存储等情况的纸质单证或者电子账册。

（四）海关根据需要，可派员实施卡口监管，核实、放行海关监管运输工具、货物。海关检查运输工具或者查验货物、提取货样时，经营企业应当按照海关要求进行必要的协助。

（五）经营企业应当凭海关纸质放行凭证和电子放行信息放行海关监管的运输工具、货物。

（六）经营企业应当及时将海关监管场所内存放超过3个月的货物情况向海关报告，并协助海关办理相关手续。

第十节　海关保税监管场所

海关保税监管场所，是指经海关批准设立的，准予在保税状态下存储货物的仓库、场所。海关保税监管场所管理规则，是根据我国海关加入的《京都公约》专项附约“海关仓库”条款制定的，准许货物存放在特定仓库、场所期间予以免纳进口税费，其目的是最大限度实施贸易便利化。

海关保税监管场所属于海关保税物流监管的基本形态之一，目前包括保税仓库、出口监管仓库和保税物流中心（A型）、保税物流中心（B型）四种形态。

一、保税仓库

（一）保税仓库概述

1. 保税仓库的概念

保税仓库是指经海关批准设立的专门存放保税货物及其他未办结海关手续货物的仓库。

2. 保税仓库的功能

保税仓库具有保税仓储、转口、简单加工和流通性增值服务、物流配送等功能。下列货物，经海关批准可以存入保税仓库：

（1）加工贸易进口货物；

（2）转口货物；

（3）供应国际航行船舶和航空器的油料、物料和维修用零部件；

（4）供维修外国产品所进口寄售的零配件；

（5）外商暂存货物；

（6）未办结海关手续的一般贸易货物；

（7）经海关批准的其他未办结海关手续的货物。

3. 保税仓库的种类

保税仓库按照使用对象不同分为公用型保税仓库、自用型保税仓库。公用型保税仓库由主营仓储业务的中国境内独立企业法人经营，专门向社会提供保税仓储服务。自用型保税仓库由特定的中国境内独立企业法人经营，仅存储供本企业自用的保税货物。

保税仓库中专门用来存储具有特定用途或特殊种类商品的称为专用型保税仓库，包括液体保税仓库、备料保税仓库、寄售维修保税仓库和其他专用型保税仓库。

（二）保税仓库的管理

1. 保税仓库的日常管理

企业申请设立保税仓库的，应向仓库所在地主管海关提交书面申请，由主管海关受理并报直属海关审批。

保税仓库不得存放国家禁止进境货物，不得存放未经批准的影响公共安全、公共卫生或健康、公共道德或秩序的国家限制进境货物，以及其他不得存入保税仓库的货物。保税仓库不得转租、转借给他人经营，不得下设分库。

2. 保税仓库的变更

保税仓库经营企业变更企业名称、组织形式、法定代表人的，应当在变更前向直属海关提交书面报告，说明变更事项、事由和变更时间，并在有关部门批准文件下发之日起10日内向主管海关申请变更，由主管海关报直属海关审批；变更保税仓库名称、地址、仓储面（容）积的，应当在变更前向主管海关提出申请，由主管海关报直属海关批准。

3. 保税仓库的延期

保税仓库注册登记证书有效期为3年，保税仓库经营企业应当在保税仓库注册登记证书有效期届满前30个工作日前向海关申请办理仓库延期手续。

4. 保税仓库的注销

保税仓库有《中华人民共和国行政许可法》第七十条所规定情形的，主管海关应报直属海关依法办理保税仓库注销手续，收回“保税仓库注册登记证书”。

（三）保税仓库货物的管理

1. 保税仓库所存货物的储存期限为1年。需要延长储存期限，应向主管海关申请延期，经海关批准可以延长，无特殊情形，延长的期限最长不超过1年。特殊情况下，延期后货物存储期超过2年的，由直属海关审批。保税仓库货物超出规定的存储期限未申请延期或海关不批准延期申请的，经营企业应当办理超期货物的复运出境、征税、销毁等手续。

2. 保税仓库货物可以进行分级分类、分拆分拣、分装、计量、组合包装、打膜、加刷唛码、刷贴标志、改换包装、拼装等辅助性简单作业。在保税仓库内从事上述作业必须事先向主管海关提出申请，经主管海关同意后方可进行。

3. 保税仓库所存货物是海关监管货物，未经海关批准并按规定办理有关手续，不得擅自出售、转让、抵押、质押、留置、移作他用或者进行其他处置。

4. 货物在仓库储存期间发生损毁或者灭失，除不可抗力原因外，保税仓库应当依法向海关缴纳损毁、灭失货物的税款，并承担相应的法律责任。

（四）保税仓库货物的出入仓及流转

1. 入仓管理

保税仓库进境入仓货物应当向海关办理进口申报手续，在口岸海关验放的，由企业自行提取货物入仓。

2. 出仓管理

（1）复运出境

保税仓库出仓复运出境货物，应当向海关办理出口申报手续，在口岸海关验放的，由企业自行提取货物出仓。

（2）进口

保税仓库货物出仓转为正式进口的，须由仓库主管海关审核同意后，方可按海关规定办理出仓报关手续，进口报关单按实际进口监管方式填报。经仓库主管海关同意，企业向海关办理货物出仓报关手续。属于许可证件管理的商品，应当取得有效的进口许可证件，海关对有关进口许可证件电子数据进行系统自动比对验核。

寄售维修保税仓库内的寄售维修零配件申请以保修期内免税出仓的，应填制进口货物报关单，“贸易方式”栏填“无代价抵偿（3100）”，并确认免税出仓的维修件在保修期内且不超过原设备进口之日起3年，维修件由外商免费提供，更换下的零部件依法处理。

保税仓库企业如申请以集中报关方式出仓的，海关应收取企业集中报关的申请，申请中应写明集中报关的商品名称、发货流向、发货频率、合理理由等。根据企业资信状况和风险度，仓库主管海关可收取保证金。企业当月出库的货物最迟应在次月5个工作日前办理报关手续，并不得跨年度申报。

3. 流转管理

保税仓库与海关特殊监管区域、其他保税监管场所的货物流转，应当按照海关规定办理相关手续。

流转货物需要报关的，应先办理进口报关，再办理出口报关。

二、出口监管仓库

（一）出口监管仓库概述

1. 出口监管仓库的概念

出口监管仓库指经海关批准设立，对已办结海关出口手续的货物进行存储、保税物流配送、提供流通性增值服务的仓库。

2. 出口监管仓库的功能

出口监管仓库具有保税存储、转口配送、简单加工和流通性增值服务等功能。

下列货物，经海关批准可以存入出口监管仓库：

（1）一般贸易出口货物；

（2）加工贸易出口货物；

（3）从其他海关特殊监管区域、场所转入的出口货物；

（4）出口配送型仓库可以存放为拼装出口货物而进口的货物，以及为改换出口监管仓库货物包装而进口的包装物料；

（5）其他已办结海关出口手续的货物。

3. 出口监管仓库的种类

出口监管仓库分为国内结转型仓库和出口配送型仓库。

国内结转型仓库是指存储用于国内结转的出口货物的仓库。

出口配送型仓库是指存储以实际离境为目的的出口货物的仓库。出口配送型仓库，符合上一年度入仓货物的实际出仓离境率不低于99%等条件的，可以进一步申请享受国内货物入仓退税政策。

（二）出口监管仓库的管理

1. 出口监管仓库的日常管理

企业申请设立出口监管仓库的，应向仓库所在地主管海关提交书面申请，由主管海关受理并报直属海关审批。

出口监管仓库不得存放国家禁止进出境货物，未经批准的国家限制进出境货物，以及海关规定不得存放的其他货物。

出口监管仓库必须专库专用，不得转租、转借给他人经营，不得下设分库。

出口监管仓库经营企业应当如实填写有关单证、仓库账册，真实记录并全面反映其业务活动和财务状况，编制仓库月度进、出、转、存情况表，并定期报送主管海关。

2. 出口监管仓库的变更

出口监管仓库经营企业变更企业名称、组织形式、法定代表人的，应当在变更前向直属海关提交书面报告，说明变更事项、事由和变更时间，并在有关部门批准文件下发之日起10日内向主管海关申请变更，由主管海关报直属海关审批；变更出口监管仓库名称、地址、仓储面（容）积的，应当在变更前向主管海关提出申请，由主管海关报直属海关批准。

3. 出口监管仓库的延期

出口监管仓库经营企业申请延期的，须在海关出口监管仓库注册登记证书有效期届满30日前向仓库主管海关提出申请。

4. 出口监管仓库的注销

出口监管仓库有下列行为之一的，海关注销出口监管仓库：

（1）无正当理由逾期未申请延期审查或者延期审查不合格的；

（2）仓库经营企业书面申请变更出口监管仓库类型的；

（3）仓库经营企业书面申请终止出口监管仓库仓储业务的；

（4）仓库经营企业不再具备经营出口监管仓库应当符合的条件的；

（5）法律、法规规定的应当注销行政许可的其他情形。

（三）出口监管仓库货物的管理

1. 出口监管仓库所存货物存储期限为6个月。经主管海关同意可以延期，但延期不得超过6个月。货物存储期满前，仓库经营企业应当通知发货人或者其代理人办理货物的出境或者进口手续。

2. 存入出口监管仓库的货物不得进行实质性加工。经主管海关同意，可以在仓库内进行品质检验、分级分类、分拣分装、加刷唛码、刷贴标志、打膜、改换包装等流通性增值服务。

3. 出口监管仓库所存货物，是海关监管货物，未经海关批准，不得擅自出售、转让、抵押、质押、留置、移作他用或者进行其他处置。

4. 货物在仓库储存期间发生损毁或者灭失，除不可抗力原因外，出口监管仓库应当依法向海关缴纳损毁、灭失货物的税款，并承担相应的法律责任。

（四）出口监管仓库货物的出入仓及流转

1. 进仓管理

出口货物存入出口监管仓库时，发货人或其代理人应当向主管海关办理出口报关手续，填制出口货物报关单。属于许可证件管理的商品，应当取得有效的出口许可证件，海关对有关出口许可证件电子数据进行系统自动比对验核。属于应当征收出口关税的出口商品，须缴纳出口关税。

发货人或其代理人按照海关规定提交报关必需单证和仓库经营企业填制的出口监管仓库货物入仓清单。

对经批准享受入仓即予退税政策的出口监管仓库，海关在货物入仓结关后予以办理出口货物退税证明手续。对不享受入仓即予退税政策的出口监管仓库，海关在货物实际离境后办理出口货物退税证明手续。

经主管海关批准，对批量少、批次频繁的入仓货物，可以办理集中报关手续。集中申报的期限不得超过1个月，且不得跨年度办理。

2. 出仓管理

（1）出口

出口监管仓库货物出仓实际离境，仓库主管海关应要求仓库经营企业提交出口监管仓库货物出仓清单，经仓库主管海关审核，办理出口报关手续。

（2）进口

仓库主管海关应要求仓库经营企业提交申请报告及“海关出口监管仓库申请事项审批表”。经审核同意后，按照实际贸易方式和货物实际状态办理进口报关手续。

3. 流转管理

出口监管仓库与海关特殊监管区域或其他保税监管场所往来流转的货物，应当符合出口监管仓库货物管理要求，主管海关应要求货物转出和转入企业提交“海关出口监管仓库货物流转申请表”。主管海关审核同意后，企业按有关规定办理货物流转出入仓海关手续。

4. 更换管理

对已存入出口监管仓库因质量等原因要求更换的货物，经仓库所在地主管海关批准，可以更换货物。被更换货物出仓前，更换货物应当先行入仓，并应当与原货物的商品编码、品名、规格型号、数量和价值相同。

三、保税物流中心

（一）保税物流中心概述

1. 保税物流中心的概念

保税物流中心是指经海关批准，由中国境内一家企业法人经营，多家企业进入并从事保税仓储物流业务的海关集中监管场所。

保税物流中心有 A 型和 B 型两种，B 型较 A 型功能更为完善。本小节中所指的“保税物流中心”特指保税物流中心 B 型。

2. 保税物流中心的功能

根据现代制造业和物流业发展的特点，保税物流中心被赋予了进口保税政策、出口退税政策及灵活的外汇政策，拥有较为强大的政策功能优势。

（1）存放货物的范围

可存放以下货物：国内出口货物，转口货物和国际中转货物，外商暂存货物，加工贸易进出口货物，供应国际航行船舶和航空器的物料、维修用零部件，供维修外国产品所进口寄售的零配件，未办结海关手续的一般贸易进口货物，经海关批准的其他未办结海关手续的货物。

（2）开展业务的范围

保税物流中心可以开展以下业务：保税存储进出口货物及其他未办结海关手续的货物，对所存货物开展流通性简单加工和增值服务，全球采购和国际分拨、配送，转口贸易和国际中转业务，经海关批准的其他国际物流业务。

保税物流中心不得开展以下业务：商业零售；生产和加工制造；维修、翻新和拆解；存储国家禁止进出口货物，以及危害公共安全、公共卫生或者健康、公共道德或者秩序的国家限制进出口货物；存储法律、行政法规明确规定不能享受保税政策的货物；其他与保税物流中心无关的业务。

（二）保税物流中心的管理

1. 保税物流中心的日常管理

设立保税物流中心的申请由主管直属海关受理，由海关总署、财政部、国家税务总局、国家外汇管理局审批。在保税物流中心内设立企业由主管海关受理，报直属海关审批。

物流中心内企业应当按照海关批准的存储货物范围和商品种类开展保税物流业务。物流中心经营企业不得在本物流中心内直接从事保税仓储物流的经营活动。物流中心不得转租、转借他人经营，不得下设分中心。

海关采取联网监管、视频监控、实地核查等方式对进出物流中心的货物、物品、运输工具等实施动态监管。

2. 保税物流中心的延期、变更与注销

保税物流中心注册登记证书有效期为 3 年，物流中心经营企业应当在保税物流中心注册登记证书每次有效期满 30 日前向直属海关办理延期审查申请手续。

物流中心需变更名称、地址、面积及所有权等事项的，由直属海关受理并报海关总署

审批；其他变更事项报直属海关备案。中心内企业需变更有关事项的，由主管海关受理后报直属海关审批。

物流中心经营企业无正当理由连续1年未开展业务的，视同撤回物流中心设立申请，由直属海关报海关总署办理注销手续。中心内企业无正当理由连续6个月未开展业务的，视同其撤回进入保税物流中心的申请，由主管海关报直属海关办理注销手续。

（三）保税物流中心货物的管理

1. 保税物流中心内货物保税存储期限为2年，确有正当理由的，经主管海关同意可以予以延期，除特殊情况外，延期不得超过1年。

2. 企业根据需要，经主管海关批准，可以分批进出货物，月度集中报关，但集中报关不得跨年度办理。实行集中申报的进出口货物，应当适用每次货物进出口时海关接受申报之日实施的税率、汇率。

3. 未经海关批准，保税物流中心不得擅自将所存货物抵押、质押、留置、移作他用或者进行其他处置。保税物流中心内的货物可以在中心内企业之间进行转让、转移，但必须办理相关海关手续。

4. 保税仓储货物在存储期间发生损毁或者灭失的，除不可抗力外，保税物流中心经营企业应当依法向海关缴纳损毁、灭失货物的税款，并承担相应的法律责任。

（四）保税物流中心进出货物管理

1. 保税物流中心与境外之间货物的进出

（1）从境外进入保税物流中心内的货物，凡属于规定存放范围内的货物予以保税；属于保税物流中心企业进口自用的办公用品、交通运输工具、生活消费品等，以及保税物流中心开展综合物流服务所需进口的机器、装卸设备、管理设备等，按照进口货物的有关规定和税收政策办理相关手续。

（2）保税物流中心与境外之间进出的货物，除实行出口被动配额管理和中华人民共和国参加或者缔结的国际条约及国家另有明确规定的以外，不实行进出口配额、许可证件管理。

2. 保税物流中心与境内之间货物的进出

保税物流中心内货物运往所在关区外，或者跨越关区提取保税物流中心内货物，可以在保税物流中心主管海关办理进出中心的报关手续，也可以按照海关其他规定办理相关手续。

保税物流中心与境内之间的进出货物报关，按下列规定办理：

（1）货物出中心进入境内的其他地区

保税物流中心货物出中心进入境内的其他地区视同进口，办理进口报关手续。海关审价以货物运出保税物流中心时的内销价格为基础审查确定完税价格，该价格包含的能够单独列明的在保税物流中心内发生的保险费、仓储费等费用，不计入完税价格。

属于许可证件管理的商品，应当取得有效的许可证件，海关对有关许可证件电子数据进行系统自动比对验核。

进口申报流程为：保税物流中心外企业填制进口报关单向保税物流中心主管海关申报，贸易方式根据企业贸易实际填报，保税物流中心内的企业以保税核注清单形式向海关申报，两份单证内容要求一致，同时提交海关审核。

从保税物流中心进入境内用于在保修期限内免费维修有关外国产品并符合无代价抵偿货物有关规定的零部件，或者用于国际航行船舶和航空器的物料，或者属于国家规定可以免税的货物，免征进口关税和进口环节海关代征税。

（2）境内的其他地区货物进中心

货物从境内进入保税物流中心视同出口，办理出口报关手续。如需缴纳出口关税的，应当按照规定纳税。属于许可证件管理的商品，应当取得有效的许可证件，海关对有关许可证件电子数据进行系统自动比对验核。

出口申报流程为：保税物流中心外企业填制出口报关单向保税物流中心主管海关申报，贸易方式根据企业贸易实际填报，保税物流中心内的企业以保税核注清单形式向海关申报，两份单证内容要求一致，同时提交海关审核。

从境内运入保税物流中心的原进口货物，境内发货人应当向海关办理出口报关手续，经主管海关验放；已经缴纳的关税和进口环节海关代征税，不予退还。

从境内运入保税物流中心已办结报关手续的货物或者从境内运入中心供中心企业自用的国产机器设备、装卸设备、管理设备、检测检验设备等，海关办理出口货物退税证明手续。

从境内运入保税物流中心的下列货物，海关不办理出口货物退税证明手续：

① 供中心企业自用的生活消费品、交通运输工具；

② 供中心企业自用的进口的机器设备、装卸设备、管理设备、检测检验设备等；

③ 保税物流中心之间，保税物流中心与出口加工区、保税物流园区和已实行国内货物入仓环节出口退税政策的出口监管仓库等海关特殊监管区域或者海关保税监管场所往来的货物。

第十一节　海关特殊监管区域

海关特殊监管区域包括保税区、出口加工区、保税物流园区、保税港区、综合保税区，以及珠澳跨境工业区珠海园区、中哈霍尔果斯国际边境合作中心中方配套区等。

一、保税区

（一）保税区概述

保税区，是指经国务院批准设立的，具备保税加工、保税仓储、进出口贸易和进出口商品展示等功能的海关特殊监管区域。保税区是我国最早出现的海关特殊监管区域类型。

保税区的功能包括保税仓储和展示、国际贸易、保税加工等。

（二）保税区的管理

保税区与境内其他地区之间，应设置符合海关监管要求的隔离设施。区内仅设置保税区行政管理机构和企业。除安全保卫人员外，其他人员不得在区内居住。

在保税区内设立的企业，必须向海关办理注册手续。区内企业必须依照国家有关法律、行政法规的规定设置账簿、编制报表，凭合法、有效的凭证记账并进行核算，记录有关进出保税区货物和物品的库存、转让、转移、销售、加工、使用和损耗等情况。区内企业必须与海关实行电子计算机联网，进行电子数据交换。

进出保税区的运输工具的负责人，应当持保税区主管机关批准的证件，连同运输工具的名称、数量、牌照号码及驾驶员姓名等清单，向海关办理登记备案手续。未经海关批准，从保税区到非保税区的运输工具和人员不得运输、携带保税区内的免税、保税货物。

从非保税区进入保税区的货物，按照出口货物办理手续。在办理出口手续时，不办理出口退税手续。可享受出口退税的货物应当在货物实际离境后办理。

保税区内的转口货物可以在区内仓库或者区内其他场所进行分级、挑选、印刷运输标志、改换包装等简单加工。

海关对进出保税区的货物、物品、运输工具、人员及区内有关场所进行检查、查验。

（三）保税区的加工贸易管理

保税区企业开展加工贸易，不实行银行保证金台账制度。加工贸易单耗标准不适用于保税区内的加工贸易管理。

区内企业加工贸易进口保税料件，除法律、行政法规另有规定外，不实行进口许可证件管理。

区内加工企业加工的制成品及其在加工过程中产生的边角余料运往境外时，应当按照国家有关规定向海关办理手续，除法律、行政法规另有规定外，免征出口关税。区内加工企业将区内加工贸易料件及制成品，在加工过程中产生的副产品、残次品、边角料运往非保税区时，应当依照国家有关规定向海关办理进口报关手续，并依法纳税，免交缓税利息。

区内加工企业内销保税加工进口料件或者其制成品，海关以内销价格为基础，审查确定完税价格。区内加工企业内销的制成品中，如果含有从境内采购的料件，海关以制成品所含从境外购入料件的原进口成交价格为基础，审查确定完税价格；内销的保税加工进口料件或者其制成品的进口价格不能确定的，海关以接受内销申报的同时或者大约同时内销的相同或者类似的保税货物的内销价格为基础确定完税价格。区内加工企业内销的保税加工过程中产生的边角料、废品、残次品和副产品，以其内销价格为基础，审查确定完税价格。

区内加工企业委托非保税区企业或者接受非保税区企业委托进行加工业务，应当事先经海关批准，并符合下列条件：

1. 在区内拥有生产场所，并已经正式开展加工业务。

2. 委托非保税区企业的加工业务，主要工序应当在区内进行。

3. 委托非保税区企业加工业务的期限为6个月；有特殊情况需要延长期限的，应当向海关申请延期，延期期限为6个月。在非保税区加工完毕的产品应当运回保税区；需要从非保税区直接出口的，应当向海关办理核销手续。

4. 接受非保税区企业委托加工的，由区内加工企业向海关办理委托加工料、件的备案手续，委托加工的料、件及产品应当与区内企业的料、件及产品分别建立账册并分别使用。加工完毕的产品应当运回非保税区企业，并由区内加工企业向海关销案。

5. 委托非保税区企业进行加工业务的，由非保税区企业向当地海关办理手册设立手续。

（四）保税区货物的进出

1. 进出境

进出境报关采用报关制和备案制相结合的运行机制，即保税区与境外之间进出境货物，属自用的，采取报关制，填写进出口货物报关单；属非自用的，包括加工出口、转口、仓储和展示，采取备案制，填写进出境货物备案清单或保税核注清单。也就是说，保税区内企业的加工贸易料件、转口贸易货物、仓储货物进出境，由收货人或其代理人填写进出境货物备案清单或保税核注清单向海关报关报备；对保税区内企业进口自用合理数量的机器设备、管理设备、办公用品及工作人员所需自用合理数量的应税物品及货样，由收货人或其代理人填写进口货物报关单向海关报关。

保税区与境外之间进出的货物，除法律、行政法规另有规定外，不实行进出口许可证件管理。

为保税加工、保税仓储、转口贸易、展示而从境外进入保税区的货物可以保税。

从境外进入保税区的以下货物可以免税：

（1）区内生产性的基础设施建设项目所需的机器、设备和其他基建物资；

（2）区内企业自用的生产、管理设备和自用合理数量的办公用品及其所需的维修零配件，生产用燃料，建设生产厂房、仓储设施所需的物资、设备，但是交通车辆和生活用品除外；

（3）保税区行政管理机构自用合理数量的管理设备和办公用品及其所需的维修零配件。

2. 进出区

（1）保税加工货物进出区

进区，报出口，要有加工贸易电子化手册或者电子账册编号，填写出口货物报关单。属于许可证件管理的商品，应当取得有效的出口许可证件，海关对有关出口许可证件电子数据进行系统自动比对验核。出口应当征收出口关税的商品，须缴纳出口关税，海关不予办理出口货物退税证明手续，待货物实际离境后办理出口货物退税证明手续。

出区，报进口，海关按照货物出区时的实际监管方式办理相关手续。

（2）设备进出区

不管是施工设备还是投资设备，进出区均需向保税区海关备案，设备进区不填写报关单，不缴纳出口税，海关不予办理出口货物退税证明手续，设备从国外进口已征进口税的，不退进口税；设备退出区外，也不必填写报关单进行申报，但要报主管海关销案。

二、保税物流园区

（一）保税物流园区概述

1. 保税物流园区的概念

保税物流园区是指经国务院批准，在保税区规划面积内或者毗邻保税区的特定港区内设立的，专门发展现代国际物流的海关特殊监管区域。

2. 保税物流园区的功能

保税物流园区是以仓储物流为主的海关监管特殊区域，主要有以下功能：

（1）存储进出口货物及其他未办结海关手续货物；

（2）对所存货物开展流通性简单加工和增值服务；

（3）进出口贸易，包括转口贸易；

（4）国际采购、分销和配送；

（5）国际中转；

（6）检测、维修；

（7）商品展示；

（8）经海关批准的其他国际物流业务。

（二）保税物流园区的管理

保税物流园区与境内其他地区之间应当设置符合海关监管要求的卡口、围网隔离设施、视频监控系统及其他海关监管所需的设施。海关在园区派驻机构，依照有关法律、行政法规，对进出园区的货物、运输工具、个人携带物品及园区内相关场所实行24小时监管。除安全人员和相关部门、企业值班人员外，其他人员不得在园区内居住。园区内不得建立工业生产加工场所和商业性消费设施，不得开展商业零售、加工制造、翻新、拆解及其他与园区无关的业务。

1. 企业管理

保税物流园区行政管理机构及其经营主体、在保税物流园区内设立的企业等单位的办公场所应当设置在园区规划面积内、围网外的园区综合办公区内。

海关对园区企业实行电子账册监管制度和计算机联网管理制度。

园区行政管理机构或者其经营主体应当在海关指导下，通过电子口岸建立供海关、园区企业及其他相关部门进行电子数据交换和信息共享的计算机公共信息平台。

园区企业应当建立符合海关监管要求的电子计算机管理系统，提供海关查阅数据的终端设备，按照海关规定的认证方式和数据标准与海关进行联网。

园区企业应当依照法律、行政法规的规定，规范财务管理，设置符合海关监管要求的账簿、报表，记录本企业的财务状况和有关进出园区货物、物品的库存、转让、转移、销售、简单加工、使用等情况，如实填写有关单证、账册，凭合法、有效的凭证记账和核算。

园区企业变更营业场所面积、地址、名称、组织机构、性质、法定代表人等注册登记内容的，应当在变更后5个工作日内向主管海关书面报告。

2. 物流管理

园区货物不设存储期限，但园区企业自开展业务之日起，应当每年向园区主管海关办理报核手续。园区主管海关应当自受理报核申请之日起30天内予以核库。企业有关账册、原始数据应当自核库结束之日起至少保留3年。

经主管海关批准，园区企业可以在园区综合办公区专用的展示场所举办商品展示活动。展示的货物应当在园区主管海关备案，并接受海关监管。

园区内货物可以自由流转。园区企业转让、转移货物时应当将货物的具体品名、数量、金额等有关事项向海关进行电子数据备案，并在转让、转移后向海关办理报核手续。

未经园区主管海关许可，园区企业不得将所存货物抵押、质押、留置、移作他用或者进行其他处置。

园区与区外非海关特殊监管区域或者保税监管场所之间货物的往来，企业可以使用其他非海关监管车辆承运。承运车辆进出园区通道时应当经海关登记，海关可以对货物和承运车辆进行查验、检查。

3. 放弃、损坏、损毁、灭失货物的处理

除法律、行政法规规定不得声明放弃的货物外，园区企业可以申请放弃货物。放弃的

货物由主管海关依法提取变卖，变卖收入由海关按照有关规定处理。依法变卖后，企业凭放弃该批货物的申请和园区主管海关提取变卖该货物的有关单证办理核销手续。确因无使用价值无法变卖并经海关核准的，由企业自行处理，园区主管海关直接办理核销手续。放弃货物在海关提取变卖前所需的仓储等费用，由企业自行承担。

对按照规定应当销毁的放弃货物，由企业负责销毁，园区主管海关可以派员监督。园区主管海关凭有关主管部门的证明材料办理核销手续。

因不可抗力造成园区货物损坏、损毁、灭失的，园区企业应当及时书面报告园区主管海关，说明理由并提供保险、灾害鉴定部门的有关证明。经主管海关核实确认后，按照下列规定处理：

（1）货物灭失，或者完全失去使用价值的，海关予以办理核销和免税手续。

（2）进境货物损坏、损毁，失去原使用价值但可再利用的，园区企业可以向园区主管海关办理退运手续，如不退运出境并要求运往区外的，由区内企业提出申请，并经主管海关核准，根据受灾货物的使用价值估价、征税后运出园区外。

（3）区外进入园区的货物损坏、损毁，失去原使用价值但可再利用，且需向出口企业进行退换的，可以退换为与损坏货物同一品名、规格、数量、价格的货物，并向园区主管海关办理退运手续。退运到区外的，如属于尚未办理出口退税手续的，可以向园区主管海关办理退运手续；如属于已经办理出口退税手续的，按照进境货物运往区外的有关规定办理。

因保管不善等非不可抗力因素造成货物损坏、损毁、灭失的，按下列规定办理：

（1）对于从境外进入园区的货物，园区企业应当按照一般进口货物的规定，以货物进入园区时海关接受申报之日适用的税率、汇率，依法向海关缴纳损毁、灭失货物原价值的关税、进口环节增值税和消费税。

（2）对于从区外进入园区的货物，园区企业应当重新缴纳因出口而退还的国内环节有关税收，海关据此办理核销手续。

（三）保税物流园区货物的进出

1. 保税物流园区与境外之间进出货物

海关对园区与境外之间进出的货物实行备案制管理，但园区自用的免税进口货物、国际中转货物或者法律、行政法规另有规定的货物除外。

园区内开展整箱进出、二次拼箱等国际中转业务的，由开展此项业务的企业向海关发送电子舱单数据，园区企业向园区主管海关申请提箱、集运等，凭舱单等单证办理进出境申报手续。

保税物流园区与境外之间进出货物的报关程序如下：

（1）境外货物运入园区

境外货物到港后，园区企业及其代理人可以先凭舱单将货物直接运到园区，再凭进境货物备案清单向园区主管海关办理申报手续。除法律、行政法规另有规定的外，境外运入园区的货物不实行许可证件管理。

境外运入园区的下列货物保税：园区企业为开展业务所需的货物及其包装物料，加工贸易进口货物，转口贸易货物，外商暂存货物，供应国际航行船舶和航空器的物料、维修用零部件，进口寄售货物，进境检测、维修货物及其零配件，看样订货的展览品、样品，未办结海关手续的一般贸易货物，经海关批准的其他进境货物。

境外运入园区的下列货物免税：园区的基础设施建设项目所需的设备、物资等；园区企业为开展业务所需机器、装卸设备、仓储设施、管理设备，以及其维修用消耗品、零配件及工具；园区行政机构及其经营主体、园区企业自用合理数量的办公用品。

境外运入园区的园区行政机构及其经营主体、园区企业自用交通运输工具及电视机、摄像机、录像机、放像机、音响设备、空调器、电冰箱、洗衣机、照相机、复印机、程控电话交换机、微型计算机及外设、电话机、无线寻呼系统、传真机、电子计算器、打字机及文字处理机、家具、灯具和餐料等 20 种商品和生活消费品，按一般进口货物的有关规定和程序办理申报手续。

（2）园区货物运往境外

从园区运往境外的货物，除法律、行政法规另有规定外，免征出口关税，不实行许可证件管理。

进境货物未经流通性简单加工，需原状退运出境的，园区企业可以向园区主管海关申请办理退运手续。

2. 保税物流园区与境内区外之间进出货物

园区与区外之间进出的货物，由区内企业或者区外的收发货人或其代理人在园区主管海关办理申报手续。

除法律、行政法规规定不得集中申报的货物外，园区企业少批量、多批次进出货物的，经主管海关批准可以办理集中申报手续，并适用每次货物进出口时海关接受该货物申报之日实施的税率、汇率。集中申报的期限不得超过 1 个月，且不得跨年度办理。

保税物流园区与区外之间进出货物的报关程序如下：

（1）园区货物运往区外

园区货物运往区外，视同进口。园区企业或者区外收货人或其代理人按照进口货物的有关规定向园区主管海关申报，海关按照货物出园区时的实际监管方式办理相关手续。

从园区到区外的货物涉及免税的，海关按照进口免税货物的有关规定办理。

园区企业跨关区配送货物或者异地企业跨关区到园区提取货物的，应当按照规定向海关办理相关手续。

供区内行政管理机构及其经营主体和区内企业使用的机器、设备和办公用品等需要运往区外进行检测、维修的，应当向园区主管海关提出申请，经主管海关核准、登记后方可运往区外。运往区外检测、维修的机器、设备和办公用品等不得留在区外使用，并自运出之日起 60 天内运回区内。因特殊情况不能如期运回的，园区行政管理机构及其经营主体和园区内企业应当于期满前 10 天内，以书面形式向园区主管海关申请延期，延长期限不得超过 30 天。

检测、维修完毕运进园区的机器、设备等应当为原物。有更换新零配件或者附件的，原零配件或者附件应当一并运回园区。对在区外更换的国产零配件或者附件，如需退税，由企业提出申请，园区主管海关按照出口货物的有关规定办理。

园区企业在区外其他地方举办商品展示活动的，应当比照海关对暂时进境货物的管理规定办理有关手续。

（2）区外货物运入园区

区外货物运入园区，视同出口，由区内企业或者区外的发货人或其代理人向园区主管海关办理出口申报手续。属于应当缴纳出口关税的商品，应当照章纳税；属于许可证件管理的商品，应当取得有效的出口许可证件，海关对有关出口许可证件电子数据进行系统自动比对验核。

境内区外货物、设备以出口报关方式进入园区的，其出口退税按照国家有关规定办理。境内区外货物、设备属于原进口货物、设备的，原已缴纳的关税、进口环节海关代征税海关不予退还。

（3）保税物流园区与其他特殊监管区域、保税监管场所之间往来货物

海关对于园区与海关其他特殊监管区域或者保税监管场所之间往来的货物，继续实行保税监管。但货物从未实行国内货物入区（仓）环节出口退税制度的海关特殊监管区域或者保税监管场所转入园区的，按照货物实际离境的有关规定办理申报手续。

园区与其他特殊监管区域、保税监管场所之间的货物交易、流转，不征收进出口环节和国内流通环节的有关税收。

三、保税港区（综合保税区）

（一）保税港区（综合保税区）概述

1. 保税港区（综合保税区）的概念

保税港区是指经国务院批准，设立在国家对外开放的口岸港区和与之相连的特定区域内，具有口岸、物流、加工等功能的海关特殊监管区域。

综合保税区是设立在内陆地区的具有保税港区功能的海关特殊监管区域，由海关参照有关规定进行管理，执行保税港区的税收和外汇政策，具有和保税港区相同的保税加工、保税物流等功能的海关监管特殊区域。

本小节中以下对保税港区的描述，同样适用于综合保税区，出口加工区参照执行。

2. 保税港区的功能

保税港区可以开展下列业务：

（1）存储进出口货物和其他未办结海关手续的货物；

（2）国际转口贸易；

（3）国际采购、分销和配送；

（4）国际中转；

（5）检测和售后服务维修；

（6）商品展示；

（7）研发、加工、制造；

（8）港口作业；

（9）经海关批准的其他业务。

（二）保税港区的管理

保税港区实行封闭式管理。保税港区与中华人民共和国关境内的其他地区之间设置符合海关监管要求的卡口、围网、视频监控系统及海关监管所需的其他设施。

保税港区享受的税收和外汇管理政策为：国外货物入港区保税；货物出港区进入境内销售按货物进口的有关规定办理报关手续，并按货物实际状态征税；区外货物入港区视同出口，实行退税。

保税港区内不得居住人员；除保障保税港区内人员正常工作、生活需要的非营利性设

施外，保税港区内不得建立商业性生活消费设施和开展商业零售业务；国家禁止进出口的货物、物品不得进出保税港区；区内企业的生产经营活动应当符合国家产业发展要求，不得开展高耗能、高污染和资源性产品及列入《加工贸易禁止类商品目录》商品的加工贸易业务。

区内企业设立电子账册，电子账册的备案、核销等作业按有关规定执行，海关对保税港区内加工贸易货物不实行单耗标准管理。

区内企业应当自开展业务之日起，定期向海关报送货物的进区、出区和储存情况。

1. 物流管理

海关对进出保税港区的运输工具、货物、物品及保税港区内企业、场所进行监管。

申请在保税港区内开展维修业务的企业应当具有企业法人资格，并在保税港区主管海关登记备案。

经保税港区主管海关批准，区内企业可以在保税港区综合办公区专用的展示场所举办商品展示活动。展示的货物应当在海关备案，并接受海关监管。

保税港区内货物可以自由流转。区内企业转让、转移货物的，双方企业应当及时向海关报送转让、转移货物的品名、数量、金额等电子数据信息。

保税港区货物不设存储期限。

经海关核准，区内企业可以办理集中申报手续。实行集中申报的区内企业应当对1个自然月内的申报清单数据进行归并，填制进出口货物报关单，在次月月底前向海关办理集中申报手续。集中申报适用报关单集中申报之日实施的税率、汇率。集中申报不得跨年度办理。

2. 放弃、损毁、灭失货物的处理

区内企业申请放弃的货物，经海关及有关主管部门核准后，由保税港区主管海关依法提取变卖，变卖收入由海关按照有关规定处理，但法律、行政法规和海关规章规定不得放弃的货物除外。

因不可抗力造成保税港区货物损毁、灭失的，区内企业应当及时书面报告保税港区主管海关，说明情况并提供灾害鉴定部门的有关证明。经保税港区主管海关核实确认后，按照下列规定处理：

（1）货物灭失，或者虽未灭失但完全失去使用价值的，海关予以办理核销和免税手续；

（2）进境货物损毁，失去部分使用价值的，区内企业可以向海关办理退运手续，如不退运出境并要求运往区外的，由区内企业提出申请，经保税港区主管海关核准，按照海关审定的价格进行征税；

（3）区外进入保税港区的货物损毁，失去部分使用价值，且需向出口企业进行退换的，可以退换为与损毁货物相同或者类似的货物，并向保税港区主管海关办理退运手续。

需退运到区外的，属于尚未办理出口退税手续的，可以向保税港区主管海关办理退运手续；属于已经办理出口退税手续的，按照进境货物运往区外的规定办理。

因保管不善等非不可抗力因素造成货物损毁、灭失的，区内企业应当及时书面报告保税港区主管海关，说明情况。经保税港区主管海关核实确认后，按照下列规定办理：

（1）从境外进入保税港区的货物，区内企业应当按照一般贸易进口货物的规定，按照海关审定的货物损毁或灭失前的完税价格，以货物损毁或灭失之日适用的税率、汇率缴纳关税、进口环节海关代征税；

(2) 从区外进入保税港区的货物，区内企业应当重新缴纳因出口而退还的国内环节有关税收，海关据此办理核销手续，已缴纳出口关税的，不予退还；

(3) 从区外进入保税港区供保税港区行政管理机构和区内企业使用的生活消费用品和交通运输工具，海关不予办理出口货物退税证明手续；

(4) 从区外进入保税港区的原进口货物、包装物料、设备、基建物资等，区外企业应当向海关提供上述货物或者物品的清单，按照出口货物的有关规定办理申报手续，海关不予办理出口货物退税证明手续，原已缴纳的关税、进口环节海关代征税不予退还。

(三) 保税港区货物的进出

1. 保税港区与境外之间进出货物

海关对保税港区与境外之间进出的货物实行备案制管理，对从境外进入保税港区的货物予以保税。货物的收发货人或者代理人应当如实填写进出境货物备案清单，向海关备案。

下列货物从境外进入保税港区，海关免征进口关税和进口环节海关代征税：

(1) 区内生产性的基础设施建设项目所需的机器、设备和建设生产厂房、仓储设施所需的基建物资；

(2) 区内企业生产所需的机器、设备、模具及其维修用零配件；

(3) 区内企业和行政管理机构自用合理数量的办公用品。

从境外进入保税港区，供区内企业和行政管理机构自用的交通运输工具及电视机、摄像机、录像机、放像机、音响设备、空调器、电冰箱、洗衣机、照相机、复印机、程控电话交换机、微型计算机及外设、电话机、无线寻呼系统、传真机、电子计算器、打字机及文字处理机、家具、灯具和餐料等 20 种商品和生活消费用品，按进口货物的有关规定办理报关手续，海关按照有关规定征收进口关税和进口环节海关代征税。

从保税港区运往境外的货物免征出口关税。

保税港区与境外之间进出的货物，除法律、行政法规另有规定的外，不实行进出口配额、许可证件管理。

对于同一配额、许可证件项下的货物，海关在进区环节已经验核配额、许可证件的，在出境环节不再要求企业出具配额、许可证件原件。

2. 保税港区与区外非特殊监管区域或场所之间进出货物

保税港区与区外之间进出的货物，区内企业或者区外收发货人按照进出口货物的有关规定向保税港区主管海关办理申报手续。需要征税的，区内企业或者区外收发货人按照货物进出区时的实际状态缴纳税款；属于配额、许可证件管理商品的，区内企业或者区外收货人还应当向海关出具配额、许可证件。海关对有关许可证件电子数据进行系统自动比对验核。对于同一配额、许可证件项下的货物，海关在进境环节已经验核配额、许可证件的，在出区环节不再要求企业出具配额、许可证件原件。

(1) 区内货物出区直接进入生产或消费领域流通的，按进口货物办理进口手续，属于优惠贸易协定项下货物，符合海关总署相关原产地管理规定的，按协定税率或者特惠税率办理海关征税手续。

区内货物出区符合保税或者特定减免税条件的，可以按保税货物或者特定减免税货物办理海关手续。

（2）区内企业生产的加工贸易成品及在加工生产过程中产生的残次品、副产品出区内销的，按进口货物办理进口手续，海关按内销时的实际状态征税。属于进口配额、许可证件管理的，区内企业或者区外收货人还应当向海关出具配额、许可证件。海关对有关许可证件电子数据进行系统自动比对验核。区内企业在加工生产过程中产生的边角料、废品，以及加工生产、储存、运输等过程中产生的包装物料，区内企业提出书面申请并且经海关批准的，可以运往区外，海关按出区时的实际状态征税。属于进口配额、许可证件管理的，免领进口配额、许可证件；列入《禁止进口废物目录》的废物及其他危险废物需出区进行处置的，有关企业凭保税港区行政管理机构及所在地的市级环保部门批件等材料，向海关办理出区手续。

（3）区内企业在区外其他地方举办商品展示活动的，比照海关对暂时进境货物的管理规定办理有关手续。

（4）港区内使用的机器、设备、模具和办公用品等海关监管货物，可以比照进境修理货物的有关规定，运往区外进行检测、维修。区内企业将模具运往区外进行检测、维修的，应当留存模具所生产产品的样品或者图片资料。

运往区外进行检测、维修的机器、设备、模具和办公用品等，不得在区外用于加工生产和使用，并且应当自运出之日起 60 日内运回保税港区。因特殊情况不能如期运回的，区内企业或者保税港区行政管理机构应当在期限届满前 7 日内，以书面形式向海关申请延期，延长期限不得超过 30 日。检测、维修完毕运回保税港区的机器、设备、模具和办公用品等应当为原物。有更换新零件、配件或者附件的，原零件、配件或者附件应当一并运回保税港区。对在区外更换的国产零件、配件或者附件，需要退税的，由企业按照出口货物的有关规定办理手续。

（5）区内企业需要将模具、原材料、半成品等运往区外进行加工的，应当在开展外发加工前，凭承揽加工合同或者协议、区内企业签章确认的承揽企业生产能力状况等材料，向保税港区主管海关办理外发加工手续。

委托区外企业加工的期限不得超过合同或者协议有效期，加工完毕后的货物应当按期运回保税港区。在区外开展外发加工产生的边角料、废品、残次品、副产品不运回保税港区的，海关应当按照实际状态征税。区内企业凭出区时委托区外加工申请书及有关单证，向海关办理验放核销手续。

（6）海关监管货物从保税港区与区外之间进出的，保税港区主管海关可以要求提供相应的担保。

（7）境内区外货物、设备以出口报关方式进入保税港区的，其出口退税按照国家有关规定办理；境内区外货物、设备属于原进口货物、设备的，原已缴纳的关税、进口环节海关代征税海关不予退还。

除另有规定外，海关对前款货物比照保税货物进行管理，对前款设备比照减免税设备进行管理。

3. 保税港区与其他海关特殊监管区域或者保税监管场所之间往来的货物

海关对于保税港区与其他海关特殊监管区域或者保税监管场所之间往来的货物，实行保税监管。但货物从未实行国内货物入区（仓）环节出口退税制度的海关特殊监管区域或者保税监管场所转入保税港区的，视同货物实际离境。

保税港区与其他海关特殊监管区域或者保税监管场所之间的流转货物，不征收进出口环节的有关税收。

四、其他海关特殊监管区域

实行特殊海关管理政策的区域除了保税区、出口加工区、保税物流园区、保税港区、综合保税区外，还有珠澳跨境工业区珠海园区、中哈霍尔果斯国际边境合作中心中方配套区等。根据相关政策，除保税区外，其他海关特殊监管区域将统一整合优化为综合保税区。

五、海关特殊监管区域和保税监管场所保税货物流转管理

(一) 含义

海关特殊监管区域和保税监管场所保税货物流转（设备结转），是指海关特殊监管区域和保税监管场所内企业（转出企业）将保税货物（设备结转）转入其他海关特殊监管区域和保税监管场所内企业（转入企业）的经营活动。

保税货物流转（设备结转）包括海关特殊监管区域之间的保税货物流转、海关特殊监管区域与保税物流中心（B 型）之间的保税货物流转和保税物流中心（B 型）之间的保税货物流转。

(二) 保税核注清单的管理

保税核注清单是金关二期保税底账核注的专用单证，属于办理保税监管业务的相关单证。

1. 企业已设立金关二期保税底账的，在办理货物进出境，进出海关特殊监管区域、保税监管场所，以及开展海关特殊监管区域、保税监管场所、加工贸易企业间保税货物流（结）转业务的，相关企业应按照金关二期保税核注清单系统设定的格式和填制要求向海关报送保税核注清单数据信息，再根据实际业务需要办理报关手续。

2. 为简化保税货物报关手续，在金关二期保税核注清单系统启用后，企业办理加工贸易货物余料结转、加工贸易货物销毁（处置后未获得收入）、加工贸易不作价设备结转手续的，可不再办理报关单申报手续；海关特殊监管区域、保税监管场所间或与区（场所）外企业间进出货物的，区（场所）内企业可不再办理备案清单申报手续。

3. 企业报送保税核注清单后需要办理报关单（备案清单）申报手续的，报关单（备案清单）申报数据由保税核注清单数据归并生成。

4. 海关特殊监管区域、保税监管场所、加工贸易企业间加工贸易及保税货物流转，应先由转入企业报送进口保税核注清单，再由转出企业报送出口保税核注清单。

5. 海关接受企业报送保税核注清单后，保税核注清单需要修改或者撤销的，按以下方式处理：

（1）货物进出口报关单（备案清单）需撤销的，其对应的保税核注清单应一并撤销；

（2）保税核注清单无需办理报关单（备案清单）申报或对应报关单（备案清单）尚未申报的，只能申请撤销；

（3）货物进出口报关单（备案清单）修改项目涉及保税核注清单修改的，应先修改清单，确保清单与报关单（备案清单）的一致性；

（4）报关单、保税核注清单修改项目涉及保税底账已备案数据的，应先变更保税底账

数据；

（5）保税底账已核销的，保税核注清单不得修改、撤销；

（6）海关对保税核注清单数据有布控复核要求的，在办结相关手续前不得修改或者撤销保税核注清单。

6. 符合下列条件的保税核注清单商品项可归并为报关单（备案清单）同一商品项：

（1）料号级料件同时满足10位商品编码相同、申报计量单位相同、中文商品名称相同、币制相同、原产国相同的，可予以归并。其中，根据相关规定可予保税的消耗性物料与其他保税料件不得归并；因管理需要，海关或企业认为需要单列的商品不得归并。

（2）出口成品同时满足10位商品编码相同、申报计量单位相同、中文商品名称相同、币制相同、最终目的国相同的，可予以归并。其中，出口应税商品不得归并；涉及单耗标准与不涉及单耗标准的料号级成品不得归并；因管理需要，海关或企业认为需要单列的商品不得归并。

（三）保税货物流转的管理

1. 转入、转出企业应对保税货物流转（设备结转）情况协商一致后，按照要求报送保税核注清单，其中下列栏目应符合要求：

（1）清单类型填报普通清单；

（2）关联清单编号由转出企业填报对应转入企业的进口保税核注清单编号；

（3）关联备案编号填写对方手（账）册备案号；

（4）设备结转时，监管方式应填设备进出区（监管方式代码5300）。

2. 转入、转出保税核注清单按10位商品编码进行汇总比对，商品编码比对一致且法定数量相同的，双方核注清单比对成功；系统比对不成功的，按双方核注清单商品编码前8位进行汇总比对，商品编码比对一致且法定数量相同的，转人工比对。商品编码比对不一致或法定数量不同的，对转出保税核注清单予以退单，由转入转出双方协商，并根据协商结果对保税核注清单进行相应修改或撤销。

3. 流转双方对同一商品的商品编码协商不一致时应按转入地海关依据商品归类的有关规定认定的商品编码确定。

4. 转入、转出保税核注清单均已审核通过的，企业进行实际收发货，并按相关要求办理卡口核放手续。

5. 流转双方企业可不再办理报关申报手续。对报关申报有特殊要求的从其规定。

6. 设备结转时，由转入企业向主管海关申请调整设备底账监管年限截止日期。

海关特殊监管区域和保税物流中心与区外加工贸易企业、其他保税监管场所间的保税货物流转（设备结转）参照上述规定办理。

六、自贸试验区政策复制推广

从2013年开始，国家先后在上海、天津、广东、福建、辽宁、浙江、河南、湖北、重庆、四川、陕西设立了11个自贸试验区。部分海关创新监管制度在自贸试验区先行先试，试点成功后，在全国范围内复制推广。

（一）先进区、后报关

1. 含义

指在海关特殊监管区域境外入区环节，允许经海关注册登记的区内企业凭进境货物的舱单等信息先向海关简要申报，并办理口岸提货和货物进区手续，再在规定时限内向海关办理进境货物正式申报手续，海关依托“海关特殊监管区域信息化辅助管理系统”，通过风险分析进行有效监管的一种作业模式。

2. 适用条件

（1）企业资质

经审核批准的海关特殊监管区域内一般信用及以上企业。

（2）货物状态

进境入区货物属于国家禁止或者限制进境货物的不得开展“先进区、后报关”业务。

（3）业务规则

① 货物须在提货后 24 小时内运入海关特殊监管区域，承运货物的运输工具应符合海关监管要求；

② 进区货物须在 14 天内办理报关手续；

③ 先入区的货物在未办理完报关（报备）手续前不得出区，但可以在区内使用；

④ 舱单布控的货物暂不采取该形式通关。

（二）区内自行运输

1. 含义

指经海关注册登记的海关特殊监管区域内企业，可以使用非海关监管车辆，在不同海关特殊监管区域、保税物流中心之间自行运输货物的作业模式。

2. 适用条件

（1）企业资质

经审核批准的海关特殊监管区域内一般信用及以上企业。

（2）业务范围

适用于不同海关特殊监管区域、保税物流中心之间流转的货物。

（3）业务规则

未经转出地主管海关同意，车辆不得在“自行运输”途中擅自停留、装卸或者拼载其他货物。

（三）加工贸易工单式核销

具体参照本章第五节相关内容。

（四）保税展示交易

1. 含义

指经海关注册登记的海关特殊监管区域内企业将海关特殊监管区域及保税物流中心（B 型）内的保税货物凭保后运至区域外进行展示和销售的经营活动。

2. 适用条件

（1）开展保税展示交易的场所，为海关特殊监管区域规划面积以内、围网以外综合办公区专用的展示场所，或者海关特殊监管区域以外其他固定场所。海关特殊监管区域围网内不得开展保税货物的展示交易业务。开展保税展示交易业务的场所，应具备固定的经营场地，符合海关监管要求。展示期间，展示经营企业需变更展示地点的，应当经主管海关同意。

保税展示交易业务原则上应在展示经营企业所在直属关区范围内开展。

（2）展示经营企业应对保税展示交易货物实施账册管理，详细记录保税展示交易货物在展示期间的进、出、存、销等情况。

（3）保税展示交易涉及许可证件的，展示经营企业须在货物销售前向主管海关提供许可证件。未经海关批准，展示经营企业不得将保税展示交易货物用于展示、交易以外的其他用途。

（4）保税展示交易销售时，海关应按照《中华人民共和国海关审定内销保税货物完税价格办法》（以下简称《内销保税货物审价办法》）有关规定审定完税价格。

货物在出区展示期间发生内销的，区内企业应当在规定日期内向主管海关集中办理进口征税手续，集中申报不得跨年度办理，主管海关征税放行后，辅助系统自动退还区内企业的担保额度。

（5）货物出区展示完毕，区内企业应当通过辅助系统办理货物回区手续，最长不得超过货物出区之日起6个月；因特殊情况需要延长期限的，区内企业应当向主管海关办理延期手续，延期最多不超过3次，每次延长期限不超过6个月。

企业需定期向海关申报出区展示货物情况。

（五）境内外维修

1. 含义

（1）企业以保税方式将存在部件损坏、功能失效、质量缺陷等问题的货物（以下简称“待维修货物”）从境外运入区域内进行检测、维修后复运出境。

（2）企业将待维修货物从境内（区域外）运入区域内进行检测、维修后复运回境内（区域外）。

2. 适用条件

（1）企业资质

对符合以下条件的企业，主管海关在为其设立保税维修电子账册后实施监管：

① 建立符合海关监管要求的管理制度和计算机管理系统，能够实现对维修耗用等信息的全程跟踪。

② 与海关之间实行计算机联网并能够按照海关监管要求进行数据交换。

③ 能够对待维修货物、已维修货物（包括经检测维修不能修复的货物）、维修用料件、维修过程中替换下的坏损零部件（以下简称“维修坏件”）、维修用料件在维修过程中产生的边角料（以下简称“维修边角料”）进行专门管理。按照法律、法规和规章规定须由区域管理部门批准的，企业应当提供有关批准文件。

（2）业务范围

海关特殊监管区域内企业可开展以下保税维修业务：

① 法律、法规和规章允许的；

② 国务院批准和国家有关部门批准同意开展的；

③ 区域内企业内销产品包括区域内企业自产或本集团内其他境内企业生产的在境内（区域外）销售的产品的返区维修。

（3）业务规则

① 主管海关为企业设立保税维修H账册，账册表头的保税方式字段为“保税维修”，

建立待维修货物、已维修货物、维修用料件的电子底账。

② 企业应当如实申报保税维修货物的进、出、转、存和耗用情况，海关按照规定办理核销手续。

③ 待维修货物从境外运入区域内进行检测、维修（包括经检测维修不能修复的）后应当复运出境。待维修货物从境外进入区域和已维修货物复运出境，主管海关应当审核区域内企业填报的进（出）境货物备案清单，监管方式为“保税维修”（代码 1371）。

④ 待维修货物从境内（区域外）进入区域，主管海关应当审核区域外企业或区域内企业填报的出口货物报关单，监管方式为“修理物品”（代码 1300），同时审核区域内企业填报的进境货物备案清单，监管方式为“保税维修”（代码 1371）。

⑤ 已维修货物复运回境内（区域外），主管海关应当审核区域外企业或区域内企业填报的进口货物报关单，监管方式为“修理物品”（代码 1300），已维修货物和维修费用分列商品项填报。已维修货物商品项数量为实际出区域数量，征减免税方式为“全免”；维修费用商品项数量为 0.1，征减免税方式为“照章征税”，商品编号栏目按已维修货物的编码填报。同时，应当审核区域内企业填报的出境货物备案清单，监管方式为“保税维修”（代码 1371），商品名称按已维修货物的实际名称填报。

已维修货物复运回境内（区域外），主管海关应当根据企业提交的维修合同（或含有保修条款的内销合同）、维修发票等单证，以保税维修业务耗用的保税料件费和修理费为基础审查确定维修费用完税价格，按照接受已维修货物申报复运回境内（区域外）之日适用的税率、汇率计征进口税款。对外发至区域外进行部分工序维修时发生的维修费用，如能单独列明的，可以从完税价格中予以扣除。

⑥ 维修用料件按照保税货物实施管理，主管海关应当根据《海关特殊监管区域进出口货物报关单、进出境货物备案清单填制规范》和《报关单填制规范》对监管方式等有关栏目的规定审核维修用料件进出境、进出区域、结转等的申报。

⑦ 对从境外进入区域的待维修货物产生的维修坏件和维修边角料原则上应复运出境，监管方式为“进料边角料复出”（代码 0864）或“来料边角料复出”（代码 0865）。确实无法复运出境的，应按照相关规定办理报关手续后运至境内（区域外）。对从境内（区域外）进入区域的待维修货物产生的维修坏件和维修边角料，可通过辅助管理系统登记后运至境内（区域外）。维修坏件和维修边角料属于固体废物的，应符合国家对固体货物的相关管理规定。

⑧ 在进出境申报时，主管海关应当按进出境实际运输方式审核进（出）境货物备案清单的运输方式栏目。在自境内进出区申报时，主管海关应当按填制规范审核进出口货物报关单、进（出）境货物备案清单的运输方式栏目。

⑨ 维修业务开展过程中，由于部分工艺受限等原因，区域内企业可以将维修货物外发至区域外进行部分工序维修。

（六）期货保税交割

1. 含义

指以海关特殊监管区域内处于保税监管状态的货物作为期货交割标的物的一种销售方式。

2. 适用条件

（1）企业资质

① 开展期货保税交割的海关特殊监管区域内仓储企业应当符合期货交易所的认定条件。

② 期货交易所开展期货保税交割业务应当与海关实现计算机联网，并实时向海关提供保税交割结算单、保税标准仓单等电子信息。开展期货保税交割业务的货物种类应为期货交易所上市品种。

（2）业务规则

① 保税交割货物实施电子账册管理，可与其他保税仓储货物使用同一本电子账册；

② 保税交割货物应当堆放在交割仓库中的期货交易所指定位置，并设置明显标志，保税交割货物和普通保税货物应当分开存放；

③ 交割仓库应当对货物做好质押标记，妥善保管，已质押的仓单不得进行交割、转让、提货、挂失等操作；

④ 期货保税交割完成后如需提货出境、出区的，交割仓库应当凭期货交易所出具的销售凭证等作为随附单证向海关办理货物出境、出区申报手续；

⑤ 以“期货保税交割”方式销售的进口货物以“保税货物交割结算价”（即“交割结算价”扣除关税和进口环节增值税）作为成交价格向海关申报。海关以申报的“保税货物交割结算价”为基础确定完税价格。

（七）融资租赁

1. 含义

指允许符合条件的海关特殊监管区域内企业开展融资租赁业务，区外承租企业对融资租赁货物按照海关审查确定的每期租金分期缴纳关税和增值税。

2. 适用条件

（1）企业资质

① 经相关主管部门批准，取得融资租赁业务资格。

② 在主管海关办理报关单位注册登记手续。

（2）业务规则

① 融资租赁企业作为出租人向境内外承租企业出租融资租赁货物，应当按照海关特殊监管区域关于货物监管的相关规定向主管海关办理申报手续。

② 融资租赁货物的税款计征方法按照租赁进口货物的相关规定办理。

（八）批次进出、集中申报

1. 含义

指允许海关特殊监管区域内企业与境内区外企业分批次进出货物的，可以先凭核放单办理货物的实际进出区手续，再在规定期限内以备案清单或者报关单集中办理报关手续，海关依托辅助系统进行监管的一种通关模式。

2. 适用条件

（1）企业资质

① 企业管理类别为一般信用及以上。

② 企业应建立符合海关监管要求的计算机管理系统。

（2）业务规则

① 区内企业应当将自卡口确认放行之日起在规定时间内的核放单，集中向主管海关办理申报手续。集中申报不得跨年度办理。

② 区内企业通过辅助系统汇总相关核放单生成报关申请单，向主管海关办理集中申报手续，并应当在备案清单和报关单的“运输工具”栏内填制“分送集报”字样。

（九）简化无纸通关随附单证

1. 含义

指对一线进出境备案清单及二线进出区报关单取消部分随附单证，简化进出区通关手续。

2. 适用条件

（1）对海关特殊监管区域和境外之间进出境备案清单的随附单证，如合同、发票、提单、装箱清单等，企业在申报时可不向海关提交，海关审核时如需要再提交。

（2）企业应当指定专人负责报关单（备案清单）随附单证的归档、保管、接待查阅和安全防范工作，确保单证的真实性、完整性和安全性。

（十）简化统一进出境备案清单

1. 含义

指将现有海关特殊监管区域备案清单格式中的申报项数简化统一为30项申报项。

2. 适用条件

按照备案清单填制规范有关要求填报。

（十一）内销选择性征税

1. 含义

指对区内企业生产、加工并经“二线”销往国内市场的货物，企业可根据其对应进口料件或实际报验状态，选择缴纳进口关税。

2. 适用条件

（1）企业资质

目前暂适用于上海、天津、福建、广东4个自贸试验区所在省（市）的海关特殊监管区域（保税区、保税物流园区除外），以及河南新郑综合保税区、湖北武汉出口加工区、重庆西永综合保税区、四川成都高新综合保税区和陕西西安出口加工区内的生产加工企业。

（2）业务规则

① 海关特殊监管区域内企业生产、加工并经“二线”内销的货物，根据企业申请，按其对应进口料件或其报验状态征收进口关税，进口环节税、消费税照章征收。

② 企业选择按进口料件征收关税时，应一并补征关税税款的缓税利息。

（十二）集中汇总纳税

1. 含义

指对经审核符合条件的进出口纳税义务人，海关可以对其一段时间内多次进出口产生的税款集中进行汇总计征的一种税收征管模式。

2. 适用条件

（1）企业资质

① 海关特殊监管区域内为一般信用及以上企业，海关特殊监管区域外为一般认证及以上企业。

② 经海关批准并向纳税地海关提交税款总担保。

③ 必须是税费电子支付企业。

（2）业务规则

① 在提供担保的情况下，先放行货物，后集中办理报关征税手续。汇总征税的期限暂定为一个月，在次月第 5 个工作日前缴纳上个月税款。

② 汇总征税未缴纳的税款原则上不允许跨年缴纳。

（十三）仓储企业联网监管

1. 含义

指海关对使用 WMS 系统（计算机仓储管理系统）的仓储企业实施“系统联网、库位管理、实时核注”，实现对货物进、出、转、存情况的实时掌控和动态核查的一种监管模式。

2. 适用条件

（1）企业资质

① 企业管理类别为一般信用及以上企业。

② 企业建立符合海关监管要求的计算机管理系统并具有符合海关监管要求的相关仓库库位标志、货物标志。

（2）业务规则

海关应当明确固定的周期，要求联网企业定期由 WMS 系统生成指定格式数据，并通过辅助系统向海关申报当前所存实际货物（应当区别不同状态货物）的库存、库位信息。

（十四）智能化卡口验放

1. 含义

指升级改造海关特殊监管区域、保税监管场所卡口设施，实现车辆过卡自动比对、自动判别、自动验放等智能化管理。

2. 适用条件

海关依据辅助系统卡口核放单，运用智能化设备自动读取电子车牌号码、集装箱号、车载重量（电子地磅数据）等监管数据，进行海关监管信息的自动比对、风险判别，实现卡口验放与区内企业账册联动。

（十五）原产地管理改革

1. 含义

指对香港和澳门 CEPA、《海峡两岸经济合作框架协议》项下，海关已收到出口方传输的原产地证书电子数据的货物，进口单位申报进口时免于提交纸质原产地证书。

2. 适用条件

（1）企业资质

进口香港和澳门 CEPA、《海峡两岸经济合作框架协议》优惠贸易协定项下货物的企业。

（2）货物状态

符合《中华人民共和国海关进出口货物优惠原产地管理规定》（以下简称《优惠原产地管理规定》）的自香港和澳门 CEPA、《海峡两岸经济合作框架协议》优惠协定项下进口的货物。

（十六）海关商品归类行政裁定全国适用

1. 含义

指海关总署及其授权的相关机构根据注册登记在上海、广东、天津、福建自贸试验区内企业的申请，就《税则》《品目注释》《本国子目注释》和商品归类行政裁定、商品归类决定等未明确规定的商品归类事项，作出归类行政裁定，由海关总署统一对外公布，并自公布之日起在中华人民共和国关境内统一适用的海关监管模式。

2. 适用条件

（1）企业资质

海关注册登记企业。

（2）业务规则

① 除特殊情况外，申请人应当在货物拟作进口或出口的 3 个月前向海关提交“中华人民共和国海关行政裁定申请书（商品归类）”及相关商品资料。

② 一份归类行政裁定申请只能包含一项归类事项。申请人对多项归类事项申请归类行政裁定的，应当逐项提出。

（3）系统条件

在“金关”二期商品归类系统中开发归类行政裁定子模块。

（十七）委内加工

1. 含义

指出口加工区、保税港区和综合保税区等海关特殊监管区域内加工贸易企业接受境内区域外企业委托，对区域外企业提供的入区域货物进行加工，加工后的产品全部运往境内区域外，收取加工费并向海关缴纳税款的行为。维修、检测业务和禁止进、出口的商品不纳入委内加工业务范围。

2. 适用条件

（1）企业资质

海关特殊监管区域（保税区、保税物流园区除外）内符合以下条件之一的企业：

① 法律、法规和规章允许的；

② 经国务院批准的；

③ 经国家有关部门批准的。

目前，只有因国内技术无法达到产品要求而需要委托区内企业加工的情形适用。

（2）业务规则

① 区域内企业开展委内加工业务，海关应为其设立委内加工专用电子账册（H 账册）。委内加工货物应当与其他保税货物分开管理、分别存放。委内加工用料件原则上由区域外企业提供，若需使用区域内企业保税料件，海关应当要求区域内企业事先报备。

② 委内加工用料件由境内（区域外）入区时，海关应当审核区域外企业填报的出口

货物报关单，监管方式为“出料加工”（代码1427），同时审核区域内企业填报的进境货物备案清单，监管方式为“料件进出区”（代码5000）。

③ 由境内（区域外）入区的委内加工用料件属于征收出口关税商品的，海关应当要求企业提供担保。具体手续按照《中华人民共和国海关事务担保条例》的有关规定办理担保手续。

④ 委内加工成品运往境内（区域外）时，海关应当审核区域外企业填报的进口货物报关单，监管方式为“出料加工”（代码1427），委内加工成品和加工增值费用分列商品项申报。委内加工成品商品项数量为实际出区数量，征减免税方式为“全免”；加工增值费用商品项数量为0.1，征减免税方式为“照章征税”。商品名称与商品编号栏目按委内加工成品的实际名称与编码填报。同时，审核区域内企业填报的出境货物备案清单，监管方式为“成品进出区”（代码5100），商品名称按委内加工成品的实际名称填报。加工增值费用完税价格应当以区域内发生的加工费和保税料件费为基础审查确定。其中，保税料件费是指委内加工过程中所耗用全部保税料件的金额，包括成品、残次品（包括废品）、副产品、边角料等。

⑤ 由境内（区域外）入区的委内加工剩余料件运回境内（区域外）时，海关应当审核区域外企业填报的进口货物报关单，监管方式为“出料加工”（代码1427），同时审核区域内企业填报的出境货物备案清单，监管方式为“料件进出区”（代码5000）。

⑥ 对委内加工所需使用的区域内企业保税料件，海关应当审核区域内企业填报的进境货物备案清单，监管方式为“料件进出区”（代码5000），并核增账册；对委内加工已耗用的区域内企业保税料件，海关应当审核区域内企业填报的出境货物备案清单，监管方式为“料件进出区”（代码5000），并核减账册。

⑦ 委内加工产生的边角料、残次品（包括废品）、副产品等应当运回境内（区域外）。保税料件产生的边角料、残次品（包括废品）、副产品属于固体废物的，应当按照《固体废物进口管理办法》办理出区手续。

（十八）出境加工

1. 含义

出境加工是指我国境内符合条件的企业将自有的原辅料、零部件、元器件或半成品等货物委托境外企业制造或加工后，在规定的期限内复运进境并支付加工费和境外料件费等相关费用的经营活动。

2. 适用条件

（1）企业资质

开展出境加工业务的企业须为一般信用及以上类别的企业。涉嫌走私、违规，已被海关立案调查、侦查，且案件尚未审结的企业和未在规定期限内向海关核报已到期出境加工账册的企业不得开展出境加工业务。

（2）业务规则

① 开展出境加工不得涉及国家禁止、限制进出境货物和国家应征出口关税货物。

② 开展出境加工业务企业所在地海关为出境加工业务的主管海关，采用账册方式对出境加工货物实施监管。出境加工的货物出口和复进口应在同一口岸。账册编码规则暂定为“出（1位）+关区代码（4位）+年（4位）+顺序号（5位）”。

③ 办理出境加工账册设立（变更）手续时，海关应要求企业如实申报进出口口岸、商品名称、商品编号、数量、规格型号、价格和境外料件使用情况等，并收取下列单证：

a. 出境加工合同；

b. 生产工艺说明；

c. 相关货物的图片或样品等；

d. 海关需要收取的其他证件和材料。

企业提交单证齐全有效的，主管海关应自接受企业账册设立申请之日起5个工作日内完成出境加工账册设立（变更）手续。账册核销期为1年。

④ 出境加工货物按照下列方式进行申报：

a. 出境加工货物从境内出口，海关审核企业填报的出口货物报关单，监管方式为“出料加工”（监管代码1427），征减免税方式为“全免”，备注栏填写账册编码，其他项目据实填写。

b. 出境加工货物从国外加工完毕后复进口，海关审核企业填报的进口货物报关单，监管方式为“出料加工”（监管代码1427），商品编号栏目按实际报验状态填报，每一项复进口货物分列两个商品项填报，其中一项申报所含原出口货物价值，商品数量填写复进口货物实际数量，征减免税方式为“全免”；另一项申报境外加工费、料件费、复运进境的运输及其相关费用和保险费等，商品数量为0.1，征减免税方式为“照章征税”。备注栏填写账册编码，其他项目据实填写。

⑤ 出境加工货物在规定期限内复运进境的，海关以境外加工费、料件费、复运进境的运输及其相关费用和保险费等为基础审查确定完税价格。

⑥ 出境加工货物因品质或规格等原因需退运的，按退运货物（监管代码4561）有关规定，在账册核销周期内办理。出境加工货物超过退运期限或账册核销周期再复运进境的，海关对进口货物按一般贸易管理规定办理进口手续。

⑦ 出境加工账册按以下方式进行核销：

a. 出境加工账册采取企业自主核报、自动核销模式，企业应于出境加工账册核销期结束之日起30日内向主管海关核报出境加工账册。

b. 出境加工货物因故无法按期复运进境的，企业应及时向主管海关书面说明情况，海关据此核扣复运进境商品数量。

c. 对逾期不向海关核报的出境加工账册，海关可通过电子公告牌等方式联系企业进行催核。催核后仍不核报的，海关可直接对账册进行核销。

d. 对账册不平衡等异常情况，企业应作出说明并按具体情况办结相应海关手续后予以核销。

（十九）仓储货物按状态分类监管

1. 含义

指允许非保税货物以非报关方式进入海关特殊监管区域，与保税货物集拼、分拨后，实际离境出口或出区返回境内。

2. 适用条件

（1）企业资质

海关特殊监管区域内企业，能按照规定的认证方式与辅助系统联网，向海关报送能够满足海关监管要求的相关数据。

（2）业务规则

海关对非保税货物在海关特殊监管区域信息化辅助管理系统中设立账册。非保税货物凭辅助系统审结的核放单从卡口进出海关特殊监管区域，货物过卡后系统核增、核减辅助系统底账。海关对进出区非保税货物进行抽查。

（3）系统条件

须具备海关特殊监管区域信息化辅助管理系统，并且与仓储企业实现联网监管。

（二十）引入中介机构辅助开展保税核查、保税核销和企业稽查工作

1. 含义

指具备相关资质的中介机构接受企业或海关委托，在企业开展主动披露和认证申请，以及在海关实施保税监管和企业稽核查等过程中，通过审计、评估、鉴定、认证等活动，提供相关辅助依据的工作。

2. 适用条件

（1）企业资质

海关注册登记企业。

（2）业务规则

① 采用企业委托模式的，企业可根据需要自行选定具备相关资质的中介机构开展辅助工作，企业向海关提交相关书面材料并随附中介机构出具的工作报告，海关结合风险研判决定是否采纳。

② 采用海关委托模式的，海关设立辅助开展保税监管和企业稽查工作中介机构备选库，并采取招标、综合排名、随机抽取等方式从备选库中选定中介机构开展辅助工作。

（二十一）一次备案、多次使用

1. 含义

指海关特殊监管区域内企业在账册备案环节向海关一次性备案企业、进出货物等信息，经海关核准后，可以在海关特殊监管区域内多次、重复使用的海关监管模式。

2. 适用条件

（1）企业资质

海关特殊监管区域内企业，能按照规定的认证方式与辅助系统联网，向海关报送能够满足海关监管要求的相关数据。

（2）业务规则

① 区域内企业将企业和进出货物等信息在账册中事先进行备案。

② 区域内企业在开展“批次进出、集中申报”“保税展示交易”“保税维修”“期货保税交割”“融资租赁”等经海关核准开展的业务中，可以在信息化系统中直接调用已备案的企业和进出货物等信息，无须再向海关重复备案。

（二十二）大宗商品现货市场保税交易

1. 含义

指海关特殊监管区域内处于保税监管状态的大宗基本工业原料、农产品和能源产品等，在经有关政府部门批准建立的大宗商品现货市场交易平台上交易的制度。

2. 适用条件

（1）企业资质

海关特殊监管区域内企业，能按照规定的认证方式与辅助系统联网，向海关报送能够满足海关监管要求的相关数据。

（2）业务规则

① 海关对保税大宗商品实施电子账册管理。

② 开展现货交易的货物种类应由现货市场经营人或由其委托的第三方仓单公示机构事先向海关备案。

③ 海关对保税大宗商品实施电子账册管理。

④ 从境外或者境内进入交收仓库的保税大宗商品应当按现有货物进出口规定办理海关手续。

⑤ 保税仓单持有人应当通过公示机构对所持有的仓单进行公示，并由公示机构将仓单等信息传送至海关。

⑥ 交易平台应当将大宗商品交割结算价等相关信息传送至海关。

⑦ 以保税方式销售的进口大宗商品，以交割结算价为基础审核确定完税价格。

⑧ 保税仓单不得质押。

（3）系统条件

交易平台、公示机构和区内经营指定交收仓库的海关注册企业应当建立符合海关监管要求的计算机管理系统，能够通过数据交换平台或者其他计算机网络，按照海关规定的认证方式与海关监管信息化系统联网，向海关报送能够满足海关监管要求的相关数据。

（二十三）企业信用信息公示

1. 含义

指制定海关企业信用信息公示目录，通过动态发布、依申请公开等主动公布与可查询相结合的形式，对社会公示企业注册登记信息、信用等级信息、海关行业资质，以及行政处罚信息。该制度拓宽了海关信息公示范畴，丰富了信用信息公示手段，促使企业诚信经营并实现便利通关。

2. 适用条件

（1）企业资质

海关注册登记企业。

（2）业务规则

① 制定海关企业信用信息公示目录。

② 动态发布企业信用信息。

（3）系统条件

中国海关企业进出口信用信息公示平台。

（二十四）企业协调员

1. 含义

指海关建立企业协调员制度，组建海关企业协调员队伍，搭建关企合作平台，利用多种手段，畅通海关与企业联系沟通和问题反映渠道，构建新型关企合作伙伴关系。在全国海关实施企业协调员制度，可以让更多高级认证企业和地方政府重点扶持的企业受益。

2. 适用条件

（1）企业资质

符合相应信用等级要求的企业。

（2）业务规则

① 海关不定期向企业推送最新的政策规定。

② 企业问题提交和海关汇总处理反馈的速响应机制。

③ 信用培育。

④ 规范改进和辅导。

（3）系统条件

连接业务管理网与互联网的关企合作平台。

（二十五）国际海关 AEO 互认合作

1. 含义

指建立海关总署、直属海关和口岸海关 AEO 联络员制度和 AEO 联络员队伍，建立各海关与海关总署 AEO 联络员的直通式联系管道，协调解决 AEO 互认企业出口货物在与我国签署 AEO 互认安排的国家或者地区海关通关过程中遇到的疑难问题，将国际海关 AEO 互认便利措施落到实处，让 AEO 企业切实享受到国际海关 AEO 互认合作带来的通关便利，从而提高企业进出口货物的通关效率，降低物流成本，提升企业的国际竞争力。

2. 适用条件

（1）企业资质

符合信用等级要求的海关注册登记企业。

（2）业务规则

符合信用等级要求的海关注册登记企业，其出口货物在与我国签署 AEO 互认安排的国家或者地区海关，享受互认国家或者地区海关给予的通关便利措施。

（二十六）先出区后报关

1. 含义

指海关特殊区域及保税物流中心（B 型）内企业对出境货物，可通过信息化系统凭核放单先行办理出特殊区域及中心手续，再向海关报关的业务办理模式。

2. 适用条件

（1）业务规则

企业应采用全国通关一体化方式通关。

（2）系统条件

企业应使用金关二期特殊区域管理系统、保税物流管理系统。

（二十七）保税混矿

1. 含义

指海关特殊区域内企业对以保税方式进境的铁矿砂进行简单物理加工混合后再复运出区或离境的业务。“简单物理加工”，是指铁矿砂除平均粒度、成分含量等发生变化外，未发生实质性改变。

2. 适用条件

(1) 业务规则

① 铁矿砂入区前应接受海关检验和监测，符合国家强制性标准要求的方可入区，如不符合则应按海关要求做退运或检疫处理。

② 企业应设置专用区域存放“保税混矿”铁矿砂，不得与其他货物混放。

③ 铁矿砂从特殊区域进入境内（特殊区域外）应接受海关检验。

(2) 系统条件

企业应建立符合海关监管要求的信息化管理系统，并设立电子账册，记录货物的进、出、转、存等情况。

七、海关特殊监管区域企业增值税一般纳税人资格试点

(一) 试点区域

在昆山综合保税区等 27 个海关特殊监管区域开展赋予企业增值税一般纳税人资格试点。

试点区域内符合增值税一般纳税人登记管理有关规定的企业，可向所在地主管税务机关、海关申请成为试点企业，向主管税务机关依法办理增值税一般纳税人资格登记。

(二) 税收政策

1. 试点企业进口自用设备（包括机器设备、基建物资和办公用品）时，暂免征收进口关税、进口环节增值税、消费税（以下简称进口税收）。上述暂免进口税收按照该进口自用设备海关监管年限平均分摊到各个年度，每年年终对本年暂免的进口税收按照当年内外销比例进行划分，对外销比例部分执行试点企业所在海关特殊监管区域的税收政策，对内销比例部分比照执行海关特殊监管区域外税收政策补征税款。

2. 除进口自用设备外，购买的下列货物适用保税政策：从境外购买并进入试点区域的货物，从海关特殊监管区域（试点区域除外）或海关保税监管场所购买并进入试点区域的保税货物，从试点区域内非试点企业购买的保税货物，从试点区域内其他试点企业购买的未经加工的保税货物。

3. 销售的下列货物，向税务机关申报缴纳增值税、消费税：

(1) 向境内区外销售的货物。

(2) 向保税区、不具备退税功能的保税监管场所销售的货物（未经加工的保税货物除外）。

(3) 向试点区域内其他试点企业销售的货物（未经加工的保税货物除外）。

试点企业销售上述货物中含有保税货物的，按照保税货物进入海关特殊监管区域时的状态向海关申报缴纳进口税收，并按照规定补缴缓税利息。

4. 向海关特殊监管区域或者海关保税监管场所销售的未经加工的保税货物，继续适用保税政策。

5. 销售的下列货物（未经加工的保税货物除外），适用出口退（免）税政策，税务机关凭海关提供的与之对应的出口货物报关单电子数据审核办理试点企业申报的出口退（免）税：

(1) 离境出口的货物；

(2) 向海关特殊监管区域（试点区域、保税区除外）或海关保税监管场所（不具备

退税功能的保税监管场所除外）销售的货物；

（3）向试点区域内非试点企业销售的货物。

6. 区外销售给试点企业的加工贸易货物，继续按现行税收政策执行；销售给试点企业的其他货物（包括水、蒸汽、电力、燃气）不再适用出口退税政策，按照规定缴纳增值税、消费税。

7. 对适用出口退税政策的货物，海关向税务部门传输出口报关单结关信息电子数据。

（三）退出机制

申请一般纳税人资格试点满36个月的企业可以申请退出试点。退出试点后，恢复执行海关特殊监管区域内非试点企业税收政策且36个月内不得再申请试点。

第四章 海关检验检疫的实施

对进出口货物实施检验检疫，是国家赋予海关对进出口货物监管的一项重要职能，是国际贸易活动的重要组成部分。它是依据我国相关法律法规和标准，以及我国政府所缔结或参加的国际条约、协定，运用强制性手段和科学技术方法，对进出口货物实施检验检疫的监管措施。

检验主要是对《法检目录》及法律法规规定的商品实施包括安全、卫生、健康、环境保护、防止欺诈等要求，以及相关的品质、数量、重量、包装鉴定、残损鉴定等的合格评定，维护进出口商品质量安全和贸易公平。

检疫主要对进出口动、植物及其产品和食品的疫情疫病检测，预防或阻断疫情疫病的发生及在地区间的传播，维护人和动物生命健康安全、生态安全。

本章重点介绍海关检验检疫措施的具体实施。

第一节 国境卫生检疫

依据《国境卫生检疫法》第二条规定，国境卫生检疫是指在中华人民共和国国际通航的港口、机场及陆地边境和国界江河的口岸，海关依法实施传染病检疫、监测和卫生监督。国境卫生检疫的工作内容主要包括检疫查验、传染病监测、卫生监督和卫生处理。国境卫生检疫是一项政策性和技术性很强的工作，其目的是运用卫生技术手段，通过行政管理的形式和配套法规制度，防止传染病由国外传入或者由国内传出，保护人体健康，维护国家卫生主权。其工作范围是本国境内的国际通航的港口、机场及陆地边境和国界江河的口岸，以及各口岸范围内的公共场所和食品、饮用水供应设施等。

国境卫生检疫的对象是出入境的人员、交通工具、运输设备及可能传播检疫传染病的行李、货物、邮包、人体组织及生物制品、尸体及骸骨、病媒生物、特殊物品、环境卫生、食品和饮用水卫生等。

一、出入境交通工具卫生检疫

（一）出入境船舶卫生检疫

1. 检疫申报

出入境船舶运营者或其代理人应当在船舶预计抵达或驶离口岸 24 小时前，采用电子化、信息化及书面等方式向海关申请卫生检疫。入境船舶航程不足 24 小时的，在驶离上一口岸时申请检疫；出境船舶在港时间不足 24 小时的，可在抵达本口岸时申请出境检疫。

2. 检疫方式判定

海关根据船舶申报材料、诚信档案和既往卫生检疫结果，开展动态风险评估，并根据风险评估结果确定检疫方式，检疫方式主要包括：

（1）锚地检疫：对来自检疫传染病受染国家（地区）、有检疫传染病染疫风险、废旧船舶或未持有有效“船舶卫生控制措施/免予卫生控制证书”等情况的船舶，应当实施锚地检疫。

（2）靠泊检疫：对来自其他重点关注传染病受染国家（地区）、有其他传染病受染风险等情况的船舶，应当实施靠泊检疫。

（3）随船检疫：对军事船、要人访问所乘船舶等特殊船舶及遇有特殊情况的船舶，如船上有病人需要救治、特殊物资急需装卸、船舶急需抢修等，经船方或者其代理人申请，可以实施随船检疫。

（4）电讯检疫：不含以上情况，且风险评估为低风险的船舶，经申请，可实施电讯检疫。

（5）其他检疫安排：来自国内疫区或在国内航行中发现检疫传染病、疑似检疫传染病或有人非因意外伤害而死亡并死因不明的船舶，船舶负责人应当主动报告并接受临时检疫。

3. 检疫实施

（1）电讯检疫的实施

船舶在收到海关给予电讯检疫批准和回复后，入境船舶解除检疫信号，在抵达后可以直接上下人员、装卸货物，出境船舶可以直接离港。船舶靠泊作业期间，现场海关可根据情况对其实施抽查和卫生监督。

（2）登轮检疫的实施

由两名具备船舶检查员资质的海关实施，登轮前，应根据风险评估结果，携带检疫查验物资及单证，并做好相应个人防护。

① 检疫信号检查：检查相关船舶是否按照规定悬挂检疫信号，落实防鼠措施，并遵守不得上下人员及作业等风险控制要求。

② 船舶单证资料查验：重点检查“航海健康申报单”“载货申报单”“船舶卫生控制证书或免予卫生控制证书”“压舱水报告单”等资料。

③ 人员健康状况检查：逐项审查“航海健康申报单”，并向船长、大副、船医详细询问船上所有人员近期健康状况、患病情况及诊治情况等；根据船舶和船上人员的疫情受染风险，确定重点检疫人员（来自受染地区、有传染病症状等），并对其实施体温测量、问诊等医学检查。

④ 人员两证查验：检查相关人员“健康证明书”及“黄热病预防接种证书”持有情况。

⑤ 船舶医疗急救体系检查：重点检查医疗急救人员是否得到专业的培训并有能力证书；是否有完整的医疗急救文件和管理制度；医疗设施是否符合船舶船员和旅客的需求，并且均处在可用的状态；药品管理是否规范、有序，并有严格的作废流程。

⑥ 船舶病媒生物情况检查：检查船舶鼠、蚊、蝇、蜚蠊等病媒生物携带情况，对申报或检查发现有啮齿动物异常死亡的，应采集死鼠送实验室检测带毒情况及做种属鉴定，并对鼠患情况进行重点监测。

⑦ 船舶卫生检查：对船舶食品存储、加工和就餐情况及公共场所环境卫生情况进行抽查；对船舶固、液体废弃物，尤其是餐厨垃圾的分类管理情况进行检查。

⑧ 压舱水卫生检查：若有本港压舱水排放需求的，重点检查压载水的装载区域是否为传染病或核生化污染区域，根据需要，可采集压舱水检测其是否含有 O1 型、O139 型霍乱弧菌或者是否有其余的生物。

⑨ 船舶核生化污染检查：对风险评估警示、船舶运营者报告或检查中发现有疑似核生化污染的，应按照有关规范实施核生化有害因子监测与排查。

（3）船舶两证办理

对于需要办理“船舶卫生控制证书/免于卫生控制证书”“交通工具卫生证书”等证书的，海关在接受申报后，应及时组成检查小组，并根据船舶类型、靠泊时间、在港作业计划等情况合理安排检查时间和地点，重点检查以下内容：

① 文件检查：检查食品饮用水安全体系、病媒防治体系、医疗急救安全体系、废弃物安全管理体系等卫生安全体系建立及执行情况。

② 船员和旅客检查：重点检查人员健康状况，“健康证明”和“黄热病预防接种证书”持有情况，以及食品从业人员卫生知识与习惯情况等。

③ 食品饮用水卫生检查：重点检查卫生管理制度建立情况，食品储存、加工、食用等区域布局情况，饮用水水质情况，废弃物处置情况等。

④ 住舱区、机舱及甲板检查：重点检查病媒生物活动及防治情况。

⑤ 医疗设施检查：重点检查设施设备及人员配置情况、卫生安全控制情况及留痕情况等。

⑥ 废弃物管理检查：重点检查废弃物管理制度建立情况、设施设备配置情况、无害化处理情况等。

⑦ 压舱水检查：重点检查压舱水管理情况、装载与排放情况等。

4. 检疫处置

对卫生监督不合格的船舶，安排实施相应的卫生控制措施；对检查合格的，签发相应证书。

（1）不合格判定

① 染疫船舶判定：船舶到达时或航行途中（一个潜伏期内）载有染疫人的，或者船舶上发现有感染鼠疫的啮齿动物的，判定为染疫船舶。

② 染疫嫌疑船舶判定：对航行途中载有染疫人，但抵达前一个潜伏期内没有新发病例的，或者船上有啮齿动物反常死亡，并且死亡原因不明的船舶，判定为染疫嫌疑船舶。

③ 其他不合格：对发现载有其他传染病疑似病例、病媒生物超标、卫生监督不合格、证书不合格等情况的，判定为其他不合格。

（2）不合格处置

对染疫或染疫嫌疑船舶实施卫生处理，处理合格后方许出入境。对染疫人、染疫嫌疑人、其他传染病疑似病例及其密切接触者，参照旅客卫生检疫有关规范处置。对病媒生物超标或卫生监督不合格的船舶，下达卫生监督意见书，要求限期整改，并监督整改落实。对发现核生化污染证据的，以手持设备检测核生化有害因子污染情况，并进行涉恐调查和处置。

（3）证书签发

对电讯检疫船舶、登轮检疫合格或检疫处理合格的船舶，签发相应卫生检疫证书。

（二）出入境车辆卫生检疫

1. 检疫申报

疫情状态下，所有出入境车辆均需按国家有关要求实施检疫申报。常态下，实行有事申报制度，有以下情况的入出境汽车，需进行现场检疫申报：车上有疑似传染病病人或有传染病症状人员，车上有人员异常死亡，车上载有特殊物品、尸体骸骨等应检疫物品，车上发现异常死亡啮齿动物，车上病媒生物超标，海关总署及国家有关部门发文要求的。

2. 检疫方式判定

（1）登车检疫：疫情状态下，对所有客运车辆按有关要求实施登车检疫。常态下，有下列情况之一的，实施登车检疫：申报有异常情况的，放射性监测报警的，体温监测或医学巡查发现有异常情况的。

（2）不登车检疫：非疫情状态下无异常申报及检疫发现的车辆，原则上不登车检疫，由海关统一的风险管理系统实施统一布控抽查。

3. 检疫实施

（1）放射性监测：以大/中型通道式放射性监测系统对入出境车辆进行核与辐射有害因子沾染情况监测，报警阈值设定为本底值的3倍。

（2）体温检测：通过车道式红外体温监测系统或人工手持红外测温设备，对司乘人员进行体温检测。必要时，填报“健康申明卡”。

（3）医学检查：向司机询问司乘人员健康状况、车辆病媒生物情况等，并观察车上人员有无咳嗽、咽痛、头痛、皮疹、呕吐、腹泻、黄疸、淋巴腺肿、呼吸困难等症状；根据需要，简单问询最近旅行史。

（4）登车检疫：由两名现场工作人员实施，登车前，需做好相应个人防护。

4. 检疫处置

（1）发现检疫传染病疑似病例处置：不能排除患有检疫传染病的，立即对其实施必要的个人防护后，将其及密切接触者转移至负压隔离室做详细的流行病学调查、医学检查，采集血液、咽拭子（一种医学检测方法）等标本送实验室检测。采样后，对疑似病例，依法转送指定医院做进一步诊治；对同车人员实施指定地点医学观察处置。

（2）发现其他重点传染病病例处置：发现不能排除其他重点关注传染病的，立即对其实施必要的个人防护后，将其及密切接触者转移至负压隔离室做详细的流行病学调查、医学检查，采集血液、咽拭子等标本送实验室检测。采样后，对疑似病例，在征得相关人员同意后安排转诊；对密切接触者给予健康建议，发放“就诊方便卡”后放行；同车其他人员于旅检大厅内进行二次体温监测和相应排查处置。

（3）发现一般传染病处置：对检疫发现的其他传染病，发放“就诊方便卡”，给予健康建议，并指导做好个人防护后放行。对症状较重有就医需求的，可协助安排转诊。

（4）车辆卫生处理：对检疫发现有传染病病例或疑似病例的，实施卫生处理。

（5）其他不合格处置：发现病媒生物超标或环境卫生状况不合格等情况的，下发卫生监督意见书，指导和监督限期整改，并做好整改情况效果评价和后续监管。

（三）出入境集装箱卫生检疫

1. 检疫申报

海关重点审核集装箱的启运口岸、途经路线、卸运流向、出入境时间等信息。

根据信息化系统中集中审单和风险布控规则，对不同风险集装箱分别随机抽批抽箱，对抽中的集装箱，将查验指令下达集装箱所有人、口岸集装箱调度部门及实施查验的工作人员。对需要实施卫生处理的，下达卫生处理指令。

2. 检疫实施

（1）放射性监测：以大型通道式放射性监测系统对入出境集装箱进行核与辐射有害因子沾染情况监测，报警阈值设定为本底值的3倍。

（2）箱体表面检疫查验：重点核查集装箱箱号与报关单据是否一致，查看集装箱体是否完整；检查集装箱外表（包括角件、叉车孔、地板下部等处）是否带有污染物等。

（3）箱体内检疫查验：对实施过熏蒸处理的集装箱进行查验时，应先对箱内熏蒸气体浓度进行检测，防止意外事故发生；重点检查箱内有无啮齿动物、病媒生物或其粪便、足迹、咬痕、巢穴；有无人类传染病和国家公布的一、二类动物传染病、寄生虫病病原体或理化因子污染；是否夹带旧服装、旧麻袋、旧塑料器具等废旧物品，是否夹带工业、生活垃圾及其他国家禁止入境的物品等。

3. 检疫处置

经检疫判定为不合格的，应扩大查验比例，必要时，可全批查验。对检出不合格情况的集装箱实施分类处置：

（1）发现人类尸体处置：集装箱内发现尸体的，立即实施卫生处理后进行检疫调查，并配合公安等部门做好后续处置。

（2）放射性监测报警处置：对放射性超标报警集装箱，引导至专用查验场地，并按规范进行检测、排查和处置。

（3）发现病媒生物处置：对发现病媒生物的集装箱逐箱进行卫生除害处理，采集病媒生物样本送实验室开展种属鉴定及病原体检测。

（4）传染病污染处置：对发现集装箱被人类传染病和国家公布的一、二类动物传染病、寄生虫病病原体污染的，逐箱进行卫生除害处理。

（5）发现其他不合格处置：对发现携带土壤、动物尸体、废轮胎、垃圾、旧服装及国家禁止入境的其他物品的，对发现物作销毁处理并对发现部位作熏蒸或喷洒等除害处理；难以做销毁处理的，连同集装箱作退回处理。

检疫结束后应及时将检疫结果及检疫处理结果录入信息化系统中，并对有关纸质资料整理归档。入境档案保存3年，出境档案保存2年，电子数据应长期保存；涉及重大疫情和案件、典型案例等事项的档案，作长期或永久保存。

二、进出口货物卫生检疫

（一）检疫内容

1. 病媒生物查验：查验货物及其包装、铺垫物上是否存在鼠、蝇、蜱、螨、蚤、蜚蠊、蠓等病媒生物。

2. 卫生学检查：检查货物的卫生状况，重点检查是否存在被传染病病原体污染或有污染嫌疑情况，是否存在夹带垃圾、废弃物、排泄物等卫生学问题。

3. 放射性监测：对具有放射性的货物或者可能被放射性物质污染或沾染的货物进行放射性监测。

（二）检疫实施

检疫查验发现下列情形的货物，应当进行卫生处理：被传染病病原体污染或有污染嫌疑的；携带有病媒生物的；存在卫生学问题的，如夹带有废旧物品或有碍公共卫生物品（包括垃圾、腐败变质货物）的；来自重点监管国家（地区）且海关总署规章制度有明确处理要求的；国家法律、行政法规或国际条约规定必须作卫生处理的。

（三）检疫处置

对检疫查验或卫生处理合格的货物，准予入出境。对卫生状况不符合要求且无法通过卫生处理进行整改的货物，或超过放射性标准且无法实施除污处理的货物（专用放射源除外），实施退运或销毁。

三、特殊物品卫生检疫

（一）特殊物品判定依据

依据特殊物品成分判定：包括医学微生物、人体组织、生物制品、血液及其制品四大类。

依据用途判定：包括用于人类疾病预防、治疗、诊断及科研用途的生物制品，用于国家间人类医学实验室间考评、参比用途的生物标准品，用于人类疾病预防、治疗、诊断及科研用途的标准菌毒种和样品，用于生态环境保护和污染防治的环保用微生物菌剂等。

（二）特殊物品分级管理

按照致病性、致病途径、使用方式、用途和可控性等风险因素，可将出入境特殊物品风险度由高到低划分为 A、B、C、D 四个级别。

（三）特殊物品风险评估

对于尚未认识其传染性和高风险的特殊物品，由主管部门组织专家成立专家组，采用文件审核、实验室检测、现场考核等风险评估方法，判定入出境特殊物品潜在的病原微生物危害程度，综合评定生物安全风险，提出应采取的风险管理措施及是否准予入出境的建议。

（四）特殊物品检疫

所有特殊物品均需检疫审批，并在口岸现场接受卫生检疫合格后，出具“出/入境特殊物品卫生检疫审批单”。方许出入境。

（五）特殊物品检疫监督管理

特殊物品后续监管：直属海关负责对辖区使用的含有或可能含有病原微生物的入境特殊物品实施后续监管，期限为 90 天，内容主要包括使用单位生物安全实验室等级、实验室操作人员资质，以及入境特殊物品的流向、储存、使用情况等。

特殊物品企业日常监管：根据特殊物品单位的生物安全控制能力和信用等级进行综合评定，将入出境特殊物品单位分为一、二、三、四类，对各类别特殊物品单位实施相应频次的日常监管。

四、卫生处理

这里的国境口岸卫生处理，仅是针对染疫人或染疫嫌疑人的出入境运载工具（含集装箱)，可能传播检疫传染病、监测传染病的行李、货物、邮包，以及受污染的周围环境等采取的消毒、除鼠、除虫等卫生措施。

消毒，指采用卫生措施，利用化学或物理因子的直接作用，控制或杀灭人体或动物身体表面或者行李、货物、集装箱、交通工具、物品和邮包中（上）的传染性病原体的程序。

除虫，指采用卫生措施控制或杀灭行李、货物、集装箱、交通工具、物品和邮包中传播人类疾病的昆虫媒介的程序。

灭鼠，指在入境口岸采取卫生措施控制或杀灭行李、货物、集装箱、交通工具、设施、物品和邮包中存在的传播人类疾病的啮齿类媒介的程序。

卫生处理对象包括来自检疫传染病流行地区的、被检疫传染病污染的、可能成为检疫传染病传播媒介或发现有公共卫生学问题的出入境人员、交通工具、集装箱、行李、货物、邮包，以及可能受污染的口岸环境、出入境货物存放场所等。

（一）卫生处理单位监管

开展卫生处理业务的单位、从事卫生处理操作的从业人员，必须具备相应资质。卫生监督检查主要包括卫生处理单位制度建设、能力建设、组织落实、数据与质量分析等内容，重点审核卫生处理场所是否符合规范，卫生处理指征、处理方式、方法等是否正确，卫生处理操作否科学规范，个人防护是否符合规范等。

（二）卫生处理日常监管

1. 制订日常监管计划。每季度内日常监管应覆盖辖区内所有类型的卫生处理操作。细分操作类别，如集装箱熏蒸、集装箱喷洒应视为两种操作类型。

2. 现场操作检查。一般情况下，现场操作检查频率每月至少一次，但是高风险的卫生处理业务必须每批都实施现场操作检查。

3. 单证抽查。检查范围包括卫生处理通知书、卫生处理记录单、卫生处理结果报告单等单证，重点关注卫生处理目的、对象、指征是否准确，方式是否科学，药品、浓度、作用时间、药量是否规范，以及单证内容填写是否完整、准确等。

（三）卫生处理效果评价

卫生处理效果评价，是指对国境口岸范围内实施的消毒、除虫、除鼠等卫生处理措施进行过程评估和测试验证。其中，过程评估是指对卫生处理人员资质、业务流程、技术方案、操作规范、药械作用等有效性的评估。测试验证是指利用鼠（虫）样试验、药剂有效浓度检测、杀灭率检测计算等方法对某项卫生处理效果的验证。

各隶属海关原则上应在半年内对辖区内上述所有卫生处理对象和所使用的卫生处理方法至少进行一次效果评价。评价包括过程评估、消毒剂浓度检测、熏蒸剂浓度检测、消毒效果评价和除虫除鼠效果评价等内容。

（四）卫生处理指令下达

卫生处理指令下达，就是执法人员对需实施卫生处理的对象的负责人或代理人出具“检疫处理通知书”的同时，通过纸质单证或者信息化系统下达卫生处理指令的过程。执法人员应严格依据卫生处理指征，科学选择处理目的和处理方式，并跟踪督促下达的卫生处理指令按要求执行完毕。

其中，重点关注的以下几种情况：

1. 对来自检疫传染病流行地区或被检疫传染病污染的，严格按要求实施卫生处理。

2. 对公告或警示通报有明确要求的（如寨卡病毒病），严格按要求实施卫生处理。

3. 对公告或警示通报中处理指征有具体要求的，要严格根据查验或风险评估情况决定是否实施卫生处理。

4. 对于上级发布的与卫生处理相关的公告或警示通报，应快速响应并严格按照有效期执行，严禁超有效期执行。

5. 根据卫生处理指征，科学合理地选择卫生处理方式，以达到相应的卫生处理效果。对必须实施熏蒸处理的，严格按要求下达熏蒸处理指令；对不符合熏蒸处理指征的，严禁实施熏蒸处理。

6. 严格规范对空箱的卫生处理指征判定。

7. 对于废旧物品等高风险货物，应严格落实卫生处理措施，保证100%实施卫生处理。

8. 对于查验发现病媒昆虫的，必须实施除虫处理，怀疑造成病原体污染的还可实施消毒处理。

9. 对于申请排放装载自霍乱流行地区的压舱水，未经消毒，不得排放。

第二节　进出口动植物检疫

对进出口动植物及其产品进行动植物检疫是国家主权的象征，是通过对外行使国家主权、履行国际规则义务，执行动植物检疫法律法规，为防止动物疫病和危险性植物有害生物传入、传出国境，保护农林牧渔业生产安全、生态安全、人和动物生命健康安全，所采取的强制性检查和处理措施。实施强制性的动植物检疫已成为世界各国的普遍制度。

一、进口动植物及其产品的动植物检疫

（一）检疫准入

首次向中国出口的动植物及其产品一般须履行市场准入手续。检疫准入制度是指中国海关根据中国法律法规，及国内外动植物疫情疫病和安全卫生风险评估结果，结合对拟向中国出口农产品的国家或地区的官方监管体系的有效性评估，做出是否准许某个国家和地区某类产品进入中国市场决定的制度。检疫准入制度是WTO/SPS的重要措施，通常包括问卷调查、风险评估、体系考核、企业注册、确定要求等内容。

根据风险评估结果和海关总署与输出国（地区）官方主管部门签署的双边动植物检疫协议，对高风险的进境动植物及其产品实行境外预检。所有进口大、中动物尤其是种用动物，须由海关总署派遣动物检疫人员赴产地实施境外预检。对进口烟叶、苗木、水果、粮食、肉类、水产品等，视情况实施境外预检制度。

境外预检工作内容主要有：与输出国家或地区官方主管部门商订检疫计划，了解输出动植物及其产品所在地和农场的动植物疫情，参与农场检疫或产品抽查检验，确认活动物或植物种苗隔离场所资质，掌握实验室检测情况，落实活动物运输路线要求，确认出口检疫证书内容等。

如发生以下情况，预检人员应及时向海关总署请示：一是与输出国家或地区政府动植

物检疫机构对双边协议有不同解释，影响协议的正常执行；二是输出国家或地区不能完全按照检疫协议执行，需要更改、补充或者取消检疫协议内容；三是输出国家或地区发生重大动植物疫情疫病；四是需要更改运输路线、运输方式；五是双方对检疫结果的判定有重大分歧。必要时，海关总署与输出国家或地区政府动植物检疫机构直接协商解决，以确保双边检疫协议条款和要求全面落实。

（二）检疫审批

进口动植物检疫审批范围包括：

1. 动物及其产品检疫审批范围

（1）活动物，指饲养、野生的活动物，如畜、禽、兽、蛇、龟、虾、蟹、贝、鱼、蚕、蜂等。

（2）动物繁殖材料，包括胚胎、精液、受精卵、种蛋及其他动物遗传物质。

（3）食用性动物产品（动物源性食品），包括动物肉类及其产品（含脏器），鲜蛋，鲜奶，动物源性中药材，特殊营养食品（如燕窝），动物源性化妆品原料，两栖类、爬行类、水生哺乳类动物及其他养殖水产品。不包括海捕水产品、蜂产品、蛋制品、奶制品、熟制肉类产品（如香肠、火腿、肉类罐头、食用高温炼制动物油脂）。

（4）非食用性动物产品，包括原毛（包括羽毛），原皮，生的骨、角、蹄，明胶，蚕茧，动物源性饲料及饲料添加剂，鱼粉、肉粉、骨粉、肉骨粉、油脂、血粉、血液等，含有动物成分的有机肥料。

2. 植物及其产品检疫审批范围

（1）果蔬类，包括新鲜水果、番茄、茄子、辣椒果实等。

（2）烟草类，包括烟叶及烟草薄片。

（3）粮谷类，包括小麦、玉米、稻谷、大麦、黑麦、高粱等。

（4）豆类，包括大豆、绿豆、豌豆、赤豆、蚕豆、鹰嘴豆等。

（5）薯类，包括马铃薯、木薯、甘薯等。

（6）饲料类，包括麦麸、豆饼、豆粕等。

（7）植物繁殖材料，包括植物种子、种苗及其他繁殖材料。

（8）植物栽培介质，包括除土壤外的所有由一种或几种混合的具有储存养分、保存水分、透气良好和固定植物等作用的人工或天然固体物质组成的栽培介质。

3. 特许审批范围

（1）动植物病原体（包括菌种、毒种等）、害虫及其他有害生物。

（2）动植物疫情流行的国家和地区的有关动植物、动植物产品和其他检疫物。

（3）动物尸体。

（4）土壤。

输入需要检疫审批的动植物及其产品或其他检疫物时，货主或其代理人应在签订贸易合同或协议前，申办“中华人民共和国动植物进境检疫许可证”。申请时，货主或其代理人应提交“中华人民共和国进境动植物检疫许可证申请表”和相关材料，说明其数量、用途、引进方式、进口后的防疫措施，由进境口岸海关初审合格后，上报海关总署或其授权的直属海关负责审批。海关总署根据对申请材料的审核、输出国家的动植物疫情及中国有关检疫规定等实际情况，决定是否签发“中华人民共和国动植物进境检疫许可证”（以下简称“检疫许可证”）。输入植物种子、种苗及其他繁殖材料的，需向农业和林业主管部门申请办理检疫审批。

海关总署根据动植物及其产品携带传入动植物疫情疫病风险情况和贸易需求，指定某类动植物及其产品须从具备相应设施设备、检疫专业人员和实验室检测技术能力的特定口岸入境。海关总署负责拟定指定入境口岸建设设施、设备及人员等配备条件要求和指定入境口岸的考核评估，对专家组考核验收合格的口岸，正式批复并公布其作为某类产品的入境指定口岸，并在对外签订议定书时将其纳入准入口岸名单。

根据不同动植物及其产品的携带传入疫情疫病和有害生物的风险等级，进口水果、罗汉松、植物种子（种苗）及其他繁殖材料、粮食、水生动物等实施指定入境口岸管理。

（三）检疫申报

1. 申报时间：根据进口种类而不同。进口种畜禽动物（含遗传物质）：入境前30日；其他动物：入境前15日；实验动物和繁殖材料：入境前7日；

2. 申报地点：根据不同的进口种类不同。应向入境口岸和隔离场所在地或目的地海关申报。

3. 申报时提交材料：“检疫许可证”（或“引进种子、苗木检疫审批单”等许可类证明）、输出国家或地区官方出具的动植物检疫证书正本、产地证书等官方证明类文件及有关贸易和运输类单证。

海关核查材料后，依法应当办理检疫审批手续的，还须核查并核销“检疫许可证”。同时，根据单证核查的情况并结合中国动植物检疫规定及输出国家或地区疫情发生情况，确定检疫查验方案。

此外，检查所提供的单证材料与货物是否相符，核对集装箱号和封志与所附单证是否一致，核对单证与货物的名称、数重量、产地、包装、唛头标志是否相符。

（四）检疫实施

对进境动物检查有无疫病的临床症状，发现疑似患有传染病或者已死亡的动物时，在货主或者押运人的配合下查明情况，立即处理。对动物产品，检查有无腐败变质现象，容器、包装是否完好，对易滋生植物害虫或者混藏杂草种子的动物产品，同时实施植物检疫。符合要求的，允许卸离运输工具。发现散包、容器破裂的，由货主或者其代理人负责整理完好，方可卸离运输工具。对植物、植物产品，检查货物及其包装物有无病虫害，对来自动物传染病疫区或者易带动物传染病和寄生虫病病原体并用作动物饲料的植物产品，同时实施动物检疫。发现病虫害并有扩散可能时，及时对该批货物、运输工具和装卸现场采取必要的防疫措施。对动植物性包装物、铺垫材料，检查是否携带病虫害、混藏杂草种子、沾带土壤。对其他检疫物，检查包装是否完好及是否被病虫害污染。发现破损或者被病虫害污染时，作除害处理。

输入动物、动物遗传物质：抵达入境口岸时，海关须登机（登轮、登车）进行现场检疫。现场检疫的主要工作是查验出口国政府动物检疫或兽医主管部门出具的“动物检疫证书”等有关单证，对动物进行临床检查，对运输工具和动物污染的场地进行防疫消毒处理。对现场检疫合格的，入境口岸海关出具“调离通知单”，将进口动物、动物遗传物质调离到口岸海关指定的场所做进一步全面的隔离检疫。

输入植物：主要针对运输及装载工具、货物及存放场所等应检物进行查验，如发现害虫，则装入指形管，带回实验室进行鉴定。登轮、登车检查装载货物的船舱或车厢内外、上下四壁、缝隙边角，以及包装物、铺垫物、残留物等害虫易潜伏、藏身的地方。检查货物堆存的仓库或场所，注意货物表层、堆角、周围环境，以及包装外部和袋角有无害虫及害虫的排泄物、分泌物，蜕皮壳、虫卵及蛀孔等为害痕迹。

1. 抽采样品

抽采样品应按照抽采样国家或行业标准进行。对动物产品，一般在上、中、下三个不同层次和同一层次的五个不同点随机采取；种用大、中动物逐头采取血样，必要时可采取粪便、黏膜分泌物等样品。对植物及其产品，既要考虑到病、虫、杂草的特征，也要注意到货物不同部位的代表性；大型散装货物要分上、中、下不同层次，并采用对角线、棋盘式或随机的方法，按规定的样品数量和重量采取原始样品。在抽采样过程中注意防止污染，以确保检疫结果的准确性。

抽样后，现场应进行肉眼检查和过筛检查。通过肉眼或手持放大镜对植物及其产品、包装器材、运载工具、堆存场所和铺垫材料等是否带有或混有检疫性病害、害虫和杂草进行校验。也可将样品过筛后检查筛上物和筛下物中有无害虫、伪茧和杂草籽等，并进行识别分类，必要时装入指形管带回实验室检疫鉴定。

2. 实验室检测

口岸现场查验抽取的动植物及其产品样品，根据相关的国家标准、双边议定书、动植物检疫许可证、《进出口食用农产品和饲料安全风险监控计划》要求，确定实验室检测项目，送实验室检测。检出阳性结果或发现重要疫情，应及时上报上级海关并通知采取进一步措施。

（五）检疫处置

根据现场检疫、隔离检疫和实验室检疫的结果，对不符合议定书或协议规定的进口动植物按规定实施检疫处理，出具相应检疫证书，货主可凭此证书对外要求索赔。

1. 进口动物

对无有效官方动物检疫证书的，入境口岸海关应根据情况对进口动物作退回或销毁处理。检出《进口动物一、二类传染病、寄生虫病名录》中一类传染病的，阳性动物及其同群动物禁止入境，作退回或销毁处理；检出二类传染病的，阳性动物禁止入境，作退回或销毁处理，同群的其他动物放行；检疫中发现有检疫名录以外的传染病、寄生虫病，但国务院农业行政主管部门另有规定的，按有关规定进行处理。

2. 进口植物

经检疫发现进口植物检疫性有害生物，禁止进口物，政府间双边植物检疫协定、协议和备忘录中订明的禁止传带的有害生物，经海关组织 PRA 分析具有检疫意义（特别是小麦矮腥黑穗病菌、粮谷油料细菌性枯萎病菌、大豆疫病菌、谷斑皮等重大疫情）且有效除害处理方法的，由海关监督其进行除害处理，处理合格后方可销售或使用。无有效除害处理方法的，作退运或销毁处理。

经现场查验和实验室检测后，需根据疫病情况、有害生物情况及国家检疫法规、我国与输出国签订的双边检疫议定书或协议和贸易合同条款中的检疫要求，参考国际标准和国家标准，做出正确的检疫结论，决定是否进行检疫处理，根据检疫结果出具相应的检疫证书。

（六）检疫监督管理

进境后检疫监督管理包括进境动植物隔离检疫及指定生产、加工、存放企业的监管。隔离检疫是将进境动植物限定在指定的隔离场（圃）内饲养或种植，在其饲养或生长期间进行检疫、观察、检测和处理的一项强制性措施。指定生产、加工、存放企业是指对高风险的动植物产品限定生产、加工企业，确保产品加工目的和安全流向。

从事进境动植物隔离检疫工作的隔离检疫场（圃）须通过海关总署的考核批准。

1. 动物隔离检疫

动物隔离检疫场是指专用于进境动物隔离检疫的场所，包括由海关总署设立的动物隔离检疫场所（以下简称国家隔离场）和由各直属海关指定的动物隔离场所（以下简称指定隔离场）。进境种用大、中动物应报海关总署批准在国家隔离场隔离检疫；当国家隔离场不能满足需求时，需报经海关总署批准在指定隔离场隔离检疫。其他进境动物，应当在海关指定的动物隔离检疫场所隔离检疫。目前，国内在广州、上海、天津、北京建立了 4 个国家隔离场。

动物进场前，海关应实地核查隔离场设施和环境卫生条件，所有饲草、饲料和垫料需在海关的监督下，由海关考核的单位进行熏蒸消毒处理。

经入境口岸现场检疫合格的进境动物方可运往隔离场进行隔离检疫。进境种用大、中动物隔离检疫期为 45 天，其他动物隔离检疫期为 30 天。

海关对隔离场实行监督管理，重点监督和检查隔离场动物饲养、防疫等措施的落实。隔离检疫期间，海关监管人员可按照海关总署的相关规定对进口动物进行必要的免疫和预防性治疗，隔离场使用人须在征得同意后方可对患病动物进行治疗。

隔离检疫结束后，隔离场应在海关的监督下，对动物的粪便、垫料及污物、污水进行无害化处理，剩余的饲料、饲草、垫料和用具等应当作无害化处理或者消毒，并按要求对隔离场场地、设施和器具进行消毒处理。

2. 植物隔离检疫

依据隔离条件、技术水平和运作方式，隔离检疫圃分为国家隔离检疫圃、专业隔离检疫圃和地方隔离检疫圃 3 类。国家隔离检疫圃承担进境高、中风险植物繁殖材料的隔离检疫工作。专业隔离检疫圃承担因科研、教学等需要引进的高、中风险植物繁殖材料的隔离检疫工作。地方隔离检疫圃承担中风险进境植物繁殖材料的隔离检疫工作。

进境植物繁殖材料经入境口岸海关实施现场检疫，进入隔离检疫圃实施隔离检疫时，入境口岸海关凭指定隔离检疫圃所在地海关出具的隔离检疫圃资质证明办理调离手续。需要调离入境口岸所在地直属海关辖区外进行隔离检疫的，入境口岸海关凭隔离检疫所在地直属海关出具的同意调入函予以调离。

进境植物繁殖材料的隔离种植期限按海关、农业、林业等部门签发的检疫审批单明确的隔离检疫期限执行，一般为：一年生植物繁殖材料至少隔离种植一个生长周期，多年生植物繁殖材料一般隔离种植 2 年至 3 年。因特殊原因，在规定时间内未得出检疫结果的可适当延长隔离种植期限。

隔离检疫圃应严格按照所在地海关核准的隔离检疫方案按期完成隔离检疫工作，并定期向所在地海关报告隔离检疫情况，接受检疫监管。如发现疫情，须立即报告所在地海关，并采取有效防疫措施。隔离检疫期间，使用人应当妥善保管隔离植物繁殖材料，未经海关同意，不得擅自将正在进行隔离检疫的植物繁殖材料调离、处理或移作他用。隔离检疫圃内，同一隔离场地不得同时隔离两批（含两批）以上的进境植物繁殖材料，不准将与检疫无关的植物种植在隔离场地内。

隔离检疫结束后，隔离检疫圃出具隔离检疫结果报告，其中在地方隔离检疫圃或指定隔离检疫圃实施隔离检疫的，由具体负责隔离检疫的海关出具结果报告。隔离检疫圃所在地海关根据口岸检疫查验结果、隔离检疫结果做出结果评定并出具报告。

隔离检疫期间，发现检疫性有害生物的，立即采取必要的措施，重大疫情按照《进出境重大植物疫情应急处置预案》相关要求进行处置，防止疫情扩散。发现检疫性有害生物、限定的非检疫性有害生物超过有关规定且无有效处理方法的，销毁全部植物繁殖材料；可进行有效处理的，按照相关规定处理。

隔离检疫结束后，所有包装材料及废弃物应进行无害化处理；隔离检疫圃在完成进境植物繁殖材料隔离检疫后，对进境植物繁殖材料的残体作无害化处理；在隔离场地使用前后，对用具等进行消毒。

3. 指定生产、加工、存放场所检疫监督

根据产品风险等级水平，对风险较高的进境动植物产品，如动物肉类、脏器、肠衣、原毛（含羽毛）、原皮，以及生的骨、角、蹄，蚕茧，水产品和动物源性中药材等，实行生产、加工和存放企业定点管理；对进口肉类产品、水产品，实施收货人备案管理；对进境粮食、植物源性饲料等植物及其产品的生产、加工、存放企业，实行备案管理。指定生产、加工、存放场所须经海关总署或直属海关按照相关程序考核合格后，方可生产、加工和存放进境动植物及其产品。

二、出口动植物及其产品的动植物检疫

出口检疫是出口口岸海关对出口动植物及其产品和其他检疫物，在出口口岸依法实施现场查验并进行合格评价的检疫管理工作。

（一）检疫申报

输出动物的货主或其代理人应在动物出口前（一般种用大、中动物 45 天，种用禽鸟类和水生动物 30 天，食用动物 10 天），向启运地海关提交输入国法定和贸易合同规定的动物检验检疫要求及与所输出动物有关的资料。在隔离检疫前一星期填写“出口货物申报单”，并持有关许可证明、贸易合同、信用证、货运单、发票等资料向启运地海关正式申报。

（二）检疫实施

1. 隔离检疫

出口动物实施启运地隔离检疫和抽样检验、离境口岸作临床检查和必要复检的制度。输出动物，出口前需经隔离检疫的，须在海关指定的隔离场所实施检疫。需隔离检疫的情况主要有：进口国要求隔离检疫的，按照进口国的要求进行隔离检疫；根据贸易合同的规定需对出口动物进行隔离检疫的，按合同约定进行检疫；在对出口动物进行检疫过程中发现传染病的，应对其同群假定健康动物实施隔离检疫；我国政府对出口动物有隔离检疫规定的，按规定要求进行隔离检疫。

海关对检验检疫合格的出口动物可以实行监装制度。出口大、中动物，货主或其代理

人必须派出经海关培训、考核合格的押运员负责国内运输过程的押运。

2. 离境口岸检验检疫

经启运地海关检验检疫合格的出口动物运抵口岸后，由离境口岸海关实施临床检查或者复检。根据检验检疫和除害处理结果，海关签发相关单证，并对经检验、检测合格或经除害处理合格的检疫物准予放行。

其他货物需经口岸海关查验合格后才准予出口。

（三）溯源管理

溯源管理制度是指建立生产、出口、消费全链条的农产品食品质量安全追溯体系。溯源管理主要包括建立唯一可识别的溯源信息，加施出口产品标记或标识，建立可追溯完整数据链，以实现对出口产品溯源和对不合格产品的召回。

三、过境动植物及其产品的动植物检疫

根据《中华人民共和国进出口动植物检疫法》、《中华人民共和国进出口动植物检疫法实施条例》规定，对过境的动植物产品和其他检疫物，应在进口时向口岸海关申报，实施检疫，出口口岸不再检疫。

（一）检疫准入

运输动物过境的，货主或者其代理人必须事先向海关总署提出书面申请，提交输出国家或地区政府动植物检疫机关出具的疫情证明、输入国家或地区政府动植物检疫机关出具的准许该动物进口的证件，并说明拟过境的路线，获得主管部门签发的“动物过境许可证”。按照《农业转基因生物安全管理条例》的规定，过境转基因产品应当办理过境审批。

（二）检疫实施

运输动植物产品和其他检疫物过境的，承运人或者押运人应当持货运单和输出国家或地区政府动植物检疫机关出具的证书，向进口口岸海关报关；运输动物过境的，还应当同时提交进出口动植物检疫主管部门签发的“动物过境许可证”。进口口岸海关对过境动植物、动植物产品和其他检疫物实施查验。

过境动物运达进口口岸时，由进口口岸海关对运输工具、容器的外表进行消毒并对动物进行临床检疫，经检疫合格的，准予过境。进口口岸海关可以派检疫人员监运过境动物至出口口岸，出口口岸海关不再检疫。发现有动植物检疫法规定的一、二类传染病和寄生虫病的，全群动物不准过境；过境动物的饲料受病虫害污染的，作除害、不准过境或者销毁处理；过境的动物的尸体、排泄物、铺垫材料及其他废弃物，必须按照相关规定处理，不得擅自抛弃。

（三）检疫处置

对过境动植物、动植物产品和其他检疫物，口岸海关检查运输工具或者包装，经检疫合格的，准予过境。发现运输工具或者包装物、装载容器有可能造成途中散漏的，承运人或者押运人应当按照口岸海关的要求，采取密封措施；无法采取密封措施的，不准过境；发现有一、二类传染病和寄生虫病及植物危险性有害生物的，作除害处理或者不准过境。

四、运输工具动植物检疫

装载动植物及其产品的运输工具入境时，未经入境口岸海关同意，动植物、动植物产

品和其他检疫物不得卸离运输工具。当允许卸离时，对货物、运输工具和装卸现场采取必要的防疫措施。在运输装卸过程中，运输工具和包装物要防止撒漏。

装载非动植物及其产品，但有木质包装或植物性铺垫材料的运输工具入境时，由入境口岸海关对木质包装或植物性铺垫材料进行检疫，审核输出国植物检疫证书或检疫处理证书，并对运输工具箱体进行防疫消毒。

装载非应检物的运输工具入境时，由入境口岸海关对运输工具做表面防疫消毒处理。对来自动植物疫区的进（过）境运输工具，由入境口岸海关对运输工具进行外表消毒。

对来自动植物疫区的船舶、废旧船舶、船方申请检疫的船舶、国家有明确要求的船舶，实施登轮检疫。

对于入境重箱，除对装载货物实施检疫外，对箱体内部一并进行检查。对发现检疫性有害生物的货物，货物同集装箱一并做检疫处理。

对于入境空箱，主要检查箱体内部有无有害生物。发现检疫性有害生物的，对集装箱实施除害处理。

第三节　进出口食品检验检疫

《中华人民共和国食品安全法》第九十一条规定："海关对进出口食品安全实施监督管理。"进出口食品安全监管，是指海关为保证进出口食品安全，保障公众身体健康和生命安全，根据法律法规的规定，对进出口食品生产经营活动、进出口食品生产经营者和输华食品出口国家（地区）食品安全管理体系等实施的行政监督管理，督促检查进出口食品相关方执行食品安全法律法规的情况，并对其违法行为进行约束的过程。

一、进口食品检验检疫

（一）进口食品的合格评定

进口食品合格评定，既是进口食品安全管理的一项重要制度，也是进口食品的海关监管流程，指通过在进口食品各环节采用多种合格评定活动组合，对进口食品是否符合我国食品安全国家标准进行合格评定。

进口食品的合格评定活动包括出口国（地区）体系评估、生产企业注册登记、进出口商备案、检疫审批、出口国（地区）官方证书、随附合格证明、证单审核、标签检验、现场查验、抽样检验、进口和销售记录 11 项。针对各类进口食品的风险点，设计 11 种合格评定活动的 9 种组合。

进口食品进境前应办理的事项包括食品生产企业注册、食品进出口商备案、政府官方食品安全管理体系审查、出口方政府按照与进口方政府共同确定的食品安全要求出具官方证明文件、进境动植物源性食品检疫审批等。

（二）检验检疫申报

进口食品的收货人或其代理人应当按照规定，向海关提交相关材料并向海关申报。

申报时，收货人或其代理人应当将所进口的食品按照品名、品牌、原产国（地区）、规格、数（重）量、总值、生产日期（批号）及海关总署规定的其他内容逐一申报。受理海关对收货人或其代理人提交的申报材料审核填写内容是否完整、准确，所附单证是否齐全，单证是否一致、有效，符合要求的，受理申报。

（三）检验检疫实施

口岸海关在口岸监管场所对进口食品的包装和运输工具进行现场查验，按照相关规定对进口食品进行抽采样、制样及送样，对进口预包装食品标签进行符合性检测。

1. 现场检验检疫措施

（1）申报资料与运载食品的集装箱箱号或其他运载工具编号是否相符；

（2）集装箱或其他运载工具是否符合食品安全要求；

（3）是否来自疫区，是否带有泥土、杂草等检疫性有害生物，是否有需要进行检疫的外包装托垫、加固物等，其外包装托垫、加固物等是否符合植物检疫要求；

（4）有需要进行冷藏、冷冻运输的、其运输工具温度是否符合要求；

（5）反复使用的大型包装容器（如液罐、液袋等）是否已进行了消毒、清洗处理，并取得境外卫生主管部门出具的卫生证书或证明；

（6）食品的品名、原产地、生产日期等信息是否与申报单据一致；

（7）包装是否完整、无破损、无渗漏及胀气等非正常现象；

（8）其他有关规定及要求。

对于现场发现被有毒有害物质污染的，海关应立即通知收货人或其代理人，并与运输方及卸货作业等有关单位共同采取措施，保护好现场。海关应当认真调查取证，包括照相、摄像、要求收货人或其代理人对现场记录进行签字确认等，同时扩大取样范围，对异物和被污染的食品样本要妥善保存，必要时，可对运输工具或进口商品加施封志。

2. 取样

海关查验人员经过资料审核和现场查验后，应根据食品的不同种类、数量、包装形式和检验要求确定抽采样方案，实施抽采样，抽采样要有充分的代表性。

3. 感官检验

海关应当对食品性状是否正常且符合食品安全国家标准进行感官检验。进口食品，特别是加工食品，其包装上必须加施中文标签，标签中应注明进口商、经销商、生产商、成分、保存期等我国标签标准规定的内容。

4. 实验室检测

海关技术机构按照食品安全国家标准（如无，则按照食用农产品质量安全标准、食品卫生标准、食品质量标准和有关食品的行业标准中强制执行的标准）对进口食品进行检验。对于进口预包装食品，海关就标签内容是否符合法律法规和食品安全国家标准要求，以及与质量有关内容的真实性、准确性进行检验，包括格式版面检验和标签标注内容的符合性检测。

（四）检验检疫处置

对进口食品经检验检疫合格的，由海关出具合格证明，予以放行，准予销售、使用。

进口食品经检验检疫不合格的，由海关出具不合格证明。对检验检疫不合格的，根据不合格情况按照相关规定进行销毁、退运或技术处理等，同时出具不合格证书。

（五）检验检疫监督

进口食品的检验检疫监督重点在于对各相关方的责任进行合理配置，以建立完善的进口食品追溯体系和质量安全责任追究体系。

二、出口食品检验检疫

《食品安全法》第九十九条规定："出口食品生产企业应当保证其出口食品符合进口国（地区）的标准或者合同要求。出口食品生产企业和出口食品原料种植、养殖场应当向海关备案。"

（一）检验检疫申报

海关总署实行产地检验检疫制度，出口食品发货人或其代理人应当按照海关总署规定的地点和期限，持与出口食品有关的合同、发票、装箱单和信用证等必要的证明及相关批准文件向有管辖权的隶属海关申报。当产地与出境口岸不一致时，产地隶属海关对出口食品检验合格后，在海关总署业务系统中形成电子底账。发货人或其代理人应当在规定的期限内向隶属海关申报出口。

（二）检验检疫实施

1. 现场检验检疫

出口食品现场检验检疫是海关按照规范、规程及检验检疫类别，在海关总署规定的期限内，对出口食品的外观及内在品质通过感官的、物理的方法进行检验检疫，以判断所检对象的各项指标是否符合合同及买方所在国官方机构的有关规定。

对易发生换货调包的出口敏感食品，可采取出口监装措施。

2. 抽样送检

凡需检验检疫并出具结果的出口食品，均需海关到现场抽取样品。出口合同中规定抽样方法的，按合同规定的标准或方法抽取样品；出口合同中没有规定抽样方法的，按有关标准进行抽样。所抽取的样品必须具有代表性、准确性、科学性。

3. 运输工具适载检验

对装运出口易腐烂变质的食品和冷冻品的集装箱、船舱、飞机、车辆等运载工具，应进行装运前清洁、卫生、冷藏、密固等适载检验，未经检验或检验不合格的，不准装运。

4. 口岸查验

出口食品产地和出口口岸不在同一地区的，口岸隶属海关对出口食品实施口岸查验。口岸隶属海关按照海关总署《出境货物口岸查验规定》及有关要求实施申报查证或验证。

5. 出口食品实验室检测

海关按照有关标准、海关总署风险预警措施及有关规定，综合相关情况确定实验室检测项目。出口季节性食品（是指在某一固定季节生产、销售和消费的食品，包括雪糕、冷饮、月饼和腊肉腊肠等）时，海关还应根据相应季节性食品的卫生安全风险评估增加相应的检测项目。

海关技术机构实验室检测人员根据隶属海关送检样品及送检单所列检测项目、依据，参照相关有害生物的检验检疫法规、双边协议、合同要求、检验标准等，通过物理的、化学的和微生物的方法进行检验检疫，以判定所检样品的各项指标是否符合合同及买方所在国或地区官方机构的有关规定。

（三）检验检疫处置

海关根据现场检验检疫、口岸查验、实验室检测结果，对照有关检验检疫依据做出评定。符合检验检疫要求的，签发证单，予以放行出口；不符合检验检疫要求的，不予出口，并通过风险预警信息网络上报海关总署。

（四）检验检疫监督管理

出口食品的检验检疫后续监督管理包括出口食品质量安全追溯、出口食品质量安全应急处置、出口食品安全风险监测、出口食品质量安全风险预警。

三、进口化妆品检验检疫

化妆品是指以涂、擦、散布于人体表面任何部位（表皮、毛发、指/趾甲、口唇等）或者口腔黏膜、牙齿，以达到清洁、消除不良气味、护肤、美容和修饰目的的产品。海关根据我国国家技术规范的强制性要求及我国与出口国家（地区）签订的协议、议定书规定的检验检疫要求对进口化妆品实施检验检疫。尚未制定国家技术规范强制性要求的，可以参照海关总署指定的国外有关标准进行检验。

（一）检验检疫申报

实施备案管理。进口化妆品收货人应当向海关提出备案申请，其提供的备案申请材料信息应完备属实。进口化妆品的收货人应当如实记录进口化妆品流向。

进口化妆品的收货人或者其代理人经海关备案后，应当按照海关总署相关规定申报，同时提供收货人备案号。

首次进口的化妆品应当按照《进出口化妆品检验检疫监督管理办法》的规定提供文件，其中国家实施卫生许可或者备案的化妆品，应当提交国家相关主管部门批准的进口化妆品卫生许可批件或者备案凭证，国家没有实施卫生许可或者备案的化妆品，应当提供具有相关资质的机构出具的可能存在安全性风险物质的有关安全性评估资料及在生产国家（地区）允许生产、销售的证明文件或原产地证明。首次进口的离境免税化妆品，应当按要求提供相应材料。

（二）检验检疫实施

海关接受申报后，对进口化妆品进行检验检疫，包括现场查验、抽样留样、实验室检验、出证等。

现场查验内容包括货证相符情况、产品包装、标签版面格式、产品感官性状、运输工具、集装箱或者存放场所的卫生状况。进口化妆品成品的标签标注应当符合我国相关的法律、行政法规及国家技术规范的强制性要求。海关对化妆品标签内容是否符合法律、行政法规规定要求进行审核，对与质量有关的内容的真实性和准确性进行检验。

进口化妆品的抽样应当按照国家有关规定执行，样品数量应当满足检验、复验、备查等使用需要。需要进行实验室检验的，海关应当确定检验项目和检验要求，并将样品送具有相关资质的检验机构。海关应当按照要求实施检验，并在规定时间内出具检验报告。

（三）检验检疫处置

进口化妆品经检验检疫合格的，海关出证放行。进口化妆品取得“入境货物检验检疫证明”后，方可销售、使用。进口化妆品经检验检疫不合格，涉及安全、健康、环境保护项目的，海关责令当事人销毁，或者出具退货处理通知单，由当事人办理退运手续。其他项目不合格的，可以在海关的监督下进行技术处理，经重新检验检疫合格后，方可销售、使用。进口化妆品在取得“入境货物检验检疫证明”之前，应当存放在海关指定或者认可的场所，未经海关许可，任何单位和个人不得擅自调离、销售、使用。

（四）非贸易性进口化妆品检验检疫措施

化妆品卫生许可或者备案用样品、企业研发和宣传用的非试用样品，进口申报时应当由收货人或者其代理人提供样品的使用和处置情况说明及非销售使用承诺书，入境口岸海关进行审核备案，数量在合理使用范围的，可免于检验。收货人应当如实记录化妆品流向，记录保存期限不得少于2年。

进口非试用或者非销售用的展品，报关时应当提供展会主办（主管）单位出具的参展证明，可以免予检验。展览结束后，在海关监督下作退回或者销毁处理。

携带、邮寄进境的个人自用化妆品（包括礼品），需要在入境口岸实施检疫的，应当实施检疫。

外国及国际组织驻华官方机构进口自用化妆品，进境口岸所在地海关实施查验。符合外国及国际组织驻华官方机构自用物品进境检验检疫相关规定的，免于检验。

四、出口化妆品检验检疫

（一）检验检疫申报

出口化妆品生产企业向海关备案后，应当保证其出口化妆品符合进口国家（地区）标准或者合同要求，并应当按照海关总署相关规定申报。首次出口的化妆品应当按《进出口化妆品检验检疫监督管理办法》规定提供相关文件。

（二）检验检疫实施

海关接受申报后，对出口化妆品进行检验检疫，包括现场查验、抽样留样、实验室检验、出证等。

现场查验内容包括货证相符情况、产品感官性状、产品包装、标签版面格式、运输工具、集装箱或者存放场所的卫生状况。

（三）检验检疫处置

出口化妆品经检验检疫合格的，由海关按照规定出具通关证明。进口国家（地区）对检验检疫证书有要求的，应当按照要求同时出具有关检验检疫证书。出口化妆品经检验检疫不合格的，可以在海关的监督下进行技术处理，经重新检验检疫合格的，方准出口；不能进行技术处理或者技术处理后重新检验仍不合格的，不准出口。

第四节 进出口商品检验

《中华人民共和国进出口商品检验法》第六条规定：“必须实施的进出口商品检验，是指确定列入目录的进出口商品是否符合国家技术规范的强制性要求的合格评定活动。合格评定程序包括：抽样、检验和检查，评估、验证和合格保证，注册、认可和批准以及各项的组合。”列入目录的进口商品未经检验的，不准销售、使用；列入目录的出口商品未经检验合格的，不准出口。

一、重点进出口商品检验监管

（一）固体废物进口检验监管

1. 装运前检验

供货商应当在废物原料装运前通过装运前检验电子管理系统申请由海关或者委托装运前检验机构实施装运前检验。海关部门、装运前检验机构应当通过进口废物原料装运前检验电子管理系统受理供货商的装运前检验申请，录入装运前检验结果，签发装运前检验证书。

装运前检验机构应当在进口废物原料的境外装货地或者发货地，按照中国国家环境保护控制标准、相关技术规范的强制性要求和装运前检验规程实施装运前检验。装运前检验机构还应对其监装和施加封志。对经检验合格的废物原料签发电子和纸质的装运前检验证书。检验证书有效期不超过 90 天。

海关总署不予指定检验机构从事进口废物原料装运前检验。海关总署对装运前检验和装运前检验机构依法实施监督管理。

属于限制类废物原料的，收货人或者其代理人还应当取得进口许可证明。海关对进口许可证明电子数据进行系统自动比对验核。

2. 检验检疫实施

进口废物原料应从 18 个限定口岸或海关总署依法指定的其他地点入境。

进口废物原料检验检疫的内容包括卫生检疫、动植物检疫和环保项目检验。

（1）卫生检疫：海关对入境的废旧物品和曾行驶于境外港口的废旧交通工具，根据污染程度，分别实施消毒、除鼠、除虫，对污染严重的进行销毁。

（2）动植物检疫：根据污染程度实施消毒、熏蒸等卫生处理，未经检疫处理，不得放行。

（3）环保项目检验：按照《进口可用作原料的固体废物环境保护控制标准》（GB 16487 系列标准）的规定，控制重点是放射性污染和夹杂物。

进口废物原料的放射性检验是进口废物原料检验监管中的一项重要内容。放射性污染水平是必检项目，分别由相应的 GB 标准明确项目检验的方法、限值。

夹杂物控制包括：

① 禁止混有的夹杂物。如废弃炸弹、炮弹等爆炸性武器弹药。

② 严格限制的夹杂物。对危险废物的控制要求为总重量不应超过 0.01%。

③ 其他夹杂物控制。因各种废物对环境影响的危害程度不同，环境保护控制按照废物原料的不同类别，分别制定了其他夹杂物控制指标。

3. 检验检疫监督管理

进口废物原料供货商、收货人、装运前检验机构应当按照中国法律法规规定从事进口废物原料生产经营及装运前检验活动，保证进口废物原料符合中国法律法规规定和相关技术要求。

海关总署、主管海关对供货商、收货人和装运前检验机构实施 A、B、C 三类风险预警及快速反应管理。对源自特定国家（地区）、特定类别的废物原料，海关可以根据不同的风险预警类别采取加严检验、全数检验或者不接受申报等措施。

（二）进口旧机电产品检验监管

1. 装运前检验

在启运港装运之前，由海关或者委托检验机构对旧机电产品是否符合我国国家技术规范的强制性要求进行初步评价。

需要实施装运前检验的进口旧机电产品清单由海关总署制定并在海关总署网站上公布。

需要实施装运前检验的进口旧机电产品，其收、发货人或者其代理人应当按照海关总署的规定申请由主管海关或者委托检验机构实施装运前检验。进口旧机电产品装运前检验应当按照国家技术规范的强制性要求实施，并应当在货物启运前完成。

装运前检验内容应当包括：

（1）对安全、卫生、健康、环境保护、防止欺诈、能源消耗等项目做出初步评价；

（2）核查产品品名、数量、规格（型号）、新旧、残损情况是否与合同、发票等贸易文件所列相符；

（3）是否包括、夹带禁止进口货物。

海关或者检验机构在完成装运前检验工作后，签发装运前检验证书，并随附装运前检验报告。

进口旧机电产品的装运前检验结果与口岸查验、目的地检验结果不一致的，以口岸查验、目的地检验结果为准。

2. 检验实施

口岸海关为确定进口旧机电产品收货人报关的单证及内容是否与进口旧机电产品的真实质量安全情况相符，依法对进口旧机电产品在入境口岸进行检查。

旧机电产品入境后，海关按照国家技术规范的强制性要求进行合格评定。目的地检验的结果是判定进口旧机电产品在正式投入使用前运行状态下是否合格或者是否准予销售的最终依据。

对列入《质检总局 商务部 海关总署关于旧机电产品进口管理有关问题的公告》（2015 年第 76 号）中的 18 类应逐批实施现场检验的进口旧机电产品由第一入境口岸海关实施目的地检验，其他进口旧机电产品由货物目的地海关实施。

进口旧机电产品的目的地检验内容包括：一致性核查，安全、卫生、环境保护等项目检验。

（1）一致性核查：核查产品是否存在外观及包装的缺陷或者残损；核查产品的品名、规格、型号、数量、产地等货物的实际状况是否与报关资料及装运前检验结果相符；对进口旧机电产品的实际用途实施抽查，重点核查特殊贸易方式进口旧机电产品的实际使用情况是否与申报情况一致。

（2）安全项目检验：检查产品表面缺陷、安全标识和警告标记；检查产品在静止状态下的电气安全和机械安全；检验产品在运行状态下的电气安全和机械安全，以及设备运行的可靠性和稳定性。

（3）卫生、环境保护项目检验：检查产品卫生状况，涉及食品安全项目的食品加工机械及家用电器是否符合相关强制性标准；检测产品在运行状态下的噪声、粉尘含量、辐射及排放物是否符合标准；检验产品是否符合我国能源效率有关限定标准。

（4）对装运前检验发现的不符合项目采取技术和整改措施的有效性进行验证，对装运前检验未覆盖的项目实施检验，必要时对已实施的装运前检验项目实施抽查。

（5）其他项目的检验依照同类机电产品检验的有关规定执行。

3. 检验监督管理

海关发现检验机构出具的检验证书及随附的检验报告违反规定，情节严重或引起严重后果的，可以发布警示通报并决定在一定时期内不予认可其出具的检验证书及随附的检验报告，但最长不得超过3年。

进口旧机电产品的进口商应当建立产品进口、销售和使用记录制度，如实记录进口旧机电产品的品名、规格、数量、出口商和购货者名称及联系方式、交货日期等内容。记录应当真实，保存期限不得少于2年。

（三）进口棉花检验监管

1. 检验申请

从已在海关登记注册的境外供货企业进口棉花，收货人应向入境口岸海关提供境外供货企业的登记证书（复印件），到货时可在目的地实施检验。从未登记的境外供货企业进口棉花时，收货人应当在贸易合同中约定装运前检验条款，由海关或符合要求条件的检验机构实施装运前检验，入境报关时应提供境外供货企业的基本情况及其出具的货物合格声明。

2. 检验实施

进口棉花实施逐批抽样检验。海关按照规定对进口棉花实施数（重）量检验、品质检验和残损鉴定，并逐批出具检验证书。

（1）现场查验：海关在入境口岸或货物存放场所，对进口棉花实施现场查验。查验时应当核对进口棉花批次、规格、标记等，确认货证相符；查验包装是否符合合同等相关要求，有无包装破损；查验货物是否存在残损、异性纤维、以次充好、掺杂掺假等情况。对集装箱装载的，检查集装箱铅封是否完好。

（2）抽样：海关根据境外供货企业的质量信用层级，对进口棉花实施检验。对A级境外供货企业的棉花，应当在收货人报关时申报的目的地检验，由目的地海关按照标准实施抽样检验；对B级境外供货企业的棉花，应当在收货人申报的目的地检验，由目的地海关实施两倍抽样量的加严检验；对C级境外供货企业的棉花，海关在入境口岸实施两倍抽样量的加严检验。对未获得登记证书的境外供货企业，按C级监管。

（3）实验室检测：海关对承担进口棉花品质检验的实验室实行考核批准制度，未经考核批准的实验室不能开展棉花品质检验工作。目前，经批准具有进出口棉花品质检验资格的实验室共15家。实验室检测项目主要包括品级、长度、细度和强度。

进口棉花的收货人或者发货人对检验结果有异议的，可以按照《进出口商品复验办法》的规定申请复验。

3. 检验监督管理

海关建立了进口棉花境外供货企业质量信用评估机制，根据到货棉花实际质量情况和企业履约情况，对进口棉花境外供货企业质量信用等级进行信用评估和动态层级名单管理，从而实现对不同层级企业有针对性地实施不同的检验监管措施。

（四）进口汽车检验监管

《商检法实施条例》第二十三条规定，进口机动车辆到货后，收货人凭海关签发的进口机动车辆检验证单及有关部门签发的其他单证向车辆管理机关申领行车牌证。在使用过程中发现有涉及人身财产安全的质量缺陷的，海关应当及时作出相应处理。

1. 检验要求

（1）进口汽车整车必须由经国务院批准并经海关总署等部委验收通过的汽车整车进口口岸进口。汽车入境口岸海关负责进口汽车入境检验和验证工作。

（2）实施检验监管的进口汽车需取得强制性产品认证证书和进口自动许可证，并符合《大气污染防治法》、《机动车运行安全技术条件》（GB 7258）、《道路车辆 车辆识别代号（VIN）》（GB 16735）、《轻型汽车燃料消耗量标识》（GB 22757）、《进口机动车辆制造厂名称和品牌中英文对照表》等我国法律法规对安全、卫生、健康、环境保护、防止欺诈、节约能源等方面的规定，以及国家技术规范的强制性要求。

（3）进口汽车入境口岸海关对进口汽车的检验包括一般项目检验、安全环保项目检测。

① 一般项目检验。在进口汽车入境时对车辆唯一性、外观质量、特征参数、发动机舱、汽车安全装置、车辆动态、灯光信号装置、尾气排放、燃料消耗达标等一般项目实施检验。

② 安全环保项目检测。按国家有关汽车的安全环保等法律法规、强制性标准和《进出口机动车辆检验规程》（SN/T1688. 4）实施尾气排放、制动性能、灯光等安全环保项目检测。

经检验合格的进口汽车，由口岸海关一车一单签发"进口机动车辆随车检验单"。收货人可以凭海关签发的进口机动车辆检验证单及有关部门签发的其他单证向车辆管理机关申领行车牌证。

海关对进口汽车的安全环保性能检测，可根据需要采信经考核符合条件的第三方检测机构的检测结果，并报海关总署备案。海关总署对被采信的第三方检测机构进行监督管理。

2. 检验监督管理

目的地海关负责对进口汽车经营者"三包"责任和进口汽车实施召回进行监督管理工作，检查其落实质量安全主体责任、消减质量安全风险的情况。

对于进口汽车的召回工作，海关总署与国家市场监督管理总局的职责分工进行了重新划分，确定两部门建立进口产品缺陷信息通报和协作机制。海关总署在口岸检验监管中发现不合格或存在安全隐患的进口产品，依法实施技术处理、退运、销毁，并向国家市场监督管理总局通报。国家市场监督管理总局统一管理缺陷产品召回工作，通过消费者报告、事故调查、伤害监测等获知进口产品存在缺陷的，依法实施召回措施；对拒不履行召回义务的，国家市场监督管理总局向海关总署通报，由海关总署依法采取相应措施。

（五）进口玩具检验监管

为加强进出口玩具的检验监管，对列入必须实施检验的进出口商品目录及法律、行政法规规定必须经海关检验的进口玩具实施检验，对目录外的进口玩具实施抽查检验。进口玩具的检验主要包括现场检验、实验室检测、CCC（中国强制认证）核查等。

1. 现场检验

对列入必须实施检验的进出口商品目录及法律、行政法规规定必须经海关检验的进口玩具，按照我国国家技术规范的强制性要求实施检验。在查验现场，海关核查产品标签标识及使用说明是否正确完好，型号规格、颜色、数（重）量等是否货证相符，货物是否完好无损。如该产品属于CCC强制认证范围，检查该产品是否按规定施加了CCC标识，并验证其真伪及有效性，以及单证对应的CCC资料是否完整一致。

2. 实验室检测

按照玩具国家技术规范的强制性要求，海关在对进口玩具实施现场检验的基础上，按照一定比例抽取样品送具有玩具检测资质的实验室进行安全项目检测。检测项目主要包括：机械物理安全项目，如机械性能、锐尖锐边、燃烧性能、电气性能、辐射性能、听力视力检测等；化学安全项目，如有毒有害物质、可迁移元素、增塑剂、甲醛、重金属含量、偶氮染料、色牢度等。

3. CCC核查

海关对列入强制性产品认证目录内的进口玩具，按照《进口许可制度民用商品入境验证管理办法》的规定实施验证管理。目前，列入强制性产品认证的进口玩具包括塑胶玩具、电动玩具、童车、金属玩具、弹射玩具和娃娃玩具。

对列入强制性认证产品目录的进口玩具，凭CCC证书报关。口岸海关按照《进口许可制度民用商品入境验证管理办法》的规定实施进口玩具入境符合性验证，核对货证是否相符，必要时抽样送玩具实验室检测。对未列入强制性产品认证目录内的进口玩具，已提供进出口玩具检测实验室出具的合格的检测报告的，海关对有关单证与货物是否符合进行审核。对未能提供检测报告或者经审核发现有关单证与货物不相符的，应当对该批货物实施现场检验并抽样送玩具实验室检测。

经验证符合要求的，准予进口。列入强制性认证产品目录的进口玩具经验证不符合要求的，不准进口，未列入强制性认证产品目录的进口玩具经验证不符合要求的，按照要求抽样检验。

在国内市场销售的进口玩具，其安全、使用标识应当符合我国有关玩具安全的国家技术规范强制性要求。

（六）危险化学品检验监管

危险化学品是指具有毒害、腐蚀、爆炸、燃烧、助燃等性质，对人体、设施、环境具有危害的剧毒化学品和其他化学品。国务院安全生产监督管理部门会同国务院工业和信息化、公安、环境保护、卫生、海关、交通运输、铁路、民用航空、农业主管部门，根据化学品危险特性的鉴别和分类标准确定、公布并适时调整《危险化学品目录》。

危险公示标签是识别产品危害性的主要途径，也是检验关注的首要环节。《危险化学品安全管理条例》（国务院令第591号）第六十七、六十八条规定，危险化学品生产企业、进口企业，应当向国务院安监部门负责危险化学品登记的机构办理危险化学品登记。

危险化学品生产企业、进口企业发现其生产、进口的危险化学品有新的危险特性的，应当及时向危险化学品登记机构办理登记内容变更手续。

《危险化学品安全管理条例》规定，海关负责对进出口危险化学品及其包装实施检验。

1. 检验申报

进出口危险化学品的收货人或者其代理人应按照《危险化学品目录》中的名称申报，

并向海关递交相应的报关材料。

2. 检验实施

海关依据我国国家技术规范的强制性要求（进口产品适用）、国际公约、国际规则、条约、协议、议定书、备忘录等，以及输入国家或者地区的技术法规和标准（出口产品适用）、海关指定的技术规范和标准、贸易合同中高于以上规定的技术要求，对进出口危险品实施检验监管。

进出口危险化学品检验的内容，包括是否符合安全、卫生、健康、环境保护、防止欺诈等要求，以及相关的品质、数量、重量等项目。其中，安全要求包括：

（1）产品的主要成分/组分信息、物理及化学特性、危险类别等是否符合进出口危险化学品及其包装检验依据的规定。

（2）产品包装上是否有危险公示标签（进口产品应有中文危险公示标签），是否随附安全数据单（进口产品应附中文安全数据单）；危险公示标签、安全数据单的内容是否符合进出口危险化学品及其包装检验依据的规定。

（3）对进口危险化学品所用包装，应检验包装形式、包装标记、包装类别、包装规格、单件重量、包装使用状况等是否符合进出口危险化学品及其包装检验依据的规定。

（4）对出口危险化学品的包装，应按照海运、空运、汽车、铁路运输出口危险货物包装检验管理规定和标准实施性能检验、使用鉴定，分别出具“出境货物运输包装性能检验结果单”“出境危险货物运输包装使用鉴定结果单”。

3. 检验监管场所要求

实施进出口危险化学品及其包装现场查验的场所，应为合法的危险化学品生产、储存、使用、经营场所，对未通过安全生产监督管理等部门安全条件审查、批准、许可的，原则上不在该场所实施涉及危险化学品作业活动的现场检验。实施现场检验和采样的场所应具备相应的设施、环境和安全条件。

二、进出口商品检验鉴定

进出口商品检验鉴定是国际通行的对产品、服务、管理体系进行合格评定的有效方法。其主要是提供检验鉴定服务，即接受委托对进出口商品进行检验鉴定，出具检验鉴定证书，包括检测业务、验货业务、口岸检验鉴定业务、装运前检验等。

进出口商品检验鉴定业务的检验许可是直属海关和海关总署共同完成的一项审批，审批时限为 20 个工作日。经审核准予许可的，签发“进出口商品检验鉴定机构资格证书”，证书有效期为 6 年。

三、民用商品入境验证

入境验证是指对进口许可制度民用商品，在入境通关时，由海关核查其是否取得了必需的证明文件。在入境以后，抽取一定比例批次的商品进行标志核查，必要时按照进口许可制度规定的技术要求进行检测。

海关总署根据需要，制定、调整并公布《海关实施入境验证的进口许可制度民用商品目录》（以下简称《入境验证商品目录》）。对列入《入境验证商品目录》的进口商品，由直属海关负责所辖地区产品的入境验证工作。

属于法定检验检疫的进口许可制度民用商品，海关应当按照有关规定实施检验检疫，同时应当核查产品的相关标志是否真实有效。不属于法定检验检疫的进口许可制度民用商品，海关可以根据需要进行抽查检测。

（一）强制性产品认证产品入境验证

海关总署统一管理全国CCC产品入境验证管理工作，直属海关负责所辖地区CCC产品的入境验证工作。海关总署根据需要，制定、调整并公布海关实施入境验证的CCC目录。

海关对列入目录的进口产品实施入境验证管理，查验认证证书、认证标志等证明文件，核对货证是否相符。验证不合格的，依照相关法律法规予以处理；对列入目录的进口产品实施后续监管。

入境产品符合以下条件的，无须办理CCC认证：

1. 外国驻华使馆、领事馆或者国际组织驻华机构及其外交人员的自用物品；
2. 香港、澳门特别行政区政府驻内地官方机构及其工作人员的自用物品；
3. 入境人员随身从境外带入境内的自用物品；
4. 外国政府援助、赠送的物品；
5. 其他依法无须办理强制性产品认证的情形。

有下列情形之一的，列入目录产品的生产者、进口商、销售商或者其代理人可以向所在地海关提出免予办理强制性产品认证申请，提交相关证明材料、责任担保书、产品符合性声明（包括型式试验报告）等资料，并根据需要进行产品检测，经批准取得“免予办理强制性产品认证证明”后，方可进口，并按照申报用途使用：

1. 为科研、测试所需的产品；
2. 为考核技术引进生产线所需的零部件；
3. 直接为最终用户维修目的所需的产品；
4. 工厂生产线、成套生产线配套所需的设备和部件（不包含办公用品）；
5. 仅用于商业展示，但不销售的产品；
6. 暂时进口后需退运出关的产品（含展览品）；
7. 以整机全数出口为目的而用一般贸易方式进口的零部件；
8. 以整机全数出口为目的而用进料或者来料加工方式进口的零部件；
9. 其他因特殊用途免予办理强制性产品认证的情形。

（二）能效（能源效率）标识产品入境验证

中国能效强制实施的产品有显示器、液晶电视机、等离子电视机、电饭锅、电磁炉、家用洗衣机、电冰箱、储水式电热水器、节能灯、高压钠灯、打印机、复印机、电风扇、空调等。

海关通过审单、现场核查、抽样检测等方式对进口能效标识产品是否符合统一适用的产品能效标准、实施规则、能效标识样式和规格进行评定。

对须实施入境验证的进口能效标识产品，海关应核查相关备案证明材料，并进行网上查询。

进境时，海关应当根据相关能效标识备案证明信息和申报材料实施现场核查，核对货证是否相符，并做好相应记录。

海关对符合下列情形之一的进口能效标识产品实施抽样检测：

1. 根据要求的比例，随机抽取样品送实验室检测；

2. 在现场核查中发现不合格，并须经进一步技术确认的，对该批货物随机抽取代表性样品送实验室检测。

进口能效标识产品符合下列情形之一的，可以免于标注能效标识及备案，不再实施能效标识入境验证：

1. 外国驻华使馆、领事馆或者国际组织驻华机构及其外交人员的自用物品；
2. 香港、澳门特别行政区政府驻内地官方机构及其工作人员的自用物品；
3. 入境人员随身从境外带入境内的自用物品；
4. 外国政府援助、赠送的物品；
5. 为科研、测试所需的产品；
6. 为考核技术引进生产线所需的零部件；
7. 直接为最终用户维修目的所需的产品；
8. 工厂生产线、成套生产线配套所需的设备和部件（不包含办公用品）。

进口能效标识产品符合下列情形之一的，可以免于实施能效标识入境验证：

1. 来料、进料加工及根据外贸合同，专供出口的入境产品（包括以整机全数出口为目的而用一般贸易方式进口的零部件产品，不包括该产品部分返销国内或内销的）
2. 出口退运货物（不包括出口到海关特殊监管区域后退运进口的）；
3. 仅用于商业展示但不销售的产品；
4. 暂时进口复出口产品。

四、政府协议装运前检验

《装运前检验协议》是世界贸易组织（WTO）管辖的一项多边贸易协议，是世界贸易组织货物贸易协议之一，适用于由成员方政府通过政府授权或政府合同的方式，指定专门检验机构对进口产品的数量、质量、价格、汇率与融资条件及货物的海关分类等，在出口方境内进行的所有装运前的检验活动。

目前，对中国向塞拉利昂、埃塞俄比亚出口的每批次价值在2000美元以上的贸易性质商品，对中国出口伊朗的列入《法检目录》的工业产品，对中国出口也门的工业产品，实施政府协议的装运前检验。

第五章 进出口商品归类

海关进出口商品归类是指在《商品名称及编码协调制度公约》（以下简称《协调制度公约》）商品分类目录体系下，以我国《税则》为基础，按照《进出口税则商品及品目注释》《本国子目注释》，以及海关总署发布的关于商品归类的行政裁定、商品归类决定的要求，确定进出口货物商品编码的活动。

海关进出口商品归类是海关监管、海关征税及海关统计的基础，正确申报商品的归类是进出口收发货人或其代理人应尽的法律义务，归类的正确与否与报关人的切身利益也密切相关，直接影响到进出口货物的通关效率。因此，进出口商品归类是报关员必须掌握的基本技能之一。

第一节 《协调制度》简介

一、《协调制度》的产生

海关进出口商品归类是建立在商品分类目录基础上的。早期的国际贸易商品分类目录只是因为对进出本国的商品征收关税而产生的，其结构较为简单。后来随着社会化大生产的发展，进出口商品品种与数量的增加，除了税收的需要，人们还要了解进出口贸易情况，即还要进行贸易统计，因此，海关合作理事会（1994 年更名为世界海关组织）与联合国统计委员会分别编制了两个独立的商品分类目录，即《海关合作理事会商品分类目录》（简称 CCCN）和《国际贸易标准分类目录》（简称 SITC）。

由于商品分类目录的不同，一种商品有时在一次国际贸易过程中要使用不同的编码，给国际贸易带来极大的不便。因此，海关合作理事会于 1983 年 6 月通过了《协调制度公约》及其附件《协调制度》（Harmonized Commodity Description and Coding System，简称 HS）。《协调制度》既满足了海关税则和贸易统计需要，又包容了运输及制造业等要求，因此，该目录自 1988 年 1 月 1 日起正式生效后，即被广泛应用于海关税则、国际贸易统计、原产地规则、国际贸易谈判、贸易管制等多种领域。目前，已有 200 多个国家、地区、经济体和国际组织采用《协调制度》分类目录，国际贸易中超过 98%的商品按 HS 分类。

随着新产品的不断出现和国际贸易结构的变化，《协调制度》一般每隔若干年就要修订一次。自 1988 年生效以来，《协调制度》共进行了 6 次修订，形成了 1988 年、1992 年、1996 年、2002 年、2007 年 2012 年和 2017 年共 7 个版本。

为了帮助人们正确理解和运用《协调制度》，世界海关组织还制定了《商品名称及编码协调制度注释》（Explanatory Notes to the Harmonized Commodity Description and Coding System，简称《协调制度注释》）。《协调制度注释》不是“协调制度公约”的组成部分，但经世界海关组织理事会批准，它们是国际上对协调制度的官方解释，是对协调制度不可或缺的补充。我国海关将《协调制度注释》翻译成中文后取名为《进出口税则商品及品目注释》，并且在《中华人民共和国海关进出口货物商品归类管理规定》（海关总署令第158号）中将《进出口税则商品及品目注释》作为商品归类的依据。

二、《协调制度》的基本结构

《协调制度》将国际贸易涉及的各种商品按照生产类别、自然属性和不同功能用途等分为21类97章。每一章由若干品目构成，2017版《协调制度》共有1222个4位数品目；品目项下又细分出若干一级子目和二级子目，2017版《协调制度》共有5387个6位数子目。

为了避免各品目和子目所列商品发生交叉归类，在类、章下加有类注、章注和子目注释。为了保证《协调制度》解释的统一性，设立了归类总规则，作为整个《协调制度》商品归类的总原则。

《协调制度》是一部系统的国际贸易商品分类目录，所列商品名称的分类和编排是有一定规律的。

从类来看，它基本上按社会生产的分工分类，如农业在第一、二类，化学工业在第六类，纺织工业在第十一类，冶金工业在第十五类，机电制造业在第十六类等。

从章来看，基本上按商品的自然属性或功能、用途来划分。第一章至第八十三章（第六十四章至第六十七章除外）基本上是按商品的自然属性来分章，如第一章至第五章是活动物和动物产品，第六章至第十四章是活植物和植物产品，第二十五章至第二十七章是矿产品。又如第十一类包括了动、植物和化学纤维的纺织原料及其产品，其中，第五十章和第五十一章是蚕丝、羊毛及其他动物毛，第五十二章和第五十三章是棉花、麻及其他植物纺织纤维，第五十四章和第五十五章为化学纤维。商品之所以按自然属性分类是因为其种类成分或原料比较容易区分，同时也因为商品价值的高低往往取决于构成商品本身的原材料。另外，第六十四章至第六十六章和第八十四章至第九十七章则是按货物的用途或功能来分章的，其中，第六十四章是鞋，第六十五章是帽，第八十四章是机械设备，第八十五章是电气设备，第八十七章是车辆，第八十八章是航空航天器，第八十九章是船舶等。这样分类的原因一是因为这些物品往往由多种材料构成，难以将这些物品作为某一种材料制成的物品来分类；二是因为商品的价值主要体现在生产该物品的社会必要劳动时间上，如一台机器，其价值一般主要看生产这台机器所耗费的社会必要劳动时间，而不是看机器用了多少贱金属等。

从品目的排列看，一般也是原材料先于成品，加工程度低的产品先于加工程度高的产品，列名具体的品种先于列名一般的品种。如在第三十九章内，品目3901至3914是初级形状的塑料，品目3916至3921是塑料半制品，品目3922至3926是塑料制成品。

第二节 我国海关进出口商品分类目录简介

一、我国海关进出口商品分类目录的产生

我国海关自1992年1月1日起开始采用《协调制度》，进出口商品归类工作成为我国

海关最早实现与国际接轨的执法项目之一。

根据海关征税和海关统计工作的需要，我国在《协调制度》的基础上增设本国子目（三级子目和四级子目），形成了我国海关进出口商品分类目录，然后分别编制出《中华人民共和国海关进出口税则》（简称《税则》）和《中华人民共和国海关统计商品目录》（简称《统计目录》）。

为了明确增设的本国子目的商品含义和范围，我国又制定了《本国子目注释》，作为归类时确定三级子目和四级子目的依据。

根据《协调制度公约》对缔约国权利义务的规定，我国《税则》和《统计目录》与《协调制度》的各个版本同步修订。自 2017 年 1 月 1 日起，我国采用 2017 年版《协调制度》。

二、我国海关进出口商品分类目录的基本结构

《税则》中的商品号列称为税则号列（简称税号），为征税需要，每项税号后列出了该商品的税率；《统计目录》中的商品号列称为商品编号，为统计需要，每项商品编号后列出了该商品的计量单位，并增加了第二十二类"特殊交易品及未分类商品"，内分第九十八章、第九十九章。

《协调制度》中的编码只有 6 位数，而我国《税则》中的编码为 8 位数，其中第 7 位、第 8 位是我国根据实际情况加入的"本国子目"。

编码的编排是有一定规律的，以 0301. 9210"鳗鱼苗"为例说明如下：

编码：	0 3	0 1	9	2	1	0
位数：	1 2	3 4	5	6	7	8
含义：	章号	顺序号	一级子目	二级子目	三级子目	四级子目

从以上可以看出：第 5 位编码代表一级子目，第 6 位编码代表二级子目，第 7 位、第 8 位依此类推。需要指出的是，若第 5~8 位上出现数字"9"，则通常情况下代表未具体列名的商品，即在"9"的前面一般留有空序号以便用于修订时增添新商品。如上述编码 0301. 9210 中第 5 位的"9"代表除观赏鱼以外的其他活鱼，其中1~9之间的空序号可以用于将来增添新的其他需要具体列名的活鱼。

第三节　进出口货物商品归类的海关管理

为了规范进出口货物的商品归类，保证商品归类结果的准确性和统一性，根据《海关法》《关税条例》，海关总署以第 158 号总署令发布了《中华人民共和国海关进出口货物商品归类管理规定》。

一、归类的依据

进出口货物的商品归类应当遵循客观、准确、统一的原则。具体来说，对进出口货物进行商品归类的依据是：

1.《税则》；

2.《进出口税则商品及品目注释》；

3.《本国子目注释》；

4. 海关总署发布的关于商品归类的行政裁定；

5. 海关总署发布的商品归类决定。

二、归类决定

海关总署可以根据有关法律、行政法规规定，对进出口货物作出具有普遍约束力的商品归类决定。进出口相同货物，应该适用相同的商品归类决定。

商品归类决定由海关总署对外公布。

作出商品归类决定所依据的法律、行政法规及其他相关规定发生变化的，商品归类决定同时失效。商品归类决定失效的，应当由海关总署对外公布。

海关总署发现商品归类决定存在错误的，应当及时予以撤销。撤销商品归类决定的，应当由海关总署对外公布。被撤销的商品归类决定自撤销之日起失效。

三、归类裁定

在海关注册登记的进出口货物经营单位，可以在货物实际进出口的3个月前，向海关总署或者直属海关书面申请就其拟进出口的货物预先进行商品归类裁定。

海关总署自受理申请之日起60日内作出裁定并对外公布。

归类裁定具有普遍约束力。但对于裁定生效前已经办理完毕裁定事项的进出口货物，不适用该裁定。

四、归类的申报要求

为了规范进出口企业申报行为，提高进出口商品申报质量，促进贸易便利化，海关总署制定了《中华人民共和国海关进出口商品规范申报目录》（简称《规范申报目录》）。《规范申报目录》按我国海关进出口商品分类目录的品目顺序编写，并根据需要在品目级或子目级列出了申报要素。

例如，品目2204“鲜葡萄酿造的酒”下各子目的申报要素分别为（按设置申报要素的目的又分为归类要素、价格要素、审单及其他要素）：

子目2204.1000“汽酒”：1. 品名（中文及外文名称）；2. 种类（汽酒）；3. 加工方法（鲜葡萄酿造）；4. 酒精含量；5. 级别；6. 年份（没有年份的申报无年份）；7. 产区（中文及外文名称）；8. 酒庄名（中文及外文名称）；9. 葡萄品种（中文及外文名称）；10. 包装规格。其中，第1、2项为归类申报要素。

子目2204.2100“装入2升及以下容器的其他酒及加酒精抑制发酵的酿酒葡萄汁”与子目2204.2900“装入2升以上容器的其他酒及加酒精抑制发酵的酿酒葡萄汁”：1. 品名（中文及外文名称）；2. 加工方法（鲜葡萄酿造）；3. 酒精度；4. 级别；5. 年份（没有年份的申报无年份）；6. 产区（中文及外文名称）；7. 酒庄名（中文及外文名称）；8. 葡萄品种（中文及外文名称）；9. 包装规格（单位包装规格×每箱单位数）。其中，第1、2项为归类申报要素。

子目2204.3000“其他酿酒葡萄汁”：1. 品名（中文及外文名称）；2. 种类（酿酒葡萄汁）；3. 包装规格；4. 品牌（中文及外文名称）。其中，第1、2项为归类申报要素。

再如，对于子目 8705.4000“混凝土搅拌车”的申报要素为：1. 品名；2. 固定安装配置；3. 品牌；4. 型号。其中，第 1、2 项为归类申报要素。

收发货人或者其代理人应当按照法律、行政法规规定以及海关的要求如实、准确申报进出口货物的商品名称、规格型号等，并且对其申报的进出口货物进行商品归类，确定相应的商品编码。

收发货人或者其代理人向海关提供的资料涉及商业秘密，要求海关予以保密的，应当事前向海关提出书面申请，并且具体列明需要保密的内容，海关应当依法为其保密。收发货人或者其代理人不得以商业秘密为理由拒绝向海关提供有关资料。

海关在审核收发货人或者其代理人申报的商品归类事项时，可以依照《海关法》和《关税条例》的规定行使下列权力，收发货人或者其代理人应当予以配合：

1. 查阅、复制有关单证、资料；

2. 要求收发货人或者其代理人提供必要的样品及相关商品资料；

3. 组织对进出口货物实施化验、检验，并且根据海关认定的化验、检验结果进行商品归类。

海关可以要求收发货人或者其代理人提供确定商品归类所需的资料，必要时可以要求收发货人或者其代理人补充申报。

收发货人或者其代理人隐瞒有关情况，或者拖延、拒绝提供有关单证、资料的，海关可以根据其申报的内容依法审核确定进出口货物的商品归类。

五、归类的修改

收发货人或者其代理人申报的商品编码需要修改的，应当按照《海关进出口货物报关单修改和撤销管理办法》等规定向海关提出申请。

海关经审核认为收发货人或者其代理人申报的商品编码不正确的，可以根据《中华人民共和国海关进出口货物征税管理办法》的有关规定，按照商品归类的有关规则和规定予以重新确定，并且根据《海关进出口货物报关单修改和撤销管理办法》等有关规定通知收发货人或者其代理人对报关单进行修改。

六、归类预裁定

根据《中华人民共和国海关预裁定管理暂行办法》（海关总署令第 236 号），在货物实际进出口前，申请人可以向海关申请归类预裁定。具体办法如下：

（一）申请人资格

预裁定的申请人应当是与实际进出口活动有关，并且在海关注册登记的对外贸易经营者。

（二）申请时间及受理单位

申请人应当在货物拟进出口 3 个月之前向其注册地直属海关提出预裁定申请。特殊情况下，申请人确有正当理由的，可以在货物拟进出口前 3 个月内提出预裁定申请。

（三）申请程序及要求

1. 申请人向海关提交“预裁定申请书”及与归类有关的商品资料，一份“预裁定申请书”应当仅包含一项商品的归类。

2. 申请人所提交的材料如果需要海关为其保守商业秘密的，应当以书面方式向海关提出要求，并且列明需保密的具体内容。海关按照国家有关规定承担保密义务。

3. 申请人应当对提交材料的真实性、准确性、完整性、规范性承担法律责任。

4. 海关自收到“预裁定申请书”及相关材料之日起10日内审核决定是否受理该申请，制发“中华人民共和国海关预裁定申请受理决定书”或者“中华人民共和国海关预裁定申请不予受理决定书”。

申请材料不符合有关规定的，海关制发“中华人民共和国海关预裁定申请补正通知书”。申请人未在规定期限内提交材料进行补正的，视为未提出预裁定申请。

5. 海关自受理之日起60日内制发“预裁定决定书”。

（四）有效期及有效范围

1.“预裁定决定书”自送达之日起生效，有效期为3年。但对于其生效前已经实际进出口的货物没有溯及力。

2.“预裁定决定书”全国范围内有效。

（五）异议

申请人对预裁定决定不服的，可以向海关总署申请行政复议；对复议决定不服的，可以依法向人民法院提起行政诉讼。

（六）“预裁定决定书”的使用

申请人在预裁定决定有效期内进出口与预裁定决定列明情形相同的货物，应当按照预裁定决定的税号申报，海关予以认可。

七、其他管理要求

纳税义务人对海关确定的商品归类有异议的，可以申请行政复议。具体内容参见本教材第七章第六节的相关内容。

因商品归类引起退税或者补征、追征税款，以及征收滞纳金的，按照有关法律、行政法规及海关总署规章的规定办理。

违反《中华人民共和国海关进出口货物商品归类管理规定》，构成走私行为，违反海关监管规定行为或者其他违反《海关法》行为的，由海关依照《海关法》和《海关行政处罚实施条例》的有关规定予以处理。构成犯罪的，依法追究刑事责任。

第四节　《协调制度》归类总规则

一、规则一

（一）条文内容

类、章及分章的标题，仅为查找方便而设；具有法律效力的归类，应按品目条文和有关类注或章注确定，如品目、类注或章注无其他规定，按以下规则确定。

（二）条文解释

1. 尽管HS系统地将商品按类、章（部分章内还设有分章）分类，每类、章、分章标有标题，并使这些标题尽可能地概括该类、章、分章所包含的商品。但是由于各类、章、分章所包含的商品种类繁多，类、章、分章的标题不可能将其一一列出而全部包括进去，例如第八十六章的标题是“铁道及电车道机车、车辆及其零件；铁道及电车道轨道固定装置及其零件、附件；各种机械（包括电动机械）交通信号设备”，但实际上，除了上述商品外，该章还包括章的标题所没有列出的“集装箱”。

反之，由于类、章、分章的标题只是一个大概，无法规定具体内容，即同一类的商品在不同条件下可能有不同的分类，而这种情况在标题上是无法得到体现的，所以类、章、分章的标题所列出的商品也有可能不归入该类、章、分章。例如第一章的标题是“活动物”，但实际上，马、牛、羊等活动物归入该章，而活的鱼、甲壳动物、软体动物及其他水生无脊椎动物却是归入第三章。

另外，标题之间还会产生交叉，例如“塑料鞋”既属于第三十九章标题“塑料及其制品”所列的商品，又属于第六十四章标题“鞋靴、护腿和类似品及其零件”所列的商品，所以仅根据这两章的标题无法确定“塑料鞋”应归入第三十九章还是第六十四章。

综上所述，类、章、分章标题只为方便查找，本身不是归类的依据。

2. 归类的法律依据应该是品目条文和类注、章注。例如“针织女式胸衣”，如果直接看标题，似乎符合第六十一章的标题“针织或钩编的服装及衣着附件”而可以归入第六十一章，但由于标题不是归类依据，所以应根据品目条文和类注、章注来确定。按第六十一章章注二（一）、第六十二章章注一和6212品目条文的规定，该商品应归入品目6212。

3. 如果按品目条文、类注或章注还无法确定归类，则按下面的其他规则（规则二、三、四、五）确定品目的归类。

二、规则二

（一）条文内容

（一）品目所列货品，应视为包括该项货品的不完整品或未制成品，只要在进口或出口时该项不完整品或未制成品具有完整品或制成品的基本特征；还应视为包括该货品的完整品或制成品（或按本款可作为完整品或制成品归类的货品）在进口或出口时的未组装件或拆散件。

（二）品目中所列材料或物质，应视为包括该种材料或物质与其他材料或物质混合或组合的物品。品目所列某种材料或物质构成的货品，应视为包括全部或部分由该种材料或物质构成的货品。由一种以上材料或物质构成的货品，应按规则三归类。

（二）条文解释

1. 规则二（一）将所有列出某一些物品的品目范围扩大为不仅包括完整的物品，而且还包括该物品的不完整品或未制成品，只要报验时它们具有完整品或制成品的基本特征。

不完整品指货品缺少某些部分、不完整；未制成品指货品尚未完全制成，需进一步加工才成为制成品。

但是，“基本特征”的判断有时是很困难的，例如缺少了多少零部件的冰箱仍具有冰箱的基本特征，仍可以按冰箱归类？由于商品的繁杂，寄希望于通过制定几条一刀切的规则来确定货品的基本特征是行不通的，所以对于具体的某种不完整品或未制成品，需要综合结构、性能、价值、作用等方面的因素进行具体分析才能确定。但作为一般原则可以这样判断：

对于不完整品而言，主要是看其关键部件是否存在，以冰箱为例，如果压缩机、蒸发器、冷凝器、箱体这些关键部件存在，则可以判断为具有冰箱的基本特征。当以上办法仍然难以判断时，实践中常采用价值判断方法，即如果不完整品的价值占到完整品价值的60%及以上，就可以认为具有完整品的基本特征。

对于未制成品而言，主要看其是否具有制成品的特征，例如齿轮的毛坯，须经进一步完善方可作为制成品或制成零件使用，但已具有制成品或制成零件的大概形状或轮廓，则可以判断为具有齿轮的基本特征。

2. 规则二（一）的第二部分规定，完整品或制成品的未组装件或拆散件应归入已组装物品的同一品目。例如，品目 8517 不仅包括已组装好的电话机，还应包括电话机的未组装件或拆散件。

未组装件或拆散件指货品尚未组装或已拆散。货品以未组装或拆散形式报验，通常是由于包装、装卸或运输上的需要，或是为了便于包装、装卸或运输。

本款规则也适用于以未组装或拆散形式报验的不完整品或未制成品，只要按照本规则第一部分的规定，它们可作为完整品或制成品看待。例如，缺少某些非关键零件（如螺丝、螺帽、垫圈等）的电话机的散件，同样应按电话机归入品目 8517。

鉴于第一类至第六类各品目的商品范围，规则二（一）的规定一般不适用于这六类所包括的货品。

3. 规则二（二）是针对混合及组合的材料或物质，以及由两种或多种材料或物质构成的货品而设的，目的在于将任何列出某种材料或物质的品目扩大为包括该种材料或物质与其他材料或物质的混合品或组合品，同时还将任何列出某种材料或物质构成的货品的品目扩大为包括部分由该种材料或物质构成的货品。它所适用的是列出某种材料或物质的品目。

例如，品目 4503 是“天然软木制品”，该品目属于“某种材料或物质构成的货品”，根据本规则，如果是“涂蜡的热水瓶软木塞子”（已加入了其他材料或物质），则仍应归入品目 4503。

但是，本款规则绝不意味着将品目范围扩大到不按照规则一的规定，将不符合品目条文的货品也包括进来，即由于添加了另外一种材料或物质，使货品丧失了原品目所列货品特征的情况。例如，稻谷中加入了杀鼠剂，已经成为了一种用于杀灭老鼠的毒饵，就不能再按品目 1006 的“稻谷”归类。

4. 只有在规则一无法解决时，方能运用规则二。例如，品目 1503 的品目条文规定为“液体猪油，未经混合”，而混合了其他油的液体猪油，不能运用规则二（二）归入品目 1503。

三、规则三

（一）条文内容

当货品按规则二（二）或由于其他原因看起来可归入两个或两个以上品目时，应按以下规则归类：

（一）列名比较具体的品目，优先于列名一般的品目。但是如果两个或两个以上品目都仅述及混合或组合货品所含的某部分材料或物质，或零售的成套货品中的某些货品，即使其中某个品目对该货品描述得更为全面、详细，这些货品在有关品目的列名应视为同样具体。

（二）混合物，不同材料构成或不同部件组成的组合物以及零售的成套货品，如果不能按照规则三（一）归类时，在本款可适用的条件下，应按构成货品基本特征的材料或部件归类。

（三）货品不能按照规则三（一）或（二）归类时，应按号列顺序归入其可归入的最末一个品目。

（二）条文解释

1. 对于根据规则二（二）或其他原因看起来可归入两个或两个以上品目的货品，本规则规定了三条归类办法。这三条办法应按照其在本规则的先后次序加以运用。据此，只有在不能按照规则三（一）归类时，才能运用规则三（二）；不能按照规则三（一）和（二）两款归类时，才能运用规则三（三）。因此，它们优先权的次序为：（1）具体列名；（2）基本特征；（3）从后归类。

2. 只有在品目条文和类注、章注无其他规定的条件下，才能运用本规则。例如，第九十七章章注四（二）规定，根据品目条文既可归入品目 9701 至 9705 中的一个品目，又可归入品目 9706 的货品，应归入品目 9706 以前的有关品目，即货品应按第九十七章章注四（二）的规定而不能根据本规则进行归类。

3. 规则三（一）是本规则的第一条归类办法，它规定列名比较具体的品目应优先于列名比较一般的品目。一般来说：

（1）列出品名比列出类名更为具体。例如，电动剃须刀应归入品目 8510“电动剃须刀、电动毛发推剪及电动脱毛器”，而不应归入品目 8509“家用电动器具”。

（2）如果某一品目所列名称更为明确地述及某一货品，则该品目要比所列名称不那么明确述及该货品的其他品目更为具体。例如，确定为用于小汽车的簇绒地毯，不应作为小汽车附件归入品目 8708“机动车辆的零件、附件”，而应归入品目 5703“簇绒地毯及纺织材料的其他簇绒铺地制品，不论是否制成的”，因为品目 5703 所列地毯更为具体。

4. 如果两个或两个以上品目都仅述及混合或组合货品所含的某部分材料或物质，或零售成套货品中的某些货品，即使其中某个品目比其他品目对该货品描述得更为全面、详细，这些货品在有关品目的列名应视为同样具体。在这种情况下，货品应按规则三（二）或（三）的规定进行归类。

5. 规则三（二）是指不能按规则三（一）归类的混合物、组合物以及零售的成套货品的归类。它们应按构成货品基本特征的材料或部件归类。

但是，不同的货品，确定其基本特征的因素会有所不同。例如，可根据其所含材料或部件的性质、体积、数量、重量或价值来确定货品的基本特征，也可根据所含材料对货品用途的作用来确定货品的基本特征。例如，由快熟面条、调味包、塑料小叉构成的碗面，由于其中的快熟面条构成了这个零售成套货品的基本特征，所以应按面食归入品目 1902。

还要注意，本款规则所称“零售的成套货品”，是指同时符合以下三个条件的货品：

（1）由至少两种看起来可归入不同品目的不同物品构成的，例如，六把乳酪叉不能作为本款规则所称的成套货品；

（2）为了迎合某项需求或开展某项专门活动而将几件产品或物品包装在一起的；

（3）其包装形式适于直接销售给用户而货物无须重新包装的，例如，装于盒、箱内或固定于板上。

例如，成套理发工具，由一个电动理发推子、一把梳子、一把剪子、一把刷子及一条毛巾，装于一个皮匣子内组成，符合上述的三个条件，所以属于“零售的成套货品”。

不符合以上三个条件时，不能看成是规则三（二）中的零售成套货品。例如“包装在一起的手表与打火机”，由于不符合以上第二个条件，所以只能分开归类。

6. 货品如果不能按照规则三（一）或（二）归类时，应按号列顺序归入其可归入的最后一个品目。

例如，“等量的大麦与燕麦的混合麦”，由于其中大麦与燕麦含量相等，“基本特征”无法确定，所以应“从后归类”，即按品目 1003 与品目 1004 中的后一个品目 1004 归类。

四、规则四

（一）条文内容

根据上述规则无法归类的货品，应归入与其最相类似的货品的品目。

（二）条文解释

由于时代的发展，科技的进步，可能会出现一些《协调制度》在分类时无法预见的情况，这时按以上规则一至规则三仍无法归类的货品，只能用最相类似的货品的品目来替代，即将报验货品与类似货品加以比较以确定其与哪种货品最相类似。然后将所报验的货品归入与其最相类似的货品的同一品目。这里的“最相类似”指名称、特征、功能、用途、结构等因素，需要综合考虑才能确定。

五、规则五

（一）条文内容

除上述规则外，本规则适用于下列货品的归类：

（一）制成特殊形状仅适用于盛装某个或某套物品并适合长期使用的照相机套、乐器盒、枪套、绘图仪器盒、项链盒及类似容器，如果与所装物品同时进口或出口，并通常与所装物品一同出售的，应与所装物品一并归类。但本款不适用于本身构成整个货品基本特征的容器。

（二）除规则五（一）规定的以外，与所装货品同时进口或出口的包装材料或包装容器，如果通常是用来包装这类货品的，应与所装货品一并归类。但明显可重复使用的包装材料和包装容器可不受本款限制。

（二）条文解释

1. 规则五（一）仅适用于同时符合以下各条规定的容器：

（1）制成特定形状或形式，专门盛装某一物品或某套物品的，即专门按所要盛装的物品进行设计的，有些容器还制成所装物品的特殊形状；

（2）适合长期使用的，即容器的使用期限与所盛装的物品相比是相称的，在物品不使用期间（例如，运输或储藏期间），这些容器还起保护物品的作用；

（3）与所装物品一同报验的（单独报验的容器应归入其所应归入的品目）；

（4）通常与所装物品一同出售的；

（5）本身并不构成整个货品基本特征的。

例如，与所装电动剃须刀一同报验的电动剃须刀的皮套，由于符合以上条件，因此应与电动剃须刀一并归入品目 8510。

但是，本款规则不适用于本身构成整个货品基本特征的容器，例如，装有茶叶的银质茶叶罐。

2. 规则五（二）仅适用于同时符合以下各条规定的包装材料及包装容器：

（1）规则五（一）以外的；

（2）通常用于包装有关货品的；

（3）与所装物品一同报验的（单独报验的包装材料及包装容器应归入其所应归入的品目）；

（4）不属于明显可重复使用的。

例如，装有电视机的瓦楞纸箱，由于符合以上条件，因此应与电视机一并归入品目 8528。

但是，如果是明显可重复使用的包装材料和包装容器，则本款规定不适用。例如，“煤气罐装有液化煤气”，由于具有明显可重复使用的特性，所以不能与液化煤气一并归类，而应与液化煤气分开归类。

六、规则六

（一）条文内容

货品在某一品目项下各子目的法定归类，应按子目条文或有关的子目注释以及以上各条规则来确定，但子目的比较只能在同一数级上进行。除条文另有规定的以外，有关的类注、章注也适用于本规则。

（二）条文解释

本规则是关于子目应当如何确定的一条原则，子目归类首先按子目条文和子目注释确定；如果按子目条文和子目注释还无法确定归类，则上述各规则的原则同样适用于子目的确定；除条文另有规定的以外，有关的类注、章注也适用于子目的确定。

在具体确定子目时，还应当注意以下两点：

1. 确定子目时，一定要按先确定一级子目，再二级子目，然后三级子目，最后四级子目的顺序进行。

2. 确定子目时，应遵循“同级比较”的原则，即一级子目与一级子目比较，二级子目与二级子目比较，依此类推。

例如，“中华绒螯蟹种苗”在归入品目 0306 项下子目时，应按以下步骤进行：

（1）先确定一级子目，即将三个一级子目“冻的”“活、鲜或冷的”“其他”进行比较后归入“活、鲜或冷的”（因为种苗肯定是“活的”）；

（2）再确定二级子目，即将二级子目“岩礁虾和其他龙虾”“螯龙虾”“蟹”“挪威海螯虾”“冷水小虾及对虾”“其他小虾及对虾”“其他”进行比较后归入“蟹”；

（3）然后确定三级子目，即将两个三级子目“种苗”与“其他”进行比较后归入“种苗”。

所以，中华绒螯蟹种苗应归入子目 0306. 3310。

第五节　商品归类的一般方法

进出口商品归类尽管复杂，但任何事情总是有一定的方法可循。一般情况下，归类应该按照以下步骤：

一、确定品目（四位数）

商品特性分析—初判大概位置—查品目条文—查类注、章注—运用规则二、三—确定品目。具体如下：

第一步：根据有关资料分析商品特性（如组成、结构、加工、用途等）；

第二步：根据HS的分类规律初步分析该商品可能涉及的类、章和品目（可能有几个）；

第三步：查找涉及的几个有关品目的品目条文；

第四步：查看所涉及的品目所在章和类的注释，检查一下相关章注和类注是否有特别的规定；

第五步：仍然有几个品目可归而不能确定时，运用规则二、三（主要是规则三）。

通过以上几个步骤，一般即可确定该商品的品目归类。

例如，对于商品"食用调和油（含大豆油60%、花生油20%、菜子油15%、棕榈油5%）"的归类，运用以上方法，按照以下步骤进行：

（1）该商品为植物油，由几种不同植物材料的油脂混合而成，属于混合的植物食用油；

（2）该商品可以考虑第十五章"动、植物油、脂及其分解产品；精制的食用油脂"；

（3）在第十五章查找合适的品目，该商品符合品目1517"本章各种动、植物油、脂及其分离品混合制成的食用油、脂或制品"（注意不能误认为该商品符合品目1507"豆油及其分离品"，因为该商品是混合油而不是单独的豆油）；

（4）查第十五章章注，没有发现对该商品的归类有其他规定，故确定该商品应归入品目1517。

再如，对于商品"纯金烟斗"的归类，运用以上方法，按照以下步骤进行：

（1）该商品的材料为纯金，用途为烟斗；

（2）金为贵金属，"纯金烟斗"属于贵金属制品，可以考虑第七十一章"贵金属及其制品"，而如果按"烟斗"的用途考虑，则可以考虑第九十六章"杂项制品"；

（3）分别在第七十一章和第九十六章查找有关的品目，品目7114的条文为"贵金属或包贵金属制的金银器及其零件"，品目9614的条文为"烟斗（包括烟斗头）和烟嘴及其零件"，显然，仅仅根据品目条文无法确定该商品应该归入品目7114还是9614；

（4）查阅第七十一章和第九十六章的有关注释，其中第七十一章章注三（十四）规定，第七十一章不包括"根据第九十六章章注四应归入该章的物品"，第九十六章章注四为"除品目9601至9606或9615的货品以外，本章的物品还包括全部或部分用贵金属、包贵金属、天然或养殖珍珠、宝石或半宝石（天然、合成或再造）制成的物品"。根据这两个注释可知，品目9614的烟斗可以用贵金属制成，因此本例商品应按功能和用途归入品目 9614，而不能按材料归入品目 7114。

二、确定子目（八位数）

品目确定之后就是子目的确定，由于品目需要在很大的范围之内确定，并且还要仔细查找和对比很多有关的章注、类注，而相比较而言，子目只需要在品目项下确定，其范围要小得多，所以很多情况下子目的确定是很容易的。

例如，前面例题中的“食用调和油”在品目 1517 项下确定子目时，由于只有两个一级子目 1517. 1000“人造黄油，但液态的除外”和 1517. 9000“其他”，显然，该商品应该归入一级子目 1517. 9000；然后再归入三级子目 1517. 9090“其他”。

但是有时子目的确定也是有一定难度的，尤其是子目比较多的时候，所以掌握正确的方法仍然是关键。具体方法是：

查一级子目条文—查子目注释—查二级子目条文—……—确定子目。

例如，对于商品“猪肉制的婴儿均化食品，罐头装，重量 250 克”的归类，运用以上方法，按照以下步骤进行：

（1）该商品应该归入品目 1602 项下。在确定其子目时，查一级子目条文，发现该商品同时符合两个一级子目 1602. 1000“均化食品”和 1602. 4000“猪的”的规定；

（2）查第十六章子目注释一“子目 1602. 10 的‘均化食品’，是指用肉、食用杂碎或动物血经精细均化制成供婴幼儿食用或营养用的零售包装食品（每件净重不超过 250 克）。归类时该子目优先于品目 1602 的其他子目”，该商品符合该子目注释的规定，并且根据该规定，子目 1602. 1000 优先于子目 1602. 4000，所以该商品应该归入子目 1602. 1000。

再如，对于商品“针织印花棉制床单”的归类，很多人往往会犯盲目“跳级”的错误：

品目 6302 项下的子目列名如下：

6302　　床上、餐桌、盥洗及厨房用的织物制品：
　　　　-针织或钩编的床上用织物制品：
6302. 1010 ---棉制
6302. 1090 ---其他纺织材料制
　　　　-其他印花的床上用织物制品：
　　　　--棉制：
6302. 2110 ---床单
6302. 2190 ---其他
……

很多人在归品目 6302 项下的子目时，容易直接按“棉制床单”的列名归入子目 6302. 2110，其错误的根源在于看到“床单”的列名就迫不及待地“跳级”归类，而没有按照“子目的比较只能在同一数级上进行”这一规则，先确定一级子目，再二级子目，然后三级子目，最后四级子目的步骤进行。如果按照正确的步骤，先确定一级子目，由于该床单是针织的，所以应归入品目 6302 项下的第一个一级子目“针织或钩编的床上用织物制品”，然后再确定三级子目（这里没有二级子目），由于该床单是棉制的，所以应归入三级子目 6302. 1010。

第六节　各类进出口商品的归类

第一类　活动物；动物产品（第一章至第五章）

（一）主要内容

本类共5章，包括除特殊情况外的所有种类的活动物以及经过有限度的简单加工的动物产品。

其中活动物归入第一章，肉及食用杂碎归入第二章，鱼、甲壳动物、软体动物及其他水生无脊椎动物归入第三章，乳品、蛋品、天然蜂蜜、其他食用动物产品归入第四章，其他未加工或简单加工的各种未列名的动物产品归入第五章。

（二）归类方法

1. 活动物的归类

鱼、甲壳动物（例如，龙虾、大螯虾、淡水小龙虾、蟹、河虾及对虾）、软体动物［例如，牡蛎（蚝）、海扇、贻贝、蚌、墨鱼、鱿鱼、章鱼及蜗牛］及其他水生无脊椎动物（例如，海胆、海参及海蜇）归入第三章；其他的活动物（例如，马、牛、猪、羊、鸡、狗、蛇、蜂）归入第一章。

根据第一章章注三的规定，属于第一章的活动物如果与流动马戏团及流动动物园的设备同时报验并作为其组成部分，则应归入品目9508。

2. 动物杂碎的归类

（1）供人食用的杂碎（例如，头、脚、尾、心、舌），如果适合供人食用则归入第二章，不适合供人食用（如因保存不善导致变质）则归入第五章。例如，新鲜的猪脚应归入品目0206。

（2）专供制药用的杂碎（例如，胆囊、肾上腺、胎盘），如为鲜、冷、冻或用其他方法临时保藏的，归入品目0510；如经干制的则归入品目3001。

（3）既可供人食用，又可供制药用的杂碎（例如，肝、肾、肺、脑、胰腺、脾、脊髓）归类如下：

临时保藏（例如，用甘油、丙酮、酒精、甲醛、硼酸钠临时保藏）以供药用的，归入品目0510；干制的归入品目3001；其他如果适合供人食用则归入第二章，不适合供人食用则归入第五章。

（4）既可供人食用，又有其他用途的杂碎（例如，皮），如果适合供人食用则归入第二章；不适合供人食用则归入第五章或其他有关章。

（5）根据第二章章注二的规定，动物的肠、膀胱、胃或动物血必须按不可食用的动物产品归入第五章（动物血如果符合品目3002的规定，则归入品目3002）。例如，新鲜的猪大肠不能归入品目0206“鲜、冷、冻牛、猪、绵羊、山羊、马、驴、骡的食用杂碎”，应该根据该章注的规定归入品目0504。

3. 动物加工产品的归类

对于动物产品的归类，其关键是根据加工程度判断是一种可以归入本类的简单加工，还是应归入后面其他类（如第四类）的进一步深加工。

但是，由于第二章至第五章的动物产品种类比较多，各有关章的产品加工程度规定的标准也各不相同，应根据有关各章的注释和品目条文的规定来确定。所以具体到某一种动物产品，比如"鸡"，加工到什么程度属"简单加工"可以归入第二章，而加工到什么程度属超出"简单加工"的范围应归入第四类。其方法是首先查第二章的品目条文与相应的章注、类注，如果相符则归入第二章，否则归入第四类。

例如，"用盐腌制的咸鸡"应归入品目 0210，而"油炸鸡腿"，经查第二章的品目条文与章注得知，其加工程度已超出第二章的范围，因此应归入品目 1602。

第二类　植物产品（第六章至第十四章）

（一）主要内容

本类共 9 章，包括各种活植物及经过有限度的简单加工的植物产品。

其中活树及其他活植物，鳞茎、根及类似品，插花及装饰用簇叶归入第六章；食用蔬菜、根及块茎归入第七章；食用水果及坚果，甜瓜或柑橘属水果的果皮归入第八章；咖啡、茶、马黛茶及调味香料归入第九章；谷物归入第十章；制粉工业产品、麦芽、淀粉、菊粉、面筋归入第十一章；含油子仁及果实，杂项子仁及果实，工业用或药用植物，稻草、秸秆及饲料归入第十二章；虫胶、树胶、树脂及其他植物液、汁归入第十三章；编结用植物材料，其他植物产品归入第十四章。

（二）归类方法

1. 干蔬菜的归类

根据第七章章注三的规定，品目 0712 包括干制的归入品目 0701 至 0711 的各种蔬菜，但下列各项除外：

（1）作蔬菜用的脱荚干豆（品目 0713）；

（2）品目 1102 至 1104 所列形状的甜玉米；

（3）马铃薯细粉、粗粉、粉末、粉片、颗粒及团粒（品目 1105）；

（4）用品目 0713 的干豆制成的细粉、粗粉及粉末（品目 1106）。

例如，马铃薯细粉尽管属于制成粉状的干蔬菜（马铃薯属于蔬菜），符合 0712 品目条文的规定，但根据该章注的规定，应归入品目 1105。

另外，鲜辣椒属于蔬菜，归入品目 0709，但是，根据第七章章注四的规定，辣椒干及辣椒粉则应作为调味香料归入品目 0904。

2. 混合调味香料的归类

根据第九章章注一的规定，品目 0904 至 0910 所列产品的混合物，应按下列规定归类：

（1）同一品目的两种或两种以上产品的混合物仍应归入该品目；

（2）不同品目的两种或两种以上产品的混合物应归入品目 0910。

品目 0904 至 0910 的产品［或上述第（1）或（2）项的混合物］如添加了其他物质，只要所得的混合物保持了原产品的基本特性，其归类应不受影响。基本特性已经改变的，则不应归入该章；构成混合调味品的，应归入品目 2103。

例如，肉桂（占 70%）与丁香（占 30%）的混合物，由于肉桂归品目 0906，丁香归品目0907，属于不同品目的混合物，所以应归入品目0910。而对于胡椒粉（占70%）与辣椒粉（占30%）的混合物，由于胡椒粉与辣椒粉都归入品目0904，属于同一品目的混合物，所以仍应归入品目0904。

3. 种植用种子的归类

根据第十二章章注三的规定，甜菜子、草子及其他草本植物种子、观赏用花的种子、蔬菜种子、林木种子、果树种子、巢菜子（蚕豆除外）、羽扇豆属植物种子，可一律视为种植用种子，归入品目1209。

但下列各项即使作种子用，也不归入品目1209：

(1) 豆类蔬菜或甜玉米（第七章）；

(2) 第九章的调味香料及其他产品；

(3) 谷物（第十章）；

(4) 品目1201至1207或1211的产品。

例如，种用蚕豆属于豆类蔬菜，根据该章注的规定，应归入品目0713。

4. 植物加工产品的归类

植物产品与动物产品的归类思路基本一致，即对本类的植物产品也需特别注意其加工程度。只有简单加工的植物产品才归入本类，如果超出这一范围而进行了进一步的深加工，则应归入后面的其他类，如第四类。

但是，本类的植物产品与动物产品相比较，由于种类、用途更复杂，因而各有关章及具体的植物产品加工程度规定的标准更不相同，归类的方法仍是首先在第二类相应章的有关品目条文与章注、类注中查找，如果相符则归入本类，否则视为其加工程度已超出允许范围，应作为深加工而归入其他类。

例如，“生花生仁”归入品目1202，而“水煮花生仁”，经查第十二章的品目条文与章注得知，已超出该章范围，所以应到第四类中查找而归入品目2008。

第三类　动、植物油、脂及其分解产品；精制的食用油脂；动、植物蜡(第十五章)

(一) 主要内容

本类只有1章，包括以第一、第二类的动物、植物为原料加工得到的动物、植物油脂，油脂的分解产品，混合食用油脂，动物、植物蜡，处理油脂或蜡所剩的残渣。

(二) 归类方法

1. 动、植物油脂加工产品的归类

动、植物油脂根据其加工程度归类如下：

- 油脂（初榨、精制）
  - 动物 ……………………品目 1501~1506
  - 植物 ……………………品目 1507~1515
- 油脂（化学改性） ……………………品目 1516、1518
- 混合食用油脂 ……………………品目 1517
- 混合非食用油脂 ……………………品目 1518
- 油脂分解产品（粗甘油） ……………………品目 1520
- 动、植物蜡 ……………………品目 1521
- 残渣 ……………………品目 1522

例如，“初榨的豆油”“精制的豆油”“氢化的豆油”“氧化的豆油”“混合的豆油”，它们的归类应随着加工方式和加工程度的不同而分别归入子目 1507.1000、1507.9000、1516.2000、1518.0000、1517.9090。

2. 动、植物油、脂分解产品的归类

动、植物油、脂分解产品中的粗甘油归入品目 1520，而其他分解产品如脂肪酸、脂肪醇等则应按化工品归入第六类；经过提纯的精制甘油则应按有机化合物归入第二十九章。

第四类　食品；饮料、酒及醋；烟草、烟草及烟草代用品的制品（第十六章至第二十四章）

（一）主要内容

本类共 9 章，包括以动物、植物为原料加工得到的食品、饮料、酒、醋、动物饲料、烟草等。

主要以第一类的动物为原料加工得到的食品归入第十六章；而主要以第二类的植物为原料加工得到的食品归入第十七章至第二十一章，其中，糖归入第十七章，可可及可可制品归入第十八章，谷物、粮食粉、淀粉或乳的制品归入第十九章，蔬菜、水果、坚果等的制品归入第二十章，其他杂项食品归入第二十一章；饮料、酒、醋归入第二十二章；食品工业的残渣及废料、饲料归入第二十三章；烟草及其制品归入第二十四章。

（二）归类方法

1. 混合食品的归类

根据第十六章章注二的规定，对于混合食品，如果动物类原料（即香肠、肉、食用杂碎、动物血、鱼、甲壳动物、软体动物或其他水生无脊椎动物及其混合物）的含量在 20% 以上（其中不同的动物原料的含量可以相加）则应归入第十六章。对于含有两种或两种以上前述产品的食品，则应按其中重量最大的产品归入第十六章的相应品目。

例如，“猪肉占 15%，牛肉占 20%，马铃薯占 65%的罐头食品”，因为猪肉加上牛肉合计为 35%，超过了 20%，所以可归入第十六章的品目 1602，又因为牛肉含量超过猪肉，所以应按牛肉食品归入子目 1602.5010。

但是，如果该混合食品属于品目 1902 的包馅食品和品目 2103、2104 的食品，则不论其中的动物类原料的含量是否在 20%以上，一律不再归入第十六章，而应归入品目 1902、2103、2104。

例如，“猪肉占 30%，白菜占 20%，面粉占 50%的水饺”，尽管其中猪肉的含量在 20%以上，但由于水饺属于品目 1902 的包馅食品，所以仍应归入品目 1902。

2. 均化混合食品的归类

根据第二十一章章注三的规定，由两种或两种以上的基本配料，如肉、鱼、蔬菜或果实等，经精细均化制成供婴幼儿食用或营养用的零售包装食品（每件净重不超过250克，为了调味、保藏或其他目的，可以加入少量其他配料，还可以含有少量可见的小块配料）属于均化混合食品。符合上述条件的食品必须按“均化混合食品”归入品目2104。

例如，猪肉占60%、青菜占30%，加上调料制成的专供婴幼儿食用的均化食品（净重150克包装），由于其是由猪肉和青菜两种基本配料制成，属于该章注规定的“均化混合食品”，所以应归入品目2104。

3. 均化食品的归类

（1）子目1602.1000的“均化食品”，是指用肉、食用杂碎或动物血经精细均化制成供婴幼儿食用或营养用的零售包装食品，每件净重不超过250克。为了调味、保藏或其他目的，均化食品中可以加入少量其他配料，还可以含有少量可见的肉粒或食用杂碎粒。归类时该子目优先于品目1602的其他子目。

例如，由猪肉经精细均化制成供婴幼儿食用的净重250克的食品，应作为“均化食品”归入子目1602.1000。但是，如果该商品为净重350克的包装，则应归入子目1602.40。

（2）子目2005.1000所称“均化蔬菜”，是指蔬菜经精细均化制成供婴幼儿食用或营养用的零售包装食品，每件净重不超过250克。为了调味、保藏或其他目的，均化蔬菜中可以加入少量其他配料，还可以含有少量可见的蔬菜粒。归类时，该子目优先于品目2005的其他子目。

例如，由马铃薯经精细均化制成供婴幼儿食用的净重200克的食品，应作为“均化食品”归入子目2005.1000。

（3）子目2007.1000所称“均化食品”，是指果实经精细均化制成供婴幼儿食用或营养用的零售包装食品，每件净重不超过250克。为了调味、保藏或其他目的，均化食品中可以加入少量其他配料，还可以含有少量可见的果粒。归类时，该子目优先于品目2007的其他子目。

例如，由苹果经精细均化制成供婴幼儿食用的净重150克的食品，应作为“均化食品”归入子目2007.1000。

4. 糖的归类

各种糖（例如，蔗糖、乳糖、麦芽糖、葡萄糖及果糖），以及糖浆、人造蜜、焦糖、提取或精炼糖时所剩的糖蜜以及糖食应归入第十七章。

但是，化学纯糖（蔗糖、乳糖、麦芽糖、葡萄糖及果糖除外）应归入品目2940。糖食中如果含有可可，则应归入品目1806“巧克力及其他含可可的食品”。

5. 可可食品的归类

第十八章“可可食品”的归类应注意该章章注一的规定，含可可的食品有些可归入该章，有些则应归入其他章。

例如，含可可的饮料不能按含可可食品归入品目1806，而应按饮料归入品目2202。

6. 面食的归类

品目1902的面食是用硬麦粗粉或用面粉、玉米粉、米粉、土豆粉等制成的未发酵产品。这些粉（或混合粉）先用水混合，然后揉成面团，也可加入其他配料（例如，菜汁、蛋、乳、香料，等等），揉好的面团通过挤出后切割、滚轧后切割、压制、模制等方法加工成为特定形状（例如，管状、条状、颗粒状、字母状）。面条、空心粉、饺子等就属于这一类。

7. 酒的归类

应在能够正确区别各种常见酒的加工方法的基础上掌握不同酒的归类，即发酵酒归入品目2203~2206，而蒸馏酒归入品目2207~2208。

例如，黄酒属于发酵酒，应归入品目2206，而威士忌酒属于蒸馏酒，应归入品目2208。

8. 其他食品的归类

本类商品中第十六章至第二十一章的各种食品的归类难点主要在于与第一、第二类的动物、植物产品的区别。判断方法仍然是加工程度。具体方法见第一、第二类的相关部分。

第五类　矿产品（第二十五章至第二十七章）

（一）主要内容

本类共3章，包括原矿及经过一定程度加工的矿产品。其中燃料（主要是煤、石油、天然气）及其加工产品归入第二十七章，主要的金属矿归入第二十六章，其他矿则归入第二十五章。

（二）归类方法

1. 第二十五章矿物的归类

除条文及章注四另有规定的以外，第二十五章各品目只包括原产状态的矿产品，或只经过洗涤（包括用化学物质清除杂质而未改变产品结构的）、破碎、磨碎、研粉、淘洗、筛分，以及用浮选、磁选和其他机械—物理方法（不包括结晶法）精选过的矿产品，但不得经过焙烧、煅烧、混合或超过品目所列的加工范围。如果加工程度超出了上述范围、该章品目条文及该章章注四的规定，则不能再归入该章。

例如，“经简单切割的大理石”归入品目2515，“表面经磨平的大理石”则因为进行了进一步的加工而应归入品目6802。

2. 第二十六章矿物的归类

第二十六章尽管是“金属矿”，但这里的“金属矿”不是全部，而是有例外。根据第二十六章章注二的规定，品目2601至2617所称“矿砂”，是指冶金工业中提炼汞、品目2844的金属以及第十四类、第十五类金属的矿物，即使这些矿物不用于冶金工业，也被包括在内。

例如，“稀土金属矿”就不能归入第二十六章而应归入品目2530。

与第二十五章类似，该章金属矿产品的加工也有一定的限定，即品目2601至2617不包括以非冶金工业正常加工方法处理的各种矿物。

例如，天然的铜矿应归入品目2603，而用化学方法由天然铜矿提取出的硫化铜，则其加工程度已超出了简单加工的范围，应作为化工品归入品目2830。

另外需注意，该章还包括了含铅汽油的淤渣（子目2620.2100）及焚烧城市垃圾所产生的灰、渣（子目 2621.1000）。

3. 第二十七章矿物的归类

与第二十五章、第二十六章不同，第二十七章的煤、石油、天然气可以进行化学提取和其他加工，但经化学提取得到的矿物能归入该章的一般是一些粗产品，如果经进一步的化学提纯，则应归入第二十九章。

例如，“粗苯”归入品目 2707，“精苯”则因加工程度已超出该章范围而应归入品目 2902。

4. 其他归类注意事项

（1）注意有少数“纯的”化工产品不归入第六类而归入本类，例如“纯的氯化钠”“纯的氧化镁”“纯的甲烷”“纯的丙烷”，这些是特例。

（2）石油是一种重要的能源，石油原油应归入品目 2709，由石油原油加工得到的成品油应归入品目 2710。但生物柴油是指从动植物油脂（不论是否使用过）得到的用做燃料的脂肪酸单烷基酯（第三十八章章注七），所以应作为一种化工产品归入品目 3826。如果将生物柴油与石油成品油进行混合，则当石油含量≥70%时，应归入品目 2710；当石油含量<70%时，应归入品目 3826。

第六类　化学工业及其相关工业的产品（第二十八章至第三十八章）

（一）主要内容

本类共 11 章，可分成两部分。第一部分为第二十八章至第二十九章，主要为单独的已有化学定义的化学品，其中元素和无机化合物归入第二十八章，有机化合物归入第二十九章。第二部分为第三十章至第三十八章，主要为按用途分类的化工品，其中药品归入第三十章，该章还包括用于医疗、外科、牙科或兽医用的某些其他物质或物料；肥料归入第三十一章，包括通常作天然或人造肥料的绝大多数产品；染料、颜料、油漆、油墨等归入第三十二章，包括用于鞣料及软化皮革的制剂、植物鞣膏、合成鞣料以及人造脱灰碱液，也包括植物、动物或矿物着色料及有机合成着色料，以及用这些着色料制成的大部分制剂，还包括清漆、干燥剂及油灰等各种其他制品；精油及香膏、芳香料制品及化妆、盥洗品归入第三十三章；肥皂、有机表面活性剂、洗涤剂、润滑剂、光洁剂、蜡烛等归入第三十四章；蛋白质物质、改性淀粉、胶、酶归入第三十五章；炸药、烟火制品、火柴、易燃制品等归入第三十六章；照相及电影用品归入第三十七章；杂项化工产品归入第三十八章。

（二）归类方法

1. 化工品中的优先归类原则

（1）凡符合品目 2844 或 2845 规定的货品（放射性矿砂除外），应分别归入这两个品目而不归入 HS 的其他品目。即除了放射性矿砂以外，所有的放射性化学元素、同位素及它们的化合物，即使本来可以归入其他品目，也应一律归入品目 2844 或 2845。

例如，放射性甘油应归入品目 2844 而不归入品目 2905。

（2）除上述（1）另有规定的以外，凡符合品目 2843、2846 或 2852 规定的货品，应分别归入以上品目而不归入本类的其他品目。即除了品目 2844 或 2845 外，如果某化工产品既可以归入品目 2843、2846 或 2852，又可以归入本类的其他品目，也应一律归入品目

2843、2846 或 2852。

例如，“硝酸银”即使已制成零售包装供摄影用，也应归入品目 2843 而不归入品目 3707。

（3）除上述第（1）、（2）项外，凡由于按一定剂量或作为零售包装而可归入品目 3004、3005、3006、3212、3303、3304、3305、3306、3307、3506、3707 或 3808 的货品，应分别归入以上品目，而不归入 HS 的其他品目。即如果一种化工品制成一定剂量或制成零售包装而且同时符合品目 3004、3005、3006、3212、3303、3304、3305、3306、3307、3506、3707、3808 的规定，则应优先归入上述品目。

例如，零售包装的染料应归入品目 3212。

2. 本类第一部分与第二部分的归类区别

一般情况下，如果一种化工品是单独的化学元素及单独的已有化学定义的化合物（包括无机化合物和有机化合物），则应归入第二十八章或第二十九章；如果不符合这一点，而是由几种不同化学成分混合配制而成的，则主要按其用途归类，应归入第三十章至第三十八章，如果按其用途找不到相符的品目条文时，则按照未列名化工产品归入子目 3824.9099。当然，品目条文、章注、类注另有规定的除外。

例如，“硫代硫酸钠”可用于摄影，起定影作用，但如果仅是硫代硫酸钠一种成分（未制成定量包装或零售包装，可立即使用的），则应归入子目 2832.3000。当硫代硫酸钠中再配上其他成分制成定影剂，则按其用途归入子目 3707.9010。

3. 第二十八章无机化工商品的归类

除条文另有规定外，第二十八章仅限于单独的化学元素及单独的已有化学定义的化合物。

单独的已有化学定义的化合物是由一分子种类（例如，通过共价键或离子键结合）组成的物质，此种物质的各种组成元素的比例是固定的而且可以用确定的结构图进行表示。

含有杂质或溶于水的单独化学元素和已有化学定义的单独化合物仍归入第二十八章。

（1）化学元素

化学元素可分为两类：非金属元素及金属元素。

非金属元素中，卤素（氟、氯、溴及碘）归入品目 2801；硫黄（包括升华硫黄、沉淀硫黄、胶态硫黄）归入品目 2802；碳归入品目 2803；氢、稀有气体（氦、氖、氩、氪、氙）和其他非金属（氮、氧、硼、碲、硅、磷、砷、硒）归入品目 2804。

金属元素中的碱金属（锂、钠、钾、铷、铯）、碱土金属（钙、锶、钡）、稀土金属、钪及钇、汞归入品目 2805，其他的金属元素则归入其他分章或其他章。例如，放射性化学元素和同位素归入品目 2844，稳定同位素归入品目 2845，贵金属归入第十四类，贱金属归入第十五类。

（2）无机化合物

根据分子结构的不同特征，可对无机化合物进行如下归类：

① 无机酸及非金属无机氧化物归入品目 2806~2811，例如硫酸属于无机酸，应归入品目 2807；

② 非金属卤化物及硫化物归入品目 2812~2813，例如二硫化碳属于非金属硫化物，应归入品目 2813；

③ 无机碱和金属氧化物、氢氧化物及过氧化物归入品目 2814~2825，例如烧碱属于无

机碱，应归入品目2815；

④ 无机酸盐、无机过氧酸盐及金属酸盐、金属过氧酸盐归入品目2826~2842，例如硫酸铜属于无机酸盐，应归入品目2833；

⑤ 其他杂项产品归入品目2843~2853，例如过氧化氢应归入品目2847。

4. 第二十九章有机化工商品的归类

根据分子结构的不同特征，可对有机化合物进行如下归类：

（1）烃归入品目2901~2902，例如乙烯属于无环烃，应归入品目2901；

（2）烃的卤化、磺化、硝化、亚硝化衍生物归入品目2903~2904，例如氯仿属于烃的卤化衍生物，应归入品目2903；

（3）醇归入品目2905~2906，例如甲醇应归入品目2905；

（4）酚归入品目2907~2908，例如苯酚应归入品目2907；

（5）醚归入品目2909~2911，例如乙醚应归入品目2909；

（6）醛、酮归入品目2912~2914，例如丙酮应归入品目2914；

（7）羧酸及其酸酐、酰卤化物、过氧化物和过氧酸归入品目2915~2918，例如苯甲酸属于环一元羧酸，应归入品目2916；

（8）非金属无机酸酯归入品目2919~2920，例如亚磷酸三甲酯属于亚磷酸的无机酸酯，应归入品目2920；

（9）含氮基化合物归入品目2921~2929，例如苯胺应归入品目2921；

（10）有机—无机化合物归入品目2930~2931，例如二甲硫属于有机硫化合物，应归入品目2930；

（11）杂环化合物及核酸归入品目2932~2934，例如四氢呋喃属于含有氧杂原子的杂环化合物，应归入品目2932；

（12）磺胺归入品目2935，例如磺胺嘧啶应归入品目2935；

（13）其他杂项有机产品（维生素、激素、生物碱、化学纯糖、抗菌素等）归入品目2936~2942，例如青霉素属于抗菌素，应归入品目2941。

5. 药品的归类

首先，如果是已配定剂量或已制成零售包装，则归入品目3004。

其次，如果是未配定剂量也未制成零售包装，则要看其是未混合产品还是混合产品，前者按其成分归入第二十九章或第二十八章，后者则归入品目3003。

例如，“安乃近原药，粉状，5千克装”，由于该商品未配定剂量也未制成零售包装，并且是未混合产品，所以应归入品目2933。再如，“安乃近药片”，由于已配成一定剂量，所以应归入品目3004。

另外，还需注意以下问题：

（1）除供静脉摄入用的滋养品可作为药品归入第三十章以外，营养品、糖尿病食品、强化食品、保健食品、滋补饮料及矿泉水，即使具有某些有利于身体健康、抵御疾病的作用，也不能作为药品归入第三十章，只能作为食品、饮料而归入第四类。

例如，某品牌的运动饮料具有补充运动中流失的维生素、矿物质和增强体质的作用，仍应按一般饮料归入品目2202。

（2）戒烟用的咀嚼胶或透皮贴片同样不能作为药品归入第三十章，其中咀嚼胶应作为“未列名的食品”归入品目2106，透皮贴片应作为“未列名的化工品”归入品目3824。

（3）品目 3303 至 3307 的化妆盥洗品，即使具有治疗及预防疾病的某些作用，也不能作为药品归入第三十章，仍应按化妆盥洗品归入第三十三章。

例如，某品牌的洗发水具有去屑止痒的功效，仍应按护发品归入品目 3305。

6. 肥料的归类

首先，单独的已有化学定义的化合物，即使属于氮肥、磷肥、钾肥或其他肥料，只有符合第三十一章有关章注的规定，才能归入第三十一章，否则应归入第二十八章或第二十九章。下面以第三十一章章注二为例进行解释说明。

第三十一章章注二规定，品目 3102 只适用于下列货品，但未制成品目 3105 所述形状或包装：

（1）符合下列任何一条规定的货品：

① 硝酸钠，不论是否纯净；

② 硝酸铵，不论是否纯净；

③ 硫酸铵及硝酸铵的复盐，不论是否纯净；

④ 硫酸铵，不论是否纯净；

⑤ 硝酸钙及硝酸铵的复盐（不论是否纯净）或硝酸钙及硝酸铵的混合物；

⑥ 硝酸钙及硝酸镁的复盐（不论是否纯净）或硝酸钙及硝酸镁的混合物；

⑦ 氰氨化钙，不论是否纯净或用油处理；

⑧ 尿素，不论是否纯净。

（2）由上述（1）中任何货品相互混合的肥料。

（3）由氯化铵或上述（1）或（2）任何货品与白垩、石膏或其他无肥效无机物混合而成的肥料。

（4）由上述（1）的②或⑧项的货品或其混合物溶于水或液氨的液体肥料。

例如，“氯化铵肥料”不符合第三十一章章注二的规定，所以应作为无机化学品归入子目 2827.1010。

其次，如果是归入第三十一章的肥料，但制成片剂及类似形状或每包毛重不超过 10 千克，则应归入品目 3105。

例如，“5 千克包装的氯化钾”应归入品目 3105。

7. 染料和颜料的归类

（1）按染料和颜料的来源和加工归入品目 3203～3206。

（2）要注意，如果是无机颜料（不包括用做发光体的无机产品）并且是单独的符合化学定义的，则不能归入该章而应归入第二十八章。

例如，二氧化钛不能归入品目 3206，而应作为无机化合物归入品目 2823。

8. 油漆的归类

（1）以合成聚合物或化学改性天然聚合物之外的其他原料为基本成分制成的油漆，应归入品目 3210。

（2）以合成聚合物或化学改性天然聚合物为基本成分制成的油漆，则再看其所用介质，其中分散于或溶于非水介质的归入品目 3208，分散于或溶于水介质的归入品目 3209。

（3）根据第三十二章章注四的规定，品目 3208 包括由品目 3901 至 3913 所列产品溶于挥发性有机溶剂的溶液（胶棉除外），但溶剂重量必须超过溶液重量的 50%。

例如，“溶于松节油（一种具有挥发性的有机溶剂）中的丙烯酸聚合物，松节油占溶液总重量的65%”，根据该章注的规定，应归入品目3208。

9. 香料的归类

（1）天然香料，归入品目3301，化学合成的单独化学成分的香料，则一般应归入第二十九章。

例如，“天然的薄荷油”归入品目3301，而人工合成的“薄荷醇”则应归入品目2906。

（2）几种香料的混合物或香料与其他成分的混合物，则一般应归入品目3302。

10. 化妆品的归类

化妆品一般按其用途归入品目3303~3307。例如，唇膏属于唇用化妆品，应归入子目3304.1000。

另外，品目3307所称“芳香料制品及化妆盥洗品”，主要适用于下列产品：香袋，通过燃烧散发香气的制品，香纸及用化妆品浸渍或涂布的纸，隐形眼镜片或假眼用的溶液，用香水或化妆品浸渍、涂布、包覆的絮胎、毡呢及无纺织物，动物用盥洗品。

例如，隐形眼镜片专用护理液，应作为“芳香料制品及化妆盥洗品”归入子目3307.9000。

11. 表面活性剂的归类

首先，在归类时，通常我们将具有表面活性的一类物质称为表面活性剂，但是，品目3402所称“有机表面活性剂”是不符合化学定义的有机化合物，而是指温度在20℃时与水混合配成0.5%浓度的水溶液，并在同样温度下搁置1小时后与下列规定相符的产品：

（1）成为透明或半透明的液体或稳定的乳浊液而未离析出不溶解物质；

（2）将水的表面张力减低到每厘米45达因及以下。

如果一种化工品符合上述关于表面活性剂的定义，则应归入品目3402（肥皂除外）。

其次，表面活性剂可根据其在水中电离的性质相应地归入子目3402.1100~3402.1900。其中，阴离子型表面活性剂归入子目3402.1100，阳离子型表面活性剂归入子目3402.1200，非离子型表面活性剂归入子目3402.1300，阴阳离子型表面活性剂归入子目3402.1900。但是，归入子目3402.1100~3402.1900的表面活性剂须仅含一种表面活性剂，如果同时含几种表面活性剂或表面活性剂溶于有机溶剂中，则应作为表面活性剂制品归类。

12. 洗涤用品的归类

（1）肥皂和作肥皂用或作洁肤用的表面活性剂产品制成的洗涤用品，如果符合3401品目条文的规定，则应归入品目3401。

（2）其他表面活性剂产品制成的洗涤用品，如果符合3405品目条文的规定，则应归入品目3405，否则归入品目3402。

（3）如果表面活性剂产品属于洗发剂、洁齿品、剃须膏及沐浴用制剂，则必须优先归入第三十三章的相应品目。

例如，“含有表面活性剂的洗发香波”应归入品目3305。

13. 照相用品的归类

（1）对于未曝光的照相用品根据其基材来判断归类，如果是纸、纸板、纺织物制的，归入品目 3703，其他材料制的，归入品目 3701 或品目 3702。

（2）在品目 3701 与品目 3702 中，如果是平片，归入品目 3701，如果是卷片，归入品目 3702。

例如，“医用 X 光卷片”，由于其基材是塑料，并且是卷片，所以应归入品目 3702。

14. 农药的归类

农药按其列名归入品目 3808，但如果是农药原药（未混合，未制成零售包装）则应归入第二十九章或第二十八章。

例如，农药原药 DV 菊酸甲酯应归入子目 2916.2010。

15. 杂项化学产品的归类

第三十八章属于按用途分类时前面几章未涉及的杂项化工产品，归类时要特别注意与第二十八章、第二十九章的区别。

例如，用做增塑剂的邻苯二甲酸二辛酯应归入品目 2917。

第七类　塑料及其制品；橡胶及其制品（第三十九章至第四十章）

（一）主要内容

本类共 2 章，是由高分子聚合物组成的塑料与橡胶以及它们的制品。其中，塑料及其制品归入第三十九章，橡胶及其制品则归入第四十章。

（二）归类方法

1. “初级形状”塑料的判断

第三十九章章注六规定，品目 3901~3914 所称“初级形状”，只限于下列各种形状：

（1）液状及糊状，包括分散体（乳浊液及悬浮液）及溶液；

（2）不规则形状的块、团、粉（包括压型粉）、颗粒、粉片及类似的散装形状。

因此，该章塑料在归类时要注意其加工形状，归入第一分章（品目 3901~3914）的是属于“初级形状”的塑料。所以应根据该章注的规定来判断某种塑料是否属于“初级形状”，从而确定其是否可以归入品目 3901~3914。

例如，聚丙烯粒子属于“初级形状”的塑料，所以应归入品目 3902。

2. 共聚物的归类

（1）品目的确定

第三十九章章注四规定，在该章中，除条文另有规定的以外，共聚物（包括共缩聚物、共加聚物、嵌段共聚物及接枝共聚物）应按聚合物中重量最大的那种共聚单体单元所构成的聚合物归入相应品目。在本注释中，归入同一品目的聚合物的共聚单体单元应作为一种单体单元对待。

如果没有任何一种共聚单体单元重量是最大的，共聚物应按税则号列顺序归入其可归入的最末一个品目。

具体归类方法如下：

首先，将属于同一品目下的单体单元的含量相加；

然后，按含量高的品目归类，如果含量相等则“从后归类”。

例 1　由 45%乙烯、35%丙烯及 20%异丁烯的单体单元组成的初级形状的共聚物，由于丙烯与异丁烯的聚合物同属品目 3902，二者的比例相加为 55%，超过乙烯单体单元的含量，所以应归入品目 3902。

例 2 由 50%乙烯与 50%苯乙烯的单体单元组成的初级形状的共聚物，由于乙烯单体单元的含量与苯乙烯单体单元的含量相等，所以应归入品目 3903。

(2) 子目的确定

第三十九章子目注释一规定，属于该章任一品目项下的聚合物（包括共聚物）应按下列规则归类：

① 在同级子目中有一个“其他”子目的

A. 子目所列聚合物名称冠有“聚（多）”的（例如，聚乙烯及聚酰胺-6，6），是指列名的该种聚合物单体单元含量在整个聚合物中按重量计必须占 95%及以上。

B. 子目 3901. 30、3901. 40、3903. 20、3903. 30 及 3904. 30 所列的共聚物，如果该种共聚单体单元含量在整个聚合物中按重量计占 95%及以上，即应归入上述子目。

C. 不符合上述 A、B 两款规定的聚合物，应按聚合物中重量最大的那种单体单元（与其他各种单一的共聚单体单元相比）所构成的聚合物归入该级其他相应子目。为此，归入同一子目的聚合物单体单元应作为一种单体单元对待。只有在同级子目中的聚合物共聚单体单元才可以进行比较。

例 1 由 95%乙烯与 5%丙烯的单体单元组成的共聚物粒子（比重 0. 93），应按聚乙烯归入子目 3901. 1000。

例 2 由 45%乙烯、35%丙烯及 20%异丁烯的单体单元组成的初级形状的共聚物，由于丙烯与异丁烯的聚合物同属品目 3902，二者相加为 55%，超过乙烯单体单元的含量，所以应归入品目 3902。又由于丙烯单体单元的含量超过了异丁烯单体单元的含量，所以应归入子目 3902. 3090。

② 在同级子目中没有“其他”子目的

聚合物应按聚合物中重量最大的那种单体单元（与其他各种单一的共聚单体单元相比）所构成的聚合物归入该级相应子目。为此，归入同一子目的聚合物单体单元应作为一种单体单元对待。只有在同级子目中的聚合物共聚单体单元才可以进行比较。

3. 聚合物混合体的归类

(1) 聚合物混合体应按聚合物中重量最大的那种共聚单体单元所构成的聚合物归入相应品目。归入同一品目的聚合物的共聚单体单元应作为一种单体单元对待。

(2) 如果没有任何一种共聚单体单元重量是最大的，聚合物混合体应按税则号列顺序归入其可归入的最末一个品目。

(3) 聚合物混合体应按单体单元比例相等、种类相同的聚合物归入相应子目。

例如，由 96%的聚乙烯和 4%的聚丙烯组成，比重大于 0. 94 的聚合物混合体，应归入子目 3901. 2000。

再如，由 60%的聚酰胺-6 和 40%的聚酰胺-6,6 组成的聚合物混合体不能归入子目 3908. 10（“聚酰胺-6”或“聚酰胺-6,6”），而应归入子目 3908. 90（“其他”子目），因为聚合物中两者的单体单元含量均未达到整个聚合物含量的 95%及以上。

4. 塑料半制品和制品的归类

(1) 根据加工形状、程度判断属于塑料半制品还是塑料制品。

(2) 塑料半制品根据其具体形状归入 3916~3921 的有关品目，而塑料制品则根据其用途归入 3922~3926 的有关品目。

例如，塑料管属于半制品，所以应归入品目 3917。再如，塑料茶杯属于制品，所以应归入品目 3924。

5. 塑料的废碎料和下脚料的归类

对于塑料的废碎料和下脚料，一般情况下可直接按 3915 的品目条文“塑料的废碎料及下脚料”归入该品目。但是如果其同时满足初级形状、单一种类、热塑性这 3 个条件，则不能归入品目 3915，而应归入 3901～3914 的相应品目。

例如，粒子状的聚乙烯（密度 0.93）下脚料，应归入子目 3901.1000。

6. 天然橡胶和合成橡胶的归类

有一些橡胶由于不符合第四十章章注四关于“合成橡胶”的定义，所以尽管取了个“橡胶”的名称，还是要按“塑料”归入第三十九章。例如，“乙丙橡胶”“硅橡胶”等。

天然橡胶或合成橡胶根据其是否经硫化而分成未硫化橡胶和硫化橡胶，前者归入品目 4001～4006，后者归入品目 4007～4017。例如，新的轿车用橡胶轮胎属于硫化橡胶制品，应归入品目 4011。

对于硫化橡胶根据其加工形状和用途来确定归类。而对于初级形状或板、片、带形状的未硫化橡胶，则需要根据以下规定决定归入品目 4001、4002 还是品目 4005。

（1）品目 4001 及 4002 不适用于任何凝结前或凝结后与下列物质相混合的橡胶或橡胶混合物：

① 硫化剂、促进剂、防焦剂或活性剂（为制造预硫胶乳所加入的除外）；

② 颜料或其他着色料，但仅为易于识别而加入的除外；

③ 增塑剂或增量剂（用油增量的橡胶中所加的矿物油除外）、填料、增强剂、有机溶剂或其他物质，但以下（2）所述的除外。

（2）含有下列物质的橡胶或橡胶混合物，只要仍具有原料的基本特性，应归入品目 4001 或 4002：

① 乳化剂或防黏剂；

② 少量的乳化剂分解产品；

③ 微量的下列物质：热敏剂（一般为制造热敏胶乳用）、阳离子表面活性剂（一般为制造阳性胶乳用）、抗氧剂、凝固剂、碎裂剂、抗冻剂、胶溶剂、保存剂、稳定剂、黏度控制剂或类似的特殊用途添加剂。

第八类　生皮、皮革、毛皮及其制品；鞍具及挽具；旅行用品、手提包及类似容器；动物肠线（蚕胶丝除外）制品（第四十一章至第四十三章）

（一）主要内容

第八类共 3 章。其中，第四十一章只包括生皮和皮革，不包括制品，其结构按加工程度由低到高排列；第四十二章大部分是由第四十一章的原料经进一步加工制得的制品，同时还包括几乎由任何材料制成的包及旅行用品；第四十三章主要包括生毛皮、毛皮、人造毛皮及其制品。

（二）归类方法

1. 带毛生皮或已鞣制带毛皮张的归类

一般情况下，带毛的生皮或已鞣制的带毛皮张归入第四十三章，但有些动物的生皮即使带毛也不归入第四十三章，而归入第四十一章，具体种类见第四十一章章注一（三）。

例如，生的带毛兔皮归入品目 4301，已鞣制的兔毛皮张归入品目 4302；而带毛的生绵羊皮归入品目 4102，已鞣制的带毛绵羊皮归入品目 4302。

2. 品目 4202 所含容器的归类

品目 4202 的条文分为两部分。

第一部分：衣箱、提箱、小手袋、公文箱、公文包、书包、眼镜盒、望远镜盒、照相机套、乐器盒、枪套及类似容器。这些容器基本上都装有固定的物品并长期使用，除第四十二章章注二（一）和二（二）另有规定的以外，这一部分所包括的物品可用任何材料制成。

第二部分：旅行包、食品或饮料保温包、化妆包、帆布包、手提包、购物袋、钱夹、钱包、地图盒、瓶盒、首饰盒、粉盒、刀叉餐具盒及类似容器，只能用皮革或再生皮革、塑料片、纺织材料、钢纸或纸板制成，或者全部或主要用上述材料或纸包覆制成。

3. 皮革服装和毛皮服装的归类

（1）皮革或再生皮革制的服装归入品目 4203。

（2）毛皮制服装归入品目 4303，即使毛皮作衬里的服装也归入品目 4303；人造毛皮服装归入品目 4304，即使人造毛皮作衬里的服装也归入品目 4304。

毛皮或人造毛皮仅作为装饰的服装一般不归入本类，按其服装的面料归入相应品目。

例如，貂皮大衣为毛皮制的服装，归入子目 4303. 1010；羊皮夹克为皮革制的服装，归入子目 4203. 1000；仅在衣领和袖口用毛皮装饰的粗花呢大衣则按纺织服装归入第六十二章的相关品目。

（3）用皮革与毛皮或用皮革与人造毛皮制成的分指手套、连指手套及露指手套应归入品目 4203，不应误归入第四十三章。

4. 用做机器零件的皮革制品的归类

用做机器零件的皮带、皮制垫圈等应归入子目 4205. 0020，而不按机器零件归入第十六类。

第九类　木及木制品；木炭；软木及软木制品；稻草、秸秆、针茅或其他编结材料制品；篮筐及柳条编结品（第四十四章至第四十六章）

（一）主要内容

第九类共 3 章。其中，第四十四章主要包括木及其制品，第四十五章主要包括软木及其制品，第四十六章主要包括各种编结材料制品。

第四十四章的结构是按照加工程度由低到高排列，规律如下：

木材原料（不包括竹的原料）……………………………… 品目 4401～4406
经简单锯、削、刨平、端接及制成连续形状的木材 ………… 品目 4407～4409
木质碎料板、纤维板、胶合板及强化木等 …………………… 品目 4410～4413
木制品 ………………………………………………………… 品目 4414～4421

（二）归类方法

树种及加工程度是第四十四章归类的重要因素。例如，木制的电线杆如果经过防腐处理，则归入子目 4403.10；如果没有经过类似处理，则应根据其树种材质分别归入该品目的其他子目。

除另有规定的以外，竹的原料归入第十四章；竹及其他木质材料制品一般也按木制品归入同一品目，例如竹制筷子归入品目 4419、竹制牙签归入品目 4421；但竹制编结材料制品则归入第四十六章。

1. 木板材的归类

一般板材按其厚度归入品目 4407 或 4408；若在端部和侧面制成连续形状（如带有槽、榫等）则归入品目 4409；若是木质碎料板、木纤维板及胶合板的端部和侧面也制成连续形状（如带有槽、榫等），则归入品目 4410~4412。

品目 4411 项下的一级子目是按纤维板的生产工艺分类的。其中，子目 4411.1 的中密度纤维板（MDF）只包括用干法生产工艺获得的纤维板，按其厚度和密度进行归类；而子目 4411.9 的其他木纤维板一般是用湿法生产工艺获得的纤维板，只按其密度进行归类。

例 1 木纤维板（原料为花旗松），密度为每立方厘米 0.8 克，未经机械加工，规格为（长×宽×厚）2 400 毫米×1 200 毫米×8 毫米，采用湿法生产。此纤维板因采用湿法生产，所以归入子目 4411.9，然后根据其密度归入 4411.9390。

例 2 表面为巴栲红柳桉木薄板，其他两层为针叶木薄板制的三合板（每层厚度为 1 毫米）。此胶合板为仅由薄板制成的胶合板，且每层厚度不超过 6 毫米，所以归入子目 4412.3，又因巴栲红柳桉木属于热带木，所以归入子目 4412.3100。

2. 木地板的归类

天然木地板（又称实木地板，其侧面带有槽和榫）归入品目 4409；碎料板制木地板（其侧面不论是否制成品目 4409 所列的连续形状）归入品目 4410；纤维板制木地板（其侧面不论是否制成品目 4409 所列的连续形状）归入品目 4411；胶合板制木地板（其侧面不论是否制成品目 4409 所列的连续形状）归入品目 4412；已拼装的拼花木地板归入品目 4418。

3. 木制品的归类

大部分木制品归入品目 4414~4421，其中品目 4421 为其他木制品，但不是所有未列名的木制品都归入此品目，必须是其他品目未列名及该章章注一未排除的。例如，木制的衣箱应归入品目 4202；木制的家具应归入第九十四章，木制衣架归入子目 4421.1000，但若是落地式木制衣架，因具有家具的特征，应归入品目 9403。

4. 编结产品的归类

编结产品一般归入第四十六章，但归入该章的编结品所用材料范围具有一定的限制，即只适用于第四十六章章注一所列的“编结材料”。同时应注意，只有截面尺寸大于 1 毫米的塑料单丝及表观宽度大于 5 毫米的塑料扁条的编结制品才归入该章；截面尺寸不超过 1 毫米的塑料单丝及表观宽度不超过 5 毫米的塑料扁条制品，要按纺织品归入第十一类。

第十类 木浆及其他纤维状纤维素浆；回收（废碎）纸或纸板；纸、纸板及其制品（第四十七章至第四十九章）

（一）主要内容

第十类共 3 章，并按下列加工程度分列于各章：

纸浆、废纸（第四十七章）—纸张及其制品（第四十八章）—印刷品（第四十九章）。

（二）归类方法

1. 纸张的归类

（1）第四十八章根据纸的加工程度来排列，结构规律如下：

未涂布的机制或手工纸………………品目 4801~4805
未涂布但经进一步加工的纸…………品目 4806~4808
经涂布的纸……………………………品目 4809~4811
特定用途的纸及其制品………………品目 4812~4823

例如，目前应用较广的复印纸属未涂布的印刷及类似用途的纸，归入品目 4802，印刷精美广告及书籍封面的铜版纸属于涂布高岭土（无机物）的纸，归入品目 4810。

（2）品目 4801~4805 所列的纸张不能超出该章章注三所规定的加工方法。新闻纸和牛皮纸必须符合该章章注四和章注六规定的规格和纤维含量。

（3）若属于品目 4803~4809 列名的品种，还要判断其规格尺寸是否符合该章章注八的条件。一般情况下，品目 4803~4809 仅适用于大规格尺寸的纸，即成条或成卷时宽度要大于 36 厘米；成矩形（包括正方形）时一边超过 36 厘米，另一边要超过 15 厘米（以未折叠计）。对于品目 4803~4809 所列名的小规格尺寸的纸（即不符合该章章注八规定的尺寸要求），一般要归入品目 4816~4823 的相关品目。

例如，宽度为 120 厘米成卷的卫生纸归入品目 4803，而宽度为 12 厘米（在 36 厘米以下）成卷的卫生纸应归入品目 4818。

（4）在确定部分子目时，有些还要考虑所含纸浆的种类。木浆是造纸的主要原料，根据加工方法的不同可分为 3 种：机械浆、化学浆和化学—机械浆。如子目 4802. 5 要求不含机械浆或化学—机械浆，或这些纸浆的含量不超过全部纤维含量的 10%。

2. 涂布纸的归类

涂布纸是指在纸的单面或双面施以涂料，以使纸面产生特殊的光泽或使其适合特定需要。若是涂布高岭土或其他无机物质，则归入品目 4810，如铜版纸等；若是涂布塑料、沥青、焦油、蜡或其他有机物质，则归入品目 4811，如涂塑相纸、绝缘纸和热敏纸等。

3. 壁纸的归类

只有成卷状且宽度在 45~160 厘米之间的壁纸才归入品目 4814。若不符合这些条件，即使用做壁纸也不能归入品目 4814。若既可铺地又可作壁纸用则按铺地制品归入品目 4823。

4. 已印刷的壁纸及标签的归类

品目 4814 的壁纸及品目 4821 的纸或纸板制各种标签，即使已经印制仍归入第四十八章，而不归入第四十九章。

5. 纸卫生巾的归类

纸制的卫生巾（护垫）及止血塞、婴儿尿布、尿布衬里和类似品不按材料归类，而应归入品目 9619。

6. 报纸、杂志的归类

一般的报纸、杂志归入品目4902。但是，第四十九章章注三规定，用纸以外的材料装订成册的报纸、杂志和期刊，以及一期以上装订在同一封面里的成套报纸、杂志和期刊，应归入品目4901，不论是否有广告材料。

例如，装订成册的《半月谈》杂志全年合订本应归入品目4901。

7. 邮票的归类

我国发行未使用的新邮票按印刷品归入品目4907；我国发行已使用的旧邮票按收藏品归入品目9704；外国发行但我国不承认其面值的邮票，不论是否已使用均按收藏品归入品目9704。

另外，归类时请注意，第四十九章所称的"印刷"，不仅包括以普通手工印刷或机械印刷的方法印制，还包括用胶版复印机、油印机印制，在自动数据处理设备控制下打印绘制、压印、冲印、感光复印、热敏复印或打字。

第十一类　纺织原料及纺织制品（第五十章至第六十三章）

（一）主要内容

本类共14章，包括纺织纤维、半成品及制成品，可分成两部分。

第一部分：第五十章至第五十五章，是按纤维类别划分的，每章内又按纺织品的加工程度由低到高排列，基本按"纺织纤维—纱线—机织物"的顺序列目。其中，第五十章蚕丝及其机织物；第五十一章羊毛、动物细毛或粗毛及其机织物；第五十二章棉花及其机织物；第五十三章其他植物纺织纤维、纸纱线及其机织物；第五十四章化学纤维长丝及其机织物；第五十五章化学纤维短纤及其机织物。

第二部分：第五十六章至第六十三章，包括以特殊的方式或工艺制成的或有特殊用途的半成品及制成品，并且除品目5809和5902外，品目所列产品一般不分纺织原料的性质。其中，第五十六章絮胎、毡呢及无纺织物、绳索及其制品；第五十七章地毯及纺织材料铺地用品；第五十八章特种机织物、刺绣品等；第五十九章浸渍、涂层、包覆或层压的纺织物、工业用纺织制品；第六十章针织物及钩编织物；第六十一章针织或钩编服装；第六十二章非针织或非钩编服装；第六十三章其他纺织制成品。

（二）归类方法

纺织产品是HS中的一个重要部分，只有熟悉纺织产品的分类、纺织加工工序，掌握HS对纺织品的归类要求，才能正确归类。

1. 纺织产品的结构规律

在对本类商品归类时，首先要对本类商品有一个基本认识，掌握其结构规律，从而为正确归类打下基础。

第一部分：第五十章至第五十五章（纤维、普通纱线、普通机织物）

天然
- 丝…………第五十章
- 毛…………第五十一章
- 棉…………第五十二章
- 麻…………第五十三章

化学
- 长丝………第五十四章
- 短纤………第五十五章

第二部分：第五十六章至第六十三章（特种纱线、特种织物、制成品）

无纺织物、特种纱线等……………………第五十六章
地毯等………………………………………第五十七章
特种机织物、刺绣品等……………………第五十八章
特殊处理的织物、工业用纺织制品………第五十九章
针织物、钩编织物…………………………第六十章
服装（针织或钩编）………………………第六十一章
服装（非针织、非钩编）…………………第六十二章
其他制成品…………………………………第六十三章

2. 纺织材料的分类

纺织纤维分为天然纤维与化学纤维，天然纤维主要有丝、毛、棉、麻，化学纤维又分为合成纤维和人造纤维。

合成纤维是将有机单体物质加以聚合而制成聚合物，例如聚酰胺、聚酯、聚丙烯、聚氨基甲酸酯；或通过上述加工将聚合物经化学改性制得，例如聚乙酸乙烯酯水解制得的聚乙烯醇。

人造纤维是将天然有机聚合物（如纤维素）溶解或化学处理制成聚合物，例如，铜铵纤维或粘胶纤维；或将天然有机聚合物（例如纤维素、酪蛋白及其他蛋白质、藻酸）经化学改性制成聚合物，例如，醋酸纤维素纤维或藻酸盐纤维。

常见的合成纤维有聚酯（俗称涤纶）和聚酰胺（俗称尼龙）等，常见的人造纤维有粘胶纤维和醋酸纤维等。

3. 混纺材料的归类

（1）混纺材料归类的原则

根据HS第十一类类注二的规定，可归入第五十章至第五十五章及品目5809或5902的由两种或两种以上纺织材料混合制成的货品，应按其中重量最大的那种纺织材料归类。

当没有一种纺织材料重量较大时，应按可归入的有关品目中最后一个品目所列的纺织材料归类。

应用上述规定时，应注意以下原则：

① 马毛粗松螺旋花线（品目5110）和含金属纱线（品目5605）均应作为一种单一的纺织材料，其重量应为它们在纱线中的合计重量；在机织物的归类中，金属线应作为一种纺织材料。

② 在选择合适的品目时，应首先确定章，然后再确定该章的有关品目，至于不归入该章的其他材料可不予考虑。

③ 当归入第五十四章及第五十五章的货品与其他章的货品进行比较时，应将这两章

作为一个单一的章对待。

④ 同一章或同一品目所列各种不同的纺织材料应作为单一的纺织材料对待。

（2）混纺材料归类的具体方法

首先确定所在章，并将属于同一章的不同纺织材料的重量合并后与其他章作比较，再归入重量较大的那一章，如果重量相等则从后归类。同时考虑到纺织纤维的特性，第五十四章和第五十五章同属化学纤维，所以当这两章与其他章比较时，这两章纺织材料的重量应合并计算。

其次确定品目，与确定章的方法一样，将属于同一品目的不同纺织材料的重量合并后与其他品目作比较，归入重量较大的那个品目，如果重量相等则从后归类。

特殊纱线，如马毛粗松螺旋花线和含金属纱线均作为一种单一的纺织材料计算，其重量应为它们在纱线中的合计重量，金属线视作一种纺织材料。

例 1 按重量计含 65%棉、35%聚酯短纤的每平方米重 80 克且漂白的平纹机织物。由于棉的含量超过了聚酯短纤（化学纤维短纤）的含量，所以归入第五十二章，然后根据棉的含量（65%，在 85%以下）和每平方米克重（80 克，不超过 200 克）及主要与化学纤维混纺的条件归入品目 5210，最后按漂白、平纹的机织物归入子目 5210. 2100。

例 2 按重量计含 40%合成纤维短纤、35%精梳羊毛、25%精梳兔毛的机织物。由于精梳羊毛和精梳兔毛同属于第五十一章的纤维，应合并计算（即 35%+25%=60%），其含量超过了第五十五章的合成纤维短纤，所以按动物毛的机织物归入第五十一章，在确定品目时，因精梳羊毛的含量超过了精梳兔毛的含量，故按精梳羊毛的机织物归入品目 5112，然后根据羊毛含量（35%，在 85%以下）和主要与化学纤维短纤混纺的条件归入子目 5112. 3000。

4. 纱线的归类

（1）纱线的细度

纱线细度在 HS 中一般用“特克斯”表示。

“特克斯”指 1 000 米长的纱线、长丝等在公定回潮率下的重量，属于定长制。如 1 000米长的纱线重 8 克（在公定回潮率下），则该纱线的细度为 8 特克斯（或 80 分特）。

表示细度的另一个计量指标为“公支”。公支指 1 克重的纱线的长度（米），属于定重制。如 1 克重的纱线长为 14 米，则该纱线的细度为 14 公支。

（2）纱线的捻向、捻度

捻向即加捻的方向，分为顺时针捻（又称“S”捻）和逆时针捻（又称“Z”捻）。

捻度指每米长纱线加捻的转数。

（3）纱线的归类

在对纱线归类时，首先确定其是特种纱线还是普通纱线，如果是普通纱线再按纱线原料的性质在相应章（第五十章至第五十五章）中寻找合适的品目，具体分布如下：

- 普通纱线（第五十章至第五十五章）
  - 缝纫线（符合类注五）……相应品目
  - 非缝纫线，供零售用（符合类注四）……相应品目
  - 非供零售用……相应品目
- 特种纱线（第五十六章）
  - 与橡胶或塑料复合的纱线……品目 5604
  - 含金属纱线……品目 5605
  - 绳绒线、粗松螺旋花线、纵行起圈纱线等……品目 5606
  - 线、绳、索、缆（符合类注三）……品目 5607

例如，“涤纶弹力丝”是一种普通纱线，并且涤纶属于合成纤维中的聚酯纤维，弹力丝一般由长丝加工而成，所以应归入第五十四章的子目 5402.3310。

注意截面尺寸超过 1 毫米的化纤单丝，表观宽度超过 5 毫米的化纤扁条，应作为塑料归入第三十九章。

5. 织物的归类

与纱线的归类相似，首先确定其是属于普通机织物还是属于其他织物，前者归入第五十章至第五十五章，后者归入第五十六章至第六十章。

织物按制法分以下几种：

- 机织物
  - 普通……第五十章至第五十五章
  - 特种……第五十八章
- 絮胎、毛呢、无纺织物……第五十六章
- 地毯……第五十七章
- 针织物、钩编织物……第六十章
- 其他特殊加工的织物……第五十八章至第五十九章

例如，普通的棉机织物归入第五十二章，棉针织物归入第六十章，用塑料涂布的棉机织物归入第五十九章。

注意，由絮胎制的卫生巾（护垫）及止血塞、婴儿尿布、尿布衬里和类似品不按材料归类，而应归入品目 9619。

6. 狭幅机织物的归类

符合下列条件之一的，应作为“狭幅机织物”归入品目 5806：

（1）幅宽不超过 30 厘米的机织物，不论是否织成或从宽幅料剪成，但两侧必须有织成的、胶粘的或用其他方法制成的布边；

（2）压平宽度不超过 30 厘米的圆筒机织物；

（3）折边的斜裁滚条布，其未折边时的宽度不超过 30 厘米。

但是，流苏状的狭幅机织物应归入品目 5808。

7. 纺织制成品的归类

符合下列条件之一的，应作为本类所称“制成的”纺织品归类：

（1）裁剪成除正方形或长方形以外的其他形状的；

（2）呈制成状态，无须缝纫或其他进一步加工（或仅需剪断分隔联线）即可使用的，例如，某些抹布、毛巾、台布、方披巾、毯子；

（3）已缝边或滚边，或者在任一边带有结制的流苏，但不包括为防止剪边脱纱而锁边

或用其他简单方法处理的织物；

（4）裁剪成一定尺寸并经抽纱加工的；

（5）缝合、胶合或用其他方法拼合而成的（将两段或两段以上同样料子的织物首尾连接而成的匹头，以及由两层或两层以上的织物，不论中间有无胎料，层叠而成的匹头除外）；

（6）针织或钩编成一定形状，不论报验时是单件还是以若干件相连成幅的。

例如，仅从大块布料裁剪下来的长方形（包括正方形）物品，如果未经加工和不带剪断分隔联线形成的流苏，不应视为“制成的”纺织品；而纺织材料的服装式样则可视为“制成的”纺织品。

8. 服装及衣着附件的归类

服装及衣着附件的归类是本类中较重要的内容。一般可采用以下归类方法：

（1）按下列织法判断应归入第六十一章还是第六十二章：

服装{ 针织或钩编……………………第六十一章（品目6212的商品除外）
　　　非针织或非钩编……………第六十二章

（2）在第六十一章或第六十二章内，优先考虑婴儿服装及衣着附件，然后再考虑用塑料、橡胶或其他材料处理过的织物制成的服装。第六十二章还包括用毡呢、无纺布制成的服装。

（3）注意服装及衣着附件的结构规律。以第六十一章为例：一般是由外到内，同类服装先男后女，再到不分性别的服装，然后是婴儿服装、其他服装、衣着附件。

对于服装，凡门襟为左压右的，应视为男式；右压左的，应视为女式。但本规定不适用于其式样已明显为男式或女式的服装。无法区别是男式还是女式的服装，应按女式服装归入有关品目。

（4）如果是套装（如西服套装、便服套装、滑雪套装）必须符合相应的章注规定，才能作为套装一并归类，否则必须分开归类。

例如，“西服套装”是指面料用完全相同的织物制成的两件套或三件套的成套服装。西服套装各件面料质地、颜色及构成必须完全相同，其款式、尺寸大小也须相互般配。

此外，品目6109的“T恤衫”一般以较薄的面料制成，无领，无扣，领口无门襟且下摆不能收紧。我们通常所穿的带领T恤应作为针织衬衫归类。

9. 婴儿服装及衣着附件的归类

所称“婴儿服装及衣着附件”，是指用于身高不超过86厘米幼儿的服装。

（1）针织或钩编的归类

既可归入品目6111，也可归入第六十一章其他品目的物品，应归入品目6111。例如，婴儿穿着的针织袜子，应归入品目6111。

（2）非针织或非钩编的归类

既可归入品目6209，也可归入第六十二章其他品目的物品，应归入品目6209。

10. 特殊面料制作的服装的归类

（1）既可归入品目6113，也可归入第六十一章其他品目的服装，除品目6111所列的仍归入该品目外，其余的应一律归入品目6113。

（2）既可归入品目6210，也可归入第六十二章其他品目的服装，除品目6209所列的仍归入该品目外，其余的应一律归入品目 6210。

例如，由单面涂布高分子树脂的涤纶机织物面料（涂层可明显看出）制成的雨衣，应归入品目 6210。

第十二类　鞋、帽、伞、杖、鞭及其零件；已加工的羽毛及其制品；人造花；人发制品（第六十四章至第六十七章）

（一）主要内容

第十二类共 4 章。其中，第六十四章主要包括各种鞋靴；第六十五章主要包括各种帽类；第六十六章主要包括雨伞、阳伞、手杖、鞭子等；第六十七章主要包括羽毛制品、人造花和人发制品等。

（二）归类方法

1. 鞋靴及其零件的归类

（1）鞋靴一般按其外底和鞋面的材料归入不同的品目。当鞋面和鞋底由不同材料构成时，则鞋面的材料应以占表面面积最大的那种材料为准，而鞋底的材料应以与地面接触最广的那种材料为准。

例如，尺寸为 26 码的旅游鞋，鞋面由皮革和帆布构成且皮革的表面积大于帆布的表面积，鞋底材料为橡胶。由于鞋底为橡胶，鞋面主要为皮革材料，所以该旅游鞋应归入子目 6403. 9900。

（2）当按“运动鞋靴”归类时应符合第六十四章子目注释的条件。例如，我国习惯所称的某些运动鞋，若不符合第六十四章子目注释规定的条件，仍不能按“运动鞋靴”归类。

（3）某些鞋靴不能误归入第六十四章。例如，装有冰刀或轮子的滑冰鞋应按运动用鞋归入第九十五章；明显已穿过的旧鞋应归入品目 6309；石棉制的鞋应归入品目 6812。

（4）鞋靴的零件不包括第六十四章章注二所列的货品。例如，鞋带、鞋钉等不能按鞋靴的零件归类，一般按材料属性归类。

2. 帽的归类

一般的帽类归入第六十五章，但下列帽类不归入该章，即旧的帽类归入品目 6309，石棉制的帽类归入品目 6812，玩偶用帽及其他玩具用帽或狂欢节的用品归入第九十五章。

第十三类　石料、石膏、水泥、石棉、云母及类似材料的制品；陶瓷产品；玻璃及其制品（第六十八章至第七十章）

（一）主要内容

第十三类共 3 章。其中，第六十八章主要包括石料、石膏、水泥、石棉等制品；第六十九章主要包括成形后经过烧制的陶瓷制品；第七十章主要包括各种玻璃及其制品。

本类所包含的商品大都是由第五类的矿产品经进一步加工所制得的制品，本类的商品基本上都是制成品，不包括原料。

（二）归类方法

1. 第六十八章产品的归类

第六十八章包括石料、石膏、水泥、石棉等制品，主要来源于第五类的原料，并且一般只是对第五类的矿产品改变原来的形状，而不改变其原料的性质，这也是该章的产品与后面两章产品的主要区别。另外，品目 6812 包括石棉织造的服装、鞋帽，因此注意不要将石棉织造的服装按纺织品归入第十一类。

2. 陶瓷制品的归类

有些陶瓷制品已在第六十九章章注二被排除的，不归入该章，例如，陶瓷制的电器用绝缘子归入品目 8546。但也有一些陶瓷制品即使具有第十六类机器或零件的特征，仍应归入该章，例如陶瓷泵、陶瓷水龙头等均归入该章。

对属于耐火材料的陶瓷制品，如果可归入 6901~6903 中的一个品目，又可归入 6904~6914 中的一个品目，应优先归入品目 6901~6903。

3. 玻璃及其制品的归类

第七十章既包括玻璃的半制成品（玻璃板、片、球等），也包括玻璃制品。该章的某些玻璃制品虽具专有用途，若已在该章列名，仍归入该章，例如，钟表玻璃仍归入该章的品目 7015，而不按钟表零件归入第九十一章；玩偶等用的玻璃假眼仍归入该章的品目 7018，而不按玩具的零件归入第九十五章。

只有玻璃纤维和未经光学加工的光学元件才归入品目 7019 和 7014，而光导纤维、经光学加工的光学元件应归入品目 9001，不归入该章；只有不带外壳的保温瓶胆才归入该章的品目 7020，带外壳的保温瓶应归入品目 9617，不归入该章。

第十四类　天然或养殖珍珠、宝石或半宝石、贵金属、包贵金属及其制品；仿首饰、硬币（第七十一章）

（一）主要内容

第十四类只有 1 章，主要包括贵金属及其制品、珍珠和宝石及其制品，同时也包括仿首饰和硬币。

（二）归类方法

1. 贵金属的归类

本类所称贵金属，包括银、金及铂，其中“铂”指铂族元素，包括铂、铱、锇、钯、铑及钌。例如，品目 7110 的品目条文中的“铂”及子目 7112.92 的子目条文中的“铂”，均指铂族元素。

但是，子目 7110.1 所指的“铂”只包括铂本身，不包括铂族元素的其他元素。例如，子目 7110.1910 的“板、片”只包括铂本身这一种元素的板、片。

2. 贵金属合金的归类

只要其中一种贵金属含量达到合金重量的 2%，便视为贵金属合金，这不同于第十五类贱金属合金的归类原则（按含量较高的金属归类）。

根据第七十一章章注五的规定，首先，只要铂含量在 2%及以上的，就按铂合金归类，铂含量不一定为合金中含量最高的贵金属；其次，只要金含量在 2%及以上的，不含铂或铂含量小于 2%，就按金合金归类，金含量不一定为合金中含量最高的贵金属；最后，银含量在 2%及以上的其他合金，按银合金归类。

因此，贵金属合金归类的先后顺序为：铂合金最优先，其次是金合金，最后银合金。

例如，按重量计含铁 80%、铜 15%、银 3%、金 2%的金属合金（未经锻造，非货币用)，应按金合金归类，所以应归入子目 7108.1200。

3. 包贵金属和镀贵金属的归类

包贵金属是指以贱金属为底料，在其一面或多面用焊接、熔接、热轧或类似机械方法覆盖一层贵金属的材料，它与镀贵金属的区别及归类情况如下：

名称	相同点	加工方式	归类
包贵金属	表面均为贵金属	通过焊接、熔接、热轧等机械方法制得	按所包的贵金属(外层材料)归类
镀贵金属		通过电镀等化学方法制得	按被镀的材料(内层材料)归类

4. 首饰、金银器具的归类

首饰、金银器具及其他制品归入品目 7113~7116。

(1) 首饰

首饰是指个人用小饰物（例如，戒指、手镯、项圈、饰针、耳环、表链、表链饰物、垂饰、领带别针、袖扣、饰扣、宗教性或其他勋章及徽章）以及通常放置在衣袋、手提包或佩戴在身上的个人用品（例如，烟盒、粉盒、链袋、口香丸盒、念珠）。

其中，完全由贵金属或包贵金属制的首饰归入品目 7113；完全由珍珠、宝石制的首饰归入品目 7116；镶嵌珍珠、宝石的贵金属或包贵金属制的首饰归入品目 7113。

例如，金制的手镯归入品目 7113，玛瑙制的手镯归入品目 7116。

(2) 金银器具

金银器具，包括装饰品、餐具、梳妆用具、吸烟用具及类似的家庭、办公室或宗教用的其他物品，应归入品目 7114。

5. 仿首饰的归类

“仿首饰”是用珠宝、贵金属或包贵金属以外的物品制成的，其范围为个人用小饰物（例如，戒指、手镯、项圈、饰针、耳环、表链、表链饰物、垂饰、领带别针、袖扣、饰扣、宗教性或其他勋章及徽章），应归入品目 7117。

例如，铂制的戒指归入品目 7113，而铜制的戒指应归入品目 7117。

第十五类 贱金属及其制品（第七十二章至第八十三章）

(一) 主要内容

第十五类共 12 章，主要包括贱金属材料及结构较简单的贱金属制品、金属陶瓷及其制品。其中，第七十二章主要包括钢铁锭、板、条杆及丝等，第七十三章主要包括钢铁制品，第七十四章至第八十一章主要包括有色金属、金属陶瓷及其制品，第八十二章主要包括贱金属工具等，第八十三章包括贱金属杂项制品。本类的排列结构如下：

钢铁及其制品 ………………………………………… 第七十二章至第七十三章
有色金属、金属陶瓷及其制品 ………………………… 第七十四章至第八十一章
其他贱金属制品 ……………………………………… 第八十二章至第八十三章

其中，第七十二章至第八十一章是按金属属性分章的，除第七十二章、第七十三章外，同一章内一般按加工程度由低到高的顺序排列，即初级形状—半制成品—制成品。钢

铁作为最重要的贱金属被分为两章，即第七十二章只包括钢铁的初级形状和半制成品（即钢材），第七十三章主要包括钢铁制品。

第七十四章至第八十一章为有色金属、金属陶瓷及其制品，其中第七十四章铜及其制品，第七十五章镍及其制品，第七十六章铝及其制品，第七十七章为空章，第七十八章铅及其制品，第七十九章锌及其制品，第八十章锡及其制品，第八十一章其他贱金属、金属陶瓷及其制品。

第八十二章至第八十三章是按商品的功能及用途排列的，主要包括特定功能和用途的制成品，其中第八十二章包括贱金属工具等；第八十三章为杂项金属制品。

（二）归类方法

1. “通用零件”的归类

（1）第十五类类注二明确了 HS“通用零件”的范围，主要包括：

① 品目 7307 的钢铁制管子附件，品目 7312 的线、绳、索、缆，品目 7315 的链，品目 7317 或 7318 的各种钉及其他贱金属制的类似品（第七十四章至第八十一章的相关品目）；

② 品目 7320 的钢铁制弹簧及弹簧片及其他贱金属制的弹簧及弹簧片（第七十四章至第八十一章的相关品目）；

③ 品目 8301 的锁等，品目 8302 的家具等用的五金件，品目 8306 的框架及贱金属镜子，品目 8308 的管形铆钉等，品目 8310 的标志牌等。

（2）由于 HS 中第十六类、第十七类、第十八类、第十九类、第二十类的类注或章注中均将第十五类类注二的“通用零件”排除掉，因此，即使这些零件作为其他机器设备、器具的零件，仍归入本类。

例如，内燃机排气门用合金钢制螺旋弹簧，属于本类类注二“通用零件”的范围，应归入子目 7320.2090。

2. 第八十二章、第八十三章列名制品的归类

只要是贱金属制的第八十二章、第八十三章列名的制品，应优先归入这两章，而不再按材料属性归入前面各章。

例如，铝制的易拉罐盖应归入第八十三章的品目 8309，而不按铝制品归入第七十六章；钢铁制成条的订书机用订书钉应归入第八十三章的品目 8305，而不按普通钉归入第七十三章的品目 7317。

3. 合金及复合材料制品的归类

（1）贱金属与贱金属的合金按所含重量最大的那种金属归类；本类贱金属与非本类元素（贵金属除外）构成的合金，只有本类贱金属的总重量等于或超过其他类元素的总重量时才归入本类。但有两种特例：品目 7202 的铁合金及品目 7405 的铜母合金，它们不按含量最大的金属归类。

例如，由 65%的铜和 35%的锌构成的铜锌合金管材。该管材铜的含量高于锌的含量，故按铜的合金归入品目 7411。

（2）含有两种或两种以上贱金属的制品，应按其所含重量最大的那种贱金属的制品归类。

例如，多种材料制成的烟灰缸，包括一个铁制底座（占总重量的 30%），一个铝制的托盘（占总重量的 30%），一个钢制的托盘板（占总重量的 30%），一个铜制的按钮（占总重量的 10%）。该商品是由多种贱金属组成的制品，应把铁和钢的部分相加（30%+30%=60%），其总重量超过了铝的重量，也超过了铜的重量，故按钢铁制品归入第七十三章的品目 7323。

4. 钢及钢材的分类

第七十二章按钢的加工程度和类型分为四个分章。在 HS 中，钢按所含元素的不同分为非合金钢和合金钢。一般只含碳元素的钢称为非合金钢，或称为碳钢；除碳元素外，还含有其他元素的钢称为合金钢。钢的详细分类如下：

名称		特点
非合金钢		在冶金行业又称为碳钢
合金钢	不锈钢	主要含铬的合金钢，且各种元素含量符合 HS 定义
	硅电钢	主要含硅的合金钢，且各种元素含量符合 HS 定义
	高速钢	主要含钨、钒、钼等，且各种元素含量符合 HS 定义
	硅锰钢	主要含硅及锰的合金钢，且各种元素含量符合 HS 定义
	其他合金钢	加入不同元素，呈现不同性质，用于不同场合

其中，合金钢中最常见的为不锈钢，只有符合下列条件的合金钢才视为不锈钢：按重量计含碳量在 1.2%及以下，含铬量在 10.5%及以上，不论是否含有其他元素。

钢材在 HS 中一般分为平板轧材、条杆、丝和各种型材、异型材等。

5. 非合金钢平板轧材的归类

（1）截面为矩形（正方形除外）并且不符合第七十二章章注一（九）所述定义的下列形状实心轧制产品才能作为平板轧材归类：

① 层叠的卷材；

② 平直形状，其厚度如果在 4.75 毫米以下，则宽度至少是厚度的 10 倍；其厚度如果在 4.75 毫米及以上，其宽度应超过 150 毫米，并且至少应为厚度的 2 倍。

平板轧材包括直接轧制而成并有凸起式样（例如，凹槽、肋条形、格槽、珠粒、菱形）的产品以及穿孔、抛光或制成瓦楞形的产品，但不具有其他品目所列制品或产品的特征。

（2）非合金钢平板轧材归类时还要考虑其他因素，如规格（宽度、厚度）、轧制方式（热轧还是冷轧）、有无镀涂层和包覆层、报验状态（卷状、非卷状）等，其归类流程如下：

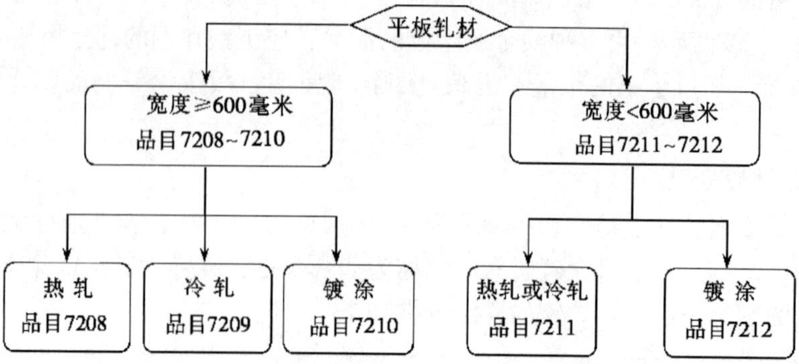

例如，非合金钢镀锌（热浸镀）平板轧材，长度为 2 400 毫米，宽度为 1 200 毫米，厚度为 1.2 毫米。该钢材符合平板轧材的条件，且宽度大于 600 毫米，所以归入子目 7210.4900。

6. 非合金钢条杆、型材、丝及空心材的归类

对这些钢材归类时，必须符合第七十二章章注一（十一）至（十四）的条件。

非合金钢条杆、型材、丝及空心材的归类归纳如下：

名称		特点	归类
条杆类	盘条	热轧不规则盘卷状	品目 7213
	热轧条杆	热轧直条状	品目 7214
	冷轧条杆	冷轧直条状	品目 7215
角材/型材/异型材		符合第七十二章章注一（十三）的要求	品目 7216
丝		冷加工规则盘卷状	品目 7217
空心材	空心钻钢	用于钻探，且外形尺寸在 15～52 毫米之间，最大内孔小于最大外形的 1/2	品目 7228
	管	全长截面相同并且只有一个闭合空间的同心中空产品	品目 7304～7306
	空心异型材	不符合“管”的定义，且主要是内外截面形状不同的空心产品	品目 7306

7. 钢铁容器的归类

盛装物料用的钢铁囤、柜、罐、桶、盒及类似容器一般按其容积的不同归入品目 7309～7310，但这两个品目并不是包括所有的钢铁容器，一般只包括非家用的；若是家庭或厨房用的钢铁容器，如粗腰饼干桶、茶叶罐、糖听及类似容器应归入品目 7323，这些容器不能误按容积小于 300 升的容器归入品目 7310。

8. 各种钢铁钉的归类

在 HS 中有各种钢铁钉，如果类型、用途不同，它们的归类也不同。归纳如下：

商品描述	归类
普通钢铁钉、平头钉、图钉	品目 7317
订书机用的订书钉	品目 8305
带有铜或铜合金钉头的钢铁钉、平头钉	品目 7415
钢铁制螺钉、普通铆钉（实心的）	品目 7318
管形铆钉/开口铆钉（主要用于衣着、鞋帽、帐篷、皮革制品和工程技术）	品目 8308

9. 可互换工具及刀具的归类

机床用可互换工具及刀具，如锻压、冲压用模具，机床上用的各种刀具，虽作为第十六类机器的零件，但仍要归入第八十二章。例如，钻床用的钻头、车床用的车刀、铣床用的铣刀等归入品目 8207，但锯床用的锯片要归入品目 8202。

10. 成套工具及餐具的归类

（1）由品目 8205 中不同种类的货品构成的成套工具仍归入该品目内，即子目 8205.9000；

（2）由品目 8202~8205 中两个或多个品目所列工具组成的零售包装成套工具归入品目 8206；

（3）由品目 8211 中不同种类的刀构成的成套刀具仍归入该品目内，即子目 8211.1000；

（4）由品目 8211 中的一把或多把刀具与品目 8215 至少数量相同的物品构成的成套餐具，以及由品目 8215 中不同种类的贱金属货品构成的成套餐具，应归入品目 8215。

例如，由 10 把品目 8211 的西餐用刀具和 10 把品目 8215 的西餐用餐叉（均为不锈钢制）组成成套餐具后一并归入子目 8215.2000。

11. 手动机械器具的归类

手动机械器具一般归入第八十二章，有的还有重量的限制。例如，手摇的钻孔工具归入品目 8205；用于加工或调制食品或饮料的手动机械器具（且重量不超过 10 千克）归入品目 8210。

第十六类 机器、机械器具、电器设备及其零件；录音机及放声机、电视图像、声音的录制和重放设备及其零件、附件（第八十四章至第八十五章）

（一）主要内容

第十六类只包括 2 章。其中，第八十四章主要包括非电气的机器、机械器具及其零件，第八十五章主要包括电气电子产品及其零件。

（二）归类方法

1. 组合机器、多功能机器的归类

组合机器是指由两部及两部以上机器装配在一起形成的机器。一般是一台机器装在另一台机器的内部或上面，或者两者装在同一底座、支架上或同一个机壳内，且这组机器必须是永久性地连在一起。

多功能机器是指具有两种及两种以上互补或交替功能的机器。

组合机器与多功能机器的归类原则：按机器的主要功能归类，当不能确定其主要功能时，按“从后归类”的原则归类。

例如，具有提供热、冷水功能的饮水机。该设备具有加热和制冷两种功能，其用途为提供饮用水，属于多功能机器，比较两种功能，很难确定哪一种为主要功能，所以按“从后归类”的原则归入品目 8516。

2. 功能机组的归类

功能机组是由几个具有不同功能的机器（包括机组部件）结合在一起而构成的。这些机器通常由管道、传动装置、电缆或其他装置连接起来。

功能机组的归类原则：组合后的功能明显符合第八十四章或第八十五章某个品目所列功能时，全部机器或部件均归入该品目，而不再分别归类。

例如，番茄酱的成套加工设备，由番茄破碎设备、番茄汁浓缩设备、杀菌设备、电气控制柜等组成。这套设备的主要功能是食品加工，符合功能机组的条件，应将成套设备一并归入子目 8438.6000。

3. 机器零件的归类

本类机器所属零件归类的一般步骤为：

（1）考虑是否是本类类注一、第八十四章章注一和第八十五章章注一排他条款中的商品，若已排除，则不能归入本类；

（2）考虑是否是第八十四章、第八十五章列名的商品，若已列名，则按列名归类；

（3）考虑是否是专用零件，若符合条件则与机器一并归类，或归入指定的专用零件品目；

（4）考虑是否可归入品目 8487 或 8548。

例 1 电冰箱用压缩机，作为电冰箱的一个部件，在品目 8414 内有列名，故应归入 8414.30 项下的相关子目。

例 2 电冰箱用壳体，作为冰箱的专用零件，应归入 8418.99 项下的相关子目。

4. 可归入多个品目的机器或零件的归类

（1）当出现既可按功能归入品目 8401～8424 或 8486，又可按应用行业归入品目 8425～8480 的情况时，优先归入品目 8401～8424 或 8486。

例如，工业用火腿蒸煮器，既可按利用温度变化工作的机器归入品目 8419，又可按食品（肉类）的加工机器归入品目 8438，应优先归入品目 8419。

但下列情况除外：

① 品目 8419 不包括：

A. 催芽装置、孵卵器或育雏器（品目 8436）；

B. 谷物调湿机（品目 8437）；

C. 萃取糖汁的浸提装置（品目 8438）；

D. 纱线、织物及纺织制品的热处理机器（品目 8451）；

E. 温度变化（即使必不可少）仅作为辅助功能的机器设备。

② 品目 8422 不包括：

A. 缝合袋子或类似品用的缝纫机（品目 8452）；

B. 品目 8472 的办公室用机器。

③ 品目 8424 不包括：

喷墨印刷（打印）机器（品目 8443）或水射流切割机（品目 8456）。

（2）在对特种机床归类时，也会出现可归入多个品目的情况：既可按特种机床归入品目 8456，同时又可按功能归入品目 8457~8465，此时应优先按特种机床归入品目 8456。

例如，利用激光在各种材料上打孔的机床。该机床既可按加工方式（激光加工）归入品目 8456，又可按功能（钻孔）归入品目 8459，此时，应将该机床归入子目 8456.1000。

（3）对于集成电路、晶体管等，也会出现可归入多个品目的情况：既可按其功能归入品目 8542 或 8541，又可按所用机器设备的零件归入相关品目，此时应优先归入品目 8542 或 8541。

5. 第八十四章结构规律

第八十四章主要包含非电气的机器、机械器具及其零件，是 HS 中品目最多的一章，有 87 个品目，其结构主要按下列规律排列。

（1）品目 8401~8424，主要按商品的功能列目。详见下列结构：

核反应堆等……………………………………品目 8401
锅炉及其他气体发生器………………………品目 8402~8405
动力机器………………………………………品目 8406~8412
液体泵、气体泵或压缩机……………………品目 8413~8414
能量的转化机器………………………………品目 8415~8419
其他按功能列名的机器………………………品目 8420~8424

（2）品目 8425~8478，主要按商品的应用行业（或用途）列目。详见下列结构：

起重与搬运机器………………………………品目 8425~8431
农、林、食品加工机器………………………品目 8432~8438
造纸、印刷机器………………………………品目 8439~8443
纺织及相关机器………………………………品目 8444~8452
皮革加工机器…………………………………品目 8453
冶金制造机器…………………………………品目 8454~8455
机床……………………………………………品目 8456~8466
办公机器………………………………………品目 8469~8473
其他……………………………………………品目 8474~8478

（3）品目 8479 包括不能归入该章该品目以前任何品目的机器及机械器具；品目 8480 包括金属铸造用的型箱及阳模，还包括模制某些材料用的手工模具或机器模具（锭模除外）；品目 8481~8484 包括某些可作为机器零件使用或可用做其他章货品零件的通用物品；品目 8486 包括专用于或主要用于制造半导体单晶柱或圆片、半导体器件、集成电路或平板显示器的机器及装置，以及该章章注九（三）所列的机器及装置；品目 8487 包括其他品目未列名的非电气零件。

6. 动力机器及其零部件的归类

动力机器（电动机除外）归入品目 8406~8412。其中内燃机为最广泛的动力机器之一，点燃式内燃发动机（主要包括汽油机）归入品目 8407，压燃式内燃发动机（即柴油机）归入品目 8408。

液压、气压动力装置（即以液体能或压缩气体作为动力源的装置）也作为动力装置归入品目 8412。

电动机（将电能转变成机械能的动力装置）归入品目 8501。

只有“主要用于或专用于”内燃机的零部件才归入品目 8409，如活塞、连杆、气缸体、气缸盖等。

例 1 别克轿车用发动机，气缸容量为 1.6 升，发动机为点燃往复式内燃发动机，应归入子目 8407.3410。

例 2 摩托车用气缸盖，属于内燃机专用的零件，应归入品目 8409，又因摩托车用的发动机一般为点燃式内燃发动机，所以归入子目 8409.9199。

7. 液体泵、气体泵和压缩机的归类

液体泵、气体泵和压缩机是应用较广泛的通用机器。

液体泵归入品目 8413。归入本品目的液体泵可以带有计量装置或计价装置，不要将计量泵按仪器归入第九十章。

气泵、压缩机等归入品目 8414。本品目还包括手动或动力驱动的用以压缩空气或其他气体（如氟利昂）或造成真空的机器设备，空气或其他气体循环用的机器（风机和风扇），手动的打气筒也归入此品目。

例 1 活塞式内燃机冷却用水泵。该水泵属于液体泵，按其功能归入品目 8413，然后根据其用途按活塞式内燃机用冷却剂泵归入子目 8413.3090。

例 2 轿车空调用压缩机。该压缩机用于制冷设备，按其功能归入品目 8414，又因轿车用的压缩机一般由发动机直接驱动，属于非电动机驱动的压缩机，所以归入子目 8414.3090。

8. 制冷设备的归类

制冷设备主要包括空调器和电冰箱等。空调器及其专用零件归入品目 8415，其他制冷设备及其零件归入品目 8418。

例 1 家用壁式分体空调器，具有制冷和制热功能，制冷量为 3200 大卡/小时。此空调器应归入品目 8415，根据分体式和制冷量再归入子目 8415.1021。

例 2 可逆式热泵，制冷量为 2800 大卡/小时。可逆式热泵为双向传送热量的热泵，属于装有冷热循环换向阀的制冷装置，应按空调器归入品目 8415，再根据其制冷量归入子目 8415.8110。

9. 利用温度变化处理材料的设备的归类

利用温度变化处理材料的设备一般归入品目 8419，但品目 8419 的条文分成两部分，分号前面的商品必须是非家用的，不论是否用电加热，而分号后面的商品必须是非电热的，不论是否家用。

例如，电热医用消毒设备（将要消毒的物品或材料放入设备内加热至高温以杀灭细菌）。该消毒设备属于利用温度变化处理材料的设备，根据其功能归入品目 8419，然后按医用消毒器具归入子目 8419.2000。

10. 印刷机械及打印、复印、传真等多功能机器的归类

印刷（打印）、复印、传真等机器归入品目 8443。该品目项下的子目结构如下：

- 传统印刷机器（即采用品目 8442 的印版进行印刷的机器）………子目 8443.1
- 其他机器
  - 可与自动数据处理设备或网络相连的
    - 具有多功能 ……子目 8443.31
    - 具有单功能 ……子目 8443.32
  - 不可与自动数据处理设备或网络相连的 ……………………子目 8443.39
- 零件………………………………………………………………………子目 8443.9

归入本品目的机器在确定子目时，主要考虑的因素有：是否是传统的印刷机器，是否可与自动数据处理设备或网络（这里的网络既包括计算机网络，也包括电话网络、电报网络等）相连，是否具有打印、复印、传真等多种功能。

这里应注意，具有单一功能的打印机不能按自动数据处理设备的输出部件归入品目 8471，具有单一功能的传真机不能按通信设备归入品目 8517。

例 1　激光打印机（只有打印功能）。该打印机可与自动数据处理设备相连，归入子目 8443.3212。

例 2　激光打印机用硒鼓。硒鼓作为打印机的零件，应归入子目 8443.9990。

11. 各种加工机床及零件的归类

各种加工机床归入品目 8456~8465，机床的分类及归类归纳如下：

- 特种加工机床………………………………………………………………品目 8456
- 金属加工机床
  - 金属切削
    - 加工中心、组合机床 ……………………………………品目 8457
    - 车床 ………………………………………………………品目 8458
    - 钻、镗、铣、攻丝机床 …………………………………品目 8459
    - 磨床（不含齿轮磨床） …………………………………品目 8460
    - 刨、插、拉、齿轮加工（含齿轮磨床）、锯机床 ……品目 8461
  - 压力加工机床 ……………………………………………………品目 8462
  - 其他非切削加工机床 ……………………………………………品目 8463
- 其他加工机床
  - 加工矿物质等 ……………………………………………………品目 8464
  - 加工木材、塑料、橡胶等 ………………………………………品目 8465

机床的一般归类方法如下：

（1）判断其是否符合该章章注九有关品目 8486 的设备和装置的规定，若符合则优先归入品目 8486。

（2）判断其是否是用激光、光子束、超声波等加工各种材料的特种加工机床，若是则优先归入品目 8456；若不是，则根据加工对象的不同归类，加工金属的机床归入品目 8457~8463，加工其他材料的机床归入品目 8464~8465。而加工金属的机床，还要区分是金属切削机床（即加工过程中有切屑产生）还是压力加工机床或其他非切削加工机床，前者按加工方式归入品目 8457~8461，后者则按压力加工机床或其他非切削加工机床归入品目 8462~8463。

品目 8457 的加工中心不包括车削中心，因为车削中心以车削为主要加工方式，因此仍按车床归入品目 8458。

（3）确定某些子目时还要考虑是立式机床还是卧式机床，立式指机床的回转主轴为垂直方向，卧式指机床的回转主轴为水平方向。

（4）品目 8464 的机床加工对象包括石料、陶瓷、混凝土、石棉水泥、玻璃等矿物质；品目 8465 的加工对象包括木材、软木、骨、硬质橡胶、硬质塑料等。例如，木工用刨床、钻床、铣床等应归入品目 8465。

（5）只有专用于上述机床的零件、附件才归入零件专用品目 8466，如工具夹具、工件夹具及分度头等；若是在其他品目列名的零件、附件，则归入其他相关品目，例如，机床上用的刀具（如车刀、铣刀、钻头等）归入品目 8207。

例 1 数控齿轮磨床。加工普通工件的一般磨床（如平面磨床、外圆磨床等）归入品目 8460，但在品目 8460 的条文中已明确品目 8461 的用于加工齿轮的磨床除外，所以将此磨床归入品目 8461，然后按功能及数控的条件归入子目 8461.4011。

例 2 非数控卷板机（用于将较厚的板材卷成圆筒状）。此卷板机通过压力使板材弯曲，属于通过压力加工金属的设备，应归入品目 8462，然后按功能和非数控的条件归入子目 8462.2990。

12. 自动数据处理设备及零部件的归类

（1）自动数据处理设备只有符合下列条件的才归入品目 8471：

① 存储处理程序及执行程序直接需要的起码的数据；

② 按照用户的要求随意编辑程序；

③ 按照用户指令进行算术计算；

④ 在运行过程中，可不需人为干预而通过逻辑判断，执行一个处理程序，这个处理程序可改变计算机指令的执行。

（2）自动数据处理设备的部件如果单独报验，应归入品目 8471。

常见的自动数据处理设备及部件的归类归纳如下：

- 便携式自动数据处理设备……子目 8471.30
- 其他以系统形式报验的自动数据处理设备……子目 8471.49
- 单独报验的部件
  - 自动数据处理部件……子目 8471.50
  - 输入输出部件……子目 8471.60
  - 存储部件……子目 8471.70
  - 其他部件……子目 8471.80

例如，一起报验的微电脑主机（含 CPU、主板、硬盘等）、键盘（输入设备）和显示器（输出设备）一并按“系统”归入子目 8471.49，而单独报验的微电脑主机（含 CPU、主板、硬盘等）归入子目 8471.50，单独报验的键盘归入 8471.6071，单独报验的微电脑用内存条应作为自动数据处理设备的零件归入 8473.3090，而单独报验的显示器则应归入品目 8528 的相关子目。

（3）配有自动数据处理设备，或与数据处理设备连用，但却从事数据处理以外的某项专门功能的机器、仪器或设备不归入品目 8471，应按其功能归入相应的品目。

例如，与电脑连接使用的名片印刷机，主要功能是印刷，应归入品目 8443。

13. 半导体、集成电路及平板显示器制造设备的归类

半导体、集成电路及平板显示器制造设备归入品目 8486。根据第八十四章章注九（四），符合品目 8486 规定的设备和装置在归类时优先于 HS 的其他所有品目。

14. 通用机械零部件的归类

通用机械零部件归入品目 8480~8484 及 8487，其中：

（1）模具（包括金属铸造、玻璃热加工、陶瓷、水泥制品、橡胶、塑料制品等用的模具）归入品目 8480。

（2）机器设备用的各种阀门及龙头归入品目 8481。

（3）机器设备用的传动装置（如传动轴、变速箱及单个齿轮、离合器及联轴器等）归入品目 8483。

（4）滚动轴承和滑动轴承都属于轴承，但前者归入品目 8482，后者归入品目 8483，安装这些轴承的轴承座归入品目 8483。

（5）只有用金属片与其他材料制成或用双层或多层金属片制成的密封垫或类似接合衬垫才归入品目 8484，而用单一材料制的密封垫不归入品目 8484，应按所用材料归类；只有成套的各式密封垫（必须至少配有两个及两个以上由不同材料制成）才归入品目 8484。

例如，点燃式内燃发动机用的气缸密封垫（由两层铜片中间夹一层纸板构成）。该密封垫是用金属片与其他材料制成的，符合品目 8484 条文的描述，所以归入子目 8484.1000。

（6）该章其他品目未列名的通用机器零件归入品目 8487，如不同行业的机器上可通用的手轮就归入品目 8487。

15. 第八十五章结构规律

第八十五章主要包含电气电子产品及其零件，基本上是按商品的功能排列的。详见下列结构：

- 电能的产生、变换及储存设备 ………品目 8501~8504、8506~8507
- 电动机械器具 …………………………品目 8508~8510
- 依靠电性能工作的设备 ………………品目 8505、8511~8518、8525~8531、8543
- 声音、图像录放设备 …………………品目 8519~8522
- 记录媒体 ………………………………品目 8523
- 电子元器件、电路开关、连接设备 …品目 8532~8542、8545
- 绝缘电导体及绝缘体 …………………品目 8544、8546~8547

16. 电池的归类

电池按其是否可充电分为原电池和蓄电池，一般不可充电的原电池归入品目 8506，可以充电的蓄电池归入品目 8507。例如，石英手表用的扣式锂电池为不可充电的电池，归入子目 8506.5000，而手机用锂离子电池为可充电电池，归入子目 8507.6000。

但与这两类电池工作原理不同的光电池则要归入品目 8541。

废的原电池、蓄电池归入品目 8548。

17. 电动机械器具的归类

（1）一般电动机械器具归入品目 8508~8510。其中真空吸尘器不论是家用还是非家用，一律归入品目 8508，电动剃须刀归入品目 8510，其他家用的电动机械器具归入品目 8509。

（2）品目 8509 仅适用于“家用”和“电动”的器具，还应注意归入该品目的有些家用电动器具要受重量的限制（不超过20千克）。

例如，不同类型绞肉机的归类。小于20千克的家用电动绞肉机归入品目8509，大于20千克的电动绞肉机则要按工业用的食品加工机器归入品目8438，不超过10千克的手摇绞肉机则应按手工工具归入品目8210。

另外，其他品目已列名的家用电动器具不归入本品目，例如，家用洗衣机在品目8450已有列名。

18. 加热器具的归类

加热器具归类时一般要考虑的因素包括：工业或实验室用还是家用，是炉具还是一般加热器具，是电加热还是非电加热。

一般将电加热的工业或实验室用炉具归入品目8514，而非电加热的工业或实验室用炉具归入品目8417；一般家用的电加热器具归入品目8516，家用非电热的器具归入品目7321、7322、7418或8419，非家用的加热器具归入品目8419或7322。

例如，燃气热水器，由于其为非电热的，故应归入品目8419。再如，农产品干燥用的器具，由于其为非家用的，故应归入品目8419。

19. 焊接设备的归类

对焊接设备归类时，首先判断其工作方式，若是以电气、激光、光子束、超声波、电子束、等离子弧等方式工作的焊接设备，归入品目8515；若是以其他方式工作的焊接设备（例如气焊设备、摩擦焊设备），则归入品目8468。

20. 通信设备的归类

不论是有线通信设备还是无线通信设备，一律归入品目8517，只有在确定子目时才区分是有线通信设备还是无线通信设备。常见的通信设备包括有线电话、蜂窝网络电话或其他无线网络电话（主要指手机），基站，电话交换机，光通信用设备（如光端机等），计算机网络通信用设备（如以太网交换机、路由器、集线器等），其他声音、图像或其他数据的转换及接收设备和发送设备。

这里应注意，无绳电话机不同于无线电话机，无绳电话机又称子母机，由主机和副机两部分组成，因主机与电话线相连，只是主机与副机的通信为无线方式，故无绳电话机仍属有线通信设备，而无线电话机属无线通信设备。

用于声音、图像或其他数据的发送设备不要误归入品目8525，计算机通信用的路由器、集线器等不要误按自动数据处理设备的部件归入品目8471；其他品目已列名的通信设备，不归入本品目，例如，传真机已在品目8443列名，不要误按通信设备归入本品目。

21. 音像设备及无线广播、电视接收设备的归类

音像设备主要包括声音的录制、播放设备，转化设备（话筒和喇叭）等，图像的录制、播放设备，摄像机等。音像设备及无线广播、电视接收设备的归类情况归纳如下：

信号种类	变换方式	归类
声音	话筒和喇叭（声音⇄电信号）	品目 8518
	放音（记录媒体→声音）	品目 8519
	录音（声音→记录媒体）	品目 8519
	收音（无线电广播信号→ 声音）	品目 8527
图像	录放像（图像电信号⇄记录媒体）	品目 8521
	摄像（图像→记录媒体）	品目 8525
	电视（无线电电视信号→图像、声音）	品目 8528

22. 记录媒体的归类

记录媒体一律归入品目 8523，只有在确定本国的七、八位子目时才考虑是否录制信息。目前常见的记录媒体主要包括磁性媒体、光学媒体和半导体媒体。磁性媒体常见的类型为磁带、磁盘及磁卡；光学媒体常见的类型主要是光盘；半导体媒体常见的类型有 U 盘、数码相机用的记忆棒、SD 卡、CF 卡、SM 卡等。

例如，DVD 光盘（内含国外获奖影片）。此光盘属光学记录媒体，归入品目 8523，因它既包含声音信息，又包含图像信息，所以归入子目 8523. 4990。

这里应注意，微电脑用内存条不能作为记录媒体归入品目 8523，应作为自动数据处理设备的零件归入 8473. 3090；移动硬盘不能作为记录媒体归入品目 8523，应作为自动数据处理设备的存储部件归入 8471. 7010。

23. 灯、灯具的归类

对灯、灯具进行归类时，一般考虑的因素包括：是否带有灯座、何种用途等。不带灯座的各种灯泡、灯管等电光源归入品目 8539；带有灯座的灯具归入品目 9405；机动车辆（不含火车、飞机）的照明灯、信号灯归入品目 8512；火车和飞机的前灯等归入品目 9405；自供电源的灯（如手电筒、手提式应急灯）归入品目 8513；交通管理用的信号灯（交叉路口的红绿灯等）归入品目 8530；照相机用的闪光灯及灯泡归入品目 9006。

近几年发展迅速的 LED 灯泡、灯管按列名归入品目 8539，但是安装有 LED 灯泡或灯管的灯具仍然应归入品目 9405。

24. 通用电子元器件及简单电器装置的归类

通用电子元器件一般按其不同的特性归入品目 8532~8533、8540~8542，这些元器件一般作为电气设备的零件，其中无源元件主要包括归入品目 8532 的电容器，归入品目 8533 的电阻器（但加热电阻器归入品目 8516）；有源元件主要包括归入品目 8540 的热电子管、冷阴极管或光阴极管，归入品目 8541 的半导体器件（二极管、晶体管等）。

集成电路归入品目 8542，然后按其用途（处理器及控制器用、存储器用、放大器用等）归入不同的子目。

常见的电感元器件在前面的品目已有列名，应归入品目 8504。

简单的电器装置一般分为高压电器（电压>1 000 伏）和低压电器（电压≤1 000 伏），前者归入品目 8535，后者归入品目 8536；而由品目 8535 的高压电器或品目 8536 的低压电器组成的通常装于盘、板、台上或柜子里的组合体，应归入品目 8537，如一些电器控制柜、数控装置等，本品目同时也包含一些较为复杂的装置，如可编程序控制器等。

例如，耳机插座，属于连接电路的电气装置，且为低压电器（电压小于 1 000 伏），归入品目 8536，然后按插座归入子目 8536.6900。

25. 具有独立功能未列名机电产品的归类

具有独立功能且其他品目未列名的机电产品一般归入品目 8479（机械设备）或 8543（电气设备）。这两个品目又可看作第八十四章和第八十五章的兜底品目，归入这两个品目的商品必须满足下列条件：

（1）任何类注或章注中均未规定不包括在这两章内；

（2）未更为具体地列入 HS 其他各章的某一品目内；

（3）根据其功能和用途均不能归入这两章的其他品目。

例如，配有机械装置的潜水箱，应作为未列名的机械设备归入品目 8479。

第十七类　车辆、航空器、船舶及有关运输设备（第八十六章至第八十九章）

（一）主要内容

本类共 4 章，包括各种铁道车辆（第八十六章），其他陆上车辆（第八十七章），航空器及航天器（第八十八章），船舶及浮动结构体（第八十九章）。此外还包括与运输设备有关的具体列名的货品，如归入品目 8609 的集装箱，归入品目 8608 的铁道或电车轨道固定装置及附件和机械信号装置，归入品目 8804 的降落伞等。

（二）归类方法

1. 多用途运输设备的归类

（1）既能在道路上又能在轨道上行驶的车辆归入第八十七章；

（2）水陆两用的机动车辆归入第八十七章；

（3）可兼作地面车辆的航空器归入第八十八章；

（4）在导轨上运行的气垫火车归入第八十六章；

（5）水陆两用的气垫运输工具归入第八十七章；

（6）水上航行但只能在海滩或浮码头上登陆或在冰上行驶的气垫运输工具归入第八十九章。

2. 运输设备零件、附件的归类

根据本类类注二，其他类已列名的零件、附件不归入本类，常见的有第八十四章、第八十五章列名的机电产品，第十五类类注二规定的“通用零件”及塑料制的类似品。例如，汽车发动机是车辆的一个部件，在第八十四章有列名，故归入第八十四章，而不归入第八十七章。

只有专用于本类设备的零件、附件才与设备一并归类或归入零件专用的品目。同时应注意，本类只有第八十六章至第八十八章包括这些运输设备的零件、附件，第八十九章不包括零件、附件，只包括船舶及浮动结构体等运输设备，所以即使能确定专用于或主要用于船舶也不归入该章，一般按主要用途归入前面各章。例如，船舶用舵机作为船舶的一个部件，应归入子目 8479.8910，而不归入第八十九章。

3. 客车、货车的归类

（1）用于载人的机动车辆按座位数分为两种：10座及以上的车辆和10座以下的车辆。

10座及以上的车辆，主要按发动机类型和座位数等因素归入品目8702项下的相关子目，其中座位数包括驾驶员座位和折叠椅座位数。

10座以下的车辆，主要按用途、发动机类型、气缸容量等因素归入品目8703项下的相关子目。

传统汽车使用汽油或柴油作为燃料，新能源汽车则全部或部分使用电力作为汽车动力来源。目前，新能源汽车主要分为纯电动汽车、非插电式混合动力汽车和插电式混合动力汽车。

纯电动汽车（如“特斯拉”），特点是动力仅由电动机提供，用蓄电池存储电力。

混合动力汽车，特点是动力由传统的内燃发动机和电动机混合提供。具体又分为两种：

① 非插电式混合动力汽车（如“丰田的‘普锐斯’”），电池容量很小，仅在起/停、加/减速的时候供应/回收能量，不能外部充电，不能用纯电模式较长距离行驶；

② 插电式混合动力汽车（如“比亚迪的‘秦’”），是采用外接电源（充电桩甚至接线板）对蓄电池进行直接充电的混合动力车。电池容量相对比较大，通过外部充电，可以用纯电模式长途行驶，也可适时向电池充电。

点燃式活塞内燃发动机主要包括用火花塞点火的汽油发动机和沼气发动机；压燃式活塞内燃发动机主要包括柴油发动机。

气缸容量指发动机运转时气缸所排出气体的体积。

（2）用于载货的车辆按发动机类型（点燃式活塞内燃发动机、压燃式活塞内燃发动机）和车辆总重量归入品目8704项下的相关子目。

车辆的总重量=车辆的自重+最大设计载荷+加满油的油箱重量+驾驶员的重量

例如，旅游观光电瓶车，16座（包括驾驶员座）。此车属10座以上载人的客运车辆，应归入品目8702。

4. 特种车辆的归类

不以载人、载货为主要目的的特种车辆归入品目8705，例如，消防车、起重车等。

而有些特殊用途的车辆仍以载人、载货为主要目的，例如，囚车、警车、灵车、赛车等仍以载人为主要目的，要归入品目8702~8703，不按特种车辆归类；冷藏货车、液罐车、运钞车、自动装卸货车（装有绞车、提升机等装置，但主要用于运输）等仍以载货为主要目的，要归入品目8704，不按特种车辆归类。

用于展示、教学用而无其他用途的未剖开或已剖开的模型车辆及真实车辆不归入第八十七章，而归入品目9023。

5. 机动车辆底盘的归类

常见的机动车辆底盘有3种类型，分别归类如下：

（1）只装有发动机的机动车辆底盘归入品目8706。

（2）装有驾驶室和发动机的机动车辆底盘，按相应的整车归入品目8702~8704。

（3）未装有驾驶室和发动机的机动车辆底盘，按机动车辆的零件归入品目8708。

6. 汽车零件、附件的归类

通常所称的汽车零件、附件，一般指品目8701~8705所列机动车辆用的零件、附件。

对这些零件、附件进行归类时，首先判断是否是本类类注二已排除掉的（即在其他类已列名），只有确定在其他类未列名的情况下，才归入品目8708；其次根据零件所在车辆的部位（缓冲器、车身、制动器、变速箱、驱动桥、车轮、悬挂系统等）确定第五位子目；最后确定第六位至第八位子目，由于我国所列的某些第七、第八位子目是按前面整车类型所列，所以在确定这些子目前必须先确定整车的编码。

例1 变速箱（车辆总重量为12吨的重型货车用，柴油发动机），应按货车专用零件归入品目8708，然后按列名归入子目8708.4，又因该货车整车归入子目8704.2230，故最后将此变速箱归入子目8708.4040。

例2 带充气系统的安全气囊（小轿车用）。安全气囊属于轿车专用的零件，归入品目8708，比较该品目下的一级子目，归入子目8708.9，然后按列名归入子目8708.9500。

7. 摩托车和自行车的归类

摩托车和自行车分别归入品目8711和8712。摩托车按发动机类型和气缸容量归入不同的子目，自行车按用途和车轮直径（以英寸为单位）归入不同的子目。

电动自行车应按装有辅助动力的脚踏车归入子目8711.6000。

摩托车及自行车的零件、附件归入品目8714，但摩托车用的发动机及发动机的零件因在第八十四章已有列名，不归入本品目。

8. 其他运输设备的归类

坦克及其他机动装甲战斗车辆，不论是否装有武器，一律归入品目8710，不能误按武器归入第九十三章。

第八十六章主要包括铁道运输设备及其零件，但也有部分设备即使不用于铁道运输仍归入该章。例如，用于内河航道、港口、停车场或机场等场所的机械交通信号设备归入品目8608（若是电气的交通信号设备应归入品目8530），集装箱即使不用于铁道运输（如用于海运）仍归入品目8609。

第十八类　光学、照相、电影、计量、检验、医疗或外科用仪器及设备、精密仪器及设备；钟表；乐器；上述物品的零件、附件（第九十章至第九十二章）

（一）主要内容

本类共3章，第九十章主要包括光学、计量、医疗仪器、精密仪器及设备等，第九十一章主要包括钟表，第九十二章主要包括乐器。

（二）归类方法

1. 第九十章的结构规律

第九十章的光学、计量、医疗仪器、精密仪器，在结构编排上有一定规律，掌握这个规律，有助于正确归类。其结构规律如下：

- 光学仪器设备
  - 简单光学元件（分未装配和已装配）……………………品目 9001~9002
  - 简单光学器具（眼镜、眼镜架、望远镜）………………品目 9003~9005
  - 复杂光学器具（照相机、摄影机、显微镜等）…………品目 9006~9013
- 计量、测绘等仪器及器具……………………………品目 9014~9017 及 9028、9029
- 医疗仪器及器械…………………………………………品目 9018~9022
- 专供示范而无其他用途的仪器、装置及模型………品目 9023
- 其他测试分析仪器及自动调节和控制装置…………品目 9024~9027、9030~9032

2. 光学元件的归类

对于玻璃制的光学元件，只有经过光学加工的光学元件（但未装配的）才归入品目 9001，未经光学加工的光学元件应按材料归入品目 7014；其他材料（如有机玻璃）制的光学元件不论是否经过光学加工，一律归入品目 9001。

已装配（即带有镜筒或框架）同时还要“作为仪器装置的零件、配件”的光学元件才归入品目 9002。例如，已装配的用于显微镜的物镜归入子目 9002.1990；而已装框的放大镜，因其不作为仪器装置的零件、配件，所以不归入本品目，应归入子目 9013.8010。

3. 光学仪器的归类

光学仪器一般按其功能和用途归入品目 9005~9013。其中：

（1）双筒望远镜、单筒望远镜等普通望远镜归入品目 9005，但用于机床上的校直望远镜和坦克上的潜望镜要归入品目 9013。

（2）印刷制版用的电子分色机、激光照相排版设备归入品目 9006，不能按制版的设备归入品目 8442。

（3）品目 9005~9013 包含的商品大部分是光学仪器，但也包括一些看起来不属于光学仪器的设备，例如，电子显微镜归入子目 9012.1000，液晶显示板归入子目 9013.8030。

4. 医疗器械及器具的归类

医疗器械及器具一般归入品目 9018~9022。

在确定其品目时，一般要根据其工作原理、特性及用途等因素。同样用于疾病诊断的医疗器械，因其工作原理不同而归入不同的品目。例如，B 型超声波检查仪、核磁共振成像仪和 X 射线断层检查仪均是通过影像进行疾病诊断的仪器，但因其成像原理不同而归入不同的品目，B 型超声波检查仪、核磁共振成像仪归入品目 9018，而 X 射线断层检查仪（又称 CT 机），利用 X 射线进行扫描成像，归入品目 9022。

机械疗法、氧疗法、臭氧疗法、吸入疗法、人工呼吸及按摩等用的设备及装置归入品目 9019。

矫形用具、人造假肢及骨折用具（包括兽用）、弥补人体生理缺陷的器具归入品目 9021。

X 射线或 α 射线、β 射线、γ 射线的应用设备归入品目 9022，不仅包括用于医疗上的，还包括用于其他行业（如工业）上的。例如，冶金工业中用于检查合金均匀性的 X 射线设备仍归入此品目。但是，用于探测 X 射线或 α 射线、β 射线、γ 射线的设备不归入本品目，应归入品目 9030。

其他用于医疗、外科、牙科或兽医的仪器及器具（未在其他品目列名）归入品目 9018。例如，电子眼压记录仪属于电子诊断设备，应归入品目 9018。但也有部分医疗仪器已在其他品目列名。例如，测量体温的体温表归入品目 9025，观察病理切片的生物显微镜归入品目 9011 或 9012，分析、检验血液、组织液、尿液等的仪器设备和检镜切片机归入品目 9027，眼底照相机归入品目 9006。

5. 第九十章设备所用零件、附件的归类

第九十章设备用零件、附件的归类流程归纳如下：

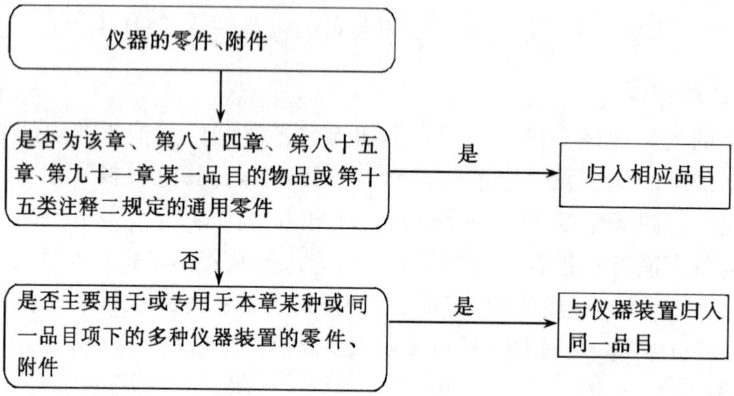

同时适用于该章不同品目的多种机器、器具、仪器或设备的零件或附件，应归入品目 9033，除非其本身构成其他品目具体列名的完整仪器等。

6. 钟表及计时器具的归类

用于计时或与时间有关的某些操作器具（如考勤钟、定时开关等）及其零件归入第九十一章。该章的排列结构顺序为：完整品—不完整品（如钟表芯）—零件。

品目 9101 与 9102 所列手表的区别：只有表壳全部用贵金属或包贵金属制得的表才归入品目 9101；若是表壳用贵金属或包贵金属以外的材料制成，表壳用贵金属或包贵金属制成而表背面用钢制成，或表壳用镶嵌贵金属的贱金属制成的表均归入品目 9102。

某些钟表零件已在第九十一章章注一中排除，不要归入该章。

7. 乐器的归类

各种乐器及其零件归入第九十二章。乐器归类的关键是确定其种类（弦乐器、管乐器、打击乐器、电子乐器、其他未列名乐器），例如，普通钢琴归入品目 9201，而目前市场上销售的电钢琴，不能按普通钢琴归类，因它属于电子乐器，应归入品目 9207。

归入第九十二章的乐器可以带有电拾音器及扩音器，但这类电气装置必须已构成乐器的不可分割部分或与乐器装在同一机壳内。

第十九类　武器、弹药及其零件、附件（第九十三章）

（一）主要内容

本类仅有 1 章，主要包括供军队、警察或其他有组织的机构（海关、边防等）在陆、海、空战斗中使用的各种武器，个人自卫、狩猎等用的武器等。

（二）归类方法

归类时应注意以下两点：

1. 装甲战斗车辆不能作为武器归入该章，应按车辆归入品目 8710；弓、箭、钝头击剑等不能作为武器归入该章，应作为运动用品归入第九十五章。

2. 其他章已列名的武器及零件不应归入该章，例如，第九十章的武器瞄准用的望远镜。

第二十类 杂项制品（第九十四章至第九十六章）

（一）主要内容

本类所称的杂项制品是指前述各类、章及品目未包括的货品。本类共3章，其中第九十四章包括各种家具、寝具、其他章未列名灯具和活动房屋等；第九十五章包括各种玩具、运动或游戏用设备等；第九十六章包括雕刻或模塑制品，扫把、刷子和筛，书写及办公用品，烟具，化妆品用具及其他品目未列名的物品。

（二）归类方法

1. 家具及其零件的归类

具有实用价值的落地式可移动的家具（如桌、椅等），落地式或悬挂的、固定在墙壁上叠摞的碗橱、书柜、其他架式家具（包括与将其固定于墙上的支撑物一同报验的单层搁架）、坐具及床归入品目9401~9403；单独报验的组合家具各件均归入第九十四章，但落地灯不能按家具归类，应按灯具归入品目9405。

品目9402的医疗、外科、牙科或兽医用的家具不能带有医疗器械（设备），如带有牙科器械的牙科用椅不能归入本品目，而应按医疗器械归入品目9018。

具有特定用途或为安装特定用途的装置、设备而特制的家具，一般按特定用途的装置、设备归类。例如，有象棋盘桌面的桌子和台球桌归入品目9504，作为缝纫机台架用的家具归入品目8452。

品目9401~9403的家具可用木、柳条、竹、藤、塑料、贱金属、玻璃、皮革、石、陶瓷等材料制成，例如，玻璃制的柜台仍归入第九十四章，而不按玻璃制品归类。

专用于或主要用于第九十四章家具的零件归入该章相应品目；单独报验的玻璃或镜子、大理石等按材料归类。

第九十四章也包括机动车辆、飞机等用的坐具及零件（如座椅调角器），这些坐具及零件不能按车辆或飞机的零件归入第十七类。

2. 床上用品及寝具的归类

装有弹簧或内部填充棉花、羊毛、马毛、羽绒、合成纤维等，或以海绵橡胶或泡沫塑料制成的床上用品及寝具，如褥垫、被褥及床罩（内含填充物）、鸭绒被、棉被、枕头、靠垫、坐垫、睡袋等归入品目9404。

未装有内部填充物的床上用品及寝具，例如，床单、床罩、枕头套、鸭绒被套、靠垫套、毯子等则按纺织品归入第六十三章。

3. 玩具的归类

儿童乘骑的带轮玩具（如三轮车、踏板车、踏板汽车等），玩偶车，玩偶及其零件、附件（如玩偶的服装、鞋、靴、帽等）和其他供儿童或成人娱乐用的各种智力玩具或其他玩具均归入品目9503，但宠物玩具（指专供宠物使用的玩具）不归入品目9503。

4. 体育用品和游乐场用娱乐设备的归类

一般体育用品归入品目9506或9507，游乐场用娱乐设备归入品目9508。

体育用品中不同用途的球归入不同的子目，归纳如下：

（1）可充气的足球、篮球、排球归入子目 9506.6210；

（2）草地网球归入子目 9506.6100；

（3）乒乓球归入子目 9506.4010；

（4）高尔夫球归入子目 9506.3200；

（5）羽毛球归入子目 9506.9900。

5. 杂项制品的归类

各种纽扣归入品目 9606、拉链归入品目 9607、梳子归入品目 9615，这些不应按制成材料归入其他类。

打字机色带归入品目 9612，不应按打印机的零件归入第八十四章。

裁缝用和商品陈列或广告宣传用的人体活动模型归入品目 9618，不应按专供示范用模型归入品目 9023。

卫生巾（护垫）及止血塞、婴儿尿布及尿布衬里，以及具有吸收性的卫生护理垫、用于大小便失禁的成人尿布及内裤衬垫，不管是何种材料制成的，都应归入品目 9619。

由于越来越多的设备需要利用脚架来达到使用用途的多样性，且此类脚架的通用性越来越强，故本章为脚架单独设立了品目。因此，脚架不再考虑其用途、形式（独脚架、双脚架、三脚架及类似品），都属于品目 9620 的范围。例如，我们平时拍照喜欢用的“手机自拍杆”就应该归入品目 9620。

第二十一类　艺术品、收藏品及古物（第九十七章）

（一）主要内容

本类只有 1 章，一般归入本类商品的最大特点是具有一定的收藏价值，主要包括艺术品和收藏品。例如，完全手工绘制的油画、粉画，完全手工制作的雕版画、印制画、石印画原本，雕塑品原件，邮票，动物、植物、矿物等的标本和超过 100 年的古物。

（二）归类方法

1. 超过 100 年古物的归类

除天然或养殖珍珠、宝石和半宝石以及品目 9701~9705 以外的物品，若超过 100 年则优先归入品目 9706。例如，超过 100 年的乐器不按乐器归入第九十二章，而应归入品目 9706；而品目 9701~9705 的物品即使超过 100 年，仍归入原品目。

2. 雕版画、印制画、石印画原本和雕塑品原件的归类

只有完全用手工制作的印版直接印制出的原本才归入品目 9702，而使用机器或照相制版方法制作的印版印制出的原本不能归入本品目。

只有各种材料制的雕塑品原件才归入品目 9703，而成批生产的复制品不能归入本品目。

3. 其他艺术品、收藏品的归类

对于已装框的油画、粉画，若框架的种类、价值与作品相称，此时一并按作品归类，若框架种类、价值与作品不相称，则框架与作品应分别归类。

该章与第四十九章未使用过的邮票的区别：该章邮票具有收藏价值，以收藏为主要目的；而第四十九章邮票不具有收藏价值。

第六章　进出口税费

第一节　进出口税费概述

进出口税费是指在进出口环节中由海关依法征收的关税、消费税、增值税等税费。依法征收税费是海关的任务之一。依法缴纳税费是有关纳税义务人的基本义务。学会如何缴纳进出口税费是报关人员应该具备的报关技能之一。

进出口税费征收的法律依据主要是《海关法》《关税条例》及其他有关法律、行政法规。

另外，按照《中华人民共和国船舶吨税法》，船舶吨税由海关征收，因此相关内容也在本章一并介绍。

一、关税

（一）关税的含义

关税是由海关代表国家，按照国家制定的关税政策和公布实施的税法及进出口税则，对进出关境的货物和物品征收的一种流转税。海关征收关税的依据是国家制定的法律和行政法规。

关税是国家税收的重要组成部分，是国家中央财政收入的重要来源，也是世界贸易组织允许缔约方保护其境内经济的一种手段，其基本作用在于体现国家主权，推动国家的经济建设。关税的起征点为人民币 50 元，低于 50 元的免征。

（二）关税的要素

1. 关税征税主体

关税征税主体，亦称关税征收主体。根据《海关法》的规定，行使征收关税职能的国家机关是中华人民共和国海关，征收关税是海关的一项主要任务。未经法律的授权，其他任何单位和个人均无权征收关税。

2. 关税征收对象

关税征收对象，亦称关税征收客体。法律规定，作为征收关税的标的物，是进出一国关境的货物或物品，它是区别关税和其他税种的重要标志。

3. 关税纳税义务人

关税纳税义务人，亦称关税纳税人或关税纳税主体，是指依法负有直接向国家缴纳关税义务的法人或自然人。我国《关税条例》规定：进口货物的收货人、出口货物的发货人、进出境物品的所有人是关税的纳税义务人。[①]

以下情形相关责任人应承担缴纳税款责任：

（1）报关企业接受纳税义务人的委托，以纳税义务人的名义办理报关纳税手续，因报关企业违反规定而造成海关少征、漏征税款的，报关企业对少征或者漏征的税款、滞纳金与纳税义务人承担纳税的连带责任。

（2）报关企业接受纳税义务人的委托，以报关企业的名义办理报关纳税手续的，报关企业与纳税义务人承担纳税的连带责任。

（3）除不可抗力外，在保管海关监管货物期间，海关监管货物损毁或者灭失的，对海关监管货物负有保管义务的人应当承担相应的纳税责任。

（4）欠税的纳税义务人，有合并、分立情形的，在合并、分立前，应当向海关报告，依法缴清税款。纳税义务人合并时未缴清税款的，由合并后的法人或者其他组织继续履行未履行的纳税义务；纳税义务人分立时未缴清税款的，分立后的法人或者其他组织对未履行的纳税义务承担连带责任。

（5）纳税义务人在减免税货物、保税货物监管期间，有合并、分立或者其他资产重组情形的，应当向海关报告。按照规定需要缴税的，应当依法缴清税款；按照规定可以继续享受减免税、保税待遇的，应当到海关办理变更纳税义务人的手续。

（6）纳税义务人欠税或者在减免税货物、保税货物监管期间，有撤销、解散、破产或者其他依法终止经营情形的，应当在清算前向海关报告。海关应当依法对纳税义务人的应缴税款予以清缴。

（三）关税的分类

按照不同的标准可对关税进行多种分类，本教材从应用角度将关税作如下划分：

1. 按照货物的流向，可分为进口关税、出口关税和过境关税

（1）进口关税

进口关税是指一国（地区）海关以进入其境内的货物和物品为课税对象所征收的关税，这是关税中最主要的一种。我国征收的关税主要是进口关税。

（2）出口关税

出口关税是指一国（地区）海关以出境货物、物品为课税对象所征收的关税。

为鼓励出口，世界各国一般不征收出口关税或仅对少数商品征收出口关税。征收出口关税的主要目的是限制和调控某些商品的过度、无序出口，特别是防止本国一些重要自然资源和原材料的无序出口。

（3）过境关税

过境关税亦称通过税，指一国（地区）海关对通过其关境的外国货物所征收的一种关税。

征收过境关税的目的是增加财政收入。随着国际贸易的发展，特别是交通条件的改善，目前过境关税已很少见，大多采取税款担保形式操作，以保障过境货物依法原状运出

---

① 跨境电子商务零售进口商品，消费者（订购者）为纳税义务人。在海关注册登记的跨境电子商务平台企业、物流企业或申报企业作为税款的代收代缴义务人，代为履行纳税义务，并承担相应的补税义务及相关法律责任。参见《关于完善跨境电子商务零售进口税收政策的通知》（财关税〔2018〕49号）。

关境。

2. 按照计征标准或计税方法，可分为从价税、从量税、复合税、滑准税

（1）从价税

从价税是以货物、物品的价格作为计税标准，以应征税额占货物价格的百分比为税率，价格和税额成正比例关系的关税。我国对进出口货物征收关税主要采用从价税计税标准。

从价税计征公式为：

应纳关税税额=完税价格×进口关税税率

其中，对出口货物征收关税时：

货物完税价格=*FOB*（中国境内口岸）÷（*1*+出口关税税率）

（2）从量税

从量税是以货物和物品的计量单位（如重量、数量、容量等）作为计税标准，按每一计量单位的应征税额计征的征收关税方式。

从量税计征公式为：

应纳关税税额=完税数（重）量×进（出）口从量关税税率

（3）复合税

复合税是在《税则》中，一个税目中的商品同时使用从价、从量两种标准计税，计税时按两者之和作为应征税额的征收关税方式。目前，我国仅对进口货物采用该种计税方式。

复合税计征公式为：

关税税额=完税价格×进口关税税率+完税数（重）量×进口从量关税税率

（4）滑准税

滑准税是在《税则》中预先按产品的价格高低分档制定若干不同的税率，然后根据进口商品价格变动而增减税率的征收关税方式。当商品价格上涨时采用较低税率，当商品价格下跌时则采用较高税率，其目的是使该种商品的国内市场价格保持稳定。

我国目前仅对关税配额外进口的一定数量棉花适用滑准税形式暂定税率，具体方式如下：

当进口棉花完税价格高于或等于 15.000 元/千克时，按 0.300 元/千克计征从量税。当进口棉花完税价格低于 15.000 元/千克时，暂定从价税率按下式计算：

$$Ri=9.45/Pi+2.6\%\times Pi-1$$

上述计算结果四舍五入保留 3 位小数。其中，Ri 为暂定从价税率，当按上式计算值高于 40%时，Ri 取值 40%；Pi 为完税价格，单位为元/千克。

3. 按照是否施惠，可分为普通关税、优惠关税

（1）普通关税

普通关税又称一般关税，是指对与本国没有签署贸易或经济互惠等友好协定的国家或地区原产货物征收的非优惠关税。目前我国对非原产于适用最惠国待遇税率、协定优惠税率、特惠税率的国家或地区的进口货物，以及无法判明原产地的进口货物，适用普通税率。

（2）优惠关税

优惠关税是指对来自特定国家或地区的进口货物在关税方面给予优惠待遇，按照比普通关税税率低的税率征收的关税。

优惠关税一般有最惠国待遇关税、协定优惠关税、特定优惠关税、普遍优惠关税4种。

① 最惠国待遇关税

我国规定，原产于共同适用最惠国待遇条款的世界贸易组织成员的进口货物、原产于与我国签订含有相互给予最惠国待遇条款的双边贸易协定的国家或地区的进口货物，以及原产于我国关境内的进口货物，适用最惠国待遇关税。

② 协定优惠关税

我国规定，原产于与我国签订含有关税优惠条款的区域性贸易协定的国家或地区的进口货物，适用协定税率。目前，我国对亚太、东盟、中国香港 CEPA、中国澳门 CEPA、中国台湾农产品、ECFA、秘鲁、新加坡、智利、巴基斯坦、新西兰、哥斯达黎加、冰岛、瑞士、澳大利亚、韩国、格鲁吉亚等自由贸易协定或优惠安排项下进口货物适用协定优惠关税。

③ 特定优惠关税

特定优惠关税又称特惠关税，原产于与我国签订含有特殊关税优惠条款的贸易协定国家或地区的进口货物，适用特惠税率。目前，我国对孟加拉、老挝、缅甸、柬埔寨、埃塞俄比亚等国家部分进口商品实施特惠关税。

④ 普遍优惠制关税

普遍优惠制关税指发达国家对进口原产于发展中国家的工业制成品、半制成品和某些初级产品降低或取消进口关税待遇的一种关税优惠。我国是发展中国家，对进口货物不存在普惠税率。

4. 按照是否根据税则征收，分为正税和附加税

（1）正税

正税是按照《税则》中的进口税率征收的关税。正税具有规范性、相对稳定性的特点。从价税、从量税、复合税、滑准税等都属于正税。

（2）附加税

附加税指国家由于特定需要，对货物除征收关税正税之外另行征收的关税，一般具有临时性特点。附加税包括反倾销税、反补贴税、保障措施关税、报复性关税等。

世界贸易组织不准其成员方在一般情况下随意征收附加税，只有符合世界贸易组织反倾销、反补贴等有关规定的，才可以征收。

① 反倾销税

反倾销税是为抵制外国商品倾销进口，保护国内相关产业而征收的一种进口附加税，即在倾销商品进口时除征收进口关税外，另外加征反倾销税。根据我国《反倾销条例》的规定，凡进口产品以低于其正常价值出口到我国且对我国相关企业造成实质性损害的即为倾销。

反倾销税由商务部提出建议，国务院关税税则委员会作出决定，海关负责征收，其税额不超出倾销幅度。我国目前征收的进口附加税主要是反倾销税。

② 反补贴税

反补贴税是指为抵消进口商品在制造、生产和输出时直接或间接接受的任何奖金或补贴而征收的附加税，即在补贴商品进口时除征收进口关税外，另外加征反补贴税。根据我国《反补贴条例》的规定，出口国（地区）政府或者任何公共机构提供的为接受者带来利益等的财政资助以及任何形式的收入或者价格支持的为补贴。进口产品存在补贴，并对已经建立的国内产业造成实质损害或者产生实质损害威胁，或者对建立国内产业造成实质阻碍的，采取反补贴措施。

反补贴税由商务部提出建议，国务院关税税则委员会作出决定，海关负责征收，其税额不超出补贴幅度。

③ 保障措施关税

保障措施关税是指因进口产品数量增加，并对生产同类产品或直接竞争产品的国内产业造成严重损害或严重威胁而征收的关税，分临时保障措施关税和最终保障措施关税两类。其不分国别，对来自所有国家和地区的同一产品，一般只适用一个税率。

根据我国《保障措施条例》的规定，保障措施关税由商务部提出建议，国务院关税税则委员会作出决定，海关负责征收。

④ 报复性关税

报复性关税是指当他国对本国出口货物有不利或歧视性待遇时，对从该国进口的货物予以报复而征收的一种附加税。

《关税条例》规定：任何国家或者地区违反与中华人民共和国签订或者共同参加的贸易协定及相关协定，对中华人民共和国在贸易方面采取禁止、限制、加征关税或者其他影响正常贸易的措施的，对原产于该国家或者地区的进口货物可以征收报复性关税，适用报复性关税税率。征收报复性关税的货物、适用国别、税率、期限和征收办法，由国务院关税税则委员会决定并公布。

反倾销、反补贴等附加税的征收公式均一致，以反倾销税为例：

应纳反倾销税税额＝完税价格×反倾销税税率

征收反补贴等附加税税款计算时替换成相应反补贴税率。需要注意，同一货物同时征收关税正税与附加税时应分别计算正税及附加税；同一货物同时执行反倾销和反补贴措施及其他附加关税时，不同附加税亦应分别计算，最后合计的总额方为应缴关税额。

以上按照是否施惠及是否按税则征收标准对关税的分类，均只适用于进口关税。

（四）关税税率设置

1. 从价关税税率设置

（1）进口关税税率

我国对进口关税设置最惠国税率、协定税率、特惠税率、关税配额税率、普通税率等正税税率，在正常最惠国税率及关税配额等税率基础上，还可实施暂定进口关税。

① 最惠国税率

原产于共同适用最惠国待遇条款的世界贸易组织成员的进口货物，原产于与中华人民共和国签订含有相互给予最惠国待遇条款的双边贸易协定的国家或者地区的进口货物，以及原产于中华人民共和国境内的进口货物，适用最惠国税率。

在最惠国税率中，还包含非全税目信息技术产品最惠国税率，适用范围以货品名称栏中描述为准。

② 协定税率

原产于与中华人民共和国签订含有关税优惠条款的贸易协定的国家或者地区的进口货物，适用协定税率。自2019年1月1日起，对我国与新西兰、秘鲁、哥斯达黎加、瑞士、冰岛、韩国、澳大利亚、格鲁吉亚及《亚太贸易协定》国家的协定税率进一步降低。根据内地与香港、澳门《关于建立更紧密经贸关系的安排》货物贸易协议，自协议实施之日起，除内地在有关国际协议中作出特殊承诺的产品外，对原产于香港、澳门的产品全面实施零关税。

③ 特惠税率

原产于与中华人民共和国签订含有特殊关税优惠条款的贸易协定的国家或者地区的进口货物，或者原产于中华人民共和国自主给予特别优惠关税待遇的国家或地区的进口货物，适用特惠税率。自2019年1月1日起，根据《亚太贸易协定》规定，对《亚太贸易协定》项下的特惠税率进一步降低。

④ 关税配额税率

国家对部分重要商品（2019年范围是小麦、玉米、稻谷和大米、糖、羊毛、毛条、棉花、化肥八类货物）实施关税配额管理。关税配额内的，适用关税配额税率。

⑤ 暂定税率

在最惠国税率、协定税率、特惠税率和关税配额率基础上，国家在一定时期内可对进口的某些重要工农业生产原材料和机电产品关键部件制定暂时的关税税率。这种税率一般按照年度制订，并且随时可以根据需要恢复按照法定税率征税。

我国暂定关税还有一种特殊的形式。国家规定，对配额外进口的一定数量棉花，适用滑准税形式暂定关税。当进口棉花价格高于或等于15.000元/千克时，按0.300元/千克计征从量税；当进口棉花完税价格低于15.000元/千克时，按规定的暂定从价税率公式计算适用的暂定关税率。

⑥ 普通税率

上述之外的国家或者地区的进口货物及原产地不明的进口货物，适用普通税率。

除以上关税正税税率设置外，国务院设立的关税税则委员会还根据形势变化在不同时期设置反倾销税、反补贴税、保障措施关税、报复性关税等附加关税税率。

（2）出口关税税率

国家对少数出口货物征收出口关税，在正常的出口关税税率基础上，对其中部分出口货物还施行暂定出口关税税率。暂定出口税率一般按照年度制订，并且随时可以根据需要恢复按照法定税率征税。自2019年1月1日起，继续对铬铁等108项出口商品征收出口关税或实行出口暂定税率。

以上进口、出口关税税率设置详情见2019年《税则》

2. 从量关税税率设置

我国目前对冻整鸡及鸡产品、啤酒、石油原油、胶片等进口商品征收从量税。

3. 复合关税税率设置

以复合方式计征关税目前仅针对进口货物。我国目前对进口价格高于2000美元的磁带录像机、磁带放像机，对进口价格高于5000美元的非特种用途电视摄像机、非特种用途数字照相机、非特种用途摄录一体机等进口商品设置了复合计征关税方式。

二、进口环节代征税

进口货物、物品在办理海关手续放行后，进入国内流通领域，与国内货物同等对待，需缴纳应征的国内税。进口货物、物品的国内税依法由海关在进口环节征收。目前，进口环节海关代征税（简称进口环节代征税）主要有增值税①、消费税两种，其中增值税征收采用从价计征方式，消费税征收采用从价、从量、复合三种计征方式，不同的应征消费税商品的计税方式均有明确规定。多数进口商品仅仅涉及关税及进口环节增值税的计算，少数特定范围的商品同时征收消费税。同一商品同时征收关税及进口环节代征增值税和消费税的，先计算关税（如有附加关税也先于进口环节代征税计算），后计算进口环节消费税，最后计算进口环节增值税。

（一）进口环节增值税

1. 含义

增值税是以商品的生产、流通和劳务服务各个环节所创造的新增价值为课税对象的一种流转税。进口环节增值税是在货物、物品进口时，由海关依法向进口货物的法人或自然人征收的一种增值税。

采用并全面推行国际通行的增值税制，有利于促进专业分工与协作，体现税负的公平合理，稳定国家财政收入，同时也有利于出口退税的规范操作。

2. 征纳规定

进口环节增值税由海关依法向进口货物的法人或自然人征收，其他环节的增值税由税务机关征收。在中华人民共和国境内销售货物或者提供加工、修理修配劳务及进口货物的单位和个人，为增值税的纳税义务人，应当依照《中华人民共和国增值税暂行条例》缴纳增值税。进口货物由纳税义务人（进口人或者其代理人）向办理进口手续的海关申报纳税。

进口环节增值税税率的调整及增值税的免税、减税项目由国务院规定，任何地区、部门均不得规定免税、减税项目。进口环节增值税的起征点为人民币 50 元，低于 50 元的免征。进口环节增值税的征收管理，适用关税征收管理的规定。

进口环节增值税组成计税价格中包含关税税额和消费税税额（不征收消费税的，消费税为零）。

应纳税额=增值税组成计税价格×增值税税率

其中：

增值税组成计税价格=关税完税价格+关税税额+消费税税额

3. 征收范围和税率

在我国境内销售货物（销售不动产或免征的除外）或提供加工、修理修配劳务以及进口货物的单位和个人，都要依法缴纳增值税。在我国境内销售货物，是指所销售的货物启运地和所在地都在我国境内。

---

① 自 2018 年 6 月 1 日起，租赁进口飞机增值税的征收管理，由国内税务机关实施，海关不再代征。

我国增值税的征收原则是中性、简便、规范，采取基本税率再加一档低税率的征收模式。适用基本税率（16%）的范围包括：纳税人销售或者进口除适用低税率的货物以外的货物，以及提供加工、修理修配劳务。

适用低税率（10%）的范围是指纳税人销售或者进口下列货物：

农产品（含粮食）、自来水、暖气、石油液化气、天然气、食用植物油、冷气、热水、煤气、居民用煤炭制品、食用盐、农机、饲料、农药、农膜、化肥、沼气、二甲醚、图书、报纸、杂志、音像制品、电子出版物。

（二）进口环节消费税

1. 含义

消费税是以消费品或消费行为的流转额作为课税对象而征收的一种流转税。我国开征消费税的目的是调节我国的消费结构，引导消费方向，确保国家财政收入，它是在对货物普遍征收增值税的基础上，选择少数消费品再予征收的税。进口环节消费税是在货物、物品进口时，由海关依法向进口货物的法人或自然人征收的一种消费税。

2. 征纳规定

在中华人民共和国境内生产、委托加工和进口《中华人民共和国消费税暂行条例》（以下简称《消费税暂行条例》）规定的消费品（以下简称应税消费品）的单位和个人，以及国务院确定的销售《消费税暂行条例》规定的消费品的其他单位和个人，为消费税的纳税义务人。我国的消费税由税务机关征收，进口的应税消费品的消费税由海关代征，由纳税义务人（进口人或者其代理人）在报关进口时向报关地海关申报纳税。

进口环节消费税的税目、税率，依照《消费税暂行条例》所附的“消费税税目税率表”执行；消费税税目、税率的调整，由国务院决定。进口环节消费税的起征点为人民币50元，低于50元的免征。进口环节消费税的征收管理，适用关税征收管理的规定。进口至我国的应税消费品的消费税，根据商品的不同有从价定率、从量定额、从价定率和从量定额的复合计税三种计征方式，计算时需要根据具体的应税商品选择正确的计税方法。不属于应征消费税征收范围的，无须进行消费税计算。

（1）从价定率方式计算公式

消费税应纳税额=消费税组成计税价格×消费税比例税率

其中：

消费税组成计税价格=（关税完税价格+关税税额）÷（1−消费税比例税率）

（2）从量定额方式计算公式

消费税应纳税额=应征消费税进口数量×消费税定额税率

目前，我国对啤酒、黄酒、成品油、生物柴油等进口商品实行从量计征方式。

（3）复合计税方式计算公式

消费税应纳税额=消费税组成计税价格×消费税比例税率+应征消费税进口数量×消费税定额税率

其中：

消费税组成计税价格=（关税完税价格+关税税额+应征消费税进口数量×消费税定额税率）÷（1-消费税税率）

目前，我国对香烟、白酒、威士忌、白兰地等烈性酒等进口商品实行复合计税方式，应缴税款是从价定率与从量定额方式应缴税款的总和。

3. 征收范围

消费税的征税范围，主要是根据我国经济社会发展现状和现行消费政策、人民群众的消费结构，以及财政需要，并借鉴国外的通行做法确定的。

消费税的征收范围，仅限于少数消费品。应税消费品大体可分为以下 4 种类型：

（1）一些过度消费会对人的身体健康、社会秩序、生态环境等方面造成危害的特殊消费品，如烟、酒、鞭炮、焰火、电池、涂料等；

（2）奢侈品、非生活必需品，如贵重首饰及珠宝玉石、化妆品等；

（3）高能耗消费品，如小轿车、气缸容量 250 毫升以上摩托车等；

（4）不可再生和替代的资源类消费品，如汽油、柴油等。

三、船舶吨税

按照《中华人民共和国船舶吨税法》的规定，自中华人民共和国境外港口进入境内港口的船舶，应当缴纳船舶吨税。

（一）含义

船舶吨税（简称吨税）是由海关在设关口岸对自中华人民共和国境外港口进入境内港口的船舶（简称应税船舶）征收的一种使用税，是对船舶使用港口助航设施征收的税款，征收吨税的目的是用于航道设施的建设。

（二）征纳规定

1. 计征规定

吨税按照船舶净吨位（指由船籍国或地区政府签发或者授权签发的船舶吨位证明书上标明的净吨位）和吨税执照期限（指按照公历年、日计算的期间，分 1 年、90 天与 30 天期缴纳三种）征收。应税船舶负责人在每次申报纳税时，可以自行选择申领一种期限的吨税执照。定期班轮选择 1 年期吨税期限为宜，单航程租船运输多选择 30 天期限缴纳吨税。

吨税纳税义务发生时间为应税船舶进入港口的当日。其中，进境后驶达锚地的，以船舶抵达锚地之日起计算；进境后直接靠泊的，以靠泊之日起计算。应税船舶在吨税执照期满后尚未离开港口的，应当申领新的吨税执照，自上一次执照期满的次日起续缴吨税。应税船舶在吨税执照有效期间进入境内其他港口的，免于缴纳吨税。

2. 税率设置

吨税的税目、税率依照“吨税税目税率表”执行。吨税设置优惠税率和普通税率，中华人民共和国籍的应税船舶，船籍国（地区）与中华人民共和国签订含有相互给予船舶税费最惠国待遇条款的条约或者协定的应税船舶，适用优惠税率。其他应税船舶，适用普通税率。

选用适用税率时根据“吨税税目税率表”中船舶净吨位与 1 年期、90 天期和 30 天期对应的优惠税率或普通税率交叉点确定。

应税船舶在吨税执照期限内，因税目税率调整或者船籍改变而导致适用税率变化的，吨税执照继续有效。因船籍改变而导致适用税率变化的，应税船舶在办理出入境手续时，应当提供船籍改变的证明文件。

吨税税目税率表

税目（按船舶净吨位划分）	税率（元/净吨）					
	普通税率（按执照期限划分）			优惠税率（按执照期限划分）		
	1年	90日	30日	1年	90日	30日
不超过2 000净吨	12.6	4.2	2.1	9.0	3.0	1.5
超过2 000净吨，但不超过10 000净吨	24.0	8.0	4.0	17.4	5.8	2.9
超过10 000净吨，但不超过50 000净吨	27.6	9.2	4.6	19.8	6.6	3.3
超过50 000净吨	31.8	10.6	5.3	22.8	7.6	3.8
备注	拖船和非机动驳船分别按相同净吨位船舶税率的50%计征税款					

3. 计税公式

船舶吨税税额=船舶净吨位×适用税率（元/净吨）

船舶净吨位按照船舶吨位证明书上标明的净吨位确定。适用税率按照“吨税税目税率表”确定。

特殊情形下的净吨位确定：

（1）应税船舶在吨税执照期限内，因修理、改造导致净吨位变化的，吨税执照继续有效。应税船舶办理出入境手续时，应当提供船舶经过修理、改造的证明文件。

（2）应税船舶为拖船或无法提供净吨位证明文件的游艇的，应税船舶负责人还应提供发动机功率（千瓦）等相关材料。其中，对申报为拖船的，应按照发动机功率每1千瓦折合净吨位0.67吨进行折算；申报为游艇的，按照发动机功率每1千瓦折合净吨位0.05吨进行折算。

（三）吨税执照申领

应税船舶负责人应通过“互联网+海关”、国际贸易“单一窗口”等关企事务平台登录“海关船舶吨税执照申请系统”，录入并向海关发送船舶吨税执照申请信息，如实填写“船舶吨税执照申请书”，同时应当交验如下证明文件：船舶国籍证书或者海事部门签发的船舶国籍证书收存证明，船舶吨位证明。由海关审核确定吨税金额。

在吨税执照有效期内的应税船舶，应税船舶负责人可选择申请验核船舶吨税执照电子信息。选择验核电子信息的，海关运输工具管理系统将予以自动验核；未选择验核吨税执照电子信息的，应税船舶负责人需要提交纸质船舶吨税执照。海关确认无误的，免于缴纳吨税。

（四）税款缴纳

吨税可通过柜台支付或电子形式支付（应根据海关总署公告2014年第6号的要求完

成船舶吨税电子支付备案）。吨税的缴款期限为自海关填发海关船舶吨税专用缴款书之日起15日。缴款期限届满日遇星期六、星期日等休息日或者法定节假日的，顺延至休息日或者法定节假日之后的第一个工作日。国务院临时调整休息日与工作日的，按照调整后的情况计算缴款期限。未按期缴纳税款的，从滞纳税款之日起，按日加收滞纳税款0.5‰的滞纳金。吨税税款、滞纳金以人民币计算。

（五）免征吨税

免征吨税的情形如下：

1. 应纳税额在人民币50元以下的船舶；
2. 自境外以购买、受赠、继承等方式取得船舶所有权的初次进口到港的空载船舶；
3. 吨税执照期满后24小时内不上下客货的船舶；
4. 非机动船舶（不包括非机动驳船）；
5. 捕捞、养殖渔船；
6. 避难、防疫隔离、修理、终止运营或者拆解，并不上下客货的船舶；
7. 军队、武装警察部队专用或者征用的船舶；
8. 警用船舶；
9. 依照法律规定应当予以免税的外国驻华使领馆、国际组织驻华代表机构及其有关人员的船舶；
10. 国务院规定的其他船舶。

对于符合上述第2~4项免征吨税规定的应税船舶，应税船舶负责人应当向海关提供书面免税申请，申明免税的依据和理由。

对于符合上述第5~10项规定的船舶，应税船舶负责人应当向海关提供海事部门、渔业船舶管理部门或机构出具的具有法律效力的证明文件或者使用关系证明文件，申明免税的依据和理由。

（六）延长吨税执照期限

在吨税执照期限内，应税船舶发生下列情形之一的，海关按照实际发生的天数批注延长吨税执照期限：

1. 避难、防疫隔离、修理、改造，并不上下客货；
2. 军队、武装警察部队征用。

应税船舶负责人应当向海关提供海事、渔业船舶管理等部门或机构出具的具有法律效力的证明文件或者使用关系证明文件申请延长吨税执照期限。

（七）办理担保

1. 办理担保情形

（1）申请先行申报。应税船舶到达我国境内港口前，应税船舶负责人经海关核准，可办理先行申报手续。

（2）申请先行签发吨税执照。应税船舶负责人在缴纳船舶吨税前可申请先行签发船舶吨税执照。

以上情形，均应当向海关提供与其依法履行吨税缴纳义务相适应的担保。

2. 担保期限

船舶吨税担保期限一般不超过6个月，特殊情况需要延期的，应当经主管海关核准。

应税船舶负责人应当在海关核准的船舶吨税担保期限内履行纳税义务。

3. 担保的财产、权利

（1）人民币、可自由兑换货币；

（2）汇票、本票、支票、债券、存单；

（3）银行、非银行金融机构的保函；

（4）海关依法认可的其他财产、权利。

（八）船舶吨税的补征和退还

海关发现少征或者漏征税款的，应当自应税船舶应当缴纳税款之日起 1 年内，补征税款。但因应税船舶违反规定造成少征或者漏征税款的，海关可以自应当缴纳税款之日起 3 年内追征税款，并自应当缴纳税款之日起按日加征少征或者漏征税款 0.5‰的滞纳金。

海关发现多征税款的，应当在 24 小时内通知应税船舶办理退还手续，并加算银行同期活期存款利息。应税船舶发现多缴税款的，可以自缴纳税款之日起 3 年内以书面形式要求海关退还多缴的税款并加算银行同期活期存款利息。应税船舶负责人或其代理人向海关申请退还税款及利息时，应当提交退税申请书及原船舶吨税缴款书和可以证明应予退税的材料。海关自受理退税申请之日起 30 日内查实并通知应税船舶办理退税手续或者不予退税的决定。应税船舶负责人或其代理人应当自收到海关准予退税的通知之日起 3 个月内办理退税手续。

第二节　进出口货物完税价格的确定

我国海关税收征管主要使用从价税计税方式，即以货物的价格为基础确定纳税义务人需向海关缴纳的税款。审定完税价格是海关根据一定的法律规范和判定标准，确定进出口货物海关计税价格的过程。准确认定进出口货物完税价格是贯彻关税政策的重要环节，也是海关依法行政的重要体现。

进出口关税、进口环节代征税的完税价格以人民币计算，采用四舍五入法计算至分。

一、我国海关审价的法律依据

我国已加入世界贸易组织，并已全面实施世界贸易组织估价协定。目前，我国已基本建立起既与《WTO 估价协定》相衔接，又与我国国情相适应的审价体系。海关审价的依据大致可分为 3 个层次：

第一是法律层次，即《海关法》。《海关法》规定："进出口货物的完税价格，由海关以该货物的成交价格为基础审查确定。成交价格不能确定时，完税价格由海关估定。"

第二是行政法规层次，即《关税条例》。其作为《海关法》的配套法规，对估价定义、估价方法、海关和纳税义务人之间的权利义务作了原则性的规定。

第三是部门规章层次，如海关总署颁布施行的《中华人民共和国海关审定进出口货物完税价格办法》（以下简称《进出口货物审价办法》）和《中华人民共和国海关审定内销保税货物完税价格办法》（以下简称《内销保税货物审价办法》）。上述办法结合我国加入世界贸易组织以来在探索实施《WTO 估价协定》过程中的经验及我国审价工作实际，完整、明确地体现了《WTO 估价协定》的基本原则和主要内容，进一步增强了规定的指导性和操作性，是较低层次的执法依据。需要注意的是，准许进口的进境旅客行李物品、个人邮递物品及其他个人自用物品的完税价格和涉嫌走私的进出口货物、物品计税价格的核定不适用《进出口货物审价办法》，涉嫌走私的内销保税货物计税价格的核定不适用《内销保税货物审价办法》，上述特殊情况的货物及物品完税价格的审定方法由海关总署另行制定。

二、《进出口货物审价办法》关于完税价格审定的规定

(一) 进口货物完税价格的审定

按照货物交易形式的不同，《进出口货物审价办法》将进口货物主要划分为两大类，一类是特殊交易形式进口货物，另一类是特殊交易形式之外进口的其他货物。为便于理解，此处分别称之为特殊进口货物和一般进口货物。《进出口货物审价办法》对一般进口货物规定了6种完税价格的审核方法，对特殊进口货物的完税价格审核方法，区分不同交易形式分别作出了规定。

1. 一般进口货物完税价格的审定

《进出口货物审价办法》规定：进口货物的完税价格，由海关以该货物的成交价格为基础审查确定，并应包括货物运抵中华人民共和国境内输入地点起卸前的运输及相关费用、保险费。"相关费用"主要是指与运输有关的费用，如装卸费、搬运费等属于广义运费范围内的费用。

海关确定进口货物完税价格共有进口货物成交价格估价方法、相同货物成交价格估价方法、类似货物成交价格估价方法、倒扣价格估价方法、计算价格估价方法、合理方法6种估价方法。上述估价方法应当依次采用，纳税义务人向海关提供有关资料后，可以申请颠倒倒扣价格法和计算价格法的适用次序。

（1）进口货物成交价格估价方法

进口货物成交价格估价方法是《进出口货物审价办法》规定的第一种估价方法，进口货物的完税价格应首先以成交价格估价方法审查确定。

进口货物的成交价格，是指卖方向中华人民共和国境内销售该货物时买方为进口该货物向卖方实付、应付的，并按有关规定调整后的价款总额，包括直接支付的价款和间接支付的价款。

需要注意的是，成交价格不完全等同于贸易实际中的发票或合同价格。贸易中的发票或合同价格取决于买卖双方的约定，它的定价是自由的，但成交价格有其特定含义，必须符合"销售"的要求，并由实付、应付价格和直接、间接支付及调整因素构成，还要满足一定的条件。

① 成交价格定义方面

A. 关于"向中华人民共和国境内销售"

《进出口货物审价办法》要求：向中华人民共和国境内销售，是指将进口货物实际运入中华人民共和国境内，货物的所有权和风险由卖方转移给买方，买方为此向卖方支付价款的行为。成交价格存在的一个重要前提就是买卖双方之间存在销售行为。按照《进出口货物审价办法》，"销售"必须要同时符合：货物实际进入中华人民共和国关境内、货物的所有权和风险由卖方转移给买方、买方为此向卖方支付价款3个要件。例如，以下情形，可能导致海关拒绝使用成交价格方法进行审核：进口时不存在销售行为的寄售交易，

国外卖方由于种种原因，未在国内设立子公司开展业务，这时，它通常会委托一家国内企业负责进口申报，但是销售行为全部控制在国外卖方手中。因此，在名义上，国内销售由委托人或代理人负责，但是货物的实际所有权及货物损益的风险均由国外卖方承担，国内的委托人或代理人只收取固定的代理费。在寄售情况下，国外卖方的申报行为只是为了把货物运至境内，而国内实际购买人在进口时尚未确定。此时，由于不存在导致货物跨越关境的销售，不符合成交价格中“出口销售”的概念，海关应认定上述货物不存在成交价格，应使用其他方法估定货物的完税价格。其他诸如免费赠送、捐赠的货物，经营租赁进口货物，免费提供样品等交易方式均不同时符合上述 3 个条件，同样不能适用成交价格方法审核确定完税价格。

B. 关于“买方”“卖方”

《进出口货物审价办法》规定，买方是指通过履行付款义务购入货物，并且为此承担风险、享有收益的自然人、法人或者其他组织，其中进口货物的买方是指向中华人民共和国境内购入进口货物的自然人、法人或者其他组织。卖方是指销售货物的自然人、法人或者其他组织，其中进口货物的卖方是指向中华人民共和国境内销售进口货物的自然人、法人或者其他组织。

《进出口货物审价办法》强调，判断“买方”不应简单地以进口单证上出现的名称为标准，而应以其在交易中承担的功能确定。“买方”可以是进口报关的企业，也可以是国内的最终用户，关键在于销售对应的主体。如果某一自然人、法人或其他组织通过与卖方进行交易，导致“向中华人民共和国境内销售”的条件成立，则该自然人、法人或其他组织应成为海关估价中的“买方”，其支付的款项应成为海关审核的对象，其中既包括根据实付或应付价格进行审核，也包括根据价格调整项目进行审核。即使“买方”没有出现在进口货物报关单相关栏目内，也不能免除其接受海关审核并估价的义务。例如，国内最终用户直接与国外卖方达成交易，并委托国内代理负责报关事宜，根据成交价格和“买方”的定义，则无论报关单上的经营单位和收货单位体现该国内最终用户与否，海关估价时均应按该国内最终用户与国外卖家达成交易的价格为基础审核认定成交价格，进而确定完税价格。与“买方”相对应，《进出口货物审价办法》把“卖方”定义为销售货物的自然人、法人或者其他组织，其中进口货物的卖方是指向中华人民共和国境内销售进口货物的卖方。这一定义同样是以其在交易中承担的功能为标准，判断是否符合估价中“卖方”的定义。

C. 关于“实付、应付价格”

按照《进出口货物审价办法》的要求，成交价格不仅应包括实付价格，还要包括应付价格，即作为卖方销售进口货物的条件，由买方向卖方或者为履行卖方义务向第三方已经支付或者将要支付的全部款项。实付或应付价格强调的是，只要买方为了获得进口货物，而承担了对应付款义务，则无论支付以何种形式发生，包括现金、信用证或可转让有价证券等，或者在进口申报之时支付行为是否发生，都不影响海关的估价结论。海关应根据买方承担的付款义务确定完税价格。

D. 关于“直接、间接支付”

成交价格应包括直接支付和间接支付，其中直接支付是买方直接向卖方支付的款项，而间接支付是指买方根据卖方的要求，将货款全部或者部分支付给第三方，或者冲抵买卖双方之间的其他资金往来的付款方式。对于买方为自己利益而非受卖方限制进行的活动而支付的费用，尽管有可能使卖方受益，但它还是不属于买方向卖方的间接支付，如由买方负担的市场调研和营销费用、广告费用、参展费用、检测费用或开立信用证的费用等。

E. 关于“调整因素”

调整因素包括计入项目和扣除项目。

a. 计入项目

下列项目若由买方支付，必须计入完税价格。

ⓐ 由买方负担的费用

——除购货佣金以外的佣金和经纪费

佣金通常可分为购货佣金和销售佣金。购货佣金指买方向其采购代理人支付的佣金，按照规定，购货佣金不应该计入进口货物的完税价格中。销售佣金指卖方向其销售代理人支付的佣金，但上述佣金如果由买方直接付给卖方的代理人，按照规定应该计入完税价格中。

经纪费指买方为购进进口货物向代表买卖双方利益的经纪人支付的劳务费用，根据规定应计入完税价格中。

——与进口货物作为一个整体的容器费

“与货物视为一体的容器”是指用于盛装某个或某套物品并与所装物品同时使用，且通常与所装物品一同出售的容器。一般情况下，其价值已经包含在被估货物的完税价格内。如果合同规定买方需另外支付容器费用的，或买方另行向第三方支付容器费用的，则应将该费用计入进口货物的完税价格。

——包装材料费用和包装劳务费用

按照商业惯例，除裸装、散装货物不需包装外，一般在销售时卖方均会提供货物的包装，且包装费（包括包装材料和包装劳务的成本、费用）一般已包含在合同货价内，不另行计算。如果合同规定包装费由买方在合同货价之外另行支付，或者买方为了运输或再销售的目的而额外对被估货物进行包装，这些费用应调整计入货物成交价格中。

ⓑ 协助的价值

在国际贸易中，买方以免费或以低于成本价的方式向卖方提供了一些货物或者服务，这些货物或服务的价值被称为协助的价值。

协助价值计入进口货物完税价格中应满足以下条件：

——由买方以免费或低于成本价的方式直接或间接提供；

——未包括在进口货物的实付或应付价格之中；

——与进口货物的生产和向中华人民共和国境内销售有关；

——可按适当比例分摊。

下列4项协助费用应计入：

——进口货物所包含的材料、部件、零件和类似货物的价值；

——在生产进口货物过程中使用的工具、模具和类似货物的价值；

——在生产进口货物过程中消耗的材料的价值；

——在境外完成的为生产该进口货物所需的工程设计、技术研发、工艺及制图等工作的价值。

协助费用计入的标准：

——由买方从与其无特殊关系的第三方购买的，应当计入的价值为购入价格；

——由买方自行生产或者从有特殊关系的第三方获得的，应当计入的价值为生产成本；

——由买方租赁获得的，应当计入的价值为买方承担的租赁成本；

——生产进口货物过程中使用的工具、模具和类似货物的价值，应当包括其工程设计、技术研发、工艺及制图等费用。

如果货物在被提供给卖方前已经被买方使用过，应当计入的价值为根据国内公认的会计原则对货物进行折旧后的价值。

ⓒ 特许权使用费

特许权使用费是指进口货物的买方为取得知识产权权利人及权利人有效授权人关于专利权、商标权、专有技术、著作权、分销权或者销售权的许可或者转让而支付的费用。

以成交价格为基础审查确定进口货物的完税价格时，未包括在该货物实付、应付价格中的特许权使用费需计入完税价格，但是符合下列情形之一的除外：一是特许权使用费与该货物无关，二是特许权使用费的支付不构成该货物向中华人民共和国境内销售的条件。买方认为属于上述特许权使用费不应计入进口货物完税价格情形的，应保留做出上述判断的证据，并在进口申报时向海关出示特许权使用费与该货物无关，或者特许权使用费的支付不构成该货物向中华人民共和国境内销售的条件的证据。如果买方无法提供上述证据的，则海关将不接受其申报，并将该笔特许权使用费计入进口货物的完税价格。

符合下列条件之一的特许权使用费，应当视为与进口货物有关：一是特许权使用费是用于支付专利权或者专有技术使用权，且进口货物含有专利或者专有技术的，或用专利方法或者专有技术生产的，或为实施专利或者专有技术而专门设计或者制造的；二是特许权使用费是用于支付商标权，且进口货物附有商标的，或进口后附上商标直接可以销售的，或进口时已含有商标权，经过轻度加工后附上商标即可以销售的；三是特许权使用费是用于支付著作权，且进口货物含有软件、文字、乐曲、图片、图像或者其他类似内容的（包括磁带、磁盘、光盘或者其他类似载体的形式），或含有其他享有著作权内容的；四是特许权使用费是用于支付分销权、销售权或者其他类似权利，且进口货物进口后可以直接销售的，或经过轻度加工即可以销售的。

买方不支付特许权使用费则不能购得进口货物或该货物不能以合同议定的条件成交的，应当视为特许权使用费的支付构成进口货物向中华人民共和国境内销售的条件。

ⓓ 返回给卖方的转售收益

如果买方在货物进口之后，把进口货物的转售、处置或使用的收益的一部分返还给卖方，这部分收益的价格应该计入完税价格中。

上述所有项目的费用或价值计入完税价格中，必须同时满足 3 个条件：由买方负担，未包括在进口货物的实付或应付价格中，有客观量化的数据资料。如果缺乏客观量化的数据，导致无法确定应计入完税价格的准确金额的，则不应使用成交价格方法而使用其他估价方法确定货物的完税价格。

b. 扣减项目

进口货物的价款中单独列明的下列税收、费用，不计入该货物的完税价格：

ⓐ 厂房、机械或者设备等货物进口后发生的建设、安装、装配、维修或者技术援助

费用，但是保修费用除外；

ⓑ 货物运抵境内输入地点起卸后发生的运输及其相关费用、保险费；

ⓒ 进口关税、进口环节代征税及其他国内税；

ⓓ 为在境内复制进口货物而支付的费用；

ⓔ 境内外技术培训及境外考察费用。

此外，同时符合下列条件的利息费用不计入完税价格：

ⓐ 利息费用是买方为购买进口货物而融资所产生的；

ⓑ 有书面的融资协议的；

ⓒ 利息费用单独列明的；

ⓓ 纳税义务人可以证明有关利率不高于在融资当时当地此类交易通常具有的利率水平，且没有融资安排的相同或者类似进口货物的价格与进口货物的实付、应付价格非常接近的。

进口货物的价款中单独列明的上述税收、费用，不计入该货物的完税价格，必须同时满足3个条件：一是有关税收或费用已经包括在进口货物的实付、应付价格中；二是有关费用是分列的，并且纳税义务人可以向海关提供客观量化的资料；三是有关费用应在合理范围内。如果贸易中存在上述规定的税收或费用之一的，但是买卖双方在贸易安排中未单独分列上述费用，或者缺乏客观量化资料，则本条所述的各项费用不得予以扣除。例如，买卖双方在交易中规定卖方应承担厂房、机械或者设备等货物进口后发生的建设、安装、装配、维修或者技术援助费用，且费用已经包括在合同总价中，卖方不再另行向买方收取。但是贸易单证中未单列厂房、机械或者设备等货物进口后发生的建设、安装、装配、维修或者技术援助的费用清单，同时买方也无法向海关提供上述费用的实际发生金额，则即使卖方承担了上述行为，其费用也不得从完税价格中进行扣除。

需注意，只有在使用成交价格估价方法时，海关才需使用本条规定的价格调整项目对买卖双方的交易价格进行调整。在使用其他估价方法时，因已不再使用买卖双方的交易金额，而另行参照其他价格估定，因此也不再涉及上述加项及减项价格调整项目。

② 成交价格本身须满足的条件方面

成交价格必须满足一定的条件才能被海关所接受，否则不能适用成交价格估价方法。根据规定，成交价格必须具备以下4个条件：

A. 买方对进口货物的处置和使用不受限制。

如果买方对进口货物的处置权或者使用权受到限制，则进口货物就不适用成交价格估价方法。

有下列情形之一的，视为对买方处置或者使用进口货物进行了限制：

a. 进口货物只能用于展示或者免费赠送的；

b. 进口货物只能销售给指定第三方的；

c. 进口货物加工为成品后只能销售给卖方或者指定第三方的；

d. 其他经海关审查，认定买方对进口货物的处置或者使用受到限制的。

但是以下3种限制并不影响成交价格的成立：国内法律、行政法规规定的限制，对货物转售地域的限制，对货物价格无实质影响的限制。

B. 进口货物的价格不应受到某些条件或因素的影响而导致该货物的价格无法确定。

有下列情形之一的，视为进口货物的价格受到了使该货物成交价格无法确定的条件或者因素的影响：

a. 进口货物的价格是以买方向卖方购买一定数量的其他货物为条件而确定的；

b. 进口货物的价格是以买方向卖方销售其他货物为条件而确定的；

c. 其他经海关审查，认定货物的价格受到使该货物成交价格无法确定的条件或者因素影响的。

C. 卖方不得直接或间接从买方获得因转售、处置或使用进口货物而产生的任何收益，除非上述收益能够被合理确定。

如果买方在购得进口货物后，仍需将部分再销售收益返还给卖方，则上述需返还的利润或收益应计入进口货物的完税价格。转售收益可视同于销售中的分期付款，即在进口时，买卖双方仅约定了部分款项，余额部分由买方在货物进口以后再逐步返还。判断是否存在转售收益的关键在于买方是否承担了未来的付款义务，上述款项向谁支付、支付行为是否发生并不是判断的依据。

D. 买卖双方之间没有特殊关系，或虽有特殊关系但不影响成交价格。

根据规定，有下列情形之一的，应当认定买卖双方有特殊关系：

a. 买卖双方为同一家族成员；

b. 买卖双方互为商业上的高级职员或董事；

c. 一方直接或间接地受另一方控制；

d. 买卖双方都直接或间接地受第三方控制；

e. 买卖双方共同直接或间接地控制第三方；

f. 一方直接或间接地拥有、控制或持有对方5%以上（含5%）公开发行的有表决权的股票或股份；

g. 一方是另一方的雇员、高级职员或董事；

h. 买卖双方是同一合伙的成员。

此外，买卖双方在经营上相互有联系，一方是另一方的独家代理、经销或受让人，若与以上规定相符，也应当视为有特殊关系。

买卖双方有特殊关系这个事实本身并不能构成海关拒绝成交价格的理由。买卖双方之间存在特殊关系，但能通过价格测试或销售环境测试的，视为特殊关系未对进口货物的成交价格产生影响。

a. 价格测试

纳税义务人能证明其成交价格与同时或者大约同时发生的下列任何一款价格相近的，视为特殊关系未对进口货物成交价格产生影响：

——向境内无特殊关系的买方出售的相同或者类似进口货物的成交价格；

——按照倒扣价格估价方法所确定的相同或者类似进口货物的完税价格；

——按照计算价格估价方法所确定的相同或者类似进口货物的完税价格。

海关在使用上述价格进行比较时，需考虑商业水平和进口数量的不同，以及买卖双方有无特殊关系造成的费用差异。

b. 销售环境测试

海关对与货物销售有关情况进行审查，认为符合一般商业惯例的，可以确定特殊关系未对进口货物的成交价格产生影响。

进口货物成交价格估价方法是海关估价中使用最多的一种估价方法，但是如果货物的进口价格不符合成交价格定义及条件方面的规定，就不能采用成交价格估价方法，而应该依次采用下列方法审查确定货物的完税价格。

（2）相同及类似货物成交价格估价方法

相同及类似进口货物成交价格估价方法，即以与被估货物同时或大约同时向中华人民共和国境内销售的相同货物及类似货物的成交价格为基础，审查确定进口货物完税价格的方法。

① 相同货物和类似货物

“相同货物”，指与进口货物在同一国家或者地区生产的，在物理性质、质量和信誉等所有方面都相同的货物，但是表面的微小差异允许存在。

“类似货物”，指与进口货物在同一国家或者地区生产的，虽然不是在所有方面都相同，但是却具有相似的特征、相似的组成材料、相同的功能，并且在商业中可以互换的货物。

② 相同或类似货物的时间要素

时间要素是指相同或类似货物必须与进口货物同时或大约同时进口，其中的“同时或大约同时”指在海关接受申报之日的前后各 45 天以内。

③ 关于相同及类似货物成交价格估价方法的运用

在运用这两种估价方法时，首先应使用和进口货物处于相同商业水平、大致相同数量的相同或类似货物的成交价格，只有在上述条件不满足时，才可采用以不同商业水平和不同数量销售的相同或类似进口货物的价格，但不能将上述价格直接作为进口货物的价格，还须对由此而产生的价格方面的差异作出调整。

此外，对进口货物与相同或类似货物之间由于运输距离和运输方式不同而在成本和其他费用方面产生的差异应进行调整。

上述调整都必须建立在客观量化的数据资料的基础上。

同时还应注意，在采用相同或类似货物成交价格估价方法确定进口货物完税价格时，首先应使用同一生产商生产的相同或类似货物的成交价格，只有在没有同一生产商生产的相同或类似货物的成交价格的情况下，才可以使用同一生产国或地区不同生产商生产的相同或类似货物的成交价格。如果有多个相同或类似货物的成交价格，应当以最低的成交价格为基础估定进口货物的完税价格。需要注意，本处的“同一生产国或地区”是指一个国家或其组成部分，包括某一国家规定的特别关税区；而由几个国家组成的关税同盟或地区联盟不属于相同或类似货物中的“同一生产国或地区”，例如欧盟、东盟等。

（3）倒扣价格估价方法

倒扣价格估价方法即以进口货物、相同或类似进口货物在境内第一环节的销售价格为基础，扣除境内发生的有关费用来估定完税价格。上述“第一环节”是指有关货物进口后进行的第一次转售，且转售者与境内买方之间不能有特殊关系。

① 用以倒扣的上述销售价格应同时符合的条件

A. 在被估货物进口时或大约同时，将该货物、相同或类似进口货物在境内销售的价格；

B. 按照该货物进口时的状态销售的价格；

C. 在境内第一环节销售的价格；

D. 向境内无特殊关系方销售的价格；

E. 按照该价格销售的货物合计销售总量最大。

② 倒扣价格法的核心要素

A. 按进口时的状态销售

必须首先以进口货物、相同或类似进口货物按进口时的状态销售的价格为基础。如果没有按进口时的状态销售的价格，应纳税义务人要求，可以使用经过加工后在境内销售的价格作为倒扣的基础。

B. 时间要素

必须是在被估货物进口时或大约同时转售给国内无特殊关系方的价格，其中“进口时或大约同时”为在进口货物接受申报之日的前后各45天以内。如果进口货物、相同或者类似货物没有在海关接受进口货物申报之日前后45天内在境内销售，可以将在境内销售的时间延长至接受货物申报之日前后90天内。

C. 合计的货物销售总量最大

必须使用被估的进口货物、相同或类似进口货物售予境内无特殊关系方合计销售总量最大的价格为基础估定完税价格。

③ 倒扣价格法的倒扣项目

确定销售价格以后，在使用倒扣价格法时，还必须扣除一些费用，这些倒扣项目根据规定有以下4项：

A. 该货物的同级或同种类货物在境内第一环节销售时通常支付的佣金及利润和一般费用；

B. 货物运抵境内输入地点之后的运输及其相关费用、保险费；

C. 进口关税、进口环节代征税及其他国内税；

D. 加工增值额，如果以货物经过加工后在境内转售的价格作为倒扣价格的基础，则必须扣除上述加工增值部分。

加工增值额应当依据与加工成本有关的客观量化数据资料，该行业公认的标准、计算方法及其他的行业惯例计算。

按照上述规定确定扣除的项目时，应当使用与国内公认的会计原则相一致的原则和方法。

（4）计算价格估价方法

计算价格估价方法既不是以成交价格，也不是以在境内的转售价格作为基础，它是以发生在生产国或地区的生产成本作为基础的价格。

① 计算价格的构成项目

按有关规定采用计算价格法时，进口货物的完税价格由下列各项目的总和构成：

A. 生产该货物所使用的料件成本和加工费用。

“料件成本”是指生产被估货物的原料成本，包括原材料的采购价值及原材料投入实际生产之前发生的各类费用。“加工费用”是指将原材料加工为制成品过程中发生的生产费用，包括人工成本、装配费用及有关间接成本。

B. 向境内销售同等级或者同种类货物通常的利润和一般费用（包括直接费用和间接费用）。

C. 货物运抵中华人民共和国境内输入地点起卸前的运输及其相关费用、保险费。

② 运用计算价格法的注意事项

按照上述方法确定有关价值或者费用时，应当使用与生产国或者地区公认的会计原则相一致的原则和方法。此外，海关在征得境外生产商同意并提前通知有关国家或者地区政府后，可以在境外核实该企业提供的有关资料。

（5）合理方法

合理方法，是指当海关不能根据成交价格估价方法、相同货物成交价格估价方法、类似货物成交价格估价方法、倒扣价格估价方法和计算价格估价方法确定完税价格时，根据公平、统一、客观的估价原则，以客观量化的数据资料为基础审查确定进口货物完税价格的估价方法。

合理方法本身不是一种具体的估价方法，实际运用时，应按顺序合理、灵活使用成交价格估价方法、相同货物成交价格估价方法、类似货物成交价格估价方法、倒扣价格估价方法和计算价格估价方法。例如，使用相同或类似货物成交价格估价方法估价时，必须采用与被估货物同一原产地的货物价格，依次使用合理方法时就可采用与被估货物国家发展程度相当的其他国家相同或类似货物价格估定。又如使用倒扣价格估价方法时有时间要素的要求限制，不得采用被估货物进口前后90天外的价格作为倒扣价格的基础，按照合理方法，这个期限就可以突破，只要不违背客观、公平、统一的海关估价原则。

在运用合理方法估价时，禁止使用以下6种价格：

① 境内生产的货物在境内的销售价格；

② 在两种价格中较高的价格；

③ 依据货物在出口地市场的销售价格；

④ 以计算价格法规定之外的价值或者费用计算的相同或者类似货物的价格；

⑤ 依据出口到第三国或地区货物的销售价格；

⑥ 依据最低限价或武断、虚构的价格。

进口货物确定完税价格流程图：

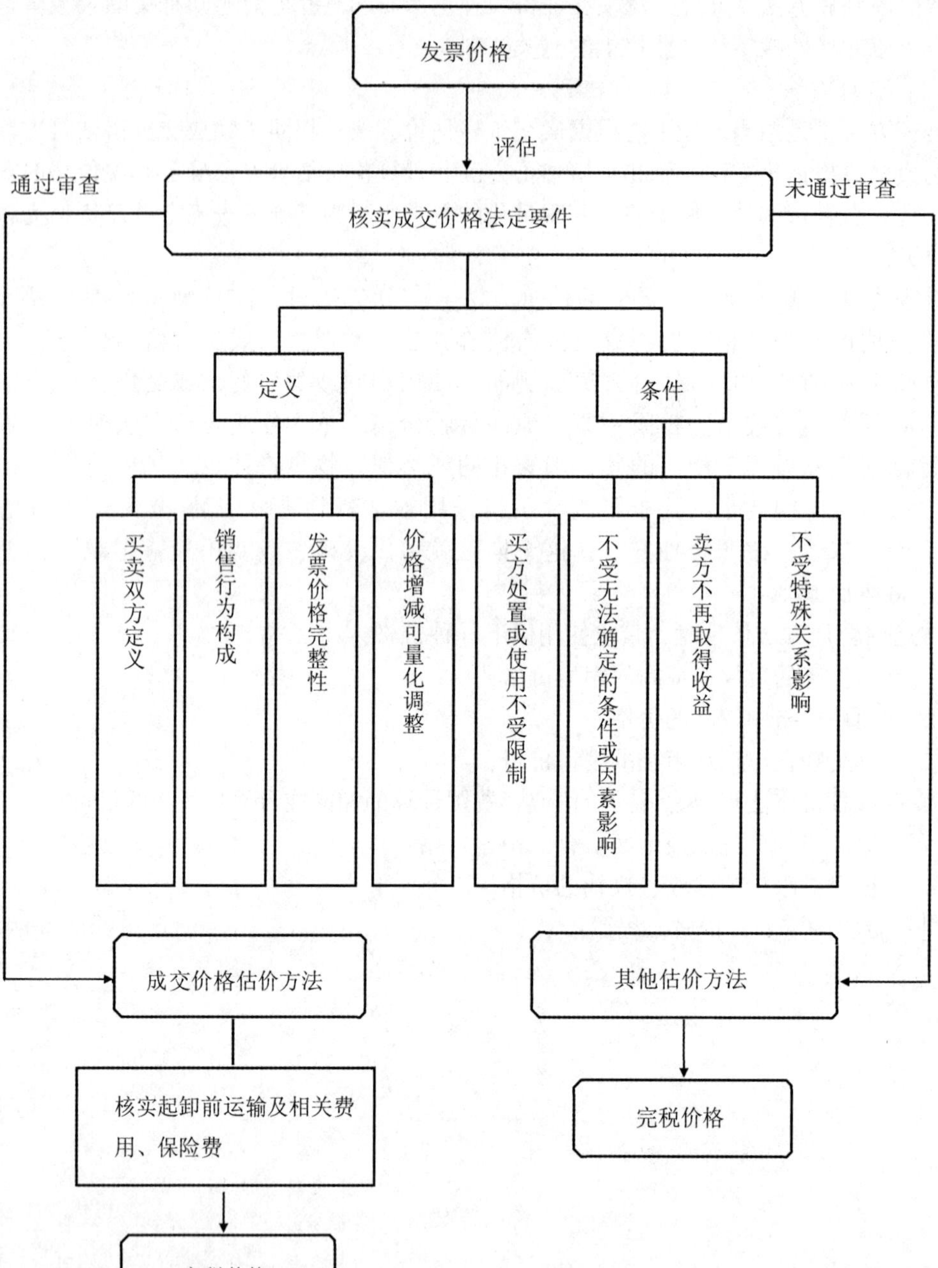

2. 特殊进口货物完税价格的审定

（1）出境修理复运进境货物的估价方法

运往境外修理的机械器具、运输工具或者其他货物，出境时已向海关报明，并在海关规定的期限内复运进境的，海关以境外修理费和料件费审查确定完税价格。需注意，此时确定完税价格无须计入运输及相关费用、保险费。

出境修理货物复运进境超过海关规定期限的，由海关按照审定一般进口货物完税价格的规定审查确定完税价格。

（2）出境加工复运进境货物的估价方法

运往境外加工的货物，出境时已向海关报明，并在海关规定期限内复运进境的，海关以境外加工费和料件费，以及该货物复运进境的运输及其相关费用、保险费审查确定完税价格。

出境加工货物复运进境超过海关规定期限的，由海关按照审定一般进口货物完税价格的规定审查确定完税价格。

（3）暂时进境货物的估价方法

经海关批准的暂时进境货物，应当缴纳税款的，由海关按照本节审定一般进口货物完税价格的规定审查确定完税价格。

经海关批准留购的暂时进境货物，以海关审查确定的留购价格作为完税价格。

（4）租赁进口货物的估价方法

① 以租金方式对外支付的租赁货物，在租赁期间以海关审定的该货物的租金作为完税价格，利息予以计入。

② 留购的租赁货物以海关审定的留购价格作为完税价格。

③ 纳税义务人申请一次性缴纳税款的，可以选择申请按照规定估价方法确定完税价格，或者按照海关审查确定的租金总额作为完税价格。

（5）减免税货物的估价方法

特定减免税货物在监管年限内不能擅自出售、转让，如果有特殊情况，经过海关批准可以出售、转让，须向海关办理纳税手续。减税或免税进口的货物需予征税时，海关以审定的该货物原进口时的价格，扣除折旧部分价值作为完税价格。

（6）无成交价格货物的估价方法

以易货贸易、寄售、捐赠、赠送等不存在成交价格的方式进口的货物，总体而言都不适用成交价格估价方法，海关与纳税义务人进行价格磋商后，依照《进出口货物审价办法》第六条列明的相同货物成交价格估价法、类似货物成交价格估价法、倒扣价格估价法、计算价格估价法及合理方法审查确定完税价格。

（7）软件介质的估价方法

进口载有专供数据处理设备用软件的介质，具有下列情形之一的，以介质本身的价值或者成本为基础审查确定完税价格：

① 介质本身的价值或者成本与所载软件的价值分列；

② 介质本身的价值或者成本与所载软件的价值虽未分列，但是纳税义务人能够提供介质本身的价值或者成本的证明文件，或者能提供所载软件价值的证明文件。

含有美术、摄影、声音、录像、影视、游戏、电子出版物的介质不适用上述规定，该类货物完税价格应为介质与介质所载内容的总价值。

（8）跨境电子商务零售进口商品的估价方法

跨境电子商务零售进口商品按照实际交易价格作为货物完税价格，实际交易价格包括货物零售价格、运费和保险费。

3. 进口货物完税价格中的运输及其相关费用、保险费的计算

（1）运费及其相关费用的计算标准

进口货物的运费及其相关费用，按照实际支付或应当支付的费用计算。如果进口货物的运费及其相关费用无法确定，海关应当按照该货物进口同期的正常运输成本审查确定。

运输费用已包含在向海关申报的货物价格中的，不再重复计算。

运输工具作为进口货物，利用自身动力进境的，海关在审查确定完税价格时，不再另行计入运输及其相关费用。

（2）保险费的计算标准

进口货物的保险费，按照实际支付的费用计算。如果进口货物的保险费无法确定或者未实际发生，海关按照“货价加运费”两者总额的3‰计算保险费，其计算公式如下：

保险费＝（货价+运费）×3‰

保险费用已包含在向海关申报的货物价格中的，不再重复计算。

（3）邮运货物运费计算标准

邮运进口的货物，以邮费作为运输及其相关费用、保险费。

邮运进口的商品因超过一定价值而按货物属性进行管理的，其实际支付的邮费即为运保费。如邮费已包含在向海关申报的货物价格中，不再重复计算。

（二）出口货物完税价格的审定

出口货物的完税价格由海关以该货物的成交价格为基础审查确定，包括货物运至中华人民共和国境内输出地点装载前的运输及其相关费用、保险费。

1. 成交价格估价方法

出口货物成交价格估价方法是《进出口货物审价办法》规定的第一种出口估价方法。出口货物的成交价格，是指该货物出口销售时，卖方为出口该货物应当向买方直接收取和间接收取的价款总额。

判断出口货物申报价格是否符合成交价格的要求，需考虑以下几个方面：

（1）出口销售是否符合《进出口货物审价办法》的规定

出口销售是确定出口货物是否存在成交价格的前提条件。交易是否符合销售定义，应根据以下3项标准作出判断：

① 所有权是否发生转移，是否由该交易的卖方转移给买方；

② 买方是否为了获得该货物支付对价；

③ 货物的风险是否发生了转移，包括货物灭失的风险和货物损益的风险。

如果一项交易不能导致前述3个条件同时发生，则销售不存在，因此也就不能使用成交价格方法估价，而应采用其他方法估价。

（2）直接收取和间接收取是否符合《进出口货物审价办法》的规定

出口货物的成交价格应包括我国卖方向国外买方直接收取和间接收取的款项总额，其中直接收取是指我国卖方直接向国外买方收取款项，而间接收取是指国外买方根据我国卖方的要求，将货款全部或部分支付给第三方，或冲抵买卖双方之间的其他资金往来。通常情况下，我国卖方会要求国外买方直接向其支付款项。但是，如果卖方出于某种考虑，要求买方将全部或部分款项支付给第三方，只要上述支付义务是买方为了购买被估的出口货物而必须承担的，则无论买方根据我国卖方的要求将货款支付给谁，均应以买方应支付的全部款项确定完税价格。

但应注意，需征收出口关税的货物销售价格中多包含了出口关税税额，按照相关规定，确定完税价格时应将出口货物价格中包含的出口关税税额予以扣除。此外，货物价款中单独列明的货物运至中华人民共和国境内输出地点装载后的运输及其相关费用、保险费也应扣除。但前述费用如未单独列明或无法证明各段费用则不予扣除。

2. 成交价格估价方法以外的其他估价方法

在审查出口单位合同或发票金额中，包括但不限于以下情况，则不能使用成交价格估价方法确定完税价格，应在磋商后依次使用其他估价方法进行确定：一是申报价格不符合出口货物成交价格的定义，例如出口货物不存在成交价格，我国出口商将货物交付给国外卖方时，不要求对方承担付款义务；二是海关对申报价格的真实性或准确性有怀疑，启动质疑程序，出口商不能作出合理的解释，或者未能在法定的期限内作出合理解释的。其他估价方法具体为：

（1）同时或者大约同时向同一国家或者地区出口的相同货物的成交价格；

（2）同时或者大约同时向同一国家或者地区出口的类似货物的成交价格；

（3）根据境内生产相同或者类似货物的成本、利润和一般费用（包括直接费用和间接费用）、境内发生的运输及其相关费用、保险费计算所得的价格；

（4）按照合理方法估定的价格。

操作层面，我国出口货物完税价格以 FOB 价格为基础审核确定，如出口货物采用其他术语成交，均需视情况将其他术语转换为 FOB 术语价格，并且按照规定，需将出口货物价格中包含的出口关税税额扣除，故出口货物完税价格＝FOB（中国境内口岸）价格－出口关税。而出口关税＝出口货物完税价格×出口关税税率，由此得到：出口货物完税价格＝ FOB/（1+出口关税税率）。

出口货物以其他贸易术语成交时，例如，在 CIF 术语下成交时，出口货物完税价格＝（CIF－国际运输及相关费用、保险费）/（1+出口关税税率），在 EXW 术语下成交时，出口货物完税价格＝（EXW+国内运输及相关费用、保险费）/（1+出口关税税率）。

出口货物确定完税价格流程图：

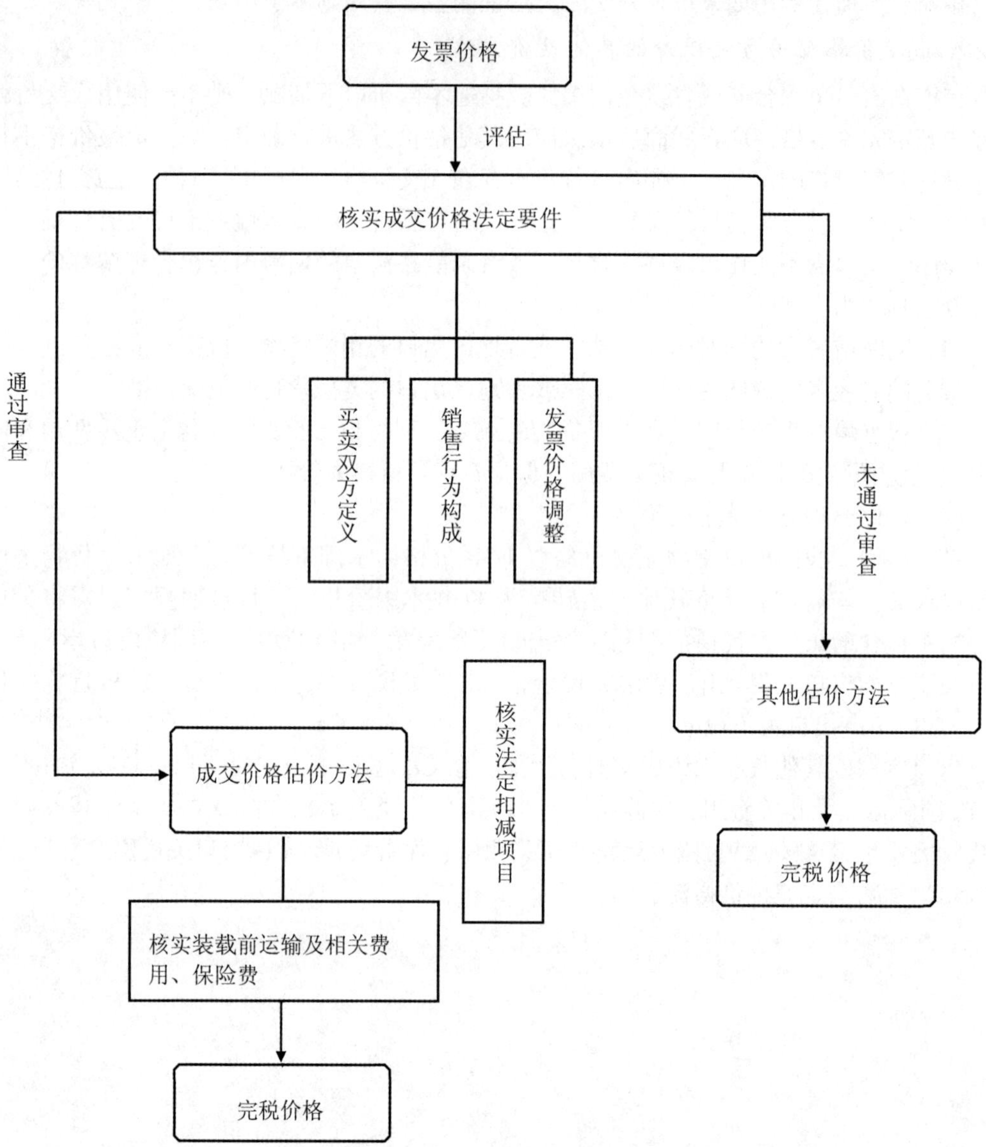

三、《内销保税货物审价办法》关于完税价格审定的规定

内销保税货物，包括因故转为内销需要征税的加工贸易货物、海关特殊监管区域内货物、保税监管场所内货物和因其他原因需要按照内销征税办理的保税货物，但不包括以下项目：海关特殊监管区域、保税监管场所内生产性的基础设施建设项目所需的机器、设备和建设所需的基建物资；海关特殊监管区域、保税监管场所内企业开展生产或综合物流服务所需的机器、设备、模具及其维修用零配件；海关特殊监管区域、保税监管场所内企业和行政管理机构自用的办公用品、生活消费用品和交通运输工具。

《内销保税货物审价办法》规定，内销保税货物的完税价格，由海关以该货物的成交价格为基础审查确定。

（一）非海关特殊监管区域（保税监管场所）内加工贸易企业内销货物一般估价方法

1. 进料加工进口料件或者其制成品（包括残次品）内销时，海关以料件原进口成交价格为基础审查确定完税价格。

（1）属于料件分批进口，并且内销时不能确定料件原进口对应批次的，海关可按照同项号、同品名和同税号的原则，以其合同有效期内或电子账册核销周期内已进口料件的成交价格计算所得的加权平均价为基础审查确定完税价格。

（2）合同有效期内或电子账册核销周期内已进口料件的成交价格加权平均价难以计算或者难以确定的，海关以客观可量化的当期进口料件成交价格的加权平均价为基础审查确定完税价格。

2. 来料加工进口料件或者其制成品（包括残次品）内销时，因来料加工料件在原进口时没有成交价格，所以海关以接受内销申报的同时或者大约同时进口的与料件相同或者类似的保税货物的进口成交价格为基础审查确定完税价格。需注意，前述情形下确定完税价格时，不能采用相同或者类似货物一般贸易价格作为进口成交价格。

3. 加工企业内销的加工过程中产生的边角料或者副产品，以其内销价格为基础审查确定完税价格。副产品并非全部使用保税料件生产所得的，海关以保税料件在投入成本核算中所占比重计算结果为基础审查确定完税价格。边角料、副产品经海关允许采用拍卖方式内销时，海关以其拍卖价格为基础审查确定完税价格。

4. 按照规定需要以残留价值征税的受灾保税货物，海关以其内销价格为基础审查确定完税价格。按照规定应折算成料件征税的，海关以各项保税料件占构成制成品（包括残次品）全部料件的价值比重计算结果为基础审查确定完税价格。按照规定需要以残留价值征税的受灾保税货物经海关允许采用拍卖方式内销时，海关以其拍卖价格为基础审查确定完税价格。

5. 深加工结转货物内销时，海关以该结转货物的结转价格为基础审查确定完税价格。

（二）海关特殊监管区域及保税监管场所内销货物一般估价方法

1. 海关特殊监管区域保税加工货物内销估价办法

（1）保税区内保税加工企业内销进口料件或者其制成品

保税区内企业内销的保税加工进口料件或者其制成品，海关以其内销价格为基础审查确定完税价格。保税区内企业内销的保税加工制成品中，如果含有从境内采购的料件，海关以制成品所含从境外购入料件的原进口成交价格为基础审查确定完税价格。保税区内企业内销的保税加工进口料件或者其制成品的完税价格依据前述两种方法不能确定的，海关以接受内销申报的同时或者大约同时内销的相同或者类似的保税货物的内销价格为基础审查确定完税价格。

（2）除保税区以外海关特殊监管区域内保税加工企业内销进口料件或者其制成品

除保税区以外的海关特殊监管区域内保税加工企业内销的保税加工料件或者其制成品，以其内销价格为基础审查确定完税价格。上述内销价格不能确定的，海关以接受内销申报的同时或者大约同时内销的相同或者类似的保税货物的内销价格为基础审查确定完税价格。前述与企业内销的保税加工制成品、相同或者类似的保税货物内销价格不能确定的，海关以生产该货物的成本、利润和一般费用计算所得的价格为基础审查确定完税价格。

（3）海关特殊监管区域内保税加工企业内销边角料、废品、残次品和副产品

海关特殊监管区域内企业内销的保税加工过程中产生的边角料、废品、残次品和副产品，以其内销价格为基础审查确定完税价格。经海关允许采用拍卖方式内销的边角料、废品、残次品和副产品，海关以其拍卖价格为基础审查确定完税价格。

需注意，上述边角料、废品、残次品和副产品估价办法的无须区分保税区内外。

2. 海关特殊监管区域、保税监管场所内保税物流货物内销估价办法

海关特殊监管区域、保税监管场所内企业内销的保税物流货物，海关以该货物运出海关特殊监管区域、保税监管场所时的内销价格为基础审查确定完税价格，该内销价格包含的能够单独列明的海关特殊监管区域、保税监管场所内发生的保险费、仓储费和运输及其相关费用，不计入完税价格。

3. 海关特殊监管区域内企业内销的研发货物，检测、展示货物估价方法

海关特殊监管区域内企业内销的研发货物，检测、展示货物，海关以其内销价格为基础审查确定完税价格。

上述内销价格是指向国内企业销售保税货物时买卖双方订立的价格，是国内企业为购买保税货物而向卖方（保税企业）实际支付或者应当支付的全部价款，但不包括关税和进口环节海关代征税。拍卖价格是指国家注册的拍卖机构对海关核准参与交易的保税货物履行合法有效的拍卖程序，竞买人依拍卖规定获得拍卖标的物的价格。结转价格是指深加工结转企业间买卖加工贸易货物时双方订立的价格，是深加工结转转入企业为购买加工贸易货物而向深加工结转转出企业实际支付或者应当支付的全部价款。

（三）内销保税货物的其他估价方法

内销保税货物完税价格不能依照以上估价方法确定时，应依次按照下列价格估定其完税价格：

1. 与该货物同时或者大约同时向中华人民共和国境内销售的相同货物的成交价格。

2. 与该货物同时或者大约同时向中华人民共和国境内销售的类似货物的成交价格。

3. 与该货物进口的同时或者大约同时，将该进口货物、相同或者类似进口货物在第一级销售环节销售给无特殊关系买方最大销售总量的单位价格，但应当扣除以下项目：

（1）同等级或者同种类货物在中华人民共和国境内第一级销售环节销售时通常的利润和一般费用及通常支付的佣金；

（2）进口货物运抵境内输入地点起卸后的运输及其相关费用、保险费；

（3）进口关税及国内税收。

4. 按照下列各项总和计算的价格：生产该货物所使用的料件成本和加工费用，向中华人民共和国境内销售同等级或者同种类货物通常的利润和一般费用，该货物运抵境内输入地点起卸前的运输及其相关费用、保险费。

5. 以合理方法估定的价格。

纳税义务人向海关提供有关资料后，可以申请颠倒前述第 3 项和第 4 项的适用次序。

四、海关在审定货物完税价格中的价格质疑和价格磋商程序

(一) 价格质疑程序

1. 价格质疑提出

在确定完税价格过程中，海关对进出口单位申报价格的真实性或准确性有疑问，或有理由认为买卖双方的特殊关系可能影响到成交价格时，将向纳税义务人或者其代理人制发“中华人民共和国海关价格质疑通知书”，将质疑的理由书面告知纳税义务人或者其代理人。

价格质疑程序的履行是为了核实成交价格的真实性、准确性和完整性，如进出口货物没有成交价格，如卖方以免费提供方式交由买方进口的货物、易货贸易货物、寄售货物等，海关可无须履行价格质疑程序，可直接进入价格磋商程序。

2. 价格质疑应对

(1) 规定期限内提供资料

纳税义务人或者其代理人应自收到价格质疑通知书之日起5个工作日内，以书面形式提供相关资料或者其他证据，证明其申报价格真实、准确或者双方之间的特殊关系未影响成交价格。纳税义务人或者其代理人确有正当理由无法在规定时间内提供资料或证据的，可以在规定期限届满前以书面形式向海关申请延期。除特殊情况外，延期不得超过10个工作日。

(2) 确保证据资料齐全有效

在规定时间内提交的证明申报价格真实性及准确性或者是否受到特殊关系影响的证据资料，务必保证按照海关质疑通知书上列明的需要提供的单证项目，逐一核对，避免遗漏。提交的单证之间能够相互印证，不发生矛盾。

(二) 价格磋商程序

1. 价格磋商程序启动

价格磋商是指海关在使用除成交价格以外的估价方法时，在保守商业秘密的基础上，与纳税义务人交换彼此掌握的用于确定完税价格的数据资料的行为，也即在利用成交价格方法确定进出口货物完税价格时，无须价格磋商。

海关制发价格质疑通知书后，有下列情形之一的，海关应进行价格磋商程序，按照相关规定列明的方法审查确定进出口货物的完税价格：

(1) 纳税义务人未在海关规定期限内，提供进一步说明的；

(2) 纳税义务人提供有关资料、证据后，海关经审核其所提供的资料、证据后仍有理由怀疑申报价格的真实性、准确性的；

(3) 纳税义务人提供有关资料、证据后，海关经审核其所提供的资料、证据后仍有理由认为买卖双方之间的特殊关系影响成交价格的。

2. 价格磋商时限

海关按照相关规定通知纳税义务人进行价格磋商时，纳税义务人需自收到“中华人民共和国海关价格磋商通知书”之日起5个工作日内与海关进行价格磋商。纳税义务人未在规定的时限内与海关进行磋商的，视为其放弃价格磋商的权利，海关可以直接按照规定的方法审查确定进出口货物的完税价格。

海关与纳税义务人进行价格磋商时，将制作“中华人民共和国海关价格磋商记录表”，

将价格磋商中相互提交的价格信息等内容书面记录并双方签字。

3. 保证权益的重要渠道

进行价格磋商的目的不是为了达成一个海关与纳税义务人都可以接受的价格，而是交换彼此掌握的价格信息。比如，有时海关掌握着纳税义务人所不知道的相同或类似货物的成交价格，有时则恰好相反，只有通过双方的充分交流，才便于得到海关估价的适当依据。因此，进出口货物的纳税义务人应重视价格磋商环节，积极配合海关履行价格磋商程序，如实填报进出口货物有关情况并提供相关的信息资料，争取对己方最有利的磋商结果。

（三）价格质疑与价格磋商的特殊情形

对符合下列情形之一的，经纳税义务人书面申请，海关可以不进行价格质疑或价格磋商，直接依法审查确定进出口货物的完税价格：

1. 同一合同项下分批进出口的货物，海关对其中一批货物已经实施估价的；

2. 进出口货物的完税价格在人民币 10 万元以下或者关税及进口环节代征税总额在人民币 2 万元以下的；

3. 进出口货物属于危险品、鲜活品、易腐品、易失效品、废品、旧品等的。

海关径行审定货物完税价格有严格的作业要求，主要有：申报货物属于上述三种情形之一，申报价格低于海关掌握的同类商品价格，经进出口企业书面提出申请海关可不经质疑和磋商程序。不满足上述任何情形之一，则不会发生海关径行审定完税价格情形。

（四）价格质疑与磋商程序的无纸化

为配合全国海关通关一体化改革，进一步提高通关效率，海关总署已于 2018 年年初在全国海关推广审价作业单证无纸化。进口货物纳税义务人可通过“海关事务联系系统”接收和反馈海关价格质疑通知书、价格磋商通知书、价格磋商记录表等审价文书及随附单证资料的电子数据，并可接收和查看估价告知书。在无纸模式下，海关与企业间互相发送电子文书的发送时间即视为对方接收时间，相关电子文书上生成的海关和进口货物纳税义务人经办人员信息即视为具有法律效力的电子签名。随附单证资料的电子扫描或转换文件格式标准，参照海关总署公告 2014 年第 69 号相关规定执行。

海关根据管理需要要求提供纸质单证资料的，进口货物纳税义务人应积极配合并按要求提供。进口货物纳税义务人需要纸本盖章文书的，可打印电子文书后到海关盖章。

五、纳税义务人在海关审定完税价格时的权利和义务

（一）纳税义务人的权利

1. 要求具保放行货物的权利，即在海关审查确定进出口货物的完税价格期间，纳税义务人可以在依法向海关提供担保后，先行提取货物。

2. 选择估价方法的权利，即纳税义务人向海关提供有关资料后，可以提出申请，颠倒倒扣价格估价法和计算价格估价法的适用次序。

3. 对海关如何确定进出口货物完税价格的知情权，即纳税义务人可以提出书面申请，要求海关就如何确定其进出口货物的完税价格作出书面说明。

4. 获得救济的权利，即对海关估价决定有权提出复议、诉讼。

（二）纳税义务人的义务

1. 如实提供单证及其他相关资料的义务，即纳税义务人向海关申报时，应当按照有

关规定，向海关如实提供发票、合同、提单、装箱清单等单证。根据海关要求，纳税义务人还应当如实提供与货物买卖有关的支付凭证，以及证明申报价格真实、准确的其他商业单证、书面资料和电子数据。

2. 如实申报及提供相关资料的义务，即货物买卖中发生相关规定中所列的价格调整项目的，纳税义务人应当如实向海关申报。价格调整项目如果需要分摊计算的，纳税义务人应当根据客观量化的标准进行分摊，并同时向海关提供分摊的依据。

六、价格预裁定

进出口货物的收发货人，应当在货物拟进出口 3 个月前（确有正当理由的，可以在货物拟进出口前 3 个月内提出）通过单一窗口“海关事务联系系统”或“互联网+海关”提交“中华人民共和国海关预裁定申请书”及规定的所需资料，向其注册地直属海关提出进出口货物完税价格相关要素或估价方法的预裁定申请。完税价格相关要素主要指特殊关系、特许权使用费、运保费、佣金、其他与审定完税价格有关的要素。

海关将自收到预裁定申请书及相关材料之日起 10 日内作出是否受理的决定，如决定受理，自受理之日起 60 日内制发预裁定决定书，并送达申请人，自送达之日起在全国关境内生效，但对决定下发前已经进出口的货物，没有溯及力。已作出价格预裁定决定的货物，自预裁定生效之日起 3 年内申请人进出口预裁定合同项下的进出口货物，应按预裁定决定向海关申报，经海关审核其实际进出口的货物与预裁定决定所述情形相符，海关不再重新确定估价方法及调整完税价格要素认定结果。经海关审核其实际进出口的货物与预裁定决定所述情形不相符的，海关应当重新审核确定该进出口货物的估价方法及相关完税价格要素。需要注意，海关受理价格预裁定申请后，并不针对申请裁定的合同完税价格具体金额予以审定，而仅是裁定使用何种估价方法或有关涉税要素是否应计入完税价格。

预裁定属于海关的具体行政行为，仅对申请人有效，但除涉及商业秘密情形外，海关可以将预裁定决定对外公开，为从事进出口相关贸易活动的从业者提供借鉴参考。

第三节　进出口货物原产地的确定

在国际贸易中，原产地这个概念是指货物生产的国家（地区），就是货物的“国籍”。

随着世界经济一体化和生产国际化的发展，准确认定进出口货物的“国籍”变得更为重要。因为确定了进口货物“国籍”，就确定了其依照进口国的贸易政策所适用的关税和非关税待遇。原产地的不同决定了进口商品所享受的待遇不同。

一、原产地规则的含义

为适应国际贸易的需要，并为执行本国关税及非关税方面的贸易措施，进口国必须对进出口商品的原产地进行认定。为此，各国以本国立法形式制定出其鉴别货物“国籍”的标准，这就是原产地规则。

世界贸易组织《原产地规则协议》将原产地规则定义为：一国（地区）为确定货物的原产地而实施的普遍适用的法律、法规和行政决定。

二、原产地规则的类别

从是否适用优惠贸易协定来分，原产地规则分为两大类：一类为优惠原产地规则，另一类为非优惠原产地规则。这是当今世界上最普遍的原产地规则分类方法。

（一）优惠原产地规则

优惠原产地规则是指一国为了实施国别优惠政策而制定的法律、法规，是以优惠贸易协定通过双边、多边协定形式或者是由本国自主制定的一些特殊原产地认定标准，因此也称为协定原产地规则。优惠原产地规则具有很强的排他性，优惠范围以原产地为受惠国（地区）的进口产品为限，其目的是促进协议方之间的贸易发展。优惠原产地规则主要有以下两种实施方式：一是通过自主方式授予，如欧盟普惠制（GSP）、中国对最不发达国家的特别优惠关税待遇；二是通过协定以互惠性方式授予，如《北美自由贸易协定》《中华人民共和国与东南亚国家联盟全面经济合作框架协议》（以下简称《中国—东盟自由贸易协定》）等。由于优惠原产地规则是用于认定进口货物能否享受比最惠国更优惠待遇的依据，因此其认定标准通常会与非优惠原产地规则不同，其宽或严完全取决于成员方。进口国（地区）为了防止此类优惠措施被滥用或规避，一般都制定了货物直接运输的条款。

我国加入世界贸易组织后，为了进一步改善所处的贸易环境，推进市场多元化进程，截至2017年7月，共签订了《亚太贸易协定》（即原《亚洲及太平洋经济和社会理事会发展中国家成员国关于贸易谈判的第一协定》，又称《曼谷协定》）、《中国—东盟自由贸易协定》《内地与香港关于建立更紧密经贸关系的安排》（以下称香港 CEPA）、《内地与澳门关于建立更紧密经贸关系的安排》（以下称澳门 CEPA）、对台湾农产品零关税优惠措施、《中华人民共和国政府与巴基斯坦伊斯兰共和国政府自由贸易协定》（以下简称《中国—巴基斯坦自由贸易协定》）、《中华人民共和国与智利共和国政府自由贸易协定》（以下简称《中国—智利自由贸易协定》）、《中华人民共和国政府和新西兰政府自由贸易协定》（以下简称《中国—新西兰自由贸易协定》）、《中华人民共和国政府和新加坡共和国政府自由贸易协定》（以下简称《中国—新加坡自由贸易协定》）、《中华人民共和国政府和秘鲁共和国政府自由贸易协定》（以下简称《中国—秘鲁自由贸易协定》）、对埃塞俄比亚等最不发达国家给予的特别优惠关税待遇（以下称最不发达国家特别优惠关税待遇）、《海峡两岸经济合作框架协议》（ECFA）、《中华人民共和国政府和哥斯达黎加共和国政府自由贸易协定》（以下简称《中国—哥斯达黎加自由贸易协定》）、《中华人民共和国政府和冰岛政府自由贸易协定》（以下简称《中国—冰岛自由贸易协定》）、《中华人民共和国和瑞士联邦自由贸易协定》（以下简称《中国—瑞士自由贸易协定》）、《中华人民共和国政府和澳大利亚政府自由贸易协定》（以下简称《中国—澳大利亚自由贸易协定》）、《中华人民共和国政府和大韩民国政府自由贸易协定》（以下简称《中国—韩国自由贸易协定》）、《中华人民共和国政府和格鲁吉亚政府自由贸易协定》（以下简称《中国—格鲁吉亚自由贸易协定》）等优惠贸易协定。上述优惠贸易协定中均包含有相应的优惠原产地规则。

上述贸易协定中，《亚太贸易协定》适用国家包括韩国、印度、斯里兰卡、孟加拉国和老挝；《中国—东盟自由贸易协定》适用国家包括越南、泰国、新加坡、马来西亚、印度尼西亚、文莱、缅甸、老挝、柬埔寨和菲律宾。

（二）非优惠原产地规则

非优惠原产地规则，是一国根据实施其海关税则和其他贸易措施的需要，由本国立法自主制定的，因此也称为自主原产地规则。按照世界贸易组织的规定，适用于非优惠性贸易政策措施的原产地规则，其实施必须遵守最惠国待遇原则，即必须普遍地、无差别地适用于所有原产地为最惠国的进口货物。它包括实施最惠国待遇、反倾销和反补贴税、保障措施、数量限制或关税配额、原产地标记或贸易统计、政府采购时所采用的原产地规则。《WTO协调非优惠原产地规则》正由各国进行磋商，待谈判达成一致并正式实施后，世界贸易组织成员将实施统一的协调非优惠原产地规则，以取代各国自主制定的非优惠原产地规则。

三、原产地认定标准

在认定货物的原产地时，会出现以下两种情况：一种是货物完全是在一个国家（地区）获得或生产制造，另一种是货物由两个或两个以上国家（地区）生产或制造。目前，世界各国（地区）原产地规则，无论是优惠原产地规则还是非优惠原产地规则，都包含这两种货物的原产地认定标准。

（一）完全获得标准

对于完全在一国（地区）获得的产品，如农产品或矿产品，各国的原产地认定标准基本一致，即以产品的种植、开采或生产国为原产国，这一标准通常称为“完全获得标准”（Wholly Obtained Standard）。

世界海关组织《京都公约》规定可视为完全获得产品的各种情况有：

1. 在该国土地、领水或海床开采的矿产品；
2. 在该国收获或采集的植物产品；
3. 在该国出生和饲养的活动物；
4. 在该国从活动物所得产品；
5. 在该国狩猎或捕捞所得产品；
6. 海上捕捞所得产品及该国船只在海上得到的其他产品；
7. 由该国加工船完全使用上述第6项的产品加工制得产品；
8. 在该国领水以外的海洋积土或底土开采的产品，只要该国对这些海洋积土或底土拥有单独开发权；
9. 在该国收集并只适于原材料回收的、在制造或加工过程中得到的废碎料及废旧物品；
10. 在该国完全使用上述第1项至第9项的产品生产而制得的货物。

在确定货物是否在一个国家（地区）完全获得时，为运输、储存期间保存货物而做的加工或者处理，为货物便于装卸而进行的加工或者处理，为货物销售而进行的包装等加工或者处理等，不予考虑。

（二）实质性改变标准

对于经过几个国家（地区）加工、制造的产品，各国多以最后完成实质性加工的国家为原产国，这一标准通常称为“实质性改变标准”（Substantial Transformation Standard）。

实质性改变标准包括税则归类改变标准、从价百分比标准（或称增值百分比标准、区域价值成分标准等）、加工工序标准、混合标准等。

1. 税则归类改变标准是指在某一国家（地区）对非该国（地区）原产材料进行加工、制造后，所得货物在《协调制度》中的某位数级税目归类发生了变化。

2. 从价百分比标准是指在某一国家（地区）对非该国（地区）原产材料进行加工、制造后的增值部分超过了所得货物价值的一定比例。

3. 加工工序标准是指在某一国家（地区）进行的赋予制造、加工后所得货物基本特征的主要工序。

4. 混合标准是指将上述两种或两种以上标准结合起来制定货物的原产地标准。

另外，在国际通行的原产地规则中，除了原产地标准外，还包括一些补充或辅助规则，以确保原产地规则的完整性。补充规则或辅助规则主要分为累积规则、微小加工及处理规则、微小含量规则等。累积规则主要用于优惠原产地规则当中。

为保障缔约各方的优惠贸易利益，目前大多数国家的优惠原产地规则中都设有直接运输规则条款。

四、我国优惠原产地管理

为加强我国优惠原产地的统一管理，海关总署于 2009 年 1 月发布了《优惠原产地管理规定》。《优惠原产地管理规定》与各项自由贸易协定和优惠贸易安排项下的原产地管理办法，初步构成我国优惠原产地管理的基本框架。

（一）优惠原产地管理规定的主要内容

1. 适用范围

适用于对优惠贸易项下进出口货物原产地管理。

2. 原产地标准

《优惠原产地管理规定》就优惠贸易项下普遍适用的原产地认定作了统领性规定。对于完全在一国（地区）获得或者生产的货物，适用完全获得标准。对于非完全在一国（地区）获得或者生产的货物，适用实质性改变标准。

（1）完全获得标准

完全获得，即从优惠贸易协定成员国或者地区（以下简称成员国或者地区）直接运输进口的货物是完全在该成员国或者地区获得或者生产的，这些货物指：

① 在该成员国或者地区境内收获、采摘或者采集的植物产品；

② 在该成员国或者地区境内出生并饲养的活动物；

③ 在该成员国或者地区领土或者领海开采、提取的矿产品；

④ 其他符合相应优惠贸易协定项下完全获得标准的货物。

原产于优惠贸易协定某一成员国或者地区的货物或者材料在同一优惠贸易协定另一成员国或者地区境内用于生产另一货物，并构成另一货物组成部分的，该货物或者材料应当视为原产于另一成员国或者地区境内。

为便于装载、运输、储存、销售进行的加工、包装、展示等微小加工或者处理，不影响货物原产地确定。在货物生产过程中使用，本身不构成货物物质成分，也不成为货物组成部件的材料或者物品，其原产地不影响货物原产地确定。

（2）实质性改变标准

主要分税则归类改变标准、区域价值成分标准、制造加工工序标准、其他标准。

① 税则归类改变，是指原产于非成员国或者地区的材料在出口成员国或者地区境内进行制造、加工后，所得货物在《协调制度》中税则归类发生了变化。

② 区域价值成分，是指出口货物船上交货价格（FOB）扣除该货物生产过程中该成员国或者地区非原产材料价格后，所余价款在出口货物船上交货价格（FOB）中所占的百分比。

区域价值成分=[货物的出口价格(FOB)-非原产材料价格]÷货物的出口价格(FOB)×100%

不同协定框架下的优惠原产地规则均包含区域价值成分标准，但各有不同。相关贸易协定的“区域价值成分标准”见以下“（二）各项优惠原产地管理措施主要内容”部分。

③ 制造加工工序，是指赋予加工后所得货物基本特征的主要工序。

④ 其他标准，是指除上述标准之外，成员国或者地区一致同意采用的确定货物原产地的其他标准。

3. 直接运输规则

“直接运输”是指优惠贸易协定项下进口货物从该协定成员国或者地区直接运输至中国境内，途中未经过该协定成员国或者地区以外的其他国家或者地区。

原产于优惠贸易协定成员国或者地区的货物，经过其他国家或者地区运输至中国境内，不论在运输途中是否转换运输工具或者作临时储存，同时符合下列条件的，视为“直接运输”：

（1）该货物在经过其他国家或者地区时，未作除使货物保持良好状态所必须处理以外的其他处理；

（2）该货物在其他国家或者地区停留的时间未超过相应优惠贸易协定规定的期限；

（3）该货物在其他国家或者地区作临时储存时，处于该国家或者地区海关监管之下。

不同协定框架下的优惠原产地规则均包含“直接运输”规则，相关贸易协定的“直接运输”规则见以下“（二）各项优惠原产地管理措施主要内容”部分。

为便利各优惠贸易安排中“直接运输”条款的实施，对于经香港或澳门之外的第三方中转的自贸协定项下货物，进口单位申报适用协定税率或特惠税率时向海关提交符合要求的运输单证；对经香港或澳门中转的货物，可提交“中转确认书”或符合规定的运输单证，海关可不再要求提交中转地海关出具的证明文件。

4. 原产地证书及签证机构

原产地证书是证明产品原产地的书面文件，是受惠国的产品出口到给惠国时享受关税优惠的重要凭证。香港 CEPA、澳门 CEPA、《海峡两岸经济合作框架协议》项下原产地证书所列货物税则号列与海关认定的实际进口货物税则号列前 8 位应当相同；其他优惠贸易协定货物原产地证书所列货物税则号列与海关认定的实际进口货物税则号列前 6 位应当相同。进口原产地证书签发机构在各自由贸易协定或优惠贸易安排中均有明确的规定，进口申报时必须提供指定机构签发的原产地证书。另外，部分自由贸易协定项下进口货物规定了可凭规定格式的原产地声明代替原产地证书。对低于一定金额的货物，部分自由贸易协定还规定了可免于提交原产地证书或原产地声明。各自规定的具体情形见“（二）各项优惠原产地管理措施主要内容”及后附的“各优惠贸易协定原产地声明、限额及电子信息交换情况表”。

按照规定，我国海关、中国国际贸易促进会及其地方分会（以下称贸促机构）有权签发优惠贸易协定项下出口货物原产地证书。

出口优惠原产地证书申领流程与非优惠原产地证书基本一致（参见“五、我国非优惠原产地管理”中相应内容）。但需要注意以下主要区别：优惠原产地证书项下原产地的确定依据是各优惠贸易协定或安排规定的标准，有资质签证机构签发的原产地证书需要按照协议约定签字盖章。对需要在原产地证书上手工签字的，申请人需要注意签证机构手签笔迹是否工整、清晰、易于识别，并与备案笔迹一致。目前，我国签发中国—东盟自贸协定原产地证书和中国—巴基斯坦优惠原产地证书，需要手工签字。

5. 申报及审核要求

（1）申报要求

货物申报进口时，进口货物收货人或者其代理人（以下称“进口人”）应当按照海关的申报规定填制“中华人民共和国海关进口货物报关单”，申明适用协定税率或者特惠税率。

①选择“通关无纸化”方式申报

A. 对尚未实现原产地电子信息交换的优惠贸易协定项下进口货物，通过“优惠贸易协定原产地要素申报系统”填报原产地证据文件电子数据和直接运输规则承诺事项，在申报进口时以电子方式扫描上传原产地证据文件。

对经香港或澳门中转，符合以下情形的自贸协定项下货物，应提交“中转确认书”①：经香港中转的需进行预检验的货物（包括集装箱运输及散装货物），应当提交中检公司签发的“中转确认书”；在香港中转期间非因预检验开箱的集装箱运输货物，以及无须预检验的散装货物，应当提交香港海关签发的“中转确认书”；在香港中转期间未开箱的集装箱运输货物，应当提交香港海关或中检公司签发的“中转确认书”；经澳门中转的货物，应当提交澳门海关签发的“中转确认书”。以下情形无须提交“中转确认书”：空运或海运进口货物，国际班轮运输经营者及其委托代理人、民用航空运输企业、经营国际快递业务的企业等出具了单份运输单证。该运输单证应在同一页上载明始发地为进口货物的原产国（地区）境内，且目的地为中国内地。原产于内陆国家（地区）的海运进口货物，始发地可为其海运始发地；已实现原产地电子数据交换的自由贸易协定（如《海峡两岸经济合作框架协议》《中国—韩国自由贸易协定》等）项下集装箱运输货物，也可提交能够证明货物在运输过程中集装箱箱号、封志号未发生变动的全程运输单证。

对于经香港或澳门之外的第三方中转的进口货物，进口人申报适用协定税率或特惠税率时向海关提交下列运输单证之一的，海关不再要求提交中转地海关出具的证明文件：对空运或海运进口货物，经营国际快递业务的企业、民用航空运输企业、国际班轮运输经营者及其委托代理人出具的单份运输单证。该运输单证应在同一页上载明始发地为进口货物的原产国（地区）境内，且目的地为中国境内。原产于内陆国家（地区）的海运进口货

① 自 2017 年 7 月 10 日起，如果海关已收到有关“中转确认书”电子信息，且与进口人申报内容一致，海关不再要求进口人提交“中转确认书”正本。海关未收到相关“中转确认书”电子信息或认为有必要时，仍应当提交“中转确认书”正本。

物，始发地可为其海运始发地；对已实现原产地电子数据交换的《海峡两岸经济合作框架协议》等协定项下集装箱运输货物，也可提交能够证明货物在运输过程中集装箱箱号、封志号未发生变动的全程运输单证。海关对相关运输单证有疑问的，进口人应当补充提交相关资料。

B. 对已实现原产地电子信息交换的优惠贸易协定项下进口货物，无须填报原产地证据文件电子数据和直接运输规则承诺事项，也无须以电子方式上传原产地证据文件。海关认为有必要时，进口人应当补充提交原产地单证正本。

②选择“有纸报关”方式申报

进口人仍按现行规定提交原产地单证纸质文件及提交符合直接运输规则的证明文件。

除以上直接进口货物外，有关优惠协定或安排下的保税监管转内销货物同样适用《优惠原产地管理规定》。非海关特殊监管区域及保税监管场所内的保税货物内销拟适用协定税率或者特惠税率的，需要满足以上直接进口货物的所有条件。海关特殊监管区域及保税监管场所内销保税货物，对于尚未实现通过相关原产地电子信息交换系统传输原产地证据文件电子数据，拟适用协定税率或者特惠税率的，货物在首次进入区域（场所）前，进口人即应通过预录入客户端的“海关特殊监管区域原产地”功能模块录入原产地证据文件的电子数据；对于已通过相关原产地电子信息交换系统传输原产地证据文件电子数据的贸易安排项下货物，不必进行此项操作。在货物进入区域（场所）、进境内销或者出境时，进口人应当按照海关总署公告 2016 年第 51 号的相关规定填制“中华人民共和国海关进（出）口货物报关单”和“中华人民共和国海关进（出）境货物备案清单”，提交符合规定的原产地证书等单证，海关经确认货物与原产地证书上列明货物一致，货物符合“直接运输”相关规定，对有关货物给予相应的协定税率或者特惠税率待遇。

我国货物申报出口时，出口货物发货人应当按照海关的申报规定填制“中华人民共和国海关出口货物报关单”，并向海关提交原产地证书电子数据或者原产地证书正本的复印件。

（2）审核要求

进口人向海关提交的原产地证书，应当符合相应优惠贸易协定关于证书格式、填制内容、签章、提交期限等规定，并与商业发票、报关单等单证的内容相符。报关单所列货物数量不得超过原产地证书上该商品的数量。原产地证书“收货人”栏（或“货物运至”栏）所列的收货人应当为中国境内企业。当“收货人”栏（或“货物运至”栏）不是中方实际收货人或者非中国境内企业时，我方境内实际收货人应当出示合同、发票等商业单证，证明其与原产地证书上的收货人存在商业贸易关系。出具货物商业发票的出口商是否为货物原产地的出口商，不影响海关对货物原产地的认定。

原产地证书与报关单的关系：一份报关单应当对应一份原产地证书；一份原产地证书应当对应同一批次进口货物。“同一批次”进口货物指由同一运输工具同时运抵同一口岸，并且属于同一收货人，使用同一提单的进口货物。对于客观原因（集装箱货物因海河联运需大船换小船、因海陆联运需分车运输，陆路运输集装箱货物需大车换小车以及其他多式联运情况下同一批次货物在中转地需要分拆由多个小型运输工具进行中转运输的情况等）导致有关进口货物在运抵中国关境（运抵口岸）前必须分批运输的情况，不影响同一批次的认定。同一批次出口货物比照上述规定进行审核认定。

海关对上述单证有疑问的，进出口人应当补充提交相关资料。

6. 补充申报及保证金收取

进口申报时未按照规定提交原产地证书或原产地声明的，进口货物收货人或其代理人应就货物是否具备原产地资格进行补充申报。按照规定补充申报的，海关可根据申请，按照协定税率或特惠税率收取等值保证金后放行货物。保证期限内提交相应原产地证书或原产地声明的，正常核销结案；超过保证期限的，海关将不准予适用协定税率计征税款。

7. 原产地标记

优惠贸易协定项下进出口货物及其包装上标有原产地标记的，其原产地标记所标明的原产地应当与依照《优惠原产地管理规定》有关规定确定的货物原产地一致。

8. 货物查验

按照规定，为确定货物原产地是否与进出口货物收发货人提交的原产地证书及其他单证相符，海关可以对进出口货物进行查验，通过验核原产地标记、规格型号、品质、货柜号码及封志，必要时采取取样化验等方式判定货物原产地。具体程序依照《中华人民共和国海关进出口货物查验管理办法》的有关规定办理。

9. 原产地核查

海关认为需要对进口货物收货人或其代理人提交的原产地证书的真实性、货物是否原产于优惠贸易协定成员国或者地区进行核查的，应当按照该货物适用的最惠国税率、普通税率或者其他税率收取相当于应缴税款的等值保证金放行货物。

海关认为必要时，可以对优惠贸易协定项下出口货物原产地进行核查，以确定其原产地。应优惠贸易协定成员国或者地区要求，海关可以对出口货物原产地证书或者原产地进行核查，并应当在相应优惠贸易协定规定的期限内反馈核查结果。

10. 不适用协定或者特惠税率情形

（1）进口货物收货人或其代理人在货物申报进口时没有提交有效原产地证书、原产地声明，也未就进口货物是否具备原产地资格向海关补充申报的；

（2）进口货物收货人或其代理人未提供商业发票、运输单证等其他商业单证，也未提交其他证明文件的；

（3）经查验或原产地核查，确认货物原产地与申报内容不符，或者无法确定货物真实原产地的；

（4）未按补充申报相关规定，在货物申报进口之日起一年内补交有效的原产地证书的；

（5）我国海关已要求优惠贸易协定有关成员方签证机构或原产地主管机构开展核查，在规定期限内未收到核查反馈结果的。

11. 原产地预裁定

进出口货物的收发货人，应当在货物拟进出口 3 个月前（确有正当理由的，可以在货物拟进出口前 3 个月内提出）通过单一窗口“海关事务联系系统”或“互联网+海关”提交“中华人民共和国海关预裁定申请书”及规定的所需资料，向其注册地直属海关提出原产地或原产资格预裁定申请。

海关将自收到预裁定申请书及相关材料之日起 10 日内作出是否受理的决定，如决定受理，自受理之日起 60 日内制发预裁定决定书，并送达申请人，自送达之日起在全国关境内生效，但决定下发前已经进出口的货物，没有溯及力。已作出原产地预裁定决定的货物，自预裁定生效之日起3年内实际进出口时，申请人进出口预裁定列明的同一厂商使用相同材料生产的同一型号货物，应按原产地预裁定决定向海关申报。经海关审核其实际进出口的货物与预裁定决定所述货物相符，且原产地确定标准未发生变化的，海关不再重新确定该进出口货物的原产地；经海关审核其实际进出口的货物与预裁定决定所述货物不相符的，海关应当重新审核确定该进出口货物的原产地。

（二）各项优惠原产地管理措施主要内容

1.《亚太贸易协定》

《亚太贸易协定》的前身为《曼谷协定》，是我国政府首次实施的优惠贸易协定。

（1）原产地标准

① 完全获得标准

与世界海关组织《京都公约》规定的完全获得标准基本一致。

② 实质性改变标准

在生产过程中所使用的非成员国原产的或者不明原产地的材料、零件或产物的总价值不超过该货物船上交货价（FOB）的55%，且最后生产工序在成员国境内完成的货物。其中，原产于最不发达受惠国（即孟加拉国和老挝）的产品的以上比例不超过65%。

（2）直接运输规则

该协议项下的"直接运输"是指进口货物从出口方至我国未经第三方境内。货物运输途中经过非成员国，无论是否在这些国家或者地区转换运输工具或者作临时储存，同时符合下列条件的，应当视为"直接运输"：

① 由于地理原因或者仅出于运输需要；

② 货物未在这些国家或者地区进入贸易或者消费领域；

③ 货物在经过这些国家或者地区时未作除装卸或者其他为使货物保持良好状态所必须处理以外的其他处理。

《亚太贸易协定》项下韩国原产货物，如果海关已收到有关原产地证书电子信息，进口人能够提交证明相关货物的集装箱箱号、封志号在运输过程中未发生变动的全程运输单证，海关将视为符合直接运输规则。

（3）原产地证书

进口原产地证书应由出口成员国政府指定机构签发。

《亚太贸易协定》原产地证书应当同时符合以下3个条件：由该成员国政府指定机构以手工或者电子形式签发；符合《〈亚太贸易协定〉项下原产地管理办法》附件所列格式，用国际标准A4纸印制，所用文字为英文；证书印章与该成员国通知中国海关的印章印模相符。

原产地证书自签发之日起1年内有效，不得涂改和叠印，所有未填空白之处应当予以划去，以防事后填写。

（4）通关管理措施

① 提交单证

货物申报进口时，进口货物收货人应当按照海关的申报规定填制"中华人民共和国海关进口货物报关单"，申明适用《亚太贸易协定》协定税率或者特惠税率，并同时提交下列单证：

A. 由《亚太贸易协定》成员国政府指定的机构在货物出口时签发或者货物装运后3

个工作日内签发的原产地证书正本。因不可抗力不能在原产地证书签发之日起 1 年内提交原产地证书的，进口货物收货人还应当一并提交证明材料。

为进一步促进《亚太贸易协定》项下进出口货物通关便利，“亚太贸易协定项下中韩原产地电子信息交换系统”已上线运行。货物进口申报环节，如果海关已收到韩国原产地证书电子信息，且与进口人申报内容一致，海关不再要求进口人提交原产地证书正本。海关认为有必要时，进口人应当补充提交相关原产地证书正本。《亚太贸易协定》下其他国家暂未实现电子信息联网核查。

B. 货物商业发票正本、装箱单及其相关运输单证。货物经过其他国家或者地区运输至我国境内的，进口货物收货人应当按照上述“（一）优惠原产地管理规定的主要内容”中“5. 申报及审核要求”描述提供符合直接运输规则的相关文件。

② 补充申报

货物进口时，进口货物收货人及其代理人未能提交原产地证书的，应当在报关时就进口货物是否具备原产地资格通过提交《中华人民共和国海关进出口货物优惠原产地管理规定》进口货物原产地资格声明的方式向海关补充申报，向海关补充申报的，海关可以根据进口货物收货人或其代理人的申请，收取相当于应缴税款的等值保证金先行办理放行手续。

③ 拒绝给惠

货物申报进口时，进口货物收货人及其代理人未申明适用《亚太贸易协定》协定税率或者特惠税率，也未同时提交《亚太贸易协定》成员国政府指定机构签发的原产地证书正本（或海关未收到符合要求的原产地证书电子信息）的，其申报进口的货物不适用《亚太贸易协定》协定税率或者特惠税率，海关应当依法选择按照该货物适用的最惠国、普通或者其他税率计征关税及进口环节海关代征税。拒绝给惠的全部情形见上述“（一）优惠原产地管理规定的主要内容 10”。

进口货物收货人或其代理人在货物征税放行后向海关提交原产地证书的，海关不予受理，已征税款不予调整。

④ 原产地验核

在货物申报进口时，海关应对原产地证书的格式、内容、签章、有效期等栏目进行认真审核，并确保报关单申报内容与原产地证书、商业发票等单证内容相符。

海关对原产地证书的真实性或货物原产地的准确性存在怀疑时，可向出口方有关机构提出核查要求。核查期间，海关可依法选择按照该货物适用的最惠国税率、普通税率和其他税率收取相当于应缴税款的等值保证金后放行货物。根据核查结果，办理保证金退还或保证金转税手续。

进口货物属于国家限制进口的，或者有违法嫌疑的，在原产地证书核查完毕前，海关不予放行货物。

2.《中国—东盟自由贸易协定》

2002 年 11 月，中国与东盟国家签订了《中国—东盟自由贸易协定》，由此正式启动中国—东盟自由贸易区进程。目前，中国与东盟 6 个老成员国取消了大部分产品关税，初步建成中国—东盟自由贸易区。

（1）原产地标准

① 完全获得标准

与世界海关组织《京都公约》规定的完全获得标准基本一致。

② 实质性改变标准

在东盟成员国非完全获得或者生产的货物，其生产过程中使用的非原产于中国—东盟自贸区的材料、零件或者产品的总价格不超过该货物船上交货价格（FOB）的60%，并且最后生产工序在东盟成员国境内完成，或者其生产过程中使用的原产于任一东盟成员国的中国—东盟自贸区成分不低于该货物船上交货价格（FOB）的40%。

（2）直接运输规则

该协议项下的“直接运输”是指进口货物从东盟成员国直接运输至我国境内，途中没有经过中国—东盟自贸区成员国以外的其他国家或者地区。原产于东盟成员国的货物，经过其他国家或者地区运输至我国，不论在运输中是否转换运输工具或者作临时储存，同时符合下列条件的，应当视为“直接运输”：

① 该货物经过这些国家或者地区仅是由于地理原因或者运输需要；

② 未进入这些国家或者地区进行贸易或者消费；

③ 该货物经过这些国家或者地区时，未作除装卸或者为使货物保持良好状态所必须处理以外的其他处理。

（3）原产地证书

进口原产地证书应由出口成员国政府指定机构签发。

进口货物收货人或其代理人向海关提交的原产地证书、流动证明应当同时符合下列条件：

由东盟成员国签证机构签发；符合规定格式，以英文填制；原产地证书、流动证明的签证机构印章、签证人员签名，与东盟成员国通知中国海关的签证机构印章、签证人员签名样本相符；所列的一项或者多项货物为同一批次的进口货物；仅有一份正本，并且具有不重复的原产地证书编号；注明确定货物具有原产资格的依据。

该协议项下进口货物原产地证书应当由东盟成员国签证机构在货物装运前或者装运时签发。因不可抗力未能在货物装运前或者装运时签发的，可以在货物装运后 3 天内签发。进口货物原产证书自签发之日起 1 年内有效。

（4）通关管理措施

① 提交单证

货物申报进口时，进口货物收货人或其代理人应当按照海关的申报规定填制“中华人民共和国海关进口货物报关单”，申明适用中国—东盟自贸区协定税率，并提交下列单证：

A. 由东盟成员国签证机构签发的有效原产地证书正本或有效流动证明正本。

B. 货物的商业发票正本、装箱单及其相关运输单证。货物经过其他国家或者地区运输至我国境内的，进口货物收货人应当按照上述“（一）优惠原产地管理规定的主要内容”中“5. 申报及审核要求”描述提供符合直接运输规则的相关文件。

原产于东盟成员国的进口货物，每批船上交货价格（FOB）不超过 200 美元的，免于提交原产地证书或者流动证明。进口货物收货人应当同时按照有关要求就进口货物具备原产资格进行书面声明。

② 补充申报、拒绝给惠、原产地验核

与《亚太贸易协定》规定基本一致。

3. 香港 CEPA、澳门 CEPA

2003 年 6 月与 10 月，中央政府分别与香港、澳门特别行政区政府签署了内地与香港 CEPA、内地与澳门 CEPA，于 2004 年 1 月 1 日正式实施。

（1）原产地标准

① 完全获得标准

香港 CEPA、澳门 CEPA 与世界海关组织《京都公约》规定的完全获得标准基本一致。

② 实质性改变标准

香港 CEPA、澳门 CEPA 实质性加工认定标准包括制造加工工序标准、税号改变标准、从价百分比标准及混合标准。

以《税则》为基础，制定了“享受货物贸易优惠措施的货物原产地标准表”，具体产品原产地标准与税目逐一对应。其中，税则改变标准是指非原产材料经过加工生产后，所得产品的 4 位数级税则归类发生变化。港澳 CEPA 项下从价百分比标准要求，在港澳获得的原料、组合零件、劳工价值和产品开发支出价值的合计，与在港澳生产或获得产品 FOB 价的比例应不低于 30%。

（2）直接运输规则

① 香港 CEPA

从香港直接运输至内地口岸，中途不得经过第三方关境。

② 澳门 CEPA

从澳门货物直接运输至内地口岸。货物经香港运输的，同时符合下列条件的，应当视为“直接运输”：

A. 基于地理原因或运输需要；

B. 未进入香港进行贸易或消费；

C. 除装卸或保持货物处于良好状态所需的工作外，在香港未进行任何其他加工。

（3）原产地证书

香港 CEPA 原产地证书签发机构包括香港工贸署、香港总商会、香港印度商会、香港工业总会、香港中华厂商联合会、香港中华总商会 6 家机构。澳门 CEPA 原产地证书签发机构为澳门经济局。

为确保内地与香港 CEPA、内地与澳门 CEPA 项下原产地规则有效实施，双方采取联网核查方式对零税率进口货物进行管理。

原产地证书应同时符合下列条件：原产地证书具有唯一的编号，一份原产地证书只能对应同一批次输入内地的货物，列明指定的单一到货口岸，商品编码按照 8 位数级税号填写，计量单位按照实际成交计量单位填写，不许涂改及叠印，商定格式中文填写。

原产地证书有效期为签发之日起 120 天。

（4）通关管理措施

① 单证提交

货物申报进口时，进口货物收货人或其代理人应当按照海关的申报规定填制“中华人民共和国海关进口货物报关单”，申明适用零关税，并提交由授权签证机构签发的有效原产地证书正本。

如果是澳门 CEPA 项下原产于澳门的受惠商品，且经过香港转运至内地口岸的，除上述单证之外，进口货物收货人还应当按照上述“（一）优惠原产地管理规定的主要内容”中“5. 申报及审核要求”描述提供符合直接运输规则的相关文件。

原产地证书已实现联网，经海关联网核查无误的，按照零关税办理货物进口手续。经海关核对确认无效的，不适用协定关税。

② 原产地验核

与《亚太贸易协定》规定基本一致。

4. 对台湾农产品零关税优惠措施

为积极支持和促进新形势下两岸经济发展，推动两岸农业合作与互补，经国务院批准，自 2005 年 8 月 1 日起，大陆对原产于台湾地区的农产品实施零关税。截至 2017 年 7 月，上述实行零关税的农产品共涉及 73 个税则号列。

（1）原产地标准

实行完全获得标准：

① 水果和蔬菜的原产地标准为在台湾地区完全获得，即在台湾地区收获、采摘、或采集。

② 水产品的原产地标准为在台湾地区完全获得，即在台湾地区养殖或者由台湾籍渔船在远洋、近海捕捞。

（2）直接运输规则

享受零关税的台湾原产农产品，应符合以下运输要求：

① 直接从台湾本岛、澎湖、金门、马祖运输到大陆关境口岸；

② 经香港、澳门或日本石垣岛转运到大陆关境口岸。

经过上述地点转运的，在进口申报时须向海关提交在台湾地区签发的并以台湾地区为启运地的运输单证。

（3）原产地证书

进口原产地证书应由经海关总署认可的台湾地区有关机构和民间组织签发。

进口货物收货人或其代理人向海关提交的原产地证书应当符合下列条件：由经认可的相关机构和民间组织签发，所列一项或多项货物应当为同一批次进口货物。

（4）通关管理措施

① 单证提交

货物申报进口时，进口货物收货人或其代理人应当按照海关的申报规定填制“中华人民共和国海关进口货物报关单”，申明适用零税率，并提交下列单证：

A. 由授权签证机构签发的有效原产地证书正本；

B. 货物的商业发票正本、装箱单及其相关运输单证。

货物经过其他国家或者地区运输至我国境内的，进口货物收货人应当按照上述“（一）优惠原产地管理规定的主要内容”中“5. 申报及审核要求”描述提供符合直接运输规则的相关文件。

每批货物经海关依法审定的完税价格不超过 600 美元的，进口货物收货人或其代理人可免予提交原产地证书，但对上述货物，进口货物收货人或其代理人应当同时提交规定格式的原产地声明，原产地声明所列的一项或者多项货物应为同一批次的进口货物，且仅对应一份“进口货物报关单”。

② 具保放行

台湾原产的农产品进口时，进口人申明享受零关税，但未能提交符合规定的原产地证书的，海关可先收取保证金放行货物，并要求进口人在保证期限内补交符合规定的原产地证书。逾期未提交的，海关按照最惠国税率照章征税。

5.《中国—巴基斯坦自由贸易协定》

2006 年 11 月，《中国—巴基斯坦自由贸易协定》签订，自 2007 年 7 月 1 日正式实施。

（1）原产地标准

① 完全获得标准

与世界海关组织《京都公约》规定的完全获得标准基本一致。

② 实质性改变标准

非完全获得或者生产的货物，其生产过程中使用的非原产的材料、零件或者产品的总价格不超过该货物船上交货价格（FOB）的 60%。

（2）直接运输规则

该协议项下的“直接运输”是指进口货物从出口方至我国未经第三方境内。如运输途中经过其他国家或者地区运输至我国，不论在运输中是否转换运输工具或者作临时储存，同时符合下列条件的，应当视为“直接运输”：

① 该货物经过这些国家或者地区仅是由于地理原因或者运输需要；

② 未进入这些国家或者地区进行贸易或者消费；

③ 该货物经过这些国家或者地区时，未作除装卸或者为使货物保持良好状态的处理外，货物未经任何其他加工。

（3）原产地证书

进口原产地证书应由出口国政府指定机构签发。

进口货物收货人或其代理人向海关提交的原产地证书应当同时符合下列条件：由巴方指定签证机构签发；符合双方商定格式，以英文填制；原产地证书签证机构印章、签证人员签名，与巴方通知中国海关的签证机构印章、签证人员签名样本相符；不得涂改和叠印。

该协议项下进口货物原产地证书应当在货物出口前、出口时或货物实际出口后 15 日内签发；因不可抗力未能在出口前、出口时或出口后 15 日内签发的，可在货物装运之日起 1 年内补发，但要注明“补发”字样。除不可抗力外，中巴自贸协定项下原产地证书应当自签发之日起 6 个月之内向我国海关提交。若货物经过一个或者多个中国和巴基斯坦之外的国家或者地区运输的，其原产地证书提交期限延长至 8 个月。

（4）通关管理措施

① 单证提交

货物申报进口时，进口货物收货人或其代理人应当按照海关的申报规定填制“中华人民共和国海关进口货物报关单”，申明适用中国—巴基斯坦自贸区协定税率，并提交下列单证：

A. 由指定签证机构签发的有效原产地证书正本。

B. 货物的商业发票正本、装箱单及其相关运输单证。货物经过其他国家或者地区运输至我国境内的，进口货物收货人应当按照上述“（一）优惠原产地管理规定的主要内容”中“5. 申报及审核要求”描述提供符合直接运输规则的相关文件。

原产于巴基斯坦的进口货物，每批船上交货价格（FOB）不超过 200 美元的，免于提交原产地证书。进口货物收货人应当同时按照有关要求就进口货物具备原产资格进行书面声明。

② 补充申报、拒绝给惠、原产地验核

与《亚太贸易协定》规定基本一致。

6.《中国—智利自由贸易协定》

2005 年 11 月，我国与智利政府签订《中国—智利自由贸易协定》，自 2006 年 10 月 1 日起正式实施，这是我国与拉美国家签署的第一个自由贸易协定。

（1）原产地标准

① 完全获得标准

与世界海关组织《京都公约》规定的完全获得标准基本一致。

② 实质性改变标准

除产品特定规则清单列明货物外，非完全获得或者生产的货物，其生产过程中使用的非原产的材料、零件或者产品的总价格不超过该货物船上交货价格（FOB）的 60%，即区域价值成分不得少于 40%。产品特定规则清单列明的货物符合相应“章改变标准”“4 位级税号改变标准”“区域价格成分不少于 50%标准”的，原产国为智利。

（2）直接运输规则

该协议项下的“直接运输”是指进口货物从出口方至我国未经第三方境内。如运输途中经过其他国家或者地区运输至我国，不论在运输中是否转换运输工具或者作临时储存，同时符合下列条件的，应当视为“直接运输”：

① 由于地理原因或者运输需要；

② 该货物在经过其他国家或者地区时，未作除装卸和为使货物保持良好状态或者运输所必须处理以外的其他处理；

③ 未进入该国家或者地区进行贸易或者消费。

不论该货物是否换装运输工具，其进入所经过的其他国家或者地区停留时间最长不得超过 3 个月。

（3）原产地证书

原产地证书应由出口国政府指定机构签发。

进口货物收货人或其代理人向海关提交的原产地证书应当同时符合下列条件：由智利政府指定签证机构签发；符合双方商定格式，以英文填制，并且加盖有“正本（ORIGINAL）”字样的印章；所列的一项或者多项货物应为同一批次的进口货物；一份原产地证书应仅对应一份“进口货物报关单”。

该协议项下进口货物原产地证书应当在货物出口前或出口后 30 天内签发。原产地证书自出口方签发之日起 1 年内有效。

（4）通关管理措施

① 提交单证

货物申报进口时，进口货物收货人或其代理人应当按照海关的申报规定填制“中华人民共和国海关进口货物报关单”，申明适用中国—智利自贸区协定税率，并提交下列单证：

A. 由指定签证机构签发的有效原产地证书正本；

B. 在智利境内签发的提单；

C. 货物的商业发票正本。

货物经过其他国家或者地区运输至我国境内的，进口货物收货人应当按照上述“（一）优惠原产地管理规定的主要内容”中“5. 申报及审核要求”描述提供符合直接运输规则的相关文件。

原产于智利的进口货物，每批船上交货价格（FOB）不超过600美元的，免于提交原产地证书。进口货物收货人应当同时按照有关要求就进口货物具备原产资格进行书面声明。

② 补充申报、拒绝给惠、原产地验核

与《亚太贸易协定》规定基本一致。

7.《中国—新西兰自由贸易协定》

2007年12月，《中国—新西兰自由贸易协定》签订，自2008年10月1日起正式实施，这是我国与发达国家签署的第一个自由贸易协定。

（1）原产地标准

① 完全获得标准

与世界海关组织《京都公约》规定的完全获得标准基本一致。

② 实质性改变标准

以全税则为基础对税则中的各项商品逐一制定原产地标准。原产地标准包括税则归类改变标准及区域价值成分标准、加工工序标准等。

（2）直接运输规则

该协议项下的“直接运输”是指进口货物从出口方至我国未经第三方境内。如运输途中经过其他国家或者地区运输至我国，不论在运输中是否转换运输工具或者作临时储存，同时符合下列条件的，应当视为“直接运输”：

① 货物在第三方境内未进入贸易或消费领域；

② 未作除装卸或者其他为使货物保持良好状态所必须处理以外的其他处理。

相关货物在第三方境内停留时间最长不超过6个月。

（3）原产地证书

原产地证书应由出口国授权机构签发。

进口货物收货人或其代理人向海关提交的原产地证书应当同时符合下列条件：由新西兰政府授权的3家机构签发，并加盖“正本”字样印章；符合双方商定格式，以英文填制；原产地证书签证机构印章、签证人员签名，与新西兰通知中国海关的签证机构印章、签证人员签名样本相符；具有不重复的原产地证书编号；所列一项或多项货物应当为同一批次进口货物；注明确定货物具有原产资格的依据。

该协议项下进口货物原产地证书自出口方签发之日起1年内有效。

（4）通关管理措施

① 单证提交

货物申报进口时，进口货物收货人或其代理人应当按照海关的申报规定填制“中华人民共和国海关进口货物报关单”，申明适用中国—新西兰自贸区协定税率，并提交下列单证：

A. 由授权签证机构签发的有效原产地证书正本。为进一步促进《中新（西兰）自由贸易协定》项下进出口货物通关便利，“中新（西兰）贸易协定项下原产地电子信息交换系统”已上线运行。货物进口申报环节，如果海关已收到有关原产地证书电子信息，且与进口人申报内容一致，海关不再要求进口人提交原产地证书正本。海关认为有必要时，进口人应当补充提交相关原产地证书正本。

B. 货物的商业发票正本、装箱单及其相关运输单证。货物经过其他国家或者地区运输至我国境内的，进口货物收货人应当按照上述“（一）优惠原产地管理规定的主要内容”中“5. 申报及审核要求”描述提供符合直接运输规则的相关文件。

原产于新西兰的进口货物，每批经海关审定的货物完税价格不超过 1 000 美元的，可免于提交原产地证书，但进口货物收货人应当提交符合规定格式的原产地声明。

② 补充申报、拒绝给惠、原产地验核

与《亚太贸易协定》规定基本一致。

8.《中国—新加坡自由贸易协定》

2008 年 10 月，《中国—新加坡自由贸易协定》签订，自 2009 年 1 月 1 日起正式实施。

(1) 原产地标准

① 完全获得标准

与世界海关组织《京都公约》规定的完全获得标准基本一致。

② 实质性改变标准

除列入产品特定原产地规则清单货物外，其他非完全获得或者生产的货物，其生产过程中使用的非原产的材料、零件或者产品的总价格不超过该货物船上交货价格（FOB）的 60%。

对于列入产品特定原产地规则清单货物，适用《中国—新加坡自由贸易协定》项下产品特定原产地规则。

(2) 直接运输规则

该协议项下的“直接运输”是指进口货物从出口方至我国未经第三方境内。如运输途中经过其他国家或者地区运输至我国，不论在运输中是否转换运输工具或者作临时储存，同时符合下列条件的，应当视为“直接运输”：

① 货物在第三方境内未进入贸易或消费领域；

② 未作除装卸或任何其他为使货物保持良好状态必须处理以外的其他处理；

③ 经过这些国家或者地区仅是由于地理原因或者运输需要。

相关货物在第三方境内停留时间最长不超过 3 个月。

(3) 原产地证书

原产地证书应由新加坡授权机构签发。

进口货物收货人或其代理人向海关提交的原产地证书应当同时符合下列条件：由新加坡授权机构签发；符合双方商定格式，以英文填制；原产地证书签证机构印章，与新加坡通知中国海关的签证机构印章样本相符；所列一项或多项货物应当为同一批次进口货物。

该协议项下进口货物原产地证书自出口方签发之日起 1 年内有效。

（4）通关管理措施

① 单证提交

货物申报进口时，进口货物收货人或其代理人应当按照海关的申报规定填制“中华人民共和国海关进口货物报关单”，申明适用中国—新加坡自由贸易协定税率，并提交下列单证：

A. 由授权签证机构在货物出口前、出口时或者在货物装运后3天内签发的有效原产地证书正本。

B. 货物的商业发票正本、装箱单及其相关运输单证。货物经过其他国家或者地区运输至我国境内的，进口货物收货人应当按照上述“（一）优惠原产地管理规定的主要内容”中“5. 申报及审核要求”描述提供符合直接运输规则的相关文件。

原产于新加坡的进口货物，每批货物出口价格（FOB）不超过600美元的，免于提交原产地证书。进口货物收货人应当同时按照有关要求就进口货物具备原产资格进行书面声明。

② 补充申报、拒绝给惠、原产地验核

与《亚太贸易协定》规定基本一致。

9.《中国—秘鲁自由贸易协定》

2009年4月，《中国—秘鲁自由贸易协定》签订，自2010年3月1日起正式实施，是我国与拉美国家签署的第二个自由贸易协定，也是我国与拉美国家签署的首个一揽子自由贸易协定。

（1）原产地标准

① 完全获得标准

与世界海关组织《京都公约》规定的完全获得标准基本一致。

② 实质性改变标准

以全税则为基础对税则中的各项商品逐一制定原产地标准。原产地标准包括税则归类改变标准及区域价值成分标准、加工工序标准等。

（2）直接运输规则

该协议项下的“直接运输”是指进口货物从出口方至我国未经第三方境内。如运输途中经过其他国家或者地区运输至我国，不论在运输中是否转换运输工具或者作临时储存，同时符合下列条件的，应当视为“直接运输”：

① 货物在第三方境内未进入贸易或消费领域；

② 该货物在经过这些国家或者地区时，未作除装卸、重新包装或者其他为使货物保持良好状态所必须处理以外的其他处理。

相关产品在第三方境内停留时间最长不超过3个月。

（3）原产地证书

原产地证书应由出口国授权机构签发。

进口货物收货人或其代理人向海关提交的原产地证书应当同时符合下列条件：由秘鲁政府授权机构在出口前或出口时签发；符合双方商定格式，以英文填制；原产地证书签证机构印章与秘鲁通知中国海关的签证机构印章样本相符；所列的一项或者多项货物为同一批次的进口货物；仅有一份正本，具有不重复的原产地证书编号；注明确定货物具有原产资格的依据。

原产地证书自出口方签发之日起 1 年内有效。

（4）通关管理措施

① 单证提交

货物申报进口时，进口货物收货人或其代理人应当按照海关的申报规定填制“中华人民共和国海关进口货物报关单”，申明适用中国—秘鲁自贸区协定税率，并提交下列单证：

A. 由授权签证机构签发的有效原产地证书正本。

B. 货物的商业发票正本、装箱单及其相关运输单证。货物经过其他国家或者地区运输至我国境内的，进口货物收货人应当按照上述“（一）优惠原产地管理规定的主要内容”中“5. 申报及审核要求”描述提供符合直接运输规则的相关文件。

原产于秘鲁的进口货物，每批经海关审定的货物完税价格不超过 600 美元的，免于提交原产地证书。进口货物收货人应当同时按照有关要求就进口货物具备原产资格进行书面声明。

② 补充申报、拒绝给惠、原产地验核

与《亚太贸易协定》规定基本一致。

10. 对最不发达国家特别关税优惠措施①

2003 年，我国首次宣布向老挝、柬埔寨、缅甸三国的部分产品提供特惠关税待遇。截至 2017 年 7 月，可以享受对华贸易特别关税待遇的最不发达国家达到 41 个。目前，我国面向最不发达国家实施的特别关税优惠措施已接近发达国家特惠制的水平。

（1）原产地标准

① 完全获得标准

与世界海关组织《京都公约》规定的完全获得标准基本一致。

② 实质性改变标准

根据产品不同采用税则归类改变标准或者从价百分比标准。税则归类改变标准是指非原产材料在该受惠国境内加工生产后，所得产品在《协调制度》中 4 位数级税则归类发生了变化。从价百分比标准是指在受惠国对非该国原产材料进行制造、加工后的增值部分不小于所得货物出口价格的 40%。

（2）直接运输规则

“直接运输”是指进口货物从出口方至我国未经第三方境内。如运输途中经过其他国家或者地区运输至我国，不论在运输中是否转换运输工具或者作临时储存，同时符合下列条件的，应当视为“直接运输”：

① 未进入这些国家或者地区进行贸易或者消费；

② 该货物经过这些国家或者地区时，未作除装卸和为使货物保持良好状态或者运输所必须处理以外的其他处理；

③ 处于该国家或者地区海关的监管之下。

相关货物在第三方停留时间最长不超过 3 个月。

（3）原产地证书或原产地声明

① 原产地证书

进口原产地证书应由受惠国政府授权机构签发。

① 最不发达国家范围见海关总署 2011 年第 72 号公告。

进口货物收货人或其代理人向海关提交的原产地证书应当同时符合下列条件：由出口受惠国政府指定的原产地证书签发机构在货物出口时或者出口后5日内签发；符合约定格式，以英文填制；符合与受惠国通知中国海关的印章样本相符等安全要求；具有出口受惠国海关加盖的印章；所列的一项或者多项货物为同一批次的进口货物；具有不重复的原产地证书编号；注明确定货物具有原产资格的依据；证书在出口方签发之日起1年内有效。

② 原产地声明

针对最不发达国家进口受惠货物，如海关已经应进口货物收货人或者其代理人申请依法作出原产地裁定，确认进口货物原产地为受惠国的，且该裁定处于有效状态，据以作出该裁定的依据和事实也没有发生变化的，则该裁定项下货物进口时，进口单位无须提交原产地证书，凭规定格式的原产地声明（以中文填制，由进口货物收货人或者其代理人打印后填写并且正确署名，一份原产地声明只能对应一项裁定）适用特惠税率。该声明自署名之日起1年内有效。

（4）通关管理措施

① 单证提交

货物申报进口时，进口货物收货人或其代理人应当按照海关的申报规定填制"中华人民共和国海关进口货物报关单"，申明适用特惠税率，并提交下列单证：

A. 由授权签证机构签发的有效原产地证书正本及第二副本或规定格式的原产地声明；

B. 货物的商业发票正本及货物运输单证。

货物从受惠国直接运输至我国境内，进口货物收货人或者其代理人应当提交在出口受惠国签发的运输单证。

货物经过其他国家或者地区运输至我国境内，进口货物收货人应当按照上述"（一）优惠原产地管理规定的主要内容"中"5. 申报及审核要求"描述提供符合直接运输规则的相关文件。

受惠国为内陆国家，因运输原因货物必须从其他国家启运的，进口货物收货人或者其代理人可以提交国际联运始发的其他国家或者地区签发的联运提单、由出口受惠国运输至签发联运提单的国家或者地区的运输单证及证明符合"直接运输"要求的证明文件。相关货物进入其他国家或者地区停留时间最长不得超过3个月。原产于最不发达国家的进口货物，每批经海关审定的货物完税价格不超过6 000人民币的，可免于提交原产地证书及规定格式的原产地申明。

② 补充申报、拒绝给惠、原产地验核

与《亚太贸易协定》规定基本一致。

11.《海峡两岸经济合作框架协议》

2010年6月29日，我国大陆与台湾签署了《海峡两岸经济合作框架协议》。其内容基本涵盖了两岸间的主要经济活动，是一个综合性的、具有两岸特色的经济协议。

（1）原产地标准

① 完全获得标准

与世界海关组织《京都公约》规定的完全获得标准基本一致。

② 实质性改变标准

采用税则归类改变标准及区域价值成分标准、加工工序标准。具体产品原产地标准与税目逐一对应，并根据每一税目具体规定。

（2）直接运输规则

该协议项下的“直接运输”是指进口货物从台湾直接运至大陆，途中未经过大陆、台湾以外的第三方。如运输途中经过其他国家或者地区运输至我国，不论在运输中是否转换运输工具或者作临时储存，同时符合下列条件的，应当视为“直接运输”：

① 由于地理原因或者运输需要；

② 货物在该第三方未进行贸易或者消费；

③ 除装卸、重新包装或者使货物保持良好状态或者运输所必须处理外，货物在该第三方未经其他处理；

④ 该货物在第三方临时储存时，处于该国家或者地区海关的监管之下。

货物在第三方停留时间最长不超过 60 天。

（3）原产地证书

原产地证书应由台湾授权机构签发。

进口货物收货人或其代理人向海关提交的原产地证书应当同时符合下列条件：由签证机构在货物申报出口前签发；在有效期内；符合规定格式正确填制、署名和签章；仅有一份正本并且具有单一证书编号；所列的货物为同一批次的进口货物，项数不超过 20 项；一份进口报关单所列货物对应一份原产地证书。

该协议项下进口货物原产地证书自出口方签发之日起 1 年内有效。

（4）通关管理措施

① 单证提交

货物申报进口时，进口货物收货人或其代理人应当按照海关的申报规定填制“中华人民共和国海关进口货物报关单”，申明适用协定税率，并提交下列单证：

A. 由台湾签证机构签发的有效原产地证书；

B. 货物的商业发票正本、装箱单及其相关运输单证。

《海峡两岸经济合作框架协议》项下电子信息交换系统已上线运行。货物进口申报环节，如果海关已收到有关原产地证书电子信息，且与进口人申报内容一致，海关不再要求进口人提交原产地证书正本。海关认为有必要时，进口人应当补充提交相关原产地证书正本。

货物经过其他国家或者地区运输至我国境内，进口货物收货人应当按照上述“（一）优惠原产地管理规定的主要内容”中“5. 申报及审核要求”描述提供符合直接运输规则的相关文件。相关货物进入第三方停留时间最长不得超过 60 天。

② 补充申报、拒绝给惠、原产地验核

与《亚太贸易协定》规定基本一致。

12.《中国—哥斯达黎加自由贸易协定》

2010 年 4 月，《中国—哥斯达黎加自由贸易协定》签订，自 2011 年 8 月 1 日起正式实施。

（1）原产地标准

① 完全获得标准

与世界海关组织《京都公约》规定的完全获得标准基本一致。

② 实质性改变标准

采用税则归类改变标准及区域价值成分、制造加工工序标准。具体产品原产地标准与税目逐一对应，并根据每一税目具体规定，增值比例也根据具体产品而有所变化。

（2）直接运输规则

该协议项下的“直接运输”是指进口货物从出口方至我国未经第三方境内。如运输途中经过其他国家或者地区运输至我国，不论在运输中是否转换运输工具或者作临时储存，同时符合下列条件的，应当视为“直接运输”：

① 该货物经过这些国家或者地区仅是由于地理原因或者运输需要；

② 未进入这些国家或者地区进行贸易或者消费；

③ 该货物经过这些国家或者地区时，未作除装卸、重新包装或者其他为使货物保持良好状态所必须处理以外的其他处理；

④ 处于这些国家或地区海关监管之下。

相关产品在第三方境内停留时间最长不超过 3 个月。

（3）原产地证书

原产地证书应由哥斯达黎加政府授权机构签发。

进口货物收货人或其代理人向海关提交的原产地证书应当同时符合下列条件：由哥斯达黎加授权机构在出口前或出口时签发；符合双方商定格式，以英文填制；原产地证书签证机构印章，与哥斯达黎加通知中国海关的签证机构印章样本相符；所列一项或多项货物应当为同一批次进口货物；仅有一份正本且具有不重复的原产地证书编号；注明确定货物具有原产资格的依据。

该协议项下进口货物原产地证书自出口方签发之日起 1 年内有效。

（4）通关管理措施

① 单证提交

货物申报进口时，进口货物收货人或其代理人应当按照海关的申报规定填制“中华人民共和国海关进口货物报关单”，申明适用《中国—哥斯达黎加自由贸易协定》税率，并提交下列单证：

A. 由授权签证机构签发的有效原产地证书正本。

B. 货物的商业发票正本、装箱单及其相关运输单证。货物经过其他国家或者地区运输至我国境内的，进口货物收货人应当按照上述“（一）优惠原产地管理规定的主要内容”中“5. 申报及审核要求”描述提供符合直接运输规则的相关文件。

原产于哥斯达黎加的进口货物，每批货物海关审定完税价格不超过 600 美元的，免于提交原产地证书。进口货物收货人应当同时按照有关要求就进口货物具备原产资格进行书面声明。

② 补充申报、拒绝给惠、原产地验核

与《亚太贸易协定》规定基本一致。

13.《中国—冰岛自由贸易协定》

2013 年 4 月 15 日，《中国—冰岛自由贸易协定》签订，自 2014 年 7 月 1 日起正式实施。

（1）原产地标准

① 完全获得标准

与世界海关组织《京都公约》规定的完全获得标准基本一致。

② 实质性改变标准

采用税则归类改变标准及区域价值成分、制造加工工序标准。具体产品原产地标准与税目逐一对应，并根据每一税目具体规定，增值比例也根据具体产品而有所变化。

（2）直接运输规则

该协议项下的“直接运输”是指进口货物从出口方至我国未经第三方境内。如运输途中经过其他国家或者地区运输至我国，不论在运输中是否转换运输工具或者作临时储存，同时符合下列条件的，应当视为“直接运输”：

① 货物经过这些国家或者地区仅是由于地理原因或者运输需要；

② 未进入这些国家或者地区进行贸易或者消费；

③ 货物经过这些国家或者地区时，未作除装卸、物流分拆或者为使货物保持良好状态所必须处理以外的其他处理；

④ 处于这些国家或地区海关监管之下。

（3）原产地证书或原产地声明

① 原产地证书

原产地证书应由冰岛授权机构签发。

进口货物收货人或其代理人向海关提交的原产地证书应当同时符合下列条件：具有唯一的证书编号；列明同一批进口货物的一项或者多项货物；注明货物具有原产资格的依据；具有冰岛通知中国海关的签名或者印章样本等安全特征；以英文打印填制。

产地证书应在货物出口前或者出口时签发，并自签发之日起 1 年内有效。

② 原产地声明

由冰岛的经核准出口商填具，并载有冰岛通知中国海关的该企业所使用的印章；标注填具原产地声明的经核准出口商授权号码；所列明的货物符合《中国—冰岛自由贸易协定》原产地规则；原产地声明应于货物进口前填具。

原产地声明应自填具之日起 1 年内有效。

（4）通关管理措施

① 单证提交

货物申报进口时，进口货物收货人或其代理人应当按照海关的申报规定填制“中华人民共和国海关进口货物报关单”，申明适用《中国—冰岛自由贸易协定》税率，并同时提交下列单证：

A. 由冰岛授权机构签发的有效原产地证书正本或者冰岛经核准出口商填具的原产地声明正本。

B. 货物的商业发票及其相关运输单证。货物经过其他国家或者地区运输至我国境内的，进口货物收货人应当按照上述“（一）优惠原产地管理规定的主要内容”中“5. 申报及审核要求”描述提供符合直接运输规则的相关文件。

原产于冰岛的进口货物，经海关依法审定的完税价格不超过 600 美元的，免予提交原产地证书或者原产地声明。为规避本规定，一次或者多次进口货物的，不适用本规定。

② 补充申报、拒绝给惠、原产地验核

与《亚太贸易协定》规定基本一致。

14.《中国—瑞士自由贸易协定》

2013 年 7 月 6 日，《中国—瑞士自由贸易协定》签订，自 2014 年 7 月 1 日起正式实施。

（1）原产地标准

① 完全获得标准

与世界海关组织《京都公约》规定的完全获得标准基本一致。

② 实质性改变标准

采用税则归类改变标准及非原产材料价值百分比、制造加工工序标准。具体产品原产地标准与税目逐一对应，并根据每一税目具体规定，增值比例也根据具体产品而有所变化。

（2）直接运输规则

该协议项下的“直接运输”是指进口货物自瑞士关境直接运输至我国境内，途中未经过中国、瑞士关境以外的其他国家或者地区。除通过管道运输至我国的瑞士原产货物外，原产于瑞士关境的其他货物经过其他国家或者地区运输至我国，同时符合下列条件的，应当视为“直接运输”：

① 未作除装卸、物流拆分或者为使货物保持良好状态所必须处理以外的操作；

② 处于其他国家或者地区海关的监管之下。

（3）原产地证书或原产地声明

① 原产地证书

进口货物收货人或其代理人向海关提交的原产地证书应当同时符合下列条件：由瑞士授权机构在货物出口前或者出口时签发；含有瑞士通知中国海关的印章样本等安全特征；以英文填制；自签发之日起 12 个月内有效。

② 原产地声明

原产地声明应当由瑞士经核准出口商打印、加盖或者印刷在发票或者装箱单等商业单证上，并且同时符合下列条件：包含瑞士经核准出口商的注册号码和原产地声明序列号；自商业单证开具之日起 12 个月内有效。

（4）通关管理措施

① 单证提交

货物申报进口时，进口货物收货人或其代理人应当按照海关的申报规定填制“中华人民共和国海关进口货物报关单”，申明适用《中国—瑞士自由贸易协定》税率，并同时提交下列单证：

A. 由瑞士关境授权机构签发的有效原产地证书正本或者经核准出口商出具的原产地声明；

B. 货物商业发票、运输单证。货物经过其他国家或者地区运输至我国境内的，进口货物收货人应当按照上述“（一）优惠原产地管理规定的主要内容”中“5. 申报及审核要求”描述提供符合直接运输规则的相关文件。原产于瑞士关境的货物通过管道经过其他国家或者地区运输至我国境内的，应当提交相关证明文件。

原产于瑞士关境的同一批次进口货物，经海关依法审定的完税价格不超过 600 美元的，免予提交原产地证书或者原产地声明。为规避本规定，一次或者多次进口货物的，不适用本规定。

② 补充申报、拒绝给惠、原产地验核

与《亚太贸易协定》规定基本一致。

15.《中国—澳大利亚自由贸易协定》

2015 年 6 月 17 日，《中国—澳大利亚自由贸易协定》签订，自 2015 年 12 月 20 日起正式实施。

（1）原产地标准

① 完全获得标准

与世界海关组织《京都公约》规定的完全获得标准基本一致。

② 实质性改变标准

采用税则归类改变标准及区域价值成分、制造加工工序标准。具体产品原产地标准与税目逐一对应，并根据每一税目具体规定，增值比例也根据具体产品而有所变化。

（2）直接运输规则

该协议项下的“直接运输”是指进口货物从出口方至我国未经第三方境内。如运输途中经过其他国家或者地区运输至我国，不论在运输中是否转换运输工具或者作临时储存，同时符合下列条件的，应当视为“直接运输”：

① 货物经过这些国家或者地区时，未作除装卸、物流拆分或者为使货物保持良好状态所必须处理以外的其他处理；

② 在其他国家或地区进行临时存储的，在这些国家或地区停留时间不得超过 12 个月；

③ 处于这些国家或地区海关监管之下。

（3）原产地证书或原产地声明

① 原产地证书

原产地证书应由澳大利亚授权机构签发。

进口货物收发货人或者其代理人提交的原产地证书应当同时符合下列条件：原产地证书应当由澳大利亚授权机构在货物出口前或者出口时签发；具有澳大利亚通知中国海关的印章样本等安全特征；以英文填制；自签发之日起 12 个月内有效。原产地证书未能在出口前或者出口时签发的，可以在货物装运之日起 12 个月内补发。补发的原产地证书应当注明“补发”字样，其有效期为货物装运之日起 12 个月。

② 原产地声明

针对澳大利亚进口受惠货物，如海关已经应进口货物收货人或者其代理人申请依法作出原产地裁定，确认进口货物原产地为受惠国的，且该裁定处于有效状态，据以作出该裁定的依据和事实也没有发生变化的，则该裁定项下货物进口时，进口单位无须提交原产地证书，凭规定格式的原产地声明（以英文填制；由出口商或者生产商填写并且正确署名；所列的一项或者多项货物为同一批次的进口货物，并且仅仅对应一份“进口报关单”）适用协定税率。该声明自签发之日起 1 年内有效。

（4）通关管理措施

① 单证提交

货物申报进口时，进口货物收货人或其代理人应当按照海关的申报规定填制“中华人民共和国海关进口货物报关单”，申明适用《中国—澳大利亚自由贸易协定》税率，并提交下列单证：

A. 由授权签证机构签发的有效原产地证书正本或规定格式的原产地声明。

B. 货物的商业发票正本、装箱单及其相关运输单证。货物经过其他国家或者地区运输至我国境内的，进口货物收货人应当按照上述“（一）优惠原产地管理规定的主要内容”中“5. 申报及审核要求”描述提供符合直接运输规则的相关文件。

原产于澳大利亚的进口货物，同一批次进口货物海关审定完税价格不超过 6 000 元人民币的，免于提交原产地证书或者原产地声明。一次或者多次进口货物的，不适用前款规定。

② 补充申报、拒绝给惠、原产地验核

与《亚太贸易协定》规定基本一致。

16.《中国—韩国自由贸易协定》

2015 年 6 月 1 日，《中国—韩国自由贸易协定》签订，自 2015 年 12 月 20 日起正式实施。

（1）原产地标准

① 完全获得标准

与世界海关组织《京都公约》规定的完全获得标准基本一致。

② 实质性改变标准

采用税则归类改变标准及区域价值成分、制造加工工序标准。具体产品原产地标准与税目逐一对应，并根据每一税目具体规定，增值比例也根据具体产品而有所变化。

（2）直接运输规则

该协议项下的“直接运输”是指进口货物从出口方至我国未经第三方境内。如运输途中经过其他国家或者地区运输至我国，不论在运输中是否转换运输工具或者作临时储存，同时符合下列条件的，应当视为“直接运输”：

① 货物经过这些国家或者地区仅仅是由于地理原因或者运输需要；

② 未进入这些国家或者地区进行贸易或者消费；

③ 货物经过这些国家或者地区时，未作除装卸、物流拆分或者为使货物保持良好状态所必须处理以外的其他处理；

④ 在其他国家或地区进行临时存储的，货物存储期间必须处于其他国家或者地区海关监管之下。货物在其他国家或者地区停留时间应当少于 3 个月。由于不可抗力导致货物停留时间超过 3 个月的，其停留时间不得超过 6 个月。

（3）原产地证书

原产地证书应由韩国授权机构签发。

进口货物收发货人或者其代理人提交的原产地证书应当同时符合下列条件：原产地证书应当由韩国授权机构在货物装运前、装运时或者装运后 7 个工作日内签发；具有签名以及印章等安全特征，并且印章应当与韩国通知中国海关的印章样本相符合；以英文填制；具有不重复的证书编号；注明货物具备原产地资格的依据；自签发之日起 12 个月内有效。

原产地证书未能在货物装运前、装运时或者转运后 7 个工作日内签发的，原产地证书可以在货物装船之日起 12 个月内补发。补发的原产地证书应当注明“补发”字样。

(4) 通关管理措施

① 单证提交

货物申报进口时，进口货物收货人或其代理人应当按照海关的申报规定填制“中华人民共和国海关进口货物报关单”，申明适用《中国—韩国自由贸易协定》税率，并提交下列单证：

A. 由授权签证机构签发的有效原产地证书正本。为进一步促进《中国—韩国自由贸易协定》项下进出口货物通关便利，“中韩自贸协定原产地电子信息交换系统”已上线运行。货物进口申报环节，如果海关已收到有关原产地证书电子信息，且与进口人申报内容一致，海关不再要求进口人提交原产地证书正本。海关认为有必要时，进口人应当补充提交相关原产地证书正本。

B. 货物的商业发票正本、装箱单及其相关运输单证。货物经过其他国家或者地区运输至我国境内的，进口货物收货人应当按照上述“（一）优惠原产地管理规定的主要内容”中“5. 申报及审核要求”描述提供符合直接运输规则的相关文件。

原产于韩国的进口货物，同一批次进口货物海关审定完税价格不超过 700 美元的，免于提交原产地证书。一次或者多次进口货物的，不适用前款规定。

② 补充申报、拒绝给惠、原产地验核

与《亚太贸易协定》规定基本一致。

17.《中国—格鲁吉亚自由贸易协定》

2017 年 5 月，《中国—格鲁吉亚自由贸易协定》签订，自 2018 年 1 月 1 日起正式实施。

(1) 原产地标准

① 完全获得标准

与世界海关组织《京都公约》规定的完全获得标准基本一致。

② 实质性改变标准

属于产品特定原产地规则范围的，采用税则归类改变标准及区域价值成分，具体产品原产地标准与税目逐一对应，并根据每一税目具体规定，增值比例也根据具体产品而有所变化。范围以外的需要满足区域价值成分不低于 40%。

(2) 直接运输规则

进口货物从格鲁吉亚直接运输至我国境内，途中未经过中国、格鲁吉亚以外的其他国家或者地区。原产于格鲁吉亚的货物，经过其他国家或者地区运输至我国，不论在其他国家或者地区是否转换运输工具或者进行临时储存，同时符合下列条件的，应当视为“直接运输”：

① 货物经过这些国家或者地区仅由于地理原因或者运输需要；

② 货物经过这些国家或者地区时，未作除装卸或者使货物保持良好状态所必需处理以外的其他处理；

③ 处于这些国家或者地区海关的监管之下。

④ 依据本条规定在其他国家或者地区进行临时储存的，货物在这些国家或者地区停留时间应当少于 3 个月。

(3) 原产地证书

原产地证书应由格鲁吉亚授权机构签发。

进口货物收货人或者其代理人向海关提交的有效原产地证书应当同时符合下列条件：由格鲁吉亚授权机构在货物装运前或者装运时签发；具有唯一的证书编号；涵盖同一批次发运的一项或多项货物；注明货物具备原产资格的依据；具有样本签名或者印章等安全特征，并且印章应当符合格鲁吉亚通知中国海关的印章样本；以英文填制；自签发之日起12个月内有效。

原产地证书未能在货物装运前或者装运时签发的，可以补发。补发的原产地证书应当注明“补发”字样，其有效期为货物装运之日起12个月。

（4）通关管理措施

① 单证提交

货物申报进口时，进口货物收货人或其代理人应当按照海关的申报规定填制“中华人民共和国海关进口货物报关单”，申明适用《中国—格鲁吉亚自由贸易协定》税率，并提交下列单证：

A. 有效原产地证书；

B. 货物的商业发票；

C. 货物的全程运输单证。

如不能提交符合直接运输相关规定的全程运输单证，货物经过其他国家或者地区运输至中国境内的，则应当提交其他国家或者地区海关出具的证明文件或者海关认可的其他证明文件。

原产于格鲁吉亚的进口货物，同一批次进口货物海关审定完税价格不超过600美元的，免于提交原产地证书。一次或者多次进口货物的，不适用前款规定。

② 补充申报、拒绝给惠、原产地验核

与《亚太贸易协定》规定基本一致。

我国目前实施的各个优惠贸易协定
“实质性改变”标准的基本判定标准比较表

相关协定	“实质性改变”标准的基本判定标准
《亚太贸易协定》	大于45%区域价值成分
《中国—东盟自由贸易协定》	不小于40%区域价值成分，并制定部分税号商品的清单列出具体标准（包括税则归类改变标准、加工工序标准与混合标准）
香港/澳门CEPA	以清单列出具体标准（包括加工或制造工序，4位税号归类改变标准，不小于30%加工增值标准、其他标准或混合标准）
《中国—巴基斯坦自由贸易协定》	不小于40%区域价值成分
《中国—智利自由贸易协定》	不小于40%区域价值成分，并制定部分税号商品的清单列出具体标准（包括税则归类改变标准与50%的区域价值成分标准）

续表

相关协定	"实质性改变"标准的基本判定标准
《中国—新西兰自由贸易协定》	以清单列出具体标准（包括税则归类改变标准、区域价值成分标准、加工工序标准与混合标准）
《中国—新加坡自由贸易协定》	不小于40%区域价值成分，并制定部分税号商品的清单列出具体标准（包括税则归类改变标准、加工工序标准与混合标准）
《中国—秘鲁自由贸易协定》	以清单列出具体标准（包括税则归类改变标准、区域价值成分标准、加工工序标准与混合标准）
对最不发达国家特别关税优惠措施	4位税号归类改变或者不小于40%区域价值成分
《海峡两岸经济合作框架协议》	以清单列出具体标准（包括税则归类改变标准、区域价值成分标准、加工工序标准与混合标准）
《中国—哥斯达黎加自由贸易协定》	以清单列出具体标准（包括税则归类改变标准、区域价值成分标准、加工工序标准与混合标准）
《中国—冰岛自由贸易协定》	以清单列出具体标准（包括税则归类改变标准、区域价值成分标准、加工工序标准与混合标准）
《中国—瑞士自由贸易协定》	以清单列出具体标准（包括税则归类改变标准、区域价值成分标准、加工工序标准与混合标准）
《中国—澳大利亚自由贸易协定》	以清单列出具体标准（包括税则归类改变标准、区域价值成分标准、加工工序标准与混合标准）
《中国—韩国自由贸易协定》	以清单列出具体标准（包括税则归类改变标准、区域价值成分标准、加工工序标准与混合标准）
《中国—格鲁吉亚自由贸易协定》	以清单形式列出特定原产地规则具体标准（包括税则归类改变标准、区域价值成分标准、加工工序标准与其他规定）。清单以外的，需满足区域价值成分不低于40%。

各优惠贸易协定原产地声明、限额及电子信息交换情况表

优惠贸易协定名称	协定代码	原产地声明模式	同批次限额下免原产地证书但需原产地声明	同批次限额下免原产地证书及声明	是否实现电子信息交换
《亚太贸易协定》	01	无	无	无	是（仅限韩国） 否（其他成员国）
《中国—东盟自由贸易协定》	02	无	无	≤FOB 200美元	否
香港CEPA	03	无	无	无	是

续表

优惠贸易协定名称	协定代码	原产地声明模式	同批次限额下免原产地证书但需原产地声明	同批次限额下免原产地证书及声明	是否实现电子信息交换
澳门 CEPA	04	无	无	无	是
大陆对台湾地区部分农产品零关税措施	06	有	有（完税价格≤600 美元）	无	否
《中国—巴基斯坦自由贸易协定》	07	无	无	≤FOB 200 美元	否
《中国—智利自由贸易协定》	08	无	无	完税价格≤600 美元	否
《中国—新西兰自由贸易协定》	10	有（英文填制）	完税价格≤1000 美元	无	是（仅限原产地证书）
《中国—新加坡自由贸易协定》	11	无	无	≤FOB 600 美元	否
《中国—秘鲁自由贸易协定》	12	无	无	完税价格≤600 美元	否
对最不发达国家特别关税优惠措施	13	有（需经预裁定，中文填制）	无	完税价格≤6000 人民币	否
《海峡两岸经济合作框架协议》	14	无	无	无	是
《中国—哥斯达黎加自由贸易协定》	15	无	无	完税价格≤600 美元	否
《中国—冰岛自由贸易协定》	16	有（经核准出口商，未明确填制语言）	无	完税价格≤600 美元	否
《中国—瑞士自由贸易协定》	17	有（经核准出口商，未明确填制语言）	无	完税价格≤600 美元	否
《中国—澳大利亚自由贸易协定》	18	有（需经预裁定，英文填制）	无	完税价格≤6000 人民币	否
《中国—韩国自由贸易协定》	19	无	无	完税价格≤700 美元	是
《中国—格鲁吉亚自由贸易协定》	20	无	无	完税价格≤600 美元	否

五、我国非优惠原产地管理

为加强我国原产地的统一管理，国务院颁布了《原产地条例》。条例适用于实施最惠国待遇、反倾销和反补贴、保障措施、原产地标记管理、国别数量限制、关税配额等非优惠性贸易措施，以及进行政府采购、贸易统计等活动对进出口货物原产地的确定。实施优惠贸易措施进出口货物的原产地规则，依照我国缔结或参加的国际条约、协定的有关规定另行制定。依据《原产地条例》，海关总署会商商务部、原国家质检总局发布了《关于非优惠原产地规则中实质性改变标准的规定》（以下称《实质性改变标准规定》），与《原产地条例》同时实施。《原产地条例》与《实质性改变标准规定》初步构成了我国非优惠进出口货物原产地管理的法制框架。

（一）原产地认定标准

分完全获得标准和实质性改变标准。

1. 完全获得标准

适用于完全在一个国家（地区）获得的货物。符合以下条件的，视为在一国（地区）"完全获得"，以该国（地区）为原产地：

（1）在该国（地区）出生并饲养的活的动物；

（2）在该国（地区）野外捕捉、捕捞、收集的动物；

（3）从该国（地区）的活的动物获得的未经加工的物品；

（4）在该国（地区）收获的植物和植物产品；

（5）在该国（地区）采掘的矿物；

（6）在该国（地区）获得的上述第（1）~（5）项范围之外的其他天然生成的物品；

（7）在该国（地区）生产过程中产生的只能弃置或者回收用做材料的废碎料；

（8）在该国（地区）收集的不能修复或者修理的物品，或者从该物品中回收的零件或者材料；

（9）由合法悬挂该国旗帜的船舶从其领海以外海域获得的海洋捕捞物和其他物品；

（10）在合法悬挂该国旗帜的加工船上加工上述第（9）项所列物品获得的产品；

（11）从该国领海以外享有专有开采权的海床或者海床底土获得的物品；

（12）在该国（地区）完全从上述第（1）~（11）项所列物品中生产的产品。

在确定货物是否在一个国家（地区）完全获得时，为运输、储存期间保存货物而做的加工或者处理，为货物便于装卸而进行的加工或者处理，为货物销售而进行的包装等加工或者处理等，不予考虑。

2. 实质性改变标准

该实质性改变标准规定适用于非优惠性贸易措施项下两个及以上国家（地区）所参与生产货物原产地的确定，确定时以最后一个对货物进行实质性改变的国家（地区）作为原产地。实质性改变标准以税则归类改变为基本标准，税则归类改变不能反映实质性改变的，以从价百分比、制造或者加工工序等为补充标准。

税则归类改变标准，是指在某一国家（地区）对非该国（地区）原产材料进行制造、加工后，所得货物在《税则》中的4位级税目归类发生了改变。

"制造、加工工序"标准，是指在某一国家（地区）进行的赋予制造、加工后所得货物基本特征的主要工序。

从价百分比标准，是指在某一国家（地区）对非该国（地区）原产材料进行制造、加工后的增值部分超过了所得货物的30%。用公式表示如下：

$$\frac{\text{工厂交货价}-\text{非该国（地区）原产材料价值}}{\text{工厂交货价}}\times 100\% \geqslant 30\%$$

这里应注意：上述“工厂交货价”是指支付给制造厂所生产的成品的价格；“非该国（地区）原产材料价值”是指直接用于制造或装配最终产品而进口原料、零部件的价值（含原产地不明的原料、零配件），以其进口的成本、保险费加运费价格（CIF 价）计算。

以上述“制造、加工工序”和“从价百分比”作为标准来判定实质性改变的货物在《实质性改变标准规定》所附的“适用制造或者加工工序及从价百分比标准的货物清单”中具体列明，并按列明的标准判定是否发生实质性改变。对未列入上述清单货物的，其实质性改变的判定，应当适用税则归类改变标准。

“适用制造或者加工工序及从价百分比标准的货物清单”由海关总署会同商务部根据实施情况修订并公告。

（二）原产地预裁定

非优惠原产地预裁定，在程序方面与“四、我国优惠原产地管理中（一）11”内容一致，但货物原产地预裁定的依据有所不同，非优惠贸易协定或安排项下原产地预裁定的依据是我国的《原产地条例》和《实质性改变标准规定》，而优惠原产地预裁定的依据是《优惠原产地管理规定》及各自由贸易协定或安排下的原产地规则与管理办法。

（三）原产地证书申领

非优惠原产地项下，出口货物发货人申请领取出口货物原产地证书。进口方要求出具官方机构签发的原产地证书的，申请人应当向海关申请办理；未明确要求的，申请人可以向海关、中国国际贸易促进委员会或者其地方分会申请办理。

1. 企业备案

出口货物的发货人在初次申请办理原产地证书时，应向其所在地签证机构提供下列材料进行企业备案：

（1）填制真实准确的“中华人民共和国非优惠原产地证书申请企业备案表”；

（2）“原产地证书申报员授权书”及申报人员相关信息；

（3）原产地标记样式；

（4）中华人民共和国非优惠原产地证书申请书。

签证机构对申请人及其申报产品、原产地申报人员相关信息、原产地标记等信息进行核对无误后，向申请人发放“原产地证书申请企业备案证”。

2. 申请

申请人应当于货物出运前向申请人所在地、货物生产地或者出境口岸的签证机构申请办理原产地证书签证。申请原产地证书应提交：

（1）按规定填制的“中华人民共和国非优惠原产地证书”；

（2）出口货物商业发票；

（3）申请签证的货物属于异地生产的，应当提交货源地签证机构出具的异地货物原产地调查结果；

（4）对含有两个以上国家（地区）参与生产或者签证机构需核实原产地真实性的货物，申请人应当提交“产品成本明细单”。

一批货物只能申领一份原产地证书，申请人对于同一批货物不得重复申请原产地证书。

国家鼓励申请人采用电子方式申办原产地证书。以电子方式申请原产地证书的，还应当提交“原产地证书电子签证申请表”和“原产地证书电子签证保证书”。

3. 签证申请审核

签证机构接到原产地证书签证申请后，签证人员应当按照《原产地条例》和《实质性改变标准规定》规定，对申请人的申请进行审核，并可以对申请人申报的产品进行实地调查，核实生产设备、加工工序、原料及零部件的产地来源、制成品及其说明书和内外包装等，填写“原产地调查记录”。申请签证的货物属于异地生产的，申请人应当向货源地签证机构申请出具货物原产地调查结果。

4. 证书签发

签证机构应当在受理签证申请之日起2个工作日内完成审核。审核合格的，按照国家有关规定收取费用后签发证书。原产地证书为正本1份、副本3份，证书内容用英文填制。其中，正本和两份副本交申请人，另一份副本及随附资料由签证机构存档3年。原产地证书自签发之日起有效期为1年。

5. 证书更改、重发、补发

（1）更改、重发。在货物出运前，原产地证书有效期内，申请人可提供相应资料申请更改、重发。申请人可凭“中华人民共和国非优惠原产地证书更改申请书”，并退回原发证书申请更改。已签发的证书正本遗失或者毁损，申请人可凭“中华人民共和国非优惠原产地证书重发申请书”申请重发。更改、重发证书的有效期同原签发证书。

（2）补发。特殊情况下，申请人可以在货物出运后申请补发原产地证书。申请补发原产地证书，除原申请签发产地证书提供的相关资料外，还应当提交下列资料：

① 补发原产地证书申请书；

② 申请补发证书原因的书面说明；

③ 货物的提单等货运单据。

签证机构应当在原产地证书的签证机构专用栏内加注“补发”字样。

（四）原产地验核

海关在审核确定进口货物原产地时，可以要求进口货物的收货人提交该进口货物的原产地证书，并予以审验；必要时，可以请求该货物出口国（地区）的有关机构对该货物的原产地进行核查。

应出口货物进口国（地区）有关机构的请求，海关、签证机构可以对出口货物的原产地情况进行核查，并及时将核查情况反馈进口国（地区）有关机构。

（五）原产地标记管理

国家对出口货物原产地标记实施管理。申请原产地证书的货物及其内、外包装或者说明书上，不得出现其他国家或者地区制造、生产的字样或者标记。出口货物的原产地标记标明的原产地与真实原产地不一致的，海关应当责令当事人改正。

（六）适用非优惠原产地规则的原产地证书

1. 对适用反倾销、反补贴措施的进口商品原产地证要求

（1）进口经营单位申报进口与反倾销、反补贴措施相同的货物时，应向海关提交原产地证书，对于原产地证标注为涉案国（地区）的，进口货物收货人还需向海关提交原厂商发票，包括通过境外贸易商间接进口的。仅能提交由境外贸易商制发的商业发票时，发票应包含原厂商名称和原厂商发票编号，对于涉案国（地区）企业已经与商务部签署价格承诺协议的，进口货物收货人还应提交签署价格承诺协议企业出具的出口证明信。

进口货物收货人应当以电子方式提交上述所有单证。进口货物收货人以电子方式提交的单证内容应当与持有的单证正本一致；单证纸质文件无须提交，但应当按照海关有关规定留存。海关认为必要时，进口货物收货人应当补充提交单证纸质正本。

（2）对于进口经营单位确实无法提交原产地证书，经海关实际查验不能确定货物原产地的，海关按与该货物相同的被诉产品的最高反倾销、反补贴税率或保证金征收比率征收反倾销、反补贴税或现金保证金。

（3）进口经营单位在反倾销、反补贴保证金或其他临时措施存续期间补交原产地证明或原厂商发票的，海关可以接受，并根据查证核实后的原产地证明或原厂商发票，对征收的保证金或实施的其他临时措施予以调整。

（4）进口经营单位在海关征收反倾销、反补贴税后补交原产地证明或原厂商发票的，海关不予接受，对已征税款不予调整。

2. 对适用保障措施的进口商品的要求

进口企业申报进口涉案产品时，不能提供不适用保障措施的国家（地区）的原产地证书或尚不应加征关税的适用保障措施的国家（地区）的原产地证书，或者海关对其所提供的原产地证书的真实性有怀疑的，如经海关审核有关单证（包括合同、发票、提运单等）及对货物实际验估能够确定原产地的，应按照相关规定处理；如仍不能确定原产地，且进口企业也不能进一步提供能够证明原产地的其他材料的，应在现行适用的关税税率基础上，按照相应的涉案产品适用的加征关税税率加征关税。

在海关审核认定原产地期间，进口企业可在提供相当于全部税款的保证金担保后，要求先行验放货物。

原产地证书并不是确定货物原产地的唯一标准。若海关通过查验货物或审核单证认为所提供的原产地证书可能不真实，海关可以请求出口国（地区）的有关机构对该货物的原产地进行核查。

第四节　进出口税收征管作业

一、税收征管方式改革

按照海关全面深化改革总体方案，全国海关通关作业一体化改革已经全面铺开，并将于2020年前全面建成。按照改革方案，货物通关作业流程已实现按照进出口企业自行确定的涉税要素向海关申报，由海关分析验证货物品名、数量、禁限等准入属性，通过安全准入风险排查后，在企业按照自行申报对应的税款自行缴税或提供有效担保后放行货物。货物放行后，再由海关分析验证货物归类、价格、原产地等税收属性，通过批量抽核与验估、核查、稽查等手段完成货物放行后的税收征管作业。海关的管理模式不再是逐票审定企业申报要素是否准确，而是由企业自主按照规则申报归类、价格、原产地等要素，并自行完成应缴税款计算及自行办理税款的支付等作业环节。海关在放行前仅对安全准入风险进行排查，不再对涉税要素进行审核，进出口企业的货物流将不再受海关行政审核的影响。进出口企业通关成本大大降低，通关时效得以提高。

随着通关作业一体化改革的全面实施，海关税费征收管理方式也发生极大变化。按照海关对确立新型税收征管方式的改革思路，变化主要体现在：

在征纳关系上，改革后，税收征管由海关主导型向企业自律型转变，通过建立智能化、便捷化、自动化的自主申报模式和事后自我纠错机制，推动企业守法自律。通过实施属地纳税人管理，以企业信用为基础，结合税收风险分析，实施诚信守法便利和失信违法惩戒的差别化税收征收管理。

在征管体制上，转变以往直属海关、隶属海关多层级、串联式的管理格局，在全国设立三个税收征管中心，建立由海关总署关税征管司统一领导，各分管税收征管中心集中指挥，业务一线具体响应，关税技术部门、直属海关关税处职能辅助的扁平化管理体制，实行上下联动，协同作战。

在征管流程上，转变以往逐票报关单审定制，以企业为单元，企业信用管理与税收风险管理有机结合，通过前置税收风险分析，实施通关中验估，放行后批量审核、验估和稽（核）查等，对归类、价格、原产地等税收征管要素进行抽查审核。

在管理手段上，转变低水平分散的税收风险作业模式，通过属地纳税人管理、要素抽核、专业监控和评估考核等渠道排查税收风险，由税收征管中心结合企业信用统一预设税收风险参数和模型，筛选风险，批量审核，下达验估和稽（核）查指令，跟踪指令执行情况，提高征管效能。

在纳税方式上，转变先税后放为主的纳税方式，允许企业在自缴税款或提供有效担保前提下放行货物，丰富税收担保形式和担保方式。推广无纸化操作和税款便捷支付，方便企业足不出户即可办理纳税手续。

二、税费征缴方式

税费征缴方式是指海关征收税费和纳税义务人缴纳税费的方法和形式。税费征缴方式包括税费征收和税费缴纳两个方面。

（一）税费征收方式

税费征收方式是指海关确定关税纳税义务具体内容的方式。2017 年 7 月 1 日后，海关税费征收方式由海关审核方式已全面向自报自缴方式转变，仅存个别类型单据实施海关审核纳税方式。

1. 自报自缴方式

“自主申报、自行缴纳”以企业诚信管理为前提，企业自主申报报关单的涉税要素，自行完成税费金额的核算，自行完成税费缴纳后，货物即可放行（放行前如需查验则查验后放行）。海关在放行后根据风险分析结果对纳税义务人申报的价格、归类、原产地等税收要素进行抽查审核。

2. 审核纳税方式

审核纳税方式，是指海关在货物放行前对纳税义务人申报的价格、归类、原产地等税收要素进行审核，并进行相应的查验（如需要），确定货物的完税价格后核定应缴税款，纳税义务人缴纳税款后货物方予放行。

（二）税费缴纳方式

按照不同角度，缴纳海关税费可有不同区分方式：

1. 以支付方式为区分点，可分为柜台支付方式、电子支付方式

电子支付方式，是目前税费支付的主要方式，通过联网操作，因便捷、高效等优势明显。

（1）电子支付方式

电子支付系统通过财、关、库、银横向联网，实现海关税费信息在海关、国库、商业银行等部门之间的电子流转和税款电子入库。使用电子支付方式缴纳税款，需要具备一定的条件，并通过“单一窗口”“互联网+海关”与海关和经批准的商业银行签订电子支付三方合作协议，在报关前事先进行资格备案，进出口环节通过电子支付税费后货物即可放行。

电子支付以税单为单位，对同一份报关单所发生的税费，报关人员可全部选择电子支付，也可部分选择电子支付。目前，通过电子支付方式可以缴纳进出口关税、反倾销税、反补贴税、进口环节代征税、废弃电器电子产品处理基金、缓税利息、滞纳金、船舶吨税、税款类保证金、滞报金等。

（2）柜台支付方式

海关税款传统的缴纳方式为柜台支付。海关做出征税决定后，海关填发税款缴款书，纳税义务人或其代理报关人员办理签收手续。海关税款缴款书一式六联。第一联为收据联，由银行收款签章后交缴款单位或者纳税义务人；第二联为付款凭证联，由缴款单位开户银行作为付出凭证；第三联为收款凭证联，由收款国库作为收入凭证；第四联为回执联，由国库盖章后退回海关财务部门；第五联为报查联，由国库收款后，关税专用缴款书退回海关，海关代征税专用缴款书送当地税务机关；第六联为存根联，由填发单位存查。

签收后，纳税义务人或其代理报关人应在规定的时限内前往指定银行，在指定银行缴纳税款后，相关人员应当及时将盖有证明银行已收讫税款业务印章的税款缴款书第一联原件送交填发海关验核，海关据此办理核注及货物放行等后续手续。

2. 以缴纳频度为区分点，可分为逐票缴纳方式、汇总征税缴纳方式

（1）逐票缴纳方式

逐票缴纳方式即海关以纳税义务人纳税申报行为为单元，针对每一次申报应纳税款单独计征。逐票缴纳税费，可以是柜台方式支付，也可以是电子支付方式。

（2）汇总征税方式

除海关企业信用管理中“失信企业”外，所有在海关注册登记的进出口报关单上的收发货人均可申请适用汇总征税模式，即在一定的时限内多次进出口产生的税款集中进行汇总计征的方式，以满足进出口企业对通关时效的需要。有汇总征税需求的企业需要在进出口货物通关前向属地直属海关提交税款总担保，总担保应当依法以担保机构提交的保函等海关认可的形式，通过后即可在申请的多个直属海关范围内通用。应税企业采用无纸化申报时选择汇总征税模式的，无布控查验等海关要求事项的汇总征税报关单担保额度扣减成功，海关即放行。应税企业采用有纸申报时选择汇总征税模式的，同无纸化申报流程一致，在担保额度扣减成功后货物即放行。适用汇总征税的企业需在每月第五个工作日结束前，完成上月应缴税款的汇总电子支付。

汇总征税是海关对进出口税收征缴的一种新型作业模式，其支付方式本质上也属于电子支付。海关对符合条件的进出口纳税义务人某一段时间内多次进出口产生的税款集中进行汇总计征，这与电子支付及柜台支付下的逐票征缴税方式明显不同。

（三）税单自行打印全面推广

传统操作中，海关专用缴款书均由海关方面开具。随着税收征管改革的逐步深入，海关总署决定自2018年11月19日起，全面推广企业自行打印改革。进出口企业通过自报自缴模式申报后，还可以通过“互联网+海关”一体化网上办事平台或国际贸易“单一窗口”标准版自行下载并打印海关专用缴款书，即涉税要素的自报、税款的自缴、税单的自打功能已全面实现。不便于自打税单的进出口企业，仍可向海关现场申请打印纸质海关专用缴款书。

三、税率及汇率的适用

（一）税率适用

税率适用是指进出口货物在征税、补税、追税或退税时选择适用的各种税率。

1. 关税正税税率适用

我国实行复式进口税则，即同一进口商品对应两种及以上的税率设置，实际工作中应按照一定的原则和步骤选择正确的适用税率。一般情况下，选择适用税率需要遵从以下基本程序：

（1）适用时间

① 税率适用时间的基本规定

按照《关税条例》规定，进出口货物应当适用海关接受该货物申报进口或者出口之日实施的税率。确定进出口货物关税税率应首先确定货物被海关接受申报的时间。

② 税率适用时间的特殊情况

在实际运用时应区分以下不同情况：

A. 进口货物到达前，经海关核准先行申报的，应当适用装载该货物的运输工具申报进境之日实施的税率。

B. 进口转关运输货物，应当适用指运地海关接受该货物申报进口之日实施的税率；货物运抵指运地前，经海关核准先行申报的，应当适用装载该货物的运输工具抵达指运地之日实施的税率。

C. 出口转关运输货物，应当适用启运地海关接受该货物申报出口之日实施的税率。

D. 经海关批准，实行集中申报的进出口货物，应当适用每次货物进出口时海关接受该货物申报之日实施的税率。

E. 因超过规定期限未申报而由海关依法变卖的进口货物，其税款计征应当适用装载该货物的运输工具申报进境之日实施的税率。

F. 因纳税义务人违反规定需要追征税款的进出口货物，应当适用违反规定的行为发生之日实施的税率；行为发生之日不能确定的，适用海关发现该行为之日实施的税率。

G. 已申报进境并放行的保税货物、减免税货物、租赁货物或者已申报进出境并放行的暂时进出境货物，有下列情形之一需缴纳税款的，应当适用海关接受纳税义务人再次填写报关单申报办理纳税及有关手续之日实施的税率：

a. 保税货物经批准不复运出境的；

b. 保税仓储货物转入国内市场销售的；

c. 减免税货物经批准转让或者移作他用的；

d. 可暂不缴纳税款的暂时进出境货物，经批准不复运出境或者进境的；

e. 租赁进口货物，分期缴纳税款的。

（2）选用税率

按照以上规定确定完毕海关接受进出口货物申报时间后，对照《税则》复式税率设置及随附关税税率附表，并从中选取正确适用税率。

① 从低选用税率

对同时适用协定税率、特惠税率的进口货物有暂定税率的，应当从低适用税率。

② 暂定税率优先

对适用最惠国税率、关税配额税率的进口货物同时设有暂定税率的，应当适用暂定税率；出口货物征收出口关税并同时设有出口暂定税率的，适用出口暂定税率。

需注意几点特别规定：

实行关税配额管理的进口货物，如能提供关税配额证明，则应适用关税配额税率[①]。

执行国家有关进出口关税减征政策时，首先应当在最惠国税率基础上计算有关税目的减征税率，然后根据进口货物的原产地及各种税率形式的适用范围，将这一税率与同一税目的特惠税率、协定税率、进口暂定税率进行比较，税率从低执行，但不得在暂定税率基础上再进行减免。

适用普通税率的进口货物，其他税率均不适用，此时税率是“从高适用”。

同时有两种及以上税率可适用的进口货物最终适用税率汇总表

货物可选用的税率	适用税率
同时适用最惠国税率、进口暂定税率	应当适用暂定税率
同时适用最惠国税率、减征税率	优先适用减征税率
同时适用减征税率、进口暂定税率、协定税率、特惠税率	应当从低适用税率
适用普通税率的进口货物，存有进口暂定等税率	适用普通税率
适用关税配额税率、其他税率	关税配额内的，适用关税配额税率，配额税率基础上，还设有暂定税率的，适用暂定税率；关税配额外的，根据具体情况可从低适用不同税率

2. 关税附加税税率

国家规定对某类商品征收反倾销等附加关税的，应在选择关税正税税率适用基础上，同时加征附加税。

（1）反倾销、反补贴、保障措施等附加税率

按照有关法律、行政法规的规定对进口货物采取反倾销、反补贴、保障措施的，除征

① 八类货物中，国家对尿素、复合肥、磷酸氢铵 3 种化肥在关税配额税率基础上又实施了 1% 的进口暂定税率，此时优先执行暂定税率。

收关税正税外，其附加关税税率的适用按照《反倾销条例》《反补贴条例》《保障措施条例》的有关规定执行。其中，凡进口原产于与我国达成优惠贸易协定的国家或地区并享受协定税率的商品，同时该商品又属于我国实施反倾销或反补贴措施范围内的，应按照优惠贸易协定税率计征进口关税，并同时实施反倾销税、反补贴措施；凡进口原产于与我国达成优惠贸易协定的国家或地区并享受协定税率的商品，同时该商品又属于我国采取保障措施范围内的，应在该商品全部或部分中止、撤销、修改关税减让义务后所确定的适用税率基础上计征进口关税。

（2）报复性关税附加税率

任何国家或者地区违反与中华人民共和国签订或者共同参加的贸易协定及相关协定，对中华人民共和国在贸易方面采取禁止、限制、加征关税或者其他影响正常贸易的措施的，对原产于该国家或者地区的进口货物可以加征报复性关税，在正常的关税正税之外加征报复性关税税率。征收报复性关税的货物、适用国别、税率、期限和征收办法，由国务院关税税则委员会决定并公布。

3. 退、补税税率适用

进出口货物关税的补征和退还时适用的税率，适用按照上述规定确定的税率。

（二）汇率的适用

进出口货物的成交价格及有关费用以外币计价的，海关按照该货物适用税率之日所适用的计征汇率折合为人民币计算完税价格。完税价格采用四舍五入法计算至分。

海关每月使用的计征汇率为上一个月第三个星期三（第三个星期三为法定节假日的，顺延采用第四个星期三）中国人民银行公布的外币对人民币的基准汇率；以基准汇率币种以外的外币计价的，采用同一时间中国银行公布的现汇买入价和现汇卖出价的中间值（人民币元后采用四舍五入法保留 4 位小数）。如果上述汇率发生重大波动，海关总署认为必要时，可另行规定计征汇率，并对外公布。

四、纳税期限及滞纳金

为保证海关作出的征税决定得到执行，保证税款及时入库，必须规定纳税义务人缴纳税款的时间限制，逾期缴纳即构成滞纳。

（一）纳税期限

1. 法定纳税期限

《关税条例》规定：“进出口货物的纳税义务人，应当自海关填发税款缴款书之日起 15 日内向指定银行缴纳税款。”

2. 延期纳税期限

纳税义务人因不可抗力或者国家税收政策调整不能按期缴纳税款的，依法提供税款担保后，可以直接向海关办理延期缴纳税款手续。延期缴纳税款的期限，自货物放行之日起最长不超过 6 个月。6 个月内未缴纳税款的，海关应按照规定征收滞纳金，并在必要时采取税收保全和税收强制措施。

（二）滞纳金

1. 征收目的

征收滞纳金，其目的在于使纳税义务人承担增加的经济制裁责任，促使其尽早履行纳税义务。征收滞纳金并不影响海关采取的其他税收强制措施的执行。

2. 征收范围

按照规定，关税、进口环节增值税、进口环节消费税的纳税义务人或其代理人，应当自海关填发税款缴款书之日起15日内向指定银行缴纳税款，逾期缴纳的，海关依法在原应纳税款的基础上，按日加收滞纳税款万分之五的滞纳金。

根据规定，对逾期缴纳税款应征收滞纳金的，还有以下几种情况：

（1）进出口货物放行后，海关发现因纳税义务人违反规定造成少征或者漏征税款的，可以自缴纳税款或货物放行之日起3年内追征税款，并从缴纳税款或货物放行之日起至海关发现之日止，按日加收少征或者漏征税款万分之五的滞纳金。

（2）因纳税义务人违反规定造成海关监管货物少征或者漏征税款的，海关应当自纳税义务人应缴纳税款之日起3年内追征税款，并自应缴纳税款之日起至海关发现违规行为之日止，按日加收少征或者漏征税款万分之五的滞纳金。

这里所述“应缴纳税款之日”是指纳税义务人违反规定的行为发生之日；该行为发生之日不能确定的，应当以海关发现该行为之日作为应缴纳税款之日。

（3）租赁进口货物分期支付租金的，纳税义务人应当在每次支付租金后的15日内向海关申报办理纳税手续，逾期办理申报手续的，海关除了征收税款外，还应当自申报办理纳税手续期限届满之日起至纳税义务人申报纳税之日止，按日加收应缴纳税款万分之五的滞纳金。

租赁进口货物自租期届满之日起30日内，应向海关申请办结海关手续，逾期办理手续的，海关除按照审定进口货物完税价格的有关规定和租期届满后第30日该货物适用的计征汇率、税率，审核确定其完税价格、计征应缴纳的税款外，还应当自租赁期限届满后30日起至纳税义务人申报纳税之日止，按日加收应缴纳税款万分之五的滞纳金。

（4）暂时进出境货物未在规定期限内复运出境或者复运进境，且纳税义务人未在规定期限届满前向海关申报办理进出口及纳税手续的，海关除按照规定征收应缴纳的税款外，还应当自规定期限届满之日起至纳税义务人申报纳税之日止，按日加收应缴纳税款万分之五的滞纳金。

（5）海关采取强制措施时，对纳税义务人、担保人未缴纳的滞纳金应当同时强制执行。滞纳金应当从税款缴纳期限届满的次日起至海关执行强制措施之日止，按日计算。

（6）办理延期缴税的货物，在货物放行之日起6个月内未缴纳税款的，海关按照规定征收滞纳金。

3. 滞纳期间

税款缴纳期限内含有星期六、星期日或法定节假日不予扣除。缴纳期限届满日遇星期六、星期日等休息日或者法定节假日的，应当顺延至休息日或法定节假日之后的第一个工作日。国务院临时调整休息日与工作日的，则按照调整后的情况计算缴款期限。例如，缴款期限的最后一天是9月30日，该日恰好是星期日，国务院决定将9月29日、30日与10月4日、5日互相调换，即9月29日、30日成为工作日，如果纳税义务人在9月30日仍未缴纳税款，则从10月1日开始即构成滞纳。

海关征收滞纳金自缴款期限届满之次日起，至纳税义务人缴纳税款之日止，按照滞纳税款的万分之五按日征收，滞纳期限内的星期六、星期日或法定节假日一并计算。

4. 征收标准

滞纳金按每票货物的关税、进口环节增值税和消费税单独计算，起征点为人民币 50 元，不足人民币 50 元的免予征收。

其计算公式为：

关税滞纳金金额 = 滞纳关税税额 × 0.5‰ × 滞纳天数

进口环节海关代征税滞纳金金额 = 滞纳进口环节海关代征税税额 × 0.5‰ × 滞纳天数

5. 滞纳金减免

海关对未履行税款给付义务的纳税义务人征收税款滞纳金，符合下列情形的，直属海关可以依法减免税款滞纳金：纳税义务人确因经营困难，自海关填发税款缴款书之日起在规定期限内难以缴纳税款，但在规定期限届满后 3 个月内补缴税款的；因不可抗力或者国家政策调整导致纳税义务人自海关填发税款缴款书之日起在规定期限内无法缴纳税款，但在相关情形解除后 3 个月内补缴税款的；货物放行后，纳税义务人通过自查发现少缴或漏缴税款并主动补缴的；经海关总署认可的其他特殊情形。

在办理税款滞纳金减免手续时，纳税义务人应按照海关要求提交以下材料：报关单及随附资料复印件，滞纳金缴款书复印件，已补缴税款的税单复印件，自查情况报告（经海关总署认可的其他特殊情形需减免的除外），海关认为需要提供的其他材料。

纳税义务人应声明对上述材料的真实性、合法性、有效性承担法律责任。

五、特殊货物税款征收

（一）无代价抵偿货物

1. 进口无代价抵偿货物

进口货物在海关放行后，因残损、短少、品质不良或者规格不符，由原进口货物的发货人、承运人或者保险公司免费补偿或者更换的与原货物相同或者与合同规定相符的货物时，海关不征收进口关税和进口环节海关代征税。

纳税义务人应当在原进口合同规定的索赔期内且不超过原货物进口之日起 3 年，向海关申报办理无代价抵偿货物的进口手续。以无代价抵偿货物申报进口时，应当提交原进口货物报关单，买卖双方签订的索赔协议，原进口货物退运出境的出口报关单或者原进口货物交由海关处理的货物放弃处理证明（因原进口货物短少而进口无代价抵偿货物时不需要提交），原进口货物税款缴款书或者征免税证明，具有资质的商品检验机构出具的原进口货物残损、短少、品质不良或者规格不符的检验证明书或者其他有关证明文件（海关认为必要时）。

以无代价抵偿货物方式申报时，要求抵偿进口货物与原进口货物完全相符。如不完全相符，海关可能拒绝以该种方式进口，而应当按照一般进口货物的有关规定征收税款。如经海关审核理由正当且税则号列未发生改变的，应当按照审定进口货物完税价格的有关规定和原进口货物适用的计征汇率、税率，审核确定其完税价格、计算应征税款。应征税款高于原进口货物已征税款的，应当补征税款的差额部分。应征税款低于原进口货物已征税款，且原进口货物的发货人、承运人或者保险公司同时补偿货款的，海关应当退还补偿货款部分的相应税款；未补偿货款的，税款的差额部分不予退还。

纳税义务人申报进口无代价抵偿货物，被更换的原进口货物不退运出境且不放弃交由海关处理的，海关应当按照接受无代价抵偿货物申报进口之日适用的税率、计征汇率和有关规定对原进口货物重新估价征税。

2. 出口无代价抵偿货物

出口货物在海关放行后，因残损、短少、品质不良或者规格不符，由原出口货物的发货人、承运人或者保险公司免费补偿或者更换的与原货物相同或者与合同规定相符的货物时，海关不征收出口关税。

纳税义务人应当在原出口合同规定的索赔期内且不超过原货物出口之日起3年，向海关申报办理无代价抵偿货物的出口手续。以无代价抵偿货物申报出口时，应当提交原出口货物报关单，买卖双方签订的索赔协议，原出口货物退运进境的进口报关单（因原出口货物短少而出口无代价抵偿货物时不需要提交），原出口货物税款缴款书或者征免税证明，具有资质的商品检验机构出具的原进口货物残损、短少、品质不良或者规格不符的检验证明书或者其他有关证明文件（海关认为必要时）。

出口无代价抵偿货物的其他规定比照上述“1. 进口无代价抵偿货物”执行。

（二）租赁进出口货物

1. 租赁进口货物

纳税义务人进口租赁货物，应当提交租赁合同、发票及相应监管证件（如需要），一般需在所在地海关办理申报进口及申报纳税手续。

申报进口租赁货物时，需要考虑两方面的资金成本。其一，纳税义务人在申报进口租赁货物时，海关一般会按照租赁货物进口状态审查确定完税价格，并按此价格要求进口单位提供税款担保，以便于海关监管；其二，需缴纳租赁期间发生的租金对应税款。

（1）提供税款担保

需按照租赁货物进口状态审查确定货物完税价格，并适用租赁货物进口申报时对应的税率、汇率计算税款担保总额。

（2）对租金部分缴税

海关允许进口人在一次性缴纳税款或分期缴纳税款方案中进行选择。

① 一次性缴税

对选择一次性缴纳税款的，可选择申请按照依次审查确定该货物完税价格的方法，或者按照海关审查确定的租金总额作为完税价格，并对应租赁货物进口申报时对应的税率、汇率计算税款。一次性缴税情形下，因已支付全部税款，无须再另行提供租赁货物对应全额税款担保。

② 分期缴税

对选择分期缴纳税款的，除首期缴纳税款需按照海关审查确定的租金（如有发生的利息，应当予以计入）确定完税价格及进口申报时对应的税率、汇率计征税款外，在其他期缴纳税款时适用海关接受纳税义务人再次填写报关单申报办理纳税及有关手续之日实施的税率及汇率计算税款。

按照首次租金缴税后，纳税义务人需在其后的每次支付租金15日内（含第15日）按支付租金额向海关申报，并缴纳相应的进口关税和进口环节海关代征税，直到最后一期租金支付完毕。逾期办理申报手续的，海关除了征收税款外，还应当自申报办理纳税手续期限届满之日起至纳税义务人申报纳税之日止，按日加收应缴纳税款万分之五的滞纳金。

（3）租赁期满复运进出境

进出口租赁货物，应当自租赁进出口货物租期届满之日起30日内，向海关申请办结监管手续，将租赁进出口货物复运出进境，原缴纳担保退还。逾期办理的，海关可将原税款担保转为税款，不足部分还需补缴，还应当自租赁期限届满后30日起至纳税义务人申报纳税之日止，按日加收应缴纳税款万分之五的滞纳金。

（4）租赁期满续租

续租租赁进口货物的，应向海关提交续租合同，申报办理相关手续应当不迟于租赁进口货物租期届满后的第30日，海关审核同意后可展期。相关单位未在规定的期限内申报办理续租租赁进口货物的相关手续的，除按规定征收续租租赁进口货物应缴纳的税款外，还应当自租赁期限届满后30日起至纳税义务人申报纳税之日止，按日加收应缴纳税款万分之五的滞纳金。

（5）留购租赁货物

留购租赁进口货物的，应向海关提交留购合同，申报办理相关手续应当不迟于租赁进口货物租期届满后的第30日，并应当按照海关审核确定的留购价格及接受申报办理留购的相关手续之日该货物适用的计征汇率、税率，审核确定其完税价格、计算应缴纳的税款。未在规定的期限内申报办理留购租赁进口货物的相关手续的，除按规定征收留购租赁进口货物应缴纳的税款外，还应当自租赁期限届满后30日起至纳税义务人申报纳税之日止，按日加收应缴纳税款万分之五的滞纳金。

2. 租赁出口货物

对租赁货物出口，出口企业需要提供租赁合同、发票、箱单、提单等商业单证及相关许可证件（如需要）。按照规定，非应税的出口租赁货物免于缴纳税款。

（三）暂时进出境货物

《关税条例》将暂时进出境货物区分为两种：一是列明的9类暂时进出境货物，主要有在展览会、交易会、会议及类似活动中展示或者使用的货物，文化、体育交流活动中使用的表演、比赛用品，进行新闻报道或者摄制电影、电视节目使用的仪器、设备及用品，开展科研、教学、医疗活动使用的仪器、设备及用品，前述4项所列活动中使用的交通工具及特种车辆，货样，供安装、调试、检测设备时使用的仪器、工具，盛装货物的容器，其他用于非商业目的的货物；二是上述九类之外的其他暂时进出境货物。

暂时进境货物应当在进境之日起6个月内复运出境。因特殊情况需要延长期限的，收发货人应当向主管地海关办理延期手续，延期最多不超过3次，每次延长期限不超过6个月。国家重点工程、国家科研项目使用的暂时进出境货物及参加展期在24个月以上展览会的展览品，在上述所规定的延长期届满后仍需要延期的，由主管地直属海关批准。

1.《关税条例》列明的9类暂时进出境货物

（1）暂时进境货物

在海关规定期限内，可以暂不缴纳税款，但需要按照海关接受暂时进口货物申报进境之日的计征汇率、税率，按照进口货物状态审查确定完税价格并计算税款担保①。

① 使用货物暂时进口单证册（ATA单证册）暂时进境的货物可免于担保。

在规定期限内原状复运出境的，提供复运出境报关单，海关退还原担保。暂时进境货物未在规定期限内复运出境，且纳税义务人未在规定期限届满前向海关申报办理转正式进口及纳税手续的，海关将按照规定将原税款担保转为税款，原担保不足的需补缴，还应当自规定期限届满之日起至纳税义务人申报纳税之日止，按日加收应缴纳税款万分之五的滞纳金。

在规定期限届满后不再复运出境或者复运进境的，纳税义务人应当在规定期限届满前向海关申报办理留购进出口及纳税手续。经海关批准留购的暂时进境货物，以海关审查确定的留购价格作为完税价格，并适用海关接受纳税义务人再次填写报关单申报办理纳税及有关手续之日实施的税率、汇率。

（2）暂时出境货物

出口货物多数不征税，暂时出境货物不予缴税及提供担保。对应税暂时出口货物，在海关规定期限内，可以暂不缴纳税款，但需要按照海关接受暂时出口货物申报出境之日的计征汇率、税率，按照出口货物状态审查确定完税价格并计算税款担保。

在规定期限内原状复运进境的，提供复运进境报关单。应税暂时出境货物未在规定期限内复运进境的，且纳税义务人未在规定期限届满前向海关申报办理转正式出口及纳税手续的，海关将按照规定将原税款担保转为税款，原担保不足的需补缴，还应当自规定期限届满之日起至纳税义务人申报纳税之日止，按日加收应缴纳税款万分之五的滞纳金。

2.《关税条例》列明的9类之外的暂时进出境货物

（1）暂时进境货物

此类暂时进境货物进口时需按照海关接受暂时进口货物申报进境之日的计征汇率、税率，根据进口货物状态审查确定完税价格并计算税款担保①，并需根据货物在境内留置时间缴纳税款。有两种缴纳税款方式，其一是按月缴纳，其二是在货物复运出境时一次性缴纳。

选择按月缴纳的，按照审定进口货物完税价格的有关规定和海关接受暂时进境货物申报进境之日适用的计征汇率、税率计算税款。计征税款的期限为60个月。不足1个月但超过15天的，按1个月计征；不超过15天的，免予计征。计算税款的期限自货物放行之日起计算。

按月征收税款的计算公式为：

每月关税税额 = 关税总额×1/60

每月进口环节代征税税额=进口环节代征税总额×1/60

选择在规定期限内货物复运出境时一次性征收税款的，按照货物在境内留置时间——多少个月则合并计算多少个月税款。

暂时进境货物在规定期限届满后不再复运出境的，纳税义务人应当在规定期限届满前向海关申报办理正式进口及纳税手续，缴纳剩余税款。暂时进境货物未在规定期限内复运出境，且纳税义务人未在规定期限届满前向海关申报办理转为进口及纳税手续的，海关除按照规定征收应缴纳的税款外，还应当自规定期限届满之日起至纳税义务人申报纳税之日止，按日加收应缴纳税款万分之五的滞纳金。

---

① 使用货物暂时进口单证册（ATA单证册）暂时进境的货物可免于担保。

（2）暂时出境货物

出口货物多数不征税，暂时出境货物不予缴税及提供担保。对应税暂时出口货物，在海关规定期限内，比照上述9类之内暂时进境货物征收税款，且需要按照海关接受暂时出口货物申报出境之日的计征汇率、税率，按照出口货物状态审查确定完税价格并计算税款担保。

在规定期限内原状复运进境的，提供复运进境报关单。应税暂时出境货物未在规定期限内复运进境的，且纳税义务人未在规定期限届满前向海关申报办理转正式出口及纳税手续的，海关将按照规定将原税款担保转为税款，原担保不足的需补缴，还应当自规定期限届满之日起至纳税义务人申报纳税之日止，按日加收应缴纳税款万分之五的滞纳金。

（四）进出境修理货物

1. 进境修理货物

海关对进境修理并按期出境的货物（含进口只限用于进境修理货物的原材料、零部件）不予征税，但纳税义务人在办理进口申报手续时应向海关提供进口税款担保（或事先经海关同意由海关对其按保税货物实施管理），税款担保暂按一般进口货物价值核定。进口时应提交该货物的维修合同（或者含有保修条款的原出口合同）。进境修理货物及剩余进境原材料、零部件按期复运出境的，海关应当办理修理货物及原材料、零部件进境时纳税义务人提供的税款担保的退还手续（按照保税货物实施管理的，按照有关保税货物的管理规定核销结案）。

进境修理货物应当在海关规定的期限内复运出境。因正当理由不能在海关规定期限内将进境修理货物复运出境的，纳税义务人应当在规定期限届满前向海关说明情况，申请延期复运出境。进境修理货物未在海关允许期限内复运出境的，海关对其按照一般进口货物审核确定货物完税价格，将该货物进境时纳税义务人提供的税款担保转为税款，如有不足部分需补缴。

进口维修货物因故无法复运出境的，进口单位应及时向海关报明，经海关同意后方可留置境内，并由海关对其按照一般进口货物审核确定货物完税价格后计征税款。

对剩余的原材料、零部件不再复运出境的，经海关同意后按照一般进口货物进行管理。

2. 出境修理货物

海关对出境修理货物复运进境时征收税款。计征税款时，适用海关接受该货物申报复运进境之日的计征汇率、税率，并以境外修理费和料件费为基础审查确定完税价格。复运进境申报环节，纳税义务人应提供修理货物原出境报关单、该货物维修合同及维修发票等相关单证。

出境修理货物应当在海关规定的期限内复运进境。因正当理由不能在海关规定期限内将出境修理货物复运进境的，纳税义务人应当在规定期限届满前向海关说明情况，申请延期复运进境。对于不能提供修理货物原出境报关单及超过原出境修理货物海关允许期限复运进境的，海关对其按照一般进口货物的征税管理规定即按照货物价值审核确认价格并征收进口税款。

对于出境修理的货物属于原进口货物的，在原进口货物合同规定的保修期内出境免费维修，复运进境时海关不予征税。对该种不予征税情形，纳税义务人应注意，在办理货物出境修理申报手续时应当向海关提交含有保修条款的原进口合同。

对于出境修理货物，因故无法维修等情况不再复运进境的，原出口单位应及时向出口申报地海关报明后续处置情况，视情对原出口监管方式予以修改，对其中应征出口关税的，照章缴纳。

（五）出境加工货物

海关对出境加工货物实施保税账册方式管理，复运进口应与出口在同一口岸。纳税义务人应在出境加工货物复进口时缴纳税款。计征税款时，按海关接受该货物申报复运进境之日适用的计征汇率、税率，以境外加工费、料件费、复运进境的运输及相关费用和保险费为基础审查确定完税价格，计算并缴纳进口税款。

出境加工货物账册核销期为1年，超过1年规定期限的企业应按一般贸易管理规定办理进口手续。出境加工因品质和规格等原因需退运的，企业应按退运货物（监管代码4561）有关规定，在账册核销周期内办理，超过1年的退运期限再复运进境的，亦需要按照一般贸易管理规定办理进口手续。

（六）退运货物

1. 原出口货物退运至境内

由于品质或者规格原因，出口货物自出口放行之日起1年内原状退货复运进境的，纳税义务人在办理进口申报手续时，应当按照规定提交有关单证和证明文件。经海关确认后，对复运进境的原出口货物不予征收进口关税和进口环节海关代征税。

有关单证及证明文件主要有原出口报关单、收发货人双方关于退货的协议、税务部门出具的未退税证明（或已补税征税）等。海关认为需要时，纳税义务人还应当提交具有资质的商品检验机构出具的原出口货物品质不良或者规格不符的检验证明书或者其他有关证明文件。

海关对原出口货物退运至境内不予征收进口关税和进口环节海关代征税的必备条件有：必须是品质或规格原因；必须是出口货物放行之日1年内复运进境；必须是原状复运进境，但原状并不要求货物全部退运，部分货物原状退运进境亦可。不符合上述任一条件则需缴纳税款。

2. 原进口货物退运至境外

由于品质或者规格原因，进口货物自进口放行之日起1年内原状退货复运出境的，纳税义务人在办理出口申报手续时，应当按照规定提交有关单证和证明文件。经海关确认后，对复运出境的原进口货物不予征收出口关税。

有关单证及证明文件主要有原进口报关单、收发货人双方关于退货的协议等。海关认为需要时，纳税义务人还应当提交具有资质的商品检验机构出具的原进口货物品质不良或者规格不符的检验证明书或者其他有关证明文件。

如自我国退运境外货物属于应征出口关税范围，海关对原进口货物不予征收出口关税的必备条件有：必须是品质或规格原因；必须是进口货物放行之日1年内退运出境；必须是原状复运出境，但原状并不要求货物全部退运，部分货物原状退运出境亦可。不符合上述任一条件则需缴纳税款。

对原已缴纳税款的进口货物，由于品质或者规格原因原状退货复运出境的，纳税义务人自缴纳税款之日起1年内，还可以向海关申请退税。

六、税款退还、追补

（一）税款退还

纳税义务人按照规定缴纳税款后，因误征、溢征及其他国家政策调整应予退还的税款可由海关依法退还。进出口税收的起退点为0元。①

1. 多征税款退税

（1）海关发现多征税款的，应立即通知纳税义务人办理退税手续。纳税义务人应当自收到海关通知之日起3个月内办理退税手续。

（2）纳税义务人发现多征税款的，自缴纳税款之日起1年内，可以向海关申请退还多缴的税款并加算银行同期活期存款利息。

“多征税款”一般指由于某种差错或工作失误，造成海关所征收的税款大于应征税款，不包括由于政策调整导致的征税差异。

2. 品质或者规格原因退税

（1）已缴纳税款的进口货物，因品质或者规格原因原状退货复运出境的，纳税义务人自缴纳税款之日起1年内，可以向海关申请退税。

（2）已缴纳出口关税的出口货物，因品质或者规格原因原状退货复运进境并已重新缴纳因出口而退还的国内环节有关税收的，纳税义务人自缴纳税款之日起1年内，可以向海关申请退税。

3. 退关退税

已缴纳出口关税的货物，因故未装运出口申报退关的，纳税义务人自缴纳税款之日起1年内，可申请退税。

4. 短装退税

散装进出口货物发生短装并已征税放行的，如该货物发货人、承运人、保险公司已对短装部分退还或者赔偿相应货款，纳税义务人自缴纳税款之日起1年内，可申请退还短装部分相应税款。

5. 赔偿退税

因进出口货物残损、品质不良、规格不符等原因或发生上述散装货物短装以外的货物短少情形，由进出口货物的发货人、承运人或保险公司赔偿相应货款的，纳税义务人自缴纳税款之日起1年内，可申请退还赔偿货款部分的相应税款。

上述申请退税情形，海关应当自受理退税申请之日起30日内查实并通知纳税义务人办理退还手续。纳税义务人应当自收到通知之日起3个月内办理有关退税手续。

退税必须在原征税海关办理。办理退税时，纳税义务人应填写“退税申请表”并持凭原进口或出口报关单、原盖有银行印章的税款缴纳书正本及其他必要单证（如合同、发票、协议、第三方商检机构证明、已经赔偿货款的证明文件、税务机关出具证明等）送海关审核。海关同意后，应按原征税或者补税之日所实施的税率计算退税额。

进口环节增值税已予抵缴的，除国家另有规定外不予退还。已征收的滞纳金不予

---

① 本处所述退税不包含根据国家鼓励出口政策对出口产品退还已缴纳税款内容，该部分退税主管部门是国家税务机关。

退还。

（二）税款追补

1. 补税

（1）少征税款补税

进出口货物放行后，海关发现少征税款，即海关对该进出口货物实际征收的税款少于应当征收的税款的，应当自纳税义务人缴纳税款之日起1年内，由海关补征。

（2）漏征税款补税

海关发现漏征税款，即海关对进出口货物应当征收但未征收税款的，应当自货物放行之日起1年内，向纳税义务人补征漏征的税款。

2. 追税

（1）少征税款追税

因纳税义务人违反规定导致海关对进出口货物少征税款的，海关应当自缴纳税款之日起3年内追征税款。因纳税义务人违反规定造成海关监管货物少征税款的，海关应当自纳税义务人应缴纳税款之日起3年内追征税款。

（2）漏征税款追税

因纳税义务人违反规定导致海关对进出口货物漏征税款的，海关应当自该货物放行之日起3年内追征税款。因纳税义务人违反规定造成海关监管货物漏征税款的，海关应当自纳税义务人应缴纳税款之日起3年内追征税款。

"应缴纳税款之日"是指纳税义务人违反规定的行为发生之日，该行为发生之日不能确定的，应当以海关发现该行为之日作为应缴纳税款之日。

少征或漏征税款部分涉及滞纳金的应一并征收。补征关税、进口环节代征税、滞纳金起征点均为50元。

七、税款担保

税款担保是海关事务担保的一种，是指纳税义务人以法定形式向海关承诺在一定期限内履行其纳税义务的行为。

（一）办理税款担保的情形

纳税义务人针对以下情形要求海关先放行货物的，应当按照海关初步确定的应缴税款向海关提供足额税款担保：

1. 海关尚未确定商品归类、完税价格、原产地等征税要件的；
2. 正在海关办理减免税审核确认手续的；
3. 正在海关办理延期缴纳税款手续的；
4. 暂时进出境的；
5. 进境修理和出境加工的，按保税货物实施管理的除外；
6. 因残损、品质不良或者规格不符，纳税义务人申报进口或者出口无代价抵偿货物时，原进口货物尚未退运出境或者尚未放弃交由海关处理的，或者原出口货物尚未退运进境的；
7. 其他按照有关规定需要提供税款担保的。

（二）担保期限及方式

1. 担保期限

除另有规定外，税款担保期限一般不超过6个月，特殊情况需要延期的，应当经主管海关核准。税款保函明确规定保证期间的，保证期间应当不短于海关批准的担保期限。

2. 担保方式

海关税款担保一般采用保证金、银行及非银行金融机构出具连带责任保证保函方式。采用保证金形式办理的担保，一般采取逐票方式。采用银行及非银行金融机构出具保函办理的担保，可采取逐票方式，也可采取办理汇总征税及循环担保方式。

目前，银行类金融机构均可办理汇总征税担保，其中可进行汇总征税担保数据电子传输的银行有中国银行、兴业银行、中国民生银行、招商银行、光大银行、广发银行、中国农业银行和杭州银行。经批准的保险公司类机构也可办理汇总征税担保，目前，海关总署、银保监会批准参与税款类担保的关税保证保险改革试点保险公司有中国人民财产保险股份有限公司、中国太平洋财产保险股份有限公司和中银保险有限公司。企业可凭“关税保证保险单”办理汇总征税业务，并可根据企业税款缴纳情况在保险期间内循环使用。

海关总署在创新税收担保方式方面正进行许多有益尝试，以进一步适应现代金融与担保体制机制改革趋势，主要有：结合企业信用管理制度改革，建立差别化担保制度；根据海关事务担保条例相关规定，结合企业信用管理，对符合条件的企业，实施免除担保制度；加快实施除银行或非银行金融机构保函外的第三方担保形式，对资信良好、供应链信息对海关透明的企业，尤其是生产型企业，考虑引入第三方信用担保模式。此外，已经在部分直属海关成功试点采用经同意的企业财务公司参与总担保备案；增加可以用于担保的财产和权利种类，允许企业以汇票、本票、支票、债券、存单等海关认可的财产、权利提供担保。

八、税收保全与强制措施

（一）保全措施

进出口货物的纳税义务人在规定的纳税期限内有明显的转移、藏匿其应税货物及其他财产迹象的，海关可以要求纳税义务人在海关规定的期限内提供海关认可的担保。纳税义务人不能在海关规定的期限内按照海关要求提供担保的，经直属海关关长或者其授权的隶属海关关长批准，海关应当采取税收保全措施。

1. 暂停支付存款

海关书面通知纳税义务人开户银行或者其他金融机构（以下统称金融机构）暂停支付纳税义务人相当于应纳税款的存款。

纳税义务人在规定的纳税期限内缴纳税款的，海关书面通知金融机构解除对纳税义务人相应存款实施的暂停支付措施。

纳税义务人在规定的纳税期限内未缴纳税款的，海关书面通知金融机构从暂停支付的款项中扣缴相应税款。海关确认金融机构已扣缴税款的，书面告知纳税义务人。

2. 暂扣货物或财产

因无法查明纳税义务人账户、存款数额等情形不能实施暂停支付措施的，书面通知（随附扣留清单）纳税义务人扣留其价值相当于应纳税款的货物或者其他财产。货物或者其他财产本身不可分割，又没有其他财产可以扣留的，被扣留货物或者其他财产的价值可以高于应纳税款。

纳税义务人在规定的纳税期限内缴纳税款的，海关书面通知纳税义务人解除扣留措施，随附发还清单，办理确认手续后将有关货物、财产发还纳税义务人。

（二）强制措施

进出口货物的纳税义务人、担保人自规定的纳税期限届满之日起超过3个月未缴纳税款或经海关总署批准延期缴纳税款的，自延期缴税时限届满之日起超过3个月仍未缴纳税款的，经直属海关关长或其授权的隶属海关关长批准，依次采取下列强制措施：

1. 书面通知金融机构从其存款中扣缴税款；
2. 将应税货物依法变卖，以变卖所得抵缴税款；
3. 扣留并依法变卖其价值相当于应纳税款的货物或者其他财产，以变卖所得抵缴税款。

实施强制措施的，海关书面通知金融机构从纳税义务人、担保人的存款中扣缴相应税款，同时书面告知纳税义务人、担保人。海关采取强制措施时，对纳税义务人未缴纳的税款滞纳金同时强制执行。

海关决定以应税货物、被扣留的价值相当于应纳税款的货物或者其他财产变卖并抵缴税款的，书面告知纳税义务人、担保人。变卖所得不足以抵缴税款的，海关继续采取强制措施抵缴税款的差额部分；变卖所得抵缴税款及扣除相关费用后仍有余款的，应当发还纳税义务人、担保人。

无法采取税收保全措施、强制措施，或者采取税收保全措施、强制措施仍无法足额征收税款的，海关依法向人民法院申请强制执行，并按照法院要求提交相关材料。

纳税义务人、担保人对海关采取税收保全措施、强制措施不服的，可以依法申请行政复议或者提起行政诉讼。

九、纳税争议及解决

在海关税款征收过程中，海关与纳税义务人之间发生争议在所难免。制定纳税争议的海关行政复议制度十分重要，用以维护纳税人的合法权益和海关正确合法的行政行为，确保海关执法的行政效率，纠正和制止违法和不当的行政行为。

（一）纳税争议

纳税争议，是指当事人对海关作出的具体征税行政行为不服而发生的争议，包括对海关确定纳税义务人、完税价格、商品归类、原产地及计征税率或汇率、减征或免征税款、补税、退税、征收滞纳金、计征方式及纳税地点等行政行为不服的争议。纳税义务人对海关在征税程序上的其他行为有异议的，如关税强制措施、税收保全措施不属于纳税争议，而应当视为不服海关其他行政行为的行政争议。

（二）纳税争议的行政复议

复议的受理、审理及决定具体内容详见本教材第八章第六节“海关行政复议制度”。

第五节 进出口税收减免

进出口税收减免是指海关按照国家政策、《海关法》和其他有关法律、行政法规的规定，对进出口货物的关税和进口环节海关代征税给予减征或免征。进出口税收减免可分为三大类，即法定减免税、特定减免税和临时减免税。

一、法定减免税

法定减免税是指按照《海关法》《关税条例》和其他法律、行政法规的规定，进出口货物可以享受的减免关税优惠。海关对法定减免税货物一般不进行后续管理。

下列进出口货物、进出境物品，减征或者免征关税：

（一）关税税额在人民币 50 元以下的一票货物；

（二）无商业价值的广告品和货样；

（三）外国政府、国际组织无偿赠送的物资；

（四）在海关放行前遭受损坏或者损失的货物；

（五）进出境运输工具装载的途中必需的燃料、物料和饮食用品；

（六）中华人民共和国缔结或者参加的国际条约规定减征、免征关税的货物和物品；

（七）法律规定减征、免征关税的其他货物、物品。

进口环节增值税或消费税税额在人民币 50 元以下的一票货物也应免征。

二、特定减免税

特定减免税是指海关根据国家规定，对特定地区、特定用途和特定企业给予的减免关税和进口环节海关代征税的优惠，也称政策性减免税。特定减税或者免税的范围和办法由国务院规定，海关根据国务院的规定单独或会同国务院其他主管部门制定具体实施办法并加以贯彻执行。

为配合全国增值税转型改革，规范税制，国家对部分进口税收优惠政策进行相应调整。目前实施特定减免税的项目主要有：

（一）外商投资项目投资额度内进口自用设备

1. 根据对外商投资的法律法规规定，在中国境内依法设立，并领取外商投资企业营业执照等有关法律文件的中外合资经营企业、中外合作经营企业和外资企业（以下统称外商投资企业），所投资的项目符合《外商投资产业指导目录》中鼓励类或《中西部地区外商投资优势产业目录》的产业条目，在投资总额内进口的自用设备及按合同随设备进口的技术、配套件、备件（以下简称自用设备），除《外商投资项目不予免税的进口商品目录》《进口不予免税的重大技术装备和产品目录》所列商品外，免征关税，进口环节增值税照章征收。

《外商投资项目不予免税的进口商品目录》主要包括电视机、摄像机、录像机、放像机、音响设备、空调器、电冰箱（电冰柜）、洗衣机、照相机、复印机、程控电话交换机、微型计算机及外设、电话机、无线寻呼系统、传真机、电子计算器、打字机及文字处理机、汽车、摩托车，以及《税则》中第一章至第八十三章、第九十一章至第九十七章的所有税号商品。

《进口不予免税的重大技术装备和产品目录》主要包括大型清洁高效发电设备，超、特高压输变电设备，大型石油及石化设备，大型煤化工设备，大型冶金成套设备，大型矿山设备，大型船舶、海洋工程设备，高速铁路、城市轨道交通设备，大型环保及资源综合利用设备，大型施工机械和基础设施专用设备，大型、精密、高速数控设备，新型纺织机械，新型大马力农业装备，电子信息及生物医疗装备，以及按照合同随上述设备进口的技术及配套件、备件。

中外投资者采取发起或募集方式在境内设立外商投资股份有限公司，或者已设立的外商投资有限责任公司转变为外商投资股份有限公司，并且外资股比不低于25%的，在投资总额内进口的自用设备，以及内资有限责任公司和股份有限公司转变为外资股比不低于25%的外商投资股份有限公司，并且同时增资，其增资部分对应的进口自用设备，可享受外商投资项目进口税收优惠政策。

持有外商投资企业批准证书的A股上市公司股权分置改革方案实施后增发新股，或者原外资法人股东出售股份，但外资股比不低于25%，在投资总额内进口的自用设备可享受外商投资项目进口税收优惠政策。

外商投资企业向中西部地区再投资设立的企业或其通过投资控股的公司，注册资本中外资比率不低于25%，并取得外商投资企业批准证书，其在投资总额内进口的自用设备可享受外商投资项目进口税收优惠政策。

2. 下列情况中，所投资项目符合《外商投资产业指导目录》中鼓励类或《中西部地区外商投资优势产业目录》的产业条目，在投资总额内进口的自用设备，除《国内投资项目不予免税的进口商品目录》《进口不予免税的重大技术装备和产品目录》所列商品外，可以免征关税，进口环节增值税照章征收：

（1）外国投资者的投资比率低于25%的外商投资企业；

（2）境内内资企业发行B股或发行海外股（H股、N股、S股、T股或红筹股）转化为外商投资股份有限公司；

（3）外商投资企业向中西部地区再投资设立的外资比率低于25%的企业，以及向中西部以外地区再投资设立的企业。

（二）外商投资企业自有资金项目

投资项目符合现行《外商投资产业指导目录》鼓励类条目的外商投资企业（外国投资者的投资比率不低于25%），利用投资总额以外的自有资金（指企业储备基金、发展基金、折旧、税后利润），在原批准的生产经营范围内，对本企业原有设备更新（不包括成套设备和生产线）和维修，或者超出上述范围进行技术改造需进口国内不能生产或性能不能满足需要的设备，以及与上述设备配套的技术、配件、备件，除《国内投资项目不予免税的进口商品目录》《进口不予免税的重大技术装备和产品目录》所列商品外，可以免征进口关税，进口环节增值税照章征收。

（三）国内投资项目进口自用设备

符合《产业结构调整指导目录》鼓励类范围的国内投资项目单位，在投资总额内进口的自用设备，以及按照合同随设备进口的技术及配套件、备件，除《国内投资项目不予免税的进口商品目录》《进口不予免税的重大技术装备和产品目录》所列商品外，免征进口关税，进口环节增值税照章征收。

（四）贷款项目进口物资

外国政府贷款和国际金融组织贷款项目，在项目额度或投资总额内进口的自用设备，以及按照合同随设备进口的技术及配套件、备件，除《外商投资项目不予免税的进口商品目录》《进口不予免税的重大技术装备和产品目录》所列商品外，免征进口关税。

对贷款项目进口自用设备，经确认按有关规定增值税进项税额无法抵扣的，除《外商投资项目不予免税的进口商品目录》《进口不予免税的重大技术装备和产品目录》所列商品外，同时免征进口环节增值税。

对贷款项目进口自用设备涉及污水处理厂、再生水项目（不包括自来水项目），环境综合治理、环境监测、生物资源保护项目（不包括固体废弃物焚烧发电项目），公安、消防、气象、防洪项目，教育培训、人才培养项目，文化遗产保护项目，交通项目，医疗卫生项目、广播电视、邮电项目，农林产品种植、畜牧养殖、农机服务项目（不包括农林产品加工项目），以及项目单位是政府部门的其他贷款项目，同时免征关税和增值税，无须确认增值税进项税额是否抵扣。

（五）重大技术装备

为提高我国企业的核心竞争力及自主创新能力，推动产业结构调整和升级，促进国民经济可持续发展，贯彻落实国务院关于装备制造业振兴规划和加快振兴装备制造业有关调整进口税收优惠政策的决定，对经认定符合规定条件的国内企业为生产国家支持发展的重大技术装备和产品进口规定范围的关键零部件、原材料商品，免征关税和进口环节增值税。

国家支持发展的重大技术装备和产品，以及重大技术装备和产品进口关键零部件、原材料商品主要包括：大型清洁高效发电装备，超、特高压输变电设备，大型石油及石化设备，大型煤化工设备，大型冶金成套设备，大型矿山设备，大型船舶和海洋工程设备，高速铁路、城市轨道交通设备，大型环保和资源综合利用设备，大型施工机械及基础设施专用设备，大型、精密、高速数控设备，数控系统、功能部件与基础制造装备，新型纺织机械，新型、大马力农业装备，电子信息及生物医疗设备，民用飞机及发动机、机载设备等。

（六）支持科技创新税收优惠政策

为深入实施创新驱动发展战略，发挥科技创新在全面创新中的引领作用，对科学研究机构、技术开发机构、学校等单位进口国内不能生产或性能不能满足需要的科学研究、科技开发和教学用品，免征进口关税和进口环节增值税、消费税；对出版物进口单位为科研院所、学校，进口用于科研、教学的图书、资料等，免征进口环节增值税。

上述科学研究机构、技术开发机构、学校是指：国务院部委、直属机构，以及省、自治区、直辖市、计划单列市所属从事科学研究工作的各类科研院所；国家承认学历的实施专科以上高等学历教育的高等学校；国家发展改革委会同财政部、海关总署和国税总局核定的国家工程研究中心；国家发展改革委会同财政部、海关总署、国税总局、科技部核定的企业技术中心；科技部会同财政部、海关总署和国税总局核定的转制科研机构、国家重点实验室、企业国家重点实验室、国家工程技术研究中心；科技部会同民政部或省、自治区、直辖市、计划单列市等科技部门会同同级民政部门核定的科技类民办非企业单位；工信部会同财政部、海关总署、国税总局核定的国家中小企业公共服务示范平台（技术类）；

省、自治区、直辖市、计划单列市等商务主管部门会同同级财政、国税和直属海关核定的外资研发中心。

上述出版物进口单位是指国家新闻出版主管部门批准的具有出版物进出许可的下列单位：中国图书进出口（集团）总公司及其具有独立法人资格的子公司、中国经济图书进出口公司、中国教育图书进出口有限公司、北京中科进出口有限责任公司、中国科技资料进出口总公司、中国国际图书贸易集团有限公司。

（七）救灾捐赠物资

对外国民间团体、企业、友好人士和华侨、港澳居民和台湾同胞无偿向我国境内受灾地区（限于新华社对外发布和民政部中国灾情信息公布的受灾地区）捐赠的直接用于救灾的物资，在合理数量范围内，免征关税和进口环节增值税、消费税。

（八）扶贫慈善捐赠物资

为促进公益事业的健康发展，经国务院批准下发了《慈善捐赠物资免征进口税收暂行办法》，对境外捐赠人（指中华人民共和国关境外的自然人、法人或者其他组织）无偿向受赠人捐赠的直接用于慈善事业的物资，免征进口关税和进口环节增值税。

（九）残疾人专用品

为支持残疾人的康复工作，国务院制定了《残疾人专用品免征进口税收暂行规定》，对民政部直属企事业单位和省、自治区、直辖市民政部门所属福利机构、假肢厂、荣誉军人康复医院等，中国残疾人联合会直属事业单位和省、自治区、直辖市残联所属福利机构和康复机构进口国内不能生产的残疾人专用物品，免征进口关税和进口环节增值税、消费税。

（十）集成电路项目进口物资

我国对集成电路生产企业进口自用生产性原材料及净化室专用建筑材料等实施税收优惠政策，对在中国境内设立的线宽小于 0.25 微米或者投资额超过 80 亿元、线宽小于 0.5 微米（含）的集成电路生产企业进口自用生产性原材料、消耗品，净化室专用建筑材料、配套系统，集成电路生产设备零、配件，免征进口关税及进口环节增值税。

（十一）海上石油、陆上石油项目进口物资

在我国海洋进行石油（天然气）开采作业的项目，进口国内不能生产或性能不能满足要求，并直接用于开采作业的设备、仪器、零附件、专用工具，在规定的免税进口额度内，免征进口关税和进口环节增值税。

在我国领土内的沙漠、戈壁荒漠进行石油（天然气）开采作业的自营项目，进口国内不能生产或性能不能满足要求，并直接用于勘探、开发作业的设备、仪器、零附件、专用工具，在规定的免税进口额度内，免征进口关税；在我国领土内的沙漠、戈壁荒漠进行石油（天然气）开采作业的中外合作项目，进口国内不能生产或性能不能满足要求，并直接用于勘探、开发作业的设备、仪器、零附件、专用工具，在规定的免税进口额度内，免征进口关税和进口环节增值税。

（十二）远洋渔业项目进口自捕水产品

对经农业部批准获得“农业部远洋渔业企业资格证书”的远洋渔业企业在公海或者按照有关协议规定，在国外海域捕获并运回国内销售的自捕水产品（及其加工制品），视同国内产品，不征收进口关税和进口环节增值税。

（十三）无偿援助项目进口物资

无偿援助项目进口物资，指外国政府、国际组织无偿赠送及我国履行国际条约规定减免税进口的物资。其减免税范围包括：根据中国与外国政府、国际组织间的协定或协议，由外国政府、国际组织直接无偿赠送的物资或者由其提供无偿赠款，由我国受赠单位按照协定或协议规定用途自行采购进口的物资；外国地方政府或民间组织受外国政府委托无偿赠送进口的物资；国际组织成员受国际组织委托无偿赠送进口的物资；我国缔结或者参加的国际条约规定减征、免征关税的货物和物品。

无偿援助项目进口物资，性质上属于法定减免税范畴，但是按照特定减免税货物管理。

（十四）科技重大专项进口

自 2010 年 7 月 15 日起，对承担《国家中长期科学和技术发展规划纲要（2006—2020 年）》的项目承担单位使用中央财政拨款、地方财政资金、单位自筹资金及其他渠道获得的资金进口项目（课题）所需国内不能生产的关键设备（含软件工具及技术）、零部件、原材料，免征进口关税和进口环节增值税。科技重大专项包括：核心电子器件、高端通用芯片及基础软件产品，极大规模集成电路制造装备及成套工艺，新一代宽带无线移动通信网，高档数控机床与基础制造装备，大型油气田及煤层气开发，大型先进压水堆及高温气冷堆核电站，水体污染控制与治理，转基因生物新品种培育，重大新药创制，艾滋病和病毒性肝炎等重大传染病防治。

（十五）新型显示器件生产企业

对新型显示器件（包括薄膜晶体管液晶显示器件、有机发光二极管显示面板）生产企业进口规定范围内的自用生产性（含研发用）原材料和消耗品，免征进口关税，照章征收进口环节增值税；进口建设净化室所需的规定范围内的配套系统，免征进口关税和进口环节增值税；在经核定的年度进口金额内，进口维修规定范围内的进口生产设备所需零部件，免征进口关税和进口环节增值税；对符合国内产业自主化发展规划的彩色滤光膜、偏光片等属于新型显示器件产业上游的关键原材料、零部件的生产企业进口国内不能生产的自用生产性原材料（含研发用）、消耗品，免征进口关税。

（十六）勘探开发煤层气

勘探开发煤层气项目单位在我国境内进行煤层气勘探开发项目，进口国内不能生产或国内产品性能不能满足要求，并直接用于勘探开发作业的设备、仪器、零附件、专用工具，免征进口关税和进口环节增值税。

（十七）种子种源

取得农业农村部、国家林业和草原局出具的“中华人民共和国农业农村部动植物苗种进（出）口审批表”“国家林业和草原局种子苗木（种用）进口许可表”“国家濒危办进口种用野生动植物种源确认表”的企业，以及取得主管部门出具的证明有关工作犬和工作犬精液及胚胎属于免税品种范围的说明文件的部门，进口与农林业生产密切相关，并直接用于或服务于农林业生产的种子（苗）、种畜（禽）和鱼种（苗）（简称种畜种苗），野生动植物种源，警用工作犬及其精液和胚胎，免征进口环节增值税。

（十八）中储粮

在一定时期内，对中国储备粮管理总公司及其子公司（包括中储粮油脂有限公司等）

为实现中央储备粮油年度轮换、转储备及履行政府承诺而组织进口的粮油，免征进口环节增值税。

（十九）公益收藏

列入财政部会同国务院有关部门审定并以公告形式发布的省级以上国有公益性收藏单位名单内国有文物收藏单位，以从事永久收藏、展示和研究等公益性活动为目的，通过接受境外捐赠、归还、追索和购买等方式进口的藏品，免征关税和进口环节增值税、消费税。

（二十）国内航空公司进口飞机

对国内从事航空运输业的航空公司购买进口的空载重量在 25 吨以上的客货运飞机，减按 5%征收进口环节增值税。

（二十一）动漫开发生产用品

为推动我国动漫产业健康快速发展，支持产业升级优化发展，在一定时期内，经国务院有关部门认定的动漫企业自主开发、生产动漫直接产品，确需进口的商品可享受免征进口关税及进口环节增值税的政策。

此外，国家还根据不同时期的需要制定相关的减免税政策。

三、临时减免税

临时减免税是指法定减免税和特定减免税以外的其他减免税。国务院根据某个单位、某类商品、某个时期或某批货物的特殊情况和需要，给予特别的临时性减免税优惠，如汶川地震灾后重建进口物资。为支持和帮助汶川地震受灾地区积极开展生产自救，重建家园，自 2008 年 7 月 1 日起，对受灾地区企业、单位，或支援受灾地区重建的企业、单位，进口国内不能满足供应并直接用于灾后重建的大宗物资、设备等，3 年内免征进口关税和进口环节增值税。

第六节　进出口税费计算实例

进出口货物完税价格、关税、进口环节代征税、滞纳金、船舶吨税一律以人民币计征，采用四舍五入法计算至分。

（一）进口关税的计算

1. 从价税

（1）计算公式

进口关税税额=进口货物完税价格×进口从价关税税率

减税征收的进口关税税额=进口货物完税价格×减按进口从价关税税率

其中：

① 进口货物完税价格使用 CIF 贸易术语成交并经海关审定

进口关税税额=CIF×进口从价关税税率

② 进口货物完税价格使用 FOB 贸易术语成交并经海关审定

进口关税税额=（FOB+运输及相关费用+保险费）×进口从价关税税率

③ 进口货物完税价格使用 CFR 贸易术语成交并经海关审定

$$进口关税税额=（CFR+保险费）×进口从价关税税率或\frac{CFR}{1-保险费率}×进口从价关税税率$$

（2）计算程序

① 按照归类原则确定税则归类，将应税货物归入适当的税号；

② 根据原产地规则和税率适用规定，确定应税货物所适用的税率；

③ 根据审定完税价格办法的有关规定，确定应税货物的 CIF 价格；

④ 根据汇率适用规定，将以外币计价的 CIF 价格折算成人民币（完税价格）；

⑤ 按照计算公式正确计算应征税款。

（3）计算实例

实例一：

国内某企业于 2018 年 4 月中旬申报进口美国产瓶装葡萄酒 1 批，成交价格为 FOB 洛杉矶 150 000 美元。已知运费 2 000 美元，保险费 150 美元，设 1 美元=6.5 元人民币，计算应征进口关税。

计算方法：

① 确定税则归类，瓶装葡萄酒归入税号 2204.2100；

② 原产国美国适用最惠国税率 14%，4 月 2 日起加征关税 15%；

③ 审定 CIF 价格为 150 000 美元+2 000 美元+150 美元=152 150 美元；

④ 审定完税价格为 152 150 美元×6.5=988 975.00 元；

⑤ 计算应征税款：

应征进口关税税额=完税价格×关税税率

=988 975.00×（14%+15%）

=286 802.75（元）

实例二：

国内某企业于 2019 年 1 月申报进口韩国产低密度聚乙烯颗粒 100 吨，成交价格为 CFR 上海 151 600 美元，保险费金额 380 元人民币，卖方提供了符合《亚太贸易协定》规定的原产地证书，协定税率 6%。设 1 美元=6.85 元人民币，计算应征进口关税。

计算方法：

① 确定税则归类，该塑料颗粒归入税号 3901.1000；

② 原产国韩国适用最惠国税率 6.5%，且韩国属于《亚太贸易协定》成员国，故按协定税率 6%计征；

③ 审定 CIF 价格为 151 600 美元+380 元；

④ 审定完税价格为 151 600 美元×6.85+380 元=1 038 840.00 元；

⑤ 计算应征税款：

应征进口关税税额=完税价格×协定税率

=1 038 840.00×6%

=62 330.40（元）

实例三：

国内某企业于2017年4月自德国购进国内性能不能满足需要的船用导航设备3台，成交价格为FOB汉堡145 503美元，运费896美元，保险费金额256元人民币。经批准该船用导航设备进口关税税率减按1%计征。已知适用的外汇折算价为1美元=6.271 6元人民币，计算应征进口关税。

计算方法：

① 确定税则归类，该设备归入税号8526.9190；

② 原产国德国适用最惠国税率2%，减按1%计征；

③ 审定CIF价格为145 503美元+896美元+256元；

④ 审定完税价格为（145 503美元+896美元）×6.271 6+256元=918 411.97元；

⑤ 计算应征税款：

应征进口关税税额=完税价格×减按进口关税税率

=918 411.97×1%

=9 184.12（元）

2. 从量税

（1）计算公式

应征税额=进口货物数量×单位税额

（2）计算程序

① 按照归类原则确定税则归类，将应税货物归入适当的税号；

② 根据原产地规则和税率适用规定，确定应税货物所适用的税率；

③ 确定其实际进口量；

④ 如需计征进口环节代征税，根据审定完税价格的有关规定，确定应税货物的CIF价格；

⑤ 根据汇率适用规定，将外币折算成人民币（完税价格）；

⑥ 按照计算公式正确计算应征税款。

（3）计算实例

实例四：

国内某公司从香港购进巴西产冻带骨鸡块100吨，成交价格为CIF境内某口岸7 800港币/吨。设1港币=0.803 2元人民币，计算应征进口关税。

计算方法：

① 确定税则归类，冻带骨鸡块归入税号0207.1411；

② 冻带骨鸡块适用从量关税，巴西产冻带骨鸡块适用最惠国税率0.6元/千克；

③ 确定其实际进口量100吨=100 000千克；

④ 计算应征关税税款：

应征进口关税税额=货物数量×单位税额

=100 000×0. 6

=60 000. 00（元）

3. 复合关税

（1）计算公式

应征税额=进口货物数量×单位税额+进口货物完税价格×进口从价税税率

（2）计算程序

① 按照归类原则确定税则归类，将应税货物归入适当的税号；

② 根据原产地规则和税率适用规定，确定应税货物所适用的税率；

③ 确定其实际进口量；

④ 根据审定完税价格的有关规定，确定应税货物的 CIF 价格；

⑤ 根据汇率适用规定，将外币折算成人民币（完税价格）；

⑥ 按照计算公式正确计算应征税款。

（3）计算实例

实例五：

国内某公司于 2019 年 1 月 7 日申报进口日本产非特种用途的广播级电视摄像机 100 台，其中有 20 台成交价格为 CIF 境内某口岸 4 900 美元/台，其余 80 台成交价格为 CIF 境内某口岸 5 800 美元/台。设 1 美元=6. 85 元人民币，计算应征进口关税。

计算方法：

① 确定税则归类，该批非特种用途的广播级电视摄像机归入税号 8525. 8012。

② 货物适用复合税率。原产国为日本，适用最惠国税率，经查关税税率为 17. 5%或“完税价格不高于 5 000 美元/台的，关税税率为单一从价税率 35%；完税价格高于 5 000 美元/台的，关税税率为 3%，每台加 9 728 元从量税”，从低执行。对价格低于 5 000 美元/台的，从低适用 17. 5%关税。对价格高于 5 000 美元/台的，按照 17. 5%和复合税率计算后的税款，从低选择适用税率。

③ 审定 CIF 价格分别合计为 98 000 美元（20 台×4 900 美元）和 464 000 美元（80 台×5 800 美元）。

④ 审定完税价格分别为 98 000 美元×6. 85 = 671 300. 00 元和 464 000 美元×6. 85 =3 178 400. 00 元。

⑤ 按照计算公式分别计算进口关税税款：

A. 对 20 台单价低于 5 000 美元/台的摄像机从低适用 17. 5%税率

20 台单一从价进口关税税额=完税价格×关税税率

=671 300. 00×17. 5%

=117 477. 50（元）

B. 对 80 台单价高于 5 000 美元/台的摄像机的税率计算后从低适用

a. 80 台复合税计征方式进口关税税额＝货物数量×单位税额+完税价格×关税税率

＝80×9 728+3178400. 00×3%

＝778 240+95 352

＝873 592. 00（元）

b. 80 台从价计征进口关税税额＝完税价格×关税税率

＝3 178 400. 00×17. 5%

＝556 220. 00

C. 100 台合计进口关税税额

100 台合计进口关税税额＝从价进口关税税额+从价进口关税税额

＝117 477. 50+556 220. 00

＝673 697. 50（元）

4. 滑准税

（1）确定滑准税暂定关税税率的具体方式

① 当进口棉花完税价格高于或等于 15. 000 元/千克时，暂定从量税率为 0. 300 元/千克。

② 当进口棉花完税价格低于 15. 000 元/千克时，暂定关税税率按下述公式计算：

$$Ri=\frac{9.45}{Pi}+2.6\%\times Pi-1$$

上述计算结果四舍五入保留 3 位小数。其中，Ri 为暂定从价税率，当按上式计算值高于 40%时，Ri 取值 40%；Pi 为完税价格，单位为元/千克。

（2）计算公式

从价应征进口关税税额＝完税价格×暂定关税税率

从量应征进口关税税额＝进口货物数量×暂定从量税率

（3）计算程序

① 按照归类原则确定税则归类，将应税货物归入适当的税号；

② 根据审定完税价格的有关规定，确定应税货物的 CIF 价格，根据汇率适用规定，将外币折算成人民币（完税价格）；

③ 根据原产地规则和税率适用规定，确定应税货物所适用的税率种类；

④ 根据关税税率计算公式确定暂定关税税率；

⑤ 按照计算公式正确计算应征税款。

（4）计算实例

实例六：

国内某公司于 2019 年 1 月 7 日申报进口原产于阿根廷的配额外未梳棉花（已取得配额外数量份额）1 000 吨，成交价格为 CIF 国内某口岸 1 060. 72 美元/吨。设 1 美元＝6. 85 元人民币，计算应征进口关税税款。

计算方法：

① 确定税则归类，未梳棉花归入税号 5201. 0000。

②确定货物完税价格为 1 060. 72 美元/吨×1 000 吨×6. 85＝7 265 932. 00 元，每千克货

物完税价格为 7 265 932. 00 元÷1 000 吨÷1 000 千克=7. 266 元/千克。

③ 根据税率计算公式确定暂定滑准税税率。

根据当配额外进口棉花完税价格低于 15. 000 元/千克时，暂定关税税率按公式计算，当公式计算值高于 40%时取值 40%的规定，该批棉花完税价格折算后每千克为 7. 266 元，按照公式计算该货物的暂定关税税率：

暂定关税税率=9. 45÷完税价格(元/千克)+2. 60%×完税价格(元/千克)−1

=9. 45÷7. 266+2. 60%×7. 266−1

=0. 490

该滑准关税税率计算后为 49%，大于 40%，按照 40%的关税税率计征关税。

④ 计算应征关税税款：

应征进口关税税额=完税价格×暂定关税税率

=7 265 932. 00×40%

=2 906 372. 80（元）

5. 反倾销税

（1）计算公式

反倾销税税额=完税价格×反倾销税税率

（2）计算程序

① 按照归类原则确定税则归类，将应税货物归入适当的税号；

② 根据反倾销税有关规定，确定应税货物所适用的反倾销税税率；

③ 根据审定完税价格的有关规定，确定应税货物的 CIF 价格；

④ 根据汇率适用规定，将外币折算成人民币（完税价格）；

⑤ 按照计算公式正确计算应征反倾销税税款。

（3）计算实例

实例七：

国内某公司于 2019 年 1 月 7 日申报进口韩国 LG 化学公司产初级形状丁腈橡胶一批，成交总价为 CIF 国内某口岸 68 000 美元。已知该货物需要征收反倾销税 15%，设 1 美元=6. 85 元人民币，计算应征的反倾销税税款。

计算方法：

① 确定税则归类，该货物归入税号 4002. 5910；

② 根据该批货物原产国和原产商确定，反倾销税税率为 15%；

③ 审定 CIF 价格为 68 000 美元；

④ 审定完税价格为 68 000 美元×6. 85=465 800. 00 元；

⑤ 计算应征税款：

反倾销税税额=完税价格×反倾销税税率

=465 800. 00×15%

=69 870. 00（元）

（二）出口关税的计算

1. 计算公式

出口关税税额=出口货物完税价格×出口关税税率

其中：

$$出口货物完税价格=\frac{FOB（中国境内口岸）}{1+出口关税税率}$$

即出口货物是以FOB价成交的，应以该价格扣除出口关税后作为完税价格。如果以其他价格成交的，应换算成FOB价后再按上述公式计算，具体如下：

以CIF方式成交，出口关税计算公式为：

出口关税税额=出口货物完税价格×出口关税税率

其中：

$$出口货物完税价格=\frac{CIF-运费-保险费}{1+出口关税税率}$$

以CFR方式成交，出口关税计算公式为：

出口关税税额=出口货物完税价格×出口关税税率

其中：

$$出口货物完税价格=\frac{CFR-运费}{1+出口关税税费}$$

2. 计算程序

（1）按照归类原则确定税则归类，将应税货物归入适当的税号；

（2）根据审定完税价格的有关规定，确定应税货物FOB价格；

（3）根据汇率适用规定，将外币折算成人民币；

（4）按照计算公式正确计算应征出口关税税款。

3. 计算实例

实例八：

国内某企业于2019年1月7申报出口活鳗鱼苗一批，合同采用CIF贸易术语。已知成交总价为9 090美元，运费为987美元，保险费用50美元，适用的外汇折算价为1美元=6.85元人民币，计算出口关税。

计算方法：

（1）确定税则归类，该批货物归入税号0301.9210，出口税率为20%；

（2）审定FOB美元价格为8 053美元（9090美元-987美元-50美元）；

（3）将外币价格折算成人民币为55 163.05元（8 053美元×6.85）；

（4）计算应征税款：

出口关税税额＝[成交价格÷(1+出口关税税率)]×出口关税税率
＝[55163.05÷(1+20%)]×20%
＝45 969.21×20%
＝9 193.84（元）

(三) 进口环节消费税的计算

1. 计算公式

（1）实行从价定率办法计算纳税额，采用价内税的计税方法，即计税价格的组成中包括了消费税税额。其计算公式为：

消费税应纳税额＝消费税组成计税价格×消费税比例税率

其中：

$$消费税组成计税价格=\frac{关税完税价格+关税税额}{1-消费税比例税率}$$

（2）从量定额征收的消费税的计算公式为：

消费税应纳税额＝应征消费税进口数量×消费税定额税率

（3）实行从价定率和从量定额复合计税办法计算纳税的组成计税价格，其计算公式为：

消费税应纳税额＝消费税组成计税价格×消费税比例税率+应征消费税进口数量×消费税定额税率

其中：

消费税组成计税价格＝（关税完税价格+关税税额+应征消费税进口数量×消费税定额税率）÷（1−消费税税率）

2. 计算程序

（1）按照归类原则确定税则归类，将应税货物归入适当的税号；
（2）根据有关规定，确定应税货物所适用的消费税税率/消费税税额；
（3）根据审定完税价格的有关规定，确定应税货物的 CIF 价格；
（4）根据汇率适用规定，将外币折算成人民币（完税价格）；
（5）按照计算公式正确计算消费税税款。

3. 计算实例

实例九：

国内某公司于 2018 年 12 月申报进口英国产某品牌香烟 10 标准箱（1 标准箱＝250 标准条，1 标准条＝200 支），成交价格为 CIF 国内某口岸 2 200 英镑/标准箱。设 1 英镑＝8.75 元人民币，关税税率 25%，计算应征的进口环节消费税税款。

计算方法：

（1）确定税则归类，香烟归入税号 2402.2000。

（2）香烟征收复合消费税：每标准条进口完税价格≥70 元人民币时，按 56%从价税率+150 元/标准箱从量税征收；每标准条进口完税价格<70 元人民币时，按 36%从价税率+150 元/标准箱从量税征收。

（3）计算完税价格：2 200 英镑×10 标准箱×8.75＝192 500.00 元。

（4）每标准条完税价格：192 500.00 元÷10 箱÷250 条＝77.00 元/条。

（5）适用消费税税率为 56%+150 元/标准箱。

（6）按照公式计算进口环节消费税：

关税＝192 500.00×25%＝48 125.00（元）

从量消费税＝10×150＝1 500（元）

消费税组成计税价格＝(关税完税价格+关税税额+应征消费税进口数量×消费税定额税率)÷(1−消费税税率)

＝(192 500.00+48 125.00+1 500)÷(1−56%)

＝550 284.09(元)

消费税应纳税额＝消费税组成计税价格×消费税比例税率+应征消费税进口数量×消费税定额税率

＝550 284.09×56%+10×150

＝309 659.09（元）

（四）进口环节增值税的计算

1. 计算公式

应纳税额＝增值税组成计税价格×增值税税率

增值税组成计税价格＝关税完税价格+关税税额+消费税税额

2. 计算程序

（1）按照归类原则确定税则归类，将应税货物归入适当的税号；

（2）根据有关规定，确定应税货物所适用的关税及增值税税率、消费税税率；

（3）根据审定完税价格的有关规定，确定应税货物的 CIF 价格；

（4）根据汇率适用规定，将外币折算成人民币（完税价格）；

（5）按照计算公式正确计算关税税款；

（6）按照计算公式正确计算消费税税款、增值税税款。

3. 计算实例

实例十：

国内某公司于2019 年1 月7 日申报进口加拿大产扫雪机1 台，申报价格为 CIF 境内某口岸 90 000 美元。设 1 美元＝6.85 元人民币，计算应征增值税税额。

计算方法：

（1）确定税则号列，扫雪机归类在 8430.2000；

（2）加拿大产扫雪机适用最惠国关税率 10%，增值税率为 16%，无须征收消费税。

（3）审定扫雪机成交价格为 90 000 美元；

（4）将外币折算为人民币，完税价格为 616 500.00（90 000 美元×6.85）；

（5）应征关税税额＝关税完税价格×关税税率

＝616 500.00×10%

＝61 650.00（元）

（6）应征增值税税额＝（关税完税价格+关税税额）× 增值税税率

＝（616 500.00+61 650.00）×16%

＝678 150×16%

＝108 504.00（元）

实例十一：

国内某公司于2019年1月7日申报进口西班牙产散装葡萄酒一批，经海关审核其成交价格总值为CIF境内某口岸32 640欧元。已知该批货物的关税税率为20%，消费税税率为10%，增值税税率为16%，设1欧元＝7.85元人民币，计算应征增值税税额。

计算方法：

首先计算关税税额，然后计算消费税税额，最后再计算增值税税额。

（1）审定完税价格为32 640欧元×7.85＝256 224.00元；

（2）计算关税税额：

应征关税税额＝关税完税价格×关税税率

＝256 224.00×20%

＝51 244.80（元）

（3）计算消费税税额：

应征消费税税额＝[（关税完税价格+关税税额）÷（1−消费税税率）]×消费税税率

＝[（256 224.00+51 244.80）÷（1−10%）]×10%

＝341 632×10%

＝34 163.20（元）

（4）计算增值税税额：

应征增值税税额＝（关税完税价格+关税税额+消费税税额）×增值税税率

＝（256 224.00+51 244.80+34 163.20）×16%

＝341 632×16%

＝54 661.12（元）

（五）滞纳金的计算

滞纳金需按每票货物的关税、进口环节增值税、消费税单独计算。

1. 计算公式

关税滞纳金＝滞纳关税税额×0.5‰×滞纳天数

进口环节消费税滞纳金＝滞纳消费税税额×0.5‰×滞纳天数

进口环节增值税滞纳金＝滞纳增值税税额×0.5‰×滞纳天数

2. 计算程序

（1）根据有关规定，确定滞纳关税及代征税税额；

（2）根据滞纳金管理规定，确定滞纳天数；

（3）按照公式分别正确计算关税、进口环节增值税、消费税滞纳金。

3. 计算实例

实例十二：

国内某公司于2019年1月7日申报进口西班牙产散装葡萄酒一批，经海关审核其成交价格总值为CIF境内某口岸32 640欧元。已知该批货物的关税税率为20%，消费税税率为10%，增值税税率为16%，设1欧元=7.85元人民币，滞纳天数为5天。计算进口环节海关代征增值税滞纳金。

计算方法：

首先计算关税税额，然后计算消费税税额，最后再计算增值税税额。

（1）审定完税价格为32 640欧元×7.85=256 224.00元；

（2）计算关税税额：

应征关税税额=关税完税价格×关税税率

=256 224.00×20%

=51 244.80（元）

（3）计算消费税税额：

应征消费税税额=[（关税完税价格+关税税额）÷（1-消费税税率）]×消费税税率

=[（256 224.00+51 244.80）÷（1-10%）]×10%

=34 1632×10%

=34 163.20(元)

（4）计算增值税税额：

应征增值税税额=(关税完税价格+关税税额+消费税税额)×增值税税率

=(256 224.00+51 244.80+34 163.20)×16%

=341 632×16%

=54 661.12(元)

（5）计算应缴滞纳金：

进口环节增值税滞纳金=滞纳增值税税额×0.5‰×滞纳天数

=54 661.12×0.5‰×5

=136.65（元）

（六）船舶吨税的计算

1. 计算公式

船舶吨税税额=船舶净吨位×适用税率（元/净吨）

2. 计算程序

（1）确定适用的税率种类；

（2）确定船舶吨位和申报纳税期所适用的税率额；

（3）按照计算公式计算应征税额。

3. 计算实例

实例十三：

一艘进入我国境内某口岸的希腊籍船舶（净吨位58 000），船舶负责人申报纳税期90日。计算应征税额。

计算方法：

首先，确定适用的税率种类，希腊与我国签订了船舶税费最惠国待遇条款的条约或者协定，适用优惠税率；其次，确定船舶吨位和申报纳税期所适用的税率额为7.6元/净吨；最后，按照计算公式计算应征税额。

船舶吨税税额＝船舶净吨位×适用税率（元/净吨）

＝58 000×7.6

＝440 800.00（元）

第七章　进出口货物报关单填制

为规范进出口收发货人的申报行为，统一进出口货物报关单填制要求，保证报关单数据质量，根据《海关法》及有关法规，制定《报关单填制规范》。本章主要依据公告要求，重点讲述进出口货物报关单各栏目填制的基本要求及应注意事项。

第一节　进出口货物报关单概述

一、含义

“中华人民共和国海关进（出）口货物报关单”是指进出口货物收发货人或其代理人，按照海关规定的格式对进出口货物的实际情况作出的书面申明，以此要求海关对其货物按适用的海关制度办理通关手续的法律文书。

二、类别

进出口货物报关单分为以下几种类型：

（一）按进出口流向分类

1. 进口货物报关单；
2. 出口货物报关单。

（二）按载体表现形式分类

1. 纸质报关单；
2. 电子数据报关单。

根据《海关总署办公厅关于执行修改进出口货物报关单和进出境货物备案清单格式的公告有关事项的通知》（署办发〔2016〕0031 号），加工贸易专用报关单作废。

三、进出口货物报关单的法律效力

《海关法》规定：“进口货物的收货人、出口货物的发货人应当向海关如实申报，交验进出口许可证件和有关单证。”

进出口货物报关单及其他进出境报关单（证）在对外经济贸易活动中具有十分重要的法律效力，是货物的收发货人向海关报告其进出口货物实际情况及适用海关业务制度、申请海关审查并放行货物的必备法律文书。它既是海关对进出口货物进行监管、征税、统计，以及开展稽查、调查的重要依据，又是出口退税和外汇管理的重要凭证，也是海关处理进出口货物走私、违规案件及税务、外汇管理部门查处骗税、逃套汇犯罪活动的重要书证。因此，申报人对所填报的进出口货物报关单的真实性和准确性应承担法律责任。

四、海关对进出口货物报关单填制的一般要求

第一，进出口货物收发货人或其代理人应按照《中华人民共和国海关进出口货物申报管理规定》《报关单填制规范》《统计商品目录》《规范申报目录》等有关规定要求向海关申报，并对申报内容的真实性、准确性、完整性和规范性承担相应的法律责任。

第二，报关单的填报应做到“两个相符”：一是单证相符，即所填报关单各栏目的内容必须与合同、发票、装箱单、提单及批文等随附单据相符；二是单货相符，即所填报关单各栏目的内容必须与实际进出口货物的情况相符，不得伪报、瞒报、虚报。

第三，不同运输工具、不同航次、不同提运单、不同监管方式、不同备案号、不同征免性质的货物，均应分单填报。

同一份报关单上的商品不能同时享受协定税率和减免税。

一份原产地证书，只能用于同一批次进口货物。含有原产地证书管理商品的一份报关单，只能对应一份原产地证书。

同一批次货物中实行原产地证书联网管理的，如涉及多份原产地证书应分单填报，如同时含有非原产地证书商品，港澳 CEPA 项下应分单填报，但《海峡两岸经济合作框架协议》（ECFA）项下可在同一张报关单中填报。

第四，一份报关单所申报的货物，须分项填报的情况主要有：商品编号不同的，商品名称不同的，计量单位不同的，原产国（地区）/最终目的国（地区）不同的，币制不同的，征免不同的等。

五、进出口货物报关单模板

中华人民共和国海关进口货物报关单

预录入编号：　　　　海关编号：　　　　（××海关）　　　　页码/页数：

境内收货人	进境关别		进口日期		申报日期	备案号	
境外发货人	运输方式		运输工具名称及航次号		提运单号	货物存放地点	
消费使用单位	监管方式		征免性质		许可证号	启运港	
合同协议号	贸易国（地区）		启运国（地区）		经停港	入境口岸	
包装种类	件数	毛重（千克）	净重（千克）	成交方式	运费	保费	杂费
随附单证及编号							
标记唛码及备注							

项号	商品编号	商品名称及规格型号	数量及单位	单价/总价/币制	原产国（地区）	最终目的国（地区）	境内目的地	征免

报关人员　　报关人员证号　　电话　　兹申明对以上内容承担如实申报、依法纳税之法律责任 申报单位　　申报单位（签章）	海关批注及签章

中华人民共和国海关出口货物报关单

（××海关）

预录入编号： 海关编号： 页码/页数：

境内发货人	出境关别		出口日期		申报日期	备案号	
境外收货人	运输方式		运输工具名称及航次号		提运单号		
生产销售单位	监管方式		征免性质		许可证号		
合同协议号	贸易国（地区）		运抵国（地区）		指运港	离境口岸	
包装种类	件数	毛重（千克）	净重（千克）	成交方式	运费	保费	杂费
随附单证及编号							
标记唛码及备注							

项号	商品编号	商品名称及规格型号	数量及单位	单价/总价/币制	原产国（地区）	最终目的国（地区）	境内货源地	征免

报关人员 报关人员证号 电话 兹申明对以上内容承担如实申报、依法纳税之法律责任 申报单位 申报单位（签章）	海关批注及签章

第二节　进出口货物报关单表头栏目的填报

进出口货物报关单上方的预录入编号是指预录入单位录入报关单的编号。一份报关单对应一个预录入编号，由系统自动生成。进出口货物报关单上方的海关编号是指海关接受申报时给予报关单的18位顺序编号。一份报关单对应一个海关编号，由系统自动生成。

报关单海关编号为18位，其中第1~4位为接受申报海关的代码（海关规定的“关区代码表”中相应海关代码），第5~8位为海关接受申报的公历年份，第9位为进出口标志（“1”为进口，“0”为出口；集中申报清单“I”为进口，“E”为出口），后9位为顺序编号。

一、境内收货人/境内发货人

境内收货人或境内发货人指在海关备案的对外签订并执行进出口贸易合同的中国境内法人、其他组织名称及编码。编码填报18位法人和其他组织统一社会信用代码，没有统一社会信用代码的，填报其在海关的备案编码。

（一）统一社会信用代码

当前我国机构代码不统一，缺乏有效的协调管理和信息共享工作机制，大多数代码仅应用于各部门内部管理，法人和其他组织在设立和办理相关业务时，多个代码共存现象较为普遍，影响了同一主体信息比对，增加了社会负担，降低了行政效率。从唯一、统一、共享、便民和低成本转换等角度综合考虑，国家统一机构代码设计。新的社会信用代码为18位，由登记管理部门代码、机构类别代码、登记管理机关行政区划码、主体标识码（组织机构代码）、校验码5个部分组成。

1. 第1位是登记管理部门代码，使用阿拉伯数字或英文字母表示。例如，机构编制、民政、工商3个登记管理部门分别使用1、2、3表示，其他登记管理部门可使用相应阿拉伯数字或英文字母表示。

2. 第2位是机构类别代码，使用阿拉伯数字或英文字母表示。登记管理部门根据管理职能，确定在本部门登记的机构类别编码。例如，机构编制部门可用1表示机关单位，2表示事业单位，3表示由中央编办直接管理机构编制的群众团体；民政部门可用1表示社会团体，2表示民办非企业单位，3表示基金会；工商部门可用1表示企业，2表示个体工商户，3表示农民专业合作社。

3. 第3~8位是登记管理机关行政区划码，使用阿拉伯数字表示。例如，国家用100000，北京用110000，注册登记时由系统自动生成，体现法人和其他组织注册登记及其登记管理机关所在地，既满足登记管理部门按地区管理需求，也便于社会对注册登记主体所在区域进行识别。

4. 第9~17位是主体标识码（组织机构代码），使用阿拉伯数字或英文字母表示。

5. 第18位是校验码，使用阿拉伯数字或英文字母表示。

统一代码及其9位主体标识码（组织机构代码）在全国范围内是唯一的。

（二）海关注册编码

海关注册编码适用于在海关注册的进出口货物收发货人、报关企业、报关企业跨关区

（或关区内）分支机构、临时注册登记单位、从事对外加工的生产企业、海关保税仓库、出口监管仓库等行政管理相对人。该编码是我国原有机构代码管理体制下的“衍生码”，海关凭申请单位提交的工商营业执照、组织机构代码证和税务登记证等证（照）办理注册备案手续。海关注册编码共10位，由数字和24个英文大写字母（I、O除外）组成。其结构为：

1. 第1~4位为企业注册地行政区划代码。其中，第1、2位表示省、自治区或直辖市，如北京市为11，江苏省为32；第3、4位表示省所直辖的市、地区、自治州、盟或其他省直辖的县级行政区划，如北京西城区1102，广州市4401。

2. 第5位为企业注册地经济区划代码。

“1”：经济特区；

“2”：经济技术开发区；

“3”：高新技术产业开发区；

“4”：保税区；

“5”：出口加工区/珠澳跨境工业园区；

“6”：保税港区/综合保税区；

“7”：保税物流园区；

“8”：综合实验区；

“9”：其他；

“A”：国际边境合作中心；

“W”：保税物流中心。

例如，珠海市为4404，包括珠海特区44041、珠海保税区44044、珠海国家高新技术产业开发区44043、珠澳跨境工业区（珠海园区）44045、珠海市其他地区44049。

3. 第6位为企业经济类型代码。

“1”：国有企业；

“2”：中外合作企业；

“3”：中外合资企业；

“4”：外商独资企业；

“5”：集体企业；

“6”：民营企业；

“7”：个体工商户；

“8”：报关企业；

“9”：其他，包括外国驻华企事业机构、外国驻华使领馆和临时进出口货物的企业、单位和个人等；

“A”：国营对外加工企业（无进出口经营权）；

“B”：集体对外加工企业（无进出口经营权）；

“C”：私营对外加工企业（无进出口经营权）。

4. 第7位为企业注册用海关经营类别代码，表示海关行政管理相对人的类别。如数字0~9为进出口货物收发货人/报关企业，英文大写字母D~I为各类保税仓库，L为临时注册登记单位，Z为报关企业分支机构，J为国内结转型出口监管仓库，P为出口配送型出口监管仓库。

5. 第 8～10 位为企业注册流水编号。

（三）本栏目特殊填报要求

1. 存在代理进出口关系的，“收发货人”栏应填报对外签订并执行进出口贸易合同的企业，即代理方的中文名称及编码。但属外商投资企业委托其他企业进口投资设备、物品的（监管方式为合资合作设备“2025”、外资设备物品“2225”），“收发货人”栏仍填报该外商投资企业的中文名称及编码，并在“标记唛码及备注”栏注明“委托××公司进口”，同时注明被委托企业的 18 位法人和其他组织统一社会信用代码。

2. 进出口货物合同的签订者和执行者非同一企业的，填报执行合同的企业。

3. 有代理报关资格的报关企业代理其他进出口企业办理进出口报关手续时，填报委托的进出口企业的代码。

4. 海关特殊监管区域收发货人填报该货物的实际经营单位或海关特殊监管区域内经营企业。

5. 免税品经营单位经营出口退税国产商品的，填报免税品经营单位名称。

二、进境关别/出境关别

报关单中的“进出境关别”特指根据货物实际进出境的口岸海关，本栏目应填报海关规定的“关区代码表”中相应口岸海关的名称及代码。

关区名称指直属海关、隶属海关或海关监管场所的中文名称。关区代码由四位数字组成，前两位为直属海关关别代码，后两位为隶属海关或海关监管场所的代码。例如，货物由天津新港口岸进境，“进口口岸”栏不能填报为“天津关区”＋“0200”，亦不应填报为“天津海关”＋“0201”，而应填报为“新港海关”＋“0202”。

（一）特殊填报要求

进口转关运输货物应填报货物进境地海关名称及代码，出口转关运输货物应填报货物出境地海关名称及代码。按转关运输方式监管的跨关区深加工结转货物，出口报关单填报转出地海关名称及代码，进口报关单填报转入地海关名称及代码。

在不同海关特殊监管区域或保税监管场所之间调拨、转让的货物，填报对方特殊监管区域或保税监管场所所在的海关名称及代码。

无实际进出境的货物，填报接受申报的海关名称及代码。

（二）限定口岸要求

国家实行许可证件管理的货物，按证件核准口岸限定进出口。

加工贸易进出境货物，应填报主管海关备案时所限定或指定货物进出的口岸海关名称及其代码。限定或指定口岸与货物实际进出境口岸不符的，应向合同备案主管海关办理变更手续后填报。

三、进口日期/出口日期

进口日期是指运载所申报进口货物的运输工具申报进境的日期。

出口日期是指运载所申报出口货物的运输工具办结出境手续的日期。

填报要求：

第一，日期均为 8 位数字，顺序为年（4 位）、月（2 位）、日（2 位）。例如，2015

年8月10日申报进口一批货物，运输工具申报进境日期为2015年8月8日，“进口日期”栏填报为：“20150808”。

第二，进口货物进口日期以运载进口货物的运输工具申报进境日期为准，进口货物申报时无法确知运输工具的实际进境日期的，申报时可免予填报。海关与运输企业实行舱单数据联网管理的，进口日期由海关自动生成。

第三，出口日期以运载出口货物的运输工具实际离境日期为准，海关与运输企业实行舱单数据联网管理的，出口日期由海关自动生成。本栏目在申报时免予填报。

第四，集中申报的报关单，进出口日期以海关接受报关单申报的日期为准。

第五，无实际进出境的报关单，以海关接受申报的日期为准。

四、申报日期

申报日期是指海关接受进出口货物的收发货人、受其委托的报关企业向海关申报数据的日期。

以电子数据报关单方式申报的，申报日期为海关计算机系统接受申报数据时记录的日期。以纸质报关单方式申报的，申报日期为海关接受纸质报关单并对报关单进行登记处理的日期。

申报日期为8位数字，顺序为年（4位）、月（2位）、日（2位）。本栏目在申报时免予填报。

五、备案号

填报进出口货物收发货人、消费使用单位、生产销售单位在海关办理加工贸易合同备案或征、减、免税审核确认等手续时，海关核发的《加工贸易手册》、海关特殊监管区域和保税监管场所保税账册、“征免税证明”或其他备案审批文件的编号。

一份报关单只允许填报一个备案号。

填报要求：

（一）加工贸易项下货物，除少量低值辅料按规定不使用《加工贸易手册》及以后续补税监管方式办理内销征税的外，填报《加工贸易手册》编号。

使用异地直接报关分册和异地深加工结转出口分册在异地口岸报关的，填报分册号；本地直接报关分册和本地深加工结转分册限制在本地报关，填报总册号。

加工贸易成品凭“征免税证明”转为减免税进口货物的，进口报关单填报“征免税证明”编号，出口报关单填报《加工贸易手册》编号。

对加工贸易设备、使用账册管理的海关特殊监管区域内减免税设备之间的结转，转入和转出企业分别填制进、出口报关单，在报关单“备案号”栏目填报《加工贸易手册》编号。

（二）涉及征、减、免税审核确认的报关单，填报“征免税证明”编号。

（三）减免税货物退运出口，填报“中华人民共和国海关进口减免税货物准予退运证明”的编号；减免税货物补税进口，填报“减免税货物补税通知书”的编号；减免税货物进口或结转进口（转入），填报“征免税证明”的编号；相应的结转出口（转出），填报“中华人民共和国海关进口减免税货物结转联系函”的编号。

（四）免税品经营单位经营出口退税国产商品的，免予填报。

六、境外收货人/境外发货人

境外收货人通常指签订并执行出口贸易合同中的买方或合同指定的收货人，境外发货人通常指签订并执行进口贸易合同中的卖方。

填报境外收发货人的名称及编码，名称一般填报英文名称，检验检疫要求填报其他外文名称的，在英文名称后填报，以半角括号分隔；对于AEO互认国家（地区）的企业，编码填报AEO编码，填报样式为“国别（地区）代码+海关企业编码”，例如，新加坡AEO企业填报“SG123456789012”（新加坡国别代码+12位企业编码）；非互认国家（地区）AEO企业等其他情形，编码免于填报。

特殊情况下无境外收发货人的，名称及编码填报“NO”。

七、运输方式

报关单中的运输方式包括实际运输方式和海关规定的特殊运输方式，前者指货物实际进出境的运输方式，按进出境所使用的运输工具分类；后者指货物无实际进出境的运输方式，按货物在境内的流向分类。

“运输方式”栏应根据货物实际进出境的运输方式或货物在境内流向的类别按海关规定的“运输方式代码表”选择填报相应的运输方式名称或代码。

（一）实际进出境货物填报要求

1. 非邮件方式进出境的快递货物，按实际运输方式填报。

2. 进口转关运输货物，按载运货物抵达进境地的运输工具填报；出口转关运输货物，按载运货物驶离出境地的运输工具填报。

3. 不复运出（入）境而留在境内（外）销售的进出境展览品、留赠转卖物品等，填报“其他运输”（代码9）。

4. 进出境旅客随身携带的货物，填报“旅客携带”（代码L）。

5. 以固定设施（包括输油、输水管道和输电网等）运输货物的，填报“固定设施运输”（代码G）。

（二）无实际进出境货物在境内流转时填报要求

1. 境内非保税区运入保税区货物和保税区退区货物，填报“非保税区”（代码0）。

2. 保税区运往境内非保税区货物，填制进口报关单，“运输方式”填报“保税区”（代码7）。

3. 境内存入出口监管仓库和出口监管仓库退仓货物，填报“监管仓库”（代码1）。

4. 保税仓库转内销货物或转加工贸易货物，填报“保税仓库”（代码8）。

5. 从境内保税物流中心外运入中心或从中心运往境内中心外的货物，填报“物流中心”（代码W）。

6. 从境内保税物流园区外运入园区或从园区运往境内园区外的货物，填报“物流园区”（代码X）。

7. 保税港区、综合保税区与境内（区外）（非特殊区域、保税监管场所）之间进出的货物，填报“保税港区/综合保税区”（代码Y）。

8. 出口加工区、珠澳跨境工业区（珠海园区）、中哈霍尔果斯边境合作区（中方配套区）与境内（区外）（非特殊区域、保税监管场所）之间进出的货物，填报“出口加工区”（代码 Z）。

9. 境内运入深港西部通道港方口岸区的货物，以及境内进出中哈霍尔果斯边境合作中心中方区域的货物，填报“边境特殊海关作业区”（代码 H）。

10. 经横琴新区和平潭综合试验区二线指定申报通道运往境内区外或从境内经二线指定申报通道进入综合试验区的货物，以及综合试验区内按选择性征收关税申报的货物，填报“综合试验区”（代码 T）。

11. 海关特殊监管区域内的流转、调拨货物，海关特殊监管区域、保税监管场所之间的流转货物，海关特殊监管区域与境内区外之间进出的货物，海关特殊监管区域外的加工贸易余料结转、深加工结转、内销货物，以及其他境内流转货物，填报“其他运输”（代码 9）。

八、运输工具名称及航次号

运输工具名称指载运货物进出境的运输工具的名称或运输工具编号。

航次号指载运货物进出境的运输工具的航次编号。报关单“运输工具名称”与“航次号”的填报内容应与运输部门向海关申报的舱单（载货清单）所列相应内容一致。

一份报关单只允许填报一个运输工具名称及其航次号。

（一）运输工具名称的填报要求

1. 非转关运输货物直接在进出境地办理报关手续的报关单填报要求如下：

（1）水路运输：填报船舶编号（来往港澳小型船舶为监管簿编号）或者船舶英文名称。

（2）公路运输：启用公路舱单前，填报该跨境运输车辆的国内行驶车牌号，深圳提前报关模式的报关单填报国内行驶车牌号+“/”+“提前报关”。启用公路舱单后，免予填报。

（3）铁路运输：填报车厢编号或交接单号。

（4）航空运输：填报航班号。

（5）邮件运输：填报邮政包裹单号。

（6）其他运输填：报具体运输方式名称，如管道、驮畜等。

2. 转关运输货物的报关单填报要求如下：

（1）进口

① 水路运输：直转、提前报关填报“@”+16 位转关申报单预录入号（或 13 位载货清单号），中转填报进境英文船名。

② 铁路运输：直转、提前报关填报“@”+16 位转关申报单预录入号，中转填报车厢编号。

③ 航空运输：直转、提前报关填报“@”+16 位转关申报单预录入号（或 13 位载货清单号），中转填报“@”。

④ 公路及其他运输：填报“@”+16 位转关申报单预录入号（或 13 位载货清单号）。

⑤ 以上各种运输方式使用广东地区载货清单转关的提前报关的货物应填报“@”+13 位载货清单号。

（2）出口

① 水路运输：非中转的，填报“@”+16 位转关申报单预录入号（或 13 位载货清单

号），如多张报关单需要通过一张转关单转关的，运输工具名称字段填报“@”；中转的，境内水路运输填报驳船船名，境内铁路运输填报车名［主管海关4位关别代码+“TRAIN”］，境内公路运输填报车名［主管海关4位关别代码+“TRUCK”］。

② 铁路运输：填报“@”+16位转关申报单预录入号（或13位载货清单号），如多张报关单需要通过一张转关单转关的，填报“@”。

③ 航空运输：填报“@”+16位转关申报单预录入号（或13位载货清单号），如多张报关单需要通过一张转关单转关的，填报“@”。

④ 其他运输方式：填报“@”+16位转关申报单预录入号（或13位载货清单号）。

3. 无实际进出境货物，运输工具名称为空。

4. 采用“集中申报”通关方式办理报关手续的，填报“集中申报”。

5. 免税品经营单位经营出口退税国产商品的，免予填报。

（二）航次号的填报要求

1. 非转关运输货物直接在进出境地办理报关手续的报关单填报要求如下：

（1）水路运输：填报船舶的航次号。

（2）公路运输：启用公路舱单前，填报运输车辆的8位进出境日期［顺序为年（4位）、月（2位）、日（2位）］。启用公路舱单后，填报货物运输批次号。

（3）铁路运输：填报进出境日期。

（4）航空运输：免予填报。

（5）邮件运输：填报进出境日期。

（6）其他各类运输方式：免予填报。

2. 转关运输货物的报关单填报要求如下：

（1）进口

① 水路运输：中转转关方式填报“@”+进境干线船舶航次，直转、提前报关免予填报。

② 公路运输：免予填报。

③ 铁路运输：“@”+8位进境日期。

④ 航空运输：免予填报。

⑤ 其他各类运输方式：免予填报。

（2）出口

① 水路运输：非中转货物免予填报。中转货物，境内水路运输填报驳船航次号；境内铁路、公路运输填报6位启运日期［顺序为年（2位）、月（2位）、日（2位）］。

② 铁路拼车拼箱捆绑出口：免予填报。

③ 航空运输：免予填报。

④ 其他运输方式：免予填报。

3. 无实际进出境货物，航次号免予填报。

4. 免税品经营单位经营出口退税国产商品的，免予填报。

九、提运单号

提运单号是指进出口货物提单或运单的编号。报关单“提运单号”栏所填报的运输单证编号，主要包括海运提单号、海运单号、铁路运单号、航空运单号。提运单号必须与舱单数据一致。

一份报关单只允许填报一个提单或运单号，一票货物对应多个提单或运单时，应分单填报。

（一）非转关运输货物直接在进出境地办理报关手续的报关单填报要求

1. 水路运输：填报进出口提单号；如有分提单的，填报进出口提单号+“*”+分提单号。

2. 公路运输：启用公路舱单前，免予填报；启用公路舱单后，填报进出口总运单号。

3. 铁路运输：填报运单号。

4. 航空运输：填报总运单号+“_”+分运单号，无分运单的填报总运单号。

5. 邮件运输：填报邮运包裹单号。

（二）转关运输货物的报关单填报要求

1. 进口

（1）水路运输：直转、中转填报提单号，提前报关免予填报。

（2）铁路运输：直转、中转填报铁路运单号，提前报关免予填报。

（3）航空运输：直转、中转货物填报总运单号+“_”+分运单号，提前报关免予填报。

（4）其他运输方式：免予填报。

（5）以上运输方式进境货物，在广东省内用公路运输转关的，填报车牌号。

2. 出口

（1）水路运输：中转货物填报提单号；非中转货物免予填报；广东省内汽车运输提前报关的转关货物，填报承运车辆的车牌号。

（2）其他运输方式：免予填报；广东省内汽车运输提前报关的转关货物，填报承运车辆的车牌号。

（三）非实际进出境货物

非实际进出境货物，本栏目免予填报。

（四）采用“集中申报”通关方式办理报关手续的

采用“集中申报”通关方式办理报关手续的，报关单填报归并的集中申报清单的进出口起止日期［按年（4位）月（2位）日（2位）年（4位）月（2位）日（2位）］。

十、货物存放地点

填报货物进境后存放的场所或地点，包括海关监管作业场所、分拨仓库、定点加工厂、隔离检疫场、企业自有仓库等。

十一、消费使用单位/生产销售单位

消费使用单位是指已知的进口货物在境内的最终消费、使用单位的名称，包括自行从境外进口货物的单位、委托进出口企业进口货物的单位等。

生产销售单位是指出口货物在境内的生产或销售单位，包括自行出口货物的单位、委托进出口企业出口货物的单位等。

填报要求：

第一，本栏目可选填18位法人和其他组织统一社会信用代码。无18位统一社会信用代码的，填报“NO”。

第二，减免税货物报关单的消费使用单位/生产销售单位应与“中华人民共和国海关进出口货物征免税证明”（以下简称“征免税证明”）的“减免税申请人”一致；保税监管场所与境外之间的进出境货物，消费使用单位/生产销售单位填报保税监管场所的名称［保税物流中心（B型）填报中心内企业名称］。减免税货物报关单的消费使用单位/生产销售单位，应与征免税证明的“减免税申请人”一致。

第三，海关特殊监管区域的消费使用单位/生产销售单位填报区域内经营企业（“加工单位”或“仓库”）。

第四，进口货物在境内的最终消费或使用，以及出口货物在境内的生产或销售的对象为自然人的，填报身份证号、护照号、台胞证号等有效证件号码及姓名。

第五，免税品经营单位经营出口退税国产商品的，填报该免税品经营单位统一管理的免税店。

十二、监管方式

进出口货物报关单上所列的监管方式专指以国际贸易中进出口货物的交易方式为基础，结合海关对进出口货物征税、统计及监管条件综合设定的海关对进出口货物的管理方式。一份报关单只允许填报一种监管方式。

监管方式代码为4位数字。前两位按照海关监管要求和计算机管理需要划分的业务分类代码，例如02~08、44、46表示加工贸易货物，11~12表示保税仓储、转口货物，20~22表示外商投资企业进口货物，45表示退运货物，50~53表示特殊区域货物。后两位是参照国际标准编制的贸易方式代码，其中10~39表示列入海关贸易统计，41~66表示列入单项统计；00表示不列入海关贸易统计和单项统计。

根据实际对外贸易情况按海关规定的“监管方式代码表”选择填报相应的监管方式简称及代码。一份报关单只允许填报一种监管方式。

常见监管方式的名称、代码、适用范围及主要填报要求如下：

（一）一般贸易

一般贸易是指我国境内有进出口经营权的企业单边进口或单边出口的贸易。

本监管方式代码“0110”，简称“一般贸易”，适用范围包括：

1. 以正常交易方式成交的进出口货物；
2. 贷款援助的进出口货物；
3. 外商投资企业为加工内销产品而进口的料件，属于非保税加工的；
4. 外商投资企业用国产原材料加工成品出口或采购产品出口；
5. 供应外国籍船舶、飞机等运输工具的国产燃料、物料及零配件；
6. 保税仓库进口供应给中国籍国际航行运输工具使用的燃料、物料等保税货物；
7. 境内企业在境外投资以实物投资进出口的设备、物资；
8. 来料养殖、来料种植进出口货物；
9. 国有公益性收藏单位通过合法途径从境外购入的藏品。

（二）加工贸易项下进口料件和出口成品

1. 来料加工

来料加工是指进口料件由境外企业提供，经营企业不需要付汇进口，按照境外企业的要求进行加工或装配，只收取加工费，制成品由境外企业销售的经营活动。

本监管方式代码“0214”，简称“来料加工”，主要适用于来料加工项下进口的料件和加工出口的成品。

来料加工进出口货物报关单“备案号”栏目应填报加工贸易手册或电子账册编号。成品出口报关单“征免”栏方式应填报“全免”，应征出口税的，应填报“照章征税”。

2. 进料加工

进料加工贸易是指进口料件由经营企业付汇进口，制成品由经营企业外销出口的经营活动。进料加工对口合同是指买卖双方分别签订进出口对口合同，料件进口时，我方先付料件款，加工成品出口时再向对方收取出口成品款项的交易方式，包括动用外汇的对口合同或不同客户的对口联号合同，以及对开信用证的对口合同。

本监管方式代码“0615”，简称“进料对口”，主要适用于进料加工项下进口料件和出口成品，以及进料加工贸易中外商免费提供进口的主、辅料和零部件。

进料加工进出口货物报关单“备案号”栏目应填报加工贸易手册或电子账册编号。成品出口报关单“征免”栏方式应填报“全免”，应征出口税的，应填报“照章征税”。

（三）加工贸易项下其他货物

1. 结转

加工贸易经营企业将保税进口料件所加工的产品在境内结转给另一个加工贸易企业，用于再加工后复出口的，转入、转出企业分别填制进、出口报关单，监管方式填报“来料深加工”（0255）或“进料深加工”（0654）。

加工贸易经营企业将加工过程中剩余的进口料件，结转到本企业同一加工监管方式下的另一个加工贸易合同，继续加工为制成品后复出口的，应分别填制进、出口报关单，监管方式填报“来料余料结转”（0258）或“进料余料结转”（0657）。

2. 内销

（1）料件内销

加工贸易加工过程产生的剩余料件、制成品、未完成品、残次品及受灾保税货物，经批准转为国内销售，不再加工复出口的，以及海关事后发现企业擅自转内销并准予补办进口补税手续的加工贸易项下货物，应填制进口报关单，监管方式填报“来料料件内销”（0245）或“进料料件内销”（0644）。

（2）边角料内销

加工贸易加工过程中有形损耗产生的边角料，以及加工副产品，有商业价值且经批准在境内销售的，应填制进口报关单，监管方式填报“来料边角料内销”（0845）或“进料边角料内销”（0844）。

（3）成品转减免税

加工贸易项下制成品，在境内销售给凭征免税证明进口的货物的企业，加工贸易经营企业填制出口报关单，监管方式填报“来料成品减免”（0345）或“进料成品减免”（0744）。

3. 退运（复出）

加工贸易进口料件因品质、规格等原因退运出境，或加工过程中产生的剩余料件、边角料退运出境，且不再更换同类货物进口的，分别填报“来料料件复出”（0265）、“来料边角料复出”（0865）、“进料料件复出”（0664）、“进料边角料复出”（0864）。

4. 退换

（1）料件退换

加工贸易保税料件因品质、规格等原因退运出境，更换料件后复进口的，退运出境报关单和复运进境报关单的监管方式应填报为“来料料件退换”（0300）或“进料料件退换”（0700）。

（2）成品退换

加工贸易出口成品因品质、规格等原因退运进境，经加工、维修或更换同类商品复出口的，退运进境报关单和复运出境报关单的监管方式应填报为“来料成品退换”（4400）或“进料成品退换”（4600）。

5. 销毁

企业销毁处置加工贸易货物未获得收入，销毁处置货物为料件、残次品的，填报“料件销毁”（0200）；销毁处置货物为边角料、副产品的，填报“边角料销毁”（0400）。企业销毁处置加工贸易货物获得收入的，填报为“进料边角料内销”或“来料边角料内销”。

（四）加工贸易进口设备

1. 加工贸易设备

加工贸易设备，指来料加工、进料加工贸易项下外商作价提供、不扣减企业投资总额的进口设备，以及服务外包企业履行国际服务外包合同，由国际服务外包业务境外发包方免费提供的进口设备。

本监管方式代码“0420”，对应征免性质为“一般征税”（101）或“加工设备”（501）。

2. 不作价设备

加工贸易项下外商提供的不作价设备，指境外企业与境内企业开展来料、进料业务，外商免费向境内加工贸易收发货人提供加工生产所需设备，境内收发货人不需支付外汇、不需用加工费或差价偿还。

本监管方式代码“0320”，简称“不作价设备”，对应征免性质为“加工设备”（501）。

加工贸易进口不作价设备由加工贸易合同备案地海关办理备案手续，核发加工贸易手册，手册编号第一位标记为“D”。进口《外商投资项目不予免税的进口商品目录》所列商品范围外的不作价设备，且符合规定条件的，免征进口关税。

与加工贸易免税进口不作价设备相关的监管方式有：

（1）加工设备内销，指海关监管期内的加工贸易免税进口设备经批准转售给境内非加工企业，代码“0446”。

（2）加工设备结转，指海关监管期内的加工贸易免税进口设备经批准转让给另一加工企业，或从本企业一本加工贸易手册结转入另一本加工贸易手册，代码“0456”。

(3) 加工设备退运，指加工贸易免税进口设备退运出境，代码“0466”。

(五) 外商投资企业进口自用设备、物品

1. 投资总额内进口设备、物品

外商投资企业作为投资进口的设备、物品，是指外商投资企业投资总额内的资金（包括中方投资）进口的机器设备、零部件和其他建厂（场）物料，安装、加固机器所需材料，以及进口本企业自用合理数量的交通工具、生产用车辆、办公用品（设备）。

中外合资、合作企业进口设备、物品，监管方式代码“2025”，简称“合资合作设备”；外商独资企业（以下简称外资企业）进口设备、物品，监管方式代码“2225”，简称“外资设备物品”。

2. 投资总额外自有资金免税进口设备

鼓励类外商投资企业，以及符合中西部利用外资优势产业和优势项目目录的项目，利用企业投资总额以外的自有资金，在原批准的生产经营范围内，对设备进行更新维修，进口国内不能生产或性能不能满足需要的自用设备及其配套的技术、配件、备件，进口报关单监管方式应为“一般贸易”(0110)，对应征免性质为“自有资金”(799)。

3. 减免税设备结转

这是指海关监管年限内的减免税设备，从进口企业结转到另一享受减免税待遇的企业，监管方式代码“0500”，简称“减免设备结转”。减免设备结转的转入、转出企业应分别填写进、出口报关单向海关申报，具体栏目填制要求见本章第五节对应表格内容。

需注意的是，加工贸易项下免税进口的不作价设备结转给另一加工贸易企业，不适用本监管方式，应适用“加工设备结转”(0456)。

(六) 暂准进出境货物

1. 进出境展览品

进出境展览品指外国为来华或我国为到外国举办经济、文化、科技等展览或参加博览会而进出口的展览品，以及与展览品有关的宣传品、布置品、招待品、小卖品和其他物品。

本监管方式代码“2700”，简称“展览品”，对应征免性质为“其他法定”(299)。

进出境展览品的范围主要包括在展览会、交易会、会议及类似活动中展示或者使用的货物。不复运出入境而留在境内外销售的进出境展览品，应按实际监管方式填报，不适用本监管方式。ATA 单证册项下的暂准进出展览品，持证人免填报关单，无须使用本监管方式。

2. 暂时进出境货物

暂时进出境货物是指暂时进出关境并且在规定的期限内复运出境或进境的货物，包括国际组织、外国政府或外国和我国香港、澳门及台湾地区的企业、群众团体及个人为开展经济、技术、科学、文化合作交流而暂时运入或运出我国关境及复运出入境的货物。

本监管方式代码“2600”，简称“暂时进出货物”，对应征免性质为“其他法定”(299)。

对符合《中华人民共和国海关暂时进出境货物管理办法》所述暂予免征税率的货物，“征免性质”栏填报“299 其他法定”；对符合规定应予征税的货物，“征免性质”栏填报

“101 一般征税”。

申请人可以直接办理暂时进出境货物进出口申报手续，提交有关材料，无需事前办理审批手续；申请人办理暂时进出境货物延期手续的，海关按照现行程序采取内部核批，不再出具法律文书。

暂时进出境货物包括如下：

（1）在展览会、交易会、会议及类似活动中展示或者使用的货物；

（2）文化、体育交流活动中使用的表演、比赛用品；

（3）进行新闻报道或者摄制电影、电视节目使用的仪器、设备及用品；

（4）开展科研、教学、医疗活动使用的仪器、设备和用品；

（5）在第（1）项至第（4）项所列活动中使用的交通工具及特种车辆；

（6）货样；

（7）慈善活动使用的仪器、设备及用品；

（8）供安装、调试、检测、修理设备时使用的仪器及工具；

（9）盛装货物的容器；

（10）旅游用自驾交通工具及其用品；

（11）工程施工中使用的设备、仪器及用品；

（12）海关批准的其他暂时进出境货物。

除我国缔结或者参加的国际条约、协定及国家法律、行政法规和海关总署规章另有规定外，暂时进出境货物可以免于交验许可证件。

（七）租赁贸易

租赁贸易是指经营租赁业务的企业与外商签订国际租赁合同项下境内企业租赁进口或出租出口的货物。

相关监管方式包括：租赁期在一年及以上的进出口货物，监管方式代码“1523”，简称“租赁贸易”；租赁期在一年及以上的进出口货物分期办理征税手续时，每期征税适用监管方式代码“9800”，简称“租赁征税”；租赁期不满一年的进出口货物，监管方式代码“1500”，简称“租赁不满一年”。

上述监管方式的适用范围不包括：经营租赁业务的企业进口自用的设备、办公用品，监管方式为“一般贸易”（0110）；加工贸易租赁进口的机器设备，监管方式应为“加工贸易设备”（0420）。

租赁贸易货物报关单的主要填制要求如下：

1. 首次进口时，分期支付租金的，应填制两份报关单，一份监管方式为“租赁贸易”（1523）或“租赁不满一年”（1500），申报租赁货物的全值，用于监管和统计；另一份监管方式为“租赁征税”（9800），用于计征税款。纳税义务人申请一次性缴纳税款的，可以选择申请按照依次审查确定该货物的完税价格的方法，或者按照海关审查确定的租金总额作为完税价格。

2. 进口后，按合同约定支付各期租金并征税的，报关单监管方式均为“租赁征税”（9800），并将首次进口的报关单号作为“关联报关单”填报于“标记唛码及备注”栏。

3. 退运时：“租赁贸易”（1523）期满复运出（进）口的货物，监管方式为“退运货物”（4561）；“租赁不满一年”（1500）期满复运出（进）口境的货物，监管方式为“租赁不满一年”（1500）。

（八）修理物品

进出境修理物品是指进境或出境维护修理的货物、物品。

本监管方式代码“1300”，简称“修理物品”。

本监管方式适用于各类进出境维修的货物，以及修理货物维修所用的原材料、零部件，但不包括：按加工贸易保税货物管理的进境维修业务，以及加工贸易项下进口料件和出口成品的进出境维修退换（0300、0700、4400、4600）业务。

修理物品进口报关单对应征免性质为“一般征税”（101）或“其他法定”（299）。进出境维修货物复运出进境，进出口报关单需将关联的出、进口报关单号作为关联报关单号填报在“标记唛码及备注”栏。

（九）无代价抵偿进出口货物

无代价抵偿进出口货物是指进出口货物经海关征税或免税放行后，因货物残损、短少或品质不良及规格不符等原因，而由进出口货物的发货人、承运人或保险公司免费补偿或更换的与原货物相同或者与合同规定相符的货物。

本监管方式代码“3100”，简称“无代价抵偿”。

无代价抵偿进出口货物相关申报要求如下：

1. 如原进出口货物退运出进境，其报关单的“监管方式”栏应填报为“其他”（9900）。补偿进口货物的报关单监管方式填报“无代价抵偿”（3100），“征免性质”填报“其他法定”（299）或“一般征税”（101）；补偿出口报关单“征免性质”填报“其他法定”（299）。

2. 退运出进境货物报关单（9900）及补偿进出口货物报关单（3100），均应在“标记唛码及备注”栏内填报原进出口货物报关单号。

（十）退运货物

退运进出口货物是指原进、出口货物因残损、缺少、品质不良、规格不符、延误交货或其他原因退运出、进境的货物。

本监管方式代码“4561”，简称“退运货物”。

1. 适用范围

本监管方式适用于以下货物的退运出、进境：一般贸易（0110）、易货贸易（0130）、旅游购物商品（0139）、租赁贸易（1523）、寄售代销（1616）、外商投资企业设备物品（2025）/（2225）、外汇免税商品（1831）、货样广告品（3010）、其他进出口免费（3339）、承包工程进口（3410）、对外承包出口（3422）、无偿援助（3511）、捐赠物资（3612）、边境小额（4019）、对台小额（4039）、其他贸易（9739）。

本监管方式不适用于以下货物：

（1）加工贸易项下料件、成品维修退换，监管方式为“来料料件退换”（0300）、“进料料件退换”（0700）、“来料成品退换”（4400）、“进料成品退换”（4600）。

（2）加工贸易项下料件、边角料退运，监管方式为“来料料件复出”（0265）、“来料边角料复出”（0865）、“进料料件复出”（0664）、“进料边角料复出”（0864）。

（3）加工贸易设备退运，监管方式为“加工设备退运”（0466）。

（4）货物进境后、放行结关前退运的货物，监管方式“直接退运”（4500）。

（5）“租赁不满一年”货物退运，监管方式为“租赁不满一年”（1500）。

（6）进出口无代价抵偿货物，被更换的原进口货物退运出境，监管方式为“其他”（9900）。

2. 相关申报要求

退运货物进出口时，应随附原出（进）口货物报关单，并将原出（进）口货物报关单号填报在“标记唛码及备注”栏内。

（十一）直接退运货物

直接退运货物是指进口货物收发货人、原运输工具负责人或者其代理人在货物进境后、办结海关放行手续前，因海关责令或有正当理由获准退运境外的货物。

本监管方式代码“4500”，简称“直接退运”。

1. 适用范围包括

（1）在货物进境后、办结海关放行手续前，由于客观原因需向海关申请办理直接退运手续的，包括错发、误卸、溢卸货物、残损货物等；

（2）在货物进境后，办结海关放行手续前，由于不符合有关法令，依法应当退运的，由海关责令当事人将进口货物直接退运境外的，包括违反有关进口法令，经海关处理后责令退运境外的；

（3）保税区、出口加工区及其他海关特殊监管区域和保税监管场所进口货物直接退运的。

2. 适用范围不包括

海关放行后需办理退运出境的进口货物，以及进口转关货物在进境地海关放行后申请办理退运手续的货物。两者均应按“退运货物”（4561）手续办理报关手续。

3. 相关申报要求

按照“先报出、后报进”的原则先办理出口手续，后办理进口手续，进口报关单“标记唛码及备注”栏将对应的出口报关单号作为“关联报关单号”填报，进出口报关单监管方式均为“直接退运货物”，“标记唛码及备注”栏均应填报“进口货物直接退运表”或“海关责令进口货物直接退运通知书”的编号。

（十二）国家或国际组织无偿援助和赠送的物资

国家或国际组织无偿援助和赠送的物资是指我国根据两国政府间的协议或临时决定，对外提供无偿援助的物资、捐赠品，或我国政府、组织基于友好关系向对方国家政府、组织赠送的物资，以及我国政府、组织接受国际组织、外国政府或组织无偿援助、捐赠或赠送的物资。

本监管方式代码“3511”，简称“无偿援助物资”。本监管方式对应征免性质为“无偿援助”（201）。

商务部负责管理的援外项目实施企业应当持由商务部、紧急援助部际工作机制领导小组或项目管理机构出具的“援外项目任务通知函”向海关办理援外物资出口手续。监管方式填报为“援助物资”（代码为3511），且免于提交“出口许可证”。

（十三）进出口捐赠物资

进出口捐赠物资是指境外捐赠人以扶贫、慈善、救灾为目的向我国境内捐赠的直接用于扶贫、救灾、兴办公益福利事业的物资，以及境内捐赠人以扶贫、慈善、救灾为目的向境外捐赠的直接用于扶贫、救灾、兴办公益福利事业的物资。

本监管方式代码“3612”，简称“捐赠物资”。对应征免性质为“救灾捐赠”（801）、“扶贫慈善”（802）、“公益收藏”（698）、“科教用品”（401）、“残疾人”（413）等。

（十四）其他免费提供的进出口货物

其他免费提供的进出口货物指除已具体列名的礼品、无偿援助和赠送物资、捐赠物资、无代价抵偿进口货物、国外免费提供的货样、广告品等归入列名监管方式的免费提供货物以外，进出口其他免费提供的货物。

本监管方式代码“3339”，简称“其他进出口免费”。适用范围包括：外商在经贸活动中赠送的物品，外国人捐赠品，驻外中资机构向国内单位赠送的物资，经贸活动中由外商免费提供的试车材料、消耗性物品等。

本监管方式对应征免性质：“一般征税”（101）、“其他法定”（299）。

（十五）保税仓库进出境仓储、转口货物

保税仓库进出境仓储及转口货物指从境外进口直接存入保税仓库、保税仓库出境的仓储、转口货物，以及出口监管仓库出境的货物。

本监管方式代码“1233”，简称“保税仓库货物”。

本监管方式无对应征免性质代码，报关单“运输方式”栏应为实际进出境的运输方式。

相关申报要求如下：

1. 保税仓库进境货物销往境内，按货物运出保税仓库的实际用途填报相应的监管方式，运输方式为“保税仓库”（8）。

2. 境内存入出口监管仓库和出口监管仓库退仓货物，按实际监管方式填报，运输方式为“监管仓库”（1）。

3. 保税仓库货物出仓运往境内其他地方转为正式进口的，在仓库主管海关办结出仓报关手续，填制出口报关单，监管方式填写“1200”，进口报关单按实际进口监管方式填报。

（十六）物流中心进出境货物

保税物流中心进出境仓储货物是指从境外直接存入保税物流中心和从保税物流中心运出境的仓储、转口货物。

本监管方式代码“6033”，简称“物流中心进出境货物”。

相关申报要求如下：

1. 从境内（海关特殊监管区域除外）运入保税物流中心货物应填制出口报关单，从保税物流中心提取运往境内的货物应填制进口报关单，监管方式按实际情况选择填报。

2. 保税物流中心与保税区、出口加工区、保税物流园区、保税仓库、出口监管仓库及保税物流中心之间等海关特殊监管区域或保税监管场所之间往来的货物，监管方式填报“保税间货物”（1200）。

（十七）保税区进出境仓储、转口货物

保税区进出境仓储、转口货物是指从境外存入保税区、保税物流园区和从保税区、保税物流园区运出境的仓储、转口货物。

本监管方式代码“1234”，简称“保税区仓储转口”。

保税区、保税物流园区进出境仓储、转口货物实行“备案制”，区内企业凭“保税区、保税物流园区进（出）境货物备案清单”向保税区、保税物流园区海关办理申报手续。保税区仓储、转口货物无须填报征免性质。

相关申报要求如下：

1. 保税区、保税物流园区除仓储、转口货物以外的其他进出境货物，应按实际监管方式填报。如区内企业开展加工贸易业务所需进口料件和制成品出口，监管方式应填报为“来料加工”（0214）或“进料对口”（0615）。

2. 从保税区、保税物流园区运往境内非海关特殊监管区域、保税监管场所的货物，按实际监管方式填报，运输方式为“保税区”（7）。

3. 从境内非海关特殊监管区域、保税监管场所运入保税区、保税物流园区的货物，以及从境内非海关特殊监管区域、保税监管场所运入保税区、保税物流园区后又退回境内的货物，按实际监管方式填报，运输方式为“非保税区”（0）。

（十八）保税区加工贸易内销货物

保税区进料加工、来料加工成品不复运出境，转为国内使用，按征税方式区分适用以下监管方式：

1. 区内加工企业来料、进料加工全部用境外运入料件加工的制成品销往非保税区，以及来料、进料加工内销制成品所含进口料件的品名、数量、价值难以区分的，按照制成品征税。监管方式分为“保区来料成品”（0445）和“保区进料成品”（0444）。

2. 区内企业来料、进料加工用含有部分境外运入料件加工的制成品销往非保税区时，对其制成品按照所含进口料件征税，监管方式分为“保区来料料件”（0545）和“保区进料料件”（0544）。

相关申报要求如下：

保税区加工贸易成品转内销货物填报进口报关单，运输方式均为“保税区”（7），“0444”和“0445”备案号栏目应填报加工贸易手册编号，原产国（地区）填报中国（142）；“0544”和“0545”备案号为空，原产国（地区）填报原进口料件的原产国（地区）。

（十九）海关特殊监管区域、保税监管场所间往来的货物

指保税区、保税物流园区、出口加工区、出口监管仓库、保税仓库、保税物流中心等海关特殊监管区域、保税监管场所间往来的货物。本监管方式代码“1200”，简称“保税间货物”。

本监管方式不适用出口加工区间结转货物。不同出口加工区企业结转货物适用“成品进出区”（5100）和“料件进出区”（5000）。

本监管方式下的货物，转出企业和转入企业应分别填制出口货物报关单或进口货物报关单，监管方式“保税间货物”（1200），征免性质免予填报，运输方式“其他”（9），启运国或运抵国为“中国”（142），原产国或最终目的国按照实际国别填报。

（二十）海关特殊监管区域进出境货物

下述 5014、5015、5034、5335、5361、5010 六种监管方式，适用于保税港区、综合保税区、出口加工区、珠澳跨境工业园区（珠海园区）、中哈霍尔果斯边境合作区（中方配套区）内企业申报使用，不适用于区外企业和保税区、保税物流园区内企业。

1. 5014“区内来料加工”指海关特殊监管区域与境外之间进出的来料加工货物，适用于海关特殊监管区域内企业在来料加工贸易业务项下的料件从境外进口及制成品出境。

2. 5015“区内进料加工货物”指海关特殊监管区域与境外之间进出的进料加工货物，适用于海关特殊监管区域内企业在进料加工贸易业务项下的料件从境外进口及制成品出境。

3. 5034“区内物流货物”指海关特殊监管区域与境外之间进出的物流货物，适用于海关特殊监管区域内企业从境外运进或运往境外的仓储、分拨、配送、转口货物，包括流通领域的物流货物及供区内加工生产用的仓储货物。

4. 5335“境外设备进区”指海关特殊监管区域从境外进口的设备及货物，适用于海关特殊监管区域内企业从境外进口用于区内业务所需的设备、物资，以及区内企业和行政管理机构自用合理数量的办公用品等。

5. 5361“区内设备退运”指海关特殊监管区域设备及货物退运境外，适用于海关特殊监管区域内企业将监管方式代码“5335”项下的设备、物资退运境外。

6. 5010“特殊区域研发货物”指海关特殊监管区域与境外之间进出的研发货物，适用于海关特殊监管区域内企业从境外购进的用于研发的材料、成品，或研发后将上述货物退回境外，但不包括企业自用或其他用途的设备。

7. 海关监管方式代码“1239”，全称“保税跨境贸易电子商务 A”，简称“保税电商A”，适用于境内电子商务企业通过海关特殊监管区域或保税物流中心（B 型）一线进境的跨境电子商务零售进口商品。

上述监管方式中，“区内进料加工货物”（5015）适用征免性质代码“进料加工”（503），监管方式“区内物流货物”（5034）无须填报征免性质代码。

（二十一）海关特殊监管区域进出区货物

下述 5000、5100、5300 三种监管方式，适用于保税港区、综合保税区、出口加工区、珠澳跨境工业园区（珠海园区）、中哈霍尔果斯边境合作区（中方配套区）内企业申报使用，不适用于区外企业和保税区、保税物流园区内企业。

5000“料件进出区”指料件进出海关特殊监管区域，适用于海关特殊监管区域内保税加工、保税物流或研发企业与境内（区外）之间进出的料件，包括此类料件在境内的退运、退换。

5100“成品进出区”指成品进出海关特殊监管区域，适用于海关特殊监管区域内保税加工、保税物流或研发企业与境内（区外）之间进出的成品，包括此类成品在境内的退运、退换。

5300“设备进出区”指设备及物资进出海关特殊监管区域，适用于海关特殊监管区域内企业从境内（区外）购进的自用设备、物资，或将设备、物资销往区外，结转到同一海关特殊监管区域或另一海关特殊监管区域的企业，以及在境内的退运、退换。

相关申报要求如下：

1. 出区货物

（1）区外企业填制“中华人民共和国海关进口货物报关单”，监管方式填报区外企业提取区内货物适用的监管方式；原产国按实际填报（对于未经加工的进口货物，按货物原进口时的原产国统计；对于经加工的成品或未完成品，按现行进口原产地规则确定原产国）；启运国填写“中国”（142）。

（2）区内企业填制出境货物备案清单，监管方式分别适用“料件进出区”（5000）、“成品进出区”（5100）、“设备进出区”（5300）。

2. 进区货物

（1）区外企业填制“中华人民共和国海关出口货物报关单”，监管方式填报区外企业将货物运入区内货物适用的监管方式，目的国和运抵国填写“中国”（142）。

（2）区内企业填制进境货物备案清单，监管方式分别适用“料件进出区”（5000）、“成品进出区”（5100）、“设备进出区”（5300）。

5000、5100、5300 监管方式下进出区货物均无须填报征免性质代码。

上述第（二十）、（二十一）项特殊区域进出货物不包括下列情形：

第一，出口加工区企业加工贸易进口料件退换进出境或在区内企业间退换，监管方式代码“0700”，简称“进料料件退换”。

第二，出口加工区企业加工贸易成品退换进出境或在区内企业间退换，监管方式代码“4600”，简称“进料成品退换”。

第三，出口加工区企业进境料件退运出境，监管方式代码“0664”，简称“进料料件复出”。

第四，出口加工区企业边角料退运出境，监管方式代码“0864”，简称“进料边角料复出”。

第五，出口加工区企业加工设备运出境外、区外维修及维修后运回，监管方式代码“1300”，简称“修理物品”。

第六，出口加工区企业产品运出区外展览及展览完毕运回区内，监管方式代码“2700”，简称“展览品”。

第七，出口加工区企业产品、设备运往区外测试、检验及复运回区内，加工区企业委托区外加工产品运出、运回加工区，监管方式代码“2600”，简称“暂时进出货物”。

（二十二）货样广告品

进出口货样广告品是指进出口用以宣传有关商品内容的广告宣传品。监管方式代码“3010”，简称“货样广告品”，全称“进出口的货样广告品”，适用于有进出口经营权的单位进出口货样广告品。暂时进出口的货样、广告品和驻华商业机构不复运出口的进口陈列样品不适用本监管方式。

（二十三）低值辅料

进口少量低值辅料（即 5 000 美元以下，78 种以内的低值辅料）按规定不使用加工贸易手册的，填报“低值辅料”。使用加工贸易手册的，按加工贸易手册上的监管方式填报。

（二十四）网购保税进口业务

是指在海关特殊监管区域或保税物流中心（B 型）［以下简称区域（中心）］内以保税模式开展的跨境电子商务零售进口业务。

网购保税进口商品一线进境［一线入区域（中心）］申报环节，申报进入天津、上海、杭州、宁波、福州、平潭、郑州、广州、深圳、重庆等 10 个城市区域（中心）的，监管方式应填报“保税电商”（监管代码 1210），暂不验核通关单，暂不执行《跨境电子商务零售进口商品清单》备注中关于化妆品、婴幼儿配方奶粉、医疗器械、特殊食品（包括保健食品、特殊医学用途配方食品等）的首次进口许可证、注册或备案要求；申报进入其他城市区域（中心）的，监管方式应填报“保税电商 A”（监管代码 1239）。

网购保税进口商品可以在区域（中心）间流转，流转商品应符合正面清单的要求。转入地与转出地主管海关分别审核企业的申报单证，海关监管方式应填报“保税间货物”（监管代码“1200”），备注应填报“网购保税进口商品”。电子账册底账数据进行相应核增核减。

网购保税进口商品零售出区域（中心）申报时，主管海关审核电子商务企业或其代理人申报的《中华人民共和国海关跨境电子商务零售进口商品申报清单》，海关监管方式应与一线入区域（中心）时申报的监管方式一致，运输方式应为二线出区域（中心）对应的运输方式。电子账册底账数据进行相应核减。

（二十五）免税品经营单位经营出口退税国产商品的，填报“其他”。

监管方式代码表

代码	简称	全称
0110	一般贸易	一般贸易
0130	易货贸易	易货贸易
0139	旅游购物商品	用于旅游者 5 万美元以下的出口小批量订货
0200	料件销毁	加工贸易料件、残次品（折料）销毁
0214	来料加工	来料加工装配贸易进口料件及加工出口货物
0245	来料料件内销	来料加工料件转内销
0255	来料深加工	来料深加工结转货物
0258	来料余料结转	来料加工余料结转
0265	来料料件复出	来料加工复运出境的原进口料件
0300	来料料件退换	来料加工料件退换
0314	加工专用油	国营贸易企业代理来料加工企业进口柴油
0320	不作价设备	加工贸易外商提供的不作价进口设备
0345	来料成品减免	来料加工成品凭征免税证明转减免税
0400	边角料销毁	加工贸易边角料、副产品（按状态）销毁
0420	加工贸易设备	加工贸易项下外商提供的进口设备
0444	保区进料成品	按成品征税的保税区进料加工成品转内销货物
0445	保区来料成品	按成品征税的保税区来料加工成品转内销货物
0446	加工设备内销	加工贸易免税进口设备转内销
0456	加工设备结转	加工贸易免税进口设备结转
0466	加工设备退运	加工贸易免税进口设备退运出境
0500	减免设备结转	用于监管年限内减免设备的结转

续表1

代码	简称	全称
0513	补偿贸易	补偿贸易
0544	保区进料料件	按料件征税的保税区进料加工成品转内销货物
0545	保区来料料件	按料件征税的保税区来料加工成品转内销货物
0615	进料对口	进料加工
0642	进料以产顶进	进料加工成品以产顶进
0644	进料料件内销	进料加工料件转内销
0654	进料深加工	进料深加工结转货物
0657	进料余料结转	进料加工余料结转
0664	进料料件复出	进料加工复运出境的原进口料件
0700	进料料件退换	进料加工料件退换
0744	进料成品减免	进料加工成品凭征免税证明转减免税
0815	低值辅料	低值辅料
0844	进料边角料内销	进料加工项下边角料转内销
0845	来料边角料内销	来料加工项下边角料内销
0864	进料边角料复出	进料加工项下边角料复出口
0865	来料边角料复出	来料加工项下边角料复出口
1139	国轮油物料	中国籍运输工具境内添加的保税油料、物料
1200	保税间货物	海关保税场所及保税区域之间往来的货物
1210	保税电商	
1233	保税仓库货物	保税仓库进出境货物
1234	保税区仓储转口	保税区进出境仓储转口货物
1239	保税电商 A	保税跨境贸易电子商务 A
1300	修理物品	进出境修理物品
1371	保税维修	保税维修
1427	出料加工	出料加工
1500	租赁不满 1 年	租期不满 1 年的租赁贸易货物
1523	租赁贸易	租期在 1 年及以上的租赁贸易货物
1616	寄售代销	寄售、代销贸易
1741	免税品	免税品
1831	外汇商品	免税外汇商品

续表2

代码	简称	全称
2025	合资合作设备	合资合作企业作为投资进口设备物品
2210	对外投资	对外投资
2225	外资设备物品	外资企业作为投资进口的设备物品
2439	常驻机构公用	外国常驻机构进口办公用品
2600	暂时进出货物	暂时进出口货物
2700	展览品	进出境展览品
2939	陈列样品	驻华商业机构不复运出口的进口陈列样品
3010	货样广告品	有经营权单位进出口的货样广告品
3100	无代价抵偿	无代价抵偿进出口货物
3339	其他进出口免费	其他进出口免费提供货物
3410	承包工程进口	对外承包工程进口物资
3422	对外承包出口	对外承包工程出口物资
3511	援助物资	国家和国际组织无偿援助物资
3611	无偿军援	无偿军援
3612	捐赠物资	进出口捐赠物资
3910	军事装备	军事装备
4019	边境小额	边境小额贸易（边民互市贸易除外）
4039	对台小额	对台小额贸易
4139	对台小额商品交易市场	进入对台小额商品交易专用市场的货物
4200	驻外机构运回	我驻外机构运回旧公用物品
4239	驻外机构购进	我驻外机构境外购买运回国的公务用品
4400	来料成品退换	来料加工成品退换
4500	直接退运	直接退运
4539	进口溢误卸	进口溢卸、误卸货物
4561	退运货物	因质量不符、延误交货等原因退运进出境货物
4600	进料成品退换	进料成品退换
5000	料件进出区	料件进出海关特殊监管区域
5010	特殊区域研发货物	海关特殊监管区域与境外之间进出的研发货物
5014	区内来料加工	海关特殊监管区域与境外之间进出的来料加工货物
5015	区内进料加工货物	海关特殊监管区域与境外之间进出的进料加工货物

续表3

代码	简称	全称
5033	区内仓储货物	加工区内仓储企业从境外进口的货物
5034	区内物流货物	海关特殊监管区域与境外之间进出的物流货物
5100	成品进出区	成品进出海关特殊监管区域
5300	设备进出区	设备及物资进出海关特殊监管区域
5335	境外设备进区	海关特殊监管区域从境外进口的设备及物资
5361	区内设备退运	海关特殊监管区域设备及物资退运境外
6033	物流中心进出境货物	保税物流中心与境外之间进出仓储货物
9600	内贸货物跨境运输	内贸货物跨境运输
9610	电子商务	跨境贸易电子商务
9639	海关处理货物	海关变卖处理的超期未报货物、走私违规货物
9700	后续补税	无原始报关单的后续补税
9739	其他贸易	其他贸易
9800	租赁征税	租赁期1年及以上的租赁贸易货物的租金
9839	留赠转卖物品	外交机构转售境内或国际活动留赠放弃特批货物
9900	其他	其他

十三、征免性质

征免性质是应根据实际情况按海关规定的“征免性质代码表”选择填报相应的征免性质简称及代码，持有海关核发的征免税证明的，应按照征免税证明中批注的征免性质填报。

（一）常见征免性质及其适用范围

1. 一般征税（101），适用于依照《海关法》《关税条例》《税则》及其他法律、行政法规和规章所规定的税率征收进出口关税、进口环节增值税和其他税费的进出口货物，包括除其他征免性质另有规定者外的一般照章（包括按照公开暂定税率、关税配额、反倾销、反补贴、保障措施等）征税或补税的进出口货物。

2. 其他法定（299），适用于依照《海关法》《关税条例》，对除无偿援助进出口物资外的其他实行法定减免税的进出口货物，以及根据有关规定非按全额货值征税的部分进出口货物。具体适用范围如下：

（1）无代价抵偿进出口货物（照章征税的除外）；

（2）无商业价值的广告品和货样；

（3）进出境运输工具装载的途中必需的燃料、物料和饮食用品；

（4）因故退还的境外进口货物（包括料件退运出口）；

（5）因故退还的我国出口货物（包括成品退运进口）；

（6）在境外运输途中或者在起卸时遭受损坏或损失的货物；

（7）起卸后海关放行前，因不可抗力遭受损坏或者损失的货物；

（8）因不可抗力因素造成的受灾保税货物；

（9）海关查验时已经破漏、损坏或者腐烂，经证明不是保管不慎造成的货物；

（10）我国缔结或者参加的国际条约规定减征、免征关税的货物和物品；

（11）暂准进出境货物；

（12）展览会货物；

（13）出料加工项下的出口料件及复进口的成品；

（14）进出境的修理物品；

（15）租赁期不满1年的进出口货物；

（16）边民互市进出境货物；

（17）非按全额货值征税的进出口货物（如按租金、修理费征税的进口货物）；

（18）其他不按“进出口货物征免税证明”管理的减免税货物。

3. 保税区（307），适用于对保税区单独实施征减免税政策的进口自用物资，包括保税区用于基础设施建设的物资，以及保税区内企业（外商投资企业除外）进口的生产设备、其他自用物资和出口货物、保税区行政管理机构自用合理数量的管理设备和办公用品等。

4. 科教用品（401），适用于为促进科学研究和教育事业的发展，科学研究机构和学校以科学研究、教学为目的按照有关征减免税政策，在合理数量范围以内，进口国内不能生产的或性能不能满足需要的、直接用于科研或教学的货物。

5. 科技开发用品（405），指为鼓励科学研究和技术开发，促进科技进步，科学研究、技术开发机构在规定的时间内，在合理数量范围内进口国内不能生产或者性能不能满足需要的科技开发用品。

6. 加工设备（501），适用于加工贸易收发货人按照有关征减免税政策进口的外商免费（即不需收发货人付汇，也不需用加工费或差价偿还）提供的加工生产所需设备。

7. 来料加工（502），适用于来料加工装配项下进口所需的料件等，以及经加工后出口的成品、半成品。

8. 进料加工（503），适用于为生产外销产品用外汇购买进口的料件，以及加工后返销出口的成品、半成品。

9. 中外合资（601），目前一般适用于中外合资企业自产的出口产品。

10. 中外合作（602），目前一般适用于中外合作企业自产的出口产品。

11. 外资企业（603），目前一般适用于外商独资企业自产的出口产品。

12. 鼓励项目（789），适用于1998年1月1日后经主管部门审批并确认的国家鼓励发展的国内投资项目、外商投资项目、利用外国政府贷款和国际金融组织贷款项目，以及从1999年9月1日起，按国家规定程序审批的外商投资研究开发中心及中西部省、自治区、直辖市利用外资优势产业和优势项目目录的项目，在投资总额内进口的自用设备，以及按合同随设备进口的技术及数量合理的配套件、备件。

13. 自有资金（799），适用于已设立的鼓励类外商投资企业（外国投资者的投资比例不低于25%），以及符合中西部利用外资优势产业和优势项目目录的项目，在投资总额以外利用自有资金（包括企业储备基金、发展基金、折旧和税后利润），在原批准的生产经营范围内进口国内不能生产或性能不能满足需要的（即不属于《国内投资项目不予免税的进口商品目录》的）自用设备及其配套的技术、配件、备件，用于本企业原有设备更新（不包括成套设备和生产线）或维修。

“鼓励项目”和“自有资金”的使用，须依程序取得海关核发的征免税证明并与之“征免性质”栏批注内容相符。

征免性质代码表

代码	简 称	全称
101	一般征税	一般征税进出口货物
118	整车征税	构成整车特征的汽车零部件纳税
119	零部件征税	不构成整车特征的汽车零部件纳税
201	无偿援助	无偿援助进出口物资
299	其他法定	其他法定减免税进出口货物
301	特定区域	特定区域进口自用物资及出口货物
307	保 税 区	保税区进口自用物资
399	其他地区	其他执行特殊政策地区出口货物
401	科教用品	大专院校及科研机构进口科教用品
402	示范平台用	
403	技术改造	企业技术改造进口货物
405	科技开发用品	科学研究、技术开发机构进口科技开发用品
406	重大项目	国家重大项目进口货物
407	动漫用品	动漫开发生产用品
408	重大技术装备	生产重大技术装备进口关键零部件及原材料
409	科技重大专项	科技重大专项进口关键设备、零部件和原材料
412	基础设施	通信、港口、铁路、公路、机场建设进口设备
413	残疾人	残疾人组织和企业进出口货物
417	远洋渔业	远洋渔业自捕水产品
418	国产化	国家定点生产小轿车和摄录机企业进口散件
420	远洋船舶	远洋船舶及设备部件
421	内销设备	内销远洋船用设备及关键部件
422	集成电路	集成电路生产企业进口货物
423	新型显示器件	新型显示器件生产企业进口货物
499	ITA 产品	非全税号信息技术产品

续表1

代码	简 称	全称
501	加工设备	加工贸易外商提供的不作价进口设备
502	来料加工	来料加工装配和补偿贸易进口料件及出口成品
503	进料加工	进料加工贸易进口料件及出口成品
506	边境小额	边境小额贸易进口货物
510	港澳 OPA	港澳在内地加工的纺织品获证出口
601	中外合资	中外合资经营企业自产出口货物
602	中外合作	中外合作经营企业自产出口货物
603	外资企业	外商独资企业自产出口货物
605	勘探开发煤层气	勘探开发煤层气
606	海洋石油	勘探、开发海洋石油进口货物
608	陆上石油	勘探、开发陆上石油进口货物
609	贷款项目	利用贷款进口货物
611	贷款中标	国际金融组织贷款、外国政府贷款中标机电设备零部件
698	公益收藏	国有公益性收藏单位进口藏品
704	花卉种子	花卉种子
705	科普影视	科普影视
707	博览会留购展品	博览会留购展品
710	民用卫星	民用卫星
711	救助船舶设备	救助船舶设备
789	鼓励项目	国家鼓励发展的内外资项目进口设备
799	自有资金	外商投资额度外利用自有资金进口设备、备件、配件
801	救灾捐赠	救灾捐赠进口物资
802	扶贫慈善	境外向我境内无偿捐赠用于扶贫慈善的免税进口物资
803	抗艾滋病药物	进口抗艾滋病病毒药物
811	种子种源	进口种子（苗）、种畜（禽）、鱼种（苗）和种用野生动植物种源
818	中央储备粮油	中央储备粮油免征进口环节增值税政策
819	科教图书	进口科研教学用图书资料
888	航材减免	经核准的航空公司进口维修用航空器材
898	国批减免	国务院特准减免税的进出口货物
899	选择征税	选择征税

续表2

代码	简 称	全称
901	科研院所	科研院所进口科学研究、科技开发和教学用品
902	高等院校	高等院校进口科学研究、科技开发和教学用品
903	工程研究中心	国家工程研究中心进口科学研究、科技开发和教学用品
904	国家企业技术中心	国家企业技术中心进口科学研究、科技开发和教学用品
905	转制科研机构	转制科研机构进口科学研究、科技开发和教学用品
906	重点实验室	国家重点实验室及企业国家重点实验室进口科学研究、科技开发和教学用品
907	国家工程技术研究中心	国家工程技术研究中心进口科学研究、科技开发和教学用品
908	科技民非单位	科技类民办非企业单位进口科学研究、科技开发和教学用品
909	示范平台	国家中小企业公共服务示范平台（技术类）进口科学研究、科技开发和教学用品
910	外资研发中心	外资研发中心进口科学研究、科技开发和教学用品
911	科教图书	出版物进口单位进口用于科研、教学的图书、文献、报刊及其他资料
921	大型客机研制物资	大型客机、大型客机发动机研制进口物资
922	进博会留购展品	进博会留购展品
997	自贸协定	
998	内部暂定	享受内部暂定税率的进出口货物
999	例外减免	例外减免税进出口货物

（二）填报要求

1. 报关单“征免性质”栏应按照海关核发的进出口货物征免税证明中批注的征免性质填报，或根据实际情况按“征免性质代码表”选择填报相应的征免性质简称或代码。

2. 一份报关单只允许填报一种征免性质，涉及多个征免性质的，应分单填报。

3. 加工贸易货物特殊情况填报要求：

（1）加工贸易转内销货物，按实际应享受的征免性质填报，如“一般征税”“科教用品”“其他法定”等。

（2）贸易料件退运出口、成品退运进口的货物填报“其他法定”。

（3）加工贸易结转货物，免予填报。

（4）免税品经营单位经营出口退税国产商品的，填报“其他法定”。

十四、许可证号

许可证号是指商务部配额许可证事务局、驻各地特派员办事处，以及各省、自治区、直辖市、计划单列市及商务部授权的其他省会城市商务厅（局）、外经贸委（厅、局）签发的进出口许可证编号。包括：进（出）口许可证、两用物项和技术进（出）口许可证、两用物项和技术出口许可证（定向）、纺织品临时出口许可证、出口许可证（加工贸易）、出口许可证（边境小额贸易）的编号。

需注意，进出口货物中含甲苯、丙酮、丁酮、硫酸4种易制毒化学品之一且比率高于40%的货物应当办理“两用物项和技术进出口许可证”（以下简称“两用物项许可证”）。含甲苯、丙酮、丁酮、硫酸4种易制毒化学品之一且比率高于40%的货物是指：

（一）上述4种物项的单一成分含量超过40%的混合物；

（二）上述4种物项的单一成分含量不超过40%，但其总含量超过40%的混合物。

加工监管方式在境内产生的副产品属于易制毒化学品的货物，企业办理其内销手续时无须申领两用物项许可证。含易制毒化学品的混合物办理深加工结转手续时，转入方企业无须提交两用物项许可证。

免税品经营单位经营出口退税国产商品的，免予填报。

一份报关单只允许填报一个许可证号。

常用监管证件代码表

代码	监管证件名称	代码	监管证件名称
1	进口许可证	5	纺织品临时出口许可证
2	两用物项和技术进口许可证	G	两用物项和技术出口许可证（定向）
3	两用物项和技术出口许可证	x	出口许可证（加工贸易）
4	出口许可证	y	出口许可证（边境小额贸易）

十五、启运港

启运港是指进口货物在运抵我国关境前的第一个境外装运港。

启运港按海关规定的“港口代码表”填报相应的港口名称及代码，由3位英文和3位数据组成。例如：缅甸仰光的港口代码为“MMR018”。

（一）未在“港口代码表”列明的，填报相应的国家名称及代码。

（二）货物从海关特殊监管区域或保税监管场所运至境内区外的，填报“港口代码表”中相应海关特殊监管区域或保税监管场所的名称及代码，未在“港口代码表”中列明的，填报“未列出的特殊监管区”及代码。

（三）无实际进出境的，本栏目填报“中国境内”。

十六、合同协议号

合同（协议）号是指在进出口贸易中，买卖双方或数方当事人根据国际贸易惯例或国家有关法律、法规，自愿按照一定条件买卖某种商品签订的合同（包括协议或订单）的编号。

本栏目填报进（出）口货物合同（包括协议或订单）的全部字头和号码。在原始单据上合同号一般表示为“Contract No.：××××××”，此处的“××××××”即为“合同协议号”所应填报内容。

进出口报关单所申报货物必须是在合同中明确包含的货物。

免税品经营单位经营出口退税国产商品的，免予填报。

十七、贸易国（地区）

发生商业性交易的按海关规定的“国别（地区）代码表”选择填报相应的贸易国（地区）中文名称及代码。进口填报购自国（地区），出口填报售予国（地区）。

未发生商业性交易的填报货物所有权拥有者所属的国家（地区）。

十八、启运国（地区）/运抵国（地区）

启运国（地区）是指进口货物启始发出直接运抵我国或在运输中转国（地区）未发生任何商业性交易的情况下运抵我国的国家（地区）。例如：申报进口货物的启运国为美国时，可以选择填报“USA-美国”，也可在本栏录入中文“美国”。

运抵国（地区）是指出口货物离开我国关境直接运抵或在运输中转国（地区）未发生任何商业性交易的情况下最后运抵的国家（地区）。例如：申报出口货物的运抵国为马来西亚时，可以选择填报代码为“MYS-马来西亚”，也可在本栏录入中文“马来西亚”。

（一）不经过第三国（地区）转运的直接运输进出口货物，应在启运国（地区）项目中填报进口货物的装货港所在国（地区），在运抵国（地区）项目中填报出口货物的指运港所在国（地区）。

（二）经过第三国（地区）转运的进出口货物，如在中转国（地区）发生商业性交易，则以中转国（地区）作为启运/运抵国（地区）填报在本栏。

所谓中转（转运）货物，指船舶、飞机等运输工具从装运港将货物装运后，不直接驶往目的港，而在中途的港口卸下后，再换装另外的船舶、飞机等运输工具转运往目的港。货物中转的原因很多，如至目的港无直达船舶（飞机），或目的港虽有直达船舶（飞机）而时间不定或航次间隔时间太长，或目的港不在装载货物的运输工具的航线上，或货物属于多式联运等。

货物是否中转，可根据随附单据中的有关信息来判断。例如“FROM LONDON TO PARIS VIA DOVER”意为从伦敦多佛中转运至巴黎；又如“HAMBURG IN TRANSIT TO ZURICH SWITZERLAND”意为经汉堡中转运至瑞士苏黎世。

对于中转货物，启运国（地区）或运抵国（地区）分两种不同情况填报：

1. 发生运输中转而未发生任何买卖关系的货物，其启运国（地区）或运抵国（地区）不变，仍以进口货物的始发国（地区）为启运国（地区）填报，以出口货物的最终目的国（地区）为运抵国（地区）填报。

例 1 上海某进出口公司与日本某公司签约，进口 100 台日本产丰田面包车从日本某港口启运，经中国香港中转运抵中国内地。进口报关单“启运国（地区）”“原产国（地区）”均应为日本。

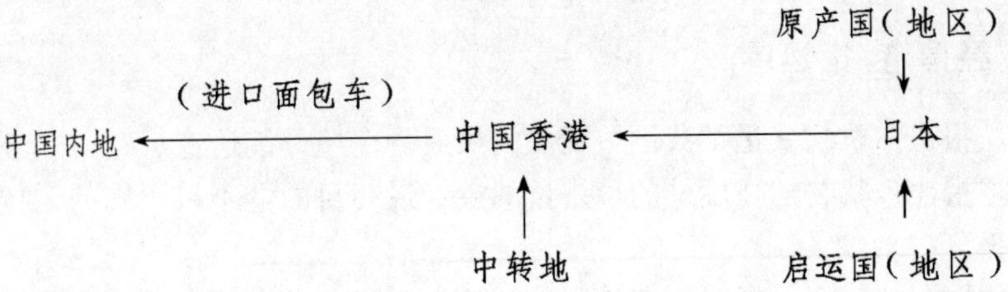

例 2　深圳某公司与日本某公司签约，出口 1 万台自产 DVD 机，经中国香港中转运至日本名古屋。出口报关单“运抵国（地区）”“最终目的国（地区）”均应为日本。

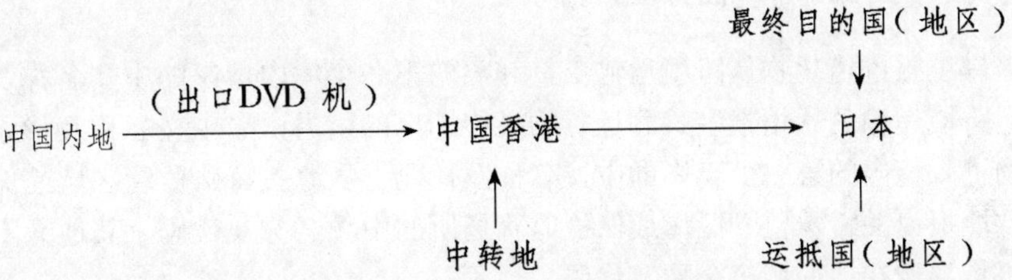

2. 发生运输中转并发生了商业性交易（买卖关系）的货物，其中转地为启运国（地区）或运抵国（地区）。可通过发票等商业单证来判断货物中转时是否发生了买卖关系。

例 3　上海某进出口公司与香港某公司签约，进口 100 台日本产丰田面包车从日本某港口启运，经中国香港中转运抵中国内地。进口报关单“原产国（地区）”应为日本，“启运国（地区）”应为中国香港，因为境外签约人中国香港某公司所在地是中转地中国香港。

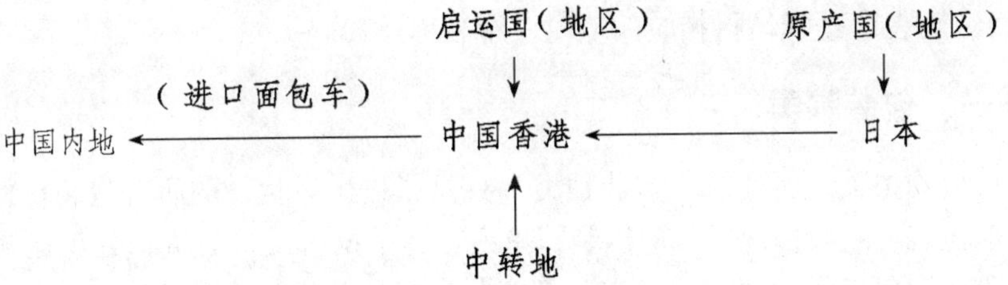

例 4　深圳某公司与香港某公司签约，出口 1 万台自产 DVD 机，经中国香港中转运至日本名古屋。出口报关单“最终目的国（地区）”应为日本，“运抵国（地区）”应为中国香港，因为境外签约人中国香港某公司所在地是中转地中国香港。

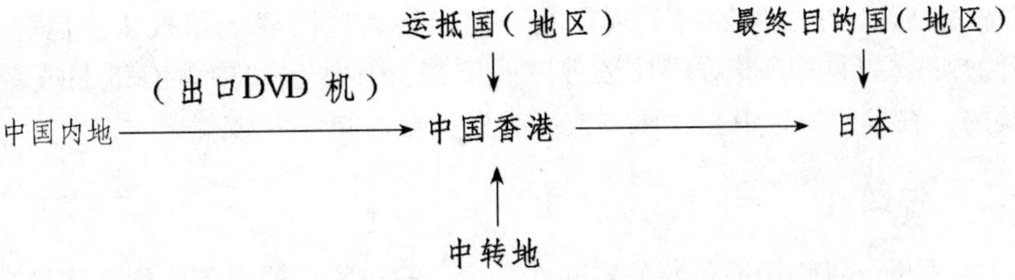

无实际进出境的货物，填报“中国”或“CHN”。

十九、经停港/指运港

经停港填报进口货物在运抵我国关境前的最后一个境外装运港。

指运港填报出口货物运往境外的最终目的港；最终目的港不可预知的，按尽可能预知的目的港填报。

根据实际情况，按海关规定的“港口代码表”选择填报相应的港口名称及代码。经停港/指运港在“港口代码表”中无港口名称及代码的，可选择填报相应的国家名称及代码。

无实际进出境的货物，填报“中国境内”及代码。

二十、入境口岸/离境口岸

入境口岸填报进境货物从跨境运输工具卸离的第一个境内口岸的中文名称及代码；采取多式联运跨境运输的，填报多式联运货物最终卸离的境内口岸中文名称及代码；过境货物填报货物进入境内的第一个口岸的中文名称及代码；从海关特殊监管区域或保税监管场所进境的，填报海关特殊监管区域或保税监管场所的中文名称及代码。其他无实际进境的货物，填报货物所在地的城市名称及代码。

离境口岸填报装运出境货物的跨境运输工具离境的第一个境内口岸的中文名称及代码；采取多式联运跨境运输的，填报多式联运货物最初离境的境内口岸中文名称及代码；过境货物填报货物离境的第一个境内口岸的中文名称及代码；从海关特殊监管区域或保税监管场所出境的，填报海关特殊监管区域或保税监管场所的中文名称及代码。其他无实际出境的货物，填报货物所在地的城市名称及代码。

入境口岸、离境口岸类型包括港口、码头、机场、机场货运通道、边境口岸、火车站、车辆装卸点、车检场、陆路港、坐落在口岸的海关特殊监管区域等。按海关规定的“国内口岸编码表”选择填报相应的境内口岸名称及代码。

二十一、包装种类

进出口货物报关单所列的“包装种类”栏是指进出口货物的所有包装材料，包括运输包装和其他包装。一般情况下，应以装箱单或提运单据所反映的货物处于运输状态时的最外层包装或运输包装作为“包装种类”向海关申报，并相应计算件数。

其中，运输包装即提运单所列货物件数单位对应的包装，按照海关规定的“包装种类代码表”，填报运输包装对应的2位包装种类代码。例如：使用再生木托作为运输包装的，在本栏填报中文“再生木托”或代码“92”。

若还有其他包装，包括货物的各类包装、植物性铺垫材料等，则在“其他包装”栏目的“包装材料种类”中，按照海关规定的“包装种类代码表”填报2位包装种类代码，在“包装件数”栏目中填报对应件数数字。例如：其他包装中含有纸制或纤维板制盒（箱）包装的，在本栏填报中文“纸制或纤维板制盒（箱）”或代码“22”。

二十二、件数

件数是指进出口货物运输包装的实际件数。运输包装指提运单所列货物件数单位对应的包装。

报关单件数栏目不得为空，件数应大于或等于1，不得填报“0”。

舱单件数为集装箱的，填报集装箱个数；舱单件数为托盘的，填报托盘数。

散装、裸装货物填报“1”。

二十三、毛重

毛重是指商品重量加上商品的外包装物料的重量。

毛重栏填报进出口货物及其包装材料的重量之和，不得为空。

毛重的计量单位为千克，毛重应大于或等于1千克，不足1千克的填报为“1”千克。

应以合同、发票、提运单、装箱单等有关单证中“GROSS WEIGHT”（缩写G. W.）栏所显示的重量确定进出口货物的毛重。但空运货物中，货物计费重量并非实际毛重，会根据体积计算出抛重，具体公式为：

空运货物抛重（千克）=货物长（厘米）×宽（厘米）×高（厘米）/6000

抛重如果大于实际毛重，则按照抛重计费，反之按照毛重计费。

此栏目企业应向海关申报最终计费重量，即“CHARGE WEIGHT”。

二十四、净重

净重是指货物的毛重扣除外包装材料后的重量，即商品本身的实际重量。部分商品的净重还包括直接接触商品的销售包装物料的重量（如罐头装食品等）。

净重栏填报进出口货物实际净重，不得为空。

净重的计量单位为千克，净重应大于或等于1千克，不足1千克的填报为“1”千克。

商品的净重一般都在合同、发票、装箱单或提运单据的“Net Weight”（缩写N. W.）栏体现。合同、发票等有关单证不能确定净重的货物，可以估重填报。

以毛重作为净重计价的，可填毛重。按照国际惯例以公量重计价的货物，如未脱脂羊毛、羊毛条等，填报公量重。

二十五、成交方式

成交方式是指在进出口贸易中，进出口商品的价格构成和买卖双方各自应承担的责任、费用和风险，以及货物所有权转移的界限，以贸易术语（价格术语）进行约定的方式。

在填制进出口货物报关单时，应依据发票中的实际成交价格条款，按照海关“成交方式代码表”选择填报相应的成交方式代码。

成交方式代码表

成交方式名称	成交方式代码	成交方式名称	成交方式代码
CIF	1	市场价	5
CFR（C&F/CNF）	2	垫仓	6
FOB	3	EXW	7
C&I	4		

应注意的是，海关规定的“成交方式”与国际贸易术语解释通则中的贸易术语内涵并非完全一致。“CIF”“CFR”“FOB”等常见的成交方式，并不仅限于水路运输方式，而适用于任何国际货物运输方式，主要体现成本、运费、保险费等成交价格构成因素。

《2000 通则》中 13 种贸易术语与报关单“成交方式”栏一般对应关系如下：

组别	E 组	F 组			C 组				D 组				
术语	EXW	FCA	FAS	FOB	CFR	CPT	CIF	CIP	DAF	DES	DEQ	DDU	DDP
成交方式	FOB				CFR		CIF						

《2010 通则》中 11 种贸易术语与报关单“成交方式”栏一般对应关系如下：

组别	E 组	F 组			C 组				D 组		
术语	EXW	FCA	FAS	FOB	CFR	CPT	CIF	CIP	DAT	DAP	DDP
成交方式	FOB				CFR		CIF				

无实际进出境的货物，进口成交方式为 CIF 或其代码，出口成交方式为 FOB 或其代码。

采用集中申报的归并后的报关单，进口的成交方式必须为 CIF 或其代码，出口的成交方式必须为 FOB 或其代码。

二十六、运费

运费为进口货物运抵我国境内输入地点起卸前的运输费用，出口货物运至我国境内输出地点装载后的运输费用。运费可按运费单价、总价或运费率三种方式之一填报。

（一）“运费标记”

当按照运费率申报时，“运费标记”栏选择填报“1-率”；当按照每吨货物的运费单价申报时，“运费标记”栏选择填报“2-单价”；按照运费总价申报时，“运费标记”栏选择填报“3-总价”。

（二）“运费/率”

当“运费标记”为“1-率”，在本栏填报运费率；当“运费标记”为“2-单价”，在本栏填报运费单价；当“运费标记”为“3-总价”，在本栏填报运费总价。

（三）“运费币制”

当“运费标记”栏为“1-率”是，本栏免予录入；如“运费标记”为“2-单价”或“3-总价”时，本栏按海关规定的“货币代码表”录入相应的币种代码。

免税品经营单位经营出口退税国产商品的，免予填报。

二十七、保险费

保险费为进口货物运抵我国境内输入地点起卸前的保险费用，出口货物运至我国境内输出地点装载后的保险费用。保险费可按保险费总价或保险费率两种方式之一填报。

（一）“保险费标记”

当按照保险费率申报时，“保险费标记”栏选择填报“1-率”；按照保险费总价申报时，“保险费标记”栏选择填报“3-总价”。

（二）“保险费/率”

当“保险费标记”为“1-率”，在本栏填报保险费率；当“保险费标记”为“3-总价”，在本栏填报保险费总价。

（三）“保险费币制”

当“保险费标记”栏为“3-总价”时，本栏按海关规定的“货币代码表”录入相应的币种代码；当“保险费标记”栏为“1-率”，本栏无需填报。

免税品经营单位经营出口退税国产商品的，免予填报。

二十八、杂费

杂费为成交价格以外的、按照《中华人民共和国进出口关税条例》相关规定应计入完税价格或应从完税价格中扣除的费用。杂费可按杂费总价或杂费率两种方式之一填报。

（一）“杂费标记”

当按照杂费率申报时，“杂费标记”栏选择填报“1-率”；按照杂费总价申报时，“杂费标记”栏选择填报“3-杂费总价”。

（二）“杂费/率”

当“杂费标记”为“1-率”，在本栏填报杂费率；当“杂费标记”为“3-杂费总价”，在本栏填报杂费总价。

提醒注意：应计入完税价格的杂费填报为正值或正率，应从完税价格中扣除的杂费填报为负值或负率。

（三）“杂费币制”

当“杂费标记”栏为“3-杂费总价”时，本栏按海关规定的“货币代码表”录入相应的币种代码；当“杂费标记”栏为“1-率”，本栏无需填报。

免税品经营单位经营出口退税国产商品的，免予填报。

二十九、随附单证

随附单证是指根据海关规定的“监管证件代码表”和“随附单据代码表”选择填报除本规范第十六条规定的许可证件以外的其他进出口许可证件或监管证件、随附单据代码及编号。

本栏目分为随附单证代码和随附单证编号两栏，其中代码栏按海关规定的“监管证件代码表”和“随附单据代码表”选择填报相应证件代码；随附单证编号栏填报证件编号。

（一）随附单证代码

随附单证代码是指除进（出）口许可证、两用物项和技术进（出）口许可证、两用物项和技术出口许可证（定向）、纺织品临时出口许可证、出口许可证（加工贸易）、出口许可证（边境小额贸易）以外的其他进出口许可证件或监管证件，按海关规定的“监管证件代码表”选择填报的相应证件代码。

提醒注意：

1. 加工贸易内销征税报关单，“随附单证代码”栏填报“c”。

2. 一般贸易进出口货物“随附单证代码”栏填报“Y”。

海关特殊监管区域和保税监管场所内销货物申请适用优惠税率的，有关货物进出海关特殊监管区域和保税监管场所及内销时，“随附单证代码”栏按照上述一般贸易要求填报。

向香港或澳门特别行政区出口用于生产香港 CEPA 或者澳门 CEPA 项下货物的原材料时，“随附单证代码”栏按照上述一般贸易要求填报。

3. 各优惠贸易协定项下，免提交原产地证据文件的小金额进口货物“随附单证代码”栏填报“Y”。

（二）随附单证编号

随附单证编号是指除进（出）口许可证、两用物项和技术进（出）口许可证、两用物项和技术出口许可证（定向）、纺织品临时出口许可证、出口许可证（加工贸易）、出口许可证（边境小额贸易）以外的其他进出口许可证件或监管证件，选择填报的相应证件编号。

1. 加工贸易内销征税报关单（使用金关二期加贸管理系统的除外），随附单证代码栏填报“c”，随附单证编号栏填报海关审核通过的内销征税联系单号。

2. 一般贸易进出口货物，只能使用原产地证书申请享受协定税率或者特惠税率（以下统称优惠税率）的（无原产地声明模式），在“随附单证编号”栏填报“<优惠贸易协定代码>”和“原产地证书编号”；可以使用原产地证书或者原产地声明申请享受优惠税率的（有原产地声明模式），“随附单证编号”栏填报“<优惠贸易协定代码>”“C”（凭原产地证书申报）或“D”（凭原产地声明申报），以及“原产地证书编号（或者原产地声明序列号）”。一份报关单对应一份原产地证书或原产地声明。

各优惠贸易协定代码如下：

“01”为“亚太贸易协定”；

“02”为“中国—东盟自贸协定”；

“03”为“内地与香港紧密经贸关系安排”（香港 CEPA）；

“04”为“内地与澳门紧密经贸关系安排”（澳门 CEPA）；

“06”为“台湾农产品零关税措施”；

“07”为“中国—巴基斯坦自贸协定”；

“08”为“中国—智利自贸协定”；

“10”为“中国—新西兰自贸协定”；

“11”为“中国—新加坡自贸协定”；

“12”为“中国—秘鲁自贸协定”；

“13”为“最不发达国家特别优惠关税待遇”；

“14”为“海峡两岸经济合作框架协议（ECFA）”；

“15”为“中国—哥斯达黎加自贸协定”；

“16”为“中国—冰岛自贸协定”；

“17”为“中国—瑞士自贸协定”；

“18”为“中国—澳大利亚自贸协定”；

“19”为“中国—韩国自贸协定”；

"20"为"中国—格鲁吉亚自贸协定"。

海关特殊监管区域和保税监管场所内销货物申请适用优惠税率的，有关货物进出海关特殊监管区域和保税监管场所，以及内销时，已通过原产地电子信息交换系统实现电子联网的优惠贸易协定项下货物报关单，按照上述一般贸易要求填报；未实现电子联网的优惠贸易协定项下货物报关单，"随附单证编号"栏填报"<优惠贸易协定代码>"和"原产地证据文件备案号"。"原产地证据文件备案号"为进出口货物的收发货人或者其代理人填报原产地证据文件电子信息后，系统自动生成的号码。

向香港或澳门特别行政区出口用于生产香港 CEPA 或澳门 CEPA 项下货物的原材料时，按照上述一般贸易填报要求填制报关单。

"单证对应关系表"中填报报关单上的申报商品项与原产地证书（原产地声明）上的商品项之间的对应关系。报关单上的商品序号与原产地证书（原产地声明）上的项目编号应一一对应，不要求顺序对应。同一批次进口货物可以在同一报关单中申报，不享受优惠税率的货物序号不填报在"单证对应关系表"中。

3. 各优惠贸易协定项下，免提交原产地证据文件的小金额进口货物"随附单证编号"栏填报"Y"，"随附单证编号"栏填报"<优惠贸易协定代码>XJE00000"，"单证对应关系表"享惠报关单项号按实际填报，对应单证项号与享惠报关单项号相同。

三十、标记唛码及备注

（一）标记唛码

本栏用于填报标记唛码中除图形以外的文字、数字，无标记唛码的填报"N/M"。

标记唛码英文表示为 Marks、Marking、MKS、Marks & No.、Shipping Marks 等，通常是由一个简单的几何图形和一些字母、数字及简单的文字组成，包含收货人代号、合同号和发票号、目的地、原产国（地区）、最终目的国（地区）、目的港或中转港和件数号码等内容。

例 1

Marks & No.	（唛头）
HAMBURG	（中转港：汉堡）
IN TRANSIT TO ZURICH SWITZERLAND	（目的国（地区）/港：瑞士/苏黎世）
C/NO. 1～1533	（件数：1533 件）
MADE IN CHINA	（原产国：中国）

例 2

MKS/Marking	（唛头）
SHANGHAI WORLDBEST	（收货人）
98L～025SH	（合同号）
SHANGHAI	（目的地：上海）
C/NO. 1～420	（件数：420 件）

（二）备注

备注是指除按报关单固定栏目申报进出口货物有关情况外，需要补充或特别说明的事项，包括关联备案号、关联报关单号，以及其他需要补充或特别说明的事项。有以下情况的需按照填制规范的要求录入相关信息：

1. 受外商投资企业委托代理其进口投资设备、物品的，在本栏填报进出口企业名称。

2. 与本报关单有关联关系的，同时在业务管理规范方面又要求填报的备案号，填报在电子数据报关单中“关联备案”栏。

保税间流转货物、加工贸易结转货物及凭“征免税证明”转内销货物，其对应的备案号填报在“关联备案”栏。

减免税货物结转进口（转入），在“关联备案”栏填报本次减免税货物结转所申请的《中华人民共和国海关进口减免税货物结转联系函》的编号。

减免税货物结转出口（转出），在“关联备案”栏填报与其相对应的进口（转入）报关单“备案号”栏中“征免税证明”的编号。

3. 与本报关单有关联关系的，同时在业务管理规范方面又要求填报的报关单号，填报在电子数据报关单中“关联报关单”栏。

保税间流转、加工贸易结转类的报关单，应先办理进口报关，并将进口报关单号填入出口报关单的“关联报关单”栏。

办理进口货物直接退运手续的，除另有规定外，应先填制出口报关单，再填制进口报关单，并将出口报关单号填报在进口报关单的“关联报关单”栏。

减免税货物结转出口（转出），应先办理进口报关，并将进口（转入）报关单号填入出口（转出）报关单的“关联报关单”栏。

4. 办理进口货物直接退运手续的，填报“<ZT”+“海关审核联系单号或者‘海关责令进口货物直接退运通知书’编号”+“>”。办理固体废物直接退运手续的，填报“固体废物，直接退运表××号/责令直接退运通知书××号”。

5. 保税监管场所进出货物，在“保税/监管场所”栏填报本保税监管场所编码［保税物流中心（B型）填报本中心的国内地区代码］，其中涉及货物在保税监管场所间流转的，在本栏填报对方保税监管场所代码。

6. 涉及加工贸易货物销毁处置的，填报海关加工贸易货物销毁处置申报表编号。

7. 当监管方式为“暂时进出货物”（2600）和“展览品”（2700）时，填报要求如下：

（1）根据《中华人民共和国海关暂时进出境货物管理办法》（海关总署令第233号，以下简称《管理办法》）第三条第一款所列项目，填报暂时进出境货物类别，如：暂进六，暂出九；

（2）根据《管理办法》第十条规定，填报复运出境或者复运进境日期，期限应在货物进出境之日起6个月内，如：20180815前复运进境，20181020前复运出境；

（3）根据《管理办法》第七条，向海关申请对有关货物是否属于暂时进出境货物进行审核确认的，填报“中华人民共和国××海关暂时进出境货物审核确认书”编号，如：<ZS海关审核确认书编号>，其中英文为大写字母；无此项目的，无需填报。

上述内容依次填报，项目间用“/”分隔，前后均不加空格。

（4）收发货人或其代理人申报货物复运进境或复运出境的：

货物办理过延期的，根据《管理办法》填报“货物暂时进/出境延期办理单”的海关回执编号，如：<ZS 海关回执编号>，其中英文为大写字母；无此项目的，无需填报。

8. 跨境电子商务进出口货物，填报“跨境电子商务”。

9. 加工贸易副产品内销，填报“加工贸易副产品内销”。

10. 服务外包货物进口，填报“国际服务外包进口货物”。

11. 公式定价进口货物填报公式定价备案号，格式为：“公式定价”+备案编号+“@”。对于同一报关单下有多项商品的，如某项或某几项商品为公式定价备案的，则备注栏内填写为：“公式定价”+备案编号+“#”+商品序号+“@”。

12. 进出口与“预裁定决定书”列明情形相同的货物时，按照“预裁定决定书”填报，格式为：“预裁定+‘预裁定决定书’编号”（例如：某份“预裁定决定书”编号为R-2-0100-2018-0001，则填报为“预裁定 R-2-0100-2018-0001”）。

13. 含归类行政裁定报关单，填报归类行政裁定编号，格式为：“c”+四位数字编号，例如 c0001。

14. 在进入特殊监管区时已经完成检验的货物，在出区入境申报时，填报“预检验”字样，同时在“关联报检单”栏填报实施预检验的报关单号。

15. 进口直接退运的货物，填报“直接退运”字样。

16. 企业提供 ATA 单证册的货物，填报“ATA 单证册”字样。

17. 不含动物源性低风险生物制品，填报“不含动物源性”字样。

18. 货物自境外进入境内特殊监管区或保税仓库的，填报“保税入库”或者“境外入区”字样。

19. 海关特殊监管区域与境内区外之间采用分送集报方式进出的货物，填报“分送集报”字样。

20. 军事装备出入境的，填报“军品”或“军事装备”字样。

21. 申报 HS 为 3821000000、3002300000 的，属于下列情况的，填报要求为：属于培养基的，填报“培养基”字样；属于化学试剂的，填报“化学试剂”字样；不含动物源性成分的，填报“不含动物源性”字样。

22. 属于修理物品的，填报“修理物品”字样。

23. 属于下列情况的，填报“压力容器”“成套设备”“食品添加剂”“成品退换”“旧机电产品”等字样。

24. HS 为 2903890020（入境六溴环十二烷），用途为“其他（99）”的，填报具体用途。

25. 集装箱体信息填报集装箱号（在集装箱箱体上标示的全球唯一编号），集装箱规格，集装箱商品项号关系（单个集装箱对应的商品项号，半角逗号分隔），集装箱货重（集装箱箱体自重+装载货物重量，单位为千克）。

26. 申报 HS 为 3006300000、3504009000、3507909010、3507909090、3822001000、3822009000，不属于“特殊物品”的，填报“非特殊物品”字样。“特殊物品”定义见《出入境特殊物品卫生检疫管理规定》（国家质量监督检验检疫总局令第 160 号公布，根据国家质量监督检验检疫总局令第 184 号，海关总署令第 238 号、第 240 号、第 243 号修改）。

27. 进出口列入目录的进出口商品及法律、行政法规规定须经出入境检验检疫机构检验的其他进出口商品实施检验的，填报“应检商品”字样。

28. 申报时其他必须说明的事项。

第三节　进出口货物报关单表体栏目的填报

一、项号

项号是指所申报货物在报关单中的商品排列序号及该项商品在“加工贸易手册”“征免税证明”等备案单证中的顺序编号。分两行填报。第一行填报报关单中的商品顺序编号；第二行填报备案序号，专用于加工贸易及保税、减免税等已备案、审批的货物，填报该项货物在“加工贸易手册”或“征免税证明”等备案、审批单证中的顺序编号。有关优惠贸易协定项下报关单填制要求按照海关总署相关规定执行。其中第二行特殊情况填报要求如下：

（一）深加工结转货物，分别按照“加工贸易手册”中的进口料件项号和出口成品项号填报。

（二）料件结转货物（包括料件、成品和半成品折料），出口报关单按照转出“加工贸易手册”中进口料件的项号填报；进口报关单按照转进“加工贸易手册”中进口料件的项号填报。

（三）加工贸易料件转内销货物及按料件办理进口手续的转内销制成品、残次品、未完成品填制进口报关单，填报“加工贸易手册”中对应的进口料件的项号；加工贸易边角料、副产品内销，填报“加工贸易手册”中对应的进口料件项号。如边角料或副产品对应一个以上料件项号时，填报主要料件项号。

（四）料件复出货物（包括料件、边角料），出口报关单按照“加工贸易手册”中进口料件的项号填报；如边角料对应一个以上料件项号时，填报主要料件项号。料件退换货物（包括料件，不包括未完成品），进出口报关单按照“加工贸易手册”中进口料件的项号填报。

（五）成品退换货物，退运进境报关单和复运出境报关单按照“加工贸易手册”中原出口成品的项号填报。

（六）加工贸易成品凭“征免税证明”转为减免税货物进口的，应先办理进口报关手续。进口报关单填报“征免税证明”中的项号，出口报关单填报“加工贸易手册”中原出口成品项号，进、出口报关单货物数量应一致。

（七）加工贸易料件销毁，填报“加工贸易手册”中对应的料件项号。

（八）加工贸易副产品退运出口、结转出口，填报“加工贸易手册”中新增成品的出口项号。

（九）经海关批准实行加工贸易联网监管的企业，按海关联网监管要求，企业需申报报关清单的，应在向海关申报货物进出口（包括形式进出口）报关单前，向海关申报清单。一份报关清单对应一份报关单，报关单商品由报关清单归并而得。加工贸易电子账册报关单中项号、品名、规格等栏目的填制规范比照“加工贸易手册”。

二、商品编号

填报由 10 位数字组成的商品编号。前 8 位为《中华人民共和国进出口税则》和《中华人民共和国海关统计商品目录》确定的编码；9、10 位为监管附加编号。

三、商品名称、规格型号

商品名称是指国际贸易缔约双方同意买卖的商品名称。报关单中的商品名称是指进出口货物规范的中文名称。

（一）商品名称应据实填报，并与进出口货物收发货人或受委托的报关企业所提交的合同、发票等相关单证相符。

（二）商品名称应当规范，以能满足海关归类、审价及许可证件管理要求为准，可参照《中华人民共和国海关进出口商品规范申报目录》（以下简称《规范申报目录》）中对商品名称的要求进行填报。

例 1　ZIPPO 牌打火机用液体燃料，100%石脑油制，125 毫升/支。

商品编码 3606. 1000 的申报要素为：

商品编码	商品名称	申报要素归类及价格要素
3606. 1000	–直接灌注香烟打火机及类似打火器用的液体燃料或液化气体燃料，其包装容器的容积不超过 300 立方厘米。	1. 品名；2. 用途；3. 包装容器的容积。

“商品名称、规格型号”栏应填报为：

打火机液体燃料 ZIPPO 牌打火机用，125 毫升/支

例 2　粗锯成方的柚木原木，直径 40~50 厘米，长 400~500 厘米。

商品编码	商品名称	申报要素归类及价格要素	
44. 03	原木，不论是否去皮、去边材或粗锯成方：		
44034	–其他，热带木的：	1. 品名；2. 种类（中文及拉丁学名）。	3. 截面尺寸（直径或宽度×厚度）；4. 长度；5. 级别（锯材级、切片级等）。
	––其他：		
4403. 4910	–––柚木		

“商品名称、规格型号”栏应填报为：

粗锯成方的柚木原木 Tectona Grandis L. F. 截面尺寸 40~50 厘米，长 400~500 厘米，锯材级

商品规范申报标准：

1. 保证报关单规格型号栏显示的完整性，要素应填写明确，不能简单填报“是/否/有/无/非”等字样。如“是否野生”可填报“非野生”；没有品牌，应注明“无品牌”或“无牌”。

2. 申报要素附带有括号提示说明内容的，应根据实际商品判断其提示的说明内容之间是“或（or）”还是“和（and）”的关系，并准确申报。主要有三种情形：

（1）说明内容之间是“或（or）”关系的，应选择实际对应的项目申报，如品目 2519 的申报要素“外观（粉末、粒状、块状等）”，应按实际申报“粉末”“粒状”或“块状”，或说明内容未列明的其他外观形状；

（2）说明内容之间是“和（and）”关系的，应逐项具体申报，如品目 4811 的申报要素“规格（成条等、浸渍或涂布物、每平方米克重）”，应按实际逐项具体申报为“成条、浸渍甘油、300 克/平方米”；

（3）说明内容之间既有“或（or）”又有“和（and）”关系的，应选择实际对应的项目分别申报，如品目 0802 的申报要素“制作或保存方法（鲜、干、去壳、未去壳）”，应按实际分别申报“鲜、未去壳”或“干、去壳”。

3.《规范申报目录》注解对申报要素作具体要求的，应按照注解要求填报。如 2013 版《规范申报目录》注解要求 28、29、30、32、33、34、38 等章节商品的要素“包装”内容应足以判断是否零售包装，则具体格式应填写为“××计量单位（如千克等）/包装容器（如桶等）”。

4. 其他要素的填报内容应能够满足归类、价格审核等要求。如品目 8482 项下滚珠轴承，申报要素“结构类型”应根据归类要求选择填写“调心球轴承”“深沟球轴承”“角接触轴承”“推力球轴承”等。

5. 对于针对某一级税号项下部分商品申报要求，如申报商品确属无需填报的特殊情形的，应填报为“无需报”。如税号 28299000，按照其申报要素 2“如为高氯酸铵请注明粒度”的要求，如申报商品为高氯酸铵需注明粒度，如申报商品为溴酸盐、碘酸盐等，该要素的对应内容应填报为“无需报”。

6.《规范申报目录》中要求填写中英文的，应填写中文和英文。

7.“拉丁学名”要素应填写国际通用的拉丁文或拉丁化的希腊文表达的正式学名，不应填写成英文名。

8.“成分含量”要素应同时申报商品的成分及含量。成分指货品所构成的部分或要素，一般指所含物质的种类；含量一般指所含物质的数量。28、29 章的化工品原则上应将各成分报清且含量相加为 100%，除非未明确申报的残留物质不影响归类。

9.“规格型号”要素应同时申报货品的规格及型号。规格，主要表示货品大小尺寸，应申报完整，如块状、板状物申报长度、宽度、厚度，卷状申报宽幅、单层厚度、长度，管状物申报外径、内径长度等，原则上不能申报为无规格，不规则品应填报为“不规则形状”；型号，一般由一组文字或字母和数字以一定规律编号组成，反映货品性质等级等，如无型号，应据实申报，不应用其他数据代替。

10.“包装规格”要素，应注明具体包装和规格（单位包装容量×每包装单位数/包装单位），如750毫升×6瓶/箱。

11.“外观”要素主要指货品的颜色形状等表观性状，《规范申报目录》中有特别标明的除外。如品目3915废塑料的要素“外观”包含颜色、尺寸，对于尺寸范围较固定的，应申报尺寸范围；对于无法判断尺寸的，应填“不规则，无固定尺寸”。

12.“材质”要素，应以不影响商品归类为前提进行具体申报。如塑料材质的货物应填写为“聚乙烯”“PET”等，钢铁类应填写为“不锈钢”“硅锰钢”等。

13.“用途”要素主要指适用的最小化场合及其具体作用，并且申报内容能够满足归类需要，《规范申报目录》中有特别标明的除外。对于同时要求申报功能和用途的，用途主要指适用的最小化场合。如果影响归类的，特别是机械、电器设备的零部件税号，不能仅注明“某某机器用”，应要求企业注明“某某机器的某某部位用”。

14.“功能”要素指商品所发挥的作用或所具有的本有属性，并且申报内容能够满足归类需要，如贴片式电感“功能”应填写“在交流电路中起阻流等作用”。

15.“原理”要素指商品在运行机制中存在的基本规律，并且申报内容能够满足归类需要。如归入90275000的“全自动生化分析仪”原理应填写“通过单色光照射到被测物上，检测被测物的消光度”。

16.“适用车型”要素，应注明汽车品牌和型号，如“日产天籁2.3升小轿车用”，而不能简单填写为“小汽车用”；如多种车型通用，则应填写为“日产天籁2.3升等小轿车通用”。

17.“技术指标”要素应填报相应的指标单位，如合模力××KN、细度××微米、电池容量××安时（Ah）等。

18. 第39章塑料原料的“成分含量”与“单体单元的种类和比率”应明确区分。如乙烯-丙烯共聚物，其“成分含量”可申报为：乙烯-丙烯共聚物99%，炭黑1%。其单体单元可申报为：乙烯8%，丙烯92 %。

19. 第48章纸张的“纤维种类及含量”“规格（成条等、浸渍或涂布物、每平方米克重）”应填写具体，如“机械方法制木纤维100%，硫酸盐化学制浆”“成条，甘油涂布，200克/平方米”。

20. 固体废物应结合海关总署2010年第16号公告要求及《规范申报目录》要求填报。

21. 葡萄酒应结合海关总署2010年第17号公告要求及《规范申报目录》要求填报。

22. 汽车零配件应结合海关总署2006年第64号公告要求及《规范申报目录》要求填报。

23. 品目2710项下的成品油申报应结合海关总署2013年第10号公告要求及《规范申报目录》要求填报。

24. 上述20~23项公告中，如果对品名及其他项目的申报要求能够在规格型号栏目中的规范申报要素中进行体现的话，则仅申报规范申报要素即可。如海关总署2006年第64号公告要求汽车零配件品名栏应申报“品名/品牌”，如果规范申报要素已要求申报“品牌”，则品名栏可以不再申报。

（三）已备案的加工贸易及保税货物，填报的内容必须与备案登记中同项号下货物的商品名称一致。

（四）对需要海关签发“货物进口证明书”的车辆，商品名称栏填报“车辆品牌+排气量（注明 cc）+车型（如越野车、小轿车等）”。进口汽车底盘不填报排气量。车辆品牌按照《进口机动车辆制造厂名称和车辆品牌中英文对照表》中“签注名称”一栏的要求填报。规格型号栏可填报“汽油型”等。

（五）由同一运输工具同时运抵同一口岸并且属于同一收货人、使用同一提单的多种进口货物，按照商品归类规则应当归入同一商品编号的，应当将有关商品一并归入该商品编号。商品名称填报一并归类后的商品名称。

（六）加工贸易边角料和副产品内销，边角料复出口，填报其报验状态的名称。

（七）进口货物收货人以一般贸易方式申报进口属于《需要详细列名申报的汽车零部件清单》（海关总署 2006 年第 64 号公告）范围内的汽车生产件的，按以下要求填报：

1. 商品名称填报进口汽车零部件的详细中文商品名称和品牌，中文商品名称与品牌之间用“/”相隔，必要时加注英文商业名称；进口的成套散件或毛坯件应在品牌后加注“成套散件”“毛坯”等字样，并与品牌之间用“/”相隔。

2. 规格型号填报汽车零部件的完整编号。在零部件编号前应当加注“S”字样，并与零部件编号之间用“/”相隔，零部件编号之后应当依次加注该零部件适用的汽车品牌和车型。汽车零部件属于可以适用于多种汽车车型的通用零部件的，零部件编号后应当加注“TY”字样，并用“/”与零部件编号相隔。与进口汽车零部件规格型号相关的其他需要申报的要素，或者海关规定的其他需要申报的要素，如“功率”“排气量”等，应当在车型或“TY”之后填报，并用“/”与之相隔。汽车零部件报验状态是成套散件的，应当在“标记唛码及备注”栏内填报该成套散件装配后的最终完整品的零部件编号。

（八）进口货物收货人以一般贸易方式申报进口属于《需要详细列名申报的汽车零部件清单》（海关总署 2006 年第 64 号公告）范围内的汽车维修件的，填报规格型号时，应当在零部件编号前加注“W”，并与零部件编号之间用“/”相隔；进口维修件的品牌与该零部件适用的整车厂牌不一致的，应当在零部件编号前加注“WF”，并与零部件编号之间用“/”相隔。其余申报要求同上条执行。

（九）品牌类型。品牌类型为必填项目。可选择“无品牌”（代码 0）、“境内自主品牌”（代码 1）、“境内收购品牌”（代码 2）、“境外品牌（贴牌生产）”（代码 3）、“境外品牌（其他）”（代码 4）如实填报。其中，“境内自主品牌”是指由境内企业自主开发、拥有自主知识产权的品牌；“境内收购品牌”是指境内企业收购的原境外品牌；“境外品牌（贴牌生产）”是指境内企业代工贴牌生产中使用的境外品牌；“境外品牌（其他）”是指除代工贴牌生产以外使用的境外品牌。上述品牌类型中，除“境外品牌（贴牌生产）”仅用于出口外，其他类型均可用于进口和出口。

（十）出口享惠情况。出口享惠情况为出口报关单必填项目。可选择“出口货物在最终目的国（地区）不享受优惠关税”“出口货物在最终目的国（地区）享受优惠关税”“出口货物不能确定在最终目的国（地区）享受优惠关税”如实填报。进口货物报关单不填报该申报项。

（十一）申报进口已获 3C 认证的机动车辆时，填报以下信息：

1. 提运单日期。填报该项货物的提运单签发日期。

2. 质量保证期。填报机动车的质量保证期。

3. 发动机号或电机号。填报机动车的发动机号或电机号，应与机动车上打刻的发动机号或电机号相符。纯电动汽车、插电式混合动力汽车、燃料电池汽车为电机号，其他机动车为发动机号。

4. 车辆识别代码（VIN）。填报机动车车辆识别代码，须符合国家强制性标准《道路车辆 车辆识别代号（VIN）》（GB 16735）的要求。该项目一般与机动车的底盘（车架号）相同。

5. 发票所列数量。填报对应发票中所列进口机动车的数量。

6. 品名（中文名称）。填报机动车中文品名，按《进口机动车辆制造厂名称和车辆品牌中英文对照表》（原国家质量监督检验检疫总局2004年第52号公告）的要求填报。

7. 品名（英文名称）。填报机动车英文品名，按《进口机动车辆制造厂名称和车辆品牌中英文对照表》（原国家质量监督检验检疫总局2004年第52号公告）的要求填报。

8. 型号（英文）。填报机动车型号，与机动车产品标牌上整车型号一栏相符。

（十二）进口货物收货人申报进口属于实施反倾销反补贴措施货物的，填报“原厂商中文名称”、“原厂商英文名称”、“反倾销税率”、“反补贴税率”和“是否符合价格承诺”等计税必要信息。

格式要求为：“|<><><><><>”。“|”、“<”和“>”均为英文半角符号。第一个“|”为在规格型号栏目中已填报的最后一个申报要素后系统自动生成或人工录入的分割符（若相关商品税号无规范申报填报要求，则需要手工录入“|”），“|”后面5个“<>”内容依次为“原厂商中文名称”、“原厂商英文名称”（如无原厂商英文名称，可填报以原厂商所在国或地区文字标注的名称，具体可参照商务部实施贸易救济措施相关公告中对有关原厂商的外文名称写法）、“反倾销税率”、“反补贴税率”、“是否符合价格承诺”。其中，“反倾销税率”和“反补贴税率”填写实际值，例如，税率为30%，填写“0. 3”。“是否符合价格承诺”填写“1”或者“0”，“1”代表“是”，“0”代表“否”。填报时，5个“<>”不可缺项，如第3、4、5项“<>”中无申报事项，相应的“<>”中内容可以为空，但“<>”需要保留。

四、数量及单位

报关单上的“数量及单位”栏指进出口商品的成交数量及计量单位，以及海关法定计量单位和按照海关法定计量单位计算的数量。

海关法定计量单位又分为海关法定第一计量单位和海关法定第二计量单位。海关法定计量单位以《中华人民共和国海关统计商品目录》中规定的计量单位为准。例如，天然水为千升/吨，卷烟为千支/千克，牛皮为千克/张，毛皮衣服为千克/件。

（一）填报格式

本栏目分三行填报。

1. 第一行按进出口货物的法定第一计量单位填报数量及单位，法定计量单位以《中华人民共和国海关统计商品目录》中的计量单位为准。

2. 凡列明有法定第二计量单位的，在第二行按照法定第二计量单位填报数量及单位。无法定第二计量单位的，第二行为空。

3. 成交计量单位及数量填报在第三行。

（二）填报要求

1. 法定计量单位为“千克”的数量填报，特殊情况下填报要求如下：

（1）装入可重复使用的包装容器的货物，按货物扣除包装容器后的重量填报，如罐装同位素、罐装氧气及类似品等。

（2）使用不可分割包装材料和包装容器的货物，按货物的净重填报（包括内层直接包装的净重重量），如采用供零售包装的罐头、药品及类似品等。

（3）按照商业惯例以公量重计价的商品，按公量重填报，如未脱脂羊毛、羊毛条等。

（4）采用以毛重作为净重计价的货物，可按毛重填报，如粮食、饲料等大宗散装货物。

（5）采用零售包装的酒类、饮料、化妆品，按照液体/乳状/膏状/粉状部分的重量填报。

2. 成套设备、减免税货物如需分批进口，货物实际进口时，按照实际报验状态确定数量。

3. 具有完整品或制成品基本特征的不完整品、未制成品，根据《商品名称及编码协调制度》归类规则按完整品归类的，按照构成完整品的实际数量填报。

4. 已备案的加工贸易及保税货物，成交计量单位必须与“加工贸易手册”中同项号下货物的计量单位一致，加工贸易边角料和副产品内销、边角料复出口，填报其报验状态的计量单位。

5. 优惠贸易协定项下进出口商品的成交计量单位必须与原产地证书上对应商品的计量单位一致。

6. 法定计量单位为立方米的气体货物，折算成标准状况（摄氏零度及 1 个标准大气压）下的体积进行填报。

五、单价、总价、币制

单价是指进出口货物实际成交的商品单位价格的金额部分。

总价是指进出口货物实际成交的商品总价的金额部分。

币制是指进出口货物实际成交价格的计价货币的名称。

填报要求：

第一，“单价”栏填报同一项号下进出口货物实际成交的商品单位价格的数字部分。无实际成交价格的，填报单位货值。

第二，“总价”栏填报同一项号下进出口货物实际成交的商品总价的数字部分。无实际成交价格的，填报货值。

第三，“币制”栏根据实际成交情况按海关规定的“货币代码表”选择填报相应的货币名称或代码。如“货币代码表”中无实际成交币种，需将实际成交币种按照申报日外汇折算率折算成“货币代码表”列明的货币填报。

常用货币代码表

货币代码	货币符号	货币名称	货币代码	货币符号	货币名称	货币代码	货币符号	货币名称
110	HKD	港币	116	JPY	日本元	132	SGD	新加坡元
142	CNY	人民币	133	KRW	韩国元	300	EUR	欧元
302	DKK	丹麦克朗	303	GBP	英镑	330	SEK	瑞典克朗
331	CHF	瑞士法郎	344	RUB	俄罗斯卢布	501	CAD	加拿大元
502	USD	美元	601	AUD	澳大利亚元	609	NZD	新西兰元

六、原产国（地区）/最终目的国（地区）

原产国（地区）是指进口货物的生产、开采或加工制造的国家或地区。

最终目的国（地区）是指已知的出口货物最后交付的国家或地区，即最终实际消费、使用或做进一步加工制造的国家或地区。

进口报关单“原产国（地区）”栏目按“国别（地区）代码表”选择填报相应的国家（地区）名称或代码，出口报关单“最终目的国（地区）”栏目按“国别（地区）代码表”选择填报相应的国家（地区）名称或代码。

（一）原产国（地区）栏目的一般填报要求

1. 原产国（地区）应依据《中华人民共和国进出口货物原产地条例》《中华人民共和国海关关于执行〈非优惠原产地规则中实质性改变标准〉的规定》及海关总署关于各项优惠贸易协定原产地管理规章规定的原产地确定标准，按海关规定的“国别（地区）代码表”选择填报相应的国家（地区）名称及代码。

例如：某进口货物的原产国为“美国”，可在本栏下拉菜单中选择“UAS-美国”或录入“USA”，栏目自动生成“USA-美国”。

2. 同一批进出口货物的原产地不同的，应当分别填报原产国（地区）。

3. 进出口货物原产国（地区）无法确定的，填报“国别（地区）不详”（701）。

海关可以通过审核原产地证明、实际查验或审核原产地证明以外的其他相关单证三种方法审核确定进出口货物的原产地，并以此计征相关货物的税款。上述方法之间是并列关系，满足其一即可。

（二）最终目的国（地区）栏目的一般填报要求

1. 最终目的国（地区）填报已知的进出口货物的最终实际消费、使用或进一步加工制造的国家（地区）。

2. 同一批进出口货物的最终目的国（地区）不同的，应分别填报最终目的国（地区）。

3. 不经过第三国（地区）转运的直接运输货物，以运抵国（地区）为最终目的国（地区）；经过第三国（地区）转运的货物，以最后运往国（地区）为最终目的国（地区）。

4. 进出口货物不能确定最终目的国（地区）时，以尽可能预知的最后运往国（地区）

为最终目的国（地区）。

七、境内目的地/境内货源地

境内目的地是指已知的进口货物在国内的消费、使用地区或最终运抵地，其中最终运抵地为最终使用单位所在的地区。最终使用单位难以确定的，填报货物进口时预知的最终收货单位所在地。

境内货源地是指出口货物在国内的产地或原始发货地。出口货物产地难以确定的，填报最早发运该出口货物的单位所在地。

海关特殊监管区域、保税物流中心（B型）与境外之间的进出境货物，境内目的地/境内货源地填报本海关特殊监管区域、保税物流中心（B型）所对应的国内地区。

按海关规定的“国内地区代码表”选择填报相应的国内地区名称及代码，境内目的地还需根据“中华人民共和国行政区划代码表”选择填报其对应的县级行政区名称及代码。无下属区县级行政区的，可选择填报地市级行政区。

八、征免

征免是指海关依照《海关法》《关税条例》及其他法律、行政法规，对进出口货物进行征税、减税、免税或特案处理的实际操作方式。

同一份报关单上可以填报不同的征减免税方式。

（一）主要征减免税方式

1. 照章征税

照章征税指对进出口货物依照法定税率计征各类税、费。

2. 折半征税

折半征税指依照主管海关签发的“征免税证明”或海关总署的通知，对进出口货物依照法定税率折半计征关税和增值税，但照章征收消费税。

3. 全免

全免指依照主管海关签发的“征免税证明”或海关总署的通知，对进出口货物免征关税和增值税，但消费税是否免征应按有关批文的规定办理。

4. 特案减免

特案减免指依照主管海关签发的“征免税证明”或海关总署通知规定的税率或完税价格计征各类税、费。

5. 随征免性质

随征免性质指对某些特定监管方式下进出口的货物按照征免性质规定的特殊计税公式或税率计征税、费。

6. 保证金

保证金指经海关批准具保放行的货物，由担保人向海关缴纳现金的一种担保形式。

7. 保函

保函指担保人根据海关的要求，向海关提交的定有明确权利义务的一种担保形式。

（二）填报要求

1. 根据海关核发的“征免税证明”或有关政策规定，对报关单所列每项商品选择填报海关规定的“征减免税方式代码表”中相应的征减免税方式的名称。

2. 加工贸易报关单应根据登记手册中备案的征免规定填报。“加工贸易手册”中备案的征免规定为“保金”或“保函”的，不能按备案的征免规定填报，而应填报“全免”。

征减免税方式代码表

代码	名称	代码	名称
1	照章征税	5	随征免性质
2	折半征税	6	保证金
3	全免	7	保函
4	特案		

九、特殊关系确认

本栏目根据《进出口货物审价办法》第十六条，填报确认进出口行为中买卖双方是否存在特殊关系，有下列情形之一的，应当认为买卖双方存在特殊关系，在本栏目应填报“是”，反之填“否”：

（一）买卖双方为同一家族成员的；

（二）买卖双方互为商业上的高级职员或者董事的；

（三）一方直接或者间接地接受另一方控制的；

（四）买卖双方都直接或者间接地受第三方控制的；

（五）买卖双方共同直接或者间接地控制第三方；

（六）一方直接或者间接地拥有、控制或者持有对方5%以上（含5%）公开发行的有表决权的股票或者股份的；

（七）一方是另一方的雇员，高级职员或者董事的；

（八）买卖双方是同一合伙的成员的。

买卖双方在经营上相互有联系，一方是另一方的独家代理、独家经销商或者独家受让人，如果符合前款的规定，也应当视为存在特殊关系。

买卖双方存在特殊关系并不是海关重新确定的理由。存有特殊关系对价格有无产生影响，需按照下列“价格影响确认”项目进行判断并准确申报。

本栏目出口货物免予填报，加工贸易及保税监管货物（内销保税货物除外）免予填报。

十、价格影响确认

本栏目根据《进出口货物审价办法》第十七条，填报确认进出口行为中买卖双方存在特殊关系是否影响成交价格，纳税义务人如不能证明其成交价格与同时或者大约同时发生的下列任何一款价格相近的，应当视为特殊关系对进出口货物的成交价格产生影响，在本栏目应填报“是”，反之填报“否”：

（一）向境内无特殊关系的买方出售的相同或者类似进出口货物的成交价格；

（二）按照《进出口货物审价办法》倒扣价格估价方法的规定所确定的相同或者类似

进出口货物的完税价格；

（三）按照《进出口货物审价办法》计算价格估价方法的规定所确定的相同或者类似进出口货物的完税价格。

本栏目出口货物免予填报，加工贸易及保税监管货物（内销保税货物除外）免予填报。

十一、支付特许权使用费确认

本栏目根据《进出口货物审价办法》第十一条和第十三条，填报确认进出口行为中买方是否存在向卖方或者有关方直接或者间接支付特许权使用费，且未包括在进口货物的实付、应付价格中。

特许权使用费是指进出口货物的买方为取得知识产权权利人及权利人有效授权人关于专利权、商标权、专有技术、著作权、分销权或者销售权的许可或者转让而支付的费用，包括专利权使用费、商标权使用费、著作权使用费、专有技术使用费、分销或转售权费、其他类似费用。

（一）特许权使用费与该货物有关

符合下列条件之一的特许权使用费，应当视为与进口货物有关：

1. 特许权使用费是用于支付专利权或者专有技术使用权，且进口货物属于下列情形之一的：

（1）含有专利或者专有技术的；

（2）用专利方法或者专有技术生产的；

（3）为实施专利或者专有技术而专门设计或者制造的。

2. 特许权使用费是用于支付商标权，且进口货物属于下列情形之一的：

（1）附有商标的；

（2）进口后附上商标直接可以销售的；

（3）进口时已含有商标权，经过轻度加工后附上商标即可以销售的。

3. 特许权使用费是用于支付著作权，且进口货物属于下列情形之一的：

（1）含有软件、文字、乐曲、图片、图像或者其他类似内容的进口货物，包括磁带、磁盘、光盘或者其他类似载体的形式；

（2）含有其他享有著作权内容的进口货物。

4. 特许权使用费是用于支付分销权、销售权或者其他类似权利，且进口货物属于下列情形之一的：

（1）进口后可以直接销售的；

（2）经过轻度加工即可以销售的。

（二）特许权使用费的支付构成该货物向中华人民共和国境内销售的条件

买方不支付特许权使用费则不能购得进口货物，或者买方不支付特许权使用费则该货物不能以合同议定的条件成交的，应当视为特许权使用费的支付构成进口货物向中华人民共和国境内销售的条件。

如果进出口行为中买方存在向卖方或者有关方直接或者间接支付特许权使用费，且未包含在进口货物成交价格中，并且符合《进出口货物审价办法》第十三条的，在本栏目应填报“是”；如果买方存在向卖方或者有关方直接或者间接支付特许权使用费，且未包含在进口货物成交价格中，但纳税义务人无法确认是否符合《进出口货物审价办法》第十三条的，在本栏目应填报“是”；如果买方存在向卖方或者有关方直接或者间接支付特许权使用费，且未包含在进口货物成交价格中的，纳税义务人根据《进出口货物审价办法》第十三条，可以确认需支付的特许权使用费与进口货物无关，在本栏目应填报“否”；如果买方不存在向卖方或者有关方直接或者间接支付特许权使用费的，或者特许权使用费已包含在进口货物成交价格中的，本栏目应填报“否”。

本栏目出口货物免予填报，加工贸易及保税监管货物（内销保税货物除外）免予填报。

需要说明的是，买方存在向卖方或有关方直接或者间接支付特许权使用费的，经海关审核认定需计入完税价格的，或者正在接受海关审核的，在该栏目填“是”，并将有关海关的审核认定情况在“标记唛码及备注”栏目进行填报。例如，某直属海关某部门正在处置，或某直属海关某部门于某年某月已认定计入完税价格。

十二、自报自缴

进出口企业、单位采用“自主申报、自行缴税”（自报自缴）模式向海关申报时，填报“是”；反之则填报“否”。

十三、申报单位

自理报关的，填报进出口企业的名称及编码；委托代理报关的，填报报关企业名称及编码。编码填报 18 位法人和其他组织统一社会信用代码。

报关人员填报在海关备案的姓名、编码、电话，并加盖申报单位印章。

十四、海关批注及签章

本栏目供海关作业时签注。

第四节　进出口报关单关联申报项目

根据中国国际贸易“单一窗口”标准版货物申报系统的要求，企业向海关申报时，除按照《报关单填制规范》的要求填制相关栏目外，还需要录入其他申报项目，实现申报人通过电子口岸平台一点接入、一次性提交，以满足口岸管理和国际贸易相关部门要求的标准化单证和电子信息，相关部门通过电子口岸平台共享数据信息、实施职能管理。

一、报关单类型

有纸报关通过下拉菜单选择“0-有纸报关”，有纸带清单报关选择“L-有纸带清单报关”，无纸带清单报关选择“D-无纸带清单报”，通关无纸化选择“M-通关无纸化”。

特殊说明：

（一）有纸报关指没有与海关签订通关无纸化企业报关填报用，报关单不传输随附单据。

（二）有纸带清单报关指没有与海关签订通关无纸化企业报关带有清单的集中申报报

关单用，报关单不传输随附单据。

（三）无纸带清单报关指没有与海关签订通关无纸化企业报关带有清单的集中申报报关单用，报关单上传输随附单据（后改为“M-通关无纸化”）。

（四）通关无纸化指与海关签订通关无纸化企业报关填报用，报关单上传输随附单据。

二、货物存放地点

货物存放地点是指货物进境后存放的场所或地点，包括海关监管作业场所、分拨仓库、定点加工厂、隔离检疫场、企业自有仓库等。

三、企业资质类别

按进出口货物种类及相关要求，须在本栏选择填报货物的生产商/进出口商/代理商必须取得的资质类别。多个资质的须全部填写。包括：

（一）进口食品、食品原料类填写：进口食品境外出口商代理商备案、进口食品进口商备案；

（二）进口水产品填写：进口食品境外出口商代理商备案、进口食品进口商备案、进口水产品储存冷库备案；

（三）进口肉类填写：进口肉类储存冷库备案、进口食品境外出口商代理商备案、进口食品进口商备案、进口肉类收货人备案；

（四）进口化妆品填写：进口化妆品收货人备案；

（五）进口水果填写：进境水果境外果园/包装厂注册登记；

（六）进口非食用动物产品填写：进境非食用动物产品生产、加工、存放企业注册登记；

（七）饲料及饲料添加剂：饲料进口企业备案、进口饲料和饲料添加剂生产企业注册登记；

（八）进口可用作废料的固体废物：进口可用做原料的固体废物国内收货人注册登记、国外供货商注册登记号及名称，两者须对应准确；

（九）其他：进境植物繁殖材料隔离检疫圃申请、进出境动物指定隔离场使用申请、进境栽培介质使用单位注册、进境动物遗传物质进口代理及使用单位备案、进境动物及动物产品国外生产单位注册、进境粮食加工储存单位注册、境外医疗器械捐赠机构登记、进出境集装箱场站登记、进口棉花境外供货商登记注册、对出口食品包装生产企业和进口食品包装的进口商实行备案。

四、企业资质编号

按进出口货物种类及相关要求，须在本栏填报货物生产商/进出口商/代理商必须取得的资质对应的注册/备案编号。多个资质的须全部填写。

五、启运日期

启运日期是指装载入境货物的运输工具离开启运口岸的日期。

本栏目为8位数字，顺序为年（4位）、月（2位）、日（2位），格式为“YYYYMMDD”。

六、UN 编码

进出口货物为危险货物的，须按照“关于危险货物运输的建议书”，在“危险货物信息”中填写危险货物对应的 UN 编码。

七、危险货物名称

进出口货物为危险货物的，须在“危险货物信息”项下的“危险货物名称”中，填写危险货物的实际名称。

八、货物属性代码

根据进出口货物的 HS 编码和货物的实际情况，按照海关规定的“货物属性代码表”，在本栏下拉菜单中勾选货物属性的对应代码。有多种属性的要同时选择。

（一）入境强制性产品认证产品：必须在入境民用商品认证（11 目录内、12 目录外、13 无需办理 3C 认证）中勾选对应项；

（二）食品、化妆品是否预包装、是否首次进口，必须在食品及化妆品（14 预包装、15 非预包装、18 首次进口）中勾选对应项；

（三）凡符合原国家质量监督检验检疫总局 2004 年第 62 号令规定含转基因成分须申报的，必须在转基因（16 转基因产品、17 非转基因产品）中勾选对应项；

（四）“成套设备”“旧机电”产品，必须在货物属性（18 首次进出口、19 正常、20 废品、21 旧品、22 成套设备）中勾选对应项；

（五）特殊物品、化学试剂，必须在特殊物品（25-28ABCD 级特殊物品、29V/W 非特殊物品）中勾选对应项；

（六）木材（含原木）板材是否带皮，必须在是否带皮木材（23 带皮木材/板材、24 不带皮木材/板材）中勾选对应项。

九、用途代码

根据进境货物的使用范围或目的，按照海关规定的“货物用途代码表”在本栏下拉菜单中填报。例如：进口货物为核苷酸类食品添加剂（HS2934999001）时，用于工业时，应在本栏选择“工业用途”；用于食品添加剂时，应在本栏选择“食品添加剂”。

十、产品许可/审批/备案号码

进出口货物取得了许可、审批或备案等资质时，应在“产品资质”项下的“产品许可/审批/备案号码”中填报对应的许可、审批或备案证件编号。

同一商品有多个许可、审批或备案证件号码时，须全部录入。

十一、产品许可/审批/备案核销货物序号

进出口货物取得了许可、审批或备案等资质时，应在“产品资质”项下的“产品许可/审批/备案核销货物序号”中填报被核销文件中对应货物的序号。

特殊物品审批单支持导入。

十二、产品许可/审批/备案核销数量

进出口货物取得了许可、审批或备案等资质时，应在“产品资质”项下的“产品许可/审批/备案核销数量”中，填报被核销文件中对应货物的本次实际进出口数（重）量。

特殊物品审批单支持导入。

十三、产品许可/审批/备案类别代码

进出口货物取得了许可、审批或备案等资质时，应在“产品资质”项下的“产品许可/审批/备案类别代码”中填报对应的许可、审批或备案证件类别。

同一商品涉及多个许可、审批或备案证件类别的，须全部录入相应的证件类别。

十四、产品许可/审批/备案名称

进出口货物取得了许可、审批或备案等资质时，应在“产品资质”项下的“产品许可/审批/备案名称”中填报对应的许可、审批或备案证件名称。

同一商品有多个许可、审批或备案证件名称时，须全部录入。

十五、集装箱商品项号关系

当使用集装箱装载货物时，需填报集装箱体信息，包括集装箱号、集装箱规格、集装箱商品项号关系、集装箱货重。

其中，集装箱商品项号关系信息填报单个集装箱对应的商品项号，半角逗号分隔。例如：“APJU4116601”箱号的集装箱中装载了项号为1、3和5的商品时，应在“商品项号关系”录入“1，3，5”。

十六、集装箱货重

当使用集装箱装载货物时，需填报集装箱体信息，包括集装箱号、集装箱规格、集装箱商品项号关系、集装箱货重。

其中，集装箱货重录入集装箱箱体自重（千克）+装载货物重量（千克）。例如：集装箱重量和箱内装载的200箱商品重量合计为15555千克时，在本栏录入“15555千克”。

本栏只能填报以“千克”为单位的重量数字，其他计量单位应该转换为“千克”后填报。

十七、关联号码及理由

进出口货物报关单有关联报关单时，在本栏中填报相关关联报关单号码，并在下拉菜单中选择关联报关单的关联理由。

十八、检验检疫签证申报要素

填报“所需单证”项下“检验检疫签证申报要素”时，在确认境内收发货人名称（外文）、境外收发货人名称（中文）、境外收发货人地址、卸毕日期和商品英文名称后，根据现行相关规定和实际需要，勾选申请单证类型，确认申请单证正本数和申请单证副本数后保存数据。

十九、VIN信息

申报进口已获3C认证的机动车辆时，填报机动车车辆识别代码，包括：VIN序号、车辆识别代码（VIN）、单价、底盘（车架号）、发动机号或电机号、发票所列数量、品名（英文名称）、品名（中文名称）、提运单日期、型号（英文）、质量保质期等11项内容。

（一）车辆识别代码（VIN）一般与机动车的底盘（车架号）相同。

（二）支持导入VIN码信息导入。

二十、关联报关单

关联报关单是指与本报关单有关联关系的，同时在业务管理规范方面又要求填报的报关单编号。

保税间流转、加工贸易结转类的报关单，应先办理进口报关，并将进口报关单号填入出口报关单的“关联报关单”栏。

办理进口货物直接退运手续的，除另有规定外，应先填制出口报关单，再填制进口报关单，并将出口报关单号填报在进口报关单的“关联报关单”栏。

减免税货物结转出口（转出），应先办理进口报关，并将进口（转入）报关单号填入出口（转出）报关单的“关联报关单”栏。

二十一、关联备案

关联备案是指与本报关单有关联关系的，同时在业务管理规范方面又要求填报的备案号。

保税间流转货物、加工贸易结转货物及凭“征免税证明”转内销货物，其对应的备案号填报在“关联备案”栏。

减免税货物结转进口（转入），“关联备案”栏填报本次减免税货物结转所申请的《中华人民共和国海关进口减免税货物结转联系函》的编号。

减免税货物结转出口（转出），“关联备案”栏填报与其相对应的进口（转入）报关单“备案号”栏中“征免税证明”的编号。

向香港或者澳门特别行政区出口用于生产香港CEPA或者澳门CEPA项下货物的原材料时，香港或澳门生产厂商在香港工贸署或者澳门经济局登记备案的有关备案号填报在“关联备案”栏。

二十二、自主报税

进出口企业、单位采用“自主申报、自行缴税”（自报自缴）模式向海关申报时，勾选本栏目；反之则不勾选。

二十三、担保验放

担保验放指与海关总署签署“使用担保验放通关程序责任担保书”的双A类企业所进出口货物的报关单电子数据经海关接受申报后，经确定商品归类、海关估价和提供有效报关单证的基础上，在缴清税费或者办结其他海关手续前，企业可以凭“进（出）口货物担保验放清单”向海关先行办理货物验放手续（国家对进出口货物有限制性规定，应当提供许可证而不能提供的除外）的便利通关措施。

进出口企业、单位采用“担保验放”模式向海关申请通关放行，勾选本栏目；反之则不勾选。

二十四、税单无纸化

进出口企业、单位采用“税单无纸化”模式向海关申报时，勾选本栏目；反之则不勾选。

二十五、保税监管场所

保税监管场所进出货物，在“保税监管场所”栏目填报本保税监管场所编码［保税物流中心（B型）填报本中心的国内地区代码］，其中涉及货物在保税监管场所间流转的，在本栏目填报对方保税监管场所代码。

二十六、货场代码（黄埔海关专用）

按照进出口货物海关实际监管点，根据海关规定的“海关货场代码表”准确填报本栏目。

提醒注意：

（一）一般进出口货物报关单，按照进出口货物海关实际监管点场所如实填写。

（二）通关一体化报关单，如企业在某直属海关（黄埔海关）申报、在外关区（非黄埔海关）实际监管验放的报关单，填报“5298”。

（三）加工贸易形式报关单，参照原报关单填写。

（四）除上述类型报关单，填写“5299”。

二十七、货号

申报加工贸易货物进出口报关单时，根据“加工贸易手册”中备案的料件、成品货号填报本栏目。

二十八、加工成品单耗版本号

申报加工贸易货物出口报关单时，系统自动返填与“加工贸易手册”中备案成品单耗一致的版本号。

二十九、集装箱号

集装箱号是在每个集装箱箱体两侧标示的全球唯一的编号。其组成规则是：箱主代号（3位字母）+设备识别号“U”+顺序号（6位数字）+校验码（1位数字）。例如：CRCU5682365。

一份报关单有多个集装箱的，则在本栏分别填报集装箱号。

三十、集装箱规格

使用集装箱装载进出口商品的，在填报集装箱号后，在本栏按照“集装箱规格代码表”选择填报集装箱规格。例如：装载商品的集装箱规格为“普通2　标准箱（L）”，在本栏下拉菜单选择“11-普通 2　标准箱（L）”。

三十一、境外收/发货人代码

境外收货人通常指签订并执行出口贸易合同中的买方或合同指定的收货人，境外发货人通常指签订并执行进口贸易合同中的卖方。

对于 AEO 互认国家（地区）企业的，编码填报 AEO 编码，填报样式按照海关总署发布的相关公告要求填报（如新加坡 AEO 企业填报样式为：SG123456789012，韩国 AEO 企业填报样式为 KR1234567）。

三十二、特殊业务标识

属于国际赛事、特殊进出军工物资、国际援助物资、国际会议、直通放行、外交礼遇、转关等特殊业务的，根据实际情况勾选。

不属于以上情况的无需勾选。

三十三、B/L 号

B/L 号是指入境货物的提货单或出库单号码。运输方式为“航空运输”时无需填写。

三十四、原箱运输

申报使用集装箱运输的货物，根据是否原集装箱原箱运输，勾选“是”或“否”。

三十五、使用单位联系人

使用单位联系人填报进境货物销售、使用单位的联系人名字。

三十六、使用单位联系电话

使用单位联系电话是指进境货物销售、使用单位的联系人的电话。

三十七、非危险化学品

企业申报的商品 HS 编码可能是危险化学品时，会弹出“危险货物信息”窗口进行提示，企业可在“非危险化学品 ”栏目选择“是”或“否”。

三十八、危包规格

进出口货物为危险货物的，须根据危险货物包装规格实际情况，按照海关规定的“危险货物包装规格代码表”在“危险货物信息”项下的“危包规格”中，选择填报危险货物的包装规格代码。

三十九、危包类别

进出口货物为危险货物的，须按照《危险货物运输包装类别划分方法》，在“危险货物信息”项下的“危包类别”中，勾选危险货物的包装类别。

危险货物包装根据其内装物的危险程度划分为三种包装类别：

一类：盛装具有较大危险性的货物；

二类：盛装具有中等危险性的货物；

三类：盛装具有较小危险性的货物。

四十、所需单证

进出口企业申请出具检验检疫证单时，应根据相关要求，在“所需单证”项下的“检验检疫签证申报要素”中，勾选申请出具的检验检疫证单类型。

申请多个的可多选。

四十一、检验检疫货物规格

在“检验检疫货物规格”项下，填报“成分/原料/组分”“产品有效期”“产品保质期”“境外生产企业”“货物规格”“货物型号”“货物品牌”“生产日期”“生产批次”等栏目。

（一）品牌以合同或装箱单为准，需要录入中英文品牌的，录入方式为“中文品牌/英文品牌”。

（二）境外生产企业名称默认为境外发货人。

（三）特殊物品、化妆品、其他检疫物等所含的关注成分或者其他检疫物的具体成分、食品农产品的原料等，在“成分/原料/组分”栏填报。

四十二、集装箱拼箱标识

进出口货物装运集装箱为拼箱时，在本栏下拉菜单中选择“是”或“否”。

另外，还需要填报领证机关、口岸检验检疫机关、目的地检验检疫机关等项目。

第五节　报关单各栏目内容与主要商业、货运单证对应关系

由于现已改为无纸报关单，申报单位须将纸本单据电子扫描件上传填报于随附单据栏中，海关审单人员可直接调取企业相关单据。

一、发票

根据发票填制的栏目内容一般有：收发货人、收/发货单位、成交方式、运费、保险费、杂费、商品名称、规格型号、数量及单位、原产国（地区）/最终目的国（地区）、单价、总价、币制、合同协议号、集装箱号等。

发票由出口企业自行拟制，无统一格式，但基本栏目大致相同。一般标明“发票”（Invoice）或“商业发票”（Commercial Invoice）字样，用粗体字印刷在单据的明显位置。发票的主要栏目内容如下：

（一）出票人的名称与地址。发票的出票人一般为出口人，其名称和地址相对固定，故出口商通常将此项内容事先印制在发票的正上方或右上方。这个栏目是判断进口货物中转时是否发生买卖关系的指标之一。如果出票人的地址与进口货物启运地一致，则说明进口货物中转时没有发生买卖关系；如果出票人的地址与进口货物运输的中转地一致，与启运地不一致，则说明进口货物中转时发生了买卖关系。

（二）启运及目的地。该栏标明了货物运输的实际起止地点。如货物需要转运，则注明转运地。有的还注明运输方式。例如，FROM SHANGHAI TO TOKYO VIA HONGKONG（从上海经香港到达东京）。

（三）抬头，即收货人。此栏前通常印有“To”“Sold to Messrs”或者“For Account and Risk of Messrs”等字样，在这些字样后，一般注明买方的名称和地址。例如：

TO WINNING TEXTILE CO. LTD.，

UNIT H，6/F WORLD TECH CTR，

95 HOW MING ST，TOKYO，JAPAN

（四）唛头及编号（Marks & Nos.）。该栏一般注明包装的运输标记及包装的件数。例如：

MADE IN CHINA（产地）

PORT：LOS ANGELES（指运港）

C/No.：1~117（件数）

（五）品名和货物描述。该栏一般印有“Description of Goods”或者“Name of Commodity”的字样，在其下一般注明了具体装运的货物的名称、品质、规格及包装状况等内容。例如：

FOOTWEAR（货物名称）

COL：WHITE SZ：5~10（规格型号）

TOTAL PACKED IN 117 CARTONS ONLY（包装状况）

（六）数量、单价和总价。数量为实际装运的数量。单价包括计价货币、具体价格数、计价单位、贸易术语四部分。总价一般由大小写组成。如果合同单价含有佣金（Commission）或折扣（Rebate/Discount/Allowance），发票上一般也会注明。有时发票上还列明运费（Freight/F）、保险费（Insurance/I）及杂费（Extras）等。

二、装箱单和提运单

根据装箱单和提运单查找的栏目内容一般有：运输方式、运输工具名称、航次、提运单号、启运国（地区）/运抵国（地区）、装货港/指运港、件数、包装种类、毛重、净重、标记唛码及备注。

发票/装箱单主要内容中英文对照表

中英文	英文缩写	中英文	英文缩写
合同 Contract	CONT.	单价 Unit Price	
货物描述 Description of Goods		总额 Amount	AMT
规格、型号 Model		总价 Total Amount	
尺寸 Size		件数 Packages	PKGS
数量 Quantity	Q'TY	毛重 Gross Weight	G. W.
原产国 Made In / Origin		净重 Net Weight	N. W.
装货港 Port of Loading	P. O. L.	保险费 Insurance	

续表

中英文	英文缩写	中英文	英文缩写
目的国 Destination Country		杂费 Extras	
指运港 Port of Destination	P. O. D.	佣金 Commission	
运费 Freight		折扣 Discount /Rebate/Allowance	
集装箱 Container	CTNR	唛头及编号 Marks & Nos.	
包装种类 Packing		所附单证 Document Attached	DOC. ATT.

提运单主要内容中英文对照表

中英文	英文缩写	中英文	英文缩写
提单 Bill of Lading	B/L	到达港 Port of Arrival	P. A
提单号 Bill of Lading No.	B/L No.	指运港 Port of Destination	P. O. D.
承运人 Carrier		托运人 Shipper	
收货人 Consignee		被通知人 Notify Party	
空运运单 Air Way Bill	A. W. B.	卸货港 Port of Discharge	P. O. D
空运总运单 Master Air Way Bill	M. A. W. B	装货港 Port of Loading	P. O. L
空运分运单 House Air Way Bill	H. A. W. B	转运港 Port of Transshipment	
原产国 Made In/Country of Origin		转运到 In transit to	
船名 Ocean Vessel		航次 Voyage No.	Voy. No.

以下举例说明提单、发票、装箱单等原始单证与进口报关单有关栏目的基本对应关系，报关单标有带圈数字的栏目内容，可以从随附的原始单证中标注对应带圈数字的内容中查找、填报。

资料 1：报关单

中华人民共和国海关进口货物报关单

预录入编号：　　　　　　　　　　　　　海关编号：　　　　　　　页码/页数：

境内收货人	进境关别 ①	进口日期	申报日期	备案号
境外发货人	运输方式 ②	运输工具名称及航次号 ③	提运单号 ④	货物存放地点
消费使用单位	监管方式	征免性质	许可证号	启运港
合同协议号 ⑧	贸易国(地区)	启运国(地区) ⑤	经停港 ⑥	入境口岸

包装种类 ⑩	件数 ⑨	毛重(千克) ⑪	净重(千克) ⑫	成交方式 ⑦	运费	保费	杂费

随附单证 随附单证 1：　　　　　　　　随附单证 2：
标记唛码及备注 ⑬　　　　　　　　　　　　⑭

项号	商品编号 ⑮	商品名称及规格型号 ⑯	数量及单位 ⑰　⑱	单价/总价/币制 ⑳　㉑　㉒	原产国(地区) ⑲	最终目的国(地区)	境内目的地	征免
1								
2								
3								
4								
5								
6								
7								

特殊关系确认：　　　价格影响确认：　　　支付特许权使用费确认：　　　自报自缴：

报关人员　报关人员证号　电话　兹申明以上内容承担如实申报、依法纳税之法律责任 申报单位　　　　　　　　　　　申报单位(签章)	海关批注及签章

资料 2：提单

BILL OF LADING ②

For Combined Transport Shipment Or Port To Port Shipment

Shipper : KOREA.CHEMICAL CO.LTD 1301-4,SEOCHO-DONG,SEOCHO-KU,SEOUL,KOREA	Page: 1 of 1 B/L No.: MISC200000537 ④ Reference No.:
Consignee or Order : TO THE ORDER OF SHANGHAI FAR EAST CONTAINER CO.,LTD 1729-1731, YANG GAO ROAD. PUDONG,SHANGHAI,CHINA	Carrier : MALAYSIA INTERNATIONAL SHIPPING CORPORATION BERHAD
Notify Party / Address : It is agreed that no responsibility shall attach to the Carrier or his Agents For failure to notify (See Clause 20 on reverse of this Bill of Lading) : SAME AS CONSIGNEE	Place of Receipt (Applicable only when this document is used as Transport Bill of lading) : SINGAPORE CY
Vessel and VOY No. : ESSEN EXPRESS 28ED09 ③	Place of Delivery (Applicable only when this document is used as Transport Bill of lading) : SHANGHAI CY
Port of Loading : SINGAPORE ⑤ ⑥	
Port of Transhipment :	Port of Discharge : SHANGHAI ①

Marks & Nos.	Number & Kind of Packages	Description of Goods	Gross Weight	Measurement(CBM)
			161 492.00 ⑪	281

FAR EAST　　SHIPPER'S LOAD COUNT AND SEALED

SHANGHAI ⑭　　12×20'CONTAINER(S)

C/NO.:　　SAID TO CONTAIN:

234 CRATES ⑨ ⑩

PAINT ⑯

FREIGHT PREPAID

TOTAL: TWELVE TWENTY FOOT CONTAINERS ONLY

SIZE/TYPE/CONTAINER#/TARE WGNT/GROSS WGHT/SEAL NUMBER/QUANTITY/STAT/STATU

20/DRY/TPHU8290658 ⑬	/2300	/.00	/0464	0/FCL/FCL
20/DRY/TEXU2391475	/2300	/.00	/0384	0/FCL/FCL
20/DRY/MISU2369721	/2300	/.00	/00977	0/FCL/FCL
20/DRY/MISU1173640	/2300	/.00	/04959	0/FCL/FCL
20/DRY/MISU1123306	/2300	/.00	/04980	0/FCL/FCL
20/DRY/MISU1107429	/2300	/.00	/04973	0/FCL/FCL
20/DRY/MISU1171114	/2300	/.00	/04958	0/FCL/FCL
20/DRY/MISU1328245	/2300	/.00	/04979	0/FCL/FCL
20/DRY/MISU1304351	/2300	/.00	/04963	0/FCL/FCL
20/DRY/MISU1306797	/2300	/.00	/165529	0/FCL/FCL
20/DRY/MISU1418038	/2300	/.00	/166671	0/FCL/FCL
20/DRY/MISU1113376	/2300	/.00	/165576	0/FCL/FCL

ABOVE PARTICULARS AS DECLARED BY SHIPPER

资料 3：发票

MR'02 02:25PM KCCS' PORE OFFICE 65 8630679 P.2

COMMERCIAL INVOICE

Seller : KOREA CHEMICAL CO.LTD. 1301-4.SEOCHO-DONG BEOCHO-KU, SEOUL.KOREA	Invoice No. and Date : EX80320　15th MAR 2008 L/C No. and Date :
Consignee : TO THE ORDER OF SHANGHAI FAR EAST CONTAINER CO., LTD. 1729-1731 YANG GAO RD.PUDONG SHANGHAI,CHINA	Buyer (If any than consignee) : AS PER CONSIGNEE
Departure Date : ETD: 20 MAR 2008	Terms of Delivery and Payment : T/T SHANGHAI T/T 60 DAYS FROM B/L DATE
Vessel : ESSEN EXPRESS v.28ED09　③	Other Reference : CONTRACT No : SFEC/KCC803-01　⑧
From : SINGAPORE　⑤ ⑥ To : SHANGHAI,CHINA　①	

Shipping Marks	No. & Kinds of Packing	Goods Description	Quantity	Unit Price	Amount
					CIF SHANGHAI CHINA　⑦
FAR EAST SHANGHAI ⑭ C/NO.:		PAINT ⑯	114 056 LTR　⑰ ⑱	2.00/LTR ⑳	USD ㉒ 228 112.00 ㉑

Country of Origin: SINGAPORE ⑲

KOREA CHEMICAL CO., LTD.

Signed By: ____________________

资料 4：装箱单

PACKING LIST

Seller : KOREA CHEMICAL CO.LTD. 1301-4.SEOCHO-DONG BEOCHO-KU, SEOUL.KOREA	Invoice No. and Date : EX80320 15th MAR 2008
Consignee: TO THE ORDER OF SHANGHAI FAR EAST CONTAINER CO, LTD. 1729-1731 YANG GAO RD.PUDONG SHANGHAI,CHINA	Buyer (If any than consignee) : AS PER CONSIGNEE
Departure Date : ETD: 20 MAR 2008	Other Reference : CONTRACT NO: SFEC/KCC803-01 ⑧
Vessel : ESSEN EXPRESS v.28ED09 ③	
From : SINGAPORE ⑤ ⑥ To: SHANGHAI,CHINA ①	

Shipping Marks	No. & Kinds of Packing	Goods Description	Quantity	N/Weight	G/Weight	Measurement
			LTR ⑱	KG	KG	
		PAINT ⑯				
TOTAL:	234 CRATES ⑨ ⑩		114 056 ⑰	136 256 ⑫	161 492 ⑪	

KOREA CHEMICAL CO., LTD.

Signed By: ____________________

第六节　其他进出境报关单

其他进出境报关单指除了《报关单填制规范》所规定的报关单格式以外，专用于特定区域、特定货物及特定运输方式的进出境报关单证。

一、进出境货物备案清单

海关特殊监管区域（以下简称特殊区域）企业向海关申报货物进出境、进出区，以及在同一特殊区域内或者不同特殊区域之间流转货物的双方企业，应填制进（出）境货物备案清单，特殊区域与境内（区外）之间进出的货物，区外企业应同时填制进（出）口货物报关单，向特殊区域主管海关办理进出口报关手续。

货物流转应按照“先报进，后报出”的原则，在同一特殊区域企业之间、不同特殊区域企业之间流转的，先办理进境备案手续，后办理出境备案手续，在特殊区域与区外之间流转的，由区内企业、区外企业分别办理备案和报关手续。进（出）境货物备案清单原则上按《报关单填制规范》的要求填制。

保税区内企业从境外进口自用的机器设备、管理设备、办公用品，以及区内工作人员自用的应税物品，填制进（出）口货物报关单。

特殊区域（保税区除外）内企业从境外进口自用的机器设备、管理设备、办公用品，填制进（出）境货物备案清单。

进出境货物备案清单商品项数上限 50 项，单页备案清单最多打印 8 个商品项。

中华人民共和国海关进境货物备案清单

预录入编号：　　　　海关编号：　　　　（××海关）　　　　页码/页数：

境内收货人	进境关别		进境日期		申报日期		备案号
境外发货人	运输方式		运输工具名称及航次号		提运单号		货物存放地点
消费使用单位	监管方式				许可证号		启运港
合同协议号	贸易国（地区）		启运国（地区）		经停港		入境口岸
包装种类	件数	毛重（千克）	净重（千克）	成交方式	运费	保费	杂费
随附单证及编号							
标记唛码及备注							

项号	商品编号	商品名称及规格型号	数量及单位	单价/总价/币制	原产国（地区）	最终目的国（地区）	境内目的地

报关人员　　报关人员证号　　电话　　兹申明对以上内容承担如实申报、依法纳税之法律责任 申报单位　　申报单位（签章）	海关批注及签章

中华人民共和国海关出境货物备案清单

预录入编号：　　海关编号：　　（××海关）　　页码/页数：

境内发货人	出境关别		出境日期		申报日期		备案号
境外收货人	运输方式		运输工具名称及航次号		提运单号		
生产销售单位	监管方式				许可证号		
合同协议号	贸易国（地区）		运抵国（地区）		指运港		离境口岸
包装种类	件数	毛重（千克）	净重（千克）	成交方式	运费	保费	杂费
随附单证及编号							
标记唛码及备注							

项号	商品编号	商品名称及规格型号	数量及单位	单价/总价/币制	原产国（地区）	最终目的国（地区）	境内货源地

报关人员　报关人员证号　电话　兹申明对以上内容承担如实申报、依法纳税之法律责任	海关批注及签章
申报单位　申报单位（签章）	

二、过境货物报关单

过境货物报关单是指由过境货物经营人向海关递交申请过境货物进（出）境的法律文书，是海关依法监管货物过境的重要凭证。

三、进（出）境快件报关单

进（出）境快件报关单是指进出境快件运营人向海关提交的申报以快件运输方式进出口货物、物品的报关单证。

进（出）境快件报关单包括 A 类报关单、B 类报关单、C 类报关单，其适用范围见本书第三章。

四、暂准进口单证册

暂准进口单证册，即 ATA 单证册，是指由世界海关组织通过的《货物暂准进口公约》及其附约 A 和《ATA 公约》中规定的，用于替代各缔约方海关暂准进出口货物报关单和税费担保的国际统一通用的海关报关单证。

由于我国目前只加入了展览品暂准进口使用 ATA 单证册的有关国际公约，因此，我国目前只接受属于展览品范围的 ATA 单证册。有关单位向海关递交 ATA 单证册时，应递交中文或英文填报的 ATA 单证册。如递交英文时，应提供中文译本；用其他文字填写的，必须同时递交忠实于原文的中文或英文译本。

五、集中申报清单

集中申报是指经向海关备案，进出口货物收发货人在同一口岸多批次进出口属于《中华人民共和国海关进出口货物集中申报管理办法》规定范围内的货物，可以先以“海关进（出）口货物集中申报清单”申报货物进出口，然后在海关规定的期限内再以进（出）口货物报关单集中办理海关申报手续的特殊通关方式。

第八章　与报关工作相关的海关法律制度

第一节　海关统计制度

一、海关统计概述

（一）海关统计的含义

《中华人民共和国海关统计条例》（以下简称《海关统计条例》）第二条对海关统计作了明确定义，即海关统计是海关依法对进出口货物贸易的统计，是国民经济统计的组成部分。而海关统计工作、海关统计资料和海关统计理论，则是理解“海关统计”含义的3个重要概念。

海关统计工作是指收集、整理、分析我国对外贸易进出口货物原始资料，并形成海关统计资料的工作过程。

海关统计资料是指反映我国对外贸易进出口货物情况的数据和资料。它是国家制定对外贸易政策和检查、监督政策执行情况及进行宏观经济调控的重要依据，也是研究对外贸易发展和国际经济贸易关系的重要资料。

海关统计理论是指我国海关统计在实践中不断总结，逐步形成并不断完善的一整套较为系统的制度、原则和方法，是统计学原理与海关管理理论和海关具体业务的有机结合。

（二）海关统计的性质

海关统计的性质可以从以下5个方面来理解：

1. 海关统计是国家进出口货物贸易的统计。编制海关统计是海关的四大任务之一。《海关法》第二条规定：“中华人民共和国海关是国家的进出关境监督管理机关。海关依照本法和其他有关法律、行政法规，监督进出境的运输工具、货物、行李物品、邮递物品和其他物品，征收关税和其他税、费，查缉走私，并编制海关统计和办理其他海关业务。”

2. 海关统计是国民经济统计的重要组成部分。我国海关不仅负责收集、汇总和整理进出口统计数据，而且负责海关统计资料的编制、发布和分析。海关在执行对进出口货物的监督管理中取得的报关资料，经过整理后，可以全面地反映我国货物进出口和对外贸易运行的状况。国家公布国民经济计划执行结果和国际收支平衡表时所使用的对外贸易的进出口数据就是海关统计资料，海关统计是我国对外贸易的官方统计。

3. 海关统计是国家制定对外贸易政策、进行宏观经济调控的重要依据。海关统计是对进出关境的货物统计，能够全面地反映进出口商品的品种、数量、金额、贸易方式、经营单位和国别情况等。海关统计提供的对外贸易统计资料，为国务院及有关主管部门了解对外贸易的运行状况和发展趋势，制定有关经济贸易政策和管理措施，以及检查、监督政策措施的执行效果提供了决策依据。

4. 海关统计是研究我国对外贸易发展和国际经济贸易关系的重要资料。我国现行海关统计制度是参照联合国的国际贸易统计标准制定的，统计范围和统计口径同国际标准的要求基本相符。我国定期向联合国报送海关统计数据。因此，海关统计具有国际可比性，是研究对外贸易发展和国际经济贸易关系的重要资料。

5. 海关统计客观地反映了我国的对外贸易和海关依法行政的过程和结果。因此，海关统计是海关管理决策、确定管理方式和方法，以及评估海关执法状况和水平的重要依据。

（三）海关统计的特点

我国的海关统计，除具有社会经济统计的一般特点外，还具有全面性、可靠性和国际可比性等特点。

1. 全面性。《海关法》明确规定，进口货物的收货人、出口货物的发货人应当向海关如实申报，接受海关监督管理，从而为海关及时收集全面的进出境货物统计资料提供了法律依据和根本保证。

2. 可靠性。海关统计的原始资料是经海关实际监管的进出口货物报关单及有关单证。海关统计是海关监管过程和结果的记录，因此，其可靠性由海关在对外贸易活动中所处的客观地位所决定。

3. 国际可比性。海关统计全面采用国际标准，统计方法与统计口径同各国通行的贸易统计方法是一致的，因此，海关统计数据具有国际可比性。

（四）海关统计的任务和作用

1. 海关统计的任务

海关统计是国家赋予海关的一项基本职能，海关统计的任务包括以下 4 项：

（1）依法开展统计调查，全面收集、审核进出口货物收发货人或者其代理人的原始报关资料，并对统计数据进行汇总、整理。

（2）依法对进出口贸易统计数据进行统计分析，研究对外贸易运行特点、趋势和规律，根据进出口贸易统计数据及国内外有关宏观经济统计数据开展进出口实时监测和动态预警工作。

（3）利用海关统计数据依法开展统计监督，对企业进出口行为和过程进行监督，对海关执法活动进行分析评估，并检查、纠正虚报、瞒报、伪造、篡改统计资料的行为。

（4）根据国家有关规定开展统计咨询服务。除依法公布及无偿提供的综合统计资料以外，海关还对进出口贸易统计的数据资料提供有偿咨询服务。

2. 海关统计的作用

（1）有助于强化国家宏观经济管理与宏观调控

① 海关统计全面运用现代计算机技术和科学的统计分析方法，可以客观、真实、及时、正确地反映国家对外贸易的总体情况，有利于国家及时掌握对外贸易情况，适时制定和调整对外贸易政策，进行宏观调控。

② 政府及其管理部门可以通过海关统计数据反映的现实情况，运用经济杠杆调整市场供求，避免主观性和盲目性。海关统计通过进出口数据，在一定程度上可以及时、正确地反映国内外市场供求变化情况，有利于政府及其管理部门对市场运行过程所产生的、不可避免的盲目性进行及时有效的干预；有助于经济实体知己知彼，有效组织生产和经营活动。

③ 海关统计还可以对国家有效引进和利用外资提供依据。海关统计能及时、正确地反映我国进出口国外物质资源的基本情况，有利于国家对引进和利用外资政策的制定和适时调整。

（2）有助于国家对进出口情况进行监测、预警

海关统计部门可以通过对海关所采集的数据进行整合分析，向政府及有关管理部门反映进出口环节的不正常情况，引起政府及有关管理部门的重视，促使其进一步加强管理，从而起到对企业进行守法监督和规范进出口秩序的作用。

（3）有助于海关对业务管理、执法状况进行监控

通过对海关贸易统计和业务统计数据的监控分析，对海关业务管理、执法状况进行执法评估和统计监督，加强海关科学管理，防范海关执法风险和廉政风险，打击各种走私、违法活动。

二、海关统计制度的基本内容

《海关法》《中华人民共和国统计法》《海关统计条例》《中华人民共和国统计法实施条例》《中华人民共和国海关统计工作管理规定》（以下简称《海关统计工作管理规定》）等法律、行政法规是关于海关统计的法律规范，它们明确了进出口货物统计的性质、任务、组织机构、职责、统计范围、统计项目、海关及当事人的权利、义务等，是指导海关统计工作的行政法规和海关规章。其基本内容包括：

（一）统计调查与统计监督

1. 统计调查

（1）统计调查的对象

海关根据统计工作需要，可以向进出口货物的收发货人或者其代理人以及有关政府部门、行业协会和相关企业等统计调查对象开展统计调查。

统计调查对象应当配合海关统计调查，提供真实、准确、完整的有关资料和信息。

（2）统计调查的方法

海关利用行政记录全面采集统计原始资料。行政记录不能满足统计调查需要的，海关通过抽样调查、重点调查和补充调查等方法采集统计原始资料。

（3）统计调查时的查询

海关对统计原始资料有疑问的，可以直接向统计调查对象提出查询，收集相关资料，必要时可以进行实地检查、核对。

海关可以委托社会中介机构收集有关资料或者出具专业意见。

（4）统计调查所获资料的处置

对统计调查中获得的统计原始资料，海关可以进行整理、筛选和审核。海关进出口货物贸易的统计原始资料包括：

①“中华人民共和国海关进（出）口货物报关单”；

②“中华人民共和国海关进（出）境货物备案清单”；

③“中华人民共和国海关跨境电子商务零售进（出）口商品申报清单”；

④“中华人民共和国海关进（出）境快件货物报关单”；

⑤ 边民互市进（出）境货物申报单证；

⑥ 其他经海关确认的与进出口货物相关的单证及资料；

⑦ 海关公布的其他统计调查表式；

⑧ 其他编制进出口货物贸易统计所需要的资料。

以上统计原始资料同样适用于海关单项统计。

2. 统计监督

（1）统计监督的目的

海关运用统计数据，对业务运行情况和海关执法活动进行监测、评估，为海关管理提供决策依据。

（2）统计监督的工作内容

海关可以运用统计数据开展以下工作：

① 对进出口商品等情况进行监测；

② 对进出口企业贸易活动进行监督，依法处置弄虚作假行为。

（3）统计监督的工作内容

① 对进出口商品等情况进行监测；

② 对进出口企业贸易活动进行监督，依法处置弄虚作假行为。

（4）统计监督结果的用途

海关统计监督结果可以用于评估海关业务运行绩效，并作为海关实施风险管理、企业信用管理及行政处罚等执法措施的依据。

（二）统计分析与统计服务

1. 统计分析

（1）统计分析的目的

海关应当对统计数据进行分析，研究对外贸易和海关业务运行特点、趋势和规律，开展动态预警工作。

（2）统计分析的方法

海关应当综合运用定量与定性等统计分析方法，对统计数据进行加工整理，形成分析报告。

海关可以联合其他政府部门、科研机构、行业协会等共同开展统计分析。

2. 统计服务

（1）统计信息的上报

海关总署向党中央、国务院报送海关统计快报、月报、分析报告等统计信息。

（2）统计信息的共享

海关总署与国务院其他部门共享全国海关统计信息。经海关总署批准，各直属海关统计信息根据地方政府实际需要予以共享。

（3）统计信息的社会公布

① 公布的途径

海关统计快报、月报、年报等统计信息通过海关门户网站、新闻发布会等便于公众知晓的方式向社会公布。

② 公布的时间

海关总署每年 12 月对外公告下一年度向社会公布海关统计信息的时间。

（4）按需提供统计服务

除依法主动公开的海关统计信息外，海关可以根据社会公众的需要，提供统计服务。

为方便国内外用户获取和使用海关统计数据，海关总署及各直属海关有关部门可根据用户的不同要求，加工制作数据软盘、光盘、磁带或点对点网络传输数据；用户要求按约定时间连续提供数据的，可与有关部门签订提供数据协议书。

海关统计咨询服务严格遵守国家安全、保密及对外贸易的有关法律、法规。不对外提供涉及国家保密规定范围的进出口商品统计资料。公众可以从海关总署信息中心统计咨询室及海关总署信息中心设立的对外提供全国进出口统计资料咨询服务的部门获取海关统计数据资料。

（三）统计资料编制与管理

1. 统计资料的分级管理

海关总署负责管理全国海关统计资料。直属海关负责管理本关区统计资料。

2. 统计项目的调整

根据国民经济发展和海关监管需要，海关可以对统计项目进行调整。

3. 统计资料的汇总编制

海关统计快报、月报和年报等统计资料分别按照公历月和公历年汇总编制。

4. 统计信息的保存

海关统计电子数据及海关统计月报、年报等海关统计信息永久保存。

（四）海关统计范围

《中华人民共和国海关统计条例》《中华人民共和国海关统计工作管理规定》规定，海关对实际进出境并引起境内物质存量增加或者减少的货物实施进出口货物贸易统计；根据管理需要，对其他海关监管货物实施单项统计；对海关进出境监督管理活动和内部管理事务实施海关业务统计。这表明列入我国海关统计范围的货物必须同时具备两个条件：一是跨越我国经济领土边界的物质商品流动；二是改变我国的物质资源存量。

1. 列入海关统计的进出口货物

列入海关统计的进出口货物，以贸易方式进行分类。

列入海关统计的货物包括：一般贸易、国家间或者国际组织间无偿援助与赠送的物资、其他捐赠物资、补偿贸易、来料加工贸易、进料加工贸易、寄售与代销贸易、边境小额贸易、加工贸易进口设备、对外承包工程出口货物、租赁贸易、外商投资企业作为投资进口的设备、物品、出境加工贸易、易货贸易、免税外汇商品、免税品、海关保税监管场所进出境货物、海关特殊监管区域物流货物、海关特殊监管区域进口设备及其他。

2. 不列入海关统计的货物

根据国际惯例和我国确定的海关统计范围，对于没有实际进出境或虽然实际进出境但没有引起境内物质资源存量增加或减少的货物、物品，不列入海关统计。

不列入海关统计的货物包括：过境货物、转运货物或通运货物，暂时进出口货物，用于国际收支手段的流通中的货币及货币用黄金，租赁期在1年以下的租赁货物、由于货物残损、短少、品质不良或规格不符而由该进出口货物的承运人、发货人或保险公司免费补偿或更换的同类货物，退运货物，中国籍船舶在公海捕获的水产品，中国籍船舶或飞机在境内添装的燃料、物料、食品，中国籍或外国籍的运输工具在境外添装的燃料、物料、食品及放弃的废旧物料等，无商业价值的货样或广告品，海关特殊监管区域之间、保税监管场所之间及海关特殊监管区域和保税监管场所之间转移的货物，检测或修理物品，打捞物品，进出境旅客的自用物品（汽车除外），我国驻外国和外国驻我国使领馆进出境的公务物品及使领馆人员的自用物品，其他以有形实物方式进出境的服务贸易项下货物，其他不列入海关统计的货物。

3. 不列入海关统计但实施单项统计的货物

为了更好地发挥海关统计在国民经济核算和海关管理中的作用，对于部分不列入海关统计的货物，海关可以根据管理需要对其实施单项统计，其统计数值不列入国家进出口货物贸易统计的总值。

海关实施单项统计的货物包括：加工贸易成品油形式出口复进口、进料加工转内销货物、来料加工转内销货物、加工贸易转内销设备、进料深加工结转货物、来料深加工结转货物、加工贸易结转设备、进料加工结转余料、来料加工结转余料、退运货物、进料加工复出口料件、来料加工复出口料件、加工贸易退运设备、保税区运往非保税区货物、非保税区运入保税区货物、保税区退区货物、保税仓库转内销货物。

（五）海关统计项目

进出口货物的统计项目包括：品名及编码、统计数量、统计价格、原产国（地区）、最终目的国（地区）、启运国（地区）、运抵国（地区）、贸易国（地区）、境内目的地、境内货源地、收发货人、贸易方式、运输方式、统计日期、关别、毛重与净重、品牌类型等17项。

进出口货物的品种、数（重）量、价格、国别（地区）和运输方式等，是各国（地区）对外贸易统计的常规项目。在海关统计中，对这些项目的定义和统计方法是全面采用了联合国建议的国际标准制定的；而境内目的地、境内货源地、贸易方式和关别等，则是为满足国家（地区）对外贸实施有效的宏观调控和海关对进出口货物实施有效监督管理的需要而设置的项目。对这些项目的定义和统计方法是以相关的海关法规和海关业务制度为基础制定的。

对上述海关统计项目的统计规范是：

1. 品名及编码

进出口货物的名称及编码按照《中华人民共和国海关统计商品目录》所列的商品名称及编码进行归类统计。

《中华人民共和国海关统计商品目录》由海关总署公布。

2. 统计数量

进出口货物的数量按照《中华人民共和国海关统计商品目录》规定的计量单位统计。

3. 统计价格

进口货物的价格按照货价、货物运抵中华人民共和国境内输入地点起卸前的运输及其相关费用、保险费之和统计。

出口货物的价格按照货价、货物运抵中华人民共和国境内输出地点装卸前的运输及其相关费用、保险费之和统计。

进出口货物的价格分别按照人民币和美元统计。进出口货物的价格以其他外币计价的，应当分别按照海关征税适用的各种外币对人民币的计征汇率和国家外汇管理部门按月公布的各种外币对美元的折算率，折算成人民币值和美元值进行统计。

4. 原产国（地区）

进出口货物的原产国（地区）按照《中华人民共和国进出口货物原产地条例》及海关总署有关规定进行统计。

进出口货物原产国（地区）无法确定的，按照“国别不详”统计。

5. 最终目的国（地区）

出口货物的最终目的国（地区）按照出口货物已知的消费、使用或者进一步加工制造的国家（地区）统计。

不经过第三国（地区）转运的出口直接运输货物，按照直接运抵的国家（地区）统计。

经过第三国（地区）转运的出口货物，按照最后运往国（地区）统计。

出口货物不能确定最终目的国（地区）的，按照出口时尽可能预知的最后运往国（地区）统计。

6. 启运国（地区）

进口货物的启运国（地区）按照货物起始发出直接运抵我国或者在运输中转国（地区）未发生任何商业交易的情况下运抵我国的国家（地区）统计。

不经过第三国（地区）转运的直接运输货物，按照进口货物的装货港所在国（地区）统计。

经过第三国（地区）转运的进口货物，未在中转国（地区）发生商业交易的，按照进口货物的始发国（地区）统计；在中转国（地区）发生商业交易的，按照中转国（地区）统计。

7. 运抵国（地区）

出口货物的运抵国（地区）按照出口货物从我国直接运抵或者在运输中转国（地区）未发生任何商业交易的情况下最后运抵的国家（地区）统计。

不经过第三国（地区）转运的直接运输货物，按照出口货物的指运港所在国（地区）统计。

经过第三国（地区）转运的出口货物，未在中转国（地区）发生商业交易的，按照出口货物的最终目的国（地区）统计；按照中转国（地区）发生商业交易的，以中转国（地区）统计。

8. 贸易国（地区）

进出口货物的贸易国（地区）按照对外贸易中与境内企业签订贸易合同的外方所属的国家（地区）统计。

进口统计购自国（地区），出口统计售予国（地区）。未发生商业性交易的，按照货物所有权拥有者所属的国家（地区）统计。

9. 境内目的地

进口货物的境内目的地按照进口货物在我国境内的消费、使用地或者最终运抵地统计，其中最终运抵地为最终使用单位所在的地区。

最终使用单位难以确定的，按照货物进口时预知的最终收货单位所在地统计。

10. 境内货源地

出口货物的境内货源地按照出口货物在我国境内的产地或者原始发货地统计。

出口货物在境内多次转换运输工具、难以确定其生产地的，按照最早发运该出口货物的单位所在地统计。

11. 收发货人

进出口货物的收发货人按照已经在海关注册登记、从事进出口经营活动的境内法人、其他组织或者个人进行统计。

12. 贸易方式

进出口货物的贸易方式，按照买卖双方交易形式及海关监管要求分类统计。

13. 运输方式

进出口货物的运输方式按照水路运输、铁路运输、公路运输、航空运输、邮件运输和其他运输等方式统计。

进境货物的运输方式应当按照货物运抵我国境内第一个口岸时的运输方式统计；出境货物的运输方式应当按照货物运离我国境内最后一个口岸时的运输方式统计。

海关根据管理和单项统计需要，设置货物境内流转运输方式。

14. 统计日期

进口货物的日期按照海关报关单证放行日期统计；出口货物的日期按照海关报关单证结关日期统计。

15. 关别

进出口货物的报关关别按照接受申报的海关统计。

进出口货物的进出境关别按照货物进出境的口岸海关统计。

16. 毛重与净重

进出口货物的毛重按货物本身的实际重量及其包装材料的重量之和统计。

进出口货物的净重按货物本身的实际重量统计。

17. 品牌类型

进出口货物的品牌类型按进出口货物的品牌属性分类统计。

以上统计项目同样适用于海关单项统计。

（六）进出口监测预警

对国家对外贸易进出口进行统计分析和监测预警是《中华人民共和国海关统计条例》赋予中国海关的重要职责。我国加入世界贸易组织后，为了有效促进贸易效益，维护国家产业安全和经济安全，海关总署历时 3 年开发应用了进出口监测预警系统，对进出口货物的全过程进行实时监测、快速反应、科学预测和动态预警。

该系统包括快速反应、贸易指数、预测和预警四个子系统，本栏目展现的便是该系统运行产生的部分信息。包括：

1. 监测报表：及时反映月度全国进出口总体情况及主要分类项目的进出口情况；

2. 高贸易摩擦风险监测表：对当月我国进口数量增长较快而价格下降较大的商品来源地的监测，从中可以发现对我国进行商品倾销等不正当竞争的倾向；

3. 商品预警：是对我国部分重要商品的进口量值是否过多或过少的一种判断，用预警灯表示，红灯表示进口过多，黄灯表示偏多，绿灯表示正常，浅蓝灯表示进口偏少，蓝灯表示过少；

4. 监测报告：根据预警和监测结果所撰写的分析报告，表达作者对情况的描述、原因的分析、影响的判断及政策措施建议等。

第二节 海关稽查制度

一、海关稽查概述

（一）海关稽查的含义

海关稽查是指是指海关自进出口货物放行之日起3年内或者在保税货物、减免税进口货物的海关监管期限内及其后的3年内，对与进出口货物直接有关的企业、单位的会计账簿、会计凭证、报关单证及其他有关资料（以下统称账簿、单证等有关资料）和有关进出口货物进行核查，监督其进出口活动的真实性和合法性。

对此，我们可从以下几方面来理解海关稽查的含义：

1. 海关享有依法实施稽查的权力。海关稽查的执法主体是海关本身，而不能为其他机关、组织所代替。《海关法》第四十五条将海关稽查制度以法律形式予以确认，使海关稽查有了法律授权。而《中华人民共和国海关稽查条例》（以下简称《海关稽查条例》）则是对实施稽查时海关享有的权利、义务等实体性和程序性规范的内容作出的具体规定。

2. 海关稽查具有特定期限。海关稽查必须在法定的期限内，对与进出口货物直接有关的企业、单位实施才具有法律效力，才能产生合法的法律效果。

对于一般进出口货物，海关的稽查期限是自货物放行之日起3年内；对于保税货物和特定减免税进口货物等，海关的稽查期限是海关监管期限内及其后的3年内。

3. 海关稽查针对特定的对象。海关稽查的相对人是与进出口活动直接有关的企业、单位。只有与海关在进出口监督管理活动中产生法律关系的当事人，海关才能对其实施稽查。

4. 海关稽查具有特定的内容。海关稽查的内容主要是被稽查人的会计账簿、会计凭证、报关单证，以及其他有关资料（以下统称账簿、单证等有关资料）和有关进出口货物。

5. 海关稽查具有特定的目的。海关实施稽查是为了评估被稽查人进出口信用状况和风险状况，检查其进出口活动的真实性、合法性和规范性。

（二）海关稽查的特征

从本质上看，海关稽查是海关监督管理职能的实现方式，也是海关监管制度的主要组成部分。然而，海关稽查与传统的海关监管相比又有着显著的区别，其特征主要表现在：

1. 海关监管“前推后移”，将原有海关监管的时间、空间进行了大范围的延伸和拓展。海关监管不仅局限于进出口的实时监控和进出境口岸，而是通过评估验证企业守法状况或贸易安全情况，有针对性地规范企业内部经营管理，引导企业守法自律，保障其更好地享受海关监管便利。海关对放行未结关货物的使用、管理情况和在货物结关放行之后的一定期限内，对与进出口货物直接有关的企业和单位的会计资料、报关单证及其他相关资料进行稽查。

2. 海关监管“由企及物”，将海关监管的主要目标从控制进出口货物转变为控制货物的经营主体——进出口企业，不再人为地将企业与货物割裂开来。海关围绕企业的进出口活动实施动态和全方位的监管，通过监管企业的进出口行为来达到监管进出口货物的目的。

（三）海关稽查的目标

根据海关实施稽查针对的内容和产生的影响，海关稽查的目标可以分为直接目标和最终目标。

1. 直接目标

即海关稽查直接作用于被稽查人（企业、单位），通过对被稽查人的会计资料、报关单证及其他相关资料和进出口货物的稽核，监督被稽查人进出口活动的真实性、合法性。因而，所追求的目标是具体的、有形的、现实的。

2. 最终目标

即通过有计划、分步骤的海关稽查，全面规范企业的进出口行为，提高进出口企业守法自律意识，防范或减少企业违法行为的发生，维护正常的进出口秩序。因而，所追求的目标是整体的、无形的、长远的。

3. 实现海关稽查目标的主要手段

为了防范和查究在进出口货物的通关过程中和在保税货物、减免税货物的海关监管期间可能发生或者已经发生的各种走私违法情事，引导和规范从事进出口活动的企业守法经营，海关在进出口货物已实现脱离其控制后的规定期限内，以稽查的方式有针对性稽核与进出口货物直接有关的企业账册、文件单证等商业记录，并实地核查有关进出口货物的使用情况或实际去向，以此保证海关对企业进出口活动的合法性、真实性进行有效监管。

二、海关稽查制度的基本内容

（一）海关稽查的对象

1. 海关稽查的企业、单位

根据《海关稽查条例》第三条的规定，海关对下列与进出口货物直接有关的企业、单位实施稽查：

（1）从事对外贸易的企业、单位，包括具备进出口业务经营权的专业对外贸易公司、工贸公司和有进出口业务经营权的企业、单位；

（2）从事保税加工业务的企业，包括承接来料加工业务的企业、承接进料加工业务的企业等；

（3）经营保税物流及仓储业务的企业；

（4）使用或者经营减免税进口货物的企业、单位，包括外商投资企业、使用减免税进口物资的企业、单位；

（5）报关企业，包括专业从事报关服务的企业，经营对外贸易仓储、运输、国际运输工具或国际运输工具服务及代理等业务又兼营报关服务的企业；

（6）海关总署规定的从事与进出口货物直接有关的其他企业、单位。

上述企业、单位是海关稽查的对象，亦称为被稽查人。

2. 海关稽查的进出口活动

根据《〈中华人民共和国海关稽查条例〉实施办法》（以下简称《〈海关稽查条例〉实施办法》）的规定，海关对被稽查人实施稽查所涉及的进出口活动包括：

（1）进出口申报；
（2）进出口关税和其他税费的缴纳；
（3）进出口许可证件的交验；
（4）与进出口货物有关资料的记载、保管；
（5）保税货物的进口、使用、储存、加工、销售、运输、展示和复出口；
（6）减免税进口货物的使用、管理；
（7）转关运输货物的承运、管理；
（8）暂准进出境货物的使用、管理；
（9）其他进出口活动。

（二）海关稽查的方式

海关稽查包括常规稽查、专项稽查和验证稽查 3 种方式。

1. 常规稽查是指海关根据关区的实际情况，以监督企业进出口活动，提高海关后续管理效能为目标，以中小型企业为重点，采取计划选取与随机抽取相结合的方式，对企业开展的全面性稽查。

2. 专项稽查是指海关根据关区的实际情况，以查缉企业各类问题，为税收和防范走私违法活动提供保障为目标，以风险程度较高或政策敏感性较强的企业或行业为重点，采用风险分析、贸易调查等方式，对某些企业或某些商品实施的行业式、重点式、通关式稽查。

3. 验证稽查是指海关以验证企业守法状况或贸易安全情况，动态监督企业进出口活动，规范企业内部管理，促进企业守法自律为目标，对申请评为 AA 类企业①的准入资质实施的稽查。

与其他稽查方式相比，验证稽查的“工作目标”特殊，是海关分类管理工作的配套措施；“管理对象”特殊，是具备条件的申请评为 AA 类企业；“管理方式”特殊，是“事前准入验证”与“后续监控管理”两种方式的有机结合；“验证内容”特殊，不仅要验证企业的守法状况，还要验证其贸易安全情况。

（三）海关稽查的常用方法

海关稽查方法是指海关稽查人员采用审计、稽核、检查等方式和技术手段，对特定的稽查对象进行核查，以核实被稽查人的进出口行为是否合法、规范，有无违反海关法行为。海关稽查常用的方法有：

1. 查账法

查账法是海关稽查最主要、最基本的方法。海关稽查人员根据会计凭证、会计账簿和财务报表等的内在关系，通过对被稽查人会计资料记录及其所反映的经济业务的稽核、检查，以核查被稽查人的进出口行为是否合法、规范。它以被稽查人的各种会计资料为稽查的直接对象。

查账法，按照检查会计资料的记账顺序的不同划分，可分为顺查法和逆查法；按照检

---

① 根据海关总署令第 225 号，《中华人民共和国海关企业信用管理暂行办法》于 2014 年 12 月 1 日起施行，原《中华人民共和国海关企业分类管理办法》同时废止。企业管理办法发生调整，相应的监管规定与措施陆续调整，原 AA 类企业自动过渡为高级认证企业，本书有些地方暂采用原有企业管理类别及相应的监管措施。

查会计资料的数量（范围）的大小划分，可分为详查法和抽查法；按照检查会计资料的技术内容划分，可分为核对法和审阅法。

2. 调查法

调查法是指海关稽查人员通过观察、询问、检查、比较等方式，对被稽查人的进出口活动进行全面综合的调查了解，以核实其进出口行为是否真实合法、规范的方法。

3. 盘存法

盘存法是指海关在检查进出口货物的使用状况时，通过盘点实物库存等方法，具体查证核实现金、商品、材料、在产品、产成品、固定资产和其他商品的实际结存量的方法。

4. 分析法

分析法是指海关利用现有的各种信息数据系统，充分依靠现代信息技术，对海关监管对象及其进出口活动全面综合统计、汇总，进行定量定性分析、评估，以确定被分析对象进出口活动的风险情况的基本方法。

此外，海关可以委托具有法定资质的社会中介机构就有关事项出具专业评估报告。专业评估报告经海关认可的，可以作为海关稽查的参考依据。

（四）对企业管理账簿、单证等有关资料的规范性要求

1. 账簿、单证等有关资料的真实性

与进出口活动直接有关的企业、单位，所设置和编制的会计账簿、会计凭证、会计报表及其他会计资料，应当真实、准确、完整地记录和反映进出口业务的有关情况。与进出口货物直接有关的企业、单位会计制度健全，能够通过计算机正确、完整地记账、核算的，其计算机储存和输出的会计记录视同会计资料。

2. 账簿、单证等有关资料的保管

（1）会计资料的保管

与进出口活动直接有关的企业、单位应当按照有关法律和行政法规规定的保管期限，保管会计账簿、会计凭证、会计报表和其他会计资料。

（2）与进出口业务有关的海关统计原始资料的保管

经海关确认的进出口货物报关单，以及与进出口业务直接有关的其他资料的保管期限按照海关稽查期限确定。

（五）海关稽查的实施

1. 海关稽查实施的基本规则

（1）海关稽查由被稽查人注册地海关实施。被稽查人注册地与货物报关地或者进出口地不一致的，也可以由报关地或者进出口地海关实施。海关总署可以指定或者组织下级海关实施跨关区稽查。直属海关可以指定或者组织下级海关在本关区范围内实施稽查。

（2）海关将按照海关监管的要求，根据与进出口货物直接有关的企业、单位的进出口信用状况和风险状况，以及进出口货物的具体情况，确定海关稽查重点，制订稽查工作计划。

（3）海关稽查应当由具备稽查执法资格的人员实施，实施稽查时应当向被稽查人出示海关稽查证。海关进行稽查时，将组成稽查组，其成员不少于2人。

（4）海关根据稽查工作需要，可以向有关行业协会、政府部门和相关企业等收集特定

商品、行业的与进出口活动有关的信息。收集的信息涉及商业秘密的，海关应当予以保密。

（5）海关进行稽查时，可以委托会计、税务等方面的专业机构就相关问题作出专业结论。被稽查人委托会计、税务等方面的专业机构作出的专业结论，可以作为海关稽查的参考依据。

（6）海关稽查人员实施稽查时，有下列情形之一的，应当回避：

① 海关稽查人员与被稽查人的法定代表人或者主要负责人有近亲属关系的；

② 海关稽查人员或者其近亲属与被稽查人有利害关系的；

③ 海关稽查人员或者其近亲属与被稽查人有其他关系，可能影响海关稽查工作正常进行的。

被稽查人有正当理由，可以对海关稽查人员提出回避申请。但在海关作出回避决定前，有关海关稽查人员不停止执行稽查任务。

2. 海关稽查的实施程序

按照《海关稽查条例》和《〈海关稽查条例〉实施办法》的有关规定，海关稽查的实施由下列环节组成：

（1）稽查通知

海关实施稽查 3 日前，应当向被稽查人制发“海关稽查通知书”。海关不经事先通知实施稽查的，应当在开始实施稽查时向被稽查人制发“海关稽查通知书”。

被稽查人在收到稽查通知书后，正本留存，副本加盖被稽查人印章并由被稽查人代表签名后交海关留存。

在被稽查人有重大违法嫌疑，其账簿、单证等有关资料及进出口货物可能被转移、隐匿、毁弃等紧急情况下，经直属海关关长或者其授权的隶属海关关长批准，海关可以不经事先通知进行稽查。

（2）稽查实施

稽查实施是指海关依照稽查的程序，采用各种有效的稽查方法，对被稽查人进出口活动的合法性、真实性和规范性进行核查的行政执法活动。稽查实施主要包括以下几项内容。

① 查阅和复制被稽查人账簿、单证等有关资料

海关稽查人员查阅、复制被稽查人的会计账簿、会计凭证、报关单证及其他有关资料（以下统称账簿、单证等有关资料）时，被稽查人的法定代表人或者主要负责人或者其指定的代表（以下统称被稽查人代表）应当到场，按照海关要求如实提供并协助海关工作。海关稽查人员复制被稽查人的账簿、单证等有关资料或对计算机文件进行拷贝时，被稽查人代表应当到场，按照海关要求如实提供并协助海关工作。

对被稽查人的账簿、单证等有关资料进行复制的，被稽查人代表应当在确认复制资料与原件无误后，在复制资料上注明出处、页数、复制时间及“本件与原件一致，核对无误”，并签章。

被稽查人以外文记录账簿、单证等有关资料的，应当提供符合海关要求的中文译本。

被稽查人利用计算机、网络通信等现代信息技术手段进行经营管理的，应当向海关提供账簿、单证等有关资料的电子数据，并根据海关要求开放相关系统，提供使用说明及其他有关资料。对被稽查人的电子数据进行复制的，应当注明制作方法、制作时间、制作

人、数据内容及原始载体存放处等，并由制作人和被稽查人代表签章。

② 异地查阅或者复制账簿、单证等有关资料

被稽查人所在场所不具备查阅、复制工作条件的，经被稽查人同意，海关可以在其他场所查阅、复制。海关需要在其他场所查阅、复制的，应当填写“海关稽查调审单”，经双方清点、核对后，由海关稽查人员签名和被稽查人代表在“海关稽查调审单”上签章。

③ 检查与进出口有关的生产经营和货物情况

海关稽查人员进入被稽查人的生产经营场所、货物存放场所，检查与进出口活动有关的生产经营情况和货物时，被稽查人代表应当到场，按照海关的要求开启场所，搬移货物，开启、重封货物的包装等。检查结果应当由海关稽查人员填写“检查记录”，由海关稽查人员签名和被稽查人代表在“检查记录”上签章。

④ 向被稽查人询问与进出口活动有关的情况和问题

海关稽查人员询问被稽查人的法定代表人、主要负责人和其他有关人员时，应当制作“询问笔录”，并由询问人、记录人和被询问人签名确认。

⑤ 收集与进出口活动有关的资料和证明材料

海关实施稽查时，可以向与被稽查人有财务往来或者其他商务往来的企业、单位收集与进出口活动有关的资料和证明材料，有关企业、单位应当配合海关工作。

⑥ 查询被稽查人在商业银行或者其他金融机构的存款账户

经直属海关关长或者其授权的隶属海关关长批准，海关可以凭“协助查询通知书”向商业银行或者其他金融机构查询被稽查人的存款账户。

⑦ 查封、扣押被稽查人账簿、单证等资料或者进出口货物

海关实施稽查时，发现被稽查人有可能转移、隐匿、篡改、毁弃账簿、单证等有关资料的，经直属海关关长或者其授权的隶属海关关长批准，可以查封、扣押其账簿、单证等有关资料及相关电子数据存储介质。

海关实施稽查时，发现被稽查人的进出口货物有违反海关法或者其他有关法律、行政法规嫌疑的，经直属海关关长或者其授权的隶属海关关长批准，可以查封、扣押有关进出口货物。

海关实施查封、扣押应当依据《中华人民共和国行政强制法》及其他有关法律、行政法规。海关发现被稽查人未按照规定设置或者编制账簿，或者转移、隐匿、篡改、毁弃账簿的，应当将有关情况通报被稽查人所在地的县级以上人民政府财政部门。

（3）稽查报告与稽查结论

海关稽查组实施稽查后，应当向海关报送稽查报告。稽查报告认定被稽查人涉嫌违法的，在报送海关前应当就稽查报告认定的事实征求被稽查人的意见。被稽查人应当自收到相关材料之日起 7 日内，将其书面意见送交海关。海关应当在收到稽查报告之日起 30 日内作出“海关稽查结论”，并送达被稽查人。海关应当在稽查结论中说明作出结论的理由，并告知被稽查人的权利。

（4）稽查终结

有下列情形之一的，经直属海关关长或者其授权的隶属海关关长批准，海关可以终结稽查：

① 被稽查人下落不明的；

② 被稽查人终止，无权利义务承受人的。

（六）主动披露

1. 进出口企业、单位主动向海关书面报告其违反海关监管规定的行为并接受海关处理的，海关可以认定有关企业、单位主动披露。但有下列情形之一的除外：

（1）报告前海关已经掌握违法线索的；

（2）报告前海关已经通知被稽查人实施稽查的；

（3）报告内容严重失实或者隐瞒其他违法行为的。

2. 进出口企业、单位主动披露应当向海关提交账簿、单证等有关证明材料，并对所提交材料的真实性、准确性、完整性负责。海关应当核实主动披露的进出口企业、单位的报告，可以要求其补充有关材料。

3. 主动披露的进出口企业、单位违反海关监管规定的，海关应当对其从轻或者减轻行政处罚；违法行为轻微并及时纠正，没有造成危害后果的，不予行政处罚。对主动披露并补缴税款的进出口企业、单位，海关可以减免滞纳金。

（七）海关稽查发现问题的处理

海关稽查是海关监督被稽查人进出口活动真实性和合法性的一种措施。稽查中发现税款少征或漏征，或者被稽查人存在违法活动的，应按《海关稽查条例》的规定分别作出相应的处理：

1. 经海关稽查，发现关税或者其他进口环节的税收少征或者漏征的，由海关依照《海关法》和有关税收法律、行政法规的规定向被稽查人补征；因被稽查人违反规定而造成少征或者漏征的，由海关依照《海关法》和有关税收法律、行政法规的规定追征。

被稽查人在海关规定的期限内仍未缴纳税款的，海关可以依法采取强制执行措施。

2. 封存的有关进出口货物，经海关稽查排除违法嫌疑的，海关应当立即解除封存；经海关稽查认定违法的，由海关依照《海关法》和《海关行政处罚实施条例》的规定处理。

3. 经海关稽查，认定被稽查人有违反海关监管规定的行为的，由海关依照《海关法》和《海关行政处罚实施条例》的规定处理。

与进出口货物直接有关的企业、单位主动向海关报告其违反海关监管规定的行为，并接受海关处理的，应当从轻或者减轻行政处罚。

4. 经海关稽查，发现被稽查人有走私行为，构成犯罪的，依法追究刑事责任；尚不构成犯罪的，由海关依照《海关法》和《海关行政处罚实施条例》的规定处理。

5. 海关通过稽查决定补征或者追征的税款、没收的走私货物和违法所得及收缴的罚款，全部上缴国库。

6. 被稽查人同海关发生纳税争议的，依照《海关法》的规定办理。

（八）与海关稽查相关的法律责任

1. 被稽查人的法律责任

（1）被稽查人有下列行为之一的，由海关责令限期改正，逾期不改正的，处 2 万元以上 10 万元以下的罚款；情节严重的，撤销其报关注册登记；对负有直接责任的主管人员和其他直接责任人员处 5000 元以上 5 万元以下的罚款；构成犯罪的，依法追究刑事责任：

① 向海关提供虚假情况或者隐瞒重要事实的；

② 拒绝、拖延向海关提供账簿、单证等有关资料，以及相关电子数据存储介质的；

③ 转移、隐匿、篡改、毁弃报关单证、进出口单证、合同、与进出口业务直接有关的其他资料，以及相关电子数据存储介质的。

（2）被稽查人未按照规定编制或者保管报关单证、进出口单证、合同，以及与进出口业务直接有关的其他资料的，由海关责令限期改正，逾期不改正的，处 1 万元以上 5 万元以下的罚款；情节严重的，撤销其报关注册登记，并对负有直接责任的主管人员和其他直接责任人员处 1000 元以上 5000 元以下的罚款。

（3）被稽查人未按照规定设置或者编制账簿，或者转移、隐匿、篡改、毁弃账簿的，依照会计法的有关规定追究法律责任。被稽查人有上述（1）、（2）所列行为之一的，海关应当制发“海关限期改正通知书”，告知被稽查人改正的内容和期限，并对改正情况进行检查。被稽查人逾期不改正的，海关可以依据相关规定调整其信用等级。

2. 海关工作人员的法律责任

海关工作人员在稽查中玩忽职守、徇私舞弊、滥用职权或者利用职务上的便利，收受、索取被稽查人的财物，构成犯罪的，依法追究刑事责任；不构成犯罪的，由海关依照《中华人民共和国公务员法》《海关法》和其他有关法律、行政法规予以处理。

第三节　海关事务担保制度

一、海关事务担保概述

（一）海关事务担保的含义

所谓海关事务担保，是指与进出境活动有关的自然人、法人或者其他组织（以下统称“当事人”）在向海关申请从事特定的经营业务或者办理特定的海关事务时，以向海关提交保证金、保证函等担保，承诺在一定期限内履行其法律义务的法律行为。

（二）海关事务担保的性质

1. 履行性

当事人提供的担保，具有在规定期限内由当事人履行其在正常情况下应当履行其承诺义务的性质。

2. 惩罚性

若由于当事人的过错，不能履行担保事项所列明的义务，海关将依法对当事人给予惩罚，让其承担一定的法律责任，以达到惩戒和教育的目的。

3. 补偿性

对涉及税款的担保，无论是责令补缴税款，还是将保证金抵作税款，或是通知银行扣缴税款，主要目的还是在于补偿进出口税的收入。

（三）海关事务担保的作用

海关事务担保制度从本质上讲，是海关支持和促进对外贸易发展和科技文化交流的措施，既保障国家利益不被侵害，又便利进出境活动，促进对外贸易效率的提高。同时，担保制度对进出境活动的当事人也将产生较强的制约作用，促进企业守法自律，按时履行其承诺的诸如补交单证、补缴税款、按规定复出（进）口等义务。

二、海关事务担保制度的基本内容

（一）海关事务担保的适用

1. 海关事务担保的一般适用

为使当事人获得提前放行、办理特定海关业务及免于扣留财产等便利，《海关事务担保条例》主要规定了4种情形下的海关事务担保：

（1）当事人申请提前放行货物的担保

当事人申请提前放行货物的担保是指在办结商品归类、估价和提供有效报关单证等海关手续前，当事人向海关提供与应纳税款相适应的担保，申请海关提前放行货物。

有下列情形之一的，当事人可以在办结海关手续前向海关申请提供担保，要求提前放行货物：

① 进出口货物的商品归类、完税价格、原产地尚未确定的；

② 有效报关单证尚未提供的；

③ 在纳税期限内税款尚未缴纳的；

④ 滞报金尚未缴纳的；

⑤ 其他海关手续尚未办结的。

国家对进出境货物、物品有限制性规定，应当提供许可证件而不能提供的，以及法律、行政法规规定不得担保的其他情形，海关不予办理担保放行。

（2）当事人申请办理特定海关业务的担保

当事人申请办理特定海关业务的担保是指当事人在申请办理内地往来港澳货物运输，办理货物、物品暂时进出境，将海关监管货物抵押或者暂时存放在海关监管区外等特定业务时，根据海关监管需要或者税收风险大小向海关提供的担保。

当事人申请办理下列特定海关业务的，按照海关规定提供担保：

① 运输企业承担来往内地与港澳公路货物运输、承担海关监管货物境内公路运输的；

② 货物、物品暂时进出境的；

③ 货物进境修理和出境加工的；

④ 租赁货物进口的；

⑤ 货物和运输工具过境的；

⑥ 将海关监管货物暂时存放在海关监管区外的；

⑦ 将海关监管货物向金融机构抵押的；

⑧ 为保税货物办理有关海关业务的。

当事人不提供或者提供的担保不符合规定的，海关不予办理所列特定海关业务。

（3）税收保全担保

进出口货物的纳税义务人在规定的纳税期限内有明显的转移、藏匿其应税货物及其他财产迹象的，海关可以责令纳税义务人提供担保；纳税义务人不能提供担保的，海关依法采取税收保全措施。

（4）免予扣留财产的担保

① 有违法嫌疑的货物、物品、运输工具应当或者已经被海关依法扣留、封存的，当事人可以向海关提供担保，申请免予或者解除扣留、封存。

② 有违法嫌疑的货物、物品、运输工具无法或者不便扣留的，当事人或者运输工具负责人应当向海关提供等值的担保；未提供等值担保的，海关可以扣留当事人等值的其他财产。

有违法嫌疑的货物、物品、运输工具属于禁止进出境，或者必须以原物作为证据，或者依法应当予以没收的，海关不予办理担保。

③ 法人、其他组织受到海关处罚，在罚款、违法所得或者依法应当追缴的货物、物品、走私运输工具的等值价款未缴清前，其法定代表人、主要负责人出境的，应当向海关提供担保；未提供担保的，海关可以通知出境管理机关阻止其法定代表人、主要负责人出境。(受海关处罚的自然人出境的，适用上述规定。)

2. 海关事务担保的其他适用

进口已采取临时反倾销措施、临时反补贴措施的货物应当提供担保的，或者进出口货物收发货人、知识产权权利人申请办理知识产权海关保护相关事务等，依照海关事务担保一般适用的规定办理海关事务担保。法律、行政法规有特别规定的，从其规定。

3. 海关事务担保的免除

《海关法》的有关条款规定，如其他法律、行政法规根据实践需要规定在特定情形下可以免除担保提前放行货物的，这种“免除担保”的特别规范优先于“凭担保放行”的一般规范。因此，在这种特别规范的适用范围内，因各种原因未办结海关手续的货物，可以免除担保而被收发货人先予提取或装运出境。但同时规定，海关对享受免除担保待遇的进出口企业实行动态管理，当事人不再符合规定条件的，海关应当停止对其适用免除担保。

按照海关总署的规定，经海关认定的高级认证企业可以申请免除担保，并按照海关规定办理有关手续。

4. 海关事务总担保

为了使进出口货物品种、数量相对稳定且业务频繁的企业免于反复办理担保，《海关事务担保条例》规定，当事人在一定期限内多次办理同一类海关事务的，可以向海关申请提供总担保；提供总担保后，当事人办理该类海关事务，不再单独提供担保。同时规定，总担保的适用范围、担保金额、担保期限、终止情形等由海关总署规定。

可申请总担保的常见情形有：

（1）ATA 单证册项下暂准出口货物由中国国际商会统一向海关总署提供总担保；

（2）经海关同意，知识产权权利人可以向海关提供总担保，总担保金额不得低于人民币 20 万元；

（3）由银行对纳税义务人在一定时期内通过网上支付方式申请缴纳的进出口税费提供总担保。

（二）海关事务担保担保人的资格及担保责任

1. 担保人的资格

《海关法》规定：“具有履行海关事务担保能力的法人、其他组织或者公民，可以成为担保人。法律规定不得为担保人的除外。”

具有履行海关担保义务能力是对自然人、法人或其他组织作为担保人的基本要求。对于担保人而言，其履行义务的能力主要表现在应当拥有足以承担担保责任的财产。公民作为担保人还应当具有民事行为能力，无民事行为能力或者限制行为能力的公民，即使拥有足以承担担保责任的财产，也不能作为担保人。

如其他有关法律对担保人资格已作出限制性规定的，则这种法人、其他组织或公民就不能作为担保人。

2. 担保人的担保责任

《海关法》规定："担保人应当在担保期限内承担担保责任。担保人履行担保责任的，不免除被担保人应当办理有关海关手续的义务。"海关则应当及时为被担保人办理有关海关手续。

（1）担保责任的含义

担保人应承担的担保责任，主要是指被担保人应当在规定的期限内全面、正确地履行其承诺的海关义务。根据担保个案的不同情况，其责任范围也有区别。

（2）担保的期间

这是指担保人承担担保责任的起止时间。担保人在规定的担保期间内承担担保责任，逾期，即使被担保人未履行海关义务，担保人也不再承担担保责任。鉴于法律规定可适用担保的范围内所涉及的事项千差万别，不可能对此作统一规定，因而担保期间主要由海关行政法规及海关规章来制定。

（3）担保责任的解除

被担保人如能在规定的期间内履行担保承诺的义务或者规定的担保期间届满，担保人的担保责任则应依法予以解除，由海关及时办理销案手续，退还有关保证金等。

（三）海关事务担保的方式

《海关法》明确规定的海关事务担保方式分为 4 种：

1. 以人民币、可自由兑换的货币提供担保

人民币是我国的法定货币，支付我国境内的一切公共的和私人的债务，任何单位或个人均不能拒收。

可自由兑换货币，指国家外汇管理局公布挂牌的作为国际支付手段的外币现钞。

2. 以汇票、本票、支票、债券、存单提供担保

汇票是指由出票人签发的委托付款人在见票时或者在指定日期无条件支付确定的金额给收款人或持票人的票据，分为银行承兑汇票和商业承兑汇票两种。

本票是由出票人签发的，承诺自己在见票时无条件支付确定的金额给收款人或持票人的票据。

支票是指出票人签发的，委托办理支票存款业务的银行或者其他金融机构在见票时无条件支付确定的金额给收款人或者持票人的票据。

债券是指依照法定程序发行的，约定在一定期限还本付息的有价证券，包括国库债券、企业债券、金融债券等。

存单是指储蓄机构发给存款人的证明其债权的单据。

3. 以银行或者非银行金融机构出具的保函提供担保

保函，即法律上的保证，属于人的担保范畴。保函不是以具体的财产提供担保，而是以保证人的信誉和不特定的财产为他人的债务提供担保；保证人必须是第三人；保证人应当具有清偿债务的能力。

根据《中华人民共和国中国人民银行法》的规定，中国人民银行作为中央银行不能为任何单位和个人提供担保，故不属担保银行的范畴。

对于ATA单证册项下进出口的货物，可由中国国际商会这一特殊的第三方作为担保人，为展览品等暂准进出口货物提供保函方式的担保。

4. 以海关依法认可的其他财产、权利提供担保

指除上述财产、权利外的其他财产和权利。

（四）海关事务担保的实施

1. 以保涵提供担保的受益人与应载明的事项

当事人以保函向海关提供担保的，保函应当以海关为受益人，并且载明下列事项：

（1）担保人、被担保人的基本情况；

（2）被担保的法律义务；

（3）担保金额；

（4）担保期限；

（5）担保责任；

（6）需要说明的其他事项。

2. 涉及担保金额的确定标准

当事人提供的担保应当与其需要履行的法律义务相当，除有违法嫌疑的货物、物品、运输工具无法或者不便扣留的情形外，担保金额按照下列标准确定：

（1）为提前放行货物提供的担保，担保金额不得超过可能承担的最高税款总额；

（2）为办理特定海关业务提供的担保，担保金额不得超过可能承担的最高税款总额或者海关总署规定的金额；

（3）因有明显的转移、藏匿应税货物以及其他财产迹象被责令提供的担保，担保金额不得超过可能承担的最高税款总额；

（4）为有关货物、物品、运输工具免予或者解除扣留、封存提供的担保，担保金额不得超过该货物、物品、运输工具的等值价款；

（5）为罚款、违法所得或者依法应当追缴的货物、物品、走私运输工具的等值价款未缴清前出境提供的担保，担保金额应当相当于罚款、违法所得数额或者依法应当追缴的货物、物品、走私运输工具的等值价款。

3. 办理海关事务担保的程序

（1）当事人申请担保

凡符合申请担保条件的货物，由当事人向办理有关货物进出口手续的海关申请担保。办理担保，当事人应当提交书面申请，以及真实、合法、有效的财产、权利凭证和身份或者资格证明等材料，并按海关审核确定的担保方式提供担保。

当事人以保函向海关提供担保的，相关保函除应当载明规定事项外，担保人应当在保函上加盖印章，并注明日期。

（2）海关受理担保

海关应当自收到当事人提交的材料之日起5个工作日内对相关财产、权利等进行审核，并决定是否接受担保。当事人申请办理总担保的，海关应当在10个工作日内审核并决定是否接受担保。

符合规定的担保，自海关决定接受之日起生效。对不符合规定的担保，海关应当书面通知当事人不予接受，并说明理由。

担保财产、权利不足以抵偿被担保人有关法律义务的，海关应当书面通知被担保人另行提供担保或履行法律义务。

(3) 担保的变更

被担保人履行法律义务期限届满前，担保人和被担保人因特殊原因要求变更担保内容的，应当向接受担保的海关提交书面申请及有关证明材料。海关应当自收到当事人提交的材料之日起 5 个工作日内作出是否同意变更的决定，并书面通知当事人；不同意变更的，应当说明理由。

(4) 担保责任的履行

被担保人在规定的期限内未履行有关法律义务的，海关可以依法从担保财产、权利中抵缴。当事人以保函提供担保的，海关可以直接要求承担连带责任的担保人履行担保责任。

担保人履行担保责任的，不免除被担保人办理有关海关手续的义务。海关应当及时为被担保人办理有关海关手续。

担保财产、权利不足以抵偿被担保人有关法律义务的，海关应当书面通知被担保人另行提供担保或者履行法律义务。

(5) 担保财产、权利的退还

当事人已经履行有关法律义务、不再从事特定海关业务，或者担保财产、权利被海关采取抵缴措施后仍有剩余的及其他需要退还的情形，海关应当书面通知当事人办理担保财产、权利的退还手续。

自海关要求办理担保财产、权利退还手续的书面通知送达之日起 3 个月内，当事人无正当理由未办理退还手续的，海关应当发布公告。

自海关公告发布之日起 1 年内，当事人仍未办理退还手续的，海关应当将担保财产、权利依法变卖或者兑付后，上缴国库。

(6) 担保的销案

当事人必须于规定的担保期限届满前，凭担保金支付收据或留存的保函向海关办理销案手续。在当事人履行了向海关承诺的义务后，海关将退还当事人已缴纳的担保资金，或注销已提交的保函。

4. 担保人、被担保人的法律责任

担保人、被担保人违反《海关事务担保条例，使用欺骗、隐瞒等手段提供担保的，由海关责令其继续履行法律义务，处 5000 元以上 50000 元以下的罚款；情节严重的，可以暂停被担保人从事有关海关业务或者撤销其从事有关海关业务的注册登记。

担保人、被担保人对海关有关海关事务担保的具体行政行为不服的，可以依法向上一级海关申请行政复议或者向人民法院提起行政诉讼。

第四节　知识产权海关保护制度

一、知识产权海关保护概述

（一）知识产权海关保护的含义

知识产权，概括地说是指公民、法人或其他组织对其在科学技术和文学艺术等领域内，主要基于脑力劳动创造完成的智力成果所依法享有的专有权利，因此又称智力成果权。

知识产权海关保护，则是指海关对与进出口货物有关并受中华人民共和国法律、行政法规保护的商标专用权、著作权和与著作权有关的权利、专利权（以下统称知识产权）实施的保护。

（二）知识产权海关保护的范围

知识产权具有无形性、专有性、地域性、时间性和可复制性的特点。世界贸易组织关于《与贸易措施有关的知识产权协议》将与贸易有关的知识产权的范围确定为：著作权和与著作权有关的权利、商标权、地理标志权、工业品外观设计权、专利权、集中电路布图设计权、未披露过的信息专有权。

根据《知识产权海关保护条例》及其他法律、行政法规的规定，我国知识产权海关保护的适用范围为：与进出口货物有关并受中华人民共和国法律、行政法规保护的知识产权，包括商标专用权、著作权和与著作权有关的权利、专利权、奥林匹克标志专有权、世界博览会标志专有权。具体地说，以下知识产权可以向海关申请备案保护：

1. 国家工商行政主管部门核准注册的商标；

2. 在世界知识产权组织注册并延伸至我国的国际注册商标；

3. 国家专利行政主管部门授予专利权的发明、外观设计、实用新型专利；

4. 《保护文学和艺术作品的伯尔尼公约》成员国的公民或者组织拥有的著作权和与著作权有关的权利。

《知识产权海关保护条例》同时规定，侵犯受法律、行政法规保护的知识产权的货物禁止进出口。此外，根据《奥林匹克标志保护条例》和《世界博览会标志保护条例》的规定，我国海关也应当对奥林匹克标志和世界博览会标志实施保护。

国家禁止侵犯知识产权的货物进出口。

（三）知识产权海关保护的模式

中国海关对知识产权的保护可以划分为“依申请保护”和“依职权[①]保护”两种模式：

1. 依申请保护，是指知识产权权利人发现侵权嫌疑货物即将进出口时，根据《知识产权海关保护条例》第十二、十三和十四条的规定向海关提出采取保护措施的申请，由海关对侵权嫌疑货物实施扣留的措施。由于海关对依申请扣留的侵权嫌疑货物不进行调查，

---

① “依职权”一词源于《与贸易措施有关的知识产权协议》中的 ex-officio。

知识产权权利人需要就有关侵权纠纷向人民法院起诉，所以依申请保护也被称作海关对知识产权的“被动保护”模式。

2. 依职权保护，是指海关在监管过程中发现进出口货物有侵犯在海关总署备案的知识产权的嫌疑时，根据《知识产权海关保护条例》第十六条的规定，主动中止货物的通关程序并通知有关知识产权权利人，并根据知识产权权利人的申请对侵权嫌疑货物实施扣留的措施。由于海关依职权扣留侵权嫌疑货物属于主动采取措施制止侵权货物进出口，而且海关还有权对货物的侵权状况进行调查和对有关当事人进行处罚，所以依职权保护也被称作海关对知识产权的“主动保护”模式。

知识产权权利人向海关申请采取依职权保护措施前，应当按照《知识产权海关保护条例》第七条的规定，将其知识产权及其他有关情况向海关总署进行备案。

（四）知识产权海关保护的作用

1. 通过保护与进出口货物有关的知识产权来履行我国作为世界贸易组织成员国应尽的义务

我国加入世界贸易组织之后，一个全方位、宽领域、多层次的对外开放的格局逐渐形成，中国与世界各国在科技、经济、文化等方面的合作与交流日益频繁。为给开展国际科技、经济、文化等方面的合作与交流创造一个良好的环境和提供有利的条件，我国通过建立和完善既符合国际通行做法，又具有中国特色的知识产权海关保护法律制度，从而严格遵循了《与贸易措施有关的知识产权协议》的各项规定，全面履行了我国在双边协议中承诺的知识产权保护义务。

2. 通过保护与进出口货物有关的知识产权来规范进出口秩序

随着国家逐渐放开对进出口经营权和进出口商品经营品种的限制，越来越多的企业可以直接从事进出口贸易，这对促进对外贸易的发展产生了十分重要的作用。但同时一些企业为抢占市场，不惜采取低价竞销和冒用他人注册商标的手段大肆进出口侵权商品。针对在对外贸易中侵犯知识产权的情况比较严重的状况，国家通过立法授权海关在进出境环节保护知识产权，对与进出口货物有关的知识产权进行保护，从而有效地规范了进出口秩序。

二、知识产权海关保护制度的基本内容

（一）知识产权海关保护的备案

1. 知识产权海关保护备案的含义

知识产权海关保护备案，是指知识产权权利人按照《知识产权海关保护条例》的规定，将其知识产权的法律状况、有关货物的情况、知识产权合法使用情况和侵权货物进出口情况以书面形式通知海关总署，以便海关在对进出口货物的监管过程中能够主动对有关知识产权实施保护。

2. 知识产权海关保护备案的意义

根据《知识产权海关保护条例》，知识产权权利人在向海关申请保护前不要求必须进行知识产权备案。但是，对商标专用权权利人等某些知识产权权利人而言，备案与否有很大的差异，主要体现在：

（1）是海关采取主动保护措施的前提条件。根据《知识产权海关保护条例》的规定，

知识产权权利人如果事先没有将其知识产权向海关备案，海关即便发现侵权货物即将进出境，也没有权力主动中止其进出口，也无权对侵权货物进行调查处理。

（2）有助于海关发现侵权货物。由于知识产权权利人在备案时，需要提供有关知识产权的法律状况、权利人的联系方式、合法使用知识产权情况、侵权嫌疑货物情况、有关图片和照片等情况，使海关有可能在日常监管过程中发现侵权嫌疑货物并主动予以扣留。所以，事先进行知识产权备案，可以使权利人的合法权益得到及时的保护。

（3）知识产权权利人的经济负担较轻。根据海关总署有关《知识产权海关保护条例》的实施办法规定，在海关依职权保护模式下，知识产权权利人向海关提供的担保最高不超过人民币 10 万元。如果知识产权权利人事先未进行知识产权备案，则不能享受上述待遇，必须提供与其要求扣留的货物等值的担保。

（4）可以对侵权人产生震慑作用。由于海关对进出口侵权货物予以没收并给予进出口企业行政处罚，尽早进行知识产权备案，可以对那些过去毫无顾忌地进出口侵权货物的企业产生警告和震慑作用，促使其自觉地尊重有关知识产权。此外，有些并非恶意出口侵权产品的企业也可以通过查询备案，了解其承揽加工和出口的货物是否可能构成侵权。

3. 知识产权海关保护的备案申请

（1）知识产权海关保护备案的申请人

知识产权海关保护备案的申请人应为知识产权权利人，知识产权权利人可以委托代理人办理知识产权海关保护备案。

（2）知识产权海关保护备案申请的文件及证据

① 申请书

知识产权权利人向海关总署申请知识产权海关保护备案的，应当向海关总署提交申请书。

申请书应当包括以下内容：

A. 知识产权权利人的名称或者姓名、注册地或者国籍等。

B. 知识产权的名称、内容及其相关信息；

C. 知识产权许可行使状况；

D. 知识产权权利人合法行使知识产权的货物的名称、产地、进出境地海关、进出口商、主要特征、价格等。

E. 已知的侵犯知识产权货物的制造商、进出口商、进出境地海关、主要特征、价格等。

② 随附文件、证据

知识产权权利人向海关总署提交备案申请书的内容有证明文件的，知识产权权利人应当附送证明文件。

知识产权权利人向海关总署提交的上述文件和证据应当齐全、真实和有效。有关文件和证据为外文的，应当另附中文译本。海关总署认为必要时，可以要求知识产权权利人提交有关文件或者证据的公证、认证文书。

（3）知识产权海关保护备案申请的受理

海关总署应当自收到申请人全部申请文件之日起 30 个工作日内作出是否准予备案的决定，并书面通知申请人。不予备案的，海关须说明理由。

有下列情形之一的，海关总署不予受理：

① 申请文件不齐全或者无效的；

② 申请人不是知识产权权利人的；

③ 知识产权不再受法律、行政法规保护的。

4. 知识产权海关保护备案的时效

（1）备案有效期

知识产权海关保护备案自海关总署核准备案之日起生效，有效期为10年。自备案生效之日起知识产权的有效期不足10年的，备案的有效期以知识产权的有效期为准。

（2）续展备案有效期

知识产权有效的，知识产权权利人可以在知识产权海关保护备案有效期届满前6个月内，向海关总署申请续展备案。每次续展备案的有效期为10年。

知识产权海关保护备案有效期届满而不申请续展或者知识产权不再受法律、行政法规保护的，知识产权海关保护备案随即失效。

5. 知识产权海关保护备案的变更或注销

知识产权备案情况发生改变的，知识产权权利人应当自发生改变之日起30个工作日内，向海关总署办理备案变更或者注销手续。

6. 知识产权海关保护备案的撤销

（1）海关发现知识产权权利人申请知识产权备案未如实提供有关情况或者文件的，海关总署可以撤销其备案。

（2）知识产权权利人未依照规定办理备案变更或者注销手续，给他人合法进出口或者海关依法履行监管职责造成严重影响的，海关总署可以根据有关利害关系人的申请撤销有关备案，也可以主动撤销有关备案。

（二）扣留侵权嫌疑货物的申请及其处理

知识产权权利人发现侵权嫌疑货物即将进出口，或者接到海关就实际监管中发现进出口货物涉嫌侵犯在海关总署备案的知识产权而发出的书面通知的，可以向货物进出境地海关提出扣留侵权嫌疑货物的申请，并按规定提供相应的担保。

1. 知识产权权利人发现侵权嫌疑货物的扣留申请及其处理

（1）申请扣留侵权嫌疑货物的文件

知识产权权利人发现侵权嫌疑货物即将进出口并请求海关予以扣留的，应当向货物进出境地海关提交申请书及相关证明文件，并提供足以证明侵权事实明显存在的证据。

申请书应当包括下列主要内容：

① 知识产权权利人的名称或者姓名、注册地或者国籍等；

② 知识产权的名称、内容及其相关信息；

③ 侵权嫌疑货物收货人或发货人的名称；

④ 侵权嫌疑货物名称、规格等；

⑤ 侵权嫌疑货物可能进出境的口岸、时间、运输工具等；

侵权嫌疑货物涉嫌侵犯备案知识产权的，申请书还应当包括海关备案号。

（2）请求扣留侵权嫌疑货物的担保

知识产权权利人请求海关扣留侵权嫌疑货物的，应当向海关提供不超过货物等值的担保，用于赔偿可能因申请不当给收货人、发货人造成的损失，以及支付货物由海关扣留后的仓储、保管和处置等费用；知识产权权利人直接向仓储商支付仓储、保管费用的，从担保中扣除。

（3）海关扣留侵权嫌疑货物

知识产权权利人申请扣留侵权嫌疑货物，符合有关扣留申请的规定，并提供担保的，海关应当扣留侵权嫌疑货物，书面通知知识产权权利人，并将海关扣留凭单送达收货人或者发货人。

知识产权权利人申请扣留侵权嫌疑货物，不符合有关扣留申请的规定，或者未按规定提供担保的，海关应当驳回申请，并书面通知知识产权权利人。

2. 海关发现侵权嫌疑货物的扣留申请及其处理

（1）海关书面通知知识产权权利人

海关发现进出口货物有侵犯备案知识产权嫌疑的，应当立即书面通知知识产权权利人。

（2）知识产权权利人的回复及其扣留申请

知识产权权利人在接到海关书面通知送达之日起3个工作日内应予以回复，认为有关货物侵犯其在海关总署备案的知识产权并要求海关予以扣留的，向海关提出扣留侵权嫌疑货物的申请，并按照规定向海关提供担保。

其扣留申请办法与知识产权权利人发现侵权嫌疑的扣留申请相同。

（3）海关扣留侵权嫌疑货物

海关接到知识产权权利人扣留申请及担保后，应当扣留侵权嫌疑货物，书面通知知识产权权利人，并将海关扣留凭单送达收货人或者发货人。

经海关同意，知识产权权利人和收货人或发货人可以查看有关货物。

知识产权权利人逾期未提出申请或者未提供担保的，海关不得扣留货物。

（4）收货人或者发货人的反制措施

收货人或者发货人认为其货物未侵犯知识产权权利人的知识产权的，应当向海关提出书面说明并附送相关证据。

涉嫌侵犯专利权货物的收货人或者发货人认为其进出口货物未侵犯专利权的，可以在向海关提供货物等值的担保金后，请求海关放行其货物。知识产权权利人未能在合理期限内向人民法院起诉的，海关应当退还担保金。

（三）海关对侵权嫌疑货物的调查处理

1. 海关的调查、认定

海关发现进出口货物有侵犯备案知识产权嫌疑并通知知识产权权利人后，知识产权权利人请求海关扣留侵权嫌疑货物的，海关应当自扣留之日起30个工作日内对被扣留的侵权嫌疑货物是否侵犯知识产权进行调查、认定；不能认定的，应当立即书面通知知识产权权利人。

2. 海关调查、认定时的协助、配合

（1）海关与知识产权主管部门的协助

对被扣留的侵权嫌疑货物进行调查，请求知识产权主管部门提供协助的，有关知识产权主管部门应当予以协助；知识产权主管部门处理涉及进出口货物的侵权案件请求海关提供协助的，海关应当予以协助。

（2）权利人和收发货人对海关的配合

海关对被扣留的侵权嫌疑货物及有关情况进行调查时，知识产权权利人和收货人或者发货人应当予以配合。

3. 权利人申请采取责令停止侵权行为或者财产保全的措施

知识产权权利人在向海关提出采取保护措施的申请后，可以依照《中华人民共和国商标法》《中华人民共和国著作权法》《中华人民共和国专利法》或者其他有关法律的规定，就被扣留的侵权嫌疑货物向人民法院申请采取责令停止侵权行为或者财产保全的措施。

海关收到人民法院有关责令停止侵权行为或者财产保全的协助执行通知的，应当予以协助。

4. 放行被扣留的侵权嫌疑货物

有下列情形之一的，海关应当放行被扣留的侵权嫌疑货物：

（1）海关依照本条例第十五条的规定扣留侵权嫌疑货物，自扣留之日起 20 个工作日内未收到人民法院协助执行通知的；

（2）海关依照本条例第十六条的规定扣留侵权嫌疑货物，自扣留之日起 50 个工作日内未收到人民法院协助执行通知，并且经调查不能认定被扣留的侵权嫌疑货物侵犯知识产权的；

（3）涉嫌侵犯专利权货物的收货人或者发货人在向海关提供与货物等值的担保金后，请求海关放行其货物的；

（4）海关认为收货人或者发货人有充分的证据证明其货物未侵犯知识产权权利人的知识产权的；

（5）在海关认定被扣留的侵权嫌疑货物为侵权货物之前，知识产权权利人撤回扣留侵权嫌疑货物的申请的。

5. 权利人支付费用

海关依照规定扣留侵权嫌疑货物，知识产权权利人应当支付有关仓储、保管和处置等费用。知识产权权利人未支付有关费用的，海关可以从其向海关提供的担保金中予以扣除，或者要求担保人履行有关担保责任。

侵权嫌疑货物被认定为侵犯知识产权的，知识产权权利人可以将其支付的有关仓储、保管和处置等费用计入其为制止侵权行为所支付的合理开支。

海关实施知识产权保护发现涉嫌犯罪案件的，应当将案件依法移送公安机关处理。

（三）法律责任

1. 海关没收侵权货物

被扣留的侵权嫌疑货物，经海关调查后认定侵犯知识产权的，由海关予以没收。

海关没收侵犯知识产权货物后，应当将侵犯知识产权货物的有关情况书面通知知识产权权利人。

2. 侵权货物没收后的处理

（1）被没收的侵犯知识产权货物可以用于社会公益事业的，海关应当转交给有关公益机构用于社会公益事业；知识产权权利人有收购意愿的，海关可以有偿转让给知识产权权利人。

（2）被没收的侵犯知识产权货物无法用于社会公益事业且知识产权权利人无收购意愿的，海关可以在消除侵权特征后依法拍卖，但对进口假冒商标货物，除特殊情况外，不能仅清除货物上的商标标识即允许其进入商业渠道。

（3）侵权特征无法消除的，海关应当予以销毁。

3. 须由权利人承担的法律责任

（1）权利人自行承担责任的情形

海关接受知识产权保护备案和采取知识产权保护措施的申请后，因知识产权权利人未提供确切情况而未能发现侵权货物、未能及时采取保护措施或者采取保护措施不力的，由知识产权权利人自行承担责任。

（2）权利人承担赔偿责任的情形

知识产权权利人请求海关扣留侵权嫌疑货物后，海关不能认定被扣留的侵权嫌疑货物侵犯知识产权权利人的知识产权，或者人民法院判定不侵犯知识产权权利人的知识产权的，知识产权权利人应当依法承担赔偿责任。

4. 构成犯罪的处置

进口或者出口侵犯知识产权货物，构成犯罪的，依法追究刑事责任。

第五节　海关行政处罚制度

一、海关行政处罚概述

（一）海关行政处罚的含义

海关行政处罚是指海关根据法律授予的行政处罚权力，对公民、法人或者其他组织违反海关法律、行政法规，依法不追究刑事责任的走私行为和违反海关监管规定的行为，以及法律、行政法规、国务院规范性文件规定由海关实施行政处罚的行为所实施的一种行政制裁。

（二）海关行政处罚的性质

海关行政处罚作为一种行政制裁行为，通过对违反海关法的当事人财产、资格或声誉予以一定的剥夺或者限制，以达到规范进出境监管秩序、保护国家利益和他人合法权益的目的。海关行政处罚以当事人的行为违反海关法律、行政法规，并需要追究当事人的行政法律责任为前提，因此不能把海关行政处罚和海关行政强制措施相混淆。同时，对于应追究刑事法律责任的违反海关法的行为也不能以罚代刑，即不能用海关行政处罚代替刑事惩罚。

（三）海关行政处罚的基本原则

1. 公正、公开原则

（1）公正原则

公正原则是指海关对公民、法人或者其他组织的行政处罚，应当同其违反海关法行为的事实、性质、情节及危害程度相当；对有基本相同的违法行为的两个以上的公民、法人或者其他组织，如果其违法行为发生的环境条件、危害程度基本相同，受到的处罚也应基本相同。

（2）公开原则

公开原则是指有关海关行政处罚的法律、行政法规及规章应当公布；海关执法人员应当公开执法身份，出示执法证件；海关行政处罚的依据、证据、理由等应当向当事人公开。

2. 法定原则

法定原则包括海关行政处罚的法律依据是法定的，海关行政处罚的程序是法定的，海关行政处罚的主体及其职权是法定的等。

3. 处罚与教育相结合的原则

海关行政处罚的功能不只是单纯的处罚和惩戒，而是通过制裁手段，使违法者改正违法行为，形成守法自律意识，因此海关行政处罚的过程包含着教育的内容。

4. 救济原则

按照现代行政法治的要求，"有处罚即有救济"。也就是说，行为人受到处罚，同时应具有救济手段。海关行政处罚中的救济手段包括行政申诉、行政复议、行政诉讼和行政赔偿。

二、海关行政处罚制度的基本内容

（一）海关行政处罚的范围

《海关行政处罚实施条例》仅适用于应受海关行政处罚行为的处理。应受海关处罚行为包括不予追究刑事责任的走私行为和违反海关监管规定行为，以及法律、行政法规规定由海关实施行政处罚的行为。

根据《海关法》的规定，走私情节严重的（主要以走私物的品种、数量和逃税额为标准），构成走私罪。认定和惩罚走私罪（追究刑事责任）属于司法机关的职能，不在海关行政处罚范围内；而依法不追究刑事责任的走私行为，以及涉嫌走私罪但人民检察院依法不追究刑事责任、构成走私犯罪但人民法院依法决定免于追究刑事责任的，应由海关依据《海关行政处罚实施条例》进行行政处罚。

1. 依法不追究刑事责任的走私行为

（1）走私行为

① 走私行为的含义

根据《海关行政处罚实施条例》的规定，违反《海关法》及其他有关法律、行政法规，逃避海关监管，偷逃应纳税款、逃避国家有关进出境的禁止性或者限制性管理，并有《海关行政处罚实施条例》第七条所列行为之一的是走私行为。

《海关行政处罚实施条例》第七条所列行为包括：

A. 未经国务院或者国务院授权的机关批准，从未设立海关的地点运输、携带国家禁止或者限制进出境的货物、物品或者依法应当缴纳税款的货物、物品进出境的；

B. 经过设立海关的地点，以藏匿、伪装、瞒报、伪报或者其他方式逃避海关监管，运输、携带、邮寄国家禁止或者限制进出境的货物、物品或者依法应当缴纳税款的货物、物品进出境的；

C. 使用伪造、变造的手册、单证、印章、账册、电子数据或者以其他方式逃避海关监管，擅自将海关监管货物、物品、进境的境外运输工具，在境内销售的；

D. 使用伪造、变造的手册、单证、印章、账册、电子数据或者以伪报加工贸易制成品单位耗料量等方式，致使海关监管货物、物品脱离监管的；

E. 以藏匿、伪装、瞒报、伪报或者其他方式逃避海关监管，擅自将保税区、出口加工区等海关特殊监管区域内的海关监管货物、物品，运出区外的；

F. 有逃避海关监管，构成走私的其他行为的。

走私行为在客观上首先表现为违反《海关法》及其他有关法律、行政法规，其次表现为逃避海关监管，这是构成走私行为必不可少的两个前提条件，二者缺一不可。

② 走私行为的构成特征

走私行为的构成特征可以从 4 个方面来理解：

第一，违反的法律。走私行为违反的是《海关法》及其他有关法律、行政法规。

第二，走私的目的。走私行为的目的是偷逃应纳税款、逃避国家有关进出境的禁止性或者限制性管理。

第三，走私的行为特征。走私的行为特征是逃避海关监管，非法运输、携带、邮寄进出境，或者擅自在境内销售等。

第四，走私的对象。走私的对象是国家禁止、限制进出口或者依法应当缴纳税款的货物、物品，或者是未经海关许可并且未缴应纳税款、交验有关许可证件的保税货物、特定减免税货物，以及其他海关监管货物、物品、进境的境外运输工具等。

（2）按走私行为论处的行为

① 按走私行为论处的行为范围及条件

有下列行为之一的，按走私行为论处：

A. 明知是走私进口的货物、物品，直接向走私人非法收购的。

该项行为要以走私行为论处，必须同时符合 3 个条件：

一是行为人必须明知收购的货物、物品是走私进口的货物、物品；

二是行为人必须明知对方是走私人，而直接向走私人非法收购走私进口的货物、物品，即所谓的“第一手交易”，如果不是直接向走私分子收购走私进境的货物、物品，而是经过第二手、第三手，甚至更多的收购环节，则不能以走私行为论处；

三是收购的行为是非法进行的。

B. 在内海、领海、界河、界湖，船舶及所载人员运输、收购、贩卖国家禁止或者限制进出境的货物、物品，或者运输、收购、贩卖依法应当缴纳税款的货物，没有合法证明的。

该项行为要以走私行为论处，必须符合 4 个条件：

一是区域，行为人必须是在特定的区域，即在内海、领海、界河、界湖运输、收购、贩卖国家禁止或者限制进出境的货物、物品，或者运输、收购、贩卖依法应当缴纳税款的货物，如果是在内地运输、收购、贩卖，则不是本项规定的以走私论处的行为；

二是行为方式，即运输、收购、贩卖；

三是运输、收购、贩卖的对象是国家禁止、限制进出境的货物、物品，或者是依法应当缴纳税款的货物；

四是在上述特定区域运输、收购、贩卖上述货物、物品，必须没有合法证明。

“合法证明”是指船舶及其所载人员依照国家有关规定或者依照国际运输惯例所必须持有的证明其运输、携带、收购、贩卖所载货物、物品真实、合法、有效的商业单证、运输单证及其他有关证明、文件。

② 按走私行为论处的行为特征

《海关行政处罚实施条例》规定了上述两项以走私行为论处的行为。这些行为不具有典型的走私特征，但这些行为与走私行为联系密切，为走私货物、物品提供了销售、流通渠道，成为完成走私的一个重要环节，其违法性质、危害后果与直接走私行为相近，因此，为严厉打击走私违法行为，海关法规定应当按走私行为论处。

（3）以走私的共同当事人论处的行为

与走私人通谋为走私人提供贷款、资金、账号、发票、证明、海关单证的，与走私人通谋为走私人提供走私货物、物品的提取、发运、运输、保管、邮寄或者其他方便的，以走私的共同当事人论处。

2. 违反海关监管规定的行为

（1）违反海关监管规定的行为的含义及范围

违反海关监管规定的行为是指海关管理相对人在从事运输工具、货物、物品的进出境活动或从事海关监管货物的运输、储存、加工、装配、寄售、展示等业务活动中，违反《海关法》及其他有关法律、行政法规的规定，且未构成走私的行为。主要是违反海关关于进出境监管的具体要求、监管程序和监管手续，没有按照海关规定履行应尽的义务，执法实践中简称为“违规”行为。

根据《海关行政处罚实施条例》，违反海关监管规定的行为主要有：

① 违反国家进出口管理规定，进出口国家禁止进出口货物的；

② 违反国家进出口管理规定，进出口国家限制进出口的货物或属于自动进出口许可管理的货物，进出口货物的收发货人向海关申报时不能提交许可证件的；

③ 进出口货物的品名、税则号列、数量、规格、价格、贸易方式、原产地、启运地、运抵地、最终目的地或者其他应当申报的项目未申报或者申报不实的；

④ 擅自处置监管货物，违规存放监管货物，监管货物短少灭失且不能提供正当理由的，未按规定办理保税手续，单耗申报不实，过境、转运、通运货物违规，暂时进出口货物违规的；

⑤ 非法代理、行贿、未经许可从事报关业务、骗取许可的；

⑥ 其他违法（中断监管程序、伪造、变造、买卖单证、进出口侵犯知识产权货物等）。

（2）走私行为与违规行为的区别

《海关法》和《海关行政处罚实施条例》将违反《海关法》及其他有关法律、行政法规的行为分为走私行为和违规行为。这是两类性质完全不同的行为，有着本质的不同：

① 主观故意不同。走私具有很强的主观目的性，其行为的目的就在于偷逃国家应缴税款或逃避国家对进出境运输工具、货物、物品的禁止或限制性管制，并往往有针对性地采取各种伪装欺骗手法，企图逃避海关监管；而违规行为在主观认识上通常表现为“过失”状态，没有很明确的追求逃税、逃证的主观目的性，通常也不会采取有针对性的欺骗手法来逃避海关监管。

② 客观行为不同。走私为了达到逃税、逃证的目的，通常会采取欺骗手法逃避海关监管，而且这种逃避海关监管的手法是行为人在明知或应知条件下有针对性采取的。而违规行为一般都不会采取欺骗手法来掩饰自己的过失行为，其行为往往没有明确的逃税、逃证的针对性和目的性，发生的环节也多是在程序和手续方面不履行海关规定的义务。

③ 行为危害结果不同。走私行为侵害的主体是国家关于运输工具、货物、物品进出境税收和管制的实体性规定，通常会产生逃税、逃证的实质性危害，《海关行政处罚实施

条例》规定的走私行为和以走私行为论处的行为都会直接产生逃税、逃证的结果。而违规行为侵害的是海关监管的程序、手续，以及具体要求等进出境管理秩序。

走私与违规还有很多不同之处，但上述3个方面的区别是最基本、最直观并易于把握的。

3. 法律、行政法规规定由海关实施行政处罚的行为

除《海关法》规定了走私行为和违反海关监管规定的行为由海关处理外，还包括其他法律、行政法规，以及国务院的规范性文件规定由海关实施处罚的行为的处理。

（二）海关行政处罚的管辖

海关行政处罚的管辖是指海关实施行政处罚权限的划分和分工。根据《海关行政处罚实施条例》，海关行政处罚的管辖主要是：

1. 由发现违法行为的海关管辖，也可以由违法行为发生地海关管辖。

2. 两个以上海关都有管辖权的案件，由最先发现违法行为的海关管辖。

3. 管辖不明确的案件，由有关海关协商确定管辖，协商不成的，报请共同的上级海关指定管辖。

4. 重大、复杂的案件，可以由海关总署指定管辖。

上述第1、2点针对的是明确规定的管辖；第3点针对的是不明确的情况，规定协商或指定管辖；第4点针对的是特殊情况，规定由总署指定管辖。一个海关只有同时具有地域管辖、级别管辖、职权管辖3个权能，才具有行政处罚权。

（三）海关行政处罚的形式及具体内容

1. 海关行政处罚的基本形式

由于海关行政处罚的违法标的物分别为禁止、限制进出口的货物及物品，应缴纳税款的货物，既属限制进出口又属应税的货物，以及法律规定的其他特殊货物（固体废物）等，其造成的危害后果是不同的。因此，《海关行政处罚实施条例》对上述不同违法行为所涉的违法标的作出了不同的处罚规定。其形式主要包括：

（1）警告；

（2）罚款；

（3）没收走私货物、物品、运输工具及违法所得；

（4）撤销报关等企业的注册登记，暂停从事有关业务；

（5）取缔未经注册登记从事报关业务的企业的有关活动。

2. 海关行政处罚的具体方式

（1）对走私行为的行政处罚

《海关行政处罚实施条例》对走私行为的处罚规定了下列处罚方式：

① 没收走私货物、物品及违法所得；

② 可以并处罚款；

③ 专门用于走私的运输工具或者用于掩护走私的货物、物品应当予以没收；

④ 2年内3次以上用于走私的运输工具或者用于掩护走私的货物、物品，应当予以没收；

⑤ 藏匿走私货物、物品的特制设备、夹层、暗格，应当予以没收或者责令拆毁。使用特制设备、夹层、暗格实施走私的，应当从重处罚；

⑥ 在海关注册的企业，构成走私犯罪或者 1 年内有 2 次以上走私行为的，海关可以撤销其注册登记。

（2）对违反海关监管规定的行为的行政处罚

《海关行政处罚实施条例》对违规行为的处罚规定了下列处罚方式：

① 警告。警告作为一种正式的海关行政处罚类型，在依据《海关行政处罚实施条例》的规定对有关违法行为给予警告处罚时，应严格按照《行政处罚法》所规定的程序实施（单独给予警告处罚的，可以适用行政处罚简易程序）。

② 罚款。罚款是对违规行为的一种重要的处罚种类，几乎涉及违反《海关行政处罚实施条例》关于海关监管行为处罚的所有条款。同时，《海关行政处罚实施条例》在处罚幅度上还作了上下限规定，减少了处罚的随意性。

③ 没收违法所得。没收违法所得是《海关行政处罚实施条例》中增加的对违规行为的处罚种类，使处罚更加具有针对性。

④ 暂停有关企业从事有关业务、撤销海关注册登记，使海关对违规行为的处罚有更多的选择性和针对性，对整顿和规范企业行为具有深远影响。

⑤ 未经海关注册登记从事报关业务的，予以取缔。

（四）海关行政处罚的程序

1. 一般规定

（1）案件移交

海关发现的依法应当由其他行政机关或者刑事侦查部门处理的违法行为，应当制作案件移送函，及时将案件移送有关行政机关或者刑事侦查部门处理。

（2）双人办案

海关在调查、收集证据时，办理行政处罚案件的海关工作人员（以下简称办案人员）不得少于 2 人，并且应当向当事人或者有关人员出示执法证件。

（3）回避

办案人员有下列情形之一的，应当回避，当事人及其代理人有权申请其回避：

① 当事人的近亲属；

② 本人或者其近亲属与本案有利害关系；

③ 与本案当事人有其他关系，可能影响案件公正处理的。

2. 案件调查

（1）立案

海关发现公民、法人或者其他组织有依法应当由海关给予行政处罚的行为的，应当立案调查。

海关受理或者发现的违法线索，经核实有下列情形之一的，不予立案：

① 没有违法事实的；

② 违法行为超过法律规定的处罚时效的；

③ 其他依法不予立案的情形。

海关决定不予立案的，应当制作不予立案通知书，及时通知举报人、线索移送机关或者主动投案的违法嫌疑人。

（2）调查取证

① 调查取证的基本要求

海关立案后，应当全面、客观、公正、及时地进行调查、收集证据。海关调查、收集证据，应当按照法律、行政法规及其他有关规定的要求办理。调查、收集的证据涉及国家秘密、商业秘密或者个人隐私的，海关应当保守秘密。

② 调查取证的手段

调查取证的手段包括查问违法嫌疑人、询问证人，依法检查运输工具和场所，查验货物、物品，对有关货物、物品进行取样化验和鉴定，查询案件涉嫌单位和涉嫌人员在金融机构、邮政企业的存款及汇款，依法扣留货物、物品、运输工具、其他财产及账册、单据等资料。

③ 调查获取的证据种类

海关办理行政处罚案件的调查，所获取的证据主要有：书证、物证、视听资料、电子数据、证人证言、化验报告、鉴定结论、当事人的陈述、查验与检查记录等。证据应当经查证属实，才能作为认定事实的根据。

（3）调查中止和终结

① 中止调查

海关办理行政处罚案件，在立案后发现当事人的违法行为应当移送其他行政机关或者刑事侦查部门办理的，应当及时移送。行政处罚案件自海关移送其他行政机关或者刑事侦查部门之日起中止调查。

② 恢复调查

海关中止调查的行政处罚案件，有下列情形之一的，应当恢复调查：

A. 其他行政机关或者刑事侦查部门已作出处理的海关移送案件，仍需要海关作出行政处罚的；

B. 其他行政机关或者刑事侦查部门不予受理或者不予追究刑事责任，退回海关处理的。

③ 终结调查

经调查后，行政处罚案件有下列情形之一的，可以终结调查：

A. 违法事实清楚、法律手续完备、据以定性处罚的证据充分的；

B. 没有违法事实的；

C. 作为当事人的自然人死亡的；

D. 作为当事人的法人或者其他组织终止，无法人或者其他组织承受其权利义务，又无其他关系人可以追查的；

E. 其他行政机关或者刑事侦查部门已作出处理的海关移送案件，不需要海关作出行政处罚的；

F. 其他依法应当终结调查的情形。

（4）案件审查

① 海关对已经调查终结的行政处罚案件，应当经过审查；未经审查程序，不得作出撤销案件、不予行政处罚、予以行政处罚等处理决定。

② 海关对行政处罚案件进行审查时，应当审查案件的违法事实是否清楚，定案的证据是否客观、充分，调查取证的程序是否合法、适当，以及是否存在不予行政处罚或者减

轻、从轻、从重处罚的情节，并且提出适用法律和案件处理意见。

有关案件违法事实不清、证据不充分或者调查程序违法的，应当退回补充调查。

③ 不满 14 周岁的人有违法行为的，不予行政处罚，但是应当责令其监护人加以管教。已满 14 周岁不满 18 周岁的人有违法行为的，从轻或者减轻行政处罚。

④ 精神病人在不能辨认或者不能控制自己行为时有违法行为的，不予行政处罚，但应当责令其监管人严加看管和治疗。间歇性精神病人在精神正常时有违法行为的，应当给予行政处罚。

（5）告知、复核和听证

① 告知

海关在作出行政处罚决定前，应当告知当事人作出行政处罚决定的事实、理由和依据，并且告知当事人依法享有的权利。在履行告知义务时，海关应当制发行政处罚告知单，送达当事人。

除因不可抗力或者海关认可的其他正当理由外，当事人应当在收到行政处罚告知单的 3 个工作日内提出书面陈述、申辩和听证申请。逾期视为放弃陈述、申辩和要求听证的权利。

当事人当场口头提出陈述、申辩的，海关应当制作书面记录，并且由当事人签字或者盖章确认。

当事人放弃陈述、申辩和听证权利的，海关可以直接作出行政处罚决定。当事人放弃陈述、申辩和听证权利应当有书面记载，并且由当事人或者其代理人签字或者盖章确认。

② 复核

海关在收到当事人的书面陈述、申辩意见后，应当进行复核；当事人提出的事实、理由或者证据成立的，海关应当采纳。

海关不得因当事人的申辩而加重处罚，但是海关发现新的违法事实的除外。

经复核后，变更原处罚告知事实、理由、依据、处罚幅度的，应当重新制发海关行政处罚告知单。

③ 听证

A. 举行听证的范围

根据《行政处罚法》《海关行政处罚实施条例》的规定，海关在作出暂停从事有关业务，撤销海关注册登记，对公民处 1 万元以上罚款，对法人或者其他组织处 10 万元以上罚款，没收有关货物、物品、走私运输工具等行政处罚决定之前，应当告知当事人有要求举行听证的权利。当事人要求听证的，海关应当组织听证，听证的费用由海关承担。

B. 举行听证的组织

海关行政处罚案件的听证由海关行政处罚案件审理部门负责组织；涉及知识产权处罚案件的听证，由海关法制部门负责组织；涉及资格罚案件的听证，由海关作出资格罚处罚决定的部门负责组织。组织听证应指定 1 名听证主持人和 1 名记录员，必要时可以另外指定 1~4 名听证员协助听证主持人组织听证。

C. 举行听证的申请

当事人应当在海关告知其听证权利之日起 3 日以内，以书面形式向海关提出听证申请。以邮寄方式提出申请的，以寄出的邮戳日期为申请日期。因不可抗力或者其他特殊情况不能在规定期限内提出听证申请的，申请并经海关同意，可以在障碍消除后 3 日以内提出听证申请。

D. 举行听证的决定

海关决定组织听证的，应当自收到听证申请之日起 30 日以内举行听证，并在举行听证的 7 日以前将“海关行政处罚听证通知书”送达当事人；决定不予听证的，海关应当在收到听证申请之日起 5 日以内制作“海关行政处罚不予听证通知书”并及时送达申请人。

3. 处理决定

海关关长应当根据对行政处罚案件审查的不同结果，依法作出以下决定：

（1）确有违法行为，应当给予行政处罚的，根据其情节和危害后果的轻重，作出行政处罚决定；

（2）依法不予行政处罚的，作出不予行政处罚的决定；

（3）符合撤销案件规定的，予以撤销；

（4）符合《海关行政处罚实施条例》规定的收缴条件的，予以收缴；

（5）违法行为涉嫌犯罪的，移送刑事侦查部门依法办理。

海关依法作出行政处罚决定或者不予行政处罚决定的，应当制发行政处罚决定书或者不予行政处罚决定书。

行政处罚决定书应当在宣告后当场交付当事人；当事人不在场的，海关应当在 7 日内将行政处罚决定书送达当事人。

根据《海关行政处罚实施条例》的规定收缴有关货物、物品、违法所得、运输工具、特制设备的，应当制作收缴清单送达被收缴人。

4. 行政处罚决定的执行

（1）执行

海关作出行政处罚决定后，当事人应当在行政处罚决定书规定的期限内，予以履行。海关对当事人依法作出暂停从事有关业务、撤销其注册登记等行政处罚决定的执行程序，由海关总署另行制定。

当事人确有经济困难向海关提出延期或者分期缴纳罚款的，应当以书面方式提出申请。海关在收到当事人申请延期、分期执行申请后，应当在 10 个工作日内作出是否准予延期、分期缴纳罚款的决定，并且制发通知书送达申请人。海关同意当事人延期或者分期缴纳的，应当及时通知收缴罚款的机构。同意当事人延期或者分期缴纳罚款的，执行完毕的期限自处罚决定书规定的履行期限届满之日起不得超过 180 日。

当事人逾期不履行行政处罚决定的，海关可以采取下列主要措施：

① 到期当事人不缴纳罚款的，每日按照罚款数额的 3%加处罚款。

② 当事人逾期不履行海关的处罚决定又不申请复议或者向人民法院提起诉讼的，海关可以将扣留的货物、物品、运输工具变价抵缴，或者以当事人提供的担保抵缴，也可以申请人民法院强制执行。

采取加处罚款、抵缴措施之前，应当制发执行通知书并且送达当事人。

③ 受海关处罚的当事人或者其法定代表人、主要负责人在出境前未缴清罚款、违法所得和依法追缴的货物、物品、走私运输工具的等值价款的，也未向海关提供相当于上述款项担保的，海关可以制作阻止出境协助函，通知出境管理机关阻止其出境。

（2）中止执行

有下列情形之一的，应当中止执行：

① 处罚决定可能存在违法或者不当情况的（应当经直属海关关长或者其授权的隶属海关关长批准）；

② 申请人民法院强制执行，人民法院裁定中止执行的；

③ 行政复议机关、人民法院认为需要中止执行的；

④ 其他依法应当中止执行的。

（3）恢复执行

中止执行的情形消失后，应当恢复执行。

（4）终结执行

有下列情形之一的，应当终结执行：

① 据以执行的法律文书被撤销的；

② 作为当事人的自然人死亡的；

③ 作为当事人的法人或者其他组织被依法终止，又无权利义务承受人的，也无其他财产可供执行的；

④ 海关行政处罚决定履行期限届满超过 2 年，海关依法采取各种执行措施后仍无法执行完毕的，但是申请人民法院强制执行情形除外；

⑤ 申请人民法院强制执行的，人民法院裁定中止执行后超过 2 年仍无法执行完毕的；

⑥ 申请人民法院强制执行后，人民法院裁定终结执行的；

⑦ 其他依法应当终结执行的。

5. 简单案件处理程序

（1）简单案件的含义

简单案件是指海关在行邮、快件、货管、保税监管等业务现场，以及其他海关监管、统计业务中发现的违法事实清楚、违法情节轻微，经现场调查后，可以当场制发行政处罚告知单的违反海关监管规定案件。

（2）简单案件程序的适用

简单案件程序适用于以下案件：

① 适用《海关行政处罚实施条例》第十五条第一、二项规定进行处理的；

② 适用《海关行政处罚实施条例》第二十条至第二十三条规定进行处理的；

③ 违反海关监管规定携带货币进出境，金额折合人民币 20 万元以下的；

④ 其他违反海关监管规定案件货物价值在人民币 20 万元以下，物品价值在人民币 5 万元以下的。

（3）适用简单案件程序的告知、调查取证和制发行政处罚告知单

适用简单案件程序办理案件的，海关应当告知当事人。当事人应当根据海关要求提交有关单证材料。办理案件的，海关应当当场立案，立即开展调查取证工作。

海关进行现场调查后，应当当场制发行政处罚告知单，并将行政处罚告知单交由当事人或者其代理人当场签收。符合《行政处罚法》第三十三条规定的简单案件，可以不制发行政处罚告知单。

（4）行政处罚决定书的制发

海关依法作出行政处罚决定或者不予行政处罚决定的，应当制发行政处罚决定书或者不予行政处罚决定书，送达当事人或者其代理人。

有下列情形之一的，海关可以当场制发行政处罚决定书，并当场送达当事人或者其代

理人：

① 当事人对被告知的事实、理由及依据无异议，并填写《放弃陈述、申辩、听证权利声明》的；

② 当事人对海关告知的内容提出陈述、申辩意见，海关能够当场进行复核且当事人对当场复核意见无异议的。

适用简单案件程序办理的案件，海关应当在立案后 5 个工作日以内制发行政处罚决定书。

（5）适用简单案件程序的终止

适用简单案件程序办理的案件有下列情形之一的，海关应当终止适用简单案件程序，适用一般程序规定办理，并告知当事人：

① 海关发现新的违法事实，认为案件需要进一步调查取证的；

② 当事人对海关告知的内容提出陈述、申辩意见，海关无法当场进行复核的；

③ 海关当场复核后，当事人对海关的复核意见仍然不服的；

④ 当事人向海关提出听证申请的。

第六节　海关行政复议制度

一、海关行政复议概述

（一）海关行政复议的含义

海关行政复议是指公民、法人或者其他组织不服海关及其工作人员作出的具体行政行为，认为该行政行为侵犯其合法权益，依法向海关复议机关提出复议申请，请求重新审查并纠正原具体行政行为，海关复议机关按照法定程序对上述具体行政行为的合法性和适当性（合理性）进行审查并作出决定的海关法律制度。

（二）海关行政复议的特征

海关行政复议具有如下特征：

1. 海关行政复议的申请人是公民、法人或者其他组织；

2. 海关行政复议的被申请人是作出具体行政行为的海关；

3. 海关行政复议是因公民、法人或其他组织认为海关具体行政行为侵犯其合法权益而引起的；

4. 海关行政复议机关是作出具体行政行为海关的上一级海关。对海关总署直接作出的具体行政行为不服而申请复议的，海关总署是复议机关。

（三）海关行政复议的作用

1. 保护公民、法人或其他组织的合法权益

海关行政复议是保护海关行政管理相对人的合法权益，为行政管理相对人提供的一种法律救济途径。

2. 维护和监督海关依法行使职权

海关行政复议是为了维护海关具体行政行为的合法性，防止和纠正违法的或者不当的海关具体行政行为，使得作出具体行政行为的海关依法行使职权。

（四）海关行政复议的原则

1. 合法原则

合法原则是海关行政复议的重要原则，包括复议的主体要合法、复议的程序要合法、复议的法律依据要合法等。

2. 公开原则

公开原则是行政法合理性原则的核心内容，在整个复议过程中，应当通过公开原则来保证申请人的权益，同时也便于申请人行使自己的权利，加强执法监督。

3. 公正原则

在海关行政复议中遵循公正原则主要包括适用法律依据正确、裁决适当、解决矛盾和争议且不得回避或不作为 3 个方面。

4. 及时原则

及时原则是实现行政复议的效率性和行政复议制度目的的要求。海关行政复议机关必须按照《行政复议法》规定的期限执行，延长期限也必须严格按照法律规定。

5. 便民原则

即在尽量节省费用、时间、精力的情况下，保证公民、法人或者其他组织充分行使复议申请权，同时，在为申请人提供便利时，也照顾到海关行政复议机关的行政效率。

6. 有错必纠原则

在海关行政复议中只要坚持上述原则，就能坚持依法行政、有错必纠，保障法律、行政法规的正确实施，保证海关行政管理相对人的合法权益。

二、海关行政复议制度的基本内容

（一）海关行政复议的范围

根据《行政复议法》《中华人民共和国行政复议法实施条例》及《中华人民共和国海关行政复议办法》（以下简称《海关行政复议办法》）的规定，公民、法人或者其他组织对海关下列具体行政行为不服的，可以申请行政复议：

1. 对海关作出的警告，罚款，没收货物、物品、运输工具和特制设备，追缴无法没收的货物、物品、运输工具的等值价款，没收违法所得，暂停从事有关业务，撤销注册登记及其他行政处罚决定不服的；

2. 对海关作出的收缴有关货物、物品、违法所得、运输工具、特制设备决定不服的；

3. 对海关作出的限制人身自由的行政强制措施不服的；

4. 对海关作出的扣留有关货物、物品、运输工具、账册、单证或者其他财产，封存有关进出口货物、账簿、单证等行政强制措施不服的；

5. 对海关收取担保的具体行政行为不服的；

6. 对海关采取的强制执行措施不服的；

7. 对海关确定纳税义务人、完税价格、商品归类、原产地、适用税率和汇率、减征或者免征税款、补税、退税、征收滞纳金、计征方式、纳税地点，以及其他涉及税款征收的具体行政行为有异议的；

8. 认为符合法定条件，申请海关办理行政许可事项或者行政审批事项，海关未依法办理的；

9. 对海关检查运输工具和场所，查验货物、物品或者采取其他监管措施不服的；

10. 对海关作出的责令退运、不予放行、责令改正、责令拆毁和变卖等行政决定不服的；

11. 对海关稽查决定或者其他稽查具体行政行为不服的；

12. 对海关作出的企业分类决定及按照该分类决定进行管理的措施不服的；

13. 认为海关未依法采取知识产权保护措施，或者对海关采取的知识产权保护措施不服的；

14. 认为海关未依法办理接受报关、放行等海关手续的；

15. 认为海关违法收取滞报金或者其他费用，违法要求履行其他义务的；

16. 认为海关没有依法履行保护人身权利、财产权利的法定职责的；

17. 认为海关在政府信息公开工作中的具体行政行为侵犯其合法权益的；

18. 认为海关的其他具体行政行为侵犯其合法权益的。

对于上述第7点因纳税争议而产生的事项，公民、法人或者其他组织应当依据《海关法》的规定先向海关行政复议机关申请行政复议，对海关行政复议决定不服的，再向人民法院提起行政诉讼，即实行复议前置的原则。

公民、法人或者其他组织认为海关的具体行政行为所依据的规定不合法，在对具体行政行为申请行政复议时，可以一并向海关行政复议机关提出对该规定的审查申请。如果申请人在对具体行政行为提起行政复议申请时尚不知道该具体行政行为所依据的规定的，可以在海关行政复议机关作出行政复议决定前提出。

（二）海关行政复议的管辖

海关行政复议的管辖，是指有关海关复议机关在受理海关行政复议案件上的分工和权限。

海关行政复议实行上级复议的原则，即对海关具体行政行为不服申请复议的，作出该具体行政行为海关的上一级海关为复议机关。对海关总署作出的具体行政行为不服申请复议的，海关总署为复议机关。两个以上海关以共同的名义作出具体行政行为的，其共同的上一级海关为复议机关。海关与其他行政机关以共同的名义作出具体行政行为的，海关和其他行政机关的共同上一级行政机关为复议机关。对海关总署与国务院其他部门共同作出的具体行政行为不服，由海关总署、国务院其他部门共同作出处理决定。海关设立的派出机构、内设机构或者其他组织，未经法律、行政法规授权，对外以自己名义作出具体行政行为的，该海关的上一级海关为复议机关。

（三）海关行政复议的程序

1. 海关行政复议的申请

（1）申请人

海关行政复议申请人，是指认为自己的合法权益受到海关具体行政行为的侵犯，依法向海关复议机关申请行政复议的公民、法人或者其他组织。

有权申请行政复议的公民死亡的，其近亲属可以申请行政复议。有权申请行政复议的法人或者其他组织终止的，承受其权利的公民、法人或者其他组织可以申请行政复议。法人或者其他组织实施违反海关法的行为后，有合并、分立或者其他资产重组情形，海关以原法人、组织作为当事人予以行政处罚并且以承受其权利义务的法人、组织作为被执行人的，该被执行人可以以自己的名义申请行政复议。

（2）被申请人

公民、法人或者其他组织对海关作出的具体行政行为不服申请行政复议的，作出该具体行政行为的海关是被申请人。两个以上海关以共同的名义作出具体行政行为的，以作出具体行政行为的海关为共同被申请人。海关与其他行政机关以共同的名义作出具体行政行为的，海关和其他行政机关为共同被申请人。下级海关经上级海关批准后以自己的名义作出具体行政行为的，以作出批准的上级海关为被申请人。海关设立的派出机构、内设机构或者其他组织，未经法律、行政法规授权，对外以自己名义作出具体行政行为的，以该海关为被申请人。

（3）第三人

在行政复议期间，申请人以外的公民、法人或者其他组织认为与被审查的海关具体行政行为有利害关系的，可以向海关行政复议机构申请作为第三人参加行政复议；海关行政复议机构认为申请人以外的公民、法人或者其他组织与被审查的具体行政行为有利害关系的，应当通知其作为第三人参加行政复议。

（4）申请的期限

公民、法人或者其他组织认为海关具体行政行为侵犯其合法权益的，可以自知道该具体行政行为之日起 60 日内提出行政复议申请。因不可抗力或者其他正当理由耽误法定申请期限的，期限自障碍消除之日起继续计算。

（5）申请的方式

申请人可以书面形式，也可以口头形式申请行政复议。口头申请的，复议机构应当当场制作行政复议申请笔录，交申请人核对或者向申请人宣读，并且由其签字确认。

申请人提出行政复议申请时错列被申请人的，海关行政复议机构应当告知申请人变更被申请人。

2. 海关行政复议申请的受理

海关行政复议机关收到行政复议申请后，对复议申请进行审核。不予受理的，应制作行政复议申请不予受理决定书，并送达申请人。凡是符合法定的范围、条件和要求的，自收到复议申请书之日起 5 个工作日内作出受理决定，并制作行政复议申请受理通知书和行政复议答复通知书分别送达申请人和被申请人，行政复议申请自海关行政复议机构收到之日起即为受理。

申请人就同一事项向两个或者两个以上有权受理的海关申请行政复议的，由最先收到行政复议申请的海关受理；同时收到行政复议申请的，由双方在 10 日内协商确定；协商不成的，由共同上一级海关在 10 日内指定受理海关。

两个以上的复议申请人对同一海关具体行政行为分别向海关复议机关申请复议，或同一申请人对同一海关的数个相同类型或者具有关联性的具体行政行为分别向海关行政复议机关申请行政复议的，海关复议机关可以并案审理，并以后一个申请复议的日期为正式受理的日期。

3. 海关行政复议的审理

海关行政复议的审理工作是指海关行政复议机关受理复议案件后，对复议案件的事实是否清楚，适用依据是否准确，程序是否合法等方面进行的全面审查。

每一个海关行政复议案件由不得少于 3 人的单数的行政复议人员实行合议制审理，由其中一名行政复议人员担任主审。对事实清楚、案情简单、争议不大的案件，也可以不适用合议制，但是应当由 2 名以上行政复议人员参加审理。

申请人、被申请人或者第三人认为合议人员或者案件审理人员与本案有利害关系或者有其他关系可能影响公正审理行政复议案件的，可以说明理由，申请合议人员或者案件审理人员回避。合议人员或者案件审理人员认为自己具有上述情形的应当主动申请回避。此外，复议机构负责人也可以指令合议人员或者案件审理人员回避。

案件审理中，复议机构应当向有关组织和人员调查情况，听取申请人、被申请人和第三人的意见；海关行政复议机构认为必要时可以实地调查核实证据；对于事实清楚、案情简单、争议不大的案件，可以采取书面审查的方式进行审理。同时，申请人、第三人也可以申请查阅被申请人提出的书面答复、提交的作出具体行政行为的证据、依据和其他有关材料。审理后，复议机关对复议案件提出处理意见。行政复议期间海关具体行政行为不停止执行，但具有法定情形的，可以停止执行。

案件受理后，对于申请人提出听证要求的，申请人与被申请人对事实争议较大的，申请人对具体行政行为适用依据有异议的，案件重大复杂或者争议的标的价值较大的，以及海关行政复议机构认为有必要听证的其他情形，海关行政复议机构可以采取听证的方式审理。除涉及国家秘密、商业秘密、海关工作秘密或者个人隐私的案件外，听证应当公开举行。

4. 海关行政复议的决定

海关复议机构在对案件依法审理后，提出处理意见，经海关行政复议机关负责人审查批准后，作出复议决定。

（1）作出复议决定的期限

行政复议机关应当自受理复议申请之日起 60 日内作出行政复议决定。有下列情形之一的，经海关行政复议机关负责人批准，可以延长 30 日：

① 复议案件案情重大、复杂、疑难的；

② 经申请人或其代理人同意的；

③ 有第三人参加复议的；

④ 申请人或第三人提出新的事实或证据需进一步调查的；

⑤ 决定举行行政复议听证的。

海关行政复议机关延长复议期限，应当制作延长行政复议审查期限通知书，并送达申请人、第三人、被申请人。

（2）复议决定的种类

① 决定维持

海关行政复议机关对于原海关的行政行为适用依据正确，具体行政行为所认定的事实清楚、证据确凿，符合法定权限、法定程序，内容适当的复议案件应给予维持的决定。所谓事实清楚、证据确凿，符合法定权限、法定程序，内容适当，即指海关作出的具体行政行为有事实依据，该事实经得起时间的考验，有足够的证据支持，适用的法律依据准确，海关缉私部门办理案件的程序合法，行政处罚决定的内容适当，未畸轻畸重。

② 决定被申请人限期履行法律职责

对于复议申请人要求被申请人履行某一法定职责有事实和法律上的依据、被申请人具有这一法定职责且被申请人未履行此法定职责无正当理由的，海关行政复议机关经审理后认为被申请人的不作为行为属于未履行法定职责的，应作出责令其在一定期限内履行法定职责的决定。“未履行法定职责”是指被申请人负有法律、行政法规等规定的职责，有能力履行而明示拒绝履行或不予答复的行为。这种行为是一种不作为的行为，是被申请人主观上不肯履行或者疏于履行法定职责的行为。被申请人拒绝履行法定职责，通常表现为失职行为。海关复议机关作出被申请人应履行法定职责的决定是以被申请人有法定义务为前提的。

③ 责令被申请人在一定期限内重新作出具体行政行为

海关行政复议机关认定原海关行政行为具有主要事实不清、证据不足、适用法律错误、违反法定程序、超越或滥用职权或具体行政行为明显不当的，应决定撤销、变更或者确认该具体行政行为违法。对于决定撤销或者确认该具体行政行为违法的，可以责令被申请人在一定期限内重新作出具体行政行为。行政复议机关责令被申请人重新作出具体行政行为的，被申请人不得以同一的事实和理由作出与原具体行政行为相同或者基本相同的具体行政行为。

④ 变更决定

对于案件认定事实清楚、证据确凿、程序合法，但是明显不当或者适用依据错误的；或案件认定事实不清、证据不足，但是经海关行政复议机关审理查清事实、证据确凿的，海关行政复议机关可以决定变更。复议机关全部或者部分改变具体行政行为的内容，变更决定所变更的是原具体行政行为的内容。具体行政行为具有可变更的情形，主要是指具体行政行为的内容明显不当或者适用依据错误。复议机关一旦作出变更决定，原具体行政行为即不存在，代之以复议机关作出的新的具体行政行为。

⑤ 撤销决定

对于被申请人作出的具体行政行为应予撤销的，作出撤销决定。对某个具体行政行为申请行政复议，如果海关复议机关经审查确认该具体行政行为应该被撤销或者被确认违法，应符合下列条件之一：

A. 主要事实不清、证据不足的；

B. 适用依据错误；

C. 违反法定程序；

D. 超越或者滥用职权；

E. 具体行政行为明显不当。

海关复议机关决定撤销或者确认具体行政行为违法的，可以责令被申请人在一定期限内重新作出具体行政行为。

⑥ 复议决定的特殊形式除上述 5 种情形外，《海关行政复议办法》还规定了其他的情形，主要有：

A. 决定驳回行政复议申请

决定驳回行政复议申请有两种情形：

a. 申请人认为海关不履行法定职责而申请行政复议，海关行政复议机关受理后发现被申请人没有相应法定职责或者被申请人在海关行政复议机关受理该行政复议申请之前已经履行法定职责的。

b. 行政复议申请受理后，行政复议机关发现该行政复议申请不符合《海关行政复议办法》规定的受理条件。海关复议机关在制作“驳回行政复议申请决定书”时就要告知申请人，如果对驳回复议申请决定不服的，可以根据《行政诉讼法》有关规定，自收到“驳回行政复议申请决定书”之日起 15 日内向人民法院起诉。

B. 申请人自愿撤回行政复议申请

《海关行政复议办法》规定，申请人在行政复议决定作出前自愿撤回行政复议申请的，经海关行政复议机关同意，可以撤回。申请人自愿撤回复议申请，需要注意几个环节：

a. 自愿撤回的时间

一是要在海关复议机关正式受理该复议申请之后，二是申请人撤回复议申请要在海关复议机关作出行政复议决定之前。

b. “一事不再理”

申请人撤回复议申请后不得再以同一事实理由提出复议申请。由于申请人撤回复议申请是自愿的，完全是出于自身的考虑和自觉的行为，因此从基本的诚信原则出发，也是不允许其出尔反尔的。但是，申请人能够证明撤回行政复议申请违背其真实意思表示的除外。如果申请人再次提出复议申请的事实和理由有所变化，海关复议机关应当允许。

c. 被申请人主动改变原具体行政行为

被申请人主动意识到原来作出的具体行政行为在事实、证据、适用依据等方面存在问题，决定改变原来作出的具体行政行为，并得到申请人认可，申请人自愿撤回复议申请，海关复议机关终结该复议案件审查。

C. “复议变更不利禁止”

“复议变更不利禁止”原则是指海关复议机关在申请人的行政复议请求范围内，不得作出对申请人更为不利的复议决定。广义上说，这也是复议决定的一种特殊形式。

5. 海关行政复议和解与复议调解

海关行政复议中，对于符合条件的案件，可以遵循自愿、合法、公正、合理、及时、便民原则，进行复议和解、调解。但是，行政复议和解、调解不是办理行政复议案件的必经程序。

海关行政复议和解，是指公民、法人或者其他组织，对海关行使法律、行政法规或者海关规章规定的自由裁量权作出的具体行政行为不服申请行政复议，在海关行政复议机关作出行政复议决定之前，申请人和被申请人双方在自愿、合法基础上达成和解协议，并报请海关行政复议机关审查批准的活动。

海关行政复议调解，是指公民、法人或者其他组织，对海关行使法律、行政法规或者海关规章规定的自由裁量权作出的具体行政行为不服申请行政复议，以及行政赔偿、查验赔偿或者行政补偿纠纷的行政复议处理中，海关行政复议机关在查明事实基础上依法进行协调，引导申请人和被申请人在自愿、合法基础上达成调解协议的活动。

第七节　海关行政申诉制度

一、海关行政申诉制度概述

（一）海关行政申诉制度的含义

海关行政申诉制度是指公民、法人或者其他组织不服海关作出的具体行政行为但在法定期限内未申请行政复议或提起行政诉讼，或者不服海关行政复议决定但在法定期限内未提起行政诉讼的，向海关提出申诉请求，海关对原具体行政行为的合法性和适当性进行审查并作出处理决定的法律救济制度。这是对已经丧失行政复议和诉讼救济权利的当事人，本着保护当事人合法权益、实事求是、有错必纠的原则，再给当事人一次陈述理由、申辩意见的机会。

（二）海关办理申诉案件的基本制度

1996年颁布实施的《行政处罚法》对当事人针对行政机关作出的行政处罚的申诉权作了原则规定。随着行政领域执法实践的发展，申诉成为行政复议、行政诉讼之外公民、法人和其他组织寻求法律救济的重要途径。

为了规范海关申诉案件的办理，保护公民、法人或者其他组织的合法权益，保障和监督海关依法行使职权，海关总署依据《海关法》《行政处罚法》，以及其他有关法律、行政法规，制定了《中华人民共和国海关办理申诉案件暂行规定》（以下简称《申诉规定》）。

（三）海关行政申诉制度的作用

海关申诉制度，作为一种为公民、法人和其他组织提供法律救济手段的制度，是围绕着有错必纠，便民利民，切实保护公民、法人和其他组织合法权益的原则和目标模式设计和运作的。《申诉规定》的实施，对及时解决行政争议，提高行政效率，监督海关依法行使行政职权，进一步贯彻执法为民、依法行政理念，减轻信访压力，缓解社会矛盾都会产生积极的作用。

二、海关行政申诉制度的基本内容

《申诉规定》对海关办理申诉案件制定了具体的要求，在受案范围、审查机关、办理程序、审查要求、决定形式等方面作了明确规定，规范和统一了全国海关有关申诉案件的处理和执行。

（一）海关办理申诉案件的范围

海关办理的申诉案件包括：

1. 公民、法人或者其他组织不服海关作出的具体行政行为但在法定期限内未申请行政复议或提起行政诉讼，向海关提出申诉请求的案件；

2. 公民、法人或者其他组织不服海关行政复议决定但在法定期限内未提起行政诉讼的，向海关提出申诉请求的案件；

3. 海关有关部门接到公民、法人或者其他组织的信访、投诉，如涉及海关具体行政行为或者行政复议决定的合法性问题，由申诉人按规定提出申诉要求而转送海关申诉审查部门的申诉案件。

（二）海关办理申诉案件的管辖

1. 申诉案件的管辖海关

申诉人可以向作出原具体行政行为或者复议决定的海关提出申诉，也可以向其上一级海关提出申诉。

对海关总署作出的具体行政行为或者复议决定不服的，应当向海关总署提出申诉。

海关总署认为必要时，可以将不服广东省内直属海关作出的具体行政行为或者行政复议决定向海关总署提出申诉的案件，交由广东分署办理。

2. 海关申诉审查部门

对海关调查、缉私部门经办的具体行政行为不服的申诉案件由调查、缉私部门具体负责办理；对其他海关具体行政行为和复议决定不服的申诉案件由负责法制工作的机构具体负责办理。

（三）海关办理申诉案件的程序

1. 申诉人提出申诉申请

申诉人提出申诉应当递交书面申诉材料，申诉材料中应写明申诉人的基本情况、明确要求撤销或者变更海关原具体行政行为的申诉请求、具体事实和理由。

2. 海关受理申诉申请

（1）海关受理申诉的时限

海关申诉审查部门收到申诉人的书面申诉材料后，应当在5个工作日内进行审查，作出受理或不予受理的决定。决定受理申诉的，海关申诉审查部门收到书面申诉材料之日为受理之日。

（2）海关受理与不予受理的处理规则

对符合本规定要求的，决定予以受理，并制发受理申诉决定书；

对不符合本规定，有下列情形之一的，决定不予受理，并书面告知申诉人不予受理的理由：

① 申诉针对的具体行政行为或者复议决定不是海关作出的；

② 申诉事项已经人民法院或者行政复议机关受理，正在审查处理中的；

③ 申诉事项已经人民法院作出判决的；

④ 申诉事项已经其他海关作为申诉案件受理或者处理的；

⑤ 申诉事项已经海关申诉程序处理，申诉人重复申诉的；

⑥ 仅对海关制定发布的行政规章或者具有普遍约束力的规定、决定提出不服的；

⑦ 请求事项已超过法律、行政法规规定的办理时限的；

⑧ 其他依法不应受理的情形。

具体行政行为尚在行政复议、诉讼期限内，或者行政复议决定尚在行政诉讼期限内的，应当及时告知申诉人有权依法申请行政复议或者向人民法院提起行政诉讼。

（3）转送其他海关处理

符合海关办理申诉案件规定，但需要转送其他海关处理的，应当将申诉材料转送相应海关，同时书面通知申诉人，由接受转送的海关办理。

3. 海关审查申诉案件

（1）申诉案件的审查内容

申诉审查部门应当对原具体行政行为、行政复议决定是否合法进行审查。

（2）申诉案件的审查方法

申诉案件的审查，原则上采取书面审查的办法。申诉人提出要求或者申诉审查部门认为有必要时，可以向有关组织和人员调查情况，听取申诉人、与申诉案件有利害关系的第三人的意见，听取作出原具体行政行为或者复议决定的海关或者原经办部门的意见。

调查情况、听取意见必要时可以采用听证的方式。

申诉审查部门认为需要向作出原具体行政行为或者复议决定的海关或者原经办部门了解情况的，可以在受理申诉之日起 7 个工作日内，将申诉材料副本发送该海关或者经办部门，该海关或者经办部门应当自收到申诉材料副本之日起 10 日内，书面说明有关情况，并提交当初作出具体行政行为或者复议决定的有关证据材料。

（3）申诉案件的审理人员

原具体行政行为、复议决定的经办人员不得担任申诉案件的审理人员。

申诉人认为申诉案件的审理人员与本案有利害关系或者有其他关系可能影响公正审理的，有权申请该审理人员回避。审理人员认为自己与本案有利害关系或者有其他关系的，应当申请回避。

审理人员的回避由申诉审查部门负责人决定，申诉审查部门负责人的回避由其所属海关负责人决定。

4. 申诉案件的撤销、撤诉

（1）申诉案件的撤销

海关在受理申诉之后，作出处理决定之前，发现有上述“决定不予受理”情形之一的，应当撤销申诉案件，并书面告知申诉人。

（2）申诉案件的撤诉

申诉案件处理决定做出前，申诉人可以撤回申诉，撤回申诉应当以书面形式提出。

申诉人撤回申诉的，海关应当终止申诉案件的审查。

5. 申诉案件的处理决定

（1）海关作出处理决定的时限

海关应当在受理申诉之日起 60 日内作出处理决定，情况复杂的案件，经申诉审查部门负责人批准，可以适当延长，但延长期限最多不超过 30 日。延长审查期限应当书面通知申诉人。

（2）海关处理决定的种类

海关经对申诉案件进行审查，应当分下列情况作出处理决定：

① 原具体行政行为、复议决定认定事实清楚，证据确实充分，适用依据正确，程序合法，内容适当的，决定维持，驳回申诉人的申诉请求；

② 海关有不履行法定职责情形的，决定在一定期限内履行或者责令下级海关在一定期限内履行；

③ 原具体行政行为有下列情形之一的，决定撤销、变更或者确认违法；需要重新作出具体行政行为的，由原作出具体行政行为的海关重新作出：

A. 主要事实不清，证据不足的；

B. 适用依据错误的；

C. 违反法定程序，可能影响公正处理的；

D. 超越或者滥用职权的；

E. 具体行政行为明显不当的。

④ 原复议决定违反法定程序，可能影响公正处理的，决定撤销，由原复议机关重新作出复议决定。

（3）申诉案件处理决定的送达

对申诉案件作出处理决定应当制发法律文书，加盖海关行政印章，并在7个工作日内将法律文书送达申诉人。

上级海关办理的对下级海关的具体行政行为或者复议决定不服的申诉案件，处理决定应当同时送达下级海关。

（四）申诉人的救济途径

经申诉后，申诉人对海关改变原行政行为或者作出新的行政行为仍不服的，可以依据《行政复议法》和《行政诉讼法》的规定向复议机关申请行政复议，或者是向人民法院提起行政诉讼。对于驳回当事人的申诉请求的，根据《最高人民法院关于执行〈中华人民共和国行政诉讼法〉若干问题的解释》，驳回当事人对行政行为提起申诉的重复处理行为，不属于人民法院行政诉讼的受案范围，同理，也不属于行政复议的受案范围。

第八节　海关行政裁定制度

一、海关行政裁定概述

（一）海关行政裁定的含义

海关行政裁定是指海关在货物实际进出口前，应对外贸易经营者的申请，依据有关海关的法律、行政法规和规章，对与实际进出口活动有关的海关事务作出的具有普遍约束力的决定。

（二）海关行政裁定的适用范围

海关行政裁定主要适用于以下海关事务：

1. 进出口商品的归类；
2. 进出口货物原产地的确定；
3. 禁止进出口措施和许可证件的适用；
4. 海关总署决定可以适用行政裁定的其他海关事务。

（三）海关行政裁定的作用

1. 保证各海关执法的统一性和规范性，避免不同的对外贸易经营者在不同的海关、于不同的时间受到不同的待遇。

2. 促进海关法律规范解释的透明度，促成对外贸易经营者知法、守法经商。

3. 增强海关执法和对外贸易经营者贸易活动的可预知性，加快通关速度，降低贸易成本，提高贸易效率。

4. 通过在法律制度上限制海关的自由裁量权，防范执法风险。

二、海关行政裁定制度的基本内容

（一）海关行政裁定的程序

1. 海关行政裁定的申请

（1）申请人

海关行政裁定的申请人只能是在海关注册登记的进出口货物经营单位。进出口货物经营单位可以自行向海关申请，也可以委托他人向海关提出申请。

（2）申请的期限和方式

除特殊情况外，申请人一般应当在货物拟进口或出口的 3 个月前向海关总署或者直属海关提交书面申请。

申请人每一份申请只能就一项海关事务请求行政裁定，如果申请人有多项海关事务要求裁定必须逐项申请。

（3）申请书的主要内容

海关行政裁定申请书的内容主要包括：

① 申请人的基本情况；

② 申请行政裁定的事项；

③ 申请行政裁定的货物的具体情况；

④ 货物的预计进出口日期及进出口口岸；

⑤ 海关认为需要说明的其他情况。

（4）提交申请书及其他申请资料的要求

① 申请人应当按照海关要求提供足以说明申请事项的资料，包括进出口合同或意向书的复印件、图片、说明书、分析报告等；

② 申请书所附文件如为外文，申请人应同时提供外文原件及中文译文；

③ 申请书应当加盖申请人印章，所提供文件与申请书应当加盖骑缝章；

④ 申请人委托他人申请的，应当提供授权委托书及代理人的身份证明。

海关认为必要时，可要求申请人提供货物样品。

（5）商业秘密的保护

申请人为申请行政裁定向海关提供的资料，如果涉及商业秘密，可以要求海关予以保密。申请人对所提供资料的保密要求，应当书面向海关提出，并具体列明需要保密的内容，除司法程序要求提供的以外，未经申请人同意，海关不应泄露。

2. 海关行政裁定的受理

直属海关收到行政裁定申请书后，应予初审。对符合规定的申请，应在接受申请之日起 3 个工作日内移送海关总署或其授权机构。申请资料不符合有关规定的，海关应当书面通知申请人在 10 个工作日内补正。申请人逾期不补正的，视为撤回申请。

海关总署或其授权机构收到申请书后，应自收到之日起的 15 个工作日内作出受理或不受理的决定，并应书面告知申请人。对于不受理的还应说明理由。具有下列情况之一的，海关不予受理：

（1）申请超出行政裁定范围的；

（2）申请人不具备资格的；

（3）申请与实际进出口活动无关的；

（4）海关已就同一事项作出有效的行政裁定或有其他明确规定的；

（5）经海关认定不予受理的其他情形。

3. 海关行政裁定的审查

海关行政裁定的审查机构应为海关总署或海关总署授权的机构。

海关在受理申请后，作出行政裁定以前，可以要求申请人补充提供相关资料或货物样品。

申请人主动向海关提供新的资料或样品作为补充的，应当说明原因。海关审查决定是否采用。

审查过程中，海关可以征求申请人以及其他利害关系人的意见。

申请人可以在海关作出行政裁定前以书面形式向海关申明撤回其申请。

申请人在规定期限内未能提供有效、完整的资料或样品，影响海关作出行政裁定的，海关可以终止审查。

4. 海关作出行政裁定

海关对申请人申请的海关事务应当根据有关事实和材料，依据有关法律、行政法规、规章进行审查并作出行政裁定。裁定应当自受理申请之日起60日内作出。

海关作出的行政裁定应当书面通知申请人，并对外公布。

（二）海关行政裁定的法律效力

行政裁定与海关规章具有同等法律效力，在关境内具有普遍约束力。对于裁定生效前已经办理完毕裁定事项的进出口货物，不适用该裁定。

（三）海关行政裁定的失效与撤销

1. 海关行政裁定的失效

海关作出行政裁定所依据的法律、行政法规及规章中的相关规定发生变化，影响行政裁定效力的，原行政裁定自动失效。

2. 海关行政裁定的撤销

有下列情形之一的，由海关总署撤销原行政裁定：

（1）原行政裁定错误的；

（2）因申请人提供的申请文件不准确或者不全面，造成原行政裁定需要撤销的；

（3）其他需要撤销的情形。

海关撤销行政裁定的，应当书面通知原申请人，并对外公布。撤销行政裁定的决定，自公布之日起生效。

经海关总署撤销的行政裁定对已经发生的进出口活动无溯及力。

海关总署应公布自动失效或被撤销的行政裁定，并应告知申请人。

（四）海关行政裁定的异议审查

进出口活动的当事人对于海关作出的具体行政行为不服，并对该具体行政行为依据的行政裁定持有异议的，可以在对具体行政行为申请复议的同时一并提出对行政裁定的审查申请。复议海关受理该复议申请后应将其中对于行政裁定的审查申请移送海关总署，由总署作出审查决定。

第九节　海关预裁定制度

一、海关预裁定概述

（一）海关预裁定的含义与适用范围

1. 海关预裁定的含义

海关预裁定是指有关直属海关应对外贸易经营者的申请，对其与实际进出口活动有关的海关事务，在货物实际进出口前的规定时间内作出的仅对申请人具有约束力，并在海关全关境适用的处理决定。

2. 海关预裁定的适用范围

申请人可以就下列海关事务申请预裁定：

（1）进出口货物的商品归类

（2）进出口货物的原产地或者原产资格

进出口货物的原产资格预裁定，即对货物是否具备所申请的优惠贸易协定项下中国或伙伴方原产资格进行预裁定。

（3）进口货物完税价格相关要素、估价方法

完税价格相关要素包括特许权使用费、佣金、运保费、特殊关系，以及其他与审定完税价格有关的要素。

（4）海关总署规定的其他海关事务

（二）海关预裁定的作用

世界贸易组织《贸易便利化协定》已生效实施。在预裁定领域，我国此前已推行了“三预”制度（商品预归类、原产地预确定、价格预审核），基本都符合《贸易便利化协定》关于预裁定制度的有关规定。在《贸易便利化协定》实施后，根据该协定的有关要求，海关在整合、优化“三预”制度的基础上，健全完善海关预裁定制度，以更好地落实和执行《贸易便利化协定》的有关规定。

预裁定制度的实施，不但能够简化企业通关流程，提高通关效率，还能帮助企业提前准确了解关税政策及涉税要素，有效评估交易成本，降低不合规申报的风险，进一步增强企业对进出口贸易活动的可预见性，便于企业合理安排生产和贸易活动。

（三）海关预裁定决定的效力

《中华人民共和国海关预裁定管理暂行办法》（以下简称《海关预裁定管理暂行办法》）明确，预裁定决定对申请人和海关均具有约束力。对申请人而言，其进出口与预裁定决定列明情形相同的货物，应当按照预裁定决定向海关申报；对海关而言，对于申请人按照预裁定决定进行的申报，海关应当予以认可。

关于预裁定决定的法律效力主要涉及以下三方面内容：

1. 预裁定决定的有效期

结合海关“三预”制度实施情况，《海关预裁定管理暂行办法》将《贸易便利化协定》的“合理时间”即预裁定决定的有效期确定为3年。在有效期内，预裁定决定所依据的法律、行政法规、海关规章和海关总署公告发生变化，影响其效力的，预裁定决定自动失效。

2. 预裁定决定的溯及力

预裁定决定作为海关具体行政行为，自作出之日起发生法律效力，不溯及既往。预裁定决定对其生效前已经实际进出口的货物没有溯及力。

3. 预裁定决定的效力范围

预裁定决定不仅适用于企业申请预裁定所指向的进出口货物，对于申请人在其有效期内进出口与该决定列明情形相同的所有货物均具有法律效力，并且鉴于全国海关对预裁定信息已实现互联共享，任何一份预裁定决定都可在全国海关适用。

（四）海关预裁定与海关“三预”、海关行政裁定的区别

1. 海关预裁定与海关“三预”的区别

（1）适用的区域范围不同

预裁定制度在海关全关境适用，“三预”制度只适用于作出决定的直属海关关区。

（2）法律效力的延续性不同

预裁定决定有效期为3年，有效期内申请人进出口与预裁定决定所列情形相同的货物均可适用该裁定，“三预”决定的有效期不具有延续性，仅适用于当事人申请所指向的货物，“一事一申请”。目前，预裁定制度已全面取代原“三预”制度。

2. 海关预裁定与海关行政裁定的区别

两者的差异主要体现在以下方面：

（1）裁定机关不同

预裁定的裁定机关是有关直属海关，行政裁定的裁定机关是海关总署。

（2）法律效力不同

预裁定决定仅对申请该预裁定的申请人具有约束力，属于海关具体行政行为，对预裁定决定不服可以申请行政复议或提起行政诉讼；行政裁定不仅适用于申请人，对从事行政裁定所指向的有关海关事务的对外贸易经营者均具有约束力，属于海关抽象行政行为，与海关规章具有同等效力，对行政裁定不服不能申请行政复议或者提起行政诉讼。

二、海关预裁定的实施

海关预裁定的基本流程为对外贸易经营者申请—海关受理（不予受理）—海关作出决定—海关制发预裁定决定书。另外，根据企业自身情况和海关审核情况，可能还包括补正、补充、撤回、终止等状态。

（一）对外贸易经营者申办海关预裁定

1. 预裁定的申请人

预裁定的申请人应当是与实际进出口活动有关，并且在海关注册登记的对外贸易经营者。

2. 预裁定申请的方式

申请人需要海关为其保守商业秘密的，应当以书面方式向海关提出要求，并且列明具体内容。海关按照国家有关规定承担保密义务。一份“中华人民共和国海关预裁定申请书”（一下简称“预裁定申请书”）应当仅包含一类海关事务。

3. 预裁定申请的时限

预裁定的申办程序申请人应当在货物拟进出口 3 个月之前向其注册地直属海关提出预裁定申请。

特殊情况下，申请人确有正当理由的，可以在货物拟进出口前 3 个月内提出预裁定申请。

4. 预裁定申请的材料

申请人申请预裁定的，应当提交“预裁定申请书”及海关要求的有关材料。材料为外文的，申请人应当同时提交符合海关要求的中文译本。申请人应当对提交材料的真实性、准确性、完整性、规范性承担法律责任。

5. 预裁定的申办程序

申请人可以通过电子口岸“海关事务联系系统”（QP 系统）或“互联网+海关”一体化平台向海关提交预裁定申请。对通过电子口岸（www. chinaport. gov. cn）登陆“海关事务联系系统”的，应进入预裁定模块，选择“价格预裁定”“归类预裁定”或“原产地裁定”实现申请、补正、查询、打印等各类操作。

（1）在“价格预裁定”（“归类预裁定”或“原产地裁定”）模块的“新增”项下进行“预裁定申请书”的录入与申报操作。

（2）在“价格预裁定”（“归类预裁定”或“原产地裁定”）模块的“查询修改”项下完成对“预裁定申请书”的状态查询、撤回、补正和补充。

（3）在“预裁定文书查询”模块的“文书查询”项下查询“中华人民共和国海关预裁定受理决定书”（以下简称“预裁定受理决定书”）等相关文书。在“决定书查询”项下查询“中华人民共和国海关预裁定决定书”（以下简称“预裁定决定书”）状态、内容及打印。

（二）海关受理及做出预裁定决定

1. 海关办理预裁定的时间周期

海关应当自收到“预裁定申请书”及相关材料之日起 10 日内作出是否受理的决定；海关应当自受理之日起 60 日内作出预裁定决定，制发“预裁定决定书”。

申请人补证材料所需时间不计入 10 日的预裁定申请受理期限内；海关作出预裁定过程中，化验、检测、鉴定、专家论证或者其他方式确定有关情况所需时间不计入 60 日的作出预裁定期限内。

2. 预裁定申请的受理机关和裁定机关

综合考虑预裁定的具体行政行为属性及海关管理资源匹配性等相关因素，《海关预裁定管理暂行办法》将预裁定申请的受理机关和裁定机关确定为预裁定申请人注册地直属海关（与纳税人属地管理保持一致）。属地海关所作预裁定决定不仅在本关区有效，而且在全关境适用。

3. 预裁定受理与决定的作业程序

（1）受理或不予受理

海关应当自收到"预裁定申请书"及相关材料之日起10日内审核决定是否受理该申请，制发"预裁定申请受理决定书"或者"预裁定申请不予受理决定书"。

有下列情形之一的，海关应当作出不予受理决定，并且说明理由：

① 申请不符合本办法第三条、第四条、第五条或者第七条规定的；

② 海关规章、海关总署公告已经对申请预裁定的海关事务有明确规定的；

③ 申请人就同一事项已经提出预裁定申请并且被受理的。

（2）告知申请人补正申请材料

对于申请人申请材料不符合有关规定的，海关应当在决定是否受理前一次性告知申请人在规定期限内进行补正，制发"预裁定申请补正通知书"。补正申请材料的期间，不计入本条第一款规定的期限内。

对于申请人提供虚假材料或者隐瞒相关情况的，海关给予警告，可以处1万元以下罚款。

（3）作出预裁定决定并制发"预裁定决定书"

海关对申请人申请预裁定的海关事务应当依据有关法律、行政法规、海关规章及海关总署公告作出预裁定决定，制发"预裁定决定书"。作出预裁定决定过程中，海关可以要求申请人在规定期限内提交与申请海关事务有关的材料或者样品；申请人也可以向海关补充提交有关材料。

海关应当自受理之日起60日内制发"预裁定决定书"。

需要通过化验、检测、鉴定、专家论证或者其他方式确定有关情况的，所需时间不计入上述规定的期限内。

（4）海关预裁定决定送达申请人

"预裁定决定书"应当送达申请人，并且自送达之日起生效。

4. 预裁定决定的公布

《海关预裁定管理暂行办法》第十七条规定，"除涉及商业秘密内容外，海关可以将预裁定决定对外公开"，为从事相关进出口贸易活动的其他对外贸易经营者提供参考借鉴。该规定属于对《贸易便利化协定》的履约条款。《海关预裁定管理暂行办法》施行过程中，除涉及商业秘密外，预裁定机关会在海关门户网站公布预裁定决定，海关总署在中国海关门户网站公布全国数据。

三、海关预裁定相关货物的进出口申报

申请人进出口与"海关预裁定决定书"列明情形相同的货物时，应当作为报关单的"收发货人"，按照"预裁定决定书"申报，并在报关单备注栏内逐项填写："预裁定"预裁定决定书"编号"（例如：某份预裁定决定书编号为R-2-0100-2018-0001，则应当在备注栏内填写"预裁定R-2-0100-2018-0001"）。

"情形相同货物"是指：对于归类预裁定，为同一商品；对于完税价格相关要素和估价方法预裁定，为申请有关预裁定合同项下的进口货物；对于原产地预裁定，为同一厂商使用相同材料生产的同一型号商品。